Minorisierung
als Herrschaftssicherung

Campus Forschung
Band 317

Regine Roemheld, Dr. habil., ist wissenschaftliche Assistentin an der Universität Dortmund. Sie studierte Geschichte, Germanistik und Pädagogik in Würzburg, Berlin und Tübingen.

Regine Roemheld
Minorisierung als Herrschaftssicherung
Zur Innovationsfähigkeit
des westdeutschen Parteiensystems

Campus Verlag
Frankfurt/New York

Als Habilitationsschrift auf Empfehlung des Fachbereichs Politische Wissenschaft (Otto-Suhr-Institut) der Freien Universität Berlin gedruckt mit Unterstützung der Deutschen Forschungsgemeinschaft.

CIP-Kurztitelaufnahme der Deutschen Bibliothek

Roemheld, Regine:
Minorisierung als Herrschaftssicherung : zur
Innovationsfähigkeit d. westdt. Parteiensystems
Regine Roemheld. – Frankfurt/Main ; New York :
Campus Verlag, 1983.
  (Campus : Forschung ; Bd. 317)
  ISBN 3-593-33203-5
NE: Campus / Forschung

Alle Rechte, insbesondere das Recht der Vervielfältigung und Verbreitung sowie der Übersetzung, vorbehalten. Kein Teil des Werkes darf in irgendeiner Form (durch Photokopie, Mikrofilm oder ein anderes Verfahren) ohne schriftliche Genehmigung des Verlages reproduziert oder unter Verwendung elektronischer Systeme verarbeitet, vervielfältigt oder verbreitet werden.
Copyright © 1983 bei Campus Verlag GmbH, Frankfurt/Main
Umschlaggestaltung: Eckard Warminski, Frankfurt/Main
Druck und Bindung: difo-druck, Bamberg
Printed in Germany

Für Ossip K. Flechtheim

INHALT

VORWORT 13

1. PARTEIEN ALS INNOVATIONSPOTENTIALE POLITISCHER SYSTEME 17
   - 1.1. Affirmative Erklärungsversuche für das Phänomen der Parteienkonzentration 17
   - 1.2. Parteien im multipolaren Konfliktmodell 21
   - 1.3. EFP als Modell einer übernationalen Partei 26
   - 1.4. Das Beispiel der EFP und die Quellen 30

2. KLÄRUNG UND WERTUNG DER BEGRIFFE 33
   - 2.1. Minorisierung und Minorität 33
   - 2.1.1. Der Begriff der politischen Minorität 35
   - 2.1.2. Der Prozeß der Minorisierung 41
   - 2.1.3. Wettbewerbstheorie und Parteiendualismus 43
   - 2.1.4. Verbale Diskriminierung 48
   - 2.2. Minoritätspartei 54
   - 2.2.1. Parteibegriff 54
   - 2.2.2. Politische Philosophie als geistige Grundlage langfristiger Orientierung 58
   - 2.2.3. Herrschaft der Minderheit in der Mehrheit 61
   - 2.2.4. Der Begriff "Minoritätspartei" 62
   - 2.2.5. Absorptionsparteien und Minoritätsparteien ... 65
   - 2.2.6. Minoritätsparteien in der wissenschaftlichen Diskussion 68

3. DIE MINORISIERUNG VON PARTEIEN IM BESETZTEN DEUTSCHLAND 73
   - 3.1. Das gesteuerte Parteiensystem 73
   - 3.2. Die Lizenzierungspraxis für Parteien 76
   - 3.2.1. Das Konzept der Besatzungsmächte 76
   - 3.2.2. "Die verordnete Demokratie" 79
   - 3.2.3. Hauptziel: Sicherung der Macht 81
   - 3.2.4. Sicherung der Loyalität durch Parteien 83
   - 3.2.5. Die unterschiedliche Behandlung der Parteien . 84

3.2.6. Verhinderte Parteigründungen 85
3.2.7. Behinderung kleiner Parteien 86
3.2.8. Die Minorisierung der Kommunisten 88
3.2.9. Parteien als Legitimationsinstanzen der Besatzungsmächte 89
3.3. Lizenzpresse 90
3.3.1. Die amerikanische Zone 90
3.3.2. Die Lizenzpresse der Briten 92
3.3.3. Die Lizenzpresse der Franzosen 94
3.3.4. Minorisierende Folgen der Pressepolitik 95
3.4. Die Parteigründungen in den Westzonen 95
3.4.1. Die "Legende von Weimar" 95
3.4.2. Die Strategie der Integration 99
3.4.3. Die erfolglose KPD 101
3.4.4. SPD gegen SPD, KPD und SED 102
3.4.5. Das Integrationskonzept der CDU und der CSU 106
3.4.6. Die Absorptionsstrategie gegenüber dem Zentrum 111
3.4.7. Die Bedrohung der Liberalen 113
3.4.8. Die unterschiedlichen Chancen weiterer Parteigründungen in den westlichen Besatzungszonen 115
3.4.9. Die Minorisierung regionalistischer Parteien .. 118

4. "CHANCENVERNICHTUNG" ALS MITTEL DER MINORISIERUNG 121

4.1. Chancengleichheit und Chanchenvernichtung . 121
4.2. Minorisierung im Wettbewerb 126
4.2.1. Abstufung der Chancengleichheit als Akt judikativer Minorisierung 126
4.2.2. Akte der Minorisierung 132
4.2.2.1. Die Sperrklausel 133
4.2.2.2. Barrieren bei der Zulassung zur Wahl 147
4.2.2.3. Minorisierung in der Parteienfinanzierung .. 151
4.2.2.4. Minorisierung in der Öffentlichkeit 160
4.2.2.5. Exkurs: Rechtsstreitigkeiten zwischen Minoritätsparteien und öffentlich-rechtlichen Anstalten 173
4.3. Parteienkonzentration als Folge der Minorisierung 184
4.3.1. Die Konzentration des deutschen Parteiensystems von 1949 bis 1961 185
4.3.2. Blockpolitik als Konzentrations- und Minorisierungsstrategie 192

4.3.3. Das aktuelle Verhältnis zwischen Majoritäts- und Minoritätsparteien 199

5. STAATSZENTRISTISCHER KONSENS UND INTEGRATIONSIDEOLOGIE 209

5.1. Integrationsdruck und funktionale Argumentation 209
5.2. Parteienzersplitterung als Defizienssymptom .. 213
5.3. Hegemoniale Integration kontra Partizipation .. 216
5.4. "Volks- und Staatsparteien" als umfassende Absorptionsinstanzen 221
5.4.1. Formen hegemonialer Integration in der CDU . 223
5.4.2. "Entideologisierung" und Anpassung im CDU-Staat 224
5.4.3. Hegemoniale Integration und Extremisierung .. 226
5.5. "Streitbare Demokratie" und "Sicherheitsstaat" 227
5.5.1. Opposition und "streitbare Demokratie" 229
5.5.2. "Streitbare Demokratie" - status-quo-Demokratie 230
5.5.3. Politischer Dialog statt judikativer Minorisierung 233
5.6. Das Dilemma der Opposition 236
5.6.1. Der Warencharakter der Opposition 236
5.6.2. Innerparteilicher Gruppenwettbewerb als Oppositionsersatz? 237
5.7. Die "Zahl als politischer Machtfaktor" 239
5.7.1. Massenparteien und Manipulation 239
5.7.2. Exkurs: Wissenschaftlicher Determinismus und das Massensyndrom 243
5.7.3. Stimmenmaximinierung und Mehrheitsprinzip .. 247
5.8. Der manipulierte, staatszentristische Konsens. 250

6. DIE EUROPÄISCHE FÖDERALISTISCHE PARTEI ALS BEISPIEL EINER MINORITÄTSPARTEI MIT INNOVATORISCHEM KONZEPT 255

6.1. Das strategische Konzept der FI/EFP 257
6.1.1. Parteigründungen 257
6.1.2. Partei oder Bewegung 260
6.1.3. Aufbau und Struktur der Föderalistischen Internationale 267
6.1.4. Die deutsche EFP 269
6.1.5. Machtkämpfe in der FI 270
6.1.6. Gründung einer gesamteuropäischen Partei ... 273
6.1.7. Exkurs: Das Interesse der USA an der EFP 276

6.2.	Programmatik	281
6.2.1.	Die EFP in der Literatur	286
6.2.2.	Das Europäische Grundprogramm der FI	287
6.2.3.	Das Göttinger Programm und die "Radweger Leitsätze"	294
6.2.4.	Föderalistische Mitbestimmung – die theoretische Wende	297
6.2.5.	Der europäische Programmstreit: Staatsföderalismus oder Integralföderalismus	298
6.2.6.	Das Grundprogramm der gesamteuropäischen EFP	304
6.2.7.	Das neue Programm der EFP – Sektion Deutschland	309
6.2.8.	Die EFP als Innovationspotential	315

7. DIE EFP IM BUNDESDEUTSCHEN MINORISIERUNGSPROZESS ... 319

7.1.	Strategie des Totschweigens und der Absorption: EFP, Europa-Union und die Parlamentsparteien	320
7.2.	Öffentliche Ignoranz und Diffamierung	328
7.3.	Strategie der Paralysierung: Die EFP und die Behörden	334
7.3.1.	Wahlbeteiligung und Mitgliederwerbung	339
7.3.2.	Minorisierung als Entmutigung	341

8. PARTEIELITEN, MANIPULATION UND STAGNATION 345

8.1.	Partizipationschancen in Minoritätsparteien	345
8.2.	Majoritätsparteien als "Herrschaftsinstrumente" des Staates	349
8.3.	Lern- und Innovationsfähigkeit des politischen Systems	352
8.4.	Zielbewußte Systeme und Utopien	356
8.5.	Utopiefeindlichkeit und Stagnation	358

Literaturverzeichnis ... 467

Anhang: Dokumentation ... 513

„... hatte die CDU erklärt, daß eine der Hauptursachen für das Versagen der Weimarer Demokratie das Vorhandensein der vielen kleinen Parteien gewesen sei, daß sich das von ihr geforderte Mehrheitswahlrecht nicht gegen die kleinen Parteien schlechthin richte, sondern nur gegen die sporadisch auftauchenden Minderheiten, und daß gegenüber dem Einwand, durch das Mehrheitswahlsystem würden Millionen von Deutschen politisch heimatlos gemacht, der realpolitischen Notwendigkeit, eine arbeitsfähige Demokratie zu schaffen, der Vorzug gegeben werden müsse."

Aus: Konrad Adenauer, Erinnerungen 1955–1959

„Die theoretische Fundierung der Politik ist wichtig, aber die Partei ist kein Debattierklub, sondern sie ist verantwortlich für das Geschick eines großen Industriestaates. Innerparteiliche Diskussionen dürfen die politische Handlungsfähigkeit nicht lähmen. Selbstfabrizierte Verunsicherungen darf man nicht dulden oder begünstigen; sie müssen entschlossen abgewehrt werden."

Willy Brandt, 1974

„Die Parteien wandeln ihren Sinn. Die Richtung der Wandlung ist diese: Sie waren gemeint als Organ des Volkes, das durch sie seinen Willen kundtut und umgekehrt wieder von ihnen politisch erzogen wird. Aber sie werden zu Organen des Staates, der nunmehr wieder als Obrigkeitsstaat die Untertanen beherrscht. Die Parteien, die keineswegs der Staat sein sollen, machen sich, entzogen dem Volksleben, selber zum Staat. Ursprünglich vielfach autonome Bildungen aus der unbegrenzten Freiheit des Volkes, werden sie in ihrem Bewußtsein zu den Machtträgern selber. Der Staat, das sind die Parteien. Die Staatsführung liegt in den Händen der Parteienoligarchie. Sie usurpiert den Staat."

Karl Jaspers, 1966

VORWORT

Die vorliegende Untersuchung des Problems der Minorisierung kleiner Parteien in der Bundesrepublik Deutschland erhielt ihren ersten Anstoß aus der Beobachtung einer kleinen Partei, der es trotz eines umfassenden und aktuellen politischen Konzepts und trotz erheblicher Anstrengungen - selbstverständlich bezogen auf das geringe Kräftepotential - bis heute nicht gelungen ist, ihre Zielvorstellungen in die politische Diskussion hineinzutragen bzw. aufgrund einer solchen Diskussion neue Mitglieder und Wähler zu gewinnen. Daraus ergab sich die Frage, ob dieser geringe Erfolg allein auf das Konto dieser kleinen Partei gehe, bzw. wie weit sie selbst durch ungeschicktes Taktieren, durch Aktivitäten mit geringer öffentlicher Wirkungskraft, vielleicht auch durch ein gegenüber den allgemeinen öffentlichen Interessen allzu marginales polititsches Konzept den Weg ins politische Abseits bereitet hat.
   Gewiß erhebt sich hinsichtlich mancher Versuche, in die öffentliche Diskussion hineinzukommen, die Frage, ob etwa fortgesetzte verbale Appelle und Stellungnahmen das angemessene Mittel sind, um in einem Parteien- und Meinungsspektrum wie dem der Bundesrepublik den erhofften Durchbruch zu erreichen. Doch scheint demgegenüber die Frage berechtigt, weshalb eine Gruppe von Bürgern, die sich als Partei organisiert hat und als solche bestimmte Wert- und Zielvorstellungen vertritt, weniger Anspruch auf die Berücksichtigung ihrer Vorstellungen und Kritiken haben sollte als eine große Partei mit einer großen Zahl von Mitgliedern.
   Angesichts der jahrelangen Anstrengungen, die die hier als konkretes Beispiel herangezogene Europäische Föderalistische Partei unternahm, um sich öffentlich Gehör zu verschaffen, erhoben sich Zweifel gegenüber jener von Manfred Rowold, Stephen L. Fischer und Richard Stöss vertrenen Meinung, daß es sich bei kleinen und neuen Parteien sozusagen eo ipso um "politische Außenseiter" handle (1).
   Die Tatsache, daß ich Gelegenheit hatte, die Bemühungen der Partei um Beteiligung an der öffentlichen Diskussion aus nächster Nähe mitzuerleben, nährten den Verdacht, daß es sich bei der Erfolglosigkeit der Partei um mehr handeln müsse als

nur um die Folgen eines Unvermögens der Partei selbst, sich genügend politisch zu profilieren und Basisarbeit im vorparlamentarischen Raum zu betreiben bzw. eine langfristig wirksame Organisation aufzubauen (2).

Um diese Aufgaben zu bewältigen, ist neben einer langfristigen Strategie ein Mindestmaß an Öffentlichkeit bzw. ein Minimum an finanziellen und personellen Ressourcen erforderlich. Die persönliche Nähe zu dem Untersuchungsobjekt einer kleinen Partei gab mir Gelegenheit, Einblick in die finanziellen, zeitlichen, personellen und intellektuellen Investitionen zu erhalten, die eine Partei in der Bundesrepublik aufbringen muß, um sich allein formal am Leben zu erhalten (z.B. die lt. Parteiengesetz geforderten Parteiveranstaltungen abzuhalten, das Programm zu erstellen, Wahlen vorzubereiten, Kontakt zu Mitgliedern und Interessenten zu pflegen, Öffentlichkeitsarbeit zu betreiben, Finanzen zu beschaffen), zumal sie nicht - wie große Parteien - über hauptamtliche Mitarbeiter verfügt und von außen keine Spenden erhält.

Zu allen diesen Aufgaben kommen in der Bundesrepublik erschwerend hinzu der fehlende Zugang zur Öffentlichkeit und die dadurch extrem erschwerte Sammlung von Unterschriften als Voraussetzung für die Beteiligung an der Wahlwerbung.

Da in der Regel kleine Parteien - so auch die EFP und die Grünen - über kein vollständiges und geordnetes Archiv verfügen, läßt sich der Umfang des Parteilebens am ehesten ermitteln in der "teilnehmenden Beobachtung", d.h. in Gesprächen mit den Aktiven der Partei, in der Beobachtung dieser Aktivitäten. Erst dadurch, daß sich der Beobachter in das "soziale Feld" begibt, kann er die widerstreitenden bzw. kooperierenden Kräfte erfassen. Dies ist besonders im Hinblick auf die im letzten Teil der Arbeit dargestellte Minorisierung der EFP wichtig. Wie sich zeigte, ist diese Minorisierung aus schriftlichen Quellen kaum zu ermitteln, da diese nahezu ganz fehlen. Ihre Wirksamkeit liegt offenbar gerade in ihrer fehlenden Transparenz und unspektakulären Art, in der sie sich vollzieht. Gerade in diesem Bereich waren Berichte und Beobachtungen der Betroffenen die wichtigste Quelle.

Ohne schon hier ausführlich auf die Quellenlage zu dieser Arbeit einzugehen, bleibt festzuhalten, daß die teilnehmende Beobachtung die Erfahrungen eines "Insiders" brachte, die notwendig waren, um die kaum faßbare, aber dennoch effektive Wirkung der hier dargestellten Minorisierung aufzudecken.

Doch brachte diese "teilnehmende Beobachtung" eine - mir ständig präsente - Gefahr mit sich: den Verlust an Distanz zum Objekt der Untersuchung. Denn gerade die hier gemachten Erfahrungen lassen einen politisch denkenden Menschen nicht unberührt. Man kann sich des Dranges schwer entziehen, Partei zu ergreifen gegenüber einem Sachverhalt, der mit den Normen einer Demokratie kaum in Einklang zu bringen ist. Mit der Arbeit am Objekt wächst die Bereitschaft, Benachteiligungen minorisierter Parteien aufzudecken und diesem Tatbestand gegenüber Stellung zu beziehen.

Möglicherweise wird mancher Leser den Eindruck gewinnen, daß ich dieser Gefahr stellenweise erlegen bin. Ich glaube aber nicht, daß man sich dieser Gefahr allein dadurch entzieht, daß man zugleich die Gegenposition betrachtet. Denn sowohl auf der Seite jener parlamentarischer Parteien, als auch auf der Seite der minoritären Parteien, deren Sichtweise nur allzu selten dargestellt wird, handelt es sich um Positionen, die mit Herrschaftsinteressen verknüpft sind. Gerade weil die Position der herrschenden Parteien bisher zureichend vertreten wurde, ist es das Ziel dieser Arbeit, den Herrschaftskonflikt, der - verharmlosend - als "Parteienwettbewerb" bezeichnet wird, aus der Sicht der kleinen Parteien bzw. aus der Sicht zweier kleiner Parteien - der Europäischen Föderalistischen Partei (EFP) und der Grünen - darzustellen. In diesem Sinne ist die Arbeit parteiisch.

Entscheidende Hinweise und Anregungen zu diesem Thema verdanke ich Herrn Professor Dr. Ossip K. Flechtheim, der - wie man weiß - selbst in den Prozeß der ethnischen und politischen Minorisierung hineingerät. Seinen wissenschaftlichen Ratschlägen, seiner persönlichen Ermutigung zur Fortsetzung dieses schwierigen Problems wie auch seinen zukunftsgerichteten Gedanken zum Parteiensystem habe ich es wesentlich zu danken, daß die Arbeit in dieser Form und mit diesem Inhalt entstand. Ihm möchte ich vor allem danken, indem ich ihm das Buch widme. Wesentliche Hinweise für die inhaltliche Orientierung der Arbeit erhielt ich auch im Gespräch und aus den Schriften von Herrn Professor Dr. Wolf-Dieter Narr. Auch dafür möchte ich an dieser Stelle danken. Den Mitgliedern der Freien Universität Berlin, an der die Arbeit als Habilitationsschrift angenommen wurde, in Sonderheit aber Herrn Professor Dr. Siegfried Mielke, verdanke ich fruchtbare Anregungen zur Überarbeitung der Urfassung, darüberhinaus aber - dies sei hier besonders vermerkt - tatkräftige Unterstützung bei dem schwierigen Vorhaben, sich als Externe zu habilitieren.

Mein Dank gilt auch allen den Mitgliedern der EFP und der Grünen, die mir mit mündlichen und schriftlichen Berichten Informationen aus erster Hand beschafft haben, an die ich sonst nie gelangt wäre. Ihre Information und die Bereitschaft, mir ihre Archive zu öffnen, wurden zu einer wesentlichen Grundlage für die Kapitel 6 ff. Als Informanten möchte ich meinen Mann, Dr. Lutz Roemheld, besonders hervorheben, der mir nicht nur sein recht umfangreiches Archiv zur Verfügung stellte, sondern immer wieder mit wichtigen Berichten Informationslücken schließen half. Darüber hinaus bot mir seine Darstellung der Entwicklung und Konzepte des Integralen Föderalismus (3) die entscheidende theoretische Grundlage für mein Modell eines föderierten Parteiensystems. Diese Theorie vermittelt Zweifel an dem Phänomen der Masse und damit der Massenparteien als naturnotwendiger Folge einer wachsenden Zahl von Menschen. Sie verdeutlicht vielmehr diese Phänomene als Ergebnis von Vermassung als Folge von Zentralisierung und Nivellierung als Herrschaftsmittel im staatlichen, wirtschaftlichen und gesellschaftlichen Bereich. In diesem Zusammenhang läßt sich die hier behandelte Minorisierung deuten als Mittel zur Zentralisierung und Nivellierung des Parteiensystems mit dem Ziel einer effektiven Beherrschung der Bürger, die durch das repräsentative System begünstigt wird. Speziell zu diesem Problem haben mir die zahlreichen klärenden Gespräche eine wesentliche Hilfe bedeutet. Für die schnelle und kooperative Erstellung des Manuskripts habe ich Frau Marlis Schlabach zu danken.

Mein letzter und ganz persönlicher Dank gilt nicht nur meinem Mann, der mir nicht nur im wissenschaftlichen Bereich stets zur Seite stand, sondern durch Übernahme häuslicher Pflichten in föderalistischer Partnerschaft diese Arbeit und den daraus auch für mich persönlich bezogenen Gewinn ermöglichte. Darüber hinaus danke ich meinen beiden Kindern, die die mit einer solchen Arbeit verbundenen Anforderungen geduldig mitgetragen haben. In Gedanken an sie und ihre Zukunft erhält gerade der futurologische Aspekt dieser Arbeit zentrale Bedeutung.

Dortmund 1982   Regine Roemheld

1. PARTEIEN ALS INNOVATIONSPOTENTIALE POLITISCHER SYSTEME

> "Es bedarf außer der Movalität des Mutes zur Utopie eines nüchtern gewordenen Mutes zur realen Utopie, zu dem Entwurf einer besseren Welt, die möglich wird unter der Voraussetzung, daß wir sie wollen."
>
> Walter Dirks, Utopie 1954

1.1. Affirmative Erklärungsversuche für das Phänomen der Parteienkonzentration

Die von Ossip K. Flechtheim bereits 1962 getroffene Feststellung, daß es sich bei dem Rückgang der Kleinparteien in der Bundesrepublik um einen "irreversiblen Trend" handle (1), hat ihre Bestätigung in dem politischen Tatbestand erhalten, daß seit nunmehr 20 Jahren keine kleine und neue Partei Zugang zum Bundesparlament erhalten hat (2). Das "geschlossene Parteiensystem", in dem die Arrivierten begünstigt und die newcomers offensichtlich benachteiligt werden (3), auf die Ursachen seiner Entstehung hin zu untersuchen, ist ein Ziel der vorliegenden Arbeit.

Das von Manfred Rowold zur Erklärung des Konzentrationsprozesses entwickelte "Gravitationsmodell" erscheint insofern unzureichend, als es in dem "hohen Konzentrationsgrad der Wählerstimmen ... das wichtigste auslösende Moment der Gravitationswirkung" sieht (4).

Dieser Ansatz unterstellt eine freie, nicht manipulierte Entscheidung des Wählers als ausschlaggebend für die Struktur des Parteiensystems der Bundesrepublik, die letztlich dessen Konzentrationsgrad bestimmt. In der Kette der Ursachen jener "Gravitationswirkung" spielen nach Rowolds Ansicht "finanzielle und juristische Beschränkungen grundsätzlich eine wichtige Rolle für die praktische Gründungsfreiheit. Die tatsächliche Chancenungleichheit neuer Parteien erklärt indes nicht, warum es den wenigsten gelingt, ein Minimum an Personal zu werben, um ein organisatorisches Basisgerüst zu gewährleisten. Schwierigkeiten der Profilierung und Legitimierung als eigenständige Organisation sowie das erdrückende Übergewicht und die Verflechtung der etablierten Parteien mit Staat und Gesellschaft verhindern den Parteiaufbau, der offenbar doch gesellschaftlich relevante politische Alternativbedürfnisse voraussetzt, bereits im Ansatz". Als Form dieser Gravitationswirkung, die Rowold als "eine Eskalation der Abhängigkeit" charakterisiert, nennt er den "Verzicht auf politischen Wettbewerb" (z.B. Verzicht auf Teilnahme an der Wahl), "eine einseitige Wahlempfehlung ohne eigenen Nutzen", "Wahlbündnisse mit etablierten Parteien", Übertritte und Austritte und schließlich die Auflösung bzw. die Gründung von wahltaktischen Hilfsorganisationen für eine etablierte Partei, die einen Verzicht auf organisatorische und politische Eigenständigkeit bedeutet (5).

Trotz systembedingter Einschränkungen (6) sieht Rowold die eigentliche Ursache für den Mißerfolg der Minoritätsparteien darin, daß sie subjektiv ihre Legitimation eben doch nicht aus "relevanten politischen Alternativbedürfnissen" herleiten können und damit ihren Anspruch zu verlieren, als Vertretung breiter Wählerinteressen aufzutreten, sowie in strategischen Fehleinschätzungen.

Ein derartiger Erklärungsansatz leidet jedoch darunter, daß er das Interesse der großen, das politische Feld beherrschenden Parteien unberücksichtigt läßt, als Organisation ihre Macht zu potenzieren bzw. zu perpetuieren. Sobald wir jedoch diesen Faktor als bewegende Kraft im Parteiensystem unterstellen, kann die Konzentration eines Parteiensystems nicht mehr als "Gravitation" bezeichnet werden, als eine Art Naturkraft, die unbeeinflußt und unbeeinflußbar wirkt.

In diesem Zusammenhang soll gleich einem weiteren Einwand begegnet werden, der in der Auseinandersetzung um die vorliegende Untersuchung vorgetragen wurde, wonach hier einer "Verschwörungstheorie" das Wort geredet werde, mit der die Unfähigkeit kleiner Parteien, sich im politischen Wettbewerb zu behaupten, kaschiert werden solle und die die ihnen fehlende sozio-ökonomische Verwurzelung in der Bevölkerung außer Acht lasse (7). So bedeutsam dieser Einwand gegen die hier vorgetragene Theorie auch ist, so scheint er doch - getragen von einer vorwiegend soziologischen Betrachtungsweise des Themas - von einer geradezu naturnotwendigen Transmission der Interessen und Bedürfnisse der Bevölkerung durch die Parteien auszugehen, die hier gerade in Frage gestellt werden soll. Solange man den Erfolg einer Partei vorwiegend von der Attraktivität ihres Programms (8) und ihrer Einbindung in die sozio-ökonomischen Strukturen der Gesellschaft abhängig macht, erscheint dies nur plausibel vor dem Hintergrund eines idealtypischen Paradigmas, in dem Parteien sozusagen aus den Interessenstrukturen der Bevölkerung herauswachsen bzw. im ungehinderten Dialog mit der Bevölkerung die Attraktivität ihres Programms testen könnten. Eben diese Annahme soll hier in Frage gestellt werden. Vielmehr gehen wir davon aus, daß in einer Massengesellschaft, in der die politische Erfahrung kaum noch direkt zu machen ist, Vermittlungsprozesse durch Medien und politische Sozialisation und damit die Herrschaft über dieselben von entscheidender Bedeutung sind. Damit stellt sich für uns das Problem der Meinungsmanipulation und Propaganda nicht nur in Diktaturen, sondern generell in Massengesellschaften (also auch in repräsentativen Demokratien) unabhängig von ihren unterschiedlichen Legitimationsansprüchen. Vor diesem Problem wird die Entscheidung über den Wert einer Partei nach ihrer Organisationsfähigkeit und der Attraktivität ihres Programms sekundär - ohne dieses Problem damit eliminieren zu wollen. Sie läßt sich vielmehr erst dann treffen, wenn ein institutionalisierter öffentlicher Dialog als Vorbedingung für eine solche Entscheidung gesichert ist. Solange dies nicht geschieht, ist eine Entscheidung über die Qualität kleiner Parteien nach den Kriterien: sozio-ökonomische Verwurzelung, Organisationsfähigkeit, programmatische Attraktivität nicht zu treffen.

Hier soll die Hypothese untersucht werden, daß die großen - sprich: Majoritätsparteien - ihre seit der Besatzungszeit begünstigte Ausgangsposition dazu genutzt haben, die kleinen, von den Besatzungsmächten von vornherein benachteiligten wie auch die neuen Parteien klein zu halten, d.h. sie zu minorisieren. Die Ursache für den Erfolg bzw. die Erfolglosigkeit kleiner Parteien wird also weniger bei der kleinen Partei vermutet, sondern eher bei den Majoritätsparteien, die aufgrund ihrer vorherrschenden Stellung über ausreichende Mittel und Möglichkeiten verfügen, kleine Parteien - je nach Bedarf - bedingt oder auch gar nicht zum Erfolg kommen zu lassen. Unter einer solchen Prämisse muß schließlich der Terminus "Parteienwettbewerb" in Verbindung mit der ökonomischen Theorie der Demokratie auf seine Gültigkeit hin befragt werden (9). Denn ist es noch gerechtfertigt, von "Wettbewerb" zu sprechen, wenn sich das mit diesem Begriff bezeichnete Phänomen auf den wechselweisen Erwerb politischer Macht durch eine einzige Partei bzw. Koalitionen innerhalb einer äußerst geringen Zahl daran beteiligter Parteien beschränkt - zumal, wenn sich zwischen diesen weltanschaulich bedingte grundlegende Unterschiede zunehmend verflüchtigen? Mit dieser Fragestellung verbindet sich ein Verständnis von Politikwissenschaft als unbequemer Wissenschaft (10), die sich nicht bereitwillig in den Dienst der bestehenden Machtverhältnisse nehmen läßt (11), indem sie die für die herrschenden Parteien willkommenen Integrations- und Wettbewerbstheorien wissenschaftlich stützt.

Vielmehr ist es das Ziel der Arbeit, politische Praxis auch als ein normatives Problem begreiflich zu machen, d.h. danach zu fragen, wie weit diese wissenschaftliche Disziplin über die funktionalen Ansprüche und Bedürfnisse eines politischen Systems hinaus dessen Legitimationsgrundlage als normatives Wertgefüge mit einbezieht! (12)

Unter diesem Aspekt ist das Konzept Ernst Fraenkels zu kritisieren, wonach wenige Parteien zum Zwecke der Mehrheitsbildung alle politischen Kräfte integrieren sollen (13). Dieses Konzept, das von einer sich als integrativ verstehenden und das politische System der Bundesrepublik stützenden Politikwissenschaft vertreten wird (14), erweist sich schließlich als hervorragendes Mittel, um die zunehmende Parteienkonzentration als sinnvoll und notwendig theoretisch zu untermauern. Das Buch von Manfred Rowold über die Parteien "im Schatten der Macht" (1974) ebenso wie die im gleichen Jahr von Stephen L. Fisher veröffentlichte Untersuchung der "minor parties" in der Bundesrepublik und in den USA lassen sich wegen ihrer affirmativen Tendenz dieser wissenschaftlichen Richtung zuordnen, weil beide geeignet sind, Integration und Absorption als Herrschaftsmittel der Majoritätsparteien zu rechtfertigen und zugleich die Erfolglosigkeit der kleinen Parteien letztlich subjektiv zu erklären.

Demgegenüber ist es die Absicht dieser Untersuchung, die Erfolglosigkeit kleiner Parteien aus den objektiven Bedingungen des Parteien- und Gesellschaftssystems zu erklären. Dazu zählen nicht nur Möglichkeiten der Minorisierung (Beschränkung) seitens der Majoritätsparteien, sondern auch diejenigen Theorien, die deren Integrations- bzw. Absorptionsbestrebungen zu legitimieren geeignet sind. Unter diesem Aspekt gewinnt das pluralistische Parteienkonzept Ernst Fraenkels an Bedeutung, das daraufhin zu befragen ist, wie weit es die derzeitige Parteienoligarchie lediglich zu rechtfertigen geeignet ist, anstatt sie zu klären und kritisch auf ihre Berechtigung hin zu überprüfen. Gerade am Beispiel dieses Konzepts läßt sich eine deutlich staatszentristische Tendenz politikwissenschaftlicher Forschung feststellen, wie sie ähnlich von Bodo Zeuner in der Verbändeforschung entdeckt wurde (15). Wie sich zeigen läßt, findet diese staatszentristische Orientierung der Pluralismustheorie ihren Niederschlag in einem Parteikonzept, das sich in erster Linie an den funktionalen Erfordernissen des Staates orientiert (16) und erst in zweiter Linie Parteien als Organisationen zur Artikulation der Interessen und politischen Wertvorstellungen der Bürger begreift. Wie sich weiterhin zeigen läßt, ist dieses staatszentristische Pluralismuskonzept mit der speziell unter dem Einfluß des Obrigkeitsstaates in Deutschland entwickelten etatistischen Denktradition eine enge Verbindung eingegangen.

1.2. Parteien im multipolaren Konfliktmodell

Die vorrangige Berücksichtigung funktionaler Erfordernisse des Staates zu Ungunsten der Befriedigung der Bedürfnisse und Interessen der Menschen und gesellschaftlichen Gruppen hat zu einem Parteienkonzept geführt, das Großorganisationen favorisiert und die Minorisierung kleiner Parteien rechtfertigt, ohne damit den im Prinzip verurteilten partizipationsfeindlichen Strukturen solcher Großorganisationen wirksam begegnen zu können. Demgegenüber bringt Guy Héraud als Theoretiker des Integralen Föderalismus ein Pluralismusverständnis zum Ausdruck, das auf der Basis problemorientierter Kompetenz- und Ressourcenverteilung in Verbindung mit dem Vorherrschen von Vertragsrecht über Gesetzesrecht des Zentralisierungs- und Oligarchisierungsproblems erfolgreich Herr zu werden beansprucht und sich nicht nur auf intergruppale Relationen (Föderalisierung zusammengesetzter Systeme) bezieht (17). Am Beispiel der Ethnien, die in einem Land mit einer aufgrund unterschiedlicher Traditionen kulturell fremden Mehrheit ihre ethnische Identität erhalten wollen, hat Héraud das Konzept des "personalen Föderalismus" entwickelt (18). Eine wesentliche Forderung dieses Konzepts ist, daß neben Großgruppen auch Kleingruppen existenzfähig bleiben sollen. Auf ein Parteiensystem übertragen würde dieser föderalistische Pluralismus (19) nicht nur die Föderalisierung der Parteien beinhalten (20), sondern auch die Föderalisierung von Parteiensystemen in der Form, daß große und kleine Parteien gleichwertige Systemfunktionen und damit Existenzberechtigung erhalten.

Diese Systemfunktion speziell kleiner Parteien - als Innovationsfunktion in einem föderalisierten Parteiensystem verstanden - basiert auf einem multipolaren Konfliktmodell. Aus der Erkenntnis, daß der Konflikt sozial inhärent ist, also nie endgültig zu beseitigen sein wird, ergibt sich die Notwendigkeit, ihn als wesentliches Strukturelement sozialer Beziehungen anzuerkennen. Im Integralen Föderalismus wird ihm ausdrücklich eine positive Funktion zugeschrieben, nämlich die eines Motors der gesellschaftlichen Fortentwicklung, die der Gefahr der ständig drohenden Stagnation und institutionellen Erstarrung zu begegnen vermag.

Während das bipolare Konfliktmuster als Ziel die Eliminierung eines der beiden Pole (etwa die Klasse der Herrschenden) anvisiert und damit eine - in der Regel nur scheinbare - Auflösung des Konfliktes selbst, schließt das multipolare Konfliktmodell die Eliminierung auch nur eines der verschiedenen Pole ausdrücklich aus, um das von ihnen konstituierte und für den gesellschaftlichen Fortschritt als unverzichtbar angesehene konfliktuelle Spannungsfeld zwischen ihnen bewußt aufrecht zu erhalten. Der Integrale Föderalismus, der die Kategorie der Gruppe in den Mittelpunkt seines Gesellschaftsmodells stellt, baut alle seine politischen Zielvorstellungen auf einem multipolaren Konfliktmuster auf, das "das ständige wechselseitige Aufeinander-Einwirken einer unübersehbaren Vielfalt unterschiedlicher Personenverbände, ihrer Institutionen, ihrer jeweils besonderen Ziele usw." widerspiegelt. Es "ist auf Wahrung sowie immer neue Herstellung eines 'dynamischen Gesamtgleichgewichts' zwischen all diesen vielen gesellschaftlichen Polen angelegt" (21).

Als Modus der Konfliktregelung, mit der sich ein solches "dynamisches Gesamtgleichgewicht" erreichen läßt, bietet sich eine Konfliktregulierung nach dem Proporzmuster durch Aushandeln ("gütliches Einvernehmen" (22)) an, die sich vor allem für stark segmentierte, kleine Systeme eignet (23) und eine weitgehende Berücksichtigung politischer Minderheiten garantiert. Auf diese Weise läßt sich die Vielfalt der Gruppen und Interessen für gesellschaftliche Fortentwicklung nutzbar machen, ohne daß das ganze System auseinanderzubrechen droht. Die Lösung des von Jürg Steiner in diesem Zusammenhang angesprochenen Problems, "daß den einfachen (sic!) Mitgliedern des Systems keine funktionalen Kommunikationskanäle zur Artikulation von Dissenz zur Verfügung stehen" (24), könnte z.B. die Einbeziehung des Imperativen Mandats in die rechtliche Verfassung derartiger Systeme bringen, das auch die durch Proporzregelungen erschwerte politische Kontrolle (25) effektiver zu gestalten erlauben würde. Die Lösung des Problems der in solchen mehr oder weniger stark segmentierten Systemen beobachteten verringerten Lernkapazität, die sich nach Steiner aus der "relativen Geschlossenheit der Eliten" ergibt, aufgrund deren die übrigen Bürger kaum Partizipationschancen mehr sehen und deshalb inaktiv zu werden drohen (26), scheint in einem veränderten Parteienverständnis zu liegen. Denn, wie Gerhard Lehmbruch festgestellt hat, droht den Proporzsystemen Stagnation durch Sektionalismus ("die (partikularistische - R.R.) Integration einer innerhalb eines abgegrenzten Territoriums zusammenlebenden Gruppe") wie auch durch "Versäulung" (Polarisation aufgrund der Dominanz ideologischer Präferenzen gegenüber anderen Präferenzen), wobei nahezu alle gesellschaftlichen Organisationen die Polarität der politischen Organisationen widerspiegeln (27).

Es erhebt sich also die Frage, ob und wie weit sich politische Innovation dennoch sichern ließe in politischen Systemen mit multipolaren Konfliktregelungsmustern.

Jüngst hat Gerhard Lehmbruch auf eine "partielle Diskontinuität der politischen Strukturen" in der Bundesrepublik hingewiesen, wonach der Föderalismus (gemeint ist der Staatsföderalismus im Gegensatz zu dem auch die Bereiche Wirtschaft und Gesellschaft einschließenden Integralen Föderalismus) auf traditionellen Strukturen aufbaut, während sich im Parteiensystem seit 1945 erhebliche strukturelle Wandlungen in Richtung auf zunehmende Unitarisierung vollzogen haben. Lehmbruch spricht in diesem Zusammenhang von einem "Strukturbruch". Wie der Autor weiter zeigt, hat dies zu einer Konkurrenz zweier Strategien im bundesrepublikanischen Entscheidungssystem geführt. Während sich im staatsföderalistischen System die Konfliktregelung durch Aushandeln ("bargaining") durchsetzte, begünstigte die Parteienkonzentration in Deutschland seit 1945 eine Konfliktregelung nach dem Majorzmuster (28).

Wie im Folgenden zu zeigen sein wird, impliziert diese Parteienkonzentration letztlich ein bipolares Konfliktmodell, in dem die Chancen der Partizipation politischer Minderheiten, die sowohl ethnische (29) wie konfessionelle, soziale und ideologische Minderheiten einschließen, die aber von den "etablierten" Parteien und anderen gesellschaftlichen Gruppen in ihrer Gesamtheit als aus dem politischen Willensbildungsprozeß fernzuhaltender Gegenpol betrachtet werden, nahezu vollständig zunichte gemacht wurden. Auf diese Weise wurde zugleich die Möglichkeit grundlegender politischer Innovation durch die Integration alternativer politischer Meinungen in das politische System der Bundesrepublik (nicht in die großen Parteien) mit vorwiegend quantitativ begründenden Argumenten nahezu vollständig ausgeschlossen, da es gerade solchen Meinungsgruppen unmöglich gemacht wird, in Form von Parteien grundlegend alternative und eben deshalb innovationsgeeignete Konzepte in der Öffentlichkeit zu vertreten.

Um aber - im Gegensatz dazu - politische Parteien unabhängig von ihrer quantitativen Größe als Innovationsfaktoren wirksam werden zu lassen, müßte die Funktion von politischen Parteien im politischen System generell überprüft werden. Im föderalistischen Modell eines politischen Systems werden Interessen nicht so sehr von Parteien durchgesetzt, sondern vorrangig im Wirtschafts- und Sozialrat (gleiches gilt bezüglich kultureller Belange für den von den Integralföderalisten geforderten Kulturrat). Für Parteien, die in diesem Konzept ursprünglich gar nicht vorgesehen sind, bliebe dann als zentrale Aufgabe die der Erarbeitung umfassender und langfristiger Modelle zur Lösung von grundlegenden gesellschaftlichen Existenzproblemen auf weltanschaulicher Basis. Dann wären die Parteien nicht mehr vorrangig als "Produkt des Klassenkampfes" bzw.

als "Produkt der Kämpfe von Gruppeninteressen" (30) zu sehen, sondern eher als Willensbildungs- und Planungsinstanzen für "globale Politik und langfristige Planung" (31), als Advokaten humaner Politik, die nicht mit den Interessen einiger finanziell potenter mächtiger Gruppen verknüpft sind, sondern ihren Einfluß auf die Zahl ihrer Mitglieder gründen, letztlich also auf die Breitenwirkung ihrer jeweiligen weltanschaulichen Grundpositionen.

Ihre Rolle könnte die von Advokaten der unterschiedlichen weltanschaulich bedingten Vorstellungen im Hinblick auf politische Konzepte und Strukturen sein, die sich u.E. auch als grundsätzliche Opposition zu den von den übrigen Gruppen vertretenen "politics", als Widerlager zu Bürokratismus und Interessenverflechtungen, als wahrhafte Speerspitze langfristiger Innovation qualifizieren würden. Auf diese Weise könnte die von Michael Th. Greven angedeutete Beschränkung der Innovationsmöglichkeiten der politischen Parteien durch "allgemeine Funktionen" (32) aufgebrochen und Strategien gesellschaftlicher Veränderung eine Chance gegeben werden (33).

Das föderalistische Strukturkonzept, das unterschiedliche weltanschaulich orientierte Pole (Parteien) als eine wesentliche Voraussetzung für das zugunsten gesellschaftlicher Fortentwicklung fruchtbare Wirksamwerden des dialektisch-multipolaren Konfliktlösungsmusters notwendig impliziert, ist als Ausgangsbasis für das hier entwickelte Modell einer Partei bzw. eines Parteiensystems geeignet. Es gestattet nämlich die Koexistenz verschiedener Weltanschauungsparteien mit jeweils universalem Geltungsanspruch als auf die Dauer unverzichtbarer gesellschaftpolitischer Innovationspotentiale.

Geht man allerdings von dem derzeitigen Selbstverständnis solcher Parteien aus, aufgrund dessen sie einen jeweils spezifisch begründeten Alleinvertretungsanspruch geltend machen, so drängt sich auf den ersten Blick die Schlußfolgerung auf, daß eine Koexistenz solcher Parteien an sich ausgeschlossen ist, weil sie sich mit deren jeweiligen Ausschließlichkeitsansprüchen grundsätzlich nicht vereinbaren läßt. Aus föderalistischer Sicht erweist sich die prinzipielle Paradoxie einer Koexistenz verschiedener Weltanschauungsparteien mit universalem Geltungs- bzw. Alleinvertretungsanspruch jedoch dann nur als scheinbar, wenn man diese verschiedenen politischen Orientierungen als in dialektischen Beziehungen zueinander stehende Teile eines Gesamtsystems begreift, das gerade aus dem dadurch gegebenen dialektischen Spannungsverhältnis seine Innovationsfähigkeit bezieht. Begreift man jedoch diese Paradoxie in undialektischer Art und Weise und versucht demzufolge, sie aufzulösen, anstatt sie zu "ertragen", so kann man in der Tat letztlich nur einer einzigen Weltanschauungspartei Existenzberechtigung zugestehen. Eine derartige Haltung impliziert jedoch im Grunde genommen den totalitären Einparteienstaat und eine geschlossene Gesellschaft, die beide die Innovationsfähigkeit eines politischen Systems zunehmend beeinträchtigen und seine zunehmende innere Erstarrung zur Folge haben.

Voraussetzung für die Verwirklichung eines innovationsorientierten Parteiensystem-Modells ist die grundsätzliche Anerkennung der Existenzberechtigung verschiedener Weltanschauungen als Ausdruck unterschiedlicher Seinsverständnisse des Menschen. Auf die Weltanschauungsparteien angewendet bedeutet dies die Aufgabe ihres Alleinvertretungsanspruchs aus der Einsicht heraus, daß nur Kompromißlösungen, die zwar in der Regel nicht für alle Seiten völlig befriedigend sind, aber immerhin die Annahme seitens aller jeweils Beteiligten implizieren, eine Garantie für das Fortleben eines politischen Systems bieten, dessen ständiger Weiterentwicklung darüber hinaus die fruchtbaren Impulse, die aus dem dialektischen Spannungsverhältnis zwischen den unterschiedlichen weltanschaulichen Orientierungen resultieren, nutzbar gemacht werden können (34). Das bedeutet, daß im Interesse des Fortbestands der Menschheit und damit im Interesse des Überlebens der ihr dienenden Systeme die unterschiedlichen, ja sogar einander feindlichen Weltanschauungsparteien bestimmte institutionalisierte Konkurrenzmechanismen akzeptieren und auf ihre verfassungsmäßige Verankerung gemeinsam hinwirken müssen. Dies könnte geschehen in der grundsätzlichen gegenseitigen Anerkennung sowie durch die verfassungsmäßige Verankerung eines ständigen institutionalisierten öffentlichen Dialogs als unmittelbarer Ausdrucksform des multipolaren Konfliktmodells.

Aus föderalistischer Sicht bietet sich in erster Linie das Parlament als Institution für einen solchen öffentlichen Dialog an. Darüber hinaus sollten weitere Instrumente in den Dienst der Verwirklichung dieses Dialogs gestellt werden (z.B. Massenmedien), die einer möglichst großen Zahl von Bürgern die Teilnahme hieran anbieten sollen. In einem föderalistisch konstituierten und strukturierten Parlament (35) (neben Wirtschafts- und Sozialrat und Regionenkammer) wäre ein Entscheidungsorgan zu sehen, das nicht nur diese Parteien als Vertretungsinstanzen zusammenfaßt, sondern z.B. in Gesetzen und in öffentlicher Diskussion jene weiter oben erwähnten langfristigen Konzepte in das staatliche Handeln einbringt bzw. die von Regierung und anderen staatlichen sowie von wirtschaftlichen und gesellschaftlichen Institutionen getroffenen Maßnahmen auf ihre Vereinbarkeit mit jenen Konzepten hin überprüft und gegebenenfalls auf entsprechende Korrekturen hinwirkt. Dementsprechend wären diesem Parlament die hierfür notwendigen legislativen Initiativ- und Zustimmungsrechte einzuräumen.

Ein solches Parteiensystem-Modell, in dem die Parteien entlastet wären von einer nur allzuoft von der Behandlung allgemeiner, grundlegender Existenzprobleme mit langfristigen Folgewirkungen ablenkender, dem politischen Tagesgeschehen verhafteter Interessenvertretung, ließe sich nicht nur die umfassende, tendenziell totale Einflußnahme der derzeit in der Bundesrepublik herrschenden Parteien auf alle Bereiche des öffentlichen Lebens reduzieren und ihre Funktion als politische pressure groups bestimmter Wirtschaftsinteressen aufheben, sondern auch ihre enge Verflechtung mit staatlichen Funktionen (Quasi-Staatsinstitution (36)) auflösen. Dieses Modell verschafft insbesondere der innovatorischen Kraft von Parteien größere Entfaltungsmöglichkeiten, da gerade in dieser Funktion der zentrale Wert der Parteien bestehen würde. Auf diesem Wege ließe sich das Problem der Partei als innovatorischer Kraft im politischen System grundsätzlich lösen, ohne daß eine solche Partei sich auf die Position "eine(r) 'ewige(n)' Minderheits- und Oppositionspartei" (39) beschränken müßte. Im Gegenteil: gerade Parteien mit langfristigen Konzepten erfahren so die notwendige Aufwertung und könnten als strategisches Mittel gegen die verbreitete Entideologisierung und den Mangel an langfristigen, zukunftsbezogenen Konzepten eine hervorragend konstruktive Systemfunktion erhalten.

1.3. Die EFP als Modell einer übernationalen Partei

Vor diesem Hintergrund enthält die Feststellung Ossip K. Flechtheims von der Antiquiertheit nationaler Parteien, die weder übernational noch europäisch noch gar global denken und handeln (38) können, besondere Aktualität. Nach Flechtheims Ansicht "werden auch die Staatsparteien ihre allzu eigenstaatlichnationalen Schranken zu überwinden haben, und zwar in doppelter Richtung - einmal durch Übertragung von Funktionen auf kleinere, bürgernähere regionale oder auch lokale Gruppierungen, Bewegungen und Initiativen, zum anderen aber auch durch Delegierung von Kompetenzen auf überstaatliche kontinentale und globale Zusammenschlüsse, Föderationen und 'Internationalen'" (39).

Hier wird von einem Futurologen das Modell entwickelt, das von der EFP in ihrer Programmatik vertreten und in Form einer zunehmenden Konkretisierung und Differenzierung auch praktisch weiterentwickelt wird. Die EFP, die in dem von ihr konzipierten und propagierten Modell eines vereinten föderalistischen

Europa nicht ein Endziel erblickt, sondern diese kontinentale Föderation als Beispiel für die von ihr letztlich angestrebte Weltföderation betrachtet, kann als die erste "Europa- und Weltpartei" angesehen werden, von der Flechtheim annimmt, daß sie "die großen Aufgaben unseres Jahrhunderts zukunfts- und menschheitsbewußt zu lösen" vermag (40). Wie noch detailliert auszuführen sein wird, fehlt es dieser Partei nicht mehr - wie in ihrer Anfangsphase - an einem zukunftsorientierten Konzept, sondern, wie Flechtheim an anderer Stelle feststellt, an einer zureichenden Bedeutung im Parteiensystem der Bundesrepublik (41).

Diese Beurteilung muß notwendigerweise systemimmanent bleiben, da sie nicht diejenigen Faktoren einbeziehen kann, die eine derartige Partei in einem politisch notwendigen, weil zukunftsorientierten Konzept daran hindern, politisch wirksam zu werden. Die Aufgabe unserer Untersuchung soll eben gerade darin bestehen, diese Faktoren, die insgesamt das bewirken, was wir als "Minorisierung" bezeichnen wollen, darzustellen. In diesem Zusammenhang stellt sich für uns die Frage, ob speziell die Innovationsfunktion der Parteien, die im Hinblick auf deren zukunftsbezogene Zielsetzungen von Bedeutung ist (42), bei einer Bewertung überhaupt gewürdigt werden kann, die ausschließlich quantitative Maßstäbe anlegt. Solange Parteien allein unter der Prämisse des Prinzips der Stimmenmaximierung, d.h. nach ihren Wahlergebnissen bewertet werden (43), kann diese Funktion keine Berücksichtigung finden. Unter dieser Prämisse erhalten sie ihren Rang im Parteiensystem aus ihrer Funktion für das <u>System</u> heraus, nicht für die <u>Menschen</u>, denen das System zu dienen hat. Das bedeutet, daß hier funktionale Werte (Stabilität, Überschaubarkeit, quantitativ begründete Macht) essentiellen Werten (Partizipation, Humanisierung, Zukunftsorientierung) übergeordnet werden.

Daraus erklärt sich die u.E. verhängsvolle Schlußfolgerung, daß nur eine Partei, die in ihren Wahlergebnissen erfolgreich ist und große Mehrheitschancen besitzt, als politisch bedeutsam angesehen wird. Hinsichtlich der Beurteilung der Programmatik bedeutet dies, daß ein inhaltlich weitgefächertes und damit ein möglichst breites Wählerspektrum ansprechendes Programm eher eine erfolgreiche Stimmenmaximierung verspricht und deshalb Priorität erhält vor einem weltanschaulich-anthropologisch fundierten Programm bzw. vor der Frage, wie weit mit einem Programm des erstgenannten Typs die Überlebenschancen der Menschheit langfristig gesichert werden können.

Wie sich aus unserer Untersuchung ergibt, werden die von Fisher und Rowold als Ursachen der Erfolglosigkeit kleiner Parteien (schwache Organisation, fehlende Führer, Geldmangel und auch innerparteiliche Konflikte (44)) genannten Faktoren zu den von Art und Grad der Minorisierung abhängigen Variablen. Im Hinblick auf die von Fisher hervorgehobenen Faktoren der "Nationalization of Life" wie auch bezüglich des vermeintlichen Fehlens wichtiger sozialer und wirtschaftlicher Gegensätze (45) läßt sich im Folgenden zeigen, daß sowohl in der Parteienpolitik der Alliierten nach 1945 als auch mit dem Konzept der Volksparteien diese Nationalisierung der Parteien bzw. die soziale und wirtschaftliche Harmonisierung, die dem Anschein nach ihren Ausdruck in dem bundesdeutschen Parteiensystem gefunden hat, entscheidend begünstigt wurde, ohne daß dies letztlich als Ausdruck einer tatsächlichen Nationalisierung und Harmonisierung gewertet werden kann. Vielmehr läßt sich zeigen, daß es u.a. ein Ziel jener Minorisierungspolitik speziell gegenüber den Minoritätsparteien war, alle Kontroversen politischer Kräfte, die tatsächlich als Ausdruck des Widerspruchs zu jenen umfassenden Einigungs- und Harmonisierungsbestrebungen betrachtet werden können, gezielt und mit den Machtmitteln der Majoritätsparteien zu eliminieren.

So sind schließlich die als Integrationsinstrumente für die vielfältigen politischen Bestrebungen in der Bevölkerung konzipierten "Volksparteien" zu "unbeweglichen verharschten Machtblöcken" erstarrt und haben "zu schwerwiegenden Funktionshemmungen der Demokratie" geführt (46).

Man sollte bei einer Analyse dieser Entwicklungen jedoch nicht aus dem Auge verlieren, daß der von Stammer und Grewe dargestellte "Parteienstaat" bereits die Gefahr impliziert, daß "die Parteien ... die politische Willensbildung zusammen mit den Interessenverbänden (monopolisieren) und ... sich gegenüber Massenbewegungen und außerparlamentarischen Aktionen, gegenüber der Spontaneität und den unmittelbar artikulierten Wünschen der Bevölkerung (sperren). Sie bilden ein Kartell der Macht und der Angst, abgekapselt, aber in allen Bereichen des öffentlichen Lebens präsent und eingreifend (Personalauslese nach Parteienproporz); sie stützen und ergänzen sich gegenseitig und werden selbst zu Interessengruppen gegenüber, nicht für die Bevölkerung" (47). Dies läßt sich gegenwärtig beobachten im Verhalten der beiden "Volksparteien" CDU/CSU und SPD gegenüber der F.D.P., die nach einigen verlorenen Landtagswahlen eine außerparlamentarische Partei zu werden droht, wohingegen Grüne und Alternative die Position der F.D.P. als "dritte Kraft" ernsthaft bedrohen. Im Gegensatz zu den idealtypischen Gesetzen des politischen Wettbewerbs, wonach die Erfolgreichen als parlamentarische Partner akzeptiert werden, begegnet man den Grünen auch dort mit Benachteiligungen, wo sie die Legitimation als Repräsentanten erhalten haben (Bremen,

Baden-Württemberg (48)), während sich z.B. der Ministerpräsident von Nordrhein Westfalen, Johannes Rau, nach den Verlusten der F.D.P. im Mai 1980 bei den Landtagswahlen weiterhin sehr um Kooperation mit ihr bemüht. Diese Tatsache beweist einmal mehr, daß das Kartell der auf Proporz und entsprechende Spielregeln eingefahrenen "Etablierten" seine Konstellation unabhängig von Wahlergebnissen verteidigt.

Wie anhand der darzustellenden Minorisierung gezeigt werden kann, wendet sich dieses Machtkartell nicht nur gegen spontan gebildete Bürgergruppen, sondern auch gegen die Konkurrenz der Kleinen und Neuen innerhalb des Parteiensystems, das nicht nur die parlamentarisch vertretenen Parteien umfaßt - wie immer wieder vorgegeben wird -, sondern alle Parteien bis hin zur kommunalen Ebene (49). Im Zusammenhang damit erhebt sich schließlich die Frage, ob die die öffentliche Willensbildung beherrschenden Parteien (im Gegensatz zu den Minoritätsparteien) tatsächlich die Funktion von "Katalysatoren" übernehmen, "die zur Offenlegung sozialer Spannungen und konfligierender Interessen in der Sozialstruktur beitragen und die Bürger dazu bringen, sich über strukturelle Konfliktgrenzen hinweg zu vereinigen und Prioritäten unter ihren Überzeugungen und Bindungen zu setzen" (50).

Wie an der Chancenvernichtung gegenüber kleinen und neuen Parteien deutlich gemacht werden kann, haben sich die Majoritätsparteien, also diejenigen Parteien, die über politische Machtmittel von der Legislative über die Exekutive bis hin zu den Verwaltungen und Massenmedien verfügen, gegen eine allzu deutliche Demonstration solcher sozialen Spannungen und konfligierenden Interessen so abzusichern vermocht, daß die Chance für eine Repräsentation von Minoritätsmeinungen und -interessen, die in das Konzept der "Volksparteien" nicht hineinpaßt, gleich null ist (51).

Wie sich weiter zeigen läßt, besteht ein enger Zusammenhang zwischen dem von Theoretikern des Pluralismus vorgetragenen Integrationsauftrag der Parteien und der tatsächlichen Parteienkonzentration, die sich aus der massiven Chancenvernichtung der kleinen Parteien ergeben hat. Letztlich erhielt für die Parteien die Stabilität des Systems Priorität, der gegenüber die Demokratie (i.S. von Partizipation) zur abhängigen Variablen wurde (52). Die verbreitete Verdrossenheit an den Parteien (53) hat vermutlich ihre Ursache in dem Gefühl, daß im Konfliktfall für die Parteien das Interesse der Machterhaltung Vorrang erhält vor der Verpflichtung gegenüber dem Bürger, seine Interessen in der Politik optimal zu vertreten.

1.4. Das Beispiel der EFP und die Quellen

Der Versuch, die Minorisierung kleiner Parteien in der Bundesrepublik umfassend nachzuweisen, stößt auf erhebliche Hindernisse. Wie sich gerade am Beispiel der EFP im letzten Teil der Arbeit nachweisen läßt, ist diese Minorisierungspolitik in der Regel keineswegs spektakulär, und bewegt sich - ausgenommen der Konflikt zwischen Bayerischer Staatspartei (BSP) und Bayerischem Rundfunk (bzw. CSU) - überwiegend außerhalb des justiziablen Bereichs. Die Quellen sind deshalb nur spärlich und viele Aussagen können nur aufgrund mündlicher Berichte bzw. aufgrund eigener Beobachtungen gemacht werden.

Soweit vorhanden, haben wir Unterlagen aus dem - recht ungeordneten und lückenhaften - Archiv der EFP sowie aus den Archiven von Gerhard Huber (BSP), Dr. Dr. Helmut Kalkbrenner (BSP), Dr. Lutz Roemheld (EFP), Burkhard Stieglitz (EFP), Claus Tödt (EFP) und Paul Zigan (EFP) verwendet. Hilfreich bei der Untersuchung waren uns auch zahlreiche mündliche Berichte von Parteimitgliedern, besonders aus der Anfangszeit der Partei, aus der Unterlagen nur schwer zu beschaffen sind, weil sich zahlreiche Aktive seit 1974 aus der Partei zurückgezogen haben. Zudem wurde dem Wunsch der Verfasserin nach einem Interview mit dem Gründer der Föderalistischen Internationale (FI), Otto Molden, nicht entsprochen.

Angesichts der Tatsache, daß die EFP - speziell in ihrer jüngsten Entwicklung - bisher wissenschaftlich nicht berücksichtigt wurde (s. Kap. 6.2.1.), angesichts auch der allgemein schwierigen Quellenlage zum Thema Minorisierung kamen der Verfasserin ihre persönlichen Beziehungen zu wichtigen Informanten wie auch die Möglichkeit, eigene Erfahrungen zu sammeln, sehr zugute. Es lag deshalb nahe, die EFP als Demonstrationsobjekt heranzuziehen (54). Hinzu kommt eine im Gegensatz zu den europäischen "Parteienbünden" (55), denen bekanntlich die Majoritätsparteien der Bundesrepublik angeschlossen sind, beobachtete Minorisierung der EFP auch in der diesbezüglichen Literatur mit wissenschaftlichem Anspruch (56), obwohl das Konzept der Föderalistischen Internationale deutliche Parallelen zu den europäischen "Parteienbünden" wie auch zu anderen transnationalen Organisationen ("Internationale") aufweist.

Unter diesen Voraussetzungen schien es jedoch nicht ausreichend, das Ausmaß und die Strategien der Minorisierung zu verdeutlichen ohne Berücksichtigung des politischen Umfeldes. Wir haben deshalb der Analyse der Minorisierung der EFP eine umfassende Analyse der Entwicklung des Parteiensystems vom Nachkriegsdeutschland bis heute unter besonderer Berücksichtigung der Minorisierungspolitik vorangestellt. Dabei ließ sich bereits in den westlichen Besatzungszonen eine deutliche Bevorzugung einzelner Parteien gegenüber anderen feststellen, die eine bis heute ausschlaggebende Kräftekonstellation im Herrschaftssystem der Parteien mit sich brachte.

Unter dem Begriff der Chancenvernichtung wird dann jene Minorisierungspolitik der ohnehin bevorteilten Parteien gegenüber allen kleinen und neuen Parteien analysiert, die nicht nur eine Konzentration auf drei bzw. vier parlamentarische Parteien auf Bundesebene mit sich brachte, sondern aus der jene Parteien als Sieger hervorgingen, die bereits zur Zeit der Besatzung protegiert worden waren.

Die theoretische Rechtfertigung einer solchen Politik ließ sich - wie zu zeigen sein wird - nicht nur aus der Legende herleiten, daß die Weimarer Demokratie an der Parteienvielfalt zugrunde gegangen sei, sondern aus der u.a. mit dieser Interpretation begründeten Notwendigkeit einer umfassenden Integration möglichst vieler Interessen in möglichst wenigen Parteien. Auf die mit diesem Konzept verbundenen Gefahren wird ausführlich hinzuweisen sein.

Wie sich aus dieser historisch-kritischen, soweit möglich auch empirischen Analyse ergibt, war es mit diesem Verfahren möglich, die Minorisierung kleiner und neuer Parteien bzw. einer neuen Parteien vor dem Hintergrund eines konzentrierten Systems von zwei Massenparteien (CDU/CSU - SPD) und einem ständig in seiner Existenz bedrohten "Zünglein an der Waage" (F.D.P.) darzustellen, in dem die Erhaltung von Herrschaftspositionen allen übrigen Aufgaben der Partei schließlich übergeordnet wird. Unter dieser Voraussetzung kann von "Parteienwettbewerb" nicht mehr gesprochen werden, wie ihn die "ökonomische Theorie der Demokratie" (57) als selbstverständlich unterstellt. Wir werden uns auch damit auseinanderzusetzen haben.

In diesem Zusammenhang ist die Frage zu stellen, ob und wieweit bei dieser Bevorzugung allein formale (Übersichtlichkeit des Parteiensystems) und strukturelle Gesichtspunkte (Orientierung an anglo-amerikanischen Vorbildern) oder aber sozioökonomische Kriterien (Unterdrückung spezifischer Interessen und Konzepte) eine Rolle gespielt haben. So wäre etwa die Offe'sche These von der Artikulationsunfähigkeit bzw. -unmöglichkeit sehr allgemeiner, nicht an Statusgruppen gebundener Interessen auf ihre Relevanz hin zu prüfen, die konfliktunfähig sind, "weil ohne funktionelle Bedeutung für den Verwertungsprozeß von Kapital und Arbeitskraft ..., und die als utopische die historischen Systemgrenzen transzendieren." (58) Handelt es sich bei den Zielvorstellungen kleiner und neuer Parteien vielleicht um solche, die sich weder für Stimmenmaximinierung eignen noch auf Unterstützung durch ökonomisch potente Gruppierungen rechnen dürfen?

Die Beispiele der EFP wie auch der ökologischen Parteien scheinen uns zur Überprüfung geeignet.

Da neue Konzepte und Ideen in der Regel aber von politischen Minderheiten entwickelt werden, bevor sie über die Öffentlichkeit eine Mehrheit finden, sind gerade diese Minderheiten das wichtigste Potential, das einem politischen System sein Überleben garantiert. Es ist deshalb eine zentrale Frage, wieweit und in welcher Form das System dieses Innovationspotential zu nutzen gedenkt, d.h. wie weit es selbst zukunftsorientiert ist. Dies ist die zentrale Frage der Arbeit. Der Untersuchung der historischen Entwicklung und politischen Strukturen des Parteiensystems der Bundesrepublik muß eine ausführliche Klärung und Wertung einiger zentraler Begriffe vorausgehen. Im Zusammenhang mit der Erläuterung des Minorisierungsprozesses ist auch auf Integrationsideologien und -strategien einzugehen. Schließlich ist der für unsere Untersuchung zentrale Begriff der "Minoritätspartei" inhaltlich zu bestimmen. Es gilt, die Fragen zu beantworten, unter welchen Bedingungen Parteien zu "Minoritätsparteien" werden (59).

2. KLÄRUNG UND WERTUNG DER BEGRIFFE

2.1. Minorisierung und Minorität

Die Bezeichnung der kleinen Parteien im deutschen Sprachbereich als Splitterparteien (1), nicht etablierte Parteien (2) erscheint aus noch darzulegenden Gründen als nicht befriedigend. Hingegen ist im englischen Sprachbereich der Begriff der "Minor Parties" (3) gebräuchlich, der in seiner komplexen Bedeutung eher die politischen Aktionsräume speziell solcher kleinen Parteien kennzeichnet. Tatsächlich erscheint die Situation der kleinen Parteien - insbesondere in der BRD - derjenigen von Minderheiten vergleichbar. Was aber umfaßt zunächst der Begriff "Minderheit, Minorität"?

Ein Vergleich europäischer und amerikanischer Autoren macht die ursprünglich sehr unterschiedlichen Deutungen sichtbar, die sich aus den verschiedenartigen, historisch bedingten Problemstellungen erklären und sich erst mit der Angleichung politisch-sozialer Realität miteinander mischen. Beiden gemeinsam ist der numerisch-statistische Aspekt, daß es sich bei einer Minderheit um eine "quantitativ kleinere Gruppe in einem Sozialgebilde" (4), genauer gesagt, um eine Bevölkerungskategorie handelt, die weniger als die Hälfte der Gesamtpopulation ausmacht (5). Diese Definition erscheint jedoch theoretisch wie empirisch unfruchtbar (6).

Der Rückgriff auf den lateinischen Ursprung des Wortes (minor = kleiner, geringer), das dann über das mittellateinische minoritas (Minderheit) einerseits über das althochdeutsche minnirheit und andererseits über das französische minorité ins Neuhochdeutsche kam, weist auf die qualitative Komponente der Minderwertigkeit, Inferiorität im Sinne von "Mindersein an Würde", "Mindersein an Stärke" hin (7). So gilt im englischen Sprachgebrauch minority als die "non-dominant group", als die nicht vorherrschende Gruppe (8). So gesehen handelt es sich bei Minoritäten um "Teilgruppen innerhalb einer umfassenden Gruppe", die sich von der Majorität (im Sinne von "herrschende Gruppe" entsprechend lat. maior - größer, stärker, bedeutender (9)) durch bestimmte Merkmale unterscheiden, die in der Regel (10) von der herrschenden Gruppe als weniger wertvoll

33

im Vergleich zu entsprechenden eigenen Merkmalen angesehen werden. Die Bewertung solcher Merkmale hängt dann von den Normen und Werten der Majorität ab. Dies führt dazu, daß Minderheiten von der Mehrheit weitgehend als Fremdkörper angesehen und entsprechend diskriminiert werden (11).
Mit der Entstehung der Nationalstaaten im 19. Jahrhundert in Europa richtete sich diese Diskriminierung seitens der ethnischen Gruppe, die in der Nation die herrschende, prägende Majorität darstellte, gegen andere ethnische Gruppen, die sich in der Minderheit befanden (12). In den USA hingegen übte die Gruppe der angloamerikanischen Siedler zwar die Herrschaft aus, stellte aber nicht die zahlenmäßige Mehrheit dar. Deswegen trachtete sie mit Hilfe einer ganz massiven Amerikanisierung aller Einwanderergruppen und mit der Diskriminierung jeglicher anders gearteten ethnischen, sprachlichen und kulturellen Eigenheiten danach, ihren Herrschaftsanspruch zu behaupten (13). Ähnliche Symptome zeigten sich im Zusammenhang mit der Russifizierung nichtrussischer Völker in der Sowjetunion.
Während sich also die Folgen des Ethnozentrismus (14) in Europa in der Diskriminierung verschiedener Nationalitäten und unter anderem in den Konflikten zwischen verschiedenen Nationen niederschlagen, führte die Diskriminierung von ethnischen Minderheiten in den USA zu rassischen und sozialen Konflikten _innerhalb_ einer Gesellschaft. So umfaßte der in Europa auf das völkerrechtliche Problem bezogene Begriff der Minderheit in den USA ein breiteres Problemfeld insofern, als er soziale - und infolgedessen - politische Diskriminierung jeweder Art mit einschloß (15). Er beinhaltete also nicht so sehr Fragen des Völkerrechts, als vielmehr soziologische und politische Fragestellungen, so etwa die der Beherrschung einer zahlenmäßigen Mehrheit durch eine numerische Minderheit (16). Damit trat unter anderem das Problem der Chancengleichheit von Minderheit (Minorität) und Mehrheit (Majorität) ins Zentrum des Interesses, also auch die Frage nach der Teilhabe an Macht und sozial-moralischem Prestige (17).
Nach der völkerrechtlichen Definition der Minderheiten, die der Unterausschuß der UN 1950 festlegte, umfaßt der Begriff der Minoritäten "nur jene nicht herrschenden Gruppen einer Bevölkerung, die stabile ethnische, religiöse oder sprachliche Traditionen oder Merkmale aufweisen und zu erhalten wünschen, welche sich von denen der übrigen Bevölkerung deutlich unterscheiden" (18). Dieser qualitative Begriff, der die Minorität als "Schwächerengruppe" kennzeichnet (19), bedeutet eine Eingrenzung auf rassische bzw. ethnische Merkmale unter Bezug auf ein ethnisches Gebilde (Volk) (20). Demgegenüber bezeichnet Raschhofer diejenigen als gesellschaftliche _Minderheits_gruppen,

die rassisch bzw. ethnisch zum "gesellschaftlichen Gesamtkörper" eines Landes gehören (21). Diese Definition, die die "Bezogenheit" einer Gruppe "auf eine sie umfassende Einheit" voraussetzt, gibt jedoch keinerlei Auskunft über das juristische, politische und soziale Verhältnis dieser Teilgruppe zu der sie umfassenden Einheit (oder umgekehrt der umfassenden Einheit zur Teilgruppe), bleibt also rein funktional. Demgegenüber betont Erler in seiner Definition das Empfinden der Zugehörigkeit der Mitglieder einer Minorität zu einer einheitlichen Gemeinschaft und das subjektive Bewußtsein ihrer Minderberechtigung (22). Auch Hoffmann - Nowottny begreift Minderheit mehr analytisch - kritisch. Für ihn sind Minoritäten "immer auch sozial benachteiligt, sind also Teil einer unterpriviligierten Schicht oder Klasse; aber nicht alle sozial Benachteiligten sind auch Mitglieder einer Minderheit". Diese Benachteiligung erwächst aus der "unfreiwilligen" oder "unvermeidlichen" Zugehörigkeit zu einer Gruppe (Allport) (23), etwa aufgrund von Merkmalen wie Rasse, Geschlecht, ethnische Zugehörigkeit, Religion usw., wobei "diese Merkmale auf seiten der Mehrheit in negativer und stereotypisierender Weise emotional besetzt sind" (24). Damit wird - wie auch bei Francis (25) - Diskriminierung zu einem konstitutiven Element für den Minoritätenstatus einer Gruppe (26).

Der Autor verzichtet ausdrücklich auf den numerischen Anteil als Definitionselement, da für ihn die Minderzahl nicht zwingend den Minoritätenstatus konstituiert. Wesentlicher für ihn ist jedoch die Marginalität solcher Minoritäten (27). So spricht auch Loewenstein vom Mitglied einer Minorität als von der "Marginalpersönlichkeit" oder dem "Marginal-Individuum", das in zwei oder mehr sich gegenseitig beeinflussenden Gesellschaften lebt oder verwandtschaftliche Beziehungen zu ihnen hat, damit jedoch heimatlos bleibt. "Der marginale Mensch", so Loewenstein, "kann infolge seiner zweideutigen Situation ein scharfsinniger und unerbittlicher Kritiker der dominierenden Gruppe werden. Und zwar, weil er das Wissen und das Verständnis desjenigen, der die Gruppe von innen her kennt, mit der kritischen Haltung dessen vereint, der außerhalb steht". Dieser Mensch könne deshalb leicht die "Gesinnung" oder mehr noch die "Rolle des Revolutionärs" annehmen (28).

2.1.1. Der Begriff der politischen Minorität

Die politische und soziale Situation solcher Randpersönlichkeiten (29) oder Randgruppen hat diesen - speziell mit der Einführung des Mehrheitsprinzips als Instrument demokratischer

Entscheidungsfindung - die Notwendigkeit vor Augen geführt, sich auch politisch zu organisieren, um ihre Interessen gegenüber der politischen Majorität durchzusetzen. Alle echten sozialen Bewegungen haben damit politische Implikationen. Sobald sie auf die Teilhabe an der Regierung absehen, gelten sie als politische Bewegungen. Sie glauben an das Recht auf Selbstbestimmung und erstreben deshalb die "Autonomie bzw. Autokephalie, d.h. das Recht sich eine eigene rechtliche und soziale Ordnung zu schaffen, und das Recht, alle Staats- und anderen Ämter mit Personen eigener Wahl zu besetzen" (30). Als Beispiele seien hier die Katholiken in Nordirland, die Basken in Spanien und Südfrankreich sowie die Palästinenser im vorderen Orient genannt (31), bei denen sich jeweils ethnische, soziale und ideologische Ziele mischen. Damit gewinnt nicht nur die Herkunft der Gruppierungen, sondern vor allem ihre Zielsetzung an Bedeutung für die Definition des Begriffes der politischen Minorität. Die Tatsache nämlich, daß sich eine Gruppe politische Ziele setzt, die z.B. die erworbenen und ererbten Vorrechte einer politischen Majorität in Frage stellen, kann ihr den Minoritätenstatus einbringen. "Erst, wenn Willenseinigung der Gruppen zu einem Zweck vorhanden ist, können sich an das Mehr-Minderheitsverhältnis der aus dem Zweck geeinten Rechte knüpfen, kann es rechtlich relevant werden" (32). Dieser Status soll hier am Beispiel der "Außerparlamentarischen Opposition" (APO) (33) in der Bundesrepublik erläutert werden.

Die APO - ein keineswegs nur deutsches Phänomen (34) - bildete sich als Antwort auf das Fehlen einer wirksamen parlamentarischen Opposition zur Zeit der Großen Koalition 1967/68. Ihre Ursache wird u.a. in dem Mangel überzeugender demokratischer Wertvorstellungen gesehen, die die Elterngeneration nicht hatte vermitteln können (35). Sie bestritt den wirtschaftlich und politisch Mächtigen, dem "Kartell" (36), das Recht auf Vormacht und wurde deshalb schließlich als Bedrohung empfunden. Jürgen Habermas nannte es damals die Aufgabe der studentischen Opposition, "den Mangel an Sensibilität gegenüber Verschleierungen und Verketzerungen, den Mangel an Radikalität bei der Auslegung und Praktizierung unserer sozialrechtsstaatlichen und demokratischen Verfassung, den Mangel an Antizipationsfähigkeit und wachsamer Phantasie, also Unterlassungen zu kompensieren. Ihre Aufgabe ist es, das Fehlen einer in ihren Intentionen aufgeklärten, in ihren Mitteln radikalen, in ihren Interpretationen und Handlungen fortschrittlichen Politik, wenn nicht wettzumachen, so doch zu deklarieren" (37).

Die Inhaber der Macht versuchten sich zunächst durch Diskriminierung dieser Bewegung zu erwehren, später durch Assimilation und Kooptation der "Führer" (38). Die Diskriminierung zeigt sich z.B. in einer bewußten Verkehrung der Fronten seitens einflußreicher Politiker und Presseorgane in der Öffentlichkeit, nach der die Studenten als Aggressoren, Politiker, Presse und Polizei jedoch als Verteidiger von Recht und Ordnung dargestellt wurden (39). Eine detaillierte Darstellung des historischen Ablaufs der Unruhen zeigt hingegen, daß die Medien, sowie die Maßnahmen insbesondere der Berliner Behörden und Vertreter der Universität die Studenten in die Radikalität getrieben haben (40). Den Betroffenen wurde insofern eine gleichwertige Auseinandersetzung mit einer entsprechenden Öffentlichkeit verweigert, als ihnen eine sachgemäße Darstellung ihrer Vorstellungen und Ziele von den Medien kaum ermöglicht wurde. Statt der Bereitschaft zum Dialog über Motivationen und Ziele der Gruppe (41) entschlossen sich die Politiker und Vertreter der Universität zu gezielter Abwehr, die bis zu Behinderungen im beruflichen Werdegang reichte und sich damit als Gefährdung der Sicherung der Existenz auswirkte (42). Sie beeinträchtigten den gruppeninternen Meinungsbildungsprozeß u.a. durch Verweigerung von Versammlungsräumen (Absperrung der Universitäten durch die Polizei) und Diskriminierung führender Vertreter dieser Richtung (Peter Brückner, Rudi Dutschke u.a.). Im Zuge der Ausbreitung der APO über die gesamte Bundesrepublik wurden die Gegensätze zwischen ihr und dem "Establishment" u.a. dadurch immer schärfer, daß den Vertretern der APO keine Chance gegeben wurde, ihre politischen Forderungen als Wählermeinungen in die politischen Entscheidungen einzubringen. Dies war die Folge der fehlenden Bereitschaft seitens der etablierten Inhaber von Machtpositionen, Repräsentanten dieser doch recht beachtlichen Gruppe überhaupt an der Entscheidungsfindung zu beteiligen.

Neuerdings lassen sich parallele Entwicklungen im Verhältnis von Inhabern staatlicher Macht und verschiedenen Bürgerinitiativen (z.B. im Zusammenhang mit Kernenergie-Projekten) beobachten. Ähnlich wie einst die APO weisen heute die Bürgerinitiativen auf "das Versagen der Parlamente" hin, deren "Ventilfunktion aufgehoben" wird, "weil die generelle Übereinstimmung in den Parteien kontroverse Auseinandersetzungen verhindert". Dieses Manko führt Roderich Reiffenrath, Autor eines Zeitungskommentars, auf das "Versagen der Politiker" zurück, von denen Politik "auf die Fähigkeit reduziert" wurde, "das vermeintliche Notwendige mit allen staatlichen Mitteln durchzusetzen, ohne ausreichend zu informieren, ohne Antworten auf wirklich lebenswichtige Fragen". Seiner Ansicht nach füllen Bürgerinitiativen das Vakuum, das die Parlamente hinterlassen haben. "Es gibt eine neue, außerparlamentarische

Bewegung, die offenbar bereit ist, stets dann Widerstand zu leisten, wenn gegen die Ängste der Menschen und ohne Rücksicht auf ihr geschärftes Bewußtsein angesichts einer immer stärker zerstörten Umwelt steinerne Zeugen der Wachstumsideologie errichtet werden sollen" (43). Der große Zulauf, den diese Bürgerinitiativen verzeichnen können, resultiert ganz wesentlich aus einer zunehmenden Enttäuschung der Bürger "über die Demokratie und die Demokraten" (44), gleichzeitig aus dem Ärger über die "Arroganz der Macht" (45). Die Bürgerinitiativen werden so zum "Ventil der Verdrossenheit" (46) der Bürger an den Parteien und Bürokratien genau genommen an deren oligarchischen Strukturen.

Schon die Elite-Forschung (47), als deren Teilgebiet auch die Community-Power-Forschung (48), stellten grundsätzliche Fragen zur Herrschaft einer Minderheit in/über eine(r) Mehrheit. Amerikanische und deutsche Forscher haben im lokalen Bereich immer wieder auf die Privilegien kleiner Gruppen und Einzelpersonen in kommunalen Entscheidungsprozessen hingewiesen. Diese auf sozio-ökonomische wie institutionelle Privilegien gestützte Vorherrschaft ermöglicht kleinen Gruppen im lokalen Raum die Durchsetzung eigener Interessen bzw. die Verhinderung von Entscheidungen, die z.B. im allgemeinen Interesse einer unterprivilegierten Mehrheit lägen (49).

Während sich die Community-Power-Forschung vorwiegend auf die Analyse kleiner Räume (Kommunen) konzentriert hat, bewegt sich die Eliteforschung vorwiegend auf der Ebene von Staaten und Großorganisationen (50). In diesem Zusammenhang hat vor allem Robert Michels auf die Gefahr der Oligarchienbildung in großen Parteien hingewiesen (51). K.W. Deutsch ortet die entscheidenden Positionen zur Steuerung einer Großorganisation (Partei) nicht so sehr an der Spitze als vielmehr im mittleren Management (52). Auch Max Weber sucht entscheidende Kräfte an der Bürokratie einer Partei, auf die jeder Parteiführer angewiesen sei (53). Als für die Minorisierung bedeutendes Faktum erweist sich sicherlich die Ämterpatronage, durch die ein Klientelverhältnis zwischen einflußreicher Partei und loyalen Mitgliedern aufgebaut wird. Die so geschaffene, sich auf weite Teile des öffentlichen Dienstes beziehende existentielle Abhängigkeit von denjenigen Parteien, die aufgrund ihrer Angehörigkeit zur Legislative in der Regel proportional über einflußreiche öffentliche Ämter verfügen, ermöglicht Loyalität, die sich eher aus Opportunismus als aus politischer Überzeugung herleiten läßt. Hinzu kommt die auch für freie Berufe attraktive Publizität öffentlicher Ämter auf der Basis einer Mitgliedschaft in parlamentarisch vertretenen Parteien. So lassen sich über das Klientelverhältnis, d.h. über den Einfluß auf die

Besetzung öffentlicher Ämter sowie die Beherrschung der öffentlichen Meinung durch wenige mächtige Organisationen Loyalitäten erreichen, die nur zu einem geringen Teil etwas mit einer politischen Überzeugung zu tun haben (54). Hingegen werden die herrschenden Parteien als Vehikel betrachtet, um aufzusteigen in politische Eliten, die als entscheidungskompetente Minderheiten politisch abhängige Mehrheiten zu steuern trachten. Gegenüber diesen mächtigen Minderheiten soll der Begriff der "politischen Minorität" die - unabhängig von ihrer arithmetischen Größen - politisch Ohnmächtigen kennzeichnen, die mangels Kompetenz ihre Interessen nicht durchzusetzen vermögen.

Zur Klärung des Begriffes "politische Minorität" sind die Kategorien der ethnischen und sozialen Minoritäten insofern von Belang, als sie auf Begriffselemente zu befragen sind, die auch für die hier beispielhaft angeführten politischen Minoritäten zutreffen. An den Problemen des "Amerikanismus mit seinem Assimilierungswillen" (55) sowie der politischen Volksgruppen wird deutlich, daß die Grenzen zwischen den verschiedenen Begriffen zu fließen beginnen (56). Ein wesentlicher Unterschied zwischen ethnischen und politischen Minderheiten liegt gewiß darin, daß die ethnische Gruppe aufgrund ihrer substanziellen Konstanz nie hoffen kann, selbst Mehrheit oder zumindest der Mehrheit gleich zu werden, weil oder solange sie ihr Anderssein pflegen und erhalten möchte (57). Sie kann aber aus dem Bewußtsein ihrer Minderberechtigung heraus politisch aktiv und damit zur politischen Minorität im Sinne der folgenden Ausführungen werden.

Aus den vorangegangenen Ausführungen lassen sich die folgenden Kriterien für die Kennzeichnung einer politischen Minorität (58) ermitteln: Es handelt sich um eine minderberechtigte, im politischen Willensbildungs- und Entscheidungsprozeß benachteiligte Gruppe, die ihre Interessen und Ziele weder zureichend in der Öffentlichkeit vortragen noch im Entscheidungsprozeß durchsetzen kann. Der Begriff gilt für jede Gruppe, unabhängig von ihrer arithmetischen Größe, die von herrschenden Gruppen daran gehindert wird, zur Formulierung und Durchsetzung ihrer berechtigten Interessen und Ziele an die dazu erforderlichen Ressourcen zu gelangen. Dies gilt nicht nur für sozio-ökonomisch unterprivilegierte Gruppen von beachtlicher Größe, sondern auch für diejenigen, die aufgrund ihres Bewußtseinsstandes in mehr oder weniger umfassender Systemkritik den defizitären Charakter eines gegebenen politischen Systems im Hinblick auf die Berücksichtigung existenzieller Bedürfnisse aufzeigen und daraus resultierende alternative politische Zielvorstellungen und Forderungen artikulieren. Je fundamentaler in dieser Kritik die von ihnen vorgefundenen Macht- und Herrschaftsstrukturen als Mittel zur Erhaltung und Durchsetzung partikularer - statt der Wahrung gesamtgesellschaftlicher - Interessen in Frage gestellt werden, umso nachhaltiger reagieren die Träger des von einer solchen Gruppe attackierten Systems mit Diskriminierungen verschiedenster Art, sowohl hinsichtlich der politischen Wirksamkeit und des tatsächlichen Entfaltungsspielraums als auch hinsichtlich einer ganz generellen negativen Einschätzung der politischen Theorien und entsprechenden Forderungen nach praktischen Maßnahmen dieser Gruppe innerhalb des gegebenen Systems.

Eine politische Minorität läßt sich demnach sowohl im Hinblick auf ihr (subjektives) Selbstverständnis als auch im Hinblick auf das ihr entgegengebrachte (objektive) Fremdverständnis seitens ihrer gesellschaftlichen Umwelt bestimmen. Eine Gruppe wird in dem Maße zur politischen Minorität, wie sich in ihr als Forum für vernachlässigte Interessen und Bedürfnisse fundamentale Kritik an dem sie umgebenden System entwickelt, artikuliert und zu einem Denken und Handeln führt, durch das sie sich als Trägerin einer - häufig - grundlegenden und umfassenden Alternative zu den von ihr vorgefundenen politischen Verhältnissen im weitesten Sinne des Wortes darstellt. Von Anfang an ist demnach ein besonderer Status einer politischen Minorität in der sie umgebenden Gesellschaft festzustellen. Dieser qualitative Aspekt der Besonderheit bestimmt seinerseits ganz wesentlich die Haltung, die ein gegebenes politisches System einer solchen Gruppe in einer im allgemeinen von seinen jeweiligen tatsächlichen Machtträgern mehr oder weniger einheitlich artikulierten Form entgegenbringt. Die Gruppe wird in dem Maße zur politischen Minorität, in dem ihre gesellschaftliche Umwelt auf die ihr entgegengehaltene Alternativposition eher mit bloßer Repression reagiert als sich "diskursiv" (Habermas) mit ihr auseinanderzusetzen mit dem Ziel, die von jener Gruppe aufgezeigten politischen Probleme auf ihre Substanz hin zu überprüfen und sie gegebenenfals an der Suche nach geeigneten Lösungen wirksam zu beteiligen.

Eine politische Minorität ist demnach im allgemeinen auch das Ergebnis eines "Minorisierungsprozesses" durch das von ihr vorgefundene politische System. Bloß repressive Reaktion dieses Systems auf die sich wirksam manifestierende Existenz einer politischen Minorität ist ein Wesensmerkmal dieses Prozesses. Er soll im folgenden am Beispiel des Systems der Bundesrepublik unter besonderer Berücksichtigung seiner Parteienstruktur näher erläutert werden.

2.1.2. Der Prozeß der Minorisierung

In diesem Prozeß der "Minorisierung" (59) bildet sich die meist negative Einstellung der Bevölkerungsmehrheit gegenüber einer politischen Minorität im allgemeinen nicht von selbst, sondern wird mehr oder weniger wirksam von den Inhabern politischer und wirtschaftlicher Machtpositionen gesteuert, so daß sie sich schließlich in der Diskriminierung der Minderheit durch die Mehrheit äußert. Wird nämlich z.B. den Lesern einer weitverbreiteten Zeitung lange genug suggeriert, die Studenten der APO gefährdeten die Sicherheit Berlins, weil sie gegen veraltete Hochschulstrukturen, Vietnamkrieg und Pressekonzentration demonstrierten (60), so werden diese Leser, die den Wahrheitsgehalt dieser Nachricht nicht nachprüfen, sehr bald diese Betrachtungsweise übernehmen. Da den Betroffenen eine Korrektur dieser Nachricht durch solche Medien im allgemeinen nicht ermöglicht wird (61), steigert sich das Gefühl der Ohnmacht gegen solche Diskriminierung bei ihnen in offene, bei kleinen Gruppen sogar in militante Aggression (RAF). Dahinter steckt das konfliktträchtige Problem, daß Inhaber von Machtpositionen in verschiedenen politischen Systemen – seien sie regional, national, ideologisch oder global – meinen, die Forderungen und Zielsetzungen solcher politischen Minoritäten, also der nicht an der Macht Beteiligten, marginalisieren zu können (Basken, Iren, Palästinenser). D.h. sie sehen keine Notwendigkeit, diese in ihren Entscheidungen zu berücksichtigen. Sie bezeichnen eine solche Gruppe als "demokratisch nicht legitimierte Minderheit" (Bürgerinitiativen) (62), die ihre Minderheitsinteressen mit ungesetzlichen Mitteln durchsetzen will.

Dies behaupten Parteivertreter und Vertreter der Wirtschaft in bemerkenswerter Einmütigkeit. Die Schlußfolgerung des CSU-Abgeordneten Zimmermann macht die Abwehr gegen von politischen Minderheiten vorgetragene Bürgerinteressen, die zu vertreten sich diese Parlamentarier weigern, deutlich: Er spricht von "nicht mehr legalen Angriffen gegen die staatliche Ordnung", gegen die "wir uns doch gemeinsam zur Wehr setzen (müssen)" (63).

Diese Aussage läßt ein weiteres Element des Minorisierungsprozesses erkennen: die Bildung einer Art Abwehrfront seitens maßgeblicher Träger der Macht eines Systems, die sich gegen diejenigen Gruppen richtet, die eine mangelhafte Vertretung der für sie wesentlichen gesellschaftlichen Interessen durch die etablierten Parteien kritisieren und grundlegende alternative Lösungen für die daraus resultierenden Probleme präsentieren. Diese Gruppen werden deshalb als nicht mehr systemkonform und damit als zumindest latent systemfeindlich beurteilt.

Daraus leitet sich ein Prozeß der Koordinierung, ja Harmonisierung von Argumenten und Maßnahmen her, der mit der Absicht gemeinsamer Systemverteidigung als bloß defensiv deklariert wird, sich in seiner Funktion der Verdrängung solcher Gruppen jedoch als seinem Wesen nach offensiv erweist. Mit der Formulierung "Solidarität der Demokraten" (64) soll dieser Prozeß als notwendig und wünschenswert dargestellt werden, um damit die Legitimation durch die Mehrheit der Bürger zu erhalten. Die vielbeschworene "Solidarität der Demokraten" erweist sich bei näherer Betrachtung jedoch als diejenige herrschender Minderheiten innerhalb eines "oligopolistisch" strukturierten Gemeinwesens, in dem die "Systemparteien" ihre eigenen politischen Wertvorstellungen als allgemeinverbindlich erklären (65) und so unter dem Vorwand der Sicherung der Demokratie ihre Herrschaftspositionen zu verteidigen trachten (66).

Die Reaktion hierauf seitens der betroffenen politischen Minoritäten reicht von Protestaktionen und Demonstrationen (APO, Bürgerinitiativen) bis zum offenen Kampf (Palästinenser, Basken, Iren). Bis heute ist diesen Gruppen ein öffentlicher, institutionalisierter politischer Dialog mit den Herrschenden weitgehend verwehrt worden. Vielmehr bestand die Reaktion der Majorität (im weiter oben definierten qualitativen Wortsinn) vorwiegend in der Diskriminierung, Marginalisierung oder gar Kriminalisierung dieser Gruppe (67).

Hiermit sind - am Beispiel politischer Gruppen und Bewegungen - wesentliche Elemente eines Prozesses angesprochen, der mit dem Begriff "Minorisierung" (im Sinne von Schwächen, Verdrängen) bezeichnet werden soll. Da im Mittelpunkt unserer Untersuchung nicht Bewegungen und Initiativen stehen, sondern Parteien, wird "politische Minorisierung" hier als strategisches Mittel im Parteienwettbewerb verstanden (68). Als die wesentlichen Initiatoren und Träger einer solchen Minorisierung treten hauptsächlich Parteien wie auch die sie stützenden Interessengruppen auf, die bereits Machtpositionen in einem politischen System innehaben (69). Sinn und Zweck dieser spezifischen Minorisierung ist es, Gegner im Parteienwettbewerb, besonders kleine und neue Parteien als Sprachrohr vernachlässigter Interessen und Bedürfnisse, im Kampf um Ausbau und Erhaltung von Macht und Einfluß nach Möglichkeit zu eliminieren, oder zumindest in marginaler Position zu halten.

So stellt sich uns heute Minorisierung dar als "die zuverlässige Ausschaltung und Unterdrückung systemgefährdender Bedürfnisartikulation", sie geschieht als "Filterung und Kontrolle des Willensbildungsprozesses ... durch disziplinierende Mechanismen, die in die Institutionen der politischen Bedürfnisartikulation eingebaut sind. Diese Mechanismen führen mit beträchtlicher Zuverlässigkeit den Mißerfolg oder den Zusammenbruch politischer Institutionen wie Partei, Verband, Gewerkschaft, Parlament in dem Augenblick herbei, in dem diese die Grenzen eines sanktionierten Spektrums pluralistischer Bedürfnisartikulation verletzen. Die Verdrängung abweichender Motive aus dem politischen Prozeß beruht also", wie Offe meint, "nicht mehr auf dem groben, unzuverlässigen und schwer zu legitimierenden Instrumentarium der differentiellen Verteilung subjektiver Rechte (wie im 19. Jahrhundert - E.R.), sondern die Kontrollfunktionen können den eingebauten Erfolgsbedingungen freilich strikt sanktionierter und abgesicherter politischer Organisationsgebilde überlassen werden" (70).

Diese disziplinierenden Mechanismen lassen sich in vier typische Arten von Akten der Minorisierung aufgliedern:
1. legislative Akte (Minorisierung auf dem Wege der Gesetzgebung in Form von Sperrklauseln, Einschränkung der Wahlkampfkostenerstattung, Unterschriftenquoren etc.);
2. Verwaltungsakte (Entscheidungen der Bürokratien, bei denen das Ermessen eine erhebliche Rolle spielt: Verweigerung von Lizenzen, Genehmigungen für Werbeveranstaltungen, Anerkennung von Unterschriften etc.);
3. judikative Akte (Parteiverbot, Entscheidung über Sendezeiten, judikative Terminologie, z.B. "Splitterparteien" etc.);
4. Akte halb- und nichtstaatlicher Organe bzw. Institutionen, die in der Regel von der Rechtsprechung entweder gar nicht oder nur begrenzt erfaßt werden (abweisendes Verhalten von Zeitungen, Funk und Fernsehen gegenüber Minoritätsparteien, Ignoranz seitens gesellschaftlicher Gruppen, z.B. Verbände). Speziell in diesem Bereich hat die Verweigerung von Öffentlichkeit für die kleinen Parteien minorisierende Wirkung, weil hier entscheidende Vermittlungsprozesse zwischen Parteien und Wählern ablaufen.

2.1.3. Wettbewerbstheorie und Parteiendualismus

Dieser Minorisierungsprozeß, der sich formal in einer juristischen und publizistischen Minderberechtigung ausdrückt, ist als eine Strategie innerhalb des in der Forschung bisher noch kaum beachteten (71) - Konkurrenzkampfes der Parteien um die Führung (72) zu begreifen, wobei die dominierenden Parteien - formal betrachtet - alle ihnen zur Verfügung stehenden Mittel der "Konkurrenzbeschränkung" (73) benutzen, um sich an der Macht zu halten. Subtanziell gesehen verbirgt sich dahinter die Minorisierung der Repräsentanten vernachlässigter Bedürfnisse und Interessen. Noch zu beantworten ist in diesem Zusammenhang die Frage, ob es sich dabei lediglich um einen "Strukturdefekt" der Demokratie (74) im Sinne der Pluralismus-Theorie handelt, wobei insbesondere "die Handhabung der Gebote der Fairneß bei der Verwendung der Spielregeln, die den Prozeß der Willensbildung zu regeln bestimmt sind" (74), im argen liegt, oder ob in diesem Modell nicht ganz allgemein die Gefahr der Macht als Instrument zur Sicherung der Interessen herrschender Minderheiten - speziell ihrer Erhaltung und Festigung durch die Mächtigen - als Hindernis für das "freie Spiel" der Kräfte in ihrer ein politisch-ökonomisches System prägenden und verhärtenden Kraft unterschätzt wird. Trifft nicht vielmehr das, was Narr als "Darwinismus der Gruppengesellschaft" (76) bezeichnet, auch auf die Auseinandersetzung zwischen den Parteien zu? Unter dem Thema "Chancengleichheit" wird noch darüber zu sprechen sein.

Die Thematik der Minorisierung im Parteiensystem macht zunächst eine kritische Würdigung der ökonomischen Theorie des politischen Wettbewerbs erforderlich, die in der Tradition Josef A. Schumpeters (77) und Anthony Downs' (78) bis heute in Philipp Herder-Dorneich, Rudolf Wildenmann und ihren Schulen (79) engagierte Vertreter gefunden hat. In ihr wird Politik rein formal als Tausch politischer Leistungen für Wählerstimmen betrachtet analog zu wirtschaftlichen Tauschprozessen. Um innerhalb des Konkurrenzkampfes der Parteien den Wähler zu motivieren, einer bestimmten Partei seine Stimme zu geben, muß diese ein Maximum an Leistungen für ihn anbieten (80). Nach Downs geht der Entscheidung des Wählers eine Kosten-Nutzenrechnung nach dem Eigennutz-Axiom (81) voraus, die als rational im Sinne von wirtschaftlich bezeichnet wird (82). Dem Modell wird der politische Erfolg als wesentliches Kriterium vorangestellt, und so erweisen sich alle diejnigen kleinen Parteien als irrational, "die weiterbestehen, obwohl ihre Wahlchancen praktisch gleich Null sind" (83). Rationale Menschen interessieren sich nach Downs ohnehin nicht für politische Konzepte schlechthin, sondern für das Nutzeinkommen, das ihnen zufließt. Um eine maximale Stimmenzahl zu erreichen (Stimmenmaximinierung), müßte eine Partei möglichst viele Leistungsanforderungen seitens der Wähler in ihrem Leistungsangebot vereinen, d.h. sich möglichst in der Mitte bewegen, wo nach Herder-Dorneich die Masse der Wähler steht (84). In der Annahme, daß diese Mitte von den Parteien vernachlässigt wird, sieht Herder-Dorneich die Ursache für die wachsende Parteiverdrossenheit in der Bundesrepublik (85). Daß die eigentliche Ursache ein Mangel an langfristigen alternativen Zielvorstellungen sein könnte, kommt den Autoren schon deshalb nicht in den Sinn, weil für sie Ideologien nur dazu dienen, die In-

formationskosten für den Wähler zu senken, dem diese als eine
Art Kürzel für die generelle Richtung einer Partei erscheinen.
Da nun "jede Partei weiß, daß einige Bürger nach Ideologien
und nicht nach Fakten wählen ..., schafft sich jede Partei
eine Ideologie, von der sie meint, daß sie die größtmögliche
Zahl von Wählern anzieht" (86). Wenn man es - wie Herder-
Dorneich und Groser - allein als Aufgabe der Theorie betrach-
tet, "die Fakten zu ordnen" (89), so mag die Realität den
Autoren Recht geben. Eine Theorie setzt sich aber dem Vor-
wurf der Oberflächlichkeit aus, wenn sie nicht mehr tut als
Offensichtliches zu registrieren, ohne nach den Entstehungs-
bedingungen der Fakten zu fragen (88). So wird man in einer
komplexen Gesellschaft, die direkte politische Erfahrung und
Kontrolle kaum ermöglicht, nicht darauf verzichten können,
die Frage nach Form und Inhalt der Vermittlung politischer
Information und Erfahrung durch die Medien zu stellen, die
das Problem der Manipulation durch Information einschließt.
Darüberhinaus ergeben sich gerade im Zusammenhang mit der
Minorisierung kleiner Parteien als Sprachrohr vernachlässigter
Interessen und Bedürfnisse einige grundsätzliche Zweifel an
der Tauglichkeit dieses an ökonomischen Kategorien orientierten Modells, die insbesondere dann ins Gewicht fallen, wenn
- wie Herder-Dorneich und Groser selbst zugeben - die "Gefahr" besteht, daß die aus der Realität gewonnene Theorie
zur Norm werden (89) bzw. dazu dienen könnte, die bestehenden Verhältnisse als demokratisch zu rechtfertigen. Mit Recht
bezeichnet Iring Fetscher die "pragmatische Gleichgültigkeit"
für Theorien als verhängnisvoll (90), die sich nicht normativ
verpflichten lassen wollen. Darüberhinaus weist er auf die
statische Gesellschafts- und Staatskonzeption hin, die sich
hinter der Vorstellung vom Staat als umfassendem Dienstlei-
stungsbetrieb verbirgt und die die Frage nach der unterschiedlichen Berücksichtigung von Bedürfnissen und Interessen in
der Bevölkerung ausklammert (91). Die vermeintliche Rationali-
tät, die die Wähler bei der Wahl leitet, läßt sich leicht als die
eines Polit-Konsumenten nachweisen, der angesichts raffinier-
ter Werbung seine Entscheidung eher nach einer momentanen
Stimmung (92) als nach einer Kosten-Nutzen-Kalkulation trifft.
Darüberhinaus stellt sich ganz generell die Frage nach der
Vergleichbarkeit von öffentlicher Dienstleistung, die zumindest
von ihrem Anspruch her auch "unrentable" Leistungen erbringen muß, und einem Wirtschaftsbetrieb, der z.B. mit keiner
gesetzlich gesicherten Einnahme (Steuern) rechnen kann (93).
   Schließlich erweist sich angesichts des dem Modell zugrunde-
gelegten Eigennutz-Axioms, das im übrigen politische Partizipation als grundlegenden Bestandteil politischer Prozesse nicht

berücksichtigt, die Formel vom Gemeinwohl ex post als Ideologie (94), die - wie sich leicht nachweisen läßt - nicht die öffentliche Armut gegenüber wachsendem privaten Reichtum verhindern konnte, im Gegenteil diese Entwicklung wohl eher begünstigt hat und dann noch die Rechtfertigung dafür zu liefern vermag. Gewiß sind die Gefahren subjektiver Begünstigung durch die Festsetzung eines Gemeinwohls ex ante nicht zu übersehen. Dennoch scheint es ein Irrglaube, zu hoffen, daß sich "das objektive Gemeinwohl ... dann (als) eine Resultante aller subjektiven Vorstellungen" sozusagen von selbst ergäbe (95). Die jüngsten Konflikte um Ökologie, Kernkraft und die Allmacht technokratischer Inhumanität entlarven diesen Glauben eher als Ideologie zur Verschleierung von tatsächlichen Herrschaftsinteressen. Die vermeintliche "List der Demokratie", die persönlichen Zweck und soziales Ziel zur Ausgewogenheit bringen sollte (96), hat sich angesichts der eklatanten Mangelsituation im öffentlichen Bereich schließlich als Spekulation erwiesen.

Vor diesem Hintergrund kann Parteienwettbewerb tatsächlich nur betrachtet werden als Konkurrenzkampf weniger politischer Konzerne (Parteien) um ein Maximum an Wählerstimmen, die man mit einem möglichst breiten Angebot an politischer Dienstleistung zu erreichen sucht (97). Über die periodische Stimmabgabe hinaus kann der politische Konsument (Bürger) nur das konsumieren, was ihm jene Konzerne via Verwaltungen anbieten. Daß man bei diesem Modell von dem Idealtypus eines Zwei-Parteien-Systems ausgeht, läßt sich zwar mit einem liberalen Marktmodell nicht vereinbaren, das eine Begrenzung der Zahl von Konkurrenten nicht kennt, hat aber dennoch speziell unter deutschen Politologen und unter deutschen Politikern - im eigenen Interesse versteht sich - eine beachtliche Zahl von Befürwortern gefunden (98).

Parteiendualismus wird in formalistischer Manier als wirksames Konzept gegen die gefürchtete Parteienzersplitterung angesehen, die als vermeintliche Hauptursache für das Scheitern der Weimarer Republik gilt. Für alternative Konzepte und Interessenartikulation ist im duopolistischen Parteienmodell kein Raum.

Diese in zahlreichen Varianten bis heute lebendige "Doktrin des parlamentarischen Parteiendualismus", die
"1. Legitimität und Verantwortlichkeit der Regierung,
2. Stabilität von Regierung und Regierungssystem und
3. Handlungsfähigkeit und Autorität der Regierung" (99)
garantieren soll, beruft sich vorwiegend auf das britische Regierungssystem, das in einer geradezu mystifizierenden Betrachtungsweise als unübertroffenes Vorbild für ein stabiles,

gut funktionierendes Regierungssystem betrachtet wird (100). Ulrich von Alemann kritisiert mit Recht das rein funktional verstandene Parteiensystem mit Betonung einer starken Regierung als Ausdruck einer elitären Führerideologie, wobei Koalitionsregierungen als Folge von Vielparteiensystem als defizitär verstanden werden. Er entdeckt hinter dem Konzept vom dualistischen Parteienparlamentarismus einen "autoritären, elitären und führungsbetonten Demokratiebegriff" (101), in dem die Parteien dem Volk Konzepte repräsentieren und dies auf die Rolle des "Schiedsrichters" zurückgedrängt wird.

Demgegenüber wird in dem vorliegenden Buch die Partei vorrangig als "intervenierende Variable" in ihrer Innovationsfunktion (102) gesehen, die sie als Repräsentant spezifischer Interessen und Bedürfnisse wahrzunehmen hat. Unsere Kritik gilt insbesondere der "nachhaltigen Zerstörung" der Voraussetzungen (103) für die uneingeschränkte öffentliche Austragung von Konflikten und Interessen ungeachtet des sozialen und politischen Standortes der Betroffenen. Sie ist bereits in der Konzeption Schumpeters und seiner Nachfolger vom Parteienduopol angelegt, nach der es sich um eine sehr eingeschränkte "Konkurrenzdemokratie" (104) handelt.

Wenn sich nun die politische Praxis an dieser Theorie orientiert - und sie tut es offensichtlich -, wird eine andere als die theoretisch formulierte Konzeption in der politischen Praxis kaum anzutreffen sein. Das bedeutet, daß, da in der duopolistischen Theorie eine politische Minorisierung bereits im Ansatz angelegt ist, alle diejenigen Gruppen, die weder zur Regierung noch zur parlamentarischen Opposition gehören, von vornherein als irrelevant betrachtet werden können. Die Strategien einer solchen Minorisierung, speziell der "Herrschafts- und Manipulationsprozeß vor den Wahlen" (105), der die "freie Konkurrenz um freie Stimmen" (106) beeinträchtigt, steht im Mittelpunkt unserer Untersuchung. Damit verbindet sich - auf die Realität der Bundesrepublik bezogen - die Frage, ob bzw. wie weit die von Art. 21 GG geforderte Chancengleichheit der Parteien tatsächlich besteht. Hinter dieser Fragestellung steht das über den funktionalen Ansatz Schumpeters (107) hinausgehende, von Gerhard Lehmbruch im Zusammenhang mit dem Staatsföderalismus (108) der Bundesrepublik angesprochene (109) Problem, wie weit eine Demokratie, in der systematisch die Möglichkeiten beschnitten werden, fundamentale Innovation und alternative Denkmodelle zu diskutieren bzw. zu realisieren, in der die herrschenden Parteien um der Erhaltung ihrer Macht willen die politische Phantasie zu fesseln trachten (110), ihrer Überlebenschancen beraubt wird. Das Erkennen des Notwendigen, Möglichen und Gewollten, das für die Gestaltung der Zukunft unabdingbar ist (111), wird so auf verhängnisvolle Weise verhindert.

Im Anschluß daran wagen wir die Hypothese, daß das Problem der Minorität, der sozialen wie der politischen, nicht nur zum "Prüfstein für die Geltung und Aufrichtigkeit des demokratischen Prinzips" (112) wird, sondern darüber hinaus auch zum Prüfstein für die Lebensfähigkeit der Demokratie selbst im Sinne eines "zielbewußten Systems" (113), das mit immer neuen Fernzielen zur Verwirklichung seines Ideals innovationsfähig bleibt (114). Denn die den politischen Minoritäten entgegengebrachten Wertschätzung seitens der Majorität im oben definierten Wortsinn entscheidet wesentlich darüber, ob ein politisches System sich offen den Alternativen einer Minorität stellt, oder ob es diese aufgrund bloß funktionaler Kriterien - unter anderem wegen ihres geringen Machtpotentials - samt ihrer Theorie diskriminiert oder marginalisiert.

2.1.4. Verbale Diskriminierung

Die angesprochene Diskriminierung der Minoritätsparteien äußert sich bereits in der Terminologie, die in Wissenschaft und Praxis verwendet wird. Sie orientiert sich in der Regel an statistischen Kriterien, vor allem am Wähler- und Mitgliederpotential ("Liliput-Partei" (115)). Der Begriff der "nicht-etablierten Partei" umfaßt "Parteien, die bisher überhaupt nicht oder nur vorübergehend parlamentarisch auf Bundes- oder Landesebene vertreten waren; es sind 'nicht-etablierte' Parteien außerhalb der etablierten Dreier-Konstellation von SPD, CDU/CSU und FDP. Ihr gemeinsames Kriterium ist eine Außenseiterstellung gegenüber dem konsolidierten Parteiensystem" (116).

Diese Definition ist auf eine deutlich begrenzte politische Konstellation in einem bestimmten Land bezogen, ihr einziges allgemeines Kriterium die Teilhabe an der Macht. Allgemeine Gültigkeit kann auch sie daher nicht beanspruchen.

Als nicht weniger einseitig erweist sich die Kategorie der "minor party", wie sie von Stephen L. Fisher - abgeleitet von Vorbildern im nordamerikanischen Parteiensystem - vorgeführt wird. Zwar kritisiert Fisher zu Recht die Subsumierung solcher kleinen Parteien unter dem Begriff "other parties" (117) (zu deutsch "Sonstige"), bei der die spezifische Funktion solcher Parteien für das politische System ignoriert wird. Entsprechend der Funktion der nordamerikanischen Parteien als Wahlvereine, deren Bedeutung vor allem an der Höhe der eingefangenen Stimmen gemessen wird, bezieht auch Fisher sein wesentliches Kriterium für die Kategorisierung und Bewertung kleiner Parteien allein aus diesem Aspekt. Der Versuch, dieses Kriterium auf andere westliche Parteiensysteme (hier das der Bundesrepublik) zu übertragen, muß als fragwürdig erscheinen. So kennzeichnet Fisher die "minor party" als "any party that nominates candidates for government office, but rarely finishes better than third, usually wins no public office, and usually accounts for only a small fraction of the vote". Andererseits hält der Autor es für willkürlich "to universally identify as 'significant' only those minor parties whose percentage of the vote exceeds a certain percentage of the total vote" (118). Dabei wendet er sich gegen den von Leon Epstein verwendeten Sonderbegriff der "third party", der - etwa mit Blick auf die FDP - tatsächlich eine "major party" in einem spezifischen Parteiensystem bezeichnet (119). Fisher übernimmt vielmehr die analytische Klassifizierung der "minor parties" in den USA von V.O. Key, der diese in zwei Gruppen aufteilt. "One group of parties consists of those formed to propagate a particular doctrine. These parties tend to have permanent national organizations and nominate candidates at every presidential election. To be contrasted with these permanent doctrinal parties are the transient minor party movements which arise unexpectely in response to conflicts within the political system and then die out quickly". Nach Key spielen beide Gruppierungen verschiedene Rollen im amerikanischen Parteiensystem. "The doctrinal parties ... function almost independently of the major parties, while the transient movements have an impact not only at the moment of the election, but subsequently on the character of the two major parties" (120).

Die Mängel dieser pragmatischen Betrachtungsweise liegen auf der Hand sowohl hinsichtlich der allgemeinen Beurteilung von Parteien als auch hinsichtlich der von Fisher vorgenommenen Analysen der kleinen Parteien in der Bundesrepublik. Vergeblich sucht man die Frage nach der Existenzberechtigung verschiedener Parteien als Vertreter verschiedener weltanschaulicher und programmatischer Orientierungen, die dem Wähler eine Auswahl zwischen fundamental verschiedenen politischen Handlungsalternativen gestattet. Hier offenbart sich auch der Mangel, den status quo und damit die gängige Wahlpraxis nicht mehr zu hintertragen. Die Kurzsichtigkeit solcher pragmatischen Analysen erweist sich als Folge der Weigerung der Autoren, normative Hintergründe mit in die Untersuchung einzubeziehen. Ähnliches gilt für die in der Bundesrepublik für die kleinen Parteien geläufigste Bezeichnung "Splitterpartei" (121). Wie die "minor parties" in den USA sind sie bei uns - wie Kaack lapidar, aber nur allzu treffend meint - "durch das bestehende Wahlrecht zur Bedeutungslosigkeit verurteilt" (122) (Hervorhebung R.R.). Im Sinne der Vorstellung von erfolgreichen Parteien als "Wählerparteien" (123) (Parteien der Wähler?) sind

49

"Splitterparteien" diejenigen "mit geringfügiger Stimmenzahl und ohne örtlichen Schwerpunkt" (124). In der Erläuterung zu dieser Äußerung erklärt das Bundesverfassungsgericht: "Der Begriff der Splitterpartei ist zunächst rein zahlenmäßig bestimmt, abgehoben auf die kleine Zahl der für sie abgegebenen Stimmen. Damit ist aber das Wesen der Splitterpartei noch nicht erschöpft. Aus der vorhergehenden Epoche des Mehrheitswahlrechts wirkt der Gedanke nach, daß eine Partei, die in einem lokal abgegrenzten Wahlgebiet stark vertreten ist, repräsentationswürdiger ist als eine Partei, die ihre Stimmen aus dem ganzen Land zusammentragen muß. So muß zu der kleinen Stimmenzahl hinzukommen, daß die Partei keinen örtlichen Schwerpunkt hat und ihre Stimmen aus verschiedenen Teilen des Wahlgebietes gewinnt, weil sich ihre Anhängerschaft quer durch das ganze Land schichtet" (125). Abgesehen von der allein an arithmetischen Gesichtspunkten orientierten Charakterisierung einer Partei bleibt die Erklärung für die unterschiedliche Bewertung von "Splitterpartei" und "Schwerpunktpartei" (126) wenig überzeugend, die die lokale Konzentration von Stimmen als Kriterium für die größere Repräsentationswürdigkeit einer Partei wählt (127).

Die Bevorzugung der "Schwerpunktpartei" ist nach Gerhard Leibholz gerechtfertigt aufgrund des Begriffs "splittern", wobei eine zahlenmäßig kleine Partei als Splitter gesehen wird. Hinzukommen müsse, "daß die Partei in einem materiellen Sinne nicht bedeutsam genug ist, um im Parlament vertreten zu werden. Anders ausgedrückt, kleine Parteien, die repräsentationswürdig erscheinen, dürfen nicht als Splitterparteien disqualifiziert werden". Was im einzelnen "bedeutsam" heiße, lasse sich nicht apriorisch festlegen. Neue Parteien, die sich gegen die freiheitlich-demokratische Grundordnung wenden, müsse man nach Art. 21 Abs. 2 GG aus dem politischen Leben fernhalten. "Soweit diese Parteien aber echte politische Ziele im Rahmen der freiheitlich-demokratischen Grundordnung verfolgen, so können auch solche Parteien ebenso wie die Schwerpunktparteien oder die nationalen Minderheiten als politisch bedeutsam anerkannt und von den Sperrklauseln ausgenommen werden". Allerdings müsse der Gesetzgeber entscheiden, was politisch bedeutsam ist (128).

Diese Aussage sollte dem Vorwurf beggenen, daß mit Hilfe der Sperrklausel lediglich der Besitzstand der herrschenden Parteien gewahrt werden sollte. Das Dementi erscheint verräterisch. Denn dasselbe Bundesverfassungsgericht, das sich 1952 sehr konkret zu dieser Frage geäußert hatte, relativierte bereits zwei Jahre später seine damals gegebene Definition: "Diejenigen Parteien, welche die in einem bestimmten Wahlgesetz für die Mandatsverteilung aufgestellten zahlenmäßigen

Voraussetzungen nicht erfüllen, mögen als 'Splitterparteien' bezeichnet werden. Was eine Splitterpartei ist, steht nicht ein für allemal fest, ergibt sich vielmehr erst aus dem Inhalt der jeweiligen Wahlvorschriften und kann darum eine verschiedene Umgrenzung erfahren. Einen allgemeingültigen Begriff der 'Splitterpartei' gibt es nicht". Darüber hinaus stellte es das Gericht in das Ermessen des jeweiligen Gesetzgebers (hier dem Landesparlament von Schleswig-Holstein), welche Partei er als "Schwerpunktpartei" anerkennen möchte (129).

Die vom Bundesverfassungsgericht vorgenommene Privilegierung der Schwerpunktpartei hält Oskar Schröder (130) nicht für gerechtfertigt. Man könne die Differenzierung auch nicht zum Gradmesser für die Einstufung als Splitterpartei machen (131). Durch dieses Vorgehen würden lokale Gesichtspunkte über gesamtstaatliche gesetzt. In Übereinstimmung mit Leibholz ist auch Schröder der Ansicht, daß eine lokale Bindung der politischen Kräfte der Struktur der parteienstaatlichen Massendemokratie widerspreche und frühere territoriale, landschaftliche und lokale Gegensätze im wesentlichen ihren Sinn und ihre Bedeutung verloren hätten. Der Beweis dafür wird nicht erbracht.

Die unitarisch-zentralistische Tendenz, die eine solche Betrachtungsweise kennzeichnet, wird in der folgenden Passage noch klarer: "Bei der Wahl, zur Vertretungskörperschaft eines bestimmten Gebietes (Wahlgebiet), z.B. der Bundesrepublik, kommt es daher auch nicht auf das politische Kräfteverhältnis in den einzelnen Teilgebieten, wie etwa den Gemeinden, Wahlkreisen oder Ländern an, sondern einzig und allein auf das Stärkeverhältnis der einzelnen Parteien im gesamten Wahlgebiet. Nicht der Wille der Wählerschaft in den Teilgebieten, sondern der der Gesamtwählerschaft des Wahlgebietes ist entscheidend und soll im Parlament seinen Ausdruck finden. Wenn aber allgemein bei den Wahlen örtliche Gesichtspunkte auszuscheiden haben, so kann der Splitterpartei-Begriff nicht aus den Kriterien der fehlenden örtlichen Schwerpunktbildung gewonnen werden. Ob eine Partei repräsentationswürdig ist, kann letztlich nur nach ihrer Größe im gesamten Wahlgebiet entschieden werden" (132).

Diese Betrachtungsweise entspricht der des Bundesverfassungsgerichts, die es 1956 in einem Urteil zu der von der Bayernpartei beklagten antiföderalistischen und damit - wie sie meinte - verfassungswidrigen Bundeswahlgesetzgebung vertreten hat. Seiner Ansicht nach sei der Bundestag ein unitarisches Verfassungsorgan, das föderative Gesichtspunkte nicht zu berücksichtigen brauche (133). Diese Interpretation ist zu sehen in Verbindung mit der von Gerhard Leibholz - einem damals einflußreichen Verfassungsrichter - vertretenen Parteienstaatstheorie, nach der der moderne Parteienstaat als "Erscheinungsform der unmittelbaren Demokratie" gesehen wird, in dem die "zentralistischen Parteien" die Aufgabe erhalten, die "Wählermassen ... zu politisch wirklich aktionsfähigen Gruppen zusammenzufassen" (134). "Der Wille der jeweiligen Parteienmehrheit in Regierung und Parlament" wird dann als identisch mit dem "Gesamtwillen" erklärt (135).

Bei der auf einem zentralistischen Staats- und Gesellschaftsmodell fußenden Interpretation einer - zumindest staatsföderalistischen - Verfassung, die das Gericht offensichtlich übernommen hat, ist kaum mit großem Engagement für den Ausbau föderalistisch-dezentraler Strukturen in der Bundesrepublik zu rechnen. Damit tritt auch die Frage nach der Teilhabe des Wählers (der in diesem Modell in einer amorphen Volksmasse untergeht) an der Macht und der Möglichkeit von Kontrolle (beides reduziert sich mit dem Anwachsen der politischen Einheit) zurück hinter der an zentralistischen Staatsmodellen orientierten Ideologie von der Notwendigkeit gesamtstaatlicher Entscheidungsstrukturen (136). Dabei bleibt das vom Integralen Föderalismus ausführlich diskutierte Problem (137) ausgespart, wie weit eine solche Orientierung die für ein föderalistisches System gefährliche Zentralisation von Entscheidungsbefugnissen fördert (138) und damit der ursprünglichen Zielsetzung des Bundesstaates widerspricht.

An der Definition des Splitterparteienbegriffs durch das Gericht von 1954 kritisiert Schröder, daß die Auslegung ins Belieben des Gesetzgebers gestellt werde. "Jede Klarheit geht verloren, wenn man vom reinen Quantitätsbegriff abweicht". Da der Stimmenanteil bei der Wahl das einzig sichere Kriterium sei, könne erst nach der Wahl entschieden werden, ob es sich um eine "Splitterpartei" handle. Nach Schröder ist eine "Splitterpartei ... die Gemeinschaft der Wähler eines bei Bundestags- und Landtagswahlen erfolglosen Wahlvorschlags" (139). In dieser Definition wird die Partei ausschließlich als Wählerpartei gesehen.

Schröder unterscheidet folgende Typen von "Splitterpartei": 1. nach Verteilung der Wählerschaft über das Wahlgebiet: Diaspora- und Schwerpunktparteien, 2. nach der Zielsetzung: echte politische und Interessenparteien (die Teilziele vertreten), 3. nach Art des Zusammenschlusses: politische Parteien und Wählervereinigungen, 4. nach dem Zeitpunkt des Auftretens: alte und neue Parteien, 5. nach Entwicklung der Anhängerschaft: statische und dynamische Parteien (140).

Von einem autoritär-reaktionären Staatsverständnis her werden "Splitterparteien" erklärt als Parteien, "die im Dienst eines bloßen Splitters der Staatspolitik tätig sind", oder als solche, "die nur einen Bruchteil des Volkes hinter sich haben, auch wenn sie sich mit der allgemeinen Staatspolitik befassen und nicht nur mit einem Splitter aus dieser" (141). Die wechselnden Deutungen eines in der politischen Rechtsprechung und Praxis autoritativ verstandenen Begriffes zeigen dessen Widersprüchlichkeit. Zu dem willkürlichen Gebrauch des Begriffs schrieb schon 1950 Ernst Forsthoff: "der Ausdruck Splitterparteien ist nicht allgemein zutreffend und bleibt deshalb besser vermieden" (142).

Daß er dennoch an höchster Stelle verwendet wird, spricht für seine Notwendigkeit als politisches Mittel, die Veränderung der Machtkonstellation im bundesdeutschen Parteiensystem durch neue Parteien zu verhindern, indem man diese diskriminiert. Da "Splitterparteien" angeblich die Regierungsbildung erschweren (143) und deshalb meist als unerwünscht empfunden, zudem gern mit extremistischen, staatsfeindlichen Tendenzen in Verbindung gebracht werden (144), soll der Begriff der "Splitterpartei" psychologisch das Fernhalten kleiner Gruppen von den Parlamenten erleichtern (145). Der neuerdings für eine von einer großen Partei abgespaltene Gruppierung verwendete Terminus der "Fransenpartei" (146) zeigt einmal mehr den Versuch, alle Abspaltungen von den Großen von vornherein zu diskriminieren, ohne die Ursachen für solche Abspaltungen ernsthaft genug zu diskutieren.

Zu fragen bleibt, ob nicht der Terminus "kleine Partei" (147) ausreichen würde, wie ihn Lagasse in dem ganz anders gearteten belgischen Parteiensystem verwendet. Da hier aufgrund des nahezu uneingeschränkten Verhältniswahlrechts auch kleine Parteien in die Parlamente gelangen können, kann Lagasse seinen Terminus auf alle Parteien anwenden (außer den drei Großen: Parti Social Chrétien, Parti Socialiste Belgique, Parti pour la Liberté et le Progrès), die in einem Parlament vertreten sind (148). Er braucht somit auch nicht auf wesentliche Teile des Parteiensystems im außerparlamentarischen Raum Rücksicht zu nehmen, weil es diese nicht gibt. Er kann demzufolge neben der Zahl der Wähler und Mitglieder auch die geringe Zahl der Abgeordneten als Kriterium mit einbeziehen. Hinzu kommt für ihn als Kriterium die fast völlig fehlende Unterstützung seitens mächtiger gesellschaftlicher Gruppen, die geringen Möglichkeiten zur Propaganda und Information sowie die Schwierigkeiten bei der Aufstellung vollständiger Kandidatenlisten und Sammlung von Unterschriften für die Aufstellung der Kandidaten (149). Diese Kriterien haben z.B. für die kleinen Parteien in der Bundesrepublik nur bedingt Gültigkeit, und Lagasse lehnt es mit Recht ab, eine Definition zu geben, "qui vaudrait pour tous les pays, pour toutes les époques". Er betont auch, daß er den Terminus ohne pejorative Bedeutung verwende (150). Lagasse geht zwar der Frage nach, "Les petits partis sont - ils utiles?" (151), die gewiß von einer ähnlichen Fragestellung seitens der politischen Majorität provoziert sein mag. Aber die politischen Umstände gestatten es ihm als Mitglied einer ganz kleinen Partei (152) offensichtlich, den von ihm untersuchten Gegenstand mit einem neutralen Begriff zu belegen, der das politische Verhältnis der "Kleinen" zu den "Großen" nicht anspricht. In der Bundesrepublik hingegen fordern Stellung und Einstellung der "Großen" gegenüber den "Kleinen" einen Begriff, der über das gegenseitige Verhältnis detaillierte Aussagen ermöglicht.

2.2. Minoritätspartei

2.2.1. Parteibegriff

In Fortsetzung unserer definitorischen Bemühungen bleibt der Terminus der Minoritätspartei zu klären, dem zunächst ein <u>allgemeiner</u> Parteibegriff zugrunde zu legen ist. Politisches Bewußtsein und normative Zielsetzung einer Gruppe wurden als konstitutives Element einer politischen Minorität herausgestellt. Deshalb erscheint hier ein Parteibegriff nicht vertretbar, der die politische Partei auf einen Wahlverein reduziert (153). Auch die Forderungen der vergleichenden internationalen Forschung nach umfassenden Definitionen und damit nach weitester Abstraktion rechtfertigen nicht das Ausklammern des programmatischen Aspekts (154). Denn selbst wenn eine Partei - wie die amerikanische - kaum eine programmatische Orientierung kennt, so muß doch die Zielsetzung, den status quo weitgehend zu erhalten und grundsätzliche Alternativen nicht anzubieten, als zwar nicht reflektierte, wohl aber vorhandene normative Orientierung gewertet werden. Narr bezeichnet den aus solcher Haltung erwachsenden Prozeß als ein "Oszillieren um den status quo ohne Experiment" (155).

Ähnlich unzureichend bleibt der Vorschlag, den Begriff der Partei zu bestimmen durch ihr Selbstverständnis und ihren Anspruch, Partei zu sein und am politischen Wettbewerb teilzunehmen (156). Denn damit würde einer Entwicklung Vorschub geleistet, die tatsächlich zum Zerbrechen der Weimarer Republik beigetragen hat: der massiven Einflußnahme einzelner Interessengruppen auf das gesamte politische Geschehen unter dem Deckmantel einer Partei (157).

Die im Sinne von Schumpeter an Effektivität orientierte, funktionale Definition einer Partei als einer Gruppierung, deren Hauptzweck der Erwerb der politischen Macht sei (158), umgeht gleichfalls das Problem der Finalität dieser Macht. Wenn auch die Auseinandersetzungen um Ziele und Mittel zu einem permanenten dialektischen Entwicklungsprozeß einer Partei führt (159), so ermöglichen ihr doch Programme, die, wenn sie normativ orientiert sind, mehr bieten als nur politische "Offerten" (160) im Sinne eines beliebig austauschbaren Warenangebotes, eine langfristige Identifizierbarkeit und einen gewissen Schutz vor allzu opportunistischem Umgang mit der Macht (161). Bei der Auswahl von Führungspersonal ist neben der Frage nach der Repräsentation bestimmter gesellschaftlicher Gruppen die Einstellung der potentiellen Amtsträger zu einzelnen programmatischen Aspekten ein mögliches Kriterium (162). Unter diesem Aspekt ist die Partei nicht nur "Transmissionsriemen politischer Kräfte zum Herrschaftsapparat" (163), also Beförderungsmittel, sondern auch programmatischer und machtpolitischer Filter für Berufspolitiker. Auf dem Wege über Personen geschieht auch die Transmission (Aufnahme und Übersetzung) von Interessen. Aus Sorge um die Mehrheit der Wählerstimmen, d.h. um der Machterhaltung willen vertreten die großen Parteien demnach nur "vermachtete" Interessen, d.h. solche, die von möglichst mitgliederstarken Interessengruppen artiuliert werden (164). Diese arithmetisch kalkulierte Form der Interessenvertretung fördert die Minorisierung politischer und sozialer Minoritäten.

Sobald den Parteien die wesentliche Funktion, "als Brennpunkte der politischen Meinungs- und Willensbildung einer Gesellschaft (165) zu wirken, zuerkannt wird (166), gewinnen ihre programmatischen Aussagen an Bedeutung. Diese Funktion nimmt in der bundesdeutschen Parteiengesetzgebung einen vorrangigen Platz ein (167). Willensbildung und Einflußnahme können allerdings keinen Wert an sich darstellen (168), wenn sie sich selbst nicht ad absurdum führen wollen, - eine Gefahr, die in dem Maße besteht, wie nicht das Ziel dieser Einflußnahme aufgezeigt wird. Macht und Einfluß können bekanntermaßen zu jedem inhumanen Zweck mißbraucht werden, wenn nicht mehr klar ist, daß ihre Inanspruchnahme allein dadurch legitimiert wird, daß sie der Erhaltung und Humanisierung des individuellen und gesellschaftlichen Lebens zu dienen haben. Das Privileg der Parteien, an Wahlen teilzunehmen, entscheidend an der Gestaltung des politischen Lebens beteiligt zu sein und - in der Bundesrepublik - in ihrer Rechtmäßigkeit nur vom Bundesverfassungsgericht beurteilt werden zu können (Art. 21 Abs. GG), läßt sich sinnvoll nur damit rechtfertigen, wenn sie im Grundsatz für jedermann als Organ der politischen Willensbildung offenstehen und nach allen Seiten die Möglichkeit geben, sowohl Programme als Entwürfe künftiger politischer Gestaltung als auch die gegenwärtige Verwirklichung politischer Konzeptionen in Regierung, Verwaltung und Parlamenten öffentlich zu diskutieren und zu kontrollieren (169). Nur so könnte sicher gestellt werden, daß entgegen der derzeitigen Praxis vernachlässigte Interessen im Sinne Offes (170) unabhängig von dem sozialen Status der Betroffenen berücksichtigt werden.

Es ist gewiß kein Zufall, daß in unserer vorwiegend pragmatischen politischen Szenerie programmatische politische Zielsetzungen so wenig Ansehen genießen (171). Das Parteiengesetz von 1967, das als das Werk der derzeit herrschenden Parteien und einflußreichen Fachleute angesehen werden kann, erwähnt die programmatische Orientierung in seiner Definition des Parteibegriffs überhaupt nicht. Vielmehr ist hier nur ganz allgemein von der politischen Willensbildung, von der parlamentarischen Mitwirkung und Repräsentation die Rede (172). Das Fehlen des normativen, programmatischen Aspekts verdeutlicht den funktionalen Charakter des in der Bundesrepublik herrschenden Parteiverständnisses. Auch in der Bestimmung des Begriffs "Partei" der Parteienrechtskommission von 1957 wird bei der Aufzählung der Merkmale das Programm erst an dritter Stelle nach Wahlbeteiligung und Teilnahme an der politischen Willensbildung im Parlament genannt. Nach Auffassung der Kommission gehört die politische Zielsetzung (Programm) nicht zu den konstitutiven Elementen der Legaldefinition einer Partei (173).

Speziell in der Frage, ob das Programm am "Gemeinwohl" orientiert sein solle, argumentiert die Kommission folgendermaßen: "So sehr es jeder Partei aufgegeben ist, ihre Ziele und ihre Tätigkeit <u>am Wohle des Ganzen zu orientieren</u>, so wenig läßt sich diese Forderung zur Abgrenzung des Parteibegriffs heranziehen. Es wird schwerlich eine Gruppe geben, die darauf verzichtet, ihre Bestrebungen mit dem Interesse der Allgemeinheit zu identifizieren. Die Kommission hat daher gemeint, von dem Erfordernis der Legitimierung am Gemeinwohl als Kriterium des Parteibegriffs absehen und es bei dem allgemeinen Erfordernis einer politischen Zielsetzung bewenden lassen zu sollen. Sie legt aber Wert darauf festzustellen, daß eine solche Ausrichtung am Gemeinwohl eine notwendige politische Grundforderung für alle Parteien darstellt, da der demokratische Staat auf der ethischen Grundlage einer Verpflichtung gegen das Ganze ruht" (174). Obwohl der Begriff "Gemeinwohl" als ideologische Verschleierung tatsächlicher unterschiedlicher und oft entgegengesetzter gesellschaftlicher Interessen an Glaubwürdigkeit eingebüßt hat, wäre eine Parteidefinition wünschenswert, die nicht auf die Forderung nach gesamtgesellschaftlichen Zielsetzungen verzichtet (175).

Bedenkt man die große Zahl der Betroffenen, die durch die Entscheidungen von mächtigen Gruppen und Einzelpersonen in einer immer stärker verwalteten und durchtechnisierten Welt in Mitleidenschaft gezogen werden können, so scheint das ethische Verantwortungsbewußtsein (176) der Entscheidungsträger, die in der Parteiendemokratie eben vorwiegend von Parteien gestellt werden, doppelt vonnöten. Als wesentlichen Trägern der politischen Willensbildung ist es deshalb zuerst den Parteien aufgegeben, dieses Bewußtsein zu entwickeln, zumal sie - im Gegensatz zu den Interessengruppen - nicht nur einer bestimmten Gruppe in der Bevölkerung verpflichtet sein sollen.

Es liegt wohl an dem vermeintlichen Zwang zu juristisch "einwandfreien" Definitionen, daß bei der Charakterisierung von Parteien in einer Demokratie, in der sich Entscheidungen aus "diskursiver" Willensbildung ergeben (oder es wenigstens sollten (177)), die Notwendigkeit alternativer politischer Zielsetzungen und das Problem der öffentlichen Kontrolle der herrschenden Parteien in den Hintergrund tritt. Auch der Herrschaftskonflikt zwischen großen und kleinen, alten und neuen Parteien bleibt außer Acht, obwohl in der Bundesrepublik die permanente Dominanz des Kartells (178) der herrschenden Parteien seit langem für jeden offensichtlich ist.

Juristisch werden Parteien allein dem parlamentarischen Bereich zugeordnet (179). Dabei scheint jedoch die politische Stellung der Parteien "im Schatten der Macht" (180), die nicht von dem Bonus einer Mitgliedschaft im Parlament profitieren, durch wohlklingende Formulierungen eher verdeckt als geklärt zu sein. Hans-Gerd Schumann weist unter Rückgriff auf Wilhelm Hennis darauf hin, "daß in der Tat in Randbereichen des nichtparlamentarischen Raumes so etwas wie 'außerparlamentarische Opposition' fungibel werden kann, weil auf Grund des Wandels die Parlamentsopposition nicht mehr jedwede Oppositionsschattierung darstellt" (181). Schumann, der damit das Problem der nicht in den Parlamenten vertretenen Parteien anspricht, bewertet "diese Verlagerung von eigentlichen Funktionen parlamentarischer Opposition in den vorparlamentarischen Raum ... lediglich" als "das vorübergehende adäquate Tätigwerden der Korrektive im nichtparlamentarischen Raum der politischen Meinungs- und Willensbildung" (182).

Im Sinne der Parlamentarismustheorie scheint das von Schumann verwendete Adjektiv "vorübergehend" insofern am Platze, als ja jede politische Gruppierung, die als Partei ihre Ziele propagiert, letztlich deren Umsetzung im Parlament und in der Exekutive anstrebt. Bei einer Analyse der realen politischen

Szenerie in der Bundesrepublik jedoch erweist sich diese Vorstellung von "vorübergehend" als abstrakt-theoretisch und realitätsfern. Die Frage, weshalb es denn einer weitaus grösseren Zahl von Parteien trotz erheblicher Anstrengungen längerfristig nicht gelingt, ihre Vorstellungen in irgendeinem Parlament vertreten zu können, läßt es zumindest problematisch erscheinen, jedwede legitime Opposition nur im parlamentarischen Bereich gelten zu lassen (183). Wenn Schumann das Versagen der Parlamente als Repräsentanten aller für die politische Öffentlichkeit relevanten Meinungen zumindest temporär für gegeben ansieht, so klammert er offensichtlich damit die hier zu behandelnde Problematik aus, daß - zumindest in der Bundesrepublik - seit langem und systematisch machtpolitische Bedingungen geschaffen wurden, die die von Schumann als temporär bezeichnete Situation zum Dauerzustand zementiert haben. Aufgrund dieser Tatsache muß allen als Partei anerkannten Gruppierungen die Oppositionsfunktion zugestanden werden, selbst wenn sie nicht im Parlament vertreten sind. Es erscheint deshalb zwingend, diesen für die vorliegende Arbeit zentralen Aspekt ausdrücklich mit in die Parteidefinition hineinzunehmen (184).

Eine politische Partei ist demnach eine Vereinigung (185), die sich unter einer gemeinsamen politischen Zielsetzung organisiert hat, um an der politischen Willensbildung und Entscheidung teilzunehmen (186), sowohl durch den Erwerb der Macht, als auch durch Opposition innerhalb und außerhalb des Parlaments. Unter diesem Begriff lassen sich sowohl diejenigen Parteien subsumieren, die sich in Orientierung am status quo als Vertreter von derzeit existierenden, gegenwartsgebundenen Interessen verstehen als auch jene, die bemüht sind, "das Vakuum an globaler Politik und langfristiger Prognostik und Planung, das die alten Parteien hinterlassen, auszufüllen" (187).

2.2.2. Politische Philosophie als geistige Grundlage langfristiger Orientierung

Die Notwendigkeit, Vorgefundenes in Begriffen auf möglichst hoher Abstraktionsebene zu fassen, führt allerdings dazu, daß bestimmte, für die langfristige politische Entwicklung notwendige Kriterien nicht berücksichtigt werden können. Um die Politik nicht allein dem Kampf um Macht und um die Durchsetzung von aktuellen, aufgrund einer mehr oder weniger vordergründigen Analyse politischer Verhältnisse formulierten Interessen zu überlassen, scheint eine Orientierung der politischen Ziele einer Partei an einer Philosophie im Interesse der politischen Ethik als dringend erforderlich (188). Mit Recht weisen

Heinz Gollwitzer und Oswald Nell-Breuning darauf hin, daß Parteien ohne Weltanschauung nicht existieren können (189). Und selbst eine "Plattform-" oder "Allerweltspartei" (190), die allein mit dem Konzept der Transformation von Mehrheitsinteressen jedweder Richtung meint auskommen zu können, könnte dies nicht tun, ohne sich stillschweigend mit der jeweils herrschenden Weltanschauung (z.B. dem im Liberalismus verankerten Kapitalismus) zu identifizieren.

Ossip K. Flechtheim hat schon sehr früh darauf hingewiesen, daß Politiker und Politikwissenschaftler angesichts der weitreichenden Folgen ihres Handelns auch für künftige Generationen immer wieder moralisch in die Pflicht genommen werden müssen und auf die philosophische Reflexion ihrer Konzepte nicht verzichten dürfen (191). In seinen Werken zur Futurologie ist der Autor nicht müde geworden, entgegen der in Politik und Politikwissenschaft verbreiteten Ideologie der Sachzwänge, die mit vordergründigem Pragmatismus gegebene Herrschaftsverhältnisse eher verschleiert und rechtfertigt, statt sie auf ihre Ursachen und Veränderbarkeiten hin zu befragen, seine Forderung nach langfristigen politischen Konzeptionen im Interesse der Menschheit und ihrer Humanisierung vorzutragen (192). Ebenfalls mit einer dezidiert politischen Zielsetzung begründet auch Alexandre Marc, Exilrusse wie Flechtheim, seine in der Tradition des föderalistischen Gedankengutes von Pierre-Joseph Proudhon stehende Philosophie des Integralen Föderalismus, die er in enger Verbindung mit der Praxis verknüpft begreift. "Es gibt keine Politik, zumindest keine große Politik, ohne Philosophie. Jede Philosophie, die dieses Namens würdig ist, verlangt nach einer Politik, und jede Politik läuft, sobald sie das gemeinste Niveau, das der Politikasterei, hinter sich gelassen hat, auf eine philosophische Perspektive hinaus" (193). Marc bezieht diese Maxime insonderheit auf den Integralen Föderalismus (194), der sich als umfassende politische Doktrin versteht, und den wir im Zusammenhang mit der Europäischen Föderalistischen Partei (EFP) ausführlicher behandeln wollen: "Es genügt nicht, den ökonomischen und kulturellen, politischen und sozialen Föderalismus mit dem Zucker einiger Ideen, die vage 'philosophisch' sind, zu bestreuen, um daraus jenen integralen Föderalismus zu machen, der es allein uns ermöglichen kann, die Herausforderung der Geschichte anzunehmen. Die Erfordernisse unserer Epoche sind derart, daß alle Versuche des Dilettantismus, des Eklektizismus, des Synkretismus, kurz: des Reformismus, sei es im Bereich der Theorie oder der Praxis nur Voraussagen des schließlichen Zusammenbruches sind. Die Einheit von Denken und Handeln impliziert, daß beides ernsthaft ist" (195).

Wie Flechtheim in seiner Futurologie bezieht auch Marc die
Zukunft in seine Reflexionen ein. Für ihn weist der Integrale
Föderalismus den Weg aus der "globalen Zivilisationskrise", in
der sich die Menschheit schon seit längerem befindet (196).
Er meint, daß "die Revolution des 20. Jahrhunderts, von der
das Überleben der Menschheit abhängen wird, ... eine 'ernste'
Philosophie (erfordert), nicht irgendwelche pseudoprofunden
Maximen, die dem Geschmack des Tages angepaßt sind, nicht
irgendwelchen literarischen Betrachtungen über die Zukunft des
menschlichen Seins" (197). Zur Stützung der These, daß politisches Handeln ohne grundlegende Betrachtungen über den Menschen und seine Welt letztlich ziellos bleiben muß, sei noch
John Dewey zitiert: "Die Rolle der Philosophie ist unersetzbar,
wenn politische Betätigung über Faustregeln hinauswachsen
soll. Nur Leitideen, die selber nicht nachprüfbar sind oder vielmehr im streng positivistischen Sinne gar nicht nachprüfbar
sind, können die Masse der empirischen Details der politischen
Praxis zu einem gegliederten Ganzen zusammenfügen, und so
das Trachten und Bestreben auf bestimmte Ziele zuleiten" (198).
In diesem Sinne wäre es wünschenswert, wenn sich Parteien
generell wieder erkennbarer als gegenwärtig einer Weltanschauung verpflichtet fühlten - die ja eine philosophisch fundierte,
spezifische Betrachtungsweise des Menschen und seiner sozialen
Umgebung einschließt (199) -, ohne dabei die realistische Wahrnehmung individueller und gesellschaftlicher Interessen zu vernachlässigen. Wenn die Parteien sich als konstitutive Elemente
eines demokratischen Systems verstehen - und um diese handelt
es sich hier in erster Linie - und dafür Privilegien genießen,
so erscheint es gerechtfertigt, sie auf normative Ziele wie die
Humanisierung individuellen und gesellschaftlichen Lebens zu
verpflichten und ihre Arbeit an deren Verwirklichung zu messen (200). Dabei muß jedoch die Problematik von Ethik und Politik berücksichtigt werden, daß "anthropologische Setzungen
und traditionale Ordnungsvorstellungen zu dominieren drohen",
die entweder "in der freien Reflexion über die Zeit zum ursprünglichen Sinn, zu 'Wesen' des Politischen ... hypostasiert
werden" (201) oder aber hinter der Anthropologie bzw. Philosophie sich herrschende Interessen verbergen, die gesellschaftliche Normen zum eigenen Vorteil zu setzen oder zu erhalten
trachten. Angesichts der erkennbar werdenden linearen Fortschrittsideologie scheint uns aber auch der ausschließliche Anspruch, gesellschaftliche Normen allein aus dem Prozeß gesellschaftlicher Reproduktion ableiten zu wollen, d.h. z.B. gegenüber dem materialistischen Kapitalismus den historischen Materialismus und seine künftige Gesellschaftskonzeption als Alternative
auszugeben, nicht als echte Alternative, weil er sich letztlich

nur als Kehrseite der gleichen Medaille entpuppt. Demgegenüber entwirft der Integrale Föderalismus eine Perspektive, in der Geist und Materie als dialogisch-dialektische Elemente des Menschen und der Gesellschaft gleichrangig und eigenständig berücksichtigt werden (202).
   Immer wieder wurde nach 1945 der doktrinäre Starrsinn der Weltanschauungsparteien im Reichstag der Weimarer Republik gerügt und zur Erklärung für das Scheitern der Weimarer Demokratie mit herangezogen (203), um daraus die Entbehrlichkeit solcher Weltanschauungsparteien für die Demokratie herzuleiten (204). Eine solche Argumentation erweist sich jedoch gerade heute als verhängnisvoll, da sich immer wieder neue Gruppen mit ihrer grundsätzlichen und meist weltanschaulich-philosophisch begründeten Kritik aus der öffentlichen Diskussion herausgedrängt sehen.

2.2.3. Herrschaft der Minderheit in der Mehrheit

Die rein arithmetische Bewertung kleiner Parteien eröffnet einer angeblichen Majorität die Möglichkeit, ihre Position zur Stärkung ihrer Macht und damit zur weiteren Schwächung der Minorität auszunützen. Tatsächlich bilden sich innerhalb dieser "Majoritäten" Oligarchien von Minderheiten, die die arithmetischen Mehrheiten beherrschen und in ihrem Sinne lenken (205). Damit wird es den Herrschenden in der Majorität möglich, diese dahingehend zu beeinflussen, daß sie politischen Minderheiten ihren sowieso schon begrenzten Aktionsraum streitig macht. So gelingt es ihnen, ihre Herrschaft weiter zu stabilisieren, indem sie ein politisches Aktionspotential ausschalten, dessen machtpolitische Konkurrenz sie u.U. fürchten müssen.
   Die Tatsache, daß "die politischen Parteien (gemeint sind die parlamentarisch vertretenen Parteien - R.R.) ... den personellen Rekrutierungsprozeß 'kanalisieren'" (206), impliziert einen Sozialisations- und Integrationsprozeß der Anwärter für politische Ämter, innerhalb dessen abweichende politische Positionen soweit eingeebnet werden, daß sie sich auf die Intention der Partei zur Machterhaltung nicht nachteilig auswirken können (207). Zudem läßt sich die "soziale Disproportionalität zwischen Repräsentanten und Repräsentierten" (208) kaum in Einklang bringen mit der Prämisse Otto Stammers, soziale Willensverbände - also auch Parteien - entwickelten sich sozusagen aus den "gesellschaftlichen Mutterböden" der "Gemeinwesen", "Klassen" und "Stände" (209). Der Aphorismus ist geeignet, die faktische Distanz zwischen der Basis der Wählerschaft und den entscheidenden Parteispitzen zu vernachlässigen.

Gewiß hat gerade Stammer nachhaltig auf das Problem der Elitebildung hingewiesen (210). Er geht von notwendigen Machtzentren innerhalb des Staates aus, in die die unterschiedlichsten gesellschaftlichen Interessen zu integrieren sind um der Funktionsfähigkeit des Staates willen (211). Als politisches Vehikel für diese Integration werden insonderheit die großen Parteien betrachtet (212), die - wie sich denken läßt - zwangsläufig Großbürokratien und Eliten mit sich bringen. Der Versuch, das Problem dadurch in den Griff zu bekommen, daß man den alten "Werteliten", die auf Geburt, Abstammung und transzendentalen Bezügen ("von Gottes Gnaden") beruhen, die neuen "Funktionseliten" gegenüberstellt, die grundsätzlich offen, auswechselbar, kontrollierbar und für jedermann zugänglich zu sein haben (213), erscheint angesichts des innerorganisatorischen Selektionsprozesses zugunsten der Stabilisierung der Macht der herrschenden Parteien eher zu seiner Verschleierung geeignet. Auch der hierzulande herrschende Gruppenpluralismus, der vor allem bereits mächtige Gruppen begünstigt (214), erweist sich als stumpfe Waffe gegenüber der Chancenungleichheit gesellschaftlicher Interessen und Bedürfnisse.

Gegen diese Chancenungleichheit der Bedürfnisartikulation und Durchsetzung von vernachlässigten Interesen vermag u.E. nur eine Gegenelite in Form einer Partei mit einem radikal neuen Konzept anzutreten, die jene unterprivilegierten Interessen artikuliert und durchsetzt. Die Minorisierung herrschender Gruppen und Parteien besteht eben gerade darin, diese Gegenelite, die hier als Protagonist minoritärer Interessen und Bedürfnisse zu verstehen ist, von allen politischen Einflußmöglichkeiten fernzuhalten.

2.2.4. Der Begriff "Minoritätspartei"

Bevor wir auf die derzeitig zunehmende wissenschaftliche Diskussion zum Thema "kleine Parteien" und ihren politischen Stellenwert eingehen, soll zunächst die eigene Deutung des Begriffs "Minoritätspartei" dargelegt werden, die u.a. an die Ausführungen zur politischen Minorität (Kap. 2.1.1.) anknüpft. Im Anschluß an das Gesagte läßt sich "Minoritätspartei" nach drei Gesichtspunkten definieren:
1. dem politisch-philosophischen,
2. dem politisch-soziologischen und
3. dem politisch-pragmatischen Gesichtspunkt.
Wie zur "politischen Minorität" dargelegt, steht diese nicht von vornherein fest, sondern muß aufgrund von Minoriesie-

rungsprozessen infolge von Minderberechtigung als Ergebnis dieser Prozesse verstanden werden. Das bedeutet, daß nicht arithmetische Kriterien (Mitgliederzahl, Wahlerfolg) als ursächlich für den minoritären Status betrachtet werden, sondern eine bewußte Abwehrstrategie seitens herrschender Kräfte zur Erhaltung der eigenen Macht.

Unter politisch-philosophischem Aspekt sind Minoritätsparteien zu sehen als Exponenten von Theorien, die die herrschenden Macht- und Verteilungsstrukturen wie auch herrschende Wertgefüge in Frage stellen und, gestützt auf alternative Doktrinen, verändern wollen. Eine der zahlreichen Abwehrstrategien der herrschenden Mächte besteht darin, Theorien, die sich nicht absorbieren und damit entschärfen lassen, zu diskriminieren als irreal, gefährlich, utopisch. Vertreter dieser Theorien, die einen Kompromiß mit den Herrschenden für sinnlos halten, werden als "dogmatisch" im Sinne von "nicht kompromißbereit" abgestempelt.

Unter politisch-soziologischem Aspekt sind Minoritätsparteien zu verstehen als Gegeneliten, die mit politischen Alternativen gesellschaftliche Machtstrukturen angreifen. Wie am Beispiel der Minorisierung gezeigt werden kann, erscheint die Annahme hypothetisch, daß die Parteien als "soziale Willensverbände" "die sozialen und die ideologischen Bedürfnisse und Nöte" (215) der Menschen integrieren und in politischen Maßnahmen berücksichtigen. Tatsächlich lassen sich zwei Klassen von Bedürfnissen beobachten, solche, die bevorzugt berücksichtigt werden, und solche, die vernachlässigt werden. Bevorzugt berücksichtigte Interessen und Bedürfnisse sind in der Regel solche, die entweder von sozio-ökonomisch relevanten Gruppen vorgetragen werden, oder solche, die von einer so großen Zahl von Bürgern so nachdrücklich artikuliert werden, daß ihre Nichtberücksichtigung sich nachteilig auf die gewünschte Stimmenmaximinierung der herrschenden Parteien auswirken könnte (216). Demnach ist zwischen privilegierten und unterprivilegierten Interessen und Bedürfnissen zu unterscheiden. Unterprivilegierte Interessen sind neben denen wirtschaftlich schwacher Gruppen und derjenigen, die nicht wählen können (Kinder, Ausländer, Strafgefangene usw.), auch so allgemeine Bedürfnisse, für die unter Kosten-Nutzen-Kalkulationen keine effektive Lobby zu organisieren ist.

Diejenigen Gruppen, die eine politische Artikulation dieser vernachlässigten Interessen initiieren und deren Durchsetzung betreiben, bezeichnen wir als Gegenelite insofern, als sie die Legitimationsbasis der herrschenden "Funktions-" oder Machtelite in Frage stellen (217). In diesem Sinne sind Minoritätsparteien als Rekrutierungsbasen einer Gegenelite zu verstehen.

Wenn wir hier - Bedenken zum Trotz - den Begriff der Elite zur Positionsbestimmung von Minoritätsparteien anwenden, so tun wir dies in der durch historische Erfahrung begründeten Annahme, daß Innovation in der Regel von wenigen Menschen mit langfristigen Perspektiven aufgrund gründlicher Kenntnisse der zeitgenössischen Strukturen eines Systems eingeleitet und betrieben wird (218), zum anderen aber aufgrund der Hoffnung, daß es immer wieder Menschen geben wird, die sich aufgrund sozialer Solidarität zum Fürsprecher für Benachteiligte machen, die ihre Interessen und Bedürfnisse zunächst nicht selbst zu artikulieren vermögen. Solche Gegeneliten lassen sich jedoch nur dann rechtfertigen, wenn für sie zum einen die Solidaritätsverpflichtung gegenüber gesellschaftlichen Gruppen Priorität genießt gegenüber möglichen Vorrechten, sie zum anderen eingebettet sind in eine föderalistische Parteien- und Verbändestruktur.

Vor diesem Hintergrund wird der Wettbewerb zwischen grossen und kleinen Parteien zum Kampf der Eliten um die Erhaltung bzw. Veränderung herrschender Machtstrukturen. Er ist darüberhinaus ein Kampf um die Identität von alternativen Konzepten mit ihren eigentlichen Promotoren im politischen Aktionsfeld. Die Notwendigkeit einer solchen Identität wird von den großen Parteien im eigenen Herrschaftsinteresse bestritten, und man versucht, die Mitglieder der Gegenelite zu absorbieren. Lassen sie dieses nicht zu, so werden sie als systemfeindlich und gefährlich diffamiert (219).

So lassen sich u.a. auch diejenigen Gruppen zur Gegenelite rechnen, die der Behauptung widersprechen, "Gemeinwohl" ergebe sich sozusagen zwangsläufig ex post "als eine Resultante aller subjektiven Vorstellungen" (220), die unter der Prämisse des Eigennutzes artikuliert werden. Eine solche Gegenelite würde z.B. die Meinung vertreten, daß man "Gemeinwohl" im Sinne von gleichmäßigen Chancen zur Entfaltung und Sicherung der Existenz für alle Menschen ex ante zu definieren habe, um dann für die Durchsetzung einschlägiger Maßnahmen zu kämpfen. Ein solches Konzept würde angesichts der gegenwärtigen sozio-ökonomischen Strukturen zwangsläufig die Umverteilung materieller Ressourcen einschließen.

Der politisch-pragmatische Aspekt der Minoritätspartei bezieht sich vor allem auf Parteikonzeptionen amerikanischer Provenienz (Partei als Artikulationsplattform für Interessen und Bedürfnisse unterschiedlichster Herkunft, wobei die doktrinäre Orientierung zunächst in den Hintergrund tritt). Man könnte diese Minoritätsparteien insofern als "teiloppositionelle" (221) Parteien bezeichnen, als sie Teilbereiche einer Gesellschaftsordnung verändern wollen, diese aber nicht insgesamt in Frage stellen. Die Stoßrichtung solcher "one-purpose-parties" ist für die herrschenden Parteien insofern weniger gefährlich, als ihre Ziele sich leichter absorbieren lassen und sie sich schließlich als vorübergehende Bewegungen ("recurring, transient movements" (222)) erweisen. Ob und wieweit sich solche zunächst als vorübergehende Bewegungen erscheinende Parteien schließlich doch als nicht wirklich absorptionsfähig erweisen, soll vor allem am Beispiel der Partei "Die Grünen" erörtert werden.

Angesichts der politisch-sozialen, ökonomischen und ideologischen Diskriminierung aktiver politischer Gruppen mit systemalternativer Programmatik und Aktivität erscheint der Begriff der Minoritätspartei aufgrund seines qualitativen Akzents am geeignetsten, um kleine und neue Parteien ihrem Wesen nach zu kennzeichnen. Er bezeichnet eine politische Minorität, die sich zur Durchsetzung unterprivilegierter Bedürfnisse und Interessen als Partei organisiert hat, um an der politischen Willensbildung teilzunehmen, sowohl durch den Erwerb der Macht als auch durch Opposition und Kontrolle innerhalb und außerhalb des Parlaments. Der alternative Charakter des Programms einer solchen Partei führt bei den herrschenden Gruppen zu Furcht vor Veränderung der für sie günstigen Herrschaftsstrukturen und in deren Gefolge zur Diskriminierung dieser Partei, d.h. zur Verweigerung der Möglichkeit, legitimer und gleichberechtigter Teilhaber an der politischen Willensbildung zu sein und als solcher anerkannt zu werden. Dieser Prozeß der Minorisierung ist insbesondere gekennzeichnet durch die Marginalisierung einer Minoritätspartei seitens der Herrschenden, die jener einen institutionalisierten, kontinuierlichen öffentlichen Dialog verweigern, ihr mit allen möglichen Mitteln verwehren, politisch zu wirken und damit die Verwirklichung alternativer Konzeptionen behindern oder gar verhindern.

2.2.5. Absorptionsparteien und Minoritätsparteien

Die Akzentuierung der "politischen Integrationswirkung" einer Partei in Theorie und Praxis (223) hat den Minorisierungsprozeß wesentlich abgesichert. Sie schiebt das Machtpotential und den Rückhalt in der Bevölkerung in den Vordergrund und mindert so die Bereitschaft in der Öffentlichkeit, kleinere, von der sozialen Basis her schwächere, aber in ihren Zielen profiliertere "Programmparteien" (224) als Innovationspotential und Verfechter politischer Alternativen als notwendig anzuerkennen, weil diese unter jener Prämisse als - systemtheoretisch gesprochen - dysfunktional und desintegrierend betrachtet werden (225). Die "Systemfunktion" solcher Parteien kann aber nur dann voll wirksam werden, wenn sie sich im Kampf um die Macht in Legislative und Exekutive in Konkurrenz mit den "Volksparteien" (226) oder Massen- und Apparatparteien (227) gleichberechtigt entfalten können, sich andererseits - zumindest in ihrem Selbstverständnis - langfristig aber auch nicht auf die Oppositionsrolle beschränken wollen (228). Wenn diese kleinen Parteien im politischen System heute überhaupt eine Existenzberechtigung zuerkannt erhalten und nicht als wertlose Splitter, will sagen: Abfallprodukte eines auf die parlamentarisch vertretenen Parteien reduzierten Systems betrachtet werden (229) ("Papierkorbparteien" (230), "Restparteien" (231)), so wird ihnen ja bestenfalls eine Oppositionsrolle zugedacht (232), bei der sie ihre Existenzberechtigung allein in Funktion zu den herrschenden Parteien erhalten. Entsprechend sieht Stephen L. Fisher die Systemfunktion der "minor-parties" darin, daß sie in gewissen Situationen und bei günstigem Wahlergebnis als "balance of power" fungieren und auf diese Weise die Regierungsbildung beeinflussen können (GLU in Niedersachsen, GAL in Hamburg). Darüberhinaus liefern sie einen Test für wahlwirksame Forderungen und neue Ideen. Drittens stellen sie ein Ventil dar für soziale und ökonomische Unzufriedenheiten (233) und viertens können sie den großen Parteien dazu dienen, ihre politischen Alternativen zu präzisieren (234).

Diese untergeordnete Plazierung im politischen System liegt ganz im Interesse der "Massen-Parteien" (235), die hier präziser als Absorptionsparteien bezeichnet werden sollen, weil sie als "Mittel und Mittler der Demokratie zwischen der Gesamtheit des Volkes und dem Staat" (236) danach trachten, nach Möglichkeit alle programmatischen Positionen und Wählerreserven der kleineren Konkurrenten zu absorbieren (237). Die These von Werner Kaltefleiter, daß die soziale Befriedigung als Folge des Wirtschaftswunders ganz wesentlich zur Konzentration des bundesdeutschen Parteiensystems und damit zu dessen Stabilisierung beigetragen habe (238), setzt diese Absorptionsfunktion der großen Parteien gegenüber den kleinen insofern als notwendig und nützlich voraus, als es seiner Ansicht nach vorrangig darauf ankommt, die materielle und damit politische Unzufriedenheit als Konfliktpotential und Ursache für eine Parteienzersplitterung durch materielle Absättigung auszuräumen, die von der Regierung und den in ihr vertretenen Parteien zu erreichen ist (239). Damit soll kleinen Parteien - im funktionalen "Staatsinteresse" (Befriedung, Funktionsfähigkeit) - die Existenzgrundlage entzogen werden.

Die Nachteile dieser strategisch-taktischen Absorption bzw. Integration (240) liegen auf der Hand. Je stärker sie wirkt, umso mehr entwickelt sich eine Partei zu einer in der Regel schwerfälligen, verbürokratisierten Großorganisation, die zum einen die Partizipationschancen des einzelnen Mitgliedes mindert (241), zum anderen aber mit der Berücksichtigung der vielfältigen Interessen, die sie zu vertreten beansprucht, überfordert ist. Sie gerät in den Konflikt, die Interessen eines Teils ihrer Wähler auf Kosten der eines anderen zu vertreten (242), ein Mangel, der bei der großen Bandbreite der zu vertretenden Interessen auch durch den ständigen Versuch, einen internen Konsens zu erreichen (243), sich schließlich zum Nachteil der unterprivilegierten Interessen auswirken muß. Daraus ergibt sich jene "Oberflächen-Integration" (244), bei der allgemeine Bedürfnisse und diejenigen sozial schwacher Gruppen auf der Strecke bleiben. In diesem Zusammenhang können Abspaltungen von Parteien oder Neugründungen nicht mehr als eine Art "Betriebsunfall" der großen Parteien gewertet werden. Auch innerparteiliche Opposition läßt sich nicht lediglich als "funktionales Äquivalent zu Parteigründungen" interpretieren. Joachim Raschkes Ansicht, daß neue gesellschaftlich-politische Probleme innerhalb der etablierten Systeme Antworten erhalten können (245), wird durch die politische Praxis widerlegt (246).

Der vermeintliche Vorteil der Abschätzbarkeit des politischen Kräftefeldes, den ein Parteiensystem bietet, das aus wenigen Großorganisationen mit starker Integrationskraft nach außen besteht ("Funktionsfähigkeit"), wird schließlich durch den Nachteil einer geringen Integrationskraft dieser Parteien nach innen beeinträchtigt, die den Wählern als Vertretungsinstanzen ihrer sehr verschiedenartigen Interessen als recht unberechenbar erscheinen müssen. Die gleiche Problematik trifft auch für diejenigen kleinen Parteien zu, die sich aus strategischen Erwägungen heraus zusammenschließen (247) mit dem Risiko, ihre ursprünglichen Ziele zu verwässern oder von dogmatischen Gruppen unterwandert zu werden.

Demgegenüber haben Programm- oder auch Weltanschauungsparteien, die eine stringente politische Konzeption mit einem kohärenten Programm verfolgen, langfristige Handlungspräferenzen, die eine eindeutige, nachdrückliche und für die Bürger erkennbare Interessenvertretung ermöglichen. Diese Parteien besitzen wegen ihres programmatischen oder weltanschaulichen Profils zwar eine geringere Integrationskraft nach außen, was das Risiko einer verminderten Konsensfähigkeit einschließt (248). Sie vermögen aber Mitglieder und Wähler sehr viel fester an sich zu binden und auf diese Weise u.U. ernst zu nehmende Faktoren in einem politischen System zu werden, das Stimmenmaximierung nicht als einziges Kriterium für die Bedeutung einer Partei kennt.

Unter der Maxime des Stimmengewinns im Interesse der Herrschaftssicherung steigt zwar das Absorptionsinteresse der "Großen" umso mehr, je mehr Konfliktpotential die "Kleinen" enthalten bzw. repräsentieren (249). Sie begründen dieses Absorptionsinteresse mit eben jenem "abstrakt-technokratischen Argument der 'Stabilitätserhaltung'". Das Ergebnis ist nach Claus Offe ein Parteiensystem, das "deutlich monopolistische Züge" trägt, "da der 'Marktzugang' für konkurrierende Gruppen erschwert und der gemeinsam verwaltete Machtbereich zumal in der BRD über die engen Grenzen des politischen Systems, zu dem etwa die öffentlich-rechtlichen Rundfunkanstalten nicht gehören, hinausreicht". Die formalen und inhaltlichen Gemeinsamkeiten dieser Absorptionsparteien, die ein Defizit an alternativen Zielvorstellungen aufweisen und sich auf Tagespolitik und Tagesparolen beschränken (250), lassen nach Offe für sie den Ausdruck "Kartell der Parteien" als gerechtfertigt erscheinen (251).

Gegenüber allen inner- und zwischenparteilichen Konzentrationstendenzen erscheint uns die Föderalisierung der Parteien (252), wie des Parteiensystems selbst als erfolgversprechend d.h. eine Verlagerung der Ressourcen und Kompetenzen an die Basis sowie eine Öffnung gegenüber kleinen und neuen Parteien, die als gleichwertige und gleichberechtigte Partner und eigenständige politische Kräfte darin volle Existenzberechtigung erhalten. Jede dieser Parteien könnte bei Sicherung ihrer demokratischen Struktur mehr Partizipation, Identifikation und Repräsentation von Interessen für Mitglieder, Wähler und Bürger ermöglichen als einige wenige Großparteien. Um die Einwände zu entkräften, die gegen ein solches Modell ins Feld geführt werden könnten, wollen wir uns mit der Entstehung, Begründung und Rechtfertigung des wegen seiner Funktionsfähigkeit und Stabilität immer wieder gerühmten Parteiensystems der Bundesrepublik Deutschland auseinandersetzen.

2.2.6. Minoritätsparteien in der wissenschaftlichen Diskussion

Die "Amerikanisierung" des bundesdeutschen Parteiensystems, die, wie noch zu zeigen sein wird, von den Besatzungsmächten gezielt betrieben wurde, läßt dennoch höchstens bei oberflächlicher Betrachtung einen Vergleich zwischen Deutschland und den Vereinigten Staaten als sinnvoll erscheinen, wie er von Stephen L. Fisher - mit den Augen des Amerikaners - versucht wurde (253). Die Schwierigkeit eines solchen Vergleichs beginnt jedoch bereits bei den dort zugrunde gelegten Kategorien. Sie umfassen nämlich bei formaler Identität verschiedene Inhalte, ein Umstand, der aus der Unterschiedlichkeit der historischen und aktuellen Entwicklung beider politischen Systeme zu erklären ist (254). Das amerikanische Parteiensystem kennt Weltanschauungsparteien (255) in unserem europäischen Sinne nicht (256). Ein Vergleich solcher Parteien mit amerikanischen Sektierer- und Doktrinparteien muß unbefriedigend bleiben. Wenn Fisher meint: "They are strongly ideologically orientated and their political campaigns are primarily mechanisms for propaganda" (257), so trifft er mit dieser Charakterisierung nicht gleichzeitig das Wesen der Weltanschauungsparteien in Europa, die politisch-kulturell verankert sind (258). Weil der politische Wert von Parteien dort allein nach ihrem Wahlerfolg bemessen wird, wird der weltanschauliche Hintergrund unwesentlich (259). Solange sich eine Partei - wie die amerikanischen - nur als Wahlverein versteht und ihr wesentliches Interesse in der Stimmenmaximinierung (catch-all-party (260)), wird sie nicht in der Lage sein, grundlegende politische Alternativen zu entwickeln oder gar durchzusetzen, dem politischen System, in das sie eingebunden ist, innovatorische Impulse zu liefern und damit die Lernfähigkeit eines Systems (Deutsch) (261) zu fördern, um seine Überlebensfähigkeit zu sichern bzw. zu steigern.

Die Betonung der Integrationsfunktion der großen Parteien, die ihnen im Pluralismus-Modell zum Zwecke parlamentarischer Mehrheitsbildung zuerkannt wird (262), ist auch hinter dem erwähten, von Manfred Rowold entwickelten "Gravitations-Modell" (263) zu erkennen, wobei der Autor Integration und Absorption als systemstabilisierende Faktoren positiv hervorhebt (264). Obwohl seinem Modell "keine quasi-physikalische Gesetzmäßigkeit" (265) zugrunde liegen soll, erweckt es doch den Eindruck, daß sich eine "Vielzahl organisierter politischer Einzelwillen" auf "politisch-ideologische und organisatorische" Zentren (Gravitationszentren) geradezu zwangsläufig und unaufhaltsam zu bewegt, um sich schließlich in wenigen Organisationen zu konzentrieren (266).

Dieses Modell, in dem die Entwicklung eines Parteiensystems einen gleichsam naturgesetzlichen Charakter erhält und die Herrschaftsabsichten derjenigen, die die Konzentration des Parteiensystems gezielt betreiben, mit der Metapher der Anziehungskraft politischer Zentren verschleiert werden, läßt die politischen Absichten der Akteure hinter unabänderlichen Systemzwängen zurücktreten.

Doch auch Manfred Rowold muß zugeben, daß "die Konkurrenzmöglichkeiten nicht etablierter Parteien bei der Weckung und Lenkung politischer Bedürfnisse erheblich eingeschränkt werden" (267). Er räumt also doch ein, daß da politische Kräfte außerhalb des Entscheidungsbereichs des Wählers - wenn auch über den Wähler - mitwirken. Diese Einsicht vermag jedoch seine Schlußfolgerungen nicht zu beeinflussen, daß die funktionale Stabilisierung des Parteiensystems durch Konzentration auf wenige Organisationszentren gerechtfertigt ist, weil eben "gesellschaftlich-relevante Alternativbedürfnisse" fehlen (268), die er als Voraussetzung für eine erfolgreiche Parteigründung ansieht.

Da Rowold die Existenzberechtigung kleiner Parteien - rein funktional - "in einem engen Zusammenhang mit ihrem wahlpolitischen Erfolg" sieht (269), der in der Regel negativ ist, sind sie überflüssig und werden zu Recht von den großen Parteien absorbiert bzw. von den Gravitationszentren aufgesogen. Auf diese Weise erhält die Chancenungleichheit, die Rowold selbst feststellt (270), im Nachhinein noch ihre politische Rechtfertigung.

Die Ursachen für das Scheitern werden subjektiv bei den kleinen Parteien gesucht: in ihrer "zu geringen politischen Profilierung", in der "nahezu ausschließlichen parlamentarischen Ausrichtung ihrer Arbeit", in ihrem unzureichenden "Verhältnis zur politischen Basisarbeit im vorparlamentarischen Bereich", in ihrem "mangelnden Verständnis für Organisation als langfristige Aufgabe und als vorläufigen Selbstzweck" (271).

In dieser Beurteilung zeigt sich Rowolds eigene mangelhafte Kenntnis der Probleme kleiner Parteien. Es gelingt ihm deshalb mit seinem Modell auch nur oberflächlich, "qualitative Bewegungen des Parteiensystems abstrakt darzustellen". Bei der Klärung eines "Ursache-Wirkungs-Zusammenhangs" (272) muß dieses Modell jedoch schließlich versagen, solange die "Konkurrenzbeschränkungen" für Minoritätsparteien als Sprachrohr minoritärer Interessen und Bedürfnisse zwar ausführlich aufgezeigt, aber für den Wahlerfolg als nicht letztlich relevant bewertet werden. Der grundsätzliche Mangel dieser Analyse ist darin zu suchen, daß der Autor die sozio-ökonomischen Grundlagen dieser Parteien vernachlässigt und sie vom gesellschaftlichen Machtkampf isoliert. Er trägt mit seiner Analyse deshalb bestenfalls dazu bei, formalistisch begründete Vorurteile gegen kleine Parteien zu untermauern.

Demgegenüber unternimmt Richard Stöss den Versuch, die "spezifischen Funktionen" kleiner Parteien unter Berücksichtigung sozio-ökonomischer Aspekte zu definieren, um nach den ermittelten Kriterien (Basiskonsens, Legitimationsfunktion) die Deutsche Gemeinschaft/Aktionsgemeinschaft Unabhängiger Deutscher im bundesdeutschen Parteiensystem zu verorten (273). Orientiert an dem Basis- oder Inter-Klassen-Konsens in der Bundesrepublik teilt er die Parteien in demokratische Massenlegitimationsparteien (CDU, CSU, SPD, F.D.P.), Interessenparteien (die spezifisch wirtschaftliche und soziale Belange vertreten), teiloppositionelle Parteien (die einzelne Komponenten des Basiskonsenses in Frage stellen), antikapitalistische Parteien (die sich gegen die kapitalistische Produktionsweise wenden) und antidemokratische Parteien (die sich gegen eine spezifische Form bürgerlicher Herrschaft - sprich: Demokratie - wenden) (274). So schlüssig eine solche Typologisierung unter marxistischen Prämissen sein mag, so leidet sie doch unter einer dogmatisch verengten Perspektive, die sich aus einem antagonistischen und damit bipolaren Gesellschaftsbild herleitet. Für die hier diskutierte Frage nach den Erfolgschancen kleiner Parteien als Mittler vernachlässigter Bedürfnisse und Interessen hat der Autor letztlich auch keine andere Erklärung parat als jene affirmativen Analytiker, die Erfolg und Mißerfolg subjektivistisch erklären, den Kampf um politische und wirtschaftliche Herrschaftspositionen, den der Parteienwettbewerb widerspiegelt, jedoch vernachlässigen. Wir halten es für eine unbewiesene Schlußfolgerung, von einer Partei zu behaupten, sie sei an der mangelnden Attraktivität ihres Programms gescheitert (275), solange der Nachweis nicht geführt wird, daß dieses Programm mit denen, an die es gerichtet war (Wähler), auch tatsächlich diskutiert worden ist. Auch die mangelnde Kooperationsbereitschaft unter kleinen Parteien muß ihren Grund nicht immer in "individuelle(n) Rivalitäten von Parteiführern und borniertem Organisationsinteressen" (276) haben. Angesichts der ideologisch begründeten Kontroversen innerhalb der Grünen erscheint die Frage berechtigt, ob und wie weit eine Partei im Interesse ihrer Zielvorstellungen aufgrund strategischer Erwägungen bereit sein kann, ihre Eigenständigkeit aufzugeben.

In der nachfolgenden Untersuchung soll der Versuch unternommen werden, die Erfolgschancen kleiner Parteien vor dem Hintergrund eines "Parteienwettbewerbes" zu eruieren, der sich schließlich als strategisches Mittel zur Sicherung politischer und wirtschaftlicher Herrschaftspositionen entpuppt. Aus dieser Perspektive ist es u.E. viel wichtiger, das Augenmerk auf diejenigen Prozesse zu richten, die sich vor der Wahl abspielen und sich letztlich als entscheidend für den Erfolg einer Partei herausstellen. In einer Zeit, in der politische Erfahrungen in der Regel durch Medien vermittelt werden, läßt sich Minorisierung teilweise subtil praktizieren, sozusagen mit der Wattewand der "freiheitlich-demokratischen Grundordnung". Diese "Wattewand" zu ermitteln und gegen sie anzukämpfen, erweist sich mitunter als schwieriger als der Widerstand gegen die direkte Repression totalitärer Regime.

3. DIE MINORISIERUNG VON PARTEIEN IM BESETZTEN DEUTSCHLAND

3.1. Das gesteuerte Parteiensystem (1)

Die folgende Darstellung basiert auf der Prämisse, daß es sich bei der "Entwicklung" eines Parteiensystems nicht um einen "Naturprozeß" handelt, der, wie das "Gravitationsmodell" von Manfred Rowold (2) vorgibt, vorwiegend selbsttätig und aufgrund der Entscheidung eines weitgehend autonomen, hinsichtlich seiner Willensbildung nicht hinterfragten Wählers abläuft (3). Die Vorstellung von einem "organisierte(n) politische(n) Wille(n) als bewegende bzw. bewegte Kraft" (4) in einem quasi physikalischen Feld trägt dazu bei, die tatsächlichen Konflikte und Machtkämpfe, die sich im Parteienwettbewerb um Herrschaftspositionen abspielen, eher zu verschleiern als zu klären.

Demgegenüber hat Gerhard Loewenberg in seiner kritischen Auseinandersetzung mit der Hypothese, daß Parteiensysteme nicht nur soziale und wirtschaftliche Realitäten an der Basis widerspiegeln, überzeugend nachgewiesen, daß diese Faktoren lediglich eine "intervenierende" Variable darstellen. Am Beispiel der Entwicklung des deutschen Parteiensystems unter dem nationalsozialistischen Totalitarismus (Ein-Parteien-Herrschaft) und der Militärregierung der Alliierten weist er nach, daß politische Faktoren die "kritischen" d.h. die ausschlaggebenden Variablen in dem Wandel des deutschen Parteiensytems darstellen.

Loewenberg geht aus von der fehlenden Übereinstimmung zwischen sozio-ökonomischen Veränderungen und der Stabilität des Vielparteiensystems in Deutschland. Mit der Gleichschaltung durch die Nazis und dem Wandel der sozialen Strukturen durch den Krieg (Umsiedlung, Verlust des Besitzes etc.) seien traditionale Bande wirksam gelöst worden. Danach hätten die Alliierten auf die Gestaltung des deutschen Parteiensystems einen so entscheidenden Einfluß gewonnen, daß sich dieser bis heute auf die Strukturen des bundesdeutschen Parteiensystems ausgewirkt habe.

Nach Loewenbergs Interpretation haben erst Nationalsozialismus und die Herrschaft der Besatzungsmächte die Angleichung des Parteiensystems an die veränderten sozio-ökonomischen Verhältnisse ermöglicht (5). Mit dieser Analyse weist Loewenberg auf den Tatbestand der machtpolitischen Steuerung des Parteiensystems hin.

Im folgenden soll versucht werden, Mittel und Methoden exemplarisch darzustellen, mit denen Herrschaftspositionen im Parteiensystem erkämpft und erhalten werden. Ziel dieser Darstellung ist es, die landläufigen Vorstellungen von der "Entwicklung" eines Parteiensystems als einem vorrangig - oder gar ausschließlich - von sozio-ökonomischen Veränderungen abhängigen Prozeß oder aber als Ergebnis bloß individueller Aktivitäten in Frage zu stellen und demgegenüber zu zeigen, daß dieses System u.a. ein von menschlichem Machtstreben und dem Durchsetzungsvermögen mächtiger Gruppen abhängiges Produkt ist (6).

Gewiß gibt es angesichts der von Leonhard Krieger (7) und Lutz Niethammer (8) festgestellten Rekonstruktionstendenzen alter Gesellschaftsstrukturen nach 1945 gute Gründe für die Ansicht, daß sich die fehlende Neuorientierung im Parteienspektrum ableiten ließe aus der ausgebliebenen sozio-ökonomischen Veränderung, was bedeutet, daß die von uns angeführten Maßnahmen zur willkürlichen Steuerung des Parteiensystems zumindest als sekundär zu betrachten wären. Eine solche, von der marxistisch-materialistischen Position her geführte Kritik kann unsere Analyse ebenso wenig wirklich treffen wie etwa eine solche idealistischer Provenienz, die vor das Sein das Bewußtsein setzt, d.h. vor die Entwicklung die Konzeption, etwas zu bewirken. Unsere Prämissen hingegen sind weder ausschließlich materialistischer noch ausschließlich idealistischer Art. Vielmehr gehen wir aus von dem auf der integralförderalistischen Philosophie von Alexandre Marc beruhenden Modell, wonach sich theoretische Ziele und reale Erscheinungen in einem dialogisch-dialektischen Prozeß gegenseitig beeinflussen, sodaß das Ergebnis dieses Prozesses von diesen beiden Elementen seiner Struktur ständig verändert wird bzw. zur Veränderung ganz anderer Ziele und Erscheinungen beiträgt (9).

Vor diesem erkenntnistheoretischen Hintergrund, der u.E. die beste Voraussetzung für die sinnvolle Erfassung des Menschen, seiner Umwelt, seines Fühlens, Denkens und Handelns bietet, verbietet sich jede dogmatisch verengte Betrachtungsweise, die entweder die Idee oder aber die Materie zum primären ursächlichen Faktor gesellschaftlicher Entwicklungsprozesse hochstilisiert. Vielmehr sollte es unser Bestreben sein, den Menschen und seine Umwelt so komplex wie möglich zu erfassen. Aus diesem Grunde ist es unser Bemühen, im Rahmen unserer Analyse des Wettbewerbs im Parteiensystem der Bundesrepublik sowohl ideelle als auch materielle Motive des Umganges der Parteien miteinander herauszuarbeiten. Das bedeutet, daß wir für die "Entwicklung" des bundesdeutschen Parteiensystems sowohl sozio-ökonomische als auch machtpolitische als auch theoretisch-konzeptionelle Gesichtspunkte für gleichermaßen bedeutsam halten. Wie sich speziell an der Entwicklung des deutschen Parteiensystems seit 1945 zeigen läßt, ist dieses nicht nur Ergebnis bestimmter sozio-ökonomischer Gegebenheiten der deutschen Gesellschaft, sondern abhängig von willkürlichen Akten seitens der Siegermächte, die das Parteiensystem zur Sicherung ihrer jeweiligen Einflußgebiete und zur Beeinflussung und Veränderung sozio-ökonomischer Strukturen jeweils eigenen Leitbildern entsprechend zu nutzen trachteten. Gleiches gilt für diejenigen Kräfte und Interessen, die bei der Gründung der beiden deutschen Staaten dominierende Positionen erlangt hatten.

Als für das bundesdeutsche Parteiensystem prägend haben sich zunächst diejenigen Schlußfolgerungen erwiesen, die die bei Kriegsende einflußreichen Kräfte aus den historischen Ereignissen und Konstellationen zogen, und aus denen sie ihre eigenen Konzepte für die politische Entwicklung Deutschlands herleiteten. Dies gilt sowohl für die Besatzungsmächte und ihre Interessen als auch für die von ihnen jeweils favorisierten Gruppen, die schließlich als Parteigründer in Erscheinung traten.

Hinsichtlich der Verwirklichung solcher Konzepte soll für uns das Hauptaugenmerk auf denjenigen Maßnahmen liegen, die wir als minorisierend betrachten und die letztlich dazu dienen sollten, diejenigen politischen Kräfte auszuschalten, die sich zwar spontan organisierten und deshalb eigenständige politische Vorstellungen in der Bevölkerung repräsentierten, die aber von den herrschenden Gruppen oder Mächten ebenso wie von den Rekonstruktionsbestrebungen breiter konservativer Kreise verdrängt wurden (10). Es geht somit darum nachzuweisen, daß die Parteiensysteme in Ost und West mehr oder weniger nachhaltig von außen gesteuert wurden (11), wobei alle diejenigen Gruppen ausgeschaltet wurden, die den Intentionen der herrschenden Mächte nicht entsprachen. Ausschlaggebend für die diesbezüglichen Konzepte waren zum einen die Machtinteressen der Alliierten, zum anderen die Konsequenzen, die die deutschen Parteigründer aus dem Zusammenbruch der Weimarer Republik und des Nationalsozialismus zogen. Wie zu zeigen sein wird, haben sich diese Konsequenzen bis heute auf Gestaltung und Machtkonstellationen im bundesdeutschen Parteiensystem ausgewirkt.

3.2. Die Lizenzierungspraxis für Parteien

3.2.1. Das Konzept der Besatzungsmächte

Entscheidend für die Entwicklung des deutschen Parteiensystems sind die Vorstellungen der Besatzungsmächte von den künftigen Entwicklungen in Deutschland geworden. Drei Faktoren können dafür - wie noch zu zeigen sein wird - als wesentlich angesehen werden. Den Besatzungsmächten mußte es darauf ankommen,
1. eine Refaschisierung zu verhindern,
2. die Kontrolle über wirtschaftliche Bestrebungen und geistige Strömungen (u.a. in Form von Parteien) zu erhalten (12) und
3. die politische Entwicklung ihres Einflußgebietes entsprechend den strategischen Erfordernissen zu steuern.

Zu Punkt eins bestand zunächst generelle Einigkeit. Dennoch wurde die Entnazifizierung in den Westzonen schließlich mit unterschiedlichem Nachdruck betrieben (13). Das Interesse der Alliierten daran schwand in dem Maße, in dem insbesondere die Westalliierten deutsche Wirtschafts- und Verwaltungsleute für ihre Ziele, (z.B. die Abwehr des Kommunismus in Europa) einzuspannen gedachten. Die zunehmende Selbständigkeit der Deutschen in den Westzonen bei der Erledigung der Verwaltungsgeschäfte führte letztlich zu einer weitgehenden Schonung ehemaliger Nationalsozialisten und deren immer stärkere Einbeziehung in die deutsche Verwaltung zum Nachteil engagierter Antifaschisten, die alle Nationalsozialisten auszuschalten trachteten (14). Diese Entwicklung wurde gestützt durch das nach Roosevelts Tod geänderte außenpolitische Konzept der Vereinigten Staaten, das mit der Ausbreitung der "freien Marktwirtschaft" in der westlichen Welt den amerikanischen Einflußbereich gegenüber dem sowjetischen zu sichern suchte (15). Das führte schließlich zur Begünstigung auch derjenigen deutschen Kräfte und Konzeptionen, die sich mit dieser Zielvorstellung im Einklang befanden oder mit ihr in Einklang zu bringen waren. Die Abrechnung innerhalb dieser Gruppen mit deren "Sünden" in der Zeit des "Dritten Reiches" trat demgegenüber in den Hintergrund, d.h. ehemalige Nationalsozialisten in Wirtschaftskreisen wurden seitens der Besatzungsmächte zunehmend mit Nachsicht behandelt.

Ein gleiches Schicksal war dem zweiten, zunächst wichtigen Ziel der Amerikaner beschieden: der Dekartellisierung der deutschen Wirtschaft, um ein Wiedererstarken der deutschen Rüstungsindustrie zu verhindern (16). Daß sich unter diesen Prämissen eine Demokratisierung (17) der deutschen Wirtschaft und Gesellschaft im Sinne der Antifaschisten und der Gewerkschaften nicht durchsetzen ließ, erscheint geradezu zwangsläufig. Schließlich agierte keine der Besatzungsmächte nach emanzipatorischen Kriterien - etwa denen der Selbstbestimmung und der Selbstverantwortung -, sondern nach machtpolitisch-strategischen Gesichtspunkten, denen die Zerschlagung des Faschismus und des Militarismus wie auch später die wirtschaftliche Prosperität Westeuropas bzw. die Schaffung eines Sicherheitsringes von Satellitenstaaten um die Sowjetunion gegenüber den USA untergeordnet waren.

Wie sich im Laufe der Besatzungszeit herausstellte, bestanden zu Punkt drei grundsätzliche Meinungsverschiedenheiten zwischen allen vier Mächten. Zwischen den drei Westmächten erledigten sich diese Differenzen schließlich dadurch, daß sich die USA aufgrund ihrer wirtschaftlichen Potenz die Vormachtstellung sichern und ihr Konzept der "freien Marktwirtschaft" in allen Westzonen verbindlich durchsetzen konnten (18). Dies geschah auf Kosten des Bestrebens der Labour-Regierung Großbritanniens, die deutsche Wirtschaft auf eigene Füße zu stellen, notfalls mit Hilfe von Konzessionen an die Arbeitnehmer (19), als auch einer von Frankreich beabsichtigten extremen Regionalisierung und damit Schwächung Deutschlands sowie der Angliederung von Ruhr- und Saargebiet an Frankreich (20). Der amerikanische Militärgouverneur General Clay behielt sich in diesem Zusammenhang vor, deutsche Gesetze zu suspendieren, wenn sie von seinen Wirtschaftsplänen abweichende Ziele anstrebten (21). Diese Entwicklung gereichte zum Nachteil aller derjenigen deutschen Gruppierungen, die sich mit jenen politischen Zielen nicht in Übereinstimmung befanden. Die Tatsache, daß die Amerikaner schließlich - nicht zuletzt mit Hilfe des Marshall-Plans - den Privatkapitalismus als durchgängiges Wirtschaftsprinzip durchsetzten (22), hat entscheidend dazu beigetragen, daß alle diejenigen Kräfte erfolgreich waren, die sich mit diesem Konzept identifizieren konnten (23).

Entsprechend den Kräfteverhältnissen in den Westzonen konzentrierten sich die Differenzen zu den Sowjets auf die grundsätzlich unterschiedlichen politisch-ökonomischen Konzepte der beiden Hegemonialmächte USA und UdSSR. Nachdem sich auf der Moskauer Konferenz 1947 die unterschiedlichen Interessen als unvereinbar herausgestellt hatten (24), war die Teilung der besetzten Gebiete in zwei abgeschlossene Hoheitsgebiete nur noch eine Frage der Zeit. Die Folgen wirkten sich nicht nur auf die Stellung der antikapitalistischen Gruppen in den Westzonen wie der antisozialistischen und antisowjetischen Gruppen in der Ostzone, sondern auch auf diejenigen politischen Gruppen nachteilig aus, die bis zum letzten Moment darum bemüht gewesen waren, eine deutsche Teilung zu verhindern.

Die dargestellten Prämissen beeinflußten auch die Lizenzierungspraxis gegenüber deutschen Parteien nach 1945 und galten als Maßstab dafür, "auf welche politischen Kräfte sich die Siegermächte bei der Verwirklichung ihrer Ziele in Deutschland stützten und welchen Aktionsradius sie diesen Initiativgruppen einräumten" (25). Die Besatzungsmächte zogen Schlußfolgerungen für ihr eigenes Vorgehen zwar auch aus ihrer Interpretation der Ursachen für das Ende des ersten demokratischen Staates in Deutschland (26). Ausschlaggebend für ihre Politik war jedoch ihre Zielvorstellung, daß Deutschland als bedrohende Kraft ausgeschaltet werden müßte und daß eine eigenständige Entwicklung in Europa nicht stattfinden durfte (27). Ihr gemeinsames Hauptaugenmerk richtete sich dabei gegen die Nationalsozialisten als Träger deutscher Großmachtträume (28). Darüber hinaus zielten sie darauf ab, spontane antifaschistische Gruppen langfristig aktionsunfähig zu machen (29), um von vornherein dem Risiko einer eigenständigen, von ihnen möglicherweise nicht zu kontrollierenden Entwicklung in Deutschland vorzubeugen (30).

Alle vier Mächte waren generell nicht an einer allzu großen Parteienvielfalt interessiert (31). Die Sowjets kamen mit dem von der Komintern entwickelten Konzept einer Volksfront nach Deutschland (32), nach dem alle wesentlichen politischen Richtungen eines Landes in wenigen Parteien konzentriert werden und diese wiederum unter der Vorherrschaft der Kommunisten in einer Einheitsfront zusammengefaßt werden sollten. In Reaktion auf dieses Konzept suchten die Amerikaner nach einer Gegenstrategie in der Sammlung der sehr unterschiedlichen politischen Gruppierungen, die in Deutschland zu einer nach ihren Vorstellungen verhängnisvollen Parteienzersplitterung vor 1933 geführt hatte, in einige wenige aktionsfähige Großparteien (33). Es muß offen bleiben, wie weit christlich-bürgerliche Kräfte, auf die sich die Westmächte bei der Reorganisation ihres Einflußbereiches vorwiegend stützten, zur Entwicklung dieses Konzepts beigetragen haben. Es kann jedoch als sicher angenommen werden, daß zwischen deutschen Politikern, die teilweise auch im Exil von dem englischen und amerikanischen Parteiensystem insbesondere hinsichtlich seines funktionalen Charakters und seiner Effektivität beeindruckt waren, und den Engländern und Amerikanern, die mit einer gewissen missionarischen Vorstellung von Erneuerung des politischen Lebens nach Deutschland kamen, - daß man, um eine funktionsfähige Demokratie ("healthy democracy" (34)) aufzubauen, nur die Prinzipien des im eigenen Lande effektiven Parteiensystems auf Deutschland übertragen müsse -, deutliche Affinitäten bestanden.

Einigkeit unter den drei Siegermächten UdSSR, USA und Großbritannien, die in Potsdam zusammensaßen, bestand vor allem darüber, daß "die Nationalsozialistische Partei mit ihren angeschlossenen Gliederungen und Unterorganisationen ... zu vernichten" sei und daß "jeder nazistischen und militaristischen Betätigung und Propaganda ... vorzubeugen" sei. Ferner stand fest, daß sich "die endgültige Umgestaltung des deutschen politischen Lebens auf demokratischer Grundlage" vollziehen sollte, so verschieden die Vorstellungen hierüber auch sein mochten (35). Darüber hinaus sollten alle aktiven Nazis aus öffentlichen Ämtern entfernt und durch Personen ersetzt werden, "welche nach ihren politischen und moralischen Eigenschaften fähig erscheinen, an der Entwicklung wahrhaft demokratischer Einrichtungen in Deutschland mitzuwirken" (36).

3.2.2. "Die verordnete Demokratie" (37)

Die zunächst beabsichtigte, aber wegen ihrer halbherzigen Durchführung tatsächlich erfolglose Überwindung jeder noch schwelenden nationalsozialistischen Bewegung in Deutschland seitens der Siegermächte (38) erließ es den Deutschen selbst, die aus der Hitlerzeit und dem Zusammenbruch herrührenden großen geistig-seelischen und materiell-organisatorischen Probleme durch eigenständige politische Neuorientierungen und entsprechend spezifische Initiativen zur Neuordnung des politischen Lebens im staatlichen, wirtschaftlichen und gesellschaftlichen Bereich zu bewältigen (39). Die deutschen Antifa-Gruppen, die sich aus Kommunisten, Sozialisten und Bürgerlichen aus dem Untergrund und aus ehemaligen KZ-Häftlingen zusammensetzten und als "linkes Demokratisierungspotential" (40) nach Kriegsende spontan über ganz Deutschland verstreut (41) entstanden, Verwaltungsaufgaben übernahmen, Notprogramme ausarbeiteten und durchführten und alte Nazis aus öffentlichen Ämtern entfernten (42), zeigten deutlich, daß deutsche Antifaschisten bereit und in der Lage waren, aus eigener Kraft ihre jüngste verhängnisvolle Vergangenheit in eine konstruktive politische Zukunft zu überführen (43). Doch bereits in Verbindung mit dem 20. Juli 1944 hatten die Briten und Amerikaner den Deutschen deutlich gemacht, daß sie ihnen die Bewältigung der Naziherrschaft aus eigener Kraft nicht zutrauten (44). Den Selbsthilfeorganen, die sich nach dem Kriege bildeten, wurde seitens aller Besatzungsmächte eine ähnliche Bewertung zuteil. Man beseitigte sie bereits zwei Monate nach ihrem Entstehen im Mai 1945 durch Absorption oder durch Auflösung (45).

Die Beseitigung des Nationalsozialismus um einer neuen politischen Ordnung willen konnte somit allein das Ziel nicht gewesen sein (46). Vielmehr wird hier deutlich, daß das Primärziel jeder Besatzungsmacht die machtpolitische und ideologische Einbindung des von ihr jeweils besetzten Gebietes zur Sicherung ihres Einflußbereiches war (47). Dies geschah in allen Zonen zunächst durch die Ausschaltung aller innerdeutschen Versuche, eine vereinigte antifaschistische Arbeiterbewegung aufzubauen (48). Hinter dieser Politik stand insbesondere bei den Amerikanern die Befürchtung, daß die vorzugsweise von alten Kommunisten getragene Antifa-Bewegung (49) von Kommunisten aus dem sowjetischen Exil benutzt werden könnte als Vehikel für eine von den Sowjets gesteuerte Revolution, mit der ganz Deutschland unter den Einfluß der östlichen Besatzungsmacht hätte geraten können (50). Deshalb war für die Westmächte die strikte Kontrolle aller sich bildenden politischen Gruppierungen oberstes Gebot. Gegenüber den Antifas reichten die von den westlichen Alliierten wie auch von der Sowjetunion angewandten Mittel der Steuerung von der Assimilation ihrer Führer in mittlere und untere Verwaltungsstellen bis hin zu Verhaftung und Verbot (51), nachdem sie als erste wichtige innerdeutsche Informationsquelle für die Besatzungsmächte nicht mehr von nöten waren (52).

Mit dieser "Eindämmerungsstrategie" (53) und der dann folgenden Zulassung antifaschistischer Parteien unter strenger Kontrolle der jeweiligen Besatzungsmacht - seitens der Briten und Amerikaner als demokratische Schulen und Wahlmaschinen für die rasch anberaumten Kommunalwahlen - gelang es schließlich, alle spontanen politischen Ansätze in die Hand zu bekommen und die künftige deutsche Entwicklung zu steuern. Dies geschah zunächst über die Besetzung von Verwaltungsstellen mit "zuverlässigen" Personen. Gegenüber den deutschen Antifa-Gruppen bevorzugten die Sowjets für Schlüsselstellungen ihrer Auftragsverwaltungen deutsche KP-Genossen aus dem sowjetischen Exil (54), auf die sie sich aufgrund intensiver vorbereitender Schulung verlassen konnten (55). Die Briten und Amerikaner griffen vorwiegend auf unbelastete Amtsträger aus der Weimarer Republik oder auf unbelastete, aber politisch unerfahrene Fachleute zurück (56). Später sollte die Auftragsverwaltung in den Westzonen durch Vertreter jener lizenzierten Parteien abgelöst werden, von denen man hoffte, daß sie von der Bevölkerung eher akzeptiert würden (57). Die Personal- und Lizenzierungspolitik der Alliierten, in der zahlreiche politische Karrieren ihren Anfang nahmen (58), verschaffte denjenigen Deutschen Einfluß, die sich in ihren Initiativen und Konzepten an den Wünschen der jeweiligen Besatzungsmacht orientierten, statt sich mit der Vergangenheit konstruktiv auseinanderzusetzen und nach eigenständigen, der besonderen Situation Deutschlands entsprechenden Problemlösungen zu suchen (59). D.h. diese Politik förderte auf deutscher Seite eher die Anpassung der politischen Phantasie an grundlegende Ordnungsvorstellungen der Besatzungsmächte als politische Kreativität, die u.U. auch in Dissenz zu den Absichten der Alliierten spezifisch deutsche Ziele entwickeln würde (60). Auf diese Weise wurde die "Unfähigkeit zu trauern" (61) vorprogrammiert. Schließlich konnten sich speziell im Bereich der Wirtschaft und Verwaltung auch solche ehemaligen Nationalsozialisten hinüberretten, deren Interessen sich im Einklang befanden mit der neuen amerikanischen Linie einer vorwiegend wirtschaftlichen Konsolidierung des Westens als Abwehr des Sozialismus (62). Die damit eingeleitete wirtschaftliche und gesellschaftliche Restauration mußte sich auch im neuen Parteiensystem niederschlagen. Die Meinung Frank Moraws, daß die deutschen Hitler-Gegner gegenüber den Alliierten "nicht ausreichend ... legitimiert" gewesen seien für eine autonome Neuregelungsordnung Deutschlands, da das Hitler-Regime weitgehend ohne deren Zutun gestürzt worden sei (63), ist dabei als ausgesprochen fragwürdig zu beurteilen. Diese These rechtfertigt letztlich politische Fremdbestimmung durch die Sieger auf Kosten einer autonomen politischen Neuordnung durch die Besiegten.

3.2.3. Hauptziel: Sicherung der Macht

Daß ein zwischen den Alliierten abgestimmter Plan für die Demokratisierung Deutschlands nicht bestand, läßt sich aus dem Potsdamer Protokoll entnehmen, das nur ein Minimalprogramm für die künftige staatliche Organisation enthält ohne eine genauere Definition des Demokratiebegriffes oder eine einheitliche Theorie vom gesellschaftlichen Aufbau (64). Den Siegermächten ging es zunächst um die Zerschlagung und Dezentralisierung der Machtstrukturen und das "ideologisch verbrämte Bedürfnis nach Aufteilung und Beherrschung der Besiegten" (65).

Die uneinheitliche Konzeption der Alliierten zur Demokratisierung Deutschlands zeigte sich auch in ihrer Haltung gegenüber den Parteien in Deutschland. Aus Angst vor der Unterwanderung von Parteiorganisationen durch Faschisten bzw. Kommunisten hielten sich die westlichen Besatzungsmächte zunächst mit der Vergabe von Lizenzen generell zurück, bis die beabsichtigte "Umerziehung" eine Garantie dafür bot, daß der innerdeutsche Aufbau in der gewünschten Richtung verlaufe (66).

Da für die Kommunisten jedoch die Partei als wichtigstes Instrument zur Verwirklichung einer neuen Gesellschaftsordnung gilt (67), entschlossen sich die Sowjets sehr schnell entsprechend der Konzeption der Komintern von 1935 (68), mit Hilfe der Exildeutschen in der Sowjetunion einen "Block der antifaschistischen demokratischen Parteien" aus Kommunisten, Sozialdemokraten, Liberalen und Christlichen zu etablieren, in der die kommunistischen Kader dmonieren sollten (69). Man befürchtete nämlich ein Wiederaufleben des Nazismus in Verbindung mit Großbourgeoisie, altpreußischen Junkern und Militaristen. Dieser Gefahr sollten die Parteien in der Einheitsfront aus nichtmonopolistischer Bourgeoisie, Sozialisten und Kommunisten unter Führung der beiden Arbeiterparteien begegnen, die damit zugleich eine Sicherungs- und Kontrollfunktion erhielten (70). Für eine solche Blockpolitik boten die Antifa-Gruppen den Sowjets insofern nicht genug Sicherheit, als in ihnen die Führung der Kommunisten nicht garantiert war (71). Die SPD mit ihrer breiten Basis hatte dabei die Funktion, die Massen zu gewinnen (72). Bereits am 10. Juni 1945 schufen die Sowjets in ihrem Bereich mit der Genehmigung, antifaschistische Parteien zu gründen, die Voraussetzung für einen Parteienblock (73).

Kurz danach traten vier, von der sowjetischen Besatzungsmacht lizenzierte Parteien (KPD, SPD, CDUD, LDPD) an die Öffentlichkeit, die gewissermaßen in den beabsichtigten Block hineingegründet wurden (74). Die Gründung der KPD, die von den Exilkommunisten bereits Wochen vor der offiziellen Zulassung der Parteien betrieben wurde, hatte als die Schaffung der potentiellen Führungskraft absoluten Vorrang (75). Damit verwirklichte die Sowjetmacht ein Vier-Parteien-Modell, weil sie glaubte, mit "Reichsparteien" von der Zentrale Berlin aus in absehbarer Zeit das gesamte deutsche Parteiensystem beherrschen zu können (76). Wenngleich sich diese Absicht nicht erfüllte, so prägte das Modell doch das Parteiensystem in den Westzonen (77). Der wichtigste Grund dafür lag in den unklaren Vorstellungen der Westmächte von einem künftigen deutschen Parteiensystem sowie in den schablonenhaften Vorstellungen, die die Alliierten von der deutschen Geschichte generell hatten (78). Als schließlich die Amerikaner die Absicht der Sowjets durchschauten, veranlaßten sie die Fixierung der Forderung im Potsdamer Abkommen (79), daß "in ganz Deutschland ... alle demokratischen politischen Parteien zu erlauben und zu fördern" seien und daß ihnen das Recht eingeräumt werden sollte, "Versammlungen einzuberufen und Diskussionen durchzuführen"(80

Diese Forderung ließ in ihrer Unbestimmtheit viel Spielraum für ihre Realisierung. De facto entwickelte sich das Konzept der

Westmächte in Reaktion auf das sowjetische, Parteien durch zuverlässige Kader einzurichten und alle spontanen antifaschistischen Gruppierungen darin aufzusaugen. Wenngleich die westlichen Besatzungsmächte schließlich sehr zögernd und mit erheblichen Beschränkungen Parteien erlaubten, so gingen sie doch von der Überzeugung aus, daß die politischen Hauptströmungen und sozialen Bewegungen in Deutschland erneut "organisatorisch-politisch kanalisiert" werden müßten, um einer neuen, ihrer Meinung nach so verhängnisvollen Parteienzersplitterung zu begegnen. Im Interesse einer "gesunden Demokratie" wünschten sie eine Konzentration auf wenige Großparteien (81), wobei nach der Vorstellung der Amerikaner die deutschen Kommunisten als potentielle Träger einer unkontrollierbaren Umwälzung zu isolieren waren (82). Die Westmächte folgten der Praxis der Sowjets soweit, daß sie zwei Arbeiterparteien (Sozialdemokraten, Kommunisten) und zwei bürgerliche Parteien (Christlich-konservative, Liberale) lizenzieren wollten (83).

3.2.4. Sicherung der Loyalität durch Parteien

Wie die Untersuchung der Geschichte der Antifa-Gruppen deutlich zeigt (84), benutzten die Besatzungsmächte die Kräfte der "inneren Opposition" (85) nur selektiv, um schließlich auf dem Wege über die Parteien ihre Vorstellungen von der Umerziehung des deutschen Volkes durchzusetzen (86). Die Westmächte legten dabei größten Wert auf die Loyalität der Parteigründer (87). Deshalb wurde - neben der Frage nach der potentiellen Unterstützung der zu gründenden Partei in der Bevölkerung (88) - die Person des Antragstellers für die Zulassung von entscheidender Bedeutung.
  Eine überregionale Organisation der Parteien war von den Westmächten zunächst deshalb unterbunden worden, weil - entsprechend der Forderung des Potsdamer Abkommens für den Aufbau der Selbstverwaltungsorgane (89) - zunächst Lokalwahlen vorzubereiten waren (90). Das Verbot überregionaler Organisationen sollte zugleich der sowjetischen Praxis gegensteuern, mit eingeschleusten Kadern in überregionale Organisationen einzudringen und diese im Interesse der Sowjets zu beeinflussen. Die westlichen Alliierten lizenzierten deshalb auch nur Parteien, die aus der Bevölkerung heraus (91), besser gesagt aus dem Kreis zuverlässiger deutscher Eliten heraus unter Ausschluß der Öffentlichkeit entstanden (92). Sie fungierten als "Wahlhelfer und Dienstpersonalreservoir der Alliierten" (93).

3.2.5. Die unterschiedliche Behandlung der Parteien

Die Beliebigkeit in der Lizenzierungspraxis der Westmächte, die sich vor allem bei den kleinen Parteien zeigt, beweist die anfängliche Unklarheit der Parteikonzepte. Neben den Parteien der vier genannten politischen Orientierungen, die sich mit Verzögerung in der amerikanischen (13. August 1945), der britischen (15. September 1945) und der französischen Zone (Dezember 1945) zunächst als lokale Organisationen etablieren durften, ließen die Briten, die am großzügigsten verfuhren, nach und nach noch weitere Parteien zu. Als wichtigste seien die regionalistischen Gruppen Niedersächsische Landespartei und Zentrum genannt (94). In Schleswig-Holstein durfte sich zunächst auch die Südschleswigsche Vereinigung als Organisation der dänischen Minderheit (95) und die Deutsche Aufbau-Partei als konservative Gruppierung etablieren (96). Die Amerikaner gestatteten noch die Wirtschaftliche Aufbauvereinigung als Partei des Mittelstandes (97), die allerdings auf Bayern beschränkt blieb (98), sowie für Friedberg (Hessen) auf lokaler Ebene die Nationaldemokratische Partei (99). Die Sozialdemokraten, Kommunisten und Christlich-Sozialen bzw. Christlichen Demokraten in der amerikanischen Zone durften sich bereits Ende August auf Kreisebene organisieren, d.h. etwa vierzehn Tage vor der Zulassung der Parteien auf Kreisebene in der britischen Zone. Die ersten Lizenzen auf Landesebene erhielten die KPD in Hessen (Dezember 1945) und die drei großen Parteien in Bayern (KPD, SPD, CSU) Anfang Januar 1946 (100), die Liberalen erst im Mai 1946 (101) und die Bayernpartei erst zwei Jahre später (102). Obwohl die Zulassungspraxis der Briten und Amerikaner gegenüber einzelnen Parteien sehr unterschiedlich war, spielte sie sich doch in nahezu gleichen Zeiträumen ab. Demgegenüber verzögerten die Franzosen zunächst jegliche Parteienentwicklung und stützten sich u.a. auf Parteilose (103). Als in den anderen beiden Zonen bereits gewählt wurde, durften die Parteien in der französischen Zone überhaupt erst mit ihrer Arbeit beginnen (Frühjahr 1946) (104).

Um jeglicher zentralen Beeinflussung seitens der sowjetisch gesteuerten Parteien in den westlichen Zonen vorzubeugen, mußte zunächst jeder Ortsverein eine besondere Lizenz beantragen. Dieses Verfahren garantierte zugleich eine durchgehende Kontrolle der personellen Zusammensetzung der Parteien. Die Uneinheitlichkeit der Lizenzierungspraxis der westlichen Militärbehörden zeigt sich allerdings besonders deutlich im Vorgehen der Franzosen. Von ihnen wurden die Zulassungen einzelner Parteigruppen, später auch der überörtlichen Zusammenschlüsse so erheblich verzögert, daß die Parteien im französischen Verwaltungsbereich gegenüber denen der beiden anderen Westzonen deutlich benachteiligt waren (105). Betroffen davon waren hauptsächlich die Liberalen, die in Baden von je her ihre Hochburg hatten (106). Diese Benachteiligung bekamen auch die Liberalen im Saargebiet zu spüren, die sich erst nach erheblichen Konzessionen in der Programmatik und personellen Zusammensetzung als Partei etablieren durften (107). Als weiteres Beispiel lassen sich die Christlichen in Baden nennen, die bis 1947 als Badische Christlich-Soziale Volkspartei von der übrigen Entwicklung der CDU teils im eigenen Interesse, teils aber auch aufgrund geringer Möglichkeiten der Zusammenarbeit relativ isoliert blieben (108).

3.2.6. Verhinderte Parteigründungen

Zahlreiche Parteigründungen wurden durch diese Lizenzierungspraxis von vornherein verhindert (109), wobei es sich keineswegs nur um "Schwindelparteien" handelte, die unter dem Deckmantel der Ehrsamkeit illegale Ziele verfolgten (110):
1. neonazistische Parteien, die bereits durch das Potsdamer Abkommen ausgeschlossen waren (111),
2. rechts- bis rechtsreaktionäre Parteien (112),
3. Vertriebenenparteien (113),
4. autonomistische Parteien (114),
5. Sammlungsparteien, die die Grenzen des Vier-Parteien-Schemas zu überspringen suchten (115).

Zu letzteren gehörte auch die nach dem Konzept Jakob Kaisers und des Frankfurter Kreises geplante "Partei der Arbeit" oder "Labour-Partei" nach englischem Vorbild, die christliche und soziale Gewerkschaften sowie Zentrumsangehörige, linke Bürgerliche und Sozialdemokraten umfassen sollte. Diese Partei wie auch die "Partei der Werktätigen" (116) paßte nicht in das Vier-Parteien-Modell und scheiterte vor allem am Konzept der Sowjets für zwei Arbeiterparteien, die nur SPD und KPD, aber keine christlichen Gruppen umfassen sollten (117). Die spontan entstandene Arbeiterbewegung war offensichtlich bei allen Besatzungsmächten nicht erwünscht (118). Die Lizenzierungspraxis der Westmächte, die zunächst nur Organisationen auf Orts-, Kreis- und Bezirksebene zuließen, hat die Einheit der Arbeiterbewegung verhindert (119), die sich zunächst spontan und nicht - wie behauptet - von Exilkommunisten gesteuert, in den Antifa-Komitees zu verwirklichen suchte (120).

Für die Parteien in der französischen Zone wirkte sich die Abneigung der Besatzungsmacht gegen jegliche überregionale Zusammenarbeit langfristig zu ihrem Nachteil aus (121). Schließlich wurden Reorganisationen der Parteien - wie im Falle des Zentrums in der französischen Zone - dadurch erheblich beeinträchtigt, daß eine Besatzungsmacht (Franzosen) die Lizenz verweigerte, weil die Gründung (Zentrum) nicht erwünscht war (122), während eine andere Besatzungsmacht (Briten) sich zunächst gerade auf tragende Kräfte dieser Partei stützte (vier Zentrumsangehörige in der Auftragsverwaltung - Kabinett Amelunxen) (123). Ähnlich erging es der Republikanischen Partei Deutschlands, die in der gesamten britischen Zone arbeiten durfte, in Berlin aber keine Lizenz erhielt (124).

3.2.7. Behinderung kleiner Parteien

Über die Verweigerung der Lizenz hinaus standen den Besatzungsmächten noch eine Reihe anderer Mittel zur Verfügung, um die Entwicklung des deutschen Parteiensystems zu steuern. Die Amtsenthebung der beiden Führer der CDU-Ost Andreas Hermes und Jakob Kaiser, die ihre Zustimmung zu politischen Maßnahmen der Sowjets verweigerten, ist nur ein - wenngleich gravierendes - Beispiel für solche Eingriffe. Sie trugen schließlich dazu bei, das Zentrum der CDU von Berlin nach Köln und von Hermes/Kaiser zu Adenauer zu verlagern (125).
 Die Amerikaner verzögerten die Zulassung der Bayernpartei bis 1947. Ihrer Vorläuferin - der Demokratischen Union - war 1945 die Lizenz verweigert worden (126), weil diese Partei zwar die Entwicklung der CSU als bürgerlich-konfessioneller Sammlungspartei nicht behindern würde, andererseits aber die radikal-föderalistischen Kreise in Altbayern binden wollte (127). Die Briten ließen zunächst die Südschleswigsche Vereinigung als Partei dänischer Minderheiten in Schleswig-Holstein zu, um sie nach der Landtagswahl 1947 wieder zu verbieten (128). Im August 1948 wurde dann stattdessen der Südschleswigsche Wählerverband (SSW) zugelassen (129). Zwei Gruppen der Freiwirtschaftsbewegung, die sich auf die Lehre von Silvio Gesell beruft, erfuhren eine recht unterschiedliche Behandlung. Während die Amerikaner die Stuttgarter Gruppe 1946 bereits für ganz Baden-Württemberg lizenzierten (130), durfte die in der britischen Zone als Radikal-Soziale Freiheitspartei bereits seit Januar 1946 arbeitende Gruppe erst 1947 in Bremen offiziell tätig werden (131). Ähnliche Behinderungen seitens der Briten trafen die Rheinische Volkspartei, die Aufbaupartei und die Rechtspartei (132). Ganz gegen die Vereinbarungen im Potsdamer Abkommen durfte sich 1949 gar eine nationalistische Gruppe in München etablieren (133).

Trotz dieser vereinzelten Zulassungen kleiner Parteien bevorzugten die Westmächte jedoch ausdrücklich die drei Großparteien CDU, SPD und KPD vor den von ihnen ebenfalls lizenzierten kleinen Parteien (einschließlich der Liberalen) (134), die gegenüber den Großen bei der Besetzung von Stellen, Lizenzierung von Zeitungen u.ä. bewußt benachteiligt wurden. Die großen Parteien wurden von den Amerikanern an der Formulierung der Wahlgesetze, von den Engländern und Franzosen an der Ausarbeitung der Länderverfassungen beteiligt (135). Die großen Parteien wußten diese Gelegenheit zu ihrem Vorteil zu nutzen, in dem sie - sogar gegen den Widerstand der Besatzungsmacht (Briten) - Sperrklauseln einbauten (136). Das heißt, daß die großen, protegierten Parteien von Anfang an bestrebt waren, ihre Position abzusichern. Das Unverständnis der Engländer und Amerikaner gegenüber den Regionalparteien ist wohl nicht zuletzt darin begründet, daß in deren Heimatländern Parteien als gesamtstaatliche Organisationen auftreten und als solche in Wahlen und Parlamenten wirksam werden. Die Franzosen zeigten für regionale Gruppen nur soweit Interesse, soweit sie ihnen für ihre separatistischen Pläne nützlich erschienen (137).

Nicht nur die äußere Gestaltung des Parteiensystems, sondern auch die Entwicklung jeder einzelnen Partei behielten die Besatzungsmächte unter ständiger Kontrolle (138). Sie bedienten sich dafür nicht nur der Lizenzierung, sondern griffen mit der Zensur von Rundfunkreden und Werbematerial sowie mit der Genehmigung von notwendigen Hilfsmitteln wie Papier, Benzin, Reisen, Lebensmitteln, ja sogar Autoreifen entscheidend in die Arbeit der jungen Parteien ein (139). Auf diesem Wege ließen sich Erfolge in der gewünschten Richtung steuern.

Als besonders einschneidende Form des Eingriffs muß die Personalpolitik der Besatzungsmächte gewirkt haben. Die Tatsache, daß primär Vertreter der großen Parteien mit führenden Stellen betraut wurden (140), verschaffte ihnen in jener Notzeit einen erheblichen Kommunikationsvorsprung. Mit dem allmählichen Abbau der Besatzungsgewalt erhielten diese Amtsinhaber auch gesetzgeberische Befugnisse (141). Dies wirkte sich auf die Arbeit der kleinen Parteien dort negativ aus, wo sie von jenen Ämtern abhängig waren (142). Mit wachsenden Befugnissen der deutschen Auftragsverwaltungen wuchs auch die Abhängigkeit der kleinen Parteien von den großen. Das eröffnete diesen immer neue Möglichkeiten, jene in ihrer Entfaltung zu beeinträchtigen.

Die Bevorzugung der großen Parteien bei der Besetzung aller wichtigen neuen Gremien verschafften ihnen nicht nur ein politisches Übergewicht gegenüber den Administrationen der Länder, sondern auch gegenüber den kleinen Parteien (143). Die Ergebnisse der Landtagswahlen 1946/47 geben unter den genannten Prämissen Auskunft über die Folgen des Bündnisses zwischen den Besatzungsmächten und den von ihnen geförderten Parteien. In den Westzonen nahmen damals die Kommunisten den dritten Platz ein (vor den Liberalen). Von den übrigen Parteien gelang es lediglich der WAV (Bayern), der NLP (Niedersachsen), dem Zentrum (Nordrhein-Westfalen) und der Südschleswigschen Vereinigung (Schleswig-Holstein), in den Landesparlamenten Fuß zu fassen (144).

Die Ergebnisse sind also weder "erstaunlich", noch ist die angebliche Stabilität des Parteiensystems ein Zufall (145). Sie ergeben sich vielmehr aus der erfolgreichen Minorisierungsstrategie der großen Parteien und der Besatzungsmächte. Schließlich wurde im Wirtschaftsrat der Bizone die wirtschaftliche Struktur der Bundesrepublik festgelegt, ohne daß die kleinen Parteien dies mit ihrem Votum beeinflussen konnten. Den Parlamentarischen Rat beschickten die Ministerpräsidenten der Länder auf Anordnung der Besatzungsmächte. Auch in diesem Gremium dominierten die großen Parteien (146). Die Vorstellungen der kleinen Parteien blieben damit für die Konzeption der neuen deutschen Verfassung ohne Bedeutung.

3.2.8. Die Minorisierung der Kommunisten

Nach dem Scheitern der Antifa-Bewegung (147) versuchten die Besatzungsmächte die Arbeit der Kommunisten wie aller anderen weltanschaulich fundierten Gruppen zunächst in Form lizenzierter Parteien zu kontrollieren. Die immer neuen Bemühungen der SED als verlängertem sowjetischen Arm, auch in den Westzonen eine vereinigte Arbeiterpartei aus SPD und KPD zu gründen, scheiterten zum einen an dem Einspruch der westlichen Besatzungsmächte (148), zum anderen auch am Widerstand Kurt Schumachers (149), zum dritten an der Verzögerungstaktik einiger KP's selbst, die angesichts des Führungsanspruchs, den sie innerhalb einer solchen Parteiverbindung erhoben, sich zunächst als eigenständige Organisation festigen wollten (150). Die Entwicklung in der SBZ bewog vor allem Amerikaner und Briten, in die Arbeit der KPD zu deren Nachteil einzugreifen.

Während die Amerikaner in Bayern bei den Bürgerlichen und Liberalen jede Vereinigungsbestrebung mit Nachdruck unterstützten (151), wandten sie sich gegen alle Bemühungen seitens der KPD, die Vereinigung mit den Sozialisten mit dem Ziel einer umfassenden Arbeiterpartei zu erreichen. Sie benachteiligten

KP-Mitglieder deutlich gegenüber SPD und CSU bei der Besetzung wichtiger Stellen und schalteten wegen illegalen Grenzübertritts - einem damals gängigen Vergehen - bereits 1946 die Führungsspitze der bayerischen KP mit Hilfe eines Gerichtsurteils aus (152). Daraufhin entließ die bayerische Regierung den einzigen kommunistischen Minister.
Die im Zuge der wachsenden Spannungen zwischen den Großmächten sich verschärfende antikommunistische Politik seit 1947 in den Westzonen wird darin deutlich, daß nach 1948 sämtliche Kommunisten aus den Kabinetten ausgeschieden waren (153). Zwei Minister im nordrhein-westfälischen Kabinett Arnold verloren ihren Ministerposten, weil sie entgegen dem generellen Verbot der Besatzungsmächte, ihre Politik zu kritisieren (154), sich gegen deren Politik (Marshall-Plan, Frankfurter Wirtschaftsrat) ausgesprochen hatten. Noch 1950 wurde eine neu eingerichtete Parteizentrale der KPD vom britischen Landeskommissar für Nordrhein-Westfalen beschlagnahmt (155). Die Umbenennung der KPD in "Sozialistische Volkspartei Deutschlands" (SVP) scheiterte am Widerstand der westlichen Militärregierungen (156). Die 1948 gegründete USPD durfte in Berlin nicht arbeiten und noch 1949 verbot die Alliierte Kommandantur einer neugegründeten kommunistischen Partei die Tätigkeit (157). Im Hinblick auf die politische Stellung der KPD in dem Gesamtgefüge der sich entwickelnden Bundesrepublik muß bei all diesen Maßnahmen von Minorisierung gesprochen werden.

3.2.9. Parteien als Legitimationsinstanzen der Besatzungsmächte

Aus den dargestellten Maßnahmen läßt sich ablesen, daß von allen vier Besatzungsmächten die Parteien primär als Instrumente der Loyalitätsbeschaffung betrachtet wurden. Sie wurden zu "Trainingsakademien" oder "Rehabilitationsschulen für Politiker", eine Art "initial testing area" (158). Die Frage nach der Massenbasis gewann insofern zentrale Bedeutung, als insbesondere die Westmächte, aber auch die Sowjets darauf abzielten, über die Parteien breite Bevölkerungskreise für ihre Politik zu gewinnen. Es kam ihnen deshalb darauf an, vor allem große Parteien zu fördern und deren Entwicklung fest in der Hand zu behalten. Die Eingriffe reichten bis zur Verweigerung des aktiven und passiven Wahlrechts für alte Nazis und Mitglieder rechter Organisationen (159). Auf diese Weise ließen sich sowohl unerwünschte Parteigründungen verhindern, als auch kleine Parteien minorisieren, die mangels breiter Unterstützung in der Bevölkerung als Instrumente der Loyalitätsbeschaffung und damit als Legitimationsinstanzen nicht geeignet

erschienen. Neben diesem quantitativen Kriterium spielte die Programmatik insofern eine Rolle als andere Zielvorstellungen als die der Besatzungsmächte generell unerwünscht waren.
   Um die eigene Kontrolle im Laufe der Zeit abbauen zu können, setzten die Westmächte nach und nach Vertreter der großen Parteien in führende Verwaltungspositionen und hofften auf diese Weise, der von ihnen eingesetzten Verwaltung die erforderliche Legitimation zu garantieren. Die bevorzugten Parteien wiederum, die mit dem Odium der "Lizenzparteien" behaftet waren (160), mußten selbst daran interessiert sein, die breite Skepsis in der Bevölkerung abzubauen.

3.3. Lizenzpresse

Der Erfolg aller, von den Besatzungsmächten unterstützten bzw. geduldeten Parteien ist nicht ausreichend zu erklären ohne die Linzenzierung der Presse, die in jener Zeit das wichtigste Medium zur Selbstdarstellung war, einer genaueren Betrachtung zu unterziehen. Für die Alliierten erhielt die Presselizenzierung ihre Bedeutung als Mittel der Umerziehung (Reeducation) der Deutschen vom Nationalsozialismus und Militarismus zu der von den Siegermächten angestrebten Gesinnung (161). Entsprechend wurde die Arbeit der lizenzierten Zeitungen kontrolliert und zensiert. Verstöße gegen die Anordnungen der Besatzungsmacht wurden ggf. mit Entzug der Lizenz bestraft (162). Gegenüber der Steuerung der Parteipresse durch die Sowjets, die sich zum Nachteil der SPD und der bürgerlichen Parteien auswirkte (163), springt diejenige der Westmächte weniger ins Auge. Aber gerade ihr differenzierteres Vorgehen hat langfristig die Vorstellung genährt, daß sich in den Westzonen ein relativ freies Pressewesen entwickeln konnte. Die folgenden Ausführungen sind jedoch geeignet, diese Vorstellung zu erschüttern.

3.3.1. Die amerikanische Zone

Die Amerikaner hatten in ihrer Zone größten Wert darauf gelegt, daß - entsprechend den Verhältnissen in ihrem eigenen Land - die deutsche Presse parteiunabhängig sein sollte. Eine Gruppe von Lizenzträgern sollte diese Neutralität garantieren, die sich aus Vertretern der vier großen, von der Besatzungsmacht lizenzierten Parteien zusammensetzte (164). Damit glaubten die Amerikaner, die Überparteilichkeit und Unabhängigkeit der Presse nach amerikanischem Vorbild garantieren zu können. Sie gingen davon aus, daß sich die sehr unterschiedlich orientierten Lizenzträger schließlich auf eine mittlere und damit neutrale Linie würden einigen können und müssen. Eine Parteipresse ließen sie bis zur endgültigen Freigabe der Presse 1949 nicht zu (165).

Diese liberalistisch-pluralistische Konzeption konnte allerdings nicht die Begünstigung der großen Parteien in der Nachrichtenpolitik der Presse verhindern. Da die Herausgeber politisch engagierte Persönlichkeiten waren, einer Partei angehörten oder ihr zumindest nahestanden (166), mußte es langfristig eine Frage der Zeit wie auch der sozialen Umgebung sein, wer in diesem "Punkt" sich durchsetzen würde. In der Süddeutschen Zeitung zeigte sich schließlich eine Bevorzugung der CSU (167). Die "Augsburger Tagespost", in der zwei Lizenzträger der CSU saßen, entwickelte sich zu einer Parteirichtungszeitung (168), wie sie in der britischen Zone üblich waren. Andererseits konnte die katholische Kirche trotz intensiver Bemühungen eine Bevorzugung katholischer Blätter nur begrenzt durchsetzen (169).

Die Kommunisten konnten schon sehr bald nicht mehr mit der Gunst der amerikanischen Besatzungsmacht rechnen. Noch bevor eine grundsätzliche Spaltung zwischen den Sowjets und den Westmächten über die politische Organisation Deutschlands offensichtlich wurde (1947) (170), hatten die Kommunisten gegenüber der Besatzungsmacht und den anderen großen Parteien einen schweren Stand. Aufgrund regionaler Unterschiede (171) waren in Hessen und Württemberg-Baden zunächst fünf KP-Mitglieder an Zeitungen beteiligt, während in Bayern nur ein Kommunist eine Zeitungslizenz erhalten hatte (172). Die restaurative Entwicklung in den Westzonen, der "Kalte Krieg" und der Druck konservativer Kräfte führten schließlich dazu, daß diese Lizenzträger entlassen wurden (173). Das Vorgehen entsprach der von General Clay geäußerten Meinung, daß die Kommunisten die allen Lizenzträgern auferlegte Neutralität nicht einhielten (174).

1949 verteilten sich die Lizenzträger der drei restlichen bevorzugten Parteien folgendermaßen auf die Zeitungen in der amerikanischen Zone:
CDU/CSU: 16 Mitglieder, 13 nahestehend; SPD: 37 Mitglieder, 6 nahestehend; Liberale (DVP/FDP/LDP): 8 Mitglieder, ein Nahestehender. Gegenüber den restlichen 31 unabhängigen Lizenzträgern hatten die 81 Parteimitglieder bzw. -freunde eindeutig das Übergewicht (175). Die Beeinflussung überparteilicher Zeitungen durch die parteigebundene bzw. -orientierten Lizenzträger scheint dabei doch recht wirksam gewesen zu sein

(176). Entsprechend ihrem eigenen Presseverständnis war es ein Ziel der Amerikaner, im Zuge der "reeducation" die Presse zum kritischen Gegenpol der Behörden zu machen. Die zunehmende Macht deutscher Amtsträger und Behörden, die in ihrer Informationspolitik den alten obrigkeitsstaatlichen Stil bevorzugten, machten die Verwirklichung dieser Absicht immer schwieriger. Das führte schließlich zu der teilweise grotesken Situation, daß die Lizenzzeitungen von amerikanischer Seite Unterstützung gegenüber deutschen Ämtern erhielten (177). Auch die Konkurrenz der nach 1949 auch in der amerikanischen Zone wieder erscheinenden Zeitungen im Generalanzeigerstil, die in der britischen Zone von Anfang an lizenziert waren (178), mag den Kampf der "Lizenzpresse" gegen obrigkeitsstaatliche Informations- und Kommunikationspolitik erschwert haben. Schließlich bleibt zu fragen, wie weit eine letztlich von den Besatzungsmächten in ihrer Informationspolitik abhängige Presse sich nun als Hort liberaler Gesinnung behaupten sollte.

3.3.2. Die Lizenzpresse der Briten

Im Gegensatz zu den Amerikanern genehmigten die Briten sehr bald "Parteirichtungszeitungen", d.h. Zeitungen, die einer bestimmten Partei nahestanden. Sie mußten sich jedoch jeder "übermäßigen und einseitigen" Parteiinformation enthalten und durften ihre Parteirichtung nicht angeben (179). Da den Parteien ein Vorschlagsrecht für ihre Vertreter im Lizenzgremium eingeräumt wurde (180), waren Art und Handhabung dieser Lizenzierung auf Seiten der deutschen Parteivertreter heiß umkämpft (181). Dabei gelang es dem damals einflußreichen Zentrumspolitiker Dr. Carl Spiecker, die Begrenzung der Zeitungslizenzen auf drei politische Richtungen zu verhindern und die Lizenzierung solange hinauszuschieben, bis auch die Zentrumspartei zu größerer Bedeutung gelangt sein würde. Als Lizenzträger schlugen die Parteien führende Politiker und Pressefachleute aus ihren Reihen vor (182). Trotzdem behielt sich die Militärregierung erhebliche Kontrollrechte vor. Daneben wurden Zeitungen im Generalanzeigerstil lizenziert (183).

Als erste Zeitung wurden die Aachener Nachrichten (Juni 1945) und der SPD-nahe Neue Hannoversche Kurier (September 1945) zugelassen (184). Danach folgte im Januar 1946 die SPD-nahe Braunschweiger Zeitung (185). Im Februar erhielten die drei bevorzugten Parteien in Nordrhein-Westfalen die ersten Lizenzen (CDU=3, SPD=2, KPD=2 Zeitungen) (186). Mit Recht beklagte sich das Zentrum, daß man seine erste Zeitung (Rhein-Ruhr-Zeitung) erst drei Monate später, eine zweite für

Westfalen erst vierzehn Tage vor den Kommunalwahlen lizenzierte
(187). Damals erhielt die SPD in Schleswig-Holstein 40% des Kontingents, KPD, FDP und CDU je 20%. Die Zuteilung wurde späteren Wahlergebnissen prozentual angeglichen (188). Da die
Militärregierung die Zulassung von der Person des Antragstellers abhängig machte, waren deutschen Intrigen Tür und Tor
geöffnet, um lästige Rivalen abzuschütteln (189). Bei diesem
Verfahren flossen in die Entscheidungen gewiß auch persönliche
Neigungen der britischen Vertreter ein, die offensichtlich zunehmend eher zugunsten der CDU als des Zentrums entschieden (190).

Die eindeutige Bevorzugung der großen Parteien in der Lizenzierungspolitik zeigte sich bereits Ende 1946 nach den Kommunalwahlen, die - gewiß auch als Ergebnis der Überzeugungskraft der rechtzeitig genehmigten, parteigebundenen Medien
und - mit Einschränkungen - auch des Rundfunks (191) für
SPD und CDU erhebliche Erfolge gebracht hatten. Als wesentlichen Faktor der Einflußnahme muß auch die Kirche gesehen
werden, die für die CDU und gegen das Zentrum Partei ergriff.
So machten die Briten trotz des Einspruchs der nun schwächeren
Parteien (KPD, FDP, NLP, Z) und mit Zustimmung von SPD und
CDU ihre Lizenzierung von den Wahlergebnissen abhängig (192).
Sie änderten die zunächst noch recht willkürlich festgelegten
Auflagenhöhen nun zugunsten der CDU, die in Nordrhein-Westfalen 25% hinzu gewann. Auch die FDP erhielt einen Zuschlag von 17%. Die KPD hingegen mußte einen Verlust von
49% hinnehmen (193). In der gesamten britischen Zone (einschließlich Berlin) waren die Presselizenzen folgendermaßen
aufgeteilt: SPD = 11, SPDnahe = 2; CDU = 10; KPD = 7; FDP =
3; Z = 2; überparteiliche = 1 (194). Im Juli 1947 konnten sich
die Parteien in Nordrhein-Westfalen auf folgende Zeitungen
stützen: CDU = 6 (davon eine zonale Ausgabe); SPD = 6;
KPD = 4; FDP = 2; Z= 2 und die Radikal Soziale Freiheitspartei = 1. Die späte Lizenzierung der FDP-Presse (August
1946), der Z-Presse (Sommer 1946) und der Zeitung der RSF
(April 1947, die Partei hatte erst 1947 die Lizenz erhalten)
zeigt erneut die Präferenzen der Briten für die großen Parteien (195).

Der Versuch der Parteien, die Zeitungen über eigene Pressekommitees zu kontrollieren, stieß bei den Briten auf entschiedene Kritik (196). Sie gingen bei ihren Entscheidungen
davon aus, daß die Zeitungen, obwohl einzelnen Parteien nahestehend, doch "so unabhängig wie möglich von parteipolitischer
Einmischung" (197) sein sollten. Nach der vorausgegangenen
Lizenzierungspraxis mögen die Realisierungschancen solcher
Grundsätze füglich bezweifelt werden (198). Fest steht, daß

die an einzelne Parteien gebundene Lizenzpresse in der britischen Zone über vier Jahre hinweg deren Popularität gegenüber anderen politischen Gruppierungen erheblich zu steigern vermochte (199). 1949 gab es in der britischen Zone folgende Zeitungen: SPD=14; CDU=13; KPD=7; FDP=6; Z=3; DP (früher NLP)=2; SSW=2. Ihnen standen nur 11 überparteiliche Zeitungen gegenüber (200). Bei dieser Politik ist eine - mit der gesamten Entwicklung eng verknüpfte - Verdrängung der KPD auf dem Pressesektor zu beobachten, die offensichtlich von führenden Sozialdemokraten unterstützt wurde (201). Die KPD konnte sich hier jedoch (im Gegensatz zur amerikanischen Zone) - trotz des Verbotes des in Dortmund erscheinenden "Volksecho" und der Düsseldorfer "Freiheit" (202) - nach Ende der Presselizenzierung 1949 auf sieben Zeitungen stützen. Dabei ist zu berücksichtigen, daß mit zunehmender Beteiligung der Deutschen an der Verwaltung auch im Pressesektor Beiräte eingerichtet wurden, die bei der weiteren Verteilung von Lizenzen beratend tätig waren. In diesen Beiräten saßen neben Berufsvertretern auch Vertreter der großen Parteien. Die Kommunisten waren in diesen Gremien nicht mehr vertreten (203). Auf diesem Wege standen den führenden Parteien Möglichkeiten der Beeinflussung der Presselandschaft in ihrem Interesse zur Verfügung.

3.3.3. Die Lizenzpresse der Franzosen

Die Franzosen orientierten sich zunächst an der Pressepolitik der Amerikaner und ließen seit Ende September 1945 einige deutsche Zeitungen erscheinen, deren Redaktionsstab sich aus den vier erwünschten politischen Richtungen (Kommunisten, Sozialisten, Liberale, Christliche) paritätisch zusammensetzen mußte (204). Allmählich veränderten sie jedoch ihre Praxis und bevorzugten ab Februar 1947 die eindeutige Parteipresse zum Nachteil der "überparteilichen" (205).
  Nach den ersten Landtagswahlen genehmigten sie den vier lizenzierten Parteien (KPD, SPD, CDU/BCSV, DP) in den drei Ländern Südbaden, Südwürttemberg(-Hohenzollern) und Rheinland-Pfalz je eine Parteizeitung, und stellten dabei verschiedene überparteiliche Blätter um auf Parteizeitungen. Auf Grund einer größeren Auflagenhöhe, die den unabhängigen Zeitungen gewährt wurde, behielten diese gegenüber jenen ein starkes Übergewicht. Langfristig konnten sich die Parteizeitungen dagegen nicht durchsetzen. Die Franzosen, die die Entnazifizierung weniger streng handhabten, lizenzierten schließlich auch ehemalige Redakteure von Zeitungen, die in der Nazizeit hatten

erscheinen dürfen (206). Trotzdem bleibt festzuhalten, daß die Wirkung der vier Parteien im französischen Besatzungsgebiet, die bis 1949 eine Monopolstellung innehatten, verstärkt wurde durch insgesamt 12 Zeitungen (207), wobei der Parteiname im Zeitungskopf erschien.

3.3.4. Minorisierende Folgen der Pressepolitik

Die Pressepolitik der Westmächte, wie sie sich vor allem in der Lizenzierung der Zeitungen demonstrieren läßt, zeigt eine deutliche Bevorzugung der von ihnen als förderungswürdig angesehenen Parteien, selbst wenn - wie von den Amerikanern - Überparteilichkeit angestrebt wurde (208). Gerade die Handhabung der Lizenzierung gegenüber KPD Vertretern macht die Abhängigkeit der Pressepolitik von den jeweiligen politischen Entwicklungen deutlich.

Noch nach der Gründung der Bundesrepublik verboten die Hohen Kommissare 12 von 16 kommunistischen Zeitungen mit der Begründung, daß Prestige und Sicherheit der alliierten Mächte gefährdet würden (209). Wie sich jedoch zeigen ließ, befanden sich die Kommunisten selbst noch in ihrer Minorisierung insbesondere in der britischen Zone in einer günstigeren Situation als alle weiteren Parteien, die entweder nur am Rande (Z, NLP/ DP, RSF, SSW) oder gar nicht berücksichtigt waren. Nimmt man - zumindest in der britischen Zone - den Rundfunk als überregional wirksames Publikationsorgan für die großen Parteien hinzu, so läßt sich sagen, daß die Chancen einer öffentlichen Selbstdarstellung für kleine Parteien minimal bis überhaupt nicht vorhanden waren. In dieser Pressepolitik läßt sich deshalb ebenfalls eine Form der Minorisierung erkennen, die sich langfristig auf die Parteienlandschaft der späteren Bundesrepublik ausgewirkt hat.

3.4. Die Parteigründungen in den Westzonen

3.4.1. Die "Legende von Weimar"

Die Amerikaner als führende westliche Besatzungsmacht (210) "wollten Deutschland und die Deutschen nicht nur entnazifizieren, entmilitarisieren, entflechten, demokratisieren und reorganisieren". Sie wünschten - zu ihrer eigenen Sicherheit - die wirtschaftliche Gesundung Deutschlands und Europas mit Hilfe des freien Unternehmertums. Sie wollten den Sozialismus verhindern, dem Kommunismus zuvorkommen, die von den Franzosen beabsichtigte Zerstückelung Deutschlands vereiteln und die Sowjetunion in Mitteleuropa aufhalten (211). Es mußte ihnen deshalb darauf ankommen, die Entwicklung eines eigenständigen deutschen Parteiensystems so zu steuern, daß es der Verwirklichung dieser Ziele nicht im Wege stand.

Die, aus der Sicht der Amerikaner konsequente, weil jedes Risiko einer unkontrollierten Entwicklung ausschließende Steuerung der Parteientwicklung mußte von den Kräften des innerdeutschen Widerstandes, die spontan die deutschen Belange selbst zu regeln bereit waren, als Politik der Repression empfunden werden (212).

Für die deutschen Parteigründer und Reorganisatoren, die sich in einem begrenzten Spielraum bewegten (213), kam es deshalb zunächst darauf an, die Partei durch Repräsentanten und Programm lizenzwürdig zu machen. Dies mußte umso eher gelingen, je pragmatischer sie sich innerhalb der von den Besatzungsmächten gezogenen Grenzen bewegten (214). Daraus erklärt sich auch die zunächst weitgehende programmatische Übereinstimmung der Lizenzparteien in ihrer Ablehnung gegenüber Nationalsozialismus, die von Dolf Sternberger zu Recht als unzureichendes Fundament für den Aufbau eines demokratischen Staates kritisiert wird (215). Für das bundesdeutsche Parteiensystem von besonderer Bedeutung wurde die Hypothese, daß die Ursache für das Zerbrechen der Weimarer Demokratie in der Parteienzersplitterung (216) liege, deren Grund u.a. im Wahlsystem jener Zeit gesucht wird (217). Daß für das Scheitern jener Demokratie vorzugsweise institutionelle Faktoren verantwortlich gemacht werden, begründet Erhard H.M. Lange mit dem Versuch insbesondere seitens der Emigranten, das Scheitern der Demokratie zu erklären, ohne das eigene Versagen einbeziehen zu müssen. Zugleich habe diese Analyse dazu gedient, der im Westen propagierten These vom verbrecherischen, zur Entwicklung einer Demokratie unfähigen deutschen Volkscharakter damit zu widersprechen, daß man die Ursachen allein aus der institutionellen Struktur des Weimarer Staates erklärte (218). Diese politische "Abwehr-Theorie" (219) hat sich bis heute so verhängnisvoll auf die Diskussion um Wahl- und Parteiensystem ausgewirkt, daß der Begriff der Parteienvielfalt geradezu zum Tabu wurde. Sie hat darüber hinaus Theorien begünstigt, die davon ausgehen, daß ein politisches System nur dann funktionsfähig sei, wenn Parteien "das pluralistisch in zahllose Gruppen aufgespaltene Volk für den spezifischen Zweck parlamentarischer Mehrheitsbildungen in wenige politische Blöcke zusammenfassen...", wenn sie auf traditionelle - was für Deutschland so viel heißt wie weltanschauliche -

Bezüge verzichten und sich - rein funktional - darauf konzentrieren, pragmatische Ziele zu verfolgen und diese mit ebensolchen pragmatischen Mitteln durchzusetzen (Fraktionsdisziplin, Druck auf Abgeordnete u.a.m.) (220). Darüber hinaus wurde den Parteien gegenüber der föderalistischen Staatsstruktur der Bundesrepublik eine gesamtstaatliche Integrationsaufgabe zugedacht (221). Einer historischen Überprüfung hält diese Hypothese nicht ohne weiteres stand. Daß sich im Weimarer Staat gerade im Mittelstand zahlreiche - stark an spezifischen Interessen orientierte - Parteien ("unechte Parteien", Bracher) bildeten, ist ebensowenig mit dem Phänomen der Auflösung des Liberalismus ausreichend beantwortet (222). Es fällt auf, daß diese Entwicklung vor allem nach der Inflation einsetzt, die eine "kalte Enteignung großer Teile des Mittelstandes" (223) mit sich brachte. Parallel dazu lief eine Sparpolitik, die in erster Linie bei den Stellen und Einkommen der Beamten - ebenfalls mittelständischer Gruppen - ansetzte (224). In dieser Situation mußte sich vor allem im Mittelstand das Gefühl ausbreiten, daß seine Interessen von den bestehenden Parteien und Regierungen nicht ausreichend vertreten wurden.

Die Repräsentation dieser Interessen im Parlament durch eigene, wenn auch kleine Parteien als "wirtschaftspolitische Schutzorganisationen" (Thomas von der Vring) schien daher geboten (225). Andererseits verhielt sich gerade das Bürgertum gegenüber der Demokratie weitgehend reserviert, so daß ihm eine gemeinsame weltanschauliche Basis fehlte, die diese verschiedenen Gruppen hätte verbinden können. Demgegenüber vermochte die Trauer um die Monarchie dem mittleren und gehobenen Bürgertum kein gemeinsames Fundament zu schaffen (226), das ihm ausreichende politische Stoßkraft verliehen hätte. Für die weltanschaulich und materiell "Entwurzelten" wurde der Nationalsozialismus schließlich zum willkommenen Auffangbecken. Diese Gruppen wurden so zum Hauptwählerreservoir für den Nationalsozialismus. So kann man mit Wolf-Dieter Narr schlußfolgern, "daß nicht ein Zuviel, sondern ein Zuwenig an demokratisch ausgerichteter Politik die bestenfalls semidemokratischen Parteien von Weimar in ihrer Meinungsbildung und demokratischen Aktion gelähmt hat" (227).

Aufgrund konservativer Traditionen verharrten die in sich zersplitterten bürgerlichen Parteien in starrem Antimarxismus, der eine Koalition mit der NSDAP als rechtsextremistischem, antirepublikanischen Protestpotential eher nahelegte als eine solche mit der SPD, die immerhin die größte Fraktion im Reichstag stellte. Hans Fenske, der die Präsidialkabinette am Ende der Weimarer Republik als Ergebnis einer mangelnden Bereitschaft zur Koalitionenbildung durch Verhandlungen sieht, meint, daß antiparlamentarische Motivation und Parteienverdrossenheit besonders auf der Rechten die Zerstörung der Demokratie gefordert hätten zugunsten einer Stärkung der Staatsgewalt. Fenske stellt deshalb fest: "Der Zusammenbruch des Parlamentarismus in der Weimarer Republik war deshalb nicht abhängig von strukturellen Fehlern der Verfassung, sondern von strukturellen Defekten des Parteiensystems, von der Polarisierung" (228).

Obwohl also die funktional begründete Hypothese von der Schwäche des Weimarer Parlamentarismus aufgrund der Parteienzersplitterung mehrfach in Frage gestellt bzw. widerlegt wurde (229), findet sie sich bis heute in der konservativen Parteiliteratur wieder (230). Noch heute findet die apologetische Deutung von Heinrich Brüning bei konservativen Politikern Resonanz, wonach der Reichstag sich nicht zu konstruktiven Mehrheiten habe zusammenfinden können. Dies habe die Reichsregierung gezwungen, von der Notverordnung Gebrauch zu machen (231).

Das Bemühen Konrad Adenauers, nach 1945 einen Bürgerblock gegen die Sozialdemokratie ("Sozialismus") zusammenzuschweißen, was seine energische Abwehr gegenüber allen kleinen Parteien begründet hat, wurde mit der gleichen Argumentation propagandistisch untermauert. Die nach 1945 einsetzende wirtschaftliche und gesellschaftliche Restauration zeigte sich damit nicht nur in der personellen (Adenauer saß bereits im Reichstag der Weimarer Republik) sondern auch in der weltanschaulich-ideologischen Kontinuität (Abwehr von Sozialismus und Kommunismus). Die zugunsten eines Bürgerblocks genutzte Diffamierung kleiner Parteien wird auch im linken Spektrum vorgetragen mit der historisch orientierten Begründung, daß die Aufspaltung der Arbeiterbewegung in mehrere Parteien (KPD, USPD, SPD) diese entscheidend geschwächt habe.

Diese Argumentation, hinter der sich Kategorien eines von uns weiter oben (S. 21 f.) kritisierten bipolaren Konfliktmodells verbergen, in dem die Ausschaltung des Gegners das letzte Ziel bleibt, liefert eine apologetische Begründung für die Entwicklung von Großorganisationen, denen es primär um die Funktion als Kampforganisation geht. Sie eignet sich hervorragend zur Rechtfertigung der derzeitigen Parteienoligarchie (232), die in Verbindung mit dem tatsächlichen Eindringen der großen Parteien nicht nur in alle staatlichen (233), sondern auch andere öffentlichen Bereiche (z.B. Medien) sehr subtile, aber dennoch deutlich sichtbare Ansätze zur totalen Herrschaft entwickeln. Diese Gefahr wird umso größer, je stärker sich die gesamtstaatlichen Großparteien mit gesamtstaatlichen Interessenverbänden verbünden. Theorien, die um des parlamentarischen

Funktionierens und einer "starken" Demokratie willen einige wenige, pragmatisch operierende Großparteien fordern, begünstigen also die Konzentration des Parteiensystems und seine Entideologisierung. Sie haben schließlich zu der Ansicht geführt, daß ein ständiger innerparteilicher Konflikt politische Alternativen zur Entfaltung zu bringen, aber in Großorganisationen auch gleichsam zu integrieren vermag und Parteineugründungen deshalb überflüssig seien (234). Dabei wird die Notwendigkeit von Großorganisationen und die Integrationsfähigkeit jeglicher politischen Alternativen in eine solche Großorganisation als Prämisse unterstellt. Es wird auch nicht gefragt, ob sich solche politischen Alternativen überhaupt integrieren lassen wollen oder können, sollen sie nicht ihre jeweils spezifische politische Substanz und Eigenständigkeit verlieren.

Hier wird zu zeigen sein, daß sich gerade die kleinen Parteien von Anfang an gegen ihre Absorption durch die großen gewehrt haben, daß diese letzteren aber - dank ihres größeren Machtpotentials - in der Lage waren, jenen ihre Eigenständigkeit zu bestreiten und dies auch dem Wähler als berechtigte Maßnahme zu vermitteln. Als Argument dafür mußte stets die These von der Parteienzersplitterung herhalten, an der das Weimarer System zugrunde gegangen sei (235). Andere, wohl auch wichtigere Ursachen wie das fehlende Verständnis für Parteien und Demokratie schlechthin bei einer Mehrheit in der Bevölkerung wie auch bei den politischen Eliten (236), die sich aus der geistigen Tradition jener Zeit erklären läßt (237), die schlechten wirtschaftlichen Verhältnisse (238), aber auch die unzureichende Wahrnehmung der Interessen des Mittelstandes durch die Regierung (239), die Obstruktionshaltung seitens der extremen Parteien (240) wie auch die Besetzung wichtiger Stellen des Staates mit Republikfeinden (241) mußten in der vorwiegend politischen Diskussion dahinter verschwinden. Als Beispiel sei in diesem Zusammenhang eine Äußerung Konrad Adenauers zitiert, "daß eine der Hauptursachen für das Versagen der Weimarer Demokratie das Vorhandensein der vielen kleinen Parteien gewesen" sei (242).

3.4.2. Die Strategie der Integration

Besatzungsmächte (243), deutsche Emigranten (244) und Vertreter des christlich-bürgerlichen Lagers in Deutschland sahen eine Sammlung der unterschiedlichen bürgerlichen Kräfte in wenigen großen Organisationen als geboten an. Die christlichen Gruppen griffen nun den Gedanken Adam Stegerwalds und Heinrich Brünings von 1920 wieder auf, eine christliche Volkspartei unter Zusammenfassung der Konfessionen zu gründen (245), Stegerwald hatte damals mit seinem Vorschlag die Vorstellung verbunden, daß damit der Marxismus abgewehrt und das Parteiensystem der Weimarer Republik stabilisiert werden könne (246). Nach dem zweiten Weltkrieg trug er - in seiner Theorie durch das Ende der Weimarer Republik bestärkt - seine Gedanken erneut in der Öffentlichkeit vor (247). So wurde dort, wo sich Vertreter des christlichen Lagers mit der Absicht einer Parteigründung trugen, weitgehend auf dieses strategische Konzept zurückgegriffen (248) in der Hoffnung, konfessionelle, soziale und ideologische Spannungen zu überwinden (249); eine Hoffnung, die nach den Kriegswirren gewiß von einer Mehrzahl der Bevölkerung geteilt wurde.

Der Gedanke der Einheitsfront war ja damals in allen politischen Lagern gängige Münze, vom antifaschistischen Widerstand über die Einheit der Arbeiterbewegung gegen den Kapitalismus bis hin zur christlich-bürgerlichen Sammlung gegen Bolschewismus und Kommunismus. Hinter dieser Vision von "Einheit" und "Sammlung" verbarg sich nicht zuletzt ein Gefühl des Versagens gegenüber dem Nationalsozialismus, dem, wie man glaubte, mit dem Zusammenfassen der dem jeweils eigenen politischen Lager nahestehenden Parteien und gesellschaftlichen Gruppen 1933 hätte begegnet werden können. Auf die autoritären Elemente solcher Einheitsbestrebungen hat Franz Moraw hingewiesen (250).

Ein anderer Versuch der Sammlung christlicher und sozialdemokratischer sowie gewerkschaftlicher Kräfte in einer Art Labour-Party nach britischem Vorbild, der u.a. von Emigranten vertreten wurde (251), kam über eine Diskussion im Kreise seiner Urheber (Frankfurter Kreis) nicht hinaus (252) bzw. scheiterte am Widerstand der sowjetischen Besatzungsmacht (Jakob Kaiser, Berlin) (253).

Hinsichtlich der prägenden Kraft der künftigen CDU für das bundesdeutsche Parteiensystem hat dieses strategische Konzept der Sammlung mit dem "'C' als Integral" (254) möglichst vieler politischer Kräfte in einer Partei, das vor allem von christlich orientierten Politikern im Anschluß an ihre Deutung des Endes der Weimarer Republik vertreten wurde, bis zur Gegenwart entscheidende Bedeutung erhalten (255). Denn gerade das Modell der Volks- bzw. Sammlungspartei über konfessionelle und ideologische Grenzen hinweg birgt die Gefahr in sich, kleinere, in ihrem politischen Glaubensbekenntnis eindeutigere Gruppen aus pragmatischen Gesichtspunkten heraus aufzusaugen oder abzudrängen.

Die im christlich-bürgerlichen Lager verbreitete Vorstellung von einer großen Sammlungs- (256) oder Integrationspartei (257) ließ sich vereinbaren sowohl mit dem Konzept der sowjetischen Besatzungsmacht, möglichst alle christlich-bürgerlichen Kräfte in Form einer Partei - einer Nachfolgeorganisation des Zentrums - in die antifaschistische Einheitsfront zu integrieren (258) als auch mit der Absicht der Westmächte, eine allzu unübersichtliche und damit schwer zu kontrollierende Aufsplitterung der zugelassenen politischen Kräfte in ihrem Machtbereich zu vermeiden.

Die von den Sowjets forcierte Sammlung aller politischen Kräfte in einer Einheitsfront stärkte zunächst die Berliner Gründergruppen so, daß die von den Sowjets gewünschte Dominanz der von ihnen geförderten Parteien in ganz Deutschland wahrscheinlich schien (259). Mit wachsender Differenz zwischen den Besatzungsmächten und in Erkenntnis dieser Gefahr mußte den Westmächten schließlich daran liegen, in ihrem Machtbereich diejenigen Kräfte zu stützen, die gegen die Einheitsfront eine wirksame Gegenkraft zu werden versprachen. Dies wirkte sich nicht nur auf die Lizenzierung, sondern auch auf die Gründung der Parteien aus.

3.4.3. Die erfolglose KPD

Nachdem im Bereich der linken Gruppierungen mit der Eliminierung der Antifa-Ausschüsse durch alle vier Mächte (260) die vermeintliche Gefahr von unerwünschten Entwicklungen gebannt schien, verblieben KPD und SPD als mögliche Repräsentanten dieser Gruppierungen. Solange Einigkeit unter den Besatzungsmächten herrschte, hatte die KPD als linke Flügelpartei bei der Lizenzierung ihrer Organisation und Zeitungen sowie bei der Besetzung von Stellen eine vergleichsweise günstige Position (261). Diese anfängliche Begünstigung schlug jedoch bald in ihr Gegenteil um, je offensichtlicher die Differenzen zwischen den Großmächten wurden und je mehr die KPD die Parteien der SBZ dominierte. Auf Anweisung des Berliner Zentralkomitees der KP verzichtete auch die KPD in den Westzonen - gegen die Vorstellungen zahlreicher Mitglieder (262) - auf eine Vereinigung mit der SPD, die sie mit dem Ziel der Vereinigung der Arbeiterbewegung von jeher erfolglos angestrebt hatte (263). Sie tat dies mit der Absicht, sich zunächst vor der Infiltration durch nicht linientreue Genossen zu schützen, bis sie organisatorisch gefestigt wäre (264). Für alle Besatzungsmächte war die KPD zunächst die tragende Kraft des deutschen Widerstandes gegen Hitler (265). Die Westmächte glaubten sie vor allem als kontrollierbare Organisation und Gegengewicht gegen die Hegemonialansprüche der KP-Ost und deren Vereinigungsbestrebungen mit der SPD nutzen zu können. Dieser Versuch mußte scheitern aufgrund der Abhängigkeit der KP-West von der KP-Ost (266). Daß die West-KP ihre Integrationsabsicht nie wirklich aufgegeben hatte, zeigte sich in ihrem immer neuen Bemühen, in Zusammenarbeit mit der SED in den Westzonen doch noch eine vereinigte Arbeiterpartei unter eigener Vorherrschaft zu etablieren. Aber gerade diese Absicht und die Kooperation mit der SED, die von der SPD abgelehnt wurden, brachte ihr eine spürbare Ablehnung durch die westlichen Besatzungsmächte ein (267), die sich in ihren anfänglichen Erwartungen getäuscht sahen und für die die parteipolitischen Infiltrationsversuche über die KP zum Sicherheitsproblem und zur Gefahr für die Sicherung eigener wirtschaftlicher Interessen wurden (268).

So scheiterte die KPD, die als nazifeindliche Partei nach dem Kriege von dem Bonus ihres Widerstandes auch in den Westzonen hätte profitieren können, an dem Umstand, daß ihre Schwesterpartei im Osten von der sowjetischen Besatzungsmacht protegiert, aber auch umklammert wurde. Eine vereinigte Arbeiterbewegung unter kommunistischer Ägide war bei den Westmächten nicht erwünscht (269), da sie mit Recht dahinter den Versuch der Sowjets witterten, über eine westdeutsche SED auch in ihrem Hoheitsgebiet Einfluß zu gewinnen. Aufgrund der veränderten politischen Konstellationen zeigten die Besatzungsmächte - allen voran die Amerikaner - generell an der KPD kein Interesse mehr. Im Gegenteil war es nun ihr Ziel, die KPD nach Möglichkeit ganz aus dem politischen Leben der Deutschen auszuschalten.

Die für die Kommunisten erfolglosen Versuche, sich als führende Arbeiterpartei zu profilieren, führten innerhalb der Partei zu einem spürbaren Mitgliederschwund, der sie zu verstärkter Anlehnung an die SED bewog. Mit internen Säuberungen versuchte sie, den Schwierigkeiten zu begegnen. Betroffen waren davon in erster Linie diejenigen Funktionäre, die für einen eigenständigen Kurs der KPWest eingetreten waren (270). Die Partei schwächte damit weiter ihre Organisation. Schließlich trugen der wirtschaftliche Aufschwung der Bundesrepublik sowie die allgemeine Restauration und der forcierte Antikommunismus dazu bei, das Interesse der Wähler an ihr zu mindern (271).

3.4.4. SPD gegen SPD, KPD und SED

Die SPD wandte sich bereits im Exil, mit größter Entschiedenheit aber unter Kurt Schumacher gegen eine wie immer geartete

Anbindung an die Sowjetunion (272). Sie hatte sich seit dem Zusammenschluß in der "Union deutscher sozialistischer Organisationen in Großbritannien" (die nun auch linke, zur Weimarer Zeit gegen die SPD eingestellte Gruppen umfaßte) (273) zum Ziel gesetzt, nach dem Zusammenbruch des Hitlerregimes eine sozialistische Volkspartei zu gründen (274), die Proletariat und linkes Bürgertum ein- und die Kommunisten ausschloß (275). Geplant war eine Integrationspartei, die den freiheitlich demokratischen Sozialismus vertreten sollte. In dieser Konzeption stimmte der Exil-Vorstand der SPD in London mit Kurt Schumacher in Hannover überein (276). Aufgrund einer, beiden gemeinsamen nationalen Einstellung wandten sie sich gegen jedes einseitige Engagement gegenüber einer Besatzungsmacht (277). Gegenüber dem Zentralausschuß der SPD-Ost verfolgte Kurt Schumacher von Anfang an einen harten Abgrenzungskurs (278), da sich dieser um der Einheit der Arbeiterbewegung willen zur Kooperation mit der KPD bereit zeigte (279).

Im Gegensatz zu den Einheitsbestrebungen der Berliner, die zusätzlich durch die Neugründung der KPD als separater Organisation mit dem Führungsanspruch in der deutschen Arbeiterbewegung behindert wurden (280), hatte sich Schumacher bereits 1945 für den Parteienkampf als Mittel der Politisierung der Massen ausgesprochen. Er war der Ansicht, daß eine moderne Demokratie nur in einem Parteienstaat funktionieren könne. Sein Eintreten für Parteienpluralismus und chancengleichen Wettbewerb um die Macht war prinzipieller Natur und konnte nur funktionieren nach der Brechung wirtschaftlicher Machtpositionen (281). Weil er nicht an die Möglichkeit glaubte, zusammen mit einer sowjetisch gesteuerten, bolschewisierten KPD dieses Ziel zu erreichen - ohne daß die KP ihrerseits die SPD zu majorisieren und zu bolschewisieren versuchte -, zugleich aber die westlichen Demokratien anglo-amerikanischer Provenienz als vorbildlich ansah, lehnte er ein Zusammengehen mit der KP konequent ab (282) auch gegen den Willen einer großen Zahl von Parteimitgliedern, die mit dem Ziel der Vereinigung der Arbeiterbewegung die Zusammenarbeit mit der KPD für unabdingbar hielten (283). Für ihn wurde die "Einheit" zur Illusion (284). Um dieser Linie willen riskierte er sogar den Verlust der sozialdemokratischen Hochburgen in der sowjetisch besetzten Zone (285). Andererseits scheitern beispielsweise in Hamburg die Einigungsbestrebungen seitens der SPD-Genossen an der fehlenden Bereitschaft der KP-Gruppe (286).

In der Auseinandersetzung bzw. der mehr oder weniger vorhandenen Kooperationsbereitschaft der SPD-West mit dem Zentralausschuß der SPD in Berlin ist der ideologische Konflikt um die Ausrichtung der Arbeiterparteien eng verbunden mit dem Kampf um deren Führung durch Kurt Schumacher (Hannover), die KP-Ost und den Zentralausschuß (ZA) (287), die diesem 1933 vom Exilvorstand zugesprochen worden war. Dieser drängte zunächst auf eine vereinigte Arbeiterpartei. Mit beiden Absichten scheiterte er zum einen an Kurt Schumacher, der weder das eine noch das andere akzeptierte. Zudem beanspruchte die KP-Ost die Führung über die deutschen Arbeiterparteien insgesamt.

Schumacher und Otto Grotewohl als Repräsentant des ZA stimmten in der Ansicht überein, daß die SPD eine Führungsrolle im deutschen Parteiensystem spielen und als "Magnet auf alle Splitter" (288) bzw. als "Sammellinse" aller Sozialisten (289) wirken sollte. Die Sowjets hatten jedoch die Führungsrolle bereits den Kommunisten zugedacht. Als der ZA schließlich von den Sowjets und der KP unter Druck gesetzt wurde, möglichst rasch eine vereinigte Arbeiterpartei zu gründen (290), versuchte er seinerseits, diese Vereinigung hinauszuzögern und sich in den Westzonen Rückendeckung zu verschaffen. Das Bemühen scheiterte jedoch in der Hauptsache daran, daß Schumacher sich gegenüber den Berlinern abgrenzte und ihnen seine Unterstützung verweigerte (291). An seiner ablehnenden Haltung scheiterten schließlich auch die Bemühungen anderer Berliner Gruppen (CDU/LDP), um Weichen für eine gesamtdeutsche Entwicklung zu stellen (292).

Kurt Schumacher stützte sich auf eine auch nach ihrer Rekonstituierung eher traditionalistische Partei, die sich in der überwiegenden Mehrheit aus Altmitgliedern zusammensetzte. Zahlreiche Sozialdemokraten waren inzwischen durch die Besatzungsmächte ohne Abstimmung mit der SPD in lokale und regionale Verwaltungspositionen gelangt, wobei die einstige Beziehung zum Nationalsozialismus weniger entscheidend sein mochte als das Renommée, das sich diese Persönlichkeiten in der Weimarer Republik erworben hatten (293). Dieser Tatbestand mochte eine Ursache dafür sein, daß die SPD sich im politischen Bereich als wenig innovativ und im Wirtschaftssektor, in dem sie zunächst gute Chancen zur Neugestaltung (294) hatte, sich insbesondere gegenüber der privatwirtschaftlichen Restaurationspolitik der Amerikaner und der konservativen deutschen Gruppen (Wirtschaftsverbände, CDU, CSU, FDP) wenig kämpferisch zeigte (295). Kurt Schumacher konnte sich bald - u.a. aufgrund anfänglicher Unterstützung durch die britische Militärregierung (296) - gegen alle Rivalen in seiner Partei als Führungsfigur durchsetzen, zunächst in der britischen, dann in allen Westzonen (297). Gegenüber Otto Grotewohl und dem ZA, der von den Sowjets gegenüber der KP spürbar benachteiligt wurde (298), befand er sich in einer wesentlich günstigeren Position. Er repräsentierte die traditionalistischen Kräfte in seiner Partei, die von jeher für eine deutliche Abgrenzung gegenüber der KP plädiert hatten. Mit seiner Ablehnung einer Kooperation mit der KPD in Ost und West (299) und damit auch des Konzeptes einer vereinigten Arbeiterpartei (SED), wie sie in der SBZ unter sowjetischen Druck gegründet worden war, befand er sich in grundsätzlicher Übereinstimmung mit dem Parteivorstand im Londoner Exil und mit den Westmächten, die mit wachsenden politischen Spannungen an einer Abgrenzung nach Osten zunehmend interessiert waren. Der wachsende Einfluß der amerikanischen Besatzungsmacht in den Westzonen machte schließlich alle Sozialisierungs- und Dekartellisierungsversuche zunichte. So mußte z.B. eine Sozialisierungsbestimmung aus der hessischen Verfassung auf Geheiß von General Clay gestrichen werden, obwohl sich 72% der Bevölkerung in einer Volksabstimmung dafür ausgesprochen hatten. In Nordrhein-Westfalen wurde ein vom Landtag verabschiedetes Gesetz zur Sozialisierung der Ruhrkohleindustrie von den Briten schließlich unter dem Druck der Amerikaner suspendiert. Die SPD begnügte sich mit verbalen Protesten (300). Die fehlende Dynamik der SPD, ihre Wirtschaftskonzeption nachdrücklich zu vertreten, zeigte sich schließlich in ihrer Bereitschaft, im Wirtschaftsrat der Bizone in "konstruktiver Opposition" weiter mitzuarbeiten, obwohl sie die dringend geforderte Führung des Rates durch Victor Agartz nicht hatte durchsetzen können (301). Damit wurde ihr seitens der bürgerlichen Parteien mit einer geschickten Salamitaktik die Stoßkraft genommen, die sie - gegebenenfalls in Koalition mit KPD und Gewerkschaften - hätte behalten können.

Die Kraft des Faktischen entschied so aufgrund einer fehlenden kritischen Analyse der amerikanischen Ziele, die sich u.a. aus der grundsätzlichen Westorientierung der Partei ergab. Gewiß hat sich dabei auch der Mangel an langfristigen Zielvorstellungen (302) und einer realen Utopie als verhängnisvoll erwiesen, die möglicherweise den Blick für die Realität hätte schärfen können.

Das Scheitern der Dekartellisierungs- und Sozialisierungspläne entzog zugleich der SPD die Basis für die Realisierung ihres Konzeptes vom demokratischen Sozialismus (303). Dieses Konzept jedoch war weder neu, noch hatte es vorhandene Impulse aufgegriffen und präzisiert (304). In dieser Situation blieben auch die programmatischen Vorschläge der Parteivertreter im Exil vom November 1945, die sowohl sozialistische als auch föderalistische Elemente enthielten (305) unberücksichtigt. Die neue Zentrale in Hannover, das "Büro Schumacher" war zu sehr mit dem Aufbau der Organisation (306), dem Kampf um den Führungsanspruch und der Abwehr der Kommunisten beschäftigt, als daß Zeit blieb für eine programmatische Neubesinnung (307). Mit Recht betont Wolf-Dieter Narr, die SPD habe durch ein Zuwenig an realer Utopie Wähler und Wahlen so deutlich verloren (308). Für Kurt Schumacher standen - auch im Gegensatz zur Exilgruppe - stets nationale Belange im Vordergrund (309). Die SPD-West und der ZA in Berlin forderten beide Sozialismus in Wirtschaft und Gesellschaft (310). Während sich der ZA trotz aller Differenzen um ein gutes Einvernehmen mit der östlichen Besatzungsmacht bemühte (311), orientierte sich die SPD-West an den Ordnungsvorstellungen der westlichen Demokratie und grenzte sich nach Osten ab, gegen Bolschewismus, Kommunismus und Stalinismus (312), nicht genügend jedoch gegen Kapitalismus. Daß sich für die SPD nach dem Krieg der Erfolg nicht in dem erhofften Maße einstellte, obwohl sie als eine der führenden antinazistischen Parteien hervorgetreten war, läßt sich auch - aber nicht ausschließlich - aus dem wirtschaftspolitischen Kurs der Besatzungspolitik erklären, durch den Dekartellisierung und Sozialisierung, d.h. zentrale Arbeitnehmerinteressen abgelockt wurden, wohingegen die Konkurrenzpartei CDU/CSU als Repräsentant der Kapitaleigner und Bürgerlichen gerade dadurch erhebliche Stärkung erfuhr (314). Daß sich die Partei - im Gegensatz etwa zu den Kommunisten - dennoch erfolgreich in den Westzonen etablieren konnte, läßt sich aus ihrem strategischen Integrationskonzept zur Mitte hin (315) und der Abgrenzung nach links erklären (316). Mit ihrer Strategie einer Öffnung zur Mitte hin griff die SPD in zunehmendem Maße auf das Gedankengut der Liberalen zurück. Die Abgrenzung nach links wurde für sie zu einer wichtigen Legitimationsgrundlage. Diese Umorientierung lag soweit im Interesse der Westmächte, als diese für Deutschland ein System von wenigen, zunächst nur antinazistischen, später auch antikommunistischen Großparteien wünschten. Die Politisierung der Bevölkerung wurde hingegen als Sicherheitsrisiko angesehen (317).

3.4.5. Das Integrationskonzept der CDU und CSU

Daß für die christlichen Parteigründer nach 1945 die Integrationsstrategie vor jeder programmatischen Konzeption rangierte, zeigt sich an der Entstehung der CDU und CSU als christlich-bürgerliche Sammlungsparteien (318). Die Besatzungsmächte strebten eine "sorgfältig regulierte, allmähliche Wiederbelebung" des politischen Lebens in Deutschland an und beriefen vorzugsweise bürgerliche Politiker aus der Weimarer Republik in führende Verwaltungsstellen (319). Die gleiche Gruppe konnte als Parteigründer mit der Gunst der westlichen Alliierten rechnen (320). Damit gewannen deren historische Interpretationen für die Entwicklung des deutschen Parteiensystems insofern Bedeutung als sie in der Parteienzersplitterung die Hauptursache für das Scheitern der Weimarer Republik (321) und in der Spaltung der christlich-bürgerlichen Kräfte das Versagen gegenüber dem Nationalsozialismus (322) sahen.

So gewann der "Gedanke der 'inneren Gemeinschaft'", der alle sozialen Gruppen potentiell zugehören sollten, innerhalb einer antisozialistischen, überkonfessionellen, "christlichen" Sammlungspartei (323) an Aktualität. Mit dieser Sammlung - einem Spiegelbild der Volksgemeinschaft - sollten alle bestehenden Differenzen überbrückt werden (324). Der Gedanke einer "Union der Konfessionen" (325), der sozialen Gruppen und politischen Interessen (326) ermöglichte nicht nur die Umsetzung derzeitiger emotionaler Tendenzen (327), sondern brachte der ideologisch-politisch besser ausgerüsteten katholischen Gruppe die dominierende Stellung (328). In den ersten programmatischen Aussagen der christlichen Parteien bis 1947 fand die allgemeine antikapitalistische Grundstimmung ihren Ausdruck im Konzept vom christlichen Sozialismus (329). Auch hier kamen - ähnlich der SPD im Exil - neue Gedanken vom Europa als Ziel und Ende der Nationalstaaten unter der Leitidee eines europäischen Sozialismus unter christlicher Verantwortung (330) aufgrund einer Anpassung an die herrschenden Gegebenheiten nicht zum Tragen. Auch spätere Ansätze einer innovatorischen Programmatik setzten sich langfristig nicht durch.

Weder die "Frankfurter Leitsätze", die auf einen wirtschaftlichen Sozialismus auf demokratischer Grundlage abhoben, noch das "Ahlener Programm" (331), das soziales und wirtschaftliches Mitbestimmungsrecht in Großbetrieben und Machtdezentralisation in Monopolunternehmen forderte, ließen sich angesichts der massiven neoliberalistischen Wirtschaftspolitik der Amerikaner in Deutschland und angesichts der breiten gesellschaftlichen Restaurationstendenz durchsetzen. Andererseits war das "Ahlener Programm" geeignet, mit seinem "mittelständischen Antimonopolismus" (332) Besitzmittelstand und Arbeitnehmer als Wähler zu gewinnen, die dem christlichen Sozialismus sowie der katholischen Soziallehre zuneigten. Speziell im Ruhrgebiet war von jeher ein Wählerpotential mit dieser politisch-weltanschaulichen Orientierung vorhanden, das ursprünglich dem Zentrum seine Stimmen gegeben hatte (333). Dieses für die neue Union zu gewinnen, war ein Ziel des "Ahlener Programms". Die "Düsseldorfer Leitsätze" schließlich, die arbeitnehmerfreundliche Forderungen weitgehend fallen ließen, wiesen den christlichen Sozialisten und Sozialreformern letzten Endes nur noch eine Steigbügelhalter-Rolle zu (334).

Die Besatzungsmächte, die mit der Einsetzung einer Auftragsverwaltung bereits entscheidende politische und wirtschaftliche Weichen gestellt hatten, konnten den Parteien "die programmatische Nachhut" überlassen (335). Schließlich half das wahltaktische Kalkül (336), die neue "Union", wie sie sich seit dem "Reichstreffen" in Bad Godesberg (Dezember 1945) auf Anregung des abwesenden Andreas Hermes nannte (337), als Integrationspartei zu etablieren (338).

Schon der Name "Christlich Demokratische Union" erwies sich als "die richtige Verbindung zwischen einer fest umrissenen Bedeutung und Flexibilität, die eine Partei brauchte, die weite Teile der Bevölkerung an sich zu ziehen versuchte". In einer späteren Diskussion um die Frage, ob die Partei sich eher als "Christliche Union" bezeichnen sollte, hob vor allem Konrad Adenauer hervor, daß der Wegfall des Wortes "Demokratisch" vor allem bei den Briten Mißtrauen erregen könnte (339). Dieses Detail zeigt einmal mehr das vorwiegend taktische Konzept Konrad Adenauers, der wesentlich dazu beitrug, daß das Programm seiner Partei aus attraktiven Grundsätzen anderer Parteien zusammengeflickt wurde (340) und ihnen damit jede Identität und Existenzberechtigung entzog.

Die Union sollte schließlich die Reste jener bürgerlichen Parteien aufnehmen, die schon in der Weimarer Republik als Volksparteien aufgetreten waren und - jede für sich - den Anspruch erhoben hatte, eine "Partei des Volkes" zu sein, d.h. alle Klassen, Schichten und Konfessionen zu umfassen und zu repräsentieren. Dieses Ziel wäre mit einem präzisen Programm kaum zu erreichen gewesen, das eher Integration nach innen als nach außen schafft. Ein solches Konzept der Integration nach außen hatte im Lager der konservativen, christlichen und nationalistischen Parteien eine lange Tradition (341).

Als Repräsentant der restaurativen Kräfte konnten CDU und CSU trotz der fehlenden Vorstellungen über das künftige Deutschland und ihrer vorwiegend emotional-taktischen Ausrichtung so einen erstaunlichen Aufschwung erleben. Die CDU konnte sich auf diesem Wege schließlich zu "einer weltanschaulich fundierten, relativ gut organisierten, verschiedenartige Interessen integrierende(n), auf pragmatische Politik ausgerichtete(n), erfolgreiche(n) Wählerpartei" (342) entwickeln, wobei der Akzent heute weniger auf der weltanschaulichen Komponente liegt als vielmehr auf dem pragmatisch-wahltaktischen Konzept, die Mehrheit der Wähler hinter sich zu bekommen (343). Die CSU, die auch gegenüber der CDU die bayerische Eigenständigkeit mit ihrem eigenen Parteistatus demonstriert (344), erreichte ihren Aufstieg mit dem systematischen Aufbau ihres Parteiapparates, der die hintersten Winkel Bayerns erreichte und die Wähler an die Partei zu binden vermochte (345). Auch bei dieser Sammlungspartei förderten Strategie und Taktik den Erfolg mehr als das politische Programm.

Diese Entwicklung läßt sich aus einer Vielfalt von Gründen erklären. Zunächst hatte die Drosselung jener eigenständigen Initiativen aus dem antifaschistischen Widerstand zu einer weitverbreiteten politischen Resignation seitens der stark motivierten alten Widerstandskämpfer geführt (346). Hinzu kam ein weitverbreiteter Anti-Parteien-Affekt (347) nach dem Fiasko des nationalsozialistischen Ein-Parteien-Staates. Schon im Weimarer Staat hatte ein großer Teil der Bevölkerung wenig Verständnis für die Parteien und deren Funktion in der Demokratie gezeigt (348). Der Nationalsozialismus hatte mit seiner Unitarisierungspolitik dieses Unverständnis bei der nachwachsenden Generation noch verstärkt. Diese geistige und politische Entwicklung hatte in weiten Teilen der Bevölkerung ein emotional begründetes Harmonisierungsstreben gefördert, dem der politik-fremde Gedanke einer Aufhebung aller politischen Differenzen in einer großen Sammlungs- oder Brückenpartei (349) entgegenkam. Dahinter verbirgt sich das Konzept einer christlichen Bewegung, die sich allgemein als christlicher Humanismus ausgab und eine innere Erneuerung des tief zerrütteten Staates versprach (350). Sie zeichnete sich nicht so sehr durch konkrete Ziele aus, als vielmehr durch ein Gefühl der Verbundenheit in einer allgemeinen politischen Strömung (351). Sie wurde geeint in der Negation von Sozialismus bzw. Kommunismus, die in der Bevölkerung von jeher breite Resonanz gefunden hatte (352).

CDU und die bayerische CSU, die auf die Parteitradition des Zentrums bzw. der Bayerischen Volkspartei zurückgriffen (353), konnten mit ihren Initiativen auf eine wirksame Unterstützung durch die katholische Kirche rechnen (354), die seit ihrer Eliminierung aus den staatlichen Institutionen von jeher ein Interesse an effektivem politischen Einfluß über eine möglichst umfassende Partei hatte. Auch die evangelische Kirche, die seit 1918 viel an politischen Einfluß verloren hatte, äußerte sich zu der neuen Integrationspartei positiv, wenngleich sie sich in der Beeinflussung der Bevölkerung eher zurückhielt (355). Diese Unterstützung wirkte sich auf die christlichen Sammelparteien vor allem deshalb positiv aus, weil die Kirchen als einzige gesellschaftliche Organisation von den Westmächten nicht angetastet worden waren. Vielmehr traten ihre Vertreter als vertrauenswürdige Bewerber um Parteilizenzen auf (356).

Darüber hinaus hatten sich wichtige Repräsentanten des alten Zentrums, unter ihnen auch der ehemalige Reichskanzler Brüning, als geistiger Vater des Sammlungskonzeptes sowie Karl Bachem, der Historiograph des Zentrums und der ehemalige Reichskanzler Wilhelm Marx nachdrücklich für eine interkonfessionelle Partei ausgesprochen (357). Und schließlich ließ sich dieses Konzept am besten mit den politischen und wirtschaftlichen Zielen der Besatzungsmächte (Föderalismus, Privatwirtschaft) vereinbaren und erhielt von dort her entsprechende Unterstützung (358).

Nicht ganz unbedeutend für die weitere Entwicklung war auch die Dynamik, mit der die Gründerkreise in Frankfurt, Köln und Berlin als Vertreter des Unions-Geankens auf andere westdeutsche Gebiete einwirkten (359). Aus diesem Grunde so wie auch hinsichtlich des fortgeschrittenen Auf- und Ausbaues der CDU war die Ausschaltung von Hermes und Kaiser aus der Führungsposition der Partei durch die Sowjets für die Christlichen von weitreichender Bedeutung. Zum einen beraubte sie die Partei eines großen Teils ihrer Mitglieder und Organisation in der SBZ. Zum anderen machte sie den gesamtdeutschen Führungsanspruch der Berliner zunichte (360).

Im Mittelpunkt des "Machtkampfes der Zentralen", der grundlegende Differenzen innerhalb der CDU verdeutlicht, standen die Idee vom christlichen Sozialismus, die Stellung Berlins (361) und das deutschlandpolitische Konzept, wie sie Jakob Kaiser verfocht. Die Vertiefung des Ost-West-Gegensatzes wirkte sich schließlich zum Nachteil aller Einheitsbestrebungen aus (362), auch der von Jakob Kaiser und zugunsten der antisowjetischen außenpolitischen Konzeption Konrad Adenauers. Die von den Franzosen betriebene Teilung Deutschlands hatte schließlich alle Möglichkeiten einer Wiedervereinigung verschüttet, die noch vor Beginn des "Kalten Krieges" vorhanden gewesen zu sein scheinen (363). Hinzu kam die Entscheidung der Amerikaner für ein privat-kapitalistisches Wirtschaftssystem in Deutschland, das sich eher mit den Konzepten Konrad Adenauers als mit denen Jakob Kaisers vereinbaren ließ. Aufgrund dieser Orientierung konnte Schumacher die CDU als "Besitzverteidigungspartei" titulieren (364).

Die Abschnürung von seiner Partei und die wirtschaftspolitische Umorientierung in den Westzonen brachte Jakob Kaiser um seine Position als geistiger Führer und einflußreicher Vertreter des Arbeitnehmerflügels in der Partei. Sie begünstigte zugleich den Aufstieg der rheinischen CDU und damit Konrad Adenauers (365), der im wesentlichen eine privatwirtschaftliche Richtung verfolgte. Schließlich verweigerte Adenauer den Berliner Parteifreunden die notwendige Unterstützung gegenüber den Sowjets, um den unerwünschten christlichen Sozialismus der Berliner nicht zum Tragen kommen zu lassen und um seine Führungsposition weiter auszubauen (366).

Die von den Besatzungsmächten unteschiedlich bemessenen Aktionsräume einzelner Gruppen der Partei bewirkten, daß Köln - ehemaliger Mittelpunkt des Zentrums - und nicht irgendeine andere deutsche Stadt sich zum Mittelpunkt der Partei entwickelte. Denn gerade für die Gruppen im französisch besetzten Gebiet entstanden aus der Politik der Besatzungsmacht erhebliche Nachteile (367). Die Frankfurter Gruppe befand sich in der amerikanischen Zone insofern in einer ungünstigen Situation, als dort die bayerische CSU ihre eigenständige Entwicklung betrieb und an einer Kommunikation mit den Frankfurtern weniger interessiert war. Allein die Kölner Gruppe konnte - trotz des anfänglichen Mißtrauens seitens der Briten (368) - seit Gründung eines Zonenverbandes (5. Februar 1946) auf die gesamte britische Zone ausstrahlen und hatte damit günstige Voraussetzungen, zum Kern der Partei zu werden (369).

3.4.6. Die Absorptionsstrategie (370) gegenüber dem Zentrum

Die Nachteile, die sich aus der Präjudizierung der Integrationsparteien seitens der Besatzungsmächte (371) für die Gründung und Entwicklung weiterer Parteien ergab - und hinsichtlich der Lizenzierungspolitik der Besatzungsmächte bereits behandelt wurde -, haben sich bis auf das gegenwärtige bundesdeutsche Parteiensystem ausgewirkt (372). Die einflußreichen Gründergruppen der späteren CDU bzw. CSU als "Integrationsparteien" (373) traten mit dem Anspruch auf, sowohl Anhänger des Zentrums (374) als auch der DVP und DNVP (375), der DDP (376), der CSVD (377) bzw. (für die CSU) BVP (378) in einer Partei zu sammeln und zu repräsentieren. Die unterschiedlichen politischen Standpunkte dieser einzelnen Parteien sollten gegenüber diesem Anspruch nicht mehr ins Gewicht fallen. Vielmehr waren die Sammlungsparteien bemüht, alle diese Gruppen und Standorte ungeachtet ihrer möglichen Unvereinbarkeit zu assimilieren und zu absorbieren.

Gegenüber dieser Absorptionsstrategie, die von mächtigen Gruppen wie den Kirchen und den Besatzungsmächten als derzeitigen Inhabern der obersten staatlichen Gewalt gestützt wurde, waren die Aussichten auf Erfolg bei den Gründern weiterer Parteien ziemlich gering. Vertreter der niederen Geistlichkeit (Baden) wie auch der katholischen Arbeitnehmerschaft bemühten sich trotz jener starken Gegenmacht um die Reorganisation des Zentrums, um vor allem die christlich-sozialen Forderungen und die Gegnerschaft zu Nationalsozialisten und Konservativen deutlicher herauszustellen (379). Doch vor allem in Baden scheiterten solche Reorganisationsversuche nicht nur am Widerstand deutscher ehemaliger Zentrumsmitglieder und der hohen Geistlichkeit der katholischen Kirche, sondern auch an der Verweigerung der Lizenz durch die Franzosen (380). Nur in Nordrhein-Westfalen, wo vier Zentrumsmitglieder in der Auftragsverwaltung des Landes saßen (381) und das Zentrum vor dem Kriege seine stärkste Basis hatte, gelang eine Reorganisation der Partei, die auch durch die Militärregierung lizenziert wurde. Trotz des relativ günstigen Starts gelang es der neuen Deutschen Zentrumspartei (DZP) angesichts der verbreiteten Restauration nicht, sich als christlich-soziale Partei der Mitte (382) zu behaupten, die sich - im Gegensatz zur neuen CDU - insbesondere nach rechts, also gegenüber alten Nationalsozialisten abgrenzte (383). Zunächst wurde ihre Programmatik von der der Union absorbiert (384), die allerdings - zum Ärger der Zentrumsmitglieder - auf nationale Zielsetzungen ganz verzichtete (385). So spricht z.B. einiges dafür, daß Adenauer sich mit den weitreichenden Forderungen des Ahlener Programms aus taktischen Motiven einverstanden erklärte, um Zentrumswähler und christliche Arbeitnehmer in Nordrhein-Westfalen, die den christlichen Sozialismus vertraten, für die CDU zu gewinnen (386).

Das Zentrum sah sich auch zunehmend seiner führenden Köpfe beraubt, die zur Union überwechselten (387). In der Lizenzierung seiner Zeitungen wurde es gegenüber den klassischen Lizenzparteien benachteiligt. In der Öffentlichkeitsarbeit durch Pressedienst und Rundfunk sowie bei der Aufstellung der Kandidaten zu den Kommunalwahlen beklagte sich das Zentrum über die Minorisierung seitens der deutschen Behördenvertreter. In der verspäteten Lizenzierung als Zonenpartei zeigte sich auch eine zunehmende Benachteiligung durch die Besatzungsmacht (388).

Damals betrachtete die CDU die Deutsche Zentrumspartei als ihren Hauptrivalen (389). Es kann deshalb angenommen werden, daß diese Minorisierung auch von einflußreichen CDU-Vertretern betrieben wurde. Die negative Einstellung führender Vertreter der katholischen Kirche beeinträchtigte spürbar die Entwicklung vor allem dieser Partei, die ohne kirchliche Unterstützung ihre wesentliche Existenzgrundlage verloren hatte (390). Schließlich wurde das Deutsche Zentrum, dessen Wählerstamm von der CDU aufgesogen wurde, in seiner Identität so geschwächt, daß es an den Rand des Parteiensytems geriet (391).

3.4.7. Die Bedrohung der Liberalen

Die Absorption liberalen Gedankengutes durch Christen und Sozialisten bedrohte die Liberalen in ihrer weltanschaulichen Identität (392). Sie waren jedoch vornehmlich von der Absorptionsstrategie der CDU bedroht (393), zumal sie während der Phase der Aufsplitterung der bürgerlichen Mittelparteien erheblich an Substanz verloren hatten (394).
  Wie weit anfangs in allen Westzonen entsprechend den Verhältnissen in der SBZ das Vier-Parteien-System als Leitmodell für die Lizenzierung der Parteien gegolten hatte, ist schwer zu sagen. Vermutlich neigten Franzosen und Briten eher zu einem Zwei- bzw. Drei-Parteien-System (395). Dadurch wurde die Reorganisation liberaler Parteien insbesondere in der britischen und französischen Zone in sofern erschwert, als sie - ähnlich dem Zentrum (396) - als Vertreter der Idee von der Einheit des Reiches (speziell in der Nachfolge der Nationalliberalen (397)) mit Mißtrauen betrachtet wurden (398). Die Demokraten im Saarland, die für die Angliederung des Saarlandes an Deutschland eintraten, wurden deshalb von den Franzosen verboten (399). Aufgrund des Drei-Parteien-Schemas waren die Liberalen neben KPD, SPD und CDU zunächst mit dem Odium einer Absplitterung behaftet.
  Auf Wunsch der Sowjets konnten sich die Liberalen in Berlin bereits am 16. Juni 1945 als Partei konstituieren und mußten später - mit Rücksicht auf den gesamtdeutschen Geltungsanspruch - als Liberaldemokratische Partei Deutschlands auftreten (400). Das sicherte ihnen zunächst einen erheblichen Vorsprung gegenüber den Liberalen in Stuttgart - weshalb die LDPD auch die "Reichsleitung" beanspruchte (401). Die Stuttgarter Liberalen konnten sich im September 1945 als Deutsche Volkspartei konstituieren (402). Ihre Lizenzierung für ganz Baden-Württemberg erfolge im Dezember. Im November 1945 erhielten die Liberalen in München und Nürnberg ihre Lizenz als Demokratische Partei bzw. als Liberal-Demokratische Partei. Trotz dieser frühen Aktivitäten erhielten sie ihre Lizenz für ganz Bayern erst im Mai 1946 (DP) (403).
  Gegenüber den relativ günstigen Bedingungen in der amerikanischen Zone verzögerten sich die Gründungen liberaler Parteien in der französischen Zone bis zum Frühjahr 1946 (404). Die Schwierigkeiten einer Koordination der Arbeit der Liberalen zeigen sich vor allem in Rheinland-Pfalz, wo es erst im Mai 1947 gelang, die Liberale Partei (Rheinhessen) und den Sozialen Volksbund (Pfalz) zu einer Demokratischen Partei zusammenzuschließen (405).

Besonderer Druck wurde auf die Liberalen im Saargebiet ausgeübt, die - als Partei zunächst zugelassen - sich aufgrund innerparteilicher Veränderungen schließlich weigerten, den pro-französischen Kurs weiter zu verfolgen, was 1951 ein Parteiverbot zur Folge hatte (406). Bis zum Heppenheimer Vereinigungsparteitag der FDP war die Bildung einer liberalen Zonenpartei im französischen Hoheitsgebiet nicht möglich (407). Diese Gruppen blieben bis 1952 weitgehend isoliert (408).

In der britischen Zone wurden die Liberalen gegenüber CDU, SPD und KPD zunächst als zweitrangig betrachtet und entsprechend behandelt (409). Die Freie Demokratische Partei bildete sich im Frühjahr 1946 - aus verschiedenen liberalen Parteien - mit den Landesverbänden Nordrhein und Westfalen, die sich im Mai 1947 zur FDP Nordrhein-Westfalen zusammenschlossen. In Hamburg war eine Partei Freier Demokraten bereits im November 1945 zugelassen worden. In Schleswig-Holstein scheiterte der Versuch, Christliche und Liberale in einer Partei zu vereinen, als sich im Frühjahr 1946 die Liberalen von der "Demokratischen Union" abspalteten und eine eigene FDP gründeten (410).

Im März 1947 schlossen sich die Liberalen der amerikanischen (Demokratischen Volkspartei), der britischen (Freie Demokratische Partei) und der sowjetischen Zone (Liberaldemokratische Partei) vorbehaltlich der Zustimmung des Alliierten Kontrollrates zur Demokratischen Partei Deutschlands zusammen (411).

Sowohl die christlichen als auch die liberalen Parteigründungen geschahen in der Absicht, die bürgerlichen Gruppen zu sammeln (412). Die Liberalen, die damit in Konkurrenz zu den christlichen Parteien standen, grenzten sich entsprechend ihrer Tradition in der Regel gegen jeden christlich-kirchlichen Einfluß ab (413). Sie verstanden sich - in Anbetracht der christlichen Orientierung der Nachfolgeorganisationen des Zentrums und der BVP - als einzige "nicht-sozialistische Partei" (414), die hinsichtlich ihrer nationalliberalen Tradition insbesondere in Nord- und Westdeutschland auch als Auffangbecken für nationalistische und großbürgerliche Gruppen geeignet erschien (415). Diese Tradition, die in dem Gedanken der Reichseinheit gründete, erschwerte den Liberalen eine Abgrenzung gegenüber der unter sowjetischem Einfluß stehenden LDPD, die erst im Dezember 1948 vollzogen wurde (416).

Das Bemühen um die Sammlung aller liberalen Kräfte in einer Partei, das gebietsweise durch die Absorptionsbestrebungen der CDU erschwert wurde, vermochte langfristig nicht die konfliktträchtige Tatsache zu verdecken, daß sich die Zweiteilung des liberalen Lagers in Nationalliberale und Liberal-Demokraten auf rein organisatorischem Wege allein nicht lösen ließ. Um der formalen Einheit willen unterließ man auch 1948 in Heppenheim eine grundsätzliche Klärung des Liberalismus-Verständnisses als gemeinsamer ideologischer Basis und begnügte sich auch im programmatischen Bereich mit aktuellen Forderungen (417). Mit der Besetzung der führenden Positionen (Theodor Heuss, erster Vorsitzender - süddeutscher Liberaldemokrat und Franz Blücher, Stellvertreter, nordrhein-westfälischer Nationalliberaler (418)) meinte man, die weltanschaulichen Differenzen formal-organisatorisch überbrücken zu können.

Zu der nicht vollzogenen Klärung des geistigen Fundaments kam die existenzielle Bedrohung der Liberalen durch CDU und SPD. Während Kurt Schumacher mit dem Konzept einer parlamentarischen Mehrparteiendemokratie auch bürgerlich-liberale Wähler zu gewinnen suchte, übernahm die CDU in Übereinstimmung mit der amerikanischen Politik mit Ludwig Erhards Konzept von der freien Marktwirtschaft das Wirtschaftskonzept der Liberalen (419), das ihnen von Wählern und Interessengruppen bis dahin eine eigenständige Legitimation ermöglicht hatte. Mit dieser Absorption wichtiger Ziele durch CDU und SPD wurde die FDP in ihrem Selbstverständnis und ihrer Legitimation zentral getroffen.

3.4.8. Die unterschiedlichen Chancen weiterer Parteigründungen in den westlichen Besatzungszonen

Die weiteren Parteigründungen in den Westzonen, die trotz des Drei- bzw. Vier-Parteien-Modells eine Lizenz erhielten, können als Zeugnis für die anfangs recht verschiedenartigen Ziele der Besatzungsmächte und die Schwierigkeit ihrer Koordinierung dienen. Da die Franzosen eine extreme Dezentralisation anstrebten (420), unterstützten sie in ihrem Hoheitsgebiet Organisationen, die eine Annäherung an Frankreich anstrebten (421) und verhinderten zonale Zusammenschlüsse. Zunächst förderten sie auch partikularistische Vereinigungen mit separatistischen Bestrebungen in der britischen Zone, z.B. die Rheinische Volkspartei in Köln, die einen großrheinischen Staat (einschließlich Ruhrgebiet und Westfalen) mit Hegemonialstellung in ganz Deutschland anstrebte. Dieses Ziel kam der Absicht der Franzosen entgegen, Ruhrgebiet und Saargebiet von Deutschland zu lösen und das Saargebiet zu Frankreich zu schlagen (422). Die Werbeveranstaltungen dieser Partei scheiterten vor allem am Protest der großen deutschen Parteien (423).

Auch die 1945 in Köln bestehende "Deutsche Friedenspartei", die als "freiwirtschaftliche Bewegung" 1923 während des Ruhrkampfes auf französischer Seite gestanden hatte, unterhielt nun wiederum Kontakte zur französischen Besatzungsmacht. Diese Partei ging später auf in der 1946 in Neviges gegründeten "Radikal-Sozialen Freiheitspartei" (RSF) (424), deren Programm auf der von Silvio Gesell entwickelten Freiwirtschaftslehre beruht. Sie ist der Rätebewegung verbunden und wurzelt in der Theorie des französischen Frühsozialisten Pierre Joseph Proudhon (425). Ihre Forderung nach Dezentralisation der Verwaltungswirtschaft der Besatzungsmächte (426) mußte bei der britischen Militärregierung Mißtrauen erregen. Sie verhinderte deshalb einen zonalen Zusammenschluß, erteilte erst im April 1947 eine einzige Presselizenz und ließ die Partei erst 1948 an den Kommunalwahlen teilnehmen. 1950 verwandelte sie sich in die Frei-Soziale Union (FSU) (427), als die sie sich mit der Sozialen Freiheitspartei (amerikanische Zone) zusammen auf Bundesebene und in Berlin etablierte (428).

Als Auffangbecken für Rechtsradikale genehmigten die Briten, die die Entnazifizierung nicht sehr intensiv betrieben, schließlich in Hamburg 1946 die Deutsche Rechtspartei (429), mit der sie rechtsradikale Gruppen in Form einer Partei hofften besser kontrollieren zu können. Ihr Ausbau wurde allerdings wesentlich dadurch behindert, daß sie lange keine Lizenz für überörtliche Zusammenschlüsse erhielt (430).

Ähnlich wie die Rheinische Volks-Partei in Köln wurde die Bayernpartei (431), die schon seit 1946 als **Bayerische Demokratische Union** in verschiedenen Kreisen erfolgreich existierte, von den Amerikanern wegen ihrer angeblich separatistischen Forderungen behindert. Obwohl sie sich als "Bayerische Landespartei" verstand, erhielt sie eine Zulassung auf Landesebene erst im März 1948 (432). An dieser verspäteten Zulassung, die - wie sich an den späteren Wahlerfolgen zeigte - die BP spürbar benachteiligt hatte (433), mußte vor allem der CSU gelegen sein (434), die eine ähnliche Flügelbildung zeigte wie die BP (katholisch-konservativ, bäuerlich) (435) und diese deshalb als Hauptkonkurrent empfinden mußte, weil sie vor allem in Altbayern starken Rückhalt fand. Beide Parteien bezogen "ihre Kraft aus dem gleichen sozialen Mutterboden (436), so daß ein Mitgliederzuwachs bei der einen mit einem Mitgliederschwund bei der anderen Partei korrelierte. Außerdem waren zahlreiche Mitglieder der verbotenen Bayerischen Heimat- und Königspartei in die Bayernpartei übergewechselt.

Da die BP traditionelle förderalistische Bestrebungen repräsentierte, wie sich dies an ihrem Mitglieder- und Wählerpotential demonstrieren läßt (437), kann ihre Behinderung durch die Besatzungsmacht - im Interesse der CSU - nur als Minorisierung im dargestellten Sinne bezeichnet werden. Die

Amerikaner erstrebten zwar einen Bundesstaat nach dem Vorbild ihres Landes (438), betrachteten aber die föderalistischen Forderungen einer BP als separatistisch und deshalb gefährlich. Offensichtlich hatten sie wenig Verständnis für das föderalistische Prinzip, das später unter dem Schlagwort "Unteilbarer Föderalismus" als durchgehendes Strukturprinzip für ein Konzept von Staat, Wirtschaft und Gesellschaft entwickelt wurde (439).

Als gleichfalls föderalistisch orientierte Partei ist die Niedersächsische Landespartei zu nennen, die im Januar 1946 von den Briten eine Lizenz erhielt (440). Diese für eine Regionalpartei relativ frühe Zulassung durch die Briten ist wohl vor allem damit zu erklären, daß die Nachfolgerin der Deutsch-hannoverschen Partei aufgrund ihrer antipreußischen und prowelfischen Tradition stets eine enge Verbindung zum britischen Imperium angestrebt hatte. Ihr zentrales Ziel, der Zusammenschluß der einzelnen Länder und Landesteile Niedersachsens zu einem Gesamtniedersachsen und seine Lösung aus preußischer Vorherrschaft lag ganz im Interesse der Siegermächte, Preußen als Hort des Militarismus und Nationalismus - wie sie es sahen - zu zerschlagen (441). Sie erhielt bereits in den ersten niedersächsischen Kabinetten (Auftragsverwaltung) einen, später zwei Ministerposten (442).

Die Partei war jedoch von vornherein in ihrer Existenz durch die sich entwickelnde christliche Sammelpartei bedroht, deren rechter Flügel in seinen Zielen der NLP verwandt war (443). Die Schaffung des Landes Niedersachsen aus den Ländern Braunschweig, Hannover und Oldenburg 1946 als Folge einer Aufteilung Preußens bedrohte die Legitimation dieser Partei, weil damit ihre Hauptforderung obsolet geworden war (444). Sie gab nun diese Forderung auf, die sich ohne ihr Zutun erledigt hatte, und konstituierte sich 1947 als Deutsche Partei, die als national-konservative Partei in ganz Deutschland wirken wollte (445). Sie versuchte sich damit rechts von der CDU im deutschen Parteiensystem einzurichten.

In dieser Zeit konnte sich die NLP und spätere DP in den Wahlen in Niedersachsen nach SPD und CDU an dritter Stelle plazieren (vor der FDP) (446). Mit dem erweiterten Programm und Aktionsradius veränderte die Partei auch ihre Haltung gegenüber den Besatzungsmächten. In kritischer Distanz zu den Briten griff sie nun die Kriegsschuldthese der Alliierten an und wandte sich gegen Demontagen, Zwangsverschleppungen, gegen die Zurückhaltung deutscher Kriegsgefangener, gegen die Entnazifizierungspolitik und gegen territoriale Ansprüche durch Frankreich, Holland und Polen (447). Angesichts solcher massiven Angriffe läßt sich denken, daß die DP trotz ihres Konzeptes als Gesamtstaatspartei nicht mehr zu den förderungswürdigen Parteien gehörte. Trotz ihrer starken Stellung in Niedersachsen rangierte sie 1949 bei der Lizenzierung ihrer Zeitungen in der britischen Zone erst nach der FDP (6, DP = 3) (448). Wie bereits dargestellt, ergab sich ihre Benachteiligung auch aus dem Drei-Parteien-Schema, das die Briten bevorzugten, wobei vermutlich nach der Minorisierung der KPD die FDP an deren Stelle trat.

Als letzte lizenzierte regionalistische Parteigründung sei schließlich die Südschleswigsche Vereinigung erwähnt, die als Vertretung der ethnischen Minderheit der Eiderdänen ein wechselhaftes Schicksal hatte. Sie setzte sich in erster Linie ein für einen Anschluß Südschleswigs an Dänemark (449). Einem Verbot dieser Partei 1947 durch die Briten folgte 1948 eine Wiederzulassung als Südschleswigscher Wählerverband (SSW) (450), der bis heute besteht. Auch diese Partei gehörte im britischen Besatzungsgebiet zu den geduldeten Parteien.

3.4.9. Die Minorisierung regionalistischer Parteien

Die Praxis der Verdrängung regionalistischer und in ihrer Programmatik dezentralistischer Parteien durch die Besatzungsmächte (451) wie auch - mit wachsender Kompetenz - durch die großen deutschen Parteien ließ sich an Hand der Lizenzierungspraxis verdeutlichen (452). Aufgrund dieser Ergebnisse läßt sich weder für 1946 (453) noch für später (454) der Sieg der großen Parteien als "Wahlwunder" interpretieren. Jene Praxis hat schließlich dazu geführt, daß echte Regionalparteien in der deutschen Parteienlandschaft zu einer quantité négligeable wurden und die "Gesamtstaatsparteien" das Feld beherrschen (455). Das gilt auch für die autonomistischen Bestrebungen solcher Parteien, die sich als Vertreter kulturell eigenständiger Gruppen verstehen und in der Tradition Deutschlands als eines aus kultureller und ethnischer Vielfalt zusammengesetzten Staates begründet sind.

Die Lizenzierungspolitik der Besatzungsmächte in Ost und West, die die Zentralisation der deutschen Parteienlandschaft zum Ziel hatte, offenbart ein verhängnisvolles Unverständnis für die innerdeutschen Verhältnisse. Sie hat schließlich dazu geführt, daß diese kulturelle Vielfalt, die in den regionalistischen Parteien repräsentiert wurde, verdrängt wurde zugunsten großer, mehr oder weniger zentralistisch organisierter und orientierter Parteien im Interesse funktionaler und machtpolitischer Effektivität dieser Organisationen, die mit zunehmender Größe unfähig werden, die jeweiligen Belange jener Gruppen im Interesse eines zufriedenstellenden Konsenses ausreichend zu berücksichtigen. Der Import angelsächsischen Demokratieverständnisses durch die Strukturpolitik der Besatzungsmächte (456) kann damit nicht uneingeschränkt als Gewinn betrachtet werden.

Daß mit dieser importierten Parteienkonzentration und der zunehmenden staatlichen Konzentration und politischen Alternativlosigkeit, mit der Verselbständigung und zunehmenden Unkontrollierbarkeit von Machtapparaten die Rechte des Bürgers wie auch die kulturellen Eigenheiten innerstaatlicher Ethnien (457) in wachsendem Maße gefährdet sind, sei hier zunächst als Hinweis vermerkt, um die Legitimation für einen Export solcher, im eigenen Land bewährten politischen Systeme in ein beherrschtes Land "zu dessen Wohl" in Zweifel zu ziehen. Dieser Import hat sich für die Bundesrepublik umso verhängnisvoller ausgewirkt, als es sich bei den großen deutschen Parteien nicht um "Wahlmaschinen" nach amerikanischem Muster handelt, die nur zur Zeit der Wahl aktiv werden, sondern um "Dauerparteien" (458), die ständig präsent und heute sozusagen allgegenwärtig sind. Während sich nämlich die amerikanischen Parteien darauf beschränken, Führungspositionen in staatlichen Organen zu besetzen, dringen die deutschen Parteien u.a. aufgrund ihrer permanenten Präsenz und Aktivität in zunehmendem Maße in immer mehr Bereiche des öffentlichen Lebens ein. Damit erhöht sich die Gefahr totaler Herrschaft dieser Parteien (459).

Daß die Minorisierungspraxis der Besatzungsmächte in der deutschen Literatur so positiv als Zurückdrängung "offen separatistischer Tendenzen" (460) bewertet wird, daß auch die Erfolglosigkeit z.B. der RSF in der "sektiererischen Einseitigkeit ihrer Theorie" vermutet und autonomistische Bestrebungen voreilig als antiquiert bezeichnet werden (461), zeigt, wie gering auch heute das Verständnis für die Abwehr zentralistischer Herrschaftsstrukturen ist, die eine Minderung der Partizipation der Betroffenen zur Folge haben.

Die positive Bewertung der Integrationskraft der großen Parteien (462) von deutscher Seite läßt eine technokratischfunktionale Denkweise zum Vorschein kommen, die - in Einklang mit den Zielen der Besatzungsmächte - in großen, zunehmend zentral gesteuerten (463), "schlagkräftigen" Organisationen wie auch - auf staatlicher und wirtschaftlicher Ebene - in einer zentralistischen Staats- und Wirtschaftsstruktur höchste Effektivität garantiert sehen will.

Waren die vielversprechenden Ansätze einer antifaschistischen, weltanschaulich pluralistischen deutschen Rätebewegung (464) u.a. an der Vorstellung der Besatzungsmächte gescheitert, diese spontane, autonome Initiative könnte ihrem Herrschaftsanspruch entgleiten, so zeigte sich in der Behandlung regionaler Parteien - zumindest bei den Amerikanern und den Briten - eine offensichtlich tiefsitzende Furcht vor dem Zerbröckeln ihrer Einflußgebiete aufgrund "separatistischer" Strömungen in diesen Parteien. Wie noch zu zeigen sein wird, wurde diese Vorstellung in der Bundesrepublik - vorwiegend von Vertretern der großen Parteien - bis heute genährt und verbreitet.

In diesem politischen Umfeld wird es für kleine Parteien generell schwer sein, in ihrer originär positiven Systemfunktion anerkannt zu werden. Die folgenden Ausführungen sollen zeigen, wie sich die nach einer von den Besatzungsmächten "abgesicherten Konzentration" (465) mächtigen Parteien gegen alle neuen und kleinen Parteien "erfolgreich" zur Wehr gesetzt haben. Damit verbunden ist die übergeordnete Fragestellung, wie weit überhaupt noch von einer im Grundgesetz geforderten Chancengleichheit für alle Parteien in der Bundesrepublik gesprochen werden kann.

4. "CHANCENVERNICHTUNG" (1) ALS MITTEL DER MINORISIERUNG

4.1. Chancengleichheit und Chancenvernichtung

Mit Befriedigung stellte die vom Bundesinnenminister eingesetzte Parteienrechtskommission 1957 fest, daß die Parteien sich zu "Kader- oder Rahmenparteien" entwickelt hätten. Sie erleichterten damit die Reduzierung der Parteienzahl auf einige wenige, möglicherweise die Annäherung an ein Zweiparteiensystem (2). Mit dieser Feststellung wurde ein politisches Ziel formuliert, das zu der im Grundgesetz Art. 21 verankerten (3) sowie als grundlegendes Prinzip der freiheitlich demokratischen Grundordnung anerkannten (4) Chancengleichheit für alle Parteien im Widerspruch steht (5).

Während die politische Vorstellung "Annäherung an ein Zweiparteiensystem" und damit Stabilisierung (6) eher auf Einengung dieser Chancengleichheit abzielt, garantiert die Verfassung einen ungehinderten Parteienwettbewerb, d.h. "die gleiche Chance der Minderheit, einmal zur Mehrheit zu werden". Sie impliziert daher das Mehrparteiensystem, die Gründungsfreiheit und Chancengleichheit politischer Parteien, die nicht nur die Wahlrechtsgleichheit, sondern auch das Recht freier Kritik, freier Werbung und Gleichheit der Chancen bei der Werbung einschließt (7). Sie ist gedacht als Verpflichtung auf Gegenseitigkeit und darf von den herrschenden Parteien nicht mißbraucht werden (8).

Chancengleichheit wird so zum Grundrecht aller politischen Parteien "ohne irgendwelche Einschränkung" und ist als solche wirksam zu sichern (9).

Die erste Einschränkung dieser Chancengleichheit findet sich jedoch bereits im Absatz 2 desselben Artikels, der solchen Parteien die Existenzberechtigung abspricht, die die freiheitlich demokratische Grundordnung (10) zu beeinträchtigen oder zu beseitigen drohen bzw. den Bestand der Bundesrepublik gefährden. Hierin deutet sich bereits die Tendenz an, den Feinden der Republik vorwiegend mit Rechtsmitteln zu begegnen (11). Selbst wenn nur das Bundesverfassungsgericht über den Tatbestand der Verfassungswidrigkeit solcher Parteien entscheiden kann, so wird in dieser Einschränkung der Chancengleichheit die politische Absicht einer Bestandsgarantie des politischen

Systems deutlich. In diesem Zusammenhang weist Hanns-Rudolf Lipphardt auf die grundsätzliche Unvereinbarkeit der Chancengleichheit mit der "streitbaren Demokratie" hin (12). Die Art und Weise nämlich, wie ein solcher Bestand zu garantieren ist, setzt nicht nur juristische, sondern auch politische Entscheidungen voraus.

An dieser Stelle ist eine ausführlichere Auseinandersetzung mit der liberal-positivistischen Ausgangsposition, wie sie u.a. Lipphardt vertritt (13), aus politikwissenschaftlicher Sicht am Platze. Lipphardt begreift unter Chancengleichheit die Gleichheit der Wettbewerbschancen und beschreibt sie mit v.d. Heydte als "die Gleichheit aller Staatsbürger in der Möglichkeit, in den politischen Kampf einzutreten" (gleiche Startbedingungen) (14).

Für ihn ist politische Chancengleichheit formale Chancengleichheit, ein rein formales Verfahrensprinzip, kein materielles Gerechtigkeitsprinzip, das sich erschöpft in der Schaffung und Sicherung formal-rechtlich gleicher Chancen. Er trennt es von der inhaltlichen, materialen Gleichheit, auf die das Willkürverbot des Art. 3 GG abhebt. "Ausgleichende" Differenzierungen zur Schaffung und Sicherung "faktischer" Chancengleichheit ließen sich mit ihm nicht nur nicht rechtfertigen, sondern verletzten es. Mit der Forderung nach faktischer Chancengleichheit werde das Rechtsprinzip der gleichen Chancen seiner demokratisch-paritätisch-egalitären Substanz beraubt, willkürlicher Differenzierung Tür und Tor geöffnet und die konkrete Situation zum Maßstab seines wechselnden Inhalts gemacht.

Streng formale Chancengleichheit ist für Lipphardt die "unverzichtbare Vorbedingung" im politischen Meinungs- und Willensbildungsprozeß, zugleich der "wichtigste Garant einer freiheitlichen und sozial gerechten Ordnung des Gemeinwesens" (15). Denn Gleichheitsanspruch gegenüber der "öffentlichen Gewalt" (der Staat und die ihm ein- oder angegliederten Träger öffentlicher Gewalt) bezeichnet Lipphardt als "Gruppenrecht" und damit als echtes "Grundrecht", wobei die öffentliche Gewalt im oben beschriebenen Sinne von der Verfassung zu Parität und Neutralität verpflichtet ist (16).

Lipphardt wehrt sich zwar entschieden gegen jene willkürliche Trennung von Staat und Gesellschaft und spricht dagegen vom politischen Gemeinwesen, in dem die Parteien immer öffentlichen Status erhalten (17). Trotzdem bleibt die wesentliche Frage ungeklärt, wie denn - unter Wahrung streng formaler Chancengleichheit - finanzielle Mittel den Parteien so zugeteilt werden können, daß sie weder unter den Druck privater Spender und Interessengruppen noch in die Abhängigkeit vom Gesetzgeber (den im Parlament vertretenen Parteien) geraten. In seinem Buch vermag er zwar die tendenziellen Veränderungen der Judikatur des Bundesverfassungsgerichts von der "ursprünglichen Deutung des Prinzips als Differenzierungsverbot der 'formalen Chancengleichheit' ... zum Differenzierungsgebot der 'abgestuften Chancengleichheit'" (18) zu erklären. Die Problematik der theoretischen Grundlage liegt aber darin, daß mit ihr die politische, vom "Gruppensubjektivismus" geprägte (19) Realität verharmlost wird, nach der sich eben die Mandatsparteien zu gewaltverbindenden Klammern entwickelt haben, die nicht nur die entscheidenden Positionen im Staat, sondern auch in anderen öffentlichen Bereichen (z.B. öffentlich-rechtliche Medien), ja sogar in dem von Lipphardt als neutral begriffenen Bundesverfassungsgericht besetzen. Unter Auslassung dieser - für unsere politische Realität zentralen - Erscheinung, die ja auf eine realitätsbezogene Rechtsprechung nicht ohne Einfluß sein kann, wird der Versuch scheitern, das Prinzip der formal gleichen Chance als solches von Rechts wegen "effektiv" zu sichern (20).

Es läßt sich wohl nur mit dem Glauben des Verfassers an einen "freien, natürlichen Wettbewerb" im Sinne des laissez-faire erklären, daß er die effektive Sicherung der politischen Rechte des Bürgers allein abhängig macht von der strikten formalen Einhaltung der Wahlrechts- und Chancengleichheit (21), die sogar Sperrklauseln einschließt (22), wenn sie nur für alle gleichmäßig gelten. Unter dieser Prämisse ist es dem Gesetzgeber (gleich: Mandatsparteien) sogar erlaubt, im Rahmen der Verfassung seine Befugnisse als Waffe gegenüber dem innenpolitischen Gegner zu benutzen. Lipphardt bezeichnet diese "Prämie auf den politischen Machtbesitz" (Schmitt) als legal und legitim, solange die o.g. Prinzipien eingehalten werden. "Unter dieser Bedingung gibt es im Geltungsbereich der Chancengleichheit keinen 'Mißbrauch', der nicht mit Hilfe des Prinzips selbst abgewehrt werden könnte" (23). Nach Ansicht von Hans Christoph Jülich kann der "Rechtsanspruch der Parteien ... nur die Gleichheit der Parteien im Recht, nicht aber durch das Recht beinhalten". Deshalb bedeutet für ihn Chancengleichheit "das Recht der Parteien gegenüber staatlichem Handeln auf Nichtbeeinträchtigung ihrer (unterschiedlichen) faktischen Ausgangspositionen" (24).

Diese Beispiele zeigen deutlich die Gefahr, die der Versuch in sich birgt, politische Realität ausschließlich mit formal-juristischer bzw. liberal-positivistischer Elle zu messen.

Solange nämlich die Autoren von dem Glauben ausgehen, allein die formaljuristische Wahrung des Prinzips der Chancengleichheit reiche aus als Sicherung gegen politische Manipulation, muß ihre Analyse der politischen Wirklichkeit unzureichend sein. Das Ergebnis muß infolgedessen aus politikwissenschaftlicher Perspektive insofern affirmativ bleiben, als kein wissenschaftliches Instrumentarium erarbeitet wird, das die tatsächlich vorhandene Chancenvernichtung offen zu legen und - auch seitens der Juristen - ihr entgegen zu wirken vermag.

Die dem Grundgesetz innewohnende Elastizität schafft einen Interpretationsspielraum (25), der nicht nur von Juristen, sondern - im Falle der einfachen Gesetzgebung - vom Gesetzgeber, d.h. von den Mandatsparteien und den sie stützenden gesellschaftlichen Gruppen ausgefüllt wird. Das bedeutet, daß - in unserem Falle - das Ausmaß der Chancengleichheit weitgehend von den in den Parlamenten vertretenen Parteien und den diese stützenden gesellschaftlichen Gruppen bestimmt wird. Haben einige dieser Parteien in den Parlamenten eine vorherrschende Stellung, so ist zu erwarten, daß sie diese dazu benutzen, den Bestand ihrer Vorherrschaft auf dem Wege über die Gesetze zu garantieren (26). Ob und wieweit diese Gefahr für die Chancengleichheit gegeben ist, hängt weitgehend von den Vorstellungen dieser Parteien und gesellschaftlichen Gruppen von einem wünschenswerten Parteiensystem ab. Ob und wieweit die Richter des Bundesverfassungsgerichtes als "neutrale" Instanz eine mögliche, aber unzulässige Minorisierung der kleinen Parteien durch die großen verhindern können bzw. wollen, hängt wiederum von dem Grad ihrer Unabhängigkeit gegenüber den grossen Parteien sowie von dem Grad der Übereinstimmung mit den großen Parteien und herrschenden gesellschaftlichen Gruppen über das wünschbare Parteiensystem ab.

Wenn wir - zunächst hypothetisch - hier im Gegensatz zum Grundsatz der Chancengleichheit von Chancenvernichtung als Mittel der Minorisierung sprechen, so gehen wir davon aus, daß es sich bei der Realisierung der Chancengleichheit in erster Linie um ein politisches Problem handelt, über das nach den Kriterien der Macht und Machterhaltung entschieden wird. Das bedeutet - zunächst hypothetisch -, daß es für kleine Parteien so viel Chancengleichheit gibt, wie ihnen die großen Parteien als parlamentarischer Arm der herrschenden Gruppen zugestehen. Je mehr diese großen Parteien nach der Erhaltung ihres Bestandes streben, umso eher werden sie darauf abzielen, die Chancen der kleinen zu reduzieren bzw. zu vernichten. Wir wenden uns damit nachdrücklich gegen die Ideologie der Chancengleichheit, nach der es allein von der "Leistungsfähigkeit" der Partei selbst abhängt, wieviel Unterstützung sie beim Wähler findet (27).

Diese Minorisierung erhält im Zusammenhang mit der Legitimationsproblematik grundsätzliche Bedeutung. Wenn Legitimität durch Verfahren erzeugt wird (28), so muß es sich dabei um ein "sinnvolles, nicht lediglich manipuliertes Verfahren" handeln.

"Ein Wahlverfahren, z.B. muß echte Alternativen bieten. Es muß Gewähr dafür bestehen, daß die Entscheidung nicht durch Einfluß von finanziell oder sonstwie übermächtigen Interessengruppen oder durch Täuschung während der Wahlkampagne vorweggenommen wird" (29). Dem wäre hinzuzufügen, daß dieses Verfahren auch nicht durch übermächtige Parteien manipuliert sein darf, die im eigenen Interesse den Wähler daran hindern, auch kleinen Parteien mit ihrer Stimme die Legitimation zu verantwortlichem politischen Handeln zu geben und damit dessen Souveränität und Entscheidungsfreiheit im Interesse der Erhaltung des status quo zu beschränken.

Dieses Bestreben läßt sich verdeutlichen in den Akten der Minorisierung, die wir im Parteiensystem der Bundesrepublik aufzeigen wollen, die aber, wie noch zu zeigen ist, keineswegs auf das deutsche Parteiensystem beschränkt bleiben.

Wie gezeigt werden konnte, hatten die Besatzungsmächte mit ihrer Lizenzierungspolitik und der allmählichen Übertragung von Hoheitsrechten auf die Deutschen (30) erfolgreich dazu beigetragen, daß nur wenige deutsche Absorptionsparteien entscheidenden Einfluß auf die Gestaltung des politischen Systems der Bundesrepublik nehmen konnten. Es wurde deutlich, daß sich Parteien eben nicht spontan gründen und entfalten konnten, sondern daß die Resonanz beim Wähler wesentlich davon abhing, welcher Raum ihnen zur Selbstdarstellung und politischen Entfaltung von den Besatzungsmächten eingeräumt wurde. Folglich spiegelte das Parteiensystem von 1949, also zu Beginn der Bundesrepublik, nicht das ursprüngliche politische Meinungsspektrum der Deutschen in den Westzonen wider (31).

Wie bereits dargestellt, bemühten sich die deutschen Politiker, Lehren aus der Vergangenheit zu ziehen (32). Sie schufen im Grundgesetz ein "Antibild" der Weimarer Verfassung (33), eine Antiverfassung zur "Verfassung" des NS-Staates im Sinne einer politischen Entscheidung über die Art und Form der staatlichen Existenz.

Aufgrund der Dominanz der großen Parteien im Parlamentarischen Rat wurde dort ausführlich über die Möglichkeit diskutiert, die Bekämpfung von Splitterparteien mit Hilfe von Sperrklauseln in der Verfassung zu verankern (34). Daß solche Überlegungen schließlich nicht zum Tragen kamen, vielmehr die Gründungsfreiheit für die Parteien fixiert wurde, die ihrem Wesen nach mit der Chancengleichheit verknüpft ist (35), gibt jeder neuen Partei die Möglichkeit, sich auf das hier implizierte Prinzip der Parteienvielfalt zu berufen.

Wie kommt es aber - so müssen wir uns mit Blick auf unser zentrales Problem, die Minorisierung der kleinen Parteien, fragen -, daß trotz Art. 21 Abs. 1 GG die Parteienvielfalt in der

Bundesrepublik insofern eingeschränkt wurde, als es in der Regel nur vier von ca. 60 Parteien gelingt, in die Parlamente zu gelangen? Wie kommt es also bei einer ausgeprägten Parteienvielfalt im außerparlamentarischen Raum zu einer so erstaunlichen Parteienkonzentration (36) in den Parlamenten in Bund und Ländern?

Zur Beantwortung dieser Frage der in Kapitel 3.2.1. bereits behandelten Legende soll die Minorisierung als Mittel zur Herrschaftssicherung im Parteienwettbewerb untersucht werden.

4.2. Minorisierung im "Wettbewerb"

Minorisierung als Minderberechtigung drückt sich zunächst aus als juristische Benachteiligung. Wie sich jedoch bereits an der Lizenzierungspraxis der Besatzungsmächte und der Reetablierung restaurativer Kräfte vor 1945 und - im folgenden - an der Wahl- und Steuergesetzgebung sowie am formalen Zugang kleiner Parteien zu den öffentlich-rechtlichen Medien zeigen läßt, wird diese formaljuristische Minderberechtigung getragen von einem Bestreben herrschender Gruppen, aus ökonomischen, machtpolitischen und ideologischen Gründen ihren Einfluß auf die Mehrheit der Bevölkerung zu behaupten. In Abwandlung eines Wortes von Marx, daß die herrschende Ideologie die Ideologie der Herrschenden sei, ist man angesichts der untersuchten Praxis geneigt zu sagen: das herrschende Recht ist das Recht der Herrschenden.

4.2.1. Abstufung der Chancengleichheit als Akt judikativer Minorisierung

Otto Kirchheimer stellte einmal fest, daß, selbst wenn Staaten die Souveränität des Gesetzes proklamieren, dies nicht automatisch Diskriminierung und ungleiche Behandlung ausschließe. Ebensowenig werde durch die Anerkennung verbindlicher Rechtsnormen Willkür ausgeschaltet, die sich der Ungleichheit als treue Begleiterin anzuschließen pflege (37). Nach dem wenig erfolgversprechenden Versuch, "Opposition aus Prinzip" (38) durch Verbote auszuschalten (39), seien die demokratischen Staaten dazu übergegangen, "die Rechtsstellung systemfeindlicher Gruppierungen mit besonderer Elle zu messen. Dem Risiko und der Belastung radikaler Verbotsmaßnahmen wollen sie sich nicht aussetzen; immer mehr neigen sie dazu, Teilbeschränkungen einzuführen, um die Fortschritte des Feindes zu blockieren und seine Tätigkeit zu behindern".

Beschränkungen dieser Art - etwa in Form von Eingriffen in das Wahlsystem - finden sich nicht nur in der Bundesrepublik, sondern auch in Frankreich (40) und Italien. Dabei ist es in vielen Fällen schwierig, vorsätzliche Diskriminierung aus politischen Gründen nachzuweisen. Doch kann z.b. die Ermessensfreiheit der Verwaltung dazu benutzt werden, den Gleichheitsgrundsatz zu umgehen und damit die Minorisierung zum System zu machen (41). Hanns-Rudolf Lipphardt hat zwar ausführlich dargelegt, wie das Bundesverfassungsgericht in seinen Entscheidungen das "Prinzip des Differenzierungsverbots der formalen Chancengleichheit" nach und nach aufgegeben hat zugunsten eines "Differenzierungsgebots der abgestuften Chancengleichheit" (42). Es ist ihm aber - wie bereits gezeigt - nicht gelungen, "das Wahlsystem als Machtfrage" (43) zu begreifen, das selbstverständlich das von den in den Parlamenten vertretenen herrschenden Parteien gestaltete Wahlrecht mit einschließt (44).

Auf diese Weise werden dann - wie Heino Kaack lapidar feststellt - "Splitterparteien ... durch das bestehende Wahlrecht zur Bedeutungslosigkeit verurteilt" (45) und die größeren Parteien begünstigt (46). Ob demgegenüber das Recht der kleinen Parteien, beim Bundesverfassungsgericht Einspruch gegen die manifeste Minorisierung durch das Parteienoligopol zu erheben, tatsächlich ein "Äquivalent nicht-etablierter Parteien zur Gesetzgebung" darstellt, die die herrschenden Parteien begünstigt (47), muß nach den folgenden Ausführungen bezweifelt werden.

Sowohl Rüdiger Bredthauer (48) als auch Thomas von der Vring (49) und Erhard H.M. Lange (50) haben dargelegt, wie weit die Diskussion um Modifikationen des Wahlsystems zur "Domestizierung" (v.d.Vring) widerspenstiger Koalitionspartner eingesetzt wurde (51). Entsprechend wurde die Wahlrechtsdiskussion aktualisiert mit Blick auf die jeweils nächste Bundestagswahl, und zwar nicht aufgrund von wissenschaftlichen Anregungen, sondern aufgrund bestimmter Parteikonstellationen, wobei - entgegen offiziellen Erklärungen - Mehrheitskalkulationen eine entscheidende Rolle spielten (52). Selbst Überlegungen zur persönlichen Sicherheit wurden relevant für Abgeordnete, die beispielsweise ihre Position im Parlament bedroht sahen (53). Mit Recht stellt Erhard H.M. Lange fest, daß "Machtgewinn und Machterhalt" auch in den Auseinandersetzungen um das Wahlsystem zum Selbstzweck zu werden drohen, während die weltanschaulichen Wurzeln "die Funktion der Verschleierung dieser Gegebenheiten übernehmen" (54). Vor diesem Hintergrund läßt sich abgestufte Chancengleichheit als ein Ergebnis "intraparteilicher Machttaktik" (z.B. seitens der CDU mit der Absicht, den bürgerlichen FDP-Stamm zu gewinnen (55)) kennzeichnen, die

127

auf eine Schließung des politischen Systems (56) als Zweiparteiensystem abzielte (57).

In diesem Zusammenhang ist auch die Wahlrechtsdiskussion in Politik und Wissenschaft zu sehen (58), die sich in weiten Teilen eher von Aspekten politischer Opportunität als von den Fragen nach den normativen Grundlagen der Wahl leiten ließ. Auf eine ausführliche Darstellung der Diskussion kann hier verzichtet und auf einschlägige Darstellungen verwiesen werden. Der Einfluß der wissenschaftlichen Theorien auf die Wahlrechtsdiskussion wird ohnehin nicht hoch eingeschätzt (59).

Festzuhalten bleibt, daß in erster Linie die CDU im Rahmen ihrer allgemeinen Sammlungsstrategie mehrfach vergebliche Versuche unternommen hat, das Mehrheitswahlrecht für die Bundesrepublik durchzusetzen (60), nicht zuletzt mit der Absicht, alle noch bestehenden kleinen bürgerlichen Parteien in einen Bürgerblock gegen die SPD zu integrieren (61). Die Kölner Schule (62) sekundierte ihr dabei mit dem - inzwischen widerlegten - Argument, die Weimarer Demokratie sei in erster Linie an den Folgen des Verhältniswahlrechts (Parteienzersplitterung) gescheitert (63). Die Problematik des Mehrheitswahlrechts wird im Zusammenhang mit dem Mehrheitsprinzip noch einmal aufzugreifen sein.

Angesichts der Tatsache, daß "Wahlgesetzgebung als politische Waffe" (64) verwendet wird, z.B. mit dem Ziel, kleinen Parteien die Chance zu nehmen, in den Parlamenten vertreten zu sein, wird die Einschätzung der Bedeutung einer Partei, die sich vorwiegend auf Wahlergebnisse stützt (65), in ihrer Stichhaltigkeit höchst fragwürdig.

Das offensichtliche Dilemma liegt in der Tatsache begründet, daß in unserem "Justizstaat" (66) dem Bundesverfassungsgericht die Rolle des Schiedsrichters im Machtkampf der Parteien zugedacht wird, die es aufgrund gesellschaftlicher Einbindung seiner Mitglieder nicht wirklich erfüllen kann. Einerseits soll es der Forderung nach "formaler Chancengleichheit" (67) aller Parteien Rechnung tragen, zum anderen aber darauf achten, daß dieser Staat in seinen - wie immer interpretierten - Fundamenten nicht erschüttert wird. Es steht also vor dem Problem, eine Rechtsnorm mit realpolitischen Erfordernissen in Einklang zu bringen.

Das Gericht hat als Ausweg aus diesem Dilemma den Grundsatz der "Chancengleichheit als Differenzierungsgebot" (68) gefunden, d.h. "Differenzierung zwischen neu auftretenden Parteien und solchen, die bereits parlamentarisch vertreten waren". Diese Differenzierung wird von dem Gericht im Grundsatz gebilligt, um "der Bildung staatspolitisch erwünschter Mehrheits- und Regierungsverhältnisse" willen, jedoch mit der Einschränkung, daß sie "ein gewisses Maß nicht überschreiten

dürfe (69). Die Gefahr einer Minorisierung besteht - wie die
Argumentation des Gerichts zeigt - eben gerade darin, daß es
für seine Entscheidung vorwiegend politisch-funktionale Argumente benutzte, die sich eher dem Bereich politischer Opportunität als dem des Rechts und der Gerechtigkeit zuordnen lassen.
Das gleiche gilt für Entscheidungen zu Parteiverboten, zur Vergabe der Sendezeiten in Funk und Fernsehen sowie für die Benutzung einer diskriminierenden Terminologie seitens des Gerichts ("Splitterparteien") (70). In seinen grundsätzlichen Erörterungen zum Prinzip der gleichen Chance hat Hanns-Rudolf
Lipphardt auf die verhängnisvolle Rolle der Machtprämienlehre
hingewiesen, die auch in dem o.g. Grundsatz zum Tragen kommt.
Er wendet sich in erster Linie gegen die These von Gerhard
Leibholz und Carl Schmitt von der "Situationsbezogenheit allen
Rechts", wenn er schlußfolgert: "Die Prämienlehre spielt die
Macht gegen das Recht aus". Man muß Lipphardt in seiner Ansicht zustimmen, daß in der "Prämie auf den legalen Machtbesitz" (Schmitt) das Prinzip der gleichen Chance in seiner inhaltlichen Substanz aufgeweicht und zum politischen Spielball der
jeweils mächtigen Gruppen wird (71).
Wenn das Gericht "Ausnahmen von der Gleichheit des Erfolgswertes (der abgegebenen Stimmen, R.R.) ... aus besonderen zwingenden Gründen" für zulässig erklärt, um damit der
"mit dem Aufkommen von Splitterparteien verbundene(n) staatspolitische(n) Gefahr für die Demokratie" zu begegnen (72), so
begibt es sich mit dieser Argumentation weg von der juristischen Ebene (gleiches Recht für alle) auf die politische, auf
der die Gesetze von Machterwerb und Machterhalt gelten (73).
Denn welcher Grund als so zwingend angesehen werden kann,
daß sich damit die "Durchbrechung der Chancengleichheit" (74)
rechtfertigen ließe, kann nur nach dem politischen Ermessen
des Gerichts entschieden werden.
Der Versuch, die "schärferen Maßstäbe", die das Gericht bei
seinen Entscheidungen zur unterschiedlichen Behandlung der
Parteien anlegt (75), als sachlich begründet hinzustellen, indem man "das Überhandnehmen kleiner und kleinster Parteien"
zur "staatspolitischen Gefahr" hochstilisiert (76), kann nur dann
als begründet akzeptiert werden, wenn man - wie zahlreiche
Juristen - von der Vorstellung eines neutralen Staates ausgeht,
der - frei vom Einfluß der Parteien - als monolithischer Block
über dem Volk und allem gesellschaftlichen Streben steht, als
deren politische Willensträger die Parteien anzusehen sind und
den diese zu bejahen haben. Die Parteien werden hier sozusagen
zu "Werkzeugen" des Staates, die die Integration des Staatsvolkes in diesem Staat zu leisten haben (77). Vor dem Hintergrund dieser philosophischen Konstruktion läßt sich die Vor-

stellung von einem Staat erklären, der allen Parteien gleiche Chancen garantieren könne (78).

Die Vertreter dieser Theorie (79) denken insofern an der Verfassungswirklichkeit vorbei, als gerade aufgrund des umfassenden Einflusses der herrschenden Parteien auf die Institutionen des Staates (Quasi-Staatsparteien (80)) von einer Neutralität desselben im Ernst nicht mehr gesprochen werden kann. Auch an der zunehmenden Bereitschaft des Bundesverfassungsgerichts, mit - letztlich - politischen Begründungen die Abstufung von Chancengleichheit zu rechtfertigen, entlarvt sich die fehlende Objektivität des Gerichts und damit seine mangelnde Eignung, im Streit um die Einhaltug der Chancengleichheit der Mandatsparteien gegenüber allen kleinen und neuen Parteien zu schlichten. Im folgenden wird dieser Problematik weiter nachzugehen sein.

Fest steht, daß die Diskussion um die Abstufung der Chancengleichheit (81) erst in dem Moment begann, als sich in der Weimarer Republik die demokratischen Parteien nicht mehr in der Lage sahen, der Zersplitterung zu begegnen und eine handlungsfähige Regierung zu erstellen. Erst 1930 - also mit Beginn der politischen Krise jener Demokratie - deuteten sich im Staatsgerichtshof neue Tendenzen an, die nach dem Kriege weiterwirkten (82). Ernst Forsthoff hat jenen Versuch, verfassungsfeindlichen Bestrebungen mit "Sondernormen für kleine Parteien" zu begegnen, zu Recht als "vollkommenen Mißerfolg" bezeichnet. "Denn schließlich waren die Parteien, die sich von diesem Vorschriften Schutz versprachen, zum Teil selbst zu kleinen Gruppen zusammengeschrumpft und die Sondervorschriften richteten sich nicht mehr gegen die Adressaten, sondern gegen ihre Urheber" (83). Mit Nawiawski ist Forsthoff der Ansicht, daß schließlich der Schuß nach hinten losgegangen sei. Da ja - so folgert er weiter - das Grundgesetz ohnehin wirksame Vorkehrungen gegen das Hochkommen verfassungsfeindlicher Parteien getroffen habe, könne "unter verfassungstreuen Parteien ... keine Koalition oder Partei Anspruch auf Begünstigung erheben". Die in Art. 21,1 GG fixierte Gründungsfreiheit bezeichnet Forsthoff als einen "Riegel vor allen Versuchen, den bestehenden Parteien ein Monopol oder auch nur eine Vorrangstellung zu verschaffen ... Denn mit der Freiheit der Gründung muß sinngemäß die Gleichheit der Wettbewerbschancen zwischen neu gegründeten und Altparteien als gewährleistet gelten" (84). "Die Gleichheit der Wahl ist geradezu das Palladium dieser Wahl, ohne das diese Wahl aufhören würde, das Mittel demokratischer Entscheidung zu sein und zu einem Vorgang bloßer Demonstration oder gar zum Mittel der Verfälschung des eigentlichen Volkswillens würde", schreibt Forsthoff an anderer Stelle (85).

Walter von Wachter hat bereits 1956 zutreffend hervorgehoben, daß die damals eingeführten Beschränkungen der Chancengleichheit aus wahltechnischen und politischen Gesichtspunkten vorgenommen wurden, die von historischen Verhältnissen abhängig sind (86). Diesem Trend hat sich auch das Bundesverfassungsgericht nicht entziehen können, selbst wenn es verbal die freien Wettbewerbschancen als Grundlage der demokratischen Ordnung kennzeichnet. Mit dem Zugeständnis einer Ausnahme, als die es eine Beeinträchtigung der Verhältniswahl zugesteht (87), hat es sich seiner Glaubwürdigkeit als objektive Entscheidungsinstanz im Streit der Parteien begeben und sich zum Advokaten eines Parteienoligopols gemacht, das seine "geschlossene Gesellschaft nicht durch Neuankömmlinge gestört wissen möchte" (88). Unter dem Gesichtspunkt der objektiven Rechtsfindung ist eine solche Entscheidung nicht mehr zu rechtfertigen. Es hat sich selbst damit die Basis entzogen, das von der Verfassung garantierte Mehrparteiensystem zu verteidigen, das "gesicherte Oligopole bestehender Parteien" ausschließt. "Das Mehrparteiensystem impliziert nicht nur eine Vielzahl, sondern auch die Anerkennung einer grundsätzlichen Koexistenz der Parteien" (89).

Das Bundesverfassungsgericht selbst hat das Mehrparteienprinzip als Teil der freiheitlich demokratischen Grundordnung bezeichnet (90). Mit dem "Kunstgriff" der Unterscheidung zwischen "Zähl-" und "Erfolgswert" hat es aber später jene Klauseln gedeckt, die Ridder als "Verstoß gegen das grundgesetzliche Demokratiegebot" charakterisiert (91). Das Gericht hätte seiner Glaubwürdigkeit als unparteiischer "Hüter der Verfassung" jedoch mehr genützt, wenn es im Streit der Parteien unbeeinflußt von Gesichtspunkten der politischen Opportunität entschieden hätte.

Vermutlich war sich das Gericht seiner Parteilichkeit nicht voll bewußt, denn es entschied in der Vorstellung, einem neutralen Staat zu dienen. Es ging davon aus, daß "die Wahl den Staat mit handlungsfähigen Organen versehen (muß), d.h. mit einem Parlament, das nach seinen Mehrheitsverhältnissen fähig ist, eine Regierung zu bilden und sachliche und gesetzliche Arbeit zu leisten". Es wollte mit seiner Entscheidung "Störungen des Verfassungslebens" vermeiden helfen der Art, "daß die gesetzgebenden Körperschaften keine großen Parteien mehr aufweisen, sondern in eine Unzahl kleiner Gruppen zerfallen und damit funktionsunfähig werden, insbesondere nicht in der Lage sind, eine politisch aktionsfähige Regierung zu schaffen" (92).

Mit Ernst Forsthoff gab es schon damals prominente Juristen, die vor der Gefahr gewarnt haben, daß das "Wahlrecht ... als Instrument augenblicklicher taktischer Absichten mißbraucht werden" könnte (93). Daß das Gericht dennoch immer wieder eine - wenn auch begrenzte - Abstufung der Chancengleichheit im Wahlrecht gebilligt hat mit dem Argument, eine drohende "Stimmenzersplitterung" zu vermeiden, die "Bildung staatspolitisch erwünschter Mehrheits- und Regierungsverhältnisse" zu fördern (94), zeigt, daß es die Erhaltung bestimmter "staats"-politischer Konstellationen als dem Prinzip der Gleichheit der Wettbewerbschancen übergeordnet betrachtete.

4.2.2. Akte der Minorisierung

Als treibende Kraft der Minorisierung sind - schon aus der Natur der Sache heraus - die in den Parlamenten vertretenen Parteien zu sehen, denen es stets darauf ankam, ihre Position zu festigen und über die Gesetzgebung weiter auszubauen (95). Angesichts dieser Bestrebungen hat schon Ernst Forsthoff 1950 davor gewarnt, "daß jede Koalition oder Regierungspartei vor den Wahlen das Wahlrecht nach ihren Bedürfnissen regelt... . Dann", so schloß Forsthoff, "ist die Gleichheit der Wettbewerbschancen nur noch eine Farce" (96). Demgegenüber stellte von der Heydte 1955 lakonisch fest, daß die führenden Parteien in den modernen "Parteiendemokratien" versuchten, das Wahlgesetz als Mittel im politischen Kampf zu verwenden, durch das sie ihre Machtstellung erhalten oder eine neue Machtposition erringen können ... nüchterne, parteitaktische Überlegungen sind vielfach für die Entscheidung für oder gegen ein bestimmtes Wahlrechtssystem maßgebend geworden". Das konkrete Wahlgesetz sei damit im gewissen Sinne zur "politischen Formel" (Mosca) geworden, mit der die politische Klasse Macht rechtfertige und sichere. "Diese 'Formel' zu finden gehört zur Kunst - nicht bloß zur Technik - des Herrschens". Von der Heydte glaubt, daß diese Tendenzen durch das Prinzip der Chancengleichheit einzudämmen seien (97). Angesichts des augenblicklichen Erscheinungsbildes unseres Parteiensystems war Forsthoff schon damals seinen Kollegen an Scharfblick weit voraus.

Die Einstufung der Parteien vorwiegend als Wahlmaschinen, die in Amerika verbreitet ist, hat sich auch in der Bundesrepublik soweit eingebürgert, daß selbst das Bundesverfassungsgericht sie in seinen Entscheidungen vertritt (98). Die Wahl werde zum Ziel und Höhepunkt des Konkurrenzkampfes der Parteien; das Wahlergebnis bringe den politischen Besitzstand der Parteien einschließlich ihres Repräsentationsanspruches zur Geltung (99). Dementsprechend werden die Parteien nahezu ausschließlich nach ihrem Wahlerfolg beurteilt (100). Dieser Erfolg hängt jedoch von einer Vielzahl von Faktoren ab, die hier zu untersuchen sind.

Als wichtigster Faktor ist das Wahlrecht zu nennen, dessen Gestaltung - im Gegensatz zur Weimarer Reichsverfassung - nach dem Grundgesetz dem Gesetzgeber (Mandatsparteien) überlassen wurde (101). Er hat es dann zur "Sicherung des Parteiensystems" (102) in seinem Sinne genutzt. Auf die akute Gefahr des Mißbrauchs dieser Kompetenz wurde bereits hingewiesen.

4.2.2.1. Die Sperrklausel

Wie ein historischer Rückblick verdeutlicht, hatten schon bald nach Kriegsende die lizenzierten und von den Besatzungsmächten protegierten Parteien in der Einführung von Sperrklauseln eine Möglichkeit gesehen, ihre jeweils regional begrenzte Vorherrschaft zu festigen (103). Dabei wurden Sperrklauseln bis zu 15 Prozent praktiziert (104). Die Parteien scheuten sich auch nicht, diese Klauseln gegen den ausdrücklichen Wunsch der Besatzungsmacht (Briten) im Landeswahlgesetz zu verankern. Andererseits forderten die Briten in Nordrhein-Westfalen einen Wahlmodus, nach dem die Splitterparteien trotz des modifizierten Verhältniswahlsystems entmutigt würden (105). Die SPD - obwohl bis dahin entscheidende Verfechterin des Verhältniswahlsystems (106) - versuchte pragmatisch ihre Stellung in Schleswig-Holstein mittels großzügig bemessener Sperrklauseln (107) und der Beschränkung der Aufteilung von Listenmandaten gegen die KPD und den sich formierenden Bürgerblock zu behaupten (108). Schließlich setzten die jeweiligen Majoritätsparteien - gegen den energischen Widerstand der Minoritätsparteien (109) - in der gesamten amerikanischen und britischen Zone eine Sperrklausel von 5 Prozent durch (110), die schon damals dafür sorgte, daß die privilegierten Lizenzparteien ihre Vormachtstellung behielten. Allein die Franzosen hatten - gemäß ihrem Interesse an einer beschränkten Macht aller Parteien - in ihrem Kommunalwahlgesetz keine Sperrklausel. Sie wurde zuerst 1947 in Rheinland-Pfalz eingeführt. Seit diesem Zeitpunkt wurde also die Minorisierung mit juristischen Mitteln (Wahlgesetze) auf breiter Ebene wirksam (111).

Die Diskussion um das Quorum erlebte einen neuen Höhepunkt in den Verhandlungen des parlamentarischen Rates, in dem um ihre Aufnahme in das Grundgesetz gestritten wurde (112). Während sich die Vertreter der Majoritätsparteien CDU und SPD dafür aussprachen, wandten sich die Vertreter der kleinen Parteien dagegen, weil sie ein solches Quorum mit Recht als Bedrohung empfanden (113). Angesichts der Schlüsselstellung, die die Minoritätsparteien in jenem Gremium noch hatten (114), schien die Einführung des Quorums zum damaligen Zeitpunkt noch inopportun. Ein Kompromiß in der Wahlrechtsfrage war nötig, um den Konsens der Parteien zum Verfassungsentwurf nicht zu gefährden. Deshalb lehnte schließlich die Mehrheit des Wahlrechtsausschusses eine Sperrklausel ab (115).

Daß in das Wahlgesetz zum ersten deutschen Bundestag diese Minorisierungsklausel schließlich doch Eingang fand, geht auf den Einspruch der Alliierten zurück. Sie beendeten den lang anhaltenden Streit um die Ausgestaltung des Wahlgesetzes zwischen Parteien, Ministerpräsidenten und Militärgouverneuren mit einem Wahlgesetz, das sie aus eigener Machtvollkommenheit erließen. Während die Ministerpräsidenten der Länder dringend um die Einführung einer 5 %-Klausel für das ganze Bundesgebiet ersucht hatten, genehmigte die Militärbehörde diese Beschränkung nur für die Landesebene (5 % in einem Bundesland oder alternativ ein Direktmandat als Voraussetzung für die Beteiligung an der Verteilung der Listenplätze) (116). Diese Regelung wirkte sich u.a. nachteilig für die KPD aus, die im Bundesdurchschnitt bei 5,7 % lag, in einigen Ländern aber unter der 5 %-Grenze, damit also nicht das volle Wählerpotential ausschöpfen konnte. Das Wahlgesetz war für die bevorzugten Lizenzparteien von Vorteil (117). Insbesondere die Vorschläge der CDU, die mit dem Ziel einer "Vereinfachung des politischen Kräftespiels" (118) für ein Mehrheitswahlrecht plädierte, fanden bei den Amerikanern bevorzugtes Interesse (119). Zu deren Leidwesen waren allerdings Listenverbindungen verboten (120), mit denen die CDU, die bis 1950 als Bundespartei noch nicht existierte, bis dahin ihre Blockpolitik so erfolgreich betrieben hatte. Erhard H.M. Lange hebt hervor, daß die Einführung der Sperrklausel wesentlich von den Alliierten beeinflußt worden sei. Wäre das Wahlgesetz des Parlamentarischen Rates wirksam geworden, so wäre mit Rücksicht auf die Schlüsselstellung der kleinen Parteien eine Sperrklausel nicht eingeführt worden (121).

Die Diskussion um das zweite Bundeswahlgesetz war beeinflußt von den verhältnismäßig hohen Stimmengewinnen der regionalen Parteien 1949 auf Kosten der großen Parteien (CDU/CSU und SPD) (122). Die CDU bemühte sich deshalb mit intensiver Unterstützung des Wissenschaftlers Helmut Unkelbach (Hermens-Schule) um ein Wahlgesetz, mit dem die Position der CDU und des Bürgerblocks gegen die SPD entscheidend gestärkt würde und Parteien außerhalb dieses Blocks (z.B. BHE) eliminiert würden (123). In einem Regierungsentwurf versuchte sie Elemente des relativen Mehrheitswahlrechts mit denen des Verhältniswahlrechts so zu verbinden, daß eine gegenseitige Unterstützung der bürgerlichen Parteien gegen die SPD möglich wurde (Hauptstimme, Hilfsstimme). Mit diesem "Koalitionssicherungsgesetz" (124) wollte die CDU die Ansprüch der kleinen Partner nach einem internen Proporz befriedigen, auf die sie - noch - angewiesen war und deren Interessen sie nicht übergehen konnte. Sie strebte deshalb Listenverbindungen mit diesen Parteien an (125).

Der Vorschlag der CDU scheiterte jedoch in erster Linie am Widerstand der FDP, die auf diese Weise die Absorption durch die CDU/CSU auf Bundesebene befürchten mußte (126). Sie rangierte in Hessen an zweiter Stelle - vor der CDU - und koalierte in Württemberg-Baden mit der SPD (CDU in der Opposition) (127). Aufgrund ihrer unterschiedlichen Ausgangsposition im Bund und in den Ländern war die Partei in der Wahlrechtsfrage zunächst in sich gespalten. Bei einem Teil ihrer Abgeordneten bestand die Neigung, in dieser Frage mit der SPD zusammen zu gehen (128). Der Versuch Adenauers, über die Schließung des Geldhahns durch die Fördergesellschaft den Koalitionspartner in die Knie zu zwingen, schürte die Angst vieler FDP-Abgeordneter vor einer totalen Abhängigkeit von der CDU (129).

So nahm die FDP mit ihrem Protest gegen den Regierungsentwurf, der die CDU eindeutig begünstigte, eine Schlüsselstellung ein (130). Sie stimmte in dem Protest mit SPD und der Mehrheit der kleineren Parteien überein, war aber andererseits bestrebt, sich als dritte Kraft gegenüber den übrigen kleinen Parteien zu stärken bzw. diese nach Möglichkeit auszuschalten (131). Schließlich hatte sie sich nicht nur selbst auf einen Vorschlag einigen können, sondern - mit dem Vorschlag eines dreiprozentigen Quorums - auch die SPD und die Föderalistische Union (Fraktionsgemeinschaft aus BP und Z) hinter sich gebracht (132). Die CDU wiederum konnte sich damals einen Bruch mit der FDP nicht leisten und stimmte deren Vorschlag schließlich zu unter der Bedingung, daß die Sperrklausel für das gesamte Bundesgebiet gelten und auf 5 % heraufgesetzt werden sollte (133).

Wie Erhard H.M. Lange, der gerade die Verquickung zwischen Wahlrechtsdiskussion und Innenpolitik ausführlich und aufschlußreich dargestellt hat, betont, hat diese Diskussion die Arroganz und den Opportunismus der führenden Parteien (CDU, CSU, SPD, FDP) in ihrer ganzen Verantwortungslosigkeit gegenüber der Demokratie und ihren Grundsätzen deutlich gemacht (134). Vor diesem Hintergrund muß die Wahlgesetzgebung als "manipulativ" charakterisiert werden (135). Denn bedroht waren alle kleineren Parteien, rechts- und linksradikale (136), DP, WAV und Z, einschließlich der übrigen, die noch in keinem Parlament vertreten waren. Die nachgelieferte Begründung der Sperrklausel, daß damit die Chancengleichheit für alle Parteien gesichert werde (137), mußte demgegenüber als Hohn erscheinen. Denn es war nur allzu durchsichtig, daß die großen Parteien, die

135

1949 "nur" 72,1 % der Wählerstimmen auf sich hatten vereinigen können, nun die Stimmen der gescheiterten Parteien unter sich aufzuteilen gedachten (138).

Während sich das Zentrum in einem sogenannten "Huckepack"-Verfahren mit der CDU auf Bundesebene halten konnte, gelang eine aussichtsreiche Absprache zwischen BP und CSU nicht, so daß die BP 1953 aus der Bundespolitik verschwand (139). Die CDU gewann die Unterstützung der DP gegen die SPD dadurch, daß sie mit Hilfe von Wahlabsprachen auf acht Direktmandate zugunsten dieser Partei verzichtete (140). Die SPD traf keinerlei Wahlabsprachen, mit denen sie möglicherweise die Zweidrittel-Mehrheit der Regierungskoalition hätte verhindern können (141). Im Ergebnis erlangte die CDU 1953 einen vollen Sieg. Von 17 Parteien und drei Wählergruppen gelangten nur sechs Parteien in den Bundestag - eine nur mit fremder Hilfe. Einige Parteien waren nicht zugelassen worden und sechs scheiterten an der Sperrklausel. 1,8 Millionen (7 %) der gültigen Zweitstimmen fielen unter den Tisch (142). Das Ergebnis zeigt deutlich, wie effektiv die Sperrklausel die Grundsätze des Verhältniswahlsystems durchbricht. Sie eliminiert kleine Parteien ebenso wirksam wie das Mehrheitswahlrecht (143).

Doch auch dieser durchschlagende Erfolg genügte dem Gesetzgeber nicht. Während Konrad Adenauer die kleinen, bürgerlichen Parteien an die CDU zu binden suchte, indem er ihre Führer in sein Kabinett aufnahm, war er aufgrund grundsätzlicher Meinungsverschiedenheiten zunächst nicht bereit, den führenden Kopf der FDP, Thomas Dehler, zu integrieren (144). Die FDP, gewarnt durch die Absorptionsmethoden der CDU gegenüber kleinen Parteien am Beispiel des BHE (Abspaltung führender Mitglieder von der Partei durch Integration in das Kabinett), fürchtete das gleiche Schicksal und sah sich nach anderen Koalitionspartnern um. Gelegenheit dazu bot die neue Koalition in Bayern aus SPD, FDP, BP und BHE (CSU in der Opposition), die als Sperrminorität die Erfolge des Bundeskanzlers im Bundesrat bedrohte (145).

Mit Unterstützung der FDP schlug damals die SPD ein neues Bundeswahlgesetz vor, in dem die Sperrklausel - wie 1949 - auf ein Land begrenzt werden sollte. Im übrigen sollten Wahlbündnisse verboten sein und jede Partei sollte jeden Wahlkreis zu besetzen haben, wenn ihre Landesliste zugelassen werden sollte. Die SPD kam damit Landesparteien wie BP und Z entgegen, die sie - wegen deren Opposition zu Adenauer - auf ihre Seite zu ziehen versuchte und wandte sich zugleich gegen die Bündnispolitik der CDU (146). Dieser Gesetzesvorschlag scheiterte ebenso wie derjenige des BHE und der DP (beide mußten um ihre Existenz fürchten), nach dem die Sperrklausel auf zwei Bundesländer beschränkt werden sollte, um damit eine Begünstigung der BP zu verhindern.

Schließlich gelang es der FDP, sich durch eine Koalition mit der SPD in Nordrhein-Westfalen und dem Sturz des Kabinetts Arnold aus der Abhängigkeit von der CDU zu befreien (147). Letzter Anstoß zu diesem Schritt war der Vorschlag eines Wahlgesetzes durch die CDU (Grabenwahlgesetz), das in erster Linie die FDP bedrohte. Zusammen mit der SPD beabsichtigte sie, weitere Wahlgesetze, die so offensichtlich die CDU/CSU begünstigten, über die Sperrminorität im Bundestag zu blockieren (148).

Die Möglichkeit für ähnliche Entwicklungen bestand auch in Niedersachsen und Baden-Württemberg (149). Mit der neuen Koalition in Nordrhein-Westfalen schaffte sich die FDP zugleich die Voraussetzungen für die Annahme ihres eigenen Wahlgesetzentwurfes, nach dem - um der gleichen Chancen willen - als Wahlergebnis 5 % der Stimmen oder drei Direktmandate erforderlich waren, um im Bundestag vertreten zu sein (150). Diese Fassung ist bis heute gültig (151). Sie beseitigte die an dem zweiten Bundeswahlgesetz beklagte "Privilegierung des Direktmandates" (152) und sicherte schließlich der FDP den von ihr beanspruchten Platz als "Dritte Kraft" und Zünglein an der Waage (153).

Die SPD war damals bereit - um aus ihrer Isolation herauszukommen -, sich mit den kleinen Parteien zu deren Gunsten für eine Änderung dieses Wahlgesetzes einzusetzen, was jedoch am Widerspruch der CDU/CSU scheiterte (154). Bei der Bundestagswahl fielen der 5-Prozent-Sperre zehn von 14 Parteien und zwei Wählergruppen zum Opfer. Damit gingen 2,1 Millionen Stimmen (6,9 %) verloren. Allein der BHE hatte davon 4,6 % der Stimmen erreicht (155). Die Deutsche Partei, die nur noch mit Hilfe der CDU in den Bundestag gelangt war, konnte sich nicht mehr behaupten, sobald ihr die CDU ihre Hilfe verweigerte und die Mehrzahl ihrer Abgeordneten zur CDU überwechselten, weil sie um ihr Mandat fürchteten (156).

Wegen der eindeutigen Benachteiligung der Regionalparteien durch die bundesweite Sperrklausel (bzw. 3 Direktmandate) hatte sich die BP bereits 1953 mit einer Klage an das Bundesverfassungsgericht gewandt, da ihrer Ansicht nach die föderalistische Struktur des Grundgesetzes verletzt worden war (157). Das Gericht bezog mit seiner Entscheidung, die es erst nach Verabschiedung des dritten Bundeswahlgesetzes fällte, einen unitarisch-zentralistischen Standpunkt, der in der Tat eher als politische, denn als juristische, d.h. der Verfassung angemessene Entscheidung gewertet werden kann (158). Es meinte nämlich, der Bundestag sei ein unitarisches Verfassungsorgan und brauche föderative Gesichtspunkte nicht zu berücksichtigen (159).

Diese Entscheidung muß insofern als willkürlich angesehen werden, als ja für die Auswahl der Parlamentarier als Repräsentanten der verschiedenen Bevölkerungsgruppen und -schichten durchaus auch andere Kriterien gelten müssen als die der gesamtstaatlich organisierten Parteien. Eine Erklärung für die Aufwertung gesamtstaatlicher Parteien ist unter anderem zu suchen in der von Gerhard Leibholz, dem im Bereich der Parteientheorie damals engagiertesten Verfassungsrichter, vertretenen Repräsentationstheorie (160), in der dem Repräsentationsprinzip die Aufgabe zufalle, das Volk zur staatlichen Einheit zu integrieren. Die Parteien erhielten dabei eine besondere Bedeutung als "Sprachrohr des organisierten Volkes" (Triepel). Der "Parteienmehrheitswille" müsse vom Volk mit der volonté générale, dem überparteilichen Gesamtwillen, identifiziert werden, um die Einheit des nationalen Ganzen mit dem des Staates begründen zu können (161).

Diese, als vorherrschend zu kennzeichnende Meinung, die wohl zutreffend als Ideologie bezeichnet werden kann (162), wirkte sich nicht nur in der Verfassungsrechtsprechung nachteilig auf die Minoritätsparteien aus (163), sondern auch in der praktischen Politik im Bund, in den Ländern und den Gemeinden, die sich in ihrer Minorisierungspolitik gegenüber regionalen und lokalen Gruppen auf die Autorität jener Rechtsprechung stützen konnten. So fielen seit 1947 - als Folge der Sperrklausel - im Durchschnitt im Bereich des späteren Bundesgebietes insgesamt 4,3 % der Stimmen unter den Tisch (164). In den Ländern galten dabei folgende Klauseln:

Schleswig-Holstein: 5 % (aufgrund der Klage des SSW scheiterte der Versuch, diese auf 7,5 % zu erhöhen) (165).
Niedersachsen: 5 % (zwischen 1952 und 1956 keine Beschränkung, weil sich die SPD das Zentrum als Koalitionspartner erhalten wollte).
Hamburg: seit 1953   5 % (seit Einführung des neuen Verhältniswahlrechts 1956 keine Alternativklausel in Form eines Direktmandates).
Hessen: seit 1946   5 % (zwischenzeitlich mit Alternativklausel ein Direktmandat).
Saarland: 5 %
Rheinland-Pfalz: seit 1950   5 %
Bremen: 5 %
Baden-Württemberg: 5 %
Nordrhein-Westfalen: seit 1947   5 % (von 1954 - 1958 "Lex Zentrum" = Alternativklausel zugunsten des Zentrums, nach der

1/3 der erreichten Stimmen in einem Wahlkreis genügen, um von der Sperrklausel zu befreien).
Bayern: bis 1973 10 %, seitdem 5 %. Die in direkter Wahl erzielten Mandate verfallen, wenn die Sperrgrenze nicht erreicht wird (166).

Die minorisierende Wirkung des Quorums wird deutlich an den Wahlergebnissen in den Ländern zwischen 1953 und 1955. Danach fielen z.B. folgende Parteien in folgenden Ländern der Sperrklausel zum Opfer (167):

BHE: NRW 4,6 %; Berlin 2,5 %, HB 2,9 %, RP 1,8 %
SSW: SH 3,5 %
GVP: BW 1,5 %
BdD: BW 0,6 %, BY 0,5 %, HE 0,5%, NS 0,3 %, NRW 0,3 %
     HB 1,1 %, RP 0,7 %, SH 0,8 %
DP: HE 1,2 %, Berlin 4,9 %
SED: Berlin 1,8 %
Wirtschaftl. Vereinigung d. Mittelstandes: Berlin 1,8 %
Freie Wählergem. RP: RP 2,9 %
DRP: SH 1,5 % (168).

Die gesamte Wahlrechtsdiskussion, die hier nur angedeutet werden konnte (169), zeigt, daß die Interessen des Wählers und die Frage des Erfolgswertes der Stimmen, die in der Rechtsprechung des Bundesverfassungsgerichts so großes Gewicht erhielt (170), wie auch die Frage der Chancengleichheit eine - wenn überhaupt, so doch - untergeordnete Rolle spielten. In Wirklichkeit ging es darum, unerwünschte Parteien und Parteienkonstellationen als Repräsentanten unerwünschter Interessen und Meinungen mit den Mitteln des Wahlrechts am Erfolg zu hindern (171). Insofern erwies sich dieses Wahlsystem durchaus als "politisch zweckmäßig" (172) im Interesse der herrschenden Parteien und Gruppen, die ihre Herrschaft damit in verfassungswidriger Weise zementierten und so das Wahlsystem als einen "Legitimierungsmechanismus politischer Gestaltungsmacht" (173) zur Stabilisierung ihrer Herrschaft mißbrauchten.

Wie hier gezeigt werden konnte, wird "die Sperrklausel ... damit zur politischen Waffe für die auf Erhaltung des Status quo als 'staatspolitischer Notwendigkeit' bedachte jeweilige Mehrheit, die je nach dem Grade ihrer Gefährdung durch Splitterparteien bzw. der erwünschten Zusammenarbeit mit ihnen die Sperrklauseln aus der konkreten Situation heraus verschärfen oder abmildern und sich dabei stets auf das 'Rechtsbewußtsein' der Nation berufen kann, das sie mit dem ihren gleichsetzt. In dieser Beliebigkeit wird das Willkürverbot des allgemeinen Gleichheitssatzes, dem hier auch das allgemeine gleiche Wahlrecht unterstellt wird, selbst zur Willkür" (174).

Wie das Scheitern der Minoritätsparteien zeigt, richtete sich diese Willkür zunächst allgemein gegen die Kommunisten als Gegner des liberal-kapitalistischen Systems. Die SPD versuchte später, sich mit Hilfe des Wahlrechts in ihren Hochburgen gegen die Blockpolitik der CDU zu behaupten. Und schließlich wandte sich die CDU mit dem Wahlrecht gegen die SPD und versuchte darüber hinaus, alle bürgerlichen Parteien unter dem Druck des Wahlrechts in ihren Reihen zu integrieren. Dabei richtete sich ihr Augenmerk auf der Bundesebene vor allem auf die FDP, in den Ländern auf die Parteien mit regionalem Schwerpunkt. Diese Wahlrechtsstrategie wurde flankiert von weiteren Absorptionsmaßnahmen, die noch darzustellen sind.

Die Frage nach der Notwendigkeit einer Sperrklausel ist nach wie vor umstritten. Dabei soll hier weniger interessieren, welche der verschiedenen Sperrmaßnahmen gerechter ist: Sperrklausel oder alternative Grundmandatsklausel (175). Diese Diskussion gewinnt an Bedeutung allein im Zusammenhang mit der Tatsache, daß die Alternativklausel eher dazu angetan ist, eine regional verankerte Partei zu begünstigen gegenüber einer bundesweit organisierten Partei ohne regionalen Schwerpunkt (176). Uns interessiert vielmehr die Frage, ob es sich bei diesen Klauseln tatsächlich nur um eine ausnahmsweise Beeinträchtigung der freien Wettbewerbschancen der Parteien handelt (177), deren Notwendigkeit (Bekämpfung von Splitterparteien, Funktionsfähigkeit der parlamentarischen Regierungsform) (178) über jegliche Zweifel erhaben ist, oder ob es von den "Mandatsparteien" lediglich dazu benutzt wird, lästige "Nebenparteien" (179) mit der ihnen zur Verfügung stehenden legislativen Macht zu minorisieren. Zweifellos hängt damit den "Mandatsparteien" der Makel der Selbstbegünstigung an (180). Denn die Wirkung der Sperrklausel, die auf Bundesebene einer verfassungsrechtlichen Grundlage entbehrt (181), besteht nicht nur darin, daß eine Partei, "die durch die Sperrklausel vom Parlament ausgeschlossen ist", es schwer hat, wieder hineinzukommen (182). Vielmehr ist es seit Einführung dieses Quorums nur einer neuen Partei vorübergehend gelungen (BHE), in den Bundestag zu gelangen. Im Interesse des Parteienoligopols hat sie sich damit tatsächlich als "eine Sicherung" (183) für das Parteienoligopol und die privilegierten Interessen und Bedürfnisse erwiesen. Deshalb ist auch der Meinung entschieden zu widersprechen, daß das Scheitern der kleinen Parteien seine Ursachen allein im eigenen Versagen oder in soziologischen Veränderungen der Wählerstrukturen habe (184).

Wolfgang Abendroth hat in diesem Zusammenhang eindringlich darauf hingewiesen, daß die Sperrklausel sich auch nachteilig auf die im Grundgesetz garantierte Gründungsfreiheit von Parteien ausgewirkt hat und noch auswirkt. "Kann eine neu entstandene politische Partei ihre Stimme nicht im Parlament zur Geltung bringen, so wird sie faktisch aus der öffentlichen Meinungsbildung weitgehend ausgeschlossen. Eine Partei, die in einer Bundestagswahl gescheitert ist, wird bei der nächsten Bundestagswahl unter der doppelten Beeinträchtigung leiden, daß sie erstens in den Parlamentsdebatten und also in der Berichterstattung darüber in den Massenkommunikationsmitteln, in der Presse, im Rundfunk und Fernsehen, nicht zu Gehör gekommen ist, und daß zweitens auch ihre früheren Wähler nun fürchten, durch Stimmabgabe für die wie durch Mitarbeit in ihr ihre Stimme wirkungslos zu machen, und daß ferner potentielle neue Wähler durch die gleiche Überlegung abgeschreckt werden. Wenn also das Wahlgesetz die Gewährung von Parlamentsmandaten an Bedingungen knüpft, die eine neue Partei offenbar unmöglich erfüllen kann, ... an Bedingungen, deren Erfüllung vielmehr nur den bei Entstehung des bundesrepublikanischen politischen Systems bereits etablierten Parteien möglich ist, so verletzt es diesen Verfassungsgrundsatz". Abendroth wendet sich entschieden gegen die Praxis des Bundesverfassungsgerichts, die 5 % Klausel mit der drohenden Parteienzersplitterung zu rechtfertigen und fährt fort: "In einer modernen, relativ großräumigen Massengesellschaft, wie der bundesrepublikanischen, ist es für eine junge Partei, die noch keinen stabilen und der Bevölkerung seit längerer Zeit bekannten Apparat oder organisatorischen Unterbau haben kann, und der nicht erhebliche finanzielle Mittel zur Verfügung stehen, objektiv unmöglich, im ersten Anlauf die Fünfprozent-Klausel im gesamten Bundesbereich zu überspringen" (185). Die in der Verfassung garantierte Parteigründungsfreiheit werde also durch das Bundeswahlrecht wieder aufgehoben.

Abendroth hebt damit auf die von Manfred Rowold geradezu verharmloste Suggestivwirkung (186) der Sperrklausel ab, die bereits im Parlamentarischen Rat diskutiert wurde (187). Aus einer Untersuchung von Werner Zolnhöfer geht hervor, daß die Anhängerschaft der kleineren Parteien in der Bundesrepublik sehr viel höher ist, als dies sich in den Wahlergebnissen niederschlägt (188). Als entscheidender Grund für dieses Verhalten muß die Angst angesehen werden, daß die abgegebene Stimme verloren sei (eingeschränkter Erfolgswert) (189).

In diesem Zusammenhang spricht Michael Th. Greven von einer Art ökonomischem Kalkül (190), zu dem der Wähler und Anhänger einer kleinen Partei gezwungen ist; "er muß nämlich ohne die Möglichkeit einer zuverlässigen Information im Voraus kalkulieren, ob er seine Stimme, wenn er sie der Partei seiner Wahl gäbe, nicht 'vergeudet' hätte, ja mehr noch, ob nicht aufgrund der bestehenden Regelungen, nach denen die derart 'vergeudeten' Stimmen den etablierten Parteien proportional zugeschlagen werden, ob er nicht aufgrund dieser Schutzmechanismen des bestehenden Parteiensystems seine Stimme, die sich ausdrücklich als Opposition zu diesem System bekannt hatte, plötzlich als faktische Unterstützung des bestehenden Systems gewertet wiederfindet, ohne daß er eine Chance hätte, sich dagegen zur Wehr zu setzen" (191). Angesichts dieser verdeckten Manipulation der Wählerstimmen kann die Vokabel von der Chancengleichheit der Parteien bestenfalls der Verschleierung der tatsächlichen Manipulation dienen.

So entpuppt sich das, was Werner Kaltefleiter als die "integrierende Wirkung von Wahlsystemen" apostrophiert, die beim Wähler jenen "Lernprozeß" auslöse, daß seine Stimme für eine kleine Partei verloren sei (192), als eine von den Majoritätsparteien gesteuerte Manipulation des Wählers, der diese These gläubig hinnimmt, ohne die sich dahinter verbergende Steuerung seiner eigenen Wahlentscheidung zu erkennen (193). Walter von Wachter hat bereits 1956 in einer ausführlichen Darstellung der damaligen Praxis der Reststimmenverwertung nachgewiesen, daß diese bereits eine erhebliche Sperrwirkung zur Folge hat, allerdings von Land zu Land mit unterschiedlicher Schärfe, was mit den verschiedenen Berechnungssystemen zu erklären ist. Dabei hätten sich kleine Parteien am schlechtesten auf Bundesebene, am günstigsten in Bremen und Berlin gestanden (194). Diese - für kleine Parteien gegenüber der 5-Prozent-Klausel sehr viel günstigere Sperrgrenze hat sich in Niedersachsen - zeitweise - auswirken können, solange dort keine Sperrklausel bestand (195). Die Berechnungen von von Wachter zeigen zum einen, daß aufgrund des Auszählungsverfahrens eine verfahrensbedingte Sperre zwischen 0,2 und 4,3 % besteht, die bereits eine Auslese unter den Parteien hinsichtlich ihrer parlamentarischen Vertretung bewirkt. Der Autor kommt dann zu der Feststellung, "daß die sicherste und schärfste Sperrwirkung gegenüber kleinen Gruppen durch die Sperrklausel erfolgt" (196). Diese wurde mit der Begründung der Chancengleichheit für alle Parteien in allen Wahlgebieten untermauert ("gemeindeutscher Satz").

Die in der Bundesrepublik einzigartige Höhe der Sperrklausel von 5 % (197) wird - obwohl nach "politischem Ermessen" festgelegt - als "sachlich gerechtfertigt" dargestellt, zumal sie sich in der Nachkriegszeit als "üblich" durchgesetzt habe. Zwar schränkt Walter von Wachter seine Aussage damit ein, daß es ja nicht erwiesen sei, ob die Parlamente auch mit einer höheren Zahl von Parteien funktionsfähig seien. Für die Klausel sprächen jedoch "historische Erfahrungen und statistische Untersuchungen". Er betont jedoch die Schwierigkeit einer letztgültigen Entscheidung seitens der Justiz und stellt zu Recht fest, daß eben die Scheidelinie zwischen Politik und Justiz nur schwer festzustellen sei (198). In der gesamten Diskussion um die Sperrklausel und ihre Verknüpfung mit der Chancengleichheit kann auf das Problem nicht nachdrücklich genug hingewiesen werden, daß eben "die Grenzen der Sperrklauselgestaltung noch weitgehend unklar und wohl kaum einheitlich zu ziehen" sind (199). Schließlich wäre es denkbar, daß - um im Interesse einer Chancengerechtigkeit die Gleichheit des Erfolgswertes zu erhöhen - ein Auszählungssystem gleichmäßig in allen Ländern eingeführt würde, nach dem auch regional verwurzelte politische Gruppen von einem erhöhten Erfolgswert der für sie abgegebenen Stimmen profitieren können. Da aber vom Bundesverfassungsgericht die Bekämpfung der Splitterparteien "als rechtlich erlaubt und nicht willkürlich" bestätigt wurde (200), kann sich jede Majoritätspartei in ihrer Gestaltung des Wahlrechts auf dieses Urteil berufen und ihre Maßnahmen als rechtlich unbedenklich darstellen (201). Das Gericht hat also mit seinem Spruch dazu beigetragen, die tatsächlichen Interessen der Majoritätsparteien zu verschleiern, denen diese Aufteilung der deutschen Parteien in "grundgesetzwidrig privilegierte und schikanierte" (202) willkommen sein muß.

Auffällig ist die Bereitschaft zahlreicher Juristen, ihre positive Einstellung zur Sperrklausel, die in der Regel keine juristische Begründung hat, politisch zu untermauern (203). Daß diese Gründe als "staatspolitisch" gekennzeichnet werden, deutet einmal mehr darauf hin, daß die Parteien in erster Linie vom Interesse des Staates her beurteilt werden, weniger unter dem Gesichtspunkt, wie weit sie die Interessen und Einstellungen der Bürger repräsentieren. Vor allem in diesem Zusammenhang erhält die Bekämpfung der Splitterparteien ihren Sinn. Obwohl sich nicht a priori festlegen läßt, welche Partei als bedeutsam und damit als repräsentationswürdig zu betrachten ist (204), bleibt es doch dem Gesetzgeber, also den parlamentarisch vertretenen Parteien überlassen zu entscheiden, welche kleine Partei repräsentationswürdig ist. Auf diese Weise läßt sich unbequeme Bedürfnisartikulation bequem eliminieren.

Die Erfahrung hat gelehrt, daß diejenigen Parteien, die an den Schalthebeln der Macht sitzen, alle Mittel einsetzen, um ihren Besitzstand zu wahren. Und so liegt es denn in der Logik ihrer Strategie, daß sich ihr Kampf gegen die neuen Parteien richtet. Diese als destabilisierende, verfassungsfeindliche Kräfte zu disqualifizieren (205), ist ihnen insofern ein leichtes, als der Beweis des Gegenteils von den kleinen Parteien selbst zu erbringen ist und diese wiederum aufgrund der noch zu schildernden Minorisierung nur unzureichende Mittel besitzen, diesen Gegenbeweis anzutreten. Braunias hat diesen Sachverhalt lapidar und treffend zusammengefaßt, wobei allerdings 1932 noch keine so wirksame Blockade gegenüber allen kleinen und neuen Parteien bestand wie heute: "Die Bekämpfung der kleinen Parteien ist ihrem Wesen nach eine Bekämpfung der neuen Parteien. Neue Parteien können entweder Zersetzungserscheinungen oder Erneuerungserscheinungen sein, das Gesetz kann sie nicht auseinanderhalten und trifft beide. Die anfängliche Bekämpfung jeder Gesundungserscheinung kann nur eine Feuerprobe für deren Lebenskraft sein: Wenn die neue Gruppe angesichts der Beschränkungen nicht aufkommt, und dann abstirbt, so soll sie ruhig sterben. Wenn sie aber den ersten Schlag trotzdem überlebt, dann hat sie ihre Lebensfähigkeit erwiesen.

Daß die Besitzenden ihre Macht ausnutzen, um sich gegen die neuen Parteien zu wenden, ist nicht nur deshalb zu verstehen, weil sie ihre Macht behalten wollen, sondern auch, weil die neuen Parteien eine bessere Stellung einnehmen: sie sind jungfräulich, sind frei von jeder Verantwortung, sind nirgends festgelegt und können alles versprechen. So benötigen die verantwortungsbelasteten alten Parteien einen Schutz, der ihnen aber nicht den Anspruch darauf gibt, in alle Ewigkeit fortzubestehen" (206). Das Problem besteht allerdings auch darin, daß nirgendwo geschrieben steht, daß sie diesen Anspruch nicht erheben und rechtlich absichern dürfen.

Jüngst betonte Johannes Groß, ein gewiß unverdächtiger Zeuge, daß "unter normalen Verhältnissen ... die übliche 5-Prozent-Klausel der Wahlgesetze (genügt), um die Heraufkunft einer neuen Partei unmöglich zu machen. Schon nach anderthalb Jahrzehnten Bundesrepublik hat der Versuch einer neuen politischen Partei den Anblick des Verzweifelten, Aussichtslosen und Absurden" (207). In einer kritischen Stellungnahme zur Chance neuer Parteien in der Bundesrepublik hat jüngst Michael Th. Greven zu den "Schutzmaßnahmen" des Parteiensystems gegen Innovation und die Gefährdung seiner "Stabilität" geschrieben: "Nun ist es ganz offensichtlich, wenn es auch selten offen ausgesprochen wird, daß die 5-Prozent-Klausel eine gesellschaftliche und politische Wirkung hat, die genau diesem zentralen Postulat der demokratischen Ideologie widerspricht: sie verhindert nämlich aus leicht ersichtlichen Gründen, daß solche Minderheitsinteressen - oder auch vielleicht die Interessen von potentiellen Mehrheiten, die aber zunächst nur von einer Minderheit aktiv politisch vertreten werden - sich in der dem herrschenden politischen System angemessenen Weise und mit Aussicht auf Erfolg zugleich organisieren können". Angesichts der großen Zahl von Minoritätsparteien führt Greven fort, sei es doch nur allzu klar, "daß sie aufgrund der institutionalisierten Schutzmechanismen, aufgrund der Politik der etablierten Parteien und aufgrund des Bewußtseins, daß dadurch bei den Wählern und Anhängern der kleinen Parteien hervorgerufen wird, keine Chance zu besitzen" (208).

Daß diese Form der Minorisierung nicht auf die Bundesrepublik beschränkt ist, kann hier nur angedeutet werden. Im Zusammenhang mit der Direktwahl zum Europäischen Parlament hatte die Europäische Föderalistische Partei als erste - und damit neue - europäische Partei gegen die Minorisierung in verschiedenen europäischen Ländern zu kämpfen. Sie hatte z.B. in Frankreich 100.000 Franken (ca. 80.000 DM) zu hinterlegen, die sie nur bei einem Wahlergebnis von über 5 % zurück erhalten hätte. Diese Summe kann von einer kleinen, neuen Partei unmöglich aufgebracht werden und führt dazu, daß eben diejenige Partei, die am entschiedensten für die europäische Einigung eingetreten ist, an dieser Wahl nicht teilnehmen konnte (209).

Darüber hinaus wird von Frankreich und der Bundesrepublik, den zwei bedeutendsten EG-Staaten, ein einheitliches europäisches Wahlrecht angestrebt mit dem Ziel, die Sperrklausel in ihrem eigenen Europa-Wahlgesetz dann europaweit zu verankern, was - wie Wolfgang Wagner zutreffend feststellt - "in den EG-Ländern, in denen bisher eine große Vielfalt unter den Parteien herrscht, wie in Italien oder Dänemark, erhebliche innenpolitische Veränderungen hervorgerufen" würde (210).

Dietrich Murswieck hat diese Sperrklausel als verfassungswidrig bezeichnet, da sie aufgrund der beschränkten Kompetenzen des europäischen Parlaments nicht stichhaltig begründet werden kann (211). Auch die für die innerdeutschen Verhältnisse von einem Teil der Juristen akzeptierten Begründungen könnten auf europäischer Ebene nicht mehr gelten (212).

"Die Grünen" wandten sich noch vor der Wahl an das Bundesverfassungsgericht mit einer Beschwerde gegen § 2 Abs. 6 des Europawahlgesetzes, worin die sonstige politische Vereinigung "Die Grünen" ihr "Grundrecht auf Wahlrechtsfreiheit" sowie ihr "Recht auf Mitwirkung bei der politischen Willensbildung des Volkes" verletzt sah. Sie verwies insbesondere auf die psychologische Wirkung der Sperrklausel: "Das Wissen um diese Wirkung der Wahlbarriere wird viele Wähler davon abhalten, uns zu wählen. Denn vor der Stimmabgabe wägen sie die Erfolgsaussichten ab. Sie unterlassen u.U. die Stimmabgabe für eine neue Gruppierung, die sie gerne unterstützt hätten, wenn sie damit rechnen müssen, daß der Neuling die Sperrklausel nicht überwinden wird und deshalb die ihm zugedachten Stimmen bei der Sitzverteilung unberücksichtigt bleiben.

Diese Kalkulation hat auch Einfluß auf das Verhalten der Medien. Sie würden den "Grünen" mehr Aufmerksamkeit schenken, wenn sie davon ausgehen müßten, daß zwei bis drei Kandidaten bestimmt ins EP kommen. Die Annahme vieler Journalisten, wir hätten wegen der 5%-Klausel eh keine Chancen, Kandidaten durchzubringen, mindert unsere Möglichkeiten, bei breiten Bevölkerungsschichten überhaupt bekannt zu werden. Die Sperrklausel verletzt unsere Rechte somit unmittelbar durch zwei Wirkungen: ihre absolute Sperrwirkung und ihren Abschreckungs- und Chancenminderungseffekt" (213).

Das Gericht bezog sich in seiner Ablehnung auf eine frühere Entscheidung in gleicher Sache, wonach die Beschwerde keine Aussicht auf Erfolg habe (214). Es erklärte die 5%-Klausel als sachlich insofern gerechtfertigt, als eine kleine Gruppe von weniger als fünf Abgeordneten "kaum in der Lage (sei), die zahlreichen Maßnahmen der Europäischen Gemeinschaften in ihrem vielschichtigen Tätigkeitsbereich zu verfolgen und kritisch zu beurteilen. Eine solche Kontrolle (sei) wirksam nur möglich, wenn sie arbeitsteilig erfolg(e) und eine größere Organisation den einzelnen Abgeordneten unterstütz(e)". Weiter argumentierte das Gericht, daß ein erfolgreiches Wirken des Europäischen Parlaments noch sehr stark von der engen Verbindung der Abgeordneten zu den "tragenden politischen Kräften ihrer Heimatländer besteht, die ihrerseits auf den Rat und die Kommission einwirken können. Dazu vermögen im nationalen Bereich unbedeutende Splittergruppen, die keine unmittelbare Verbindung zu den maßgeblichen politischen Kräften ihres Heimatlandes haben, wenig oder gar nichts beizutragen" (215). Diese Begründung rückt nicht nur den - für ein europäisches Parlament bemerkenswerten - <u>nationalen</u> Bezug der Parteien in den Vordergrund, sondern unterstreicht den instrumentellen Charakter der 5%-Klausel zur Sicherung der Macht der herrschenden Parteien, die vom Gericht mit einer <u>politischen</u> Aussage gestützt wird. Angesichts der Versuche, die "bewährte" Klausel (FAZ, 10.03.80) auch auf die letzte ethnische Minderheitspartei (SSW) (216) sowie auf die Kommunalwahlen (217) auszudehnen wie auch der Gefahr, die sie für den etablierten kleinen Partner der Volksparteien (FDP) mittlerweile darstellt, wird sie als "Erpressungs-Mechanismus" (218) weiter in der Diskussion bleiben.

Vor einem solchen Hintergrund kann die 5%-Klausel nicht mehr lediglich als "unweise" charakterisiert werden, weil sie in Kombination mit anderen blockierenden Maßnahmen die neuen Parteien gegenüber dem Wähler und der Öffentlichkeit abschotte, diese in die Radikalität dränge und das Parteienwesen erstarren lasse (219).

Hier deutet sich vielmehr die Gefahr einer europaweiten "Stabilisierung" und damit oligarischen Majorisierung des bestehenden Parteiensystems an (220), die, je umfassender und totaler sie wird, umso schwerer aufzubrechen sein wird.

4.2.2.2. Barrieren bei der Zulassung zur Wahl

Im deutschen Wahlrecht ist die Sperrklausel nicht die einzige Barriere, die eine kleine oder neue Partei zu überwinden hat. Die Minorisierung beginnt bereits bei der Zulassung zur Wahl, in der die sogenannten Altparteien gegenüber allen neuen und kleinen Parteien unzulässig bevorzugt werden. Nach der heutigen gültigen Fassung des Bundeswahlgesetzes müssen "Parteien, die im Bundestag oder in einem Landtag seit deren letzter Wahl nicht aufgrund eigener Wahlvorschläge ununterbrochen mit mindestens fünf Abgeordneten vertreten waren", für einen Kreiswahlvorschlag 200 Unterschriften vom Wahlberechtigten beibringen, die diesen Vorschlag unterstützen (221). Diese Unterschrift muß handschriftlich geleistet und das Wahlrecht des Unterzeichners amtlich bestätigt sein. Für eingereichte Landeslisten sind die Unterschriften von 1 % der Wahlberechtigten des jeweiligen Landes, "jedoch höchstens 2000" erforderlich (222). Demgegenüber begnügt man sich bei den "Fraktionsparteien" mit der Unterschrift der Landesleitung bzw. Kreisleitung (Berlin) der Partei (223). In den Ländern schwankt heute das Unterschriftenquorum zwischen 50 (Hessen) und 380 (Rheinland-Pfalz) pro Direktkandidat und 500 bis Tausend (Nordrhein-Westfalen und Hessen) pro Liste (224).

Das Unterschriftenquorum tauchte erstmals im ersten Bundeswahlgesetz auf, das von den Westmächten erlassen wurde, wonach "alle nicht politischen Parteien" 500 Unterstützungsunterschriften für ihre Wahllisten erbringen mußten, von denen politische Parteien befreit waren (225). Diese Maßnahme richtete sich vermutlich in erster Linie gegen eine eventuelle Flüchtlingspartei (226). Im zweiten Bundeswahlgesetz, das von den Bundestagsparteien verabschiedet wurde, war das Quorum (500 Unterschriften pro Kreiswahlvorschlag) auf alle diejenigen Parteien ausgedehnt, die nicht mit mindestens fünf Abgeordneten oder als Fraktion in einem Bundes- oder Landtag während der letzten Wahlperiode vertreten waren. Für eine Landesliste mußten die Unterschriften von einem Promille der Wahlberechtigten, mindestens 500, höchstens 2.500, beigebracht werden. Hinter dieser Regelung zeigt sich deutlich die Absicht der Machtabsicherung.

Die Klage der Gesamtdeutschen Volkspartei (GVP) gegen dieses Wahlgesetz vor dem Bundesverfassungsgericht endete mit einem Teilerfolg: Das Gericht bekannte sich zwar zum Prinzip der Chancengleichheit auch bei der Zulassung zur Wahl, wollte aber sicher gestellt wissen, daß "nur echte politische Parteien und keine Zufallsbildungen von kurzer Lebensdauer" (227) zugelassen werden. "Differenzierungen zwischen parlamentarisch schon vertretenen und neuen Parteien bei der Zulassung zur Wahl sind verfassungsrechtlich zulässig. Sie können aber den Gleichheitsgrundsatz verletzen, wenn sie ein gewisses Maß überschreiten".

Die Begründung, die das Gericht für die zulässige Differenzierung anführt, kann allein als politisch, nicht als juristisch gelten. Der Gesetzgeber ("Mandatsparteien") darf nämlich damit sicherstellen, "daß nur echte politische Parteien und keine Zufallsbildungen von kurzer Dauer sich um die Stimmen der Wähler bewerben. Bestimmungen, die hierauf abzielen, wirken der Stimmenzersplitterung entgegen und dienen im Ergebnis der Bildung staatspolitisch unerwünschten Mehrheits- und Regierungsverhältnissen... Es ist daher nicht zu beanstanden, wenn der Gesetzgeber von den Parteien den Nachweis fordert, daß sie Ausdruck eines ernsthaften, in nicht zu geringem Umfang im Volke vorhandenen politischen Willens sind" (228).

Selbst wenn das Gericht die Überspannung des Unterschriftenquorums rügt (229), so hat es doch mit der Feststellung, daß ein solches Quorum in der Wahlvorbereitung zulässig sei, seinen objektiven Standpunkt verlassen und sich einer Argumentation bedient, die sich zugunsten des Gesetzgebers, d.h. der in den Parlamenten etablierten Parteien auswirkt, die bereits ihren "Amtsvorteil" als Wahlvorteil nutzen können (230). Es hat sich leiten lassen von einer gesamtstaatlichen Ideologie, die besonders von dem Verfassungsrichter Leibholz vertreten und in diesem Zusammenhang bereits kritisch gewürdigt wurde. Angesichts dieser Prämisse war eine Entscheidung zugunsten kleiner Parteien von diesem Gericht kaum zu erwarten.

Auf eine weitere Klage der GVP gegen das Land Baden-Württemberg gesteht das Gericht zwar zu, "daß unter dem Gesichtspunkt 'Bekämpfung von Splitterparteien' gegenüber der wirksameren 5%-Klausel das Unterschriftenquorum als zusätzliche Sperre keinen Sinn mehr hat". Es sei aber dennoch gerechtfertigt: "Es ist ein legitimes Anliegen des Gesetzgebers, zu versuchen, den Wähler davor zu schützen, daß er einem aussichtslosen Bewerber oder Wahlvorschlag seine Stimme gibt und sie damit 'wegwirft'". Was hier mit einer "Sicherung des Stimmengewichts der einzelnen Wählerstimme" gerechtfertigt wird (231), ist bei Lichte betrachtet ein juristisch verschleierter Protektionismus gegenüber den "Mandatsparteien", wobei eine Grenze zwischen Fürsorge gegenüber dem Wähler und dessen Gängelung schwer zu ziehen ist. Denn ein gut informierter, mündiger Wähler müßte auch ohne einen behördlich verfügten Nachweis "für die Ernsthaftigkeit eines Wahlvorschlags" (232) in die Lage versetzt werden, darüber zu entscheiden, welcher auch neuen Partei er seine Stimme geben kann und möchte.

Immerhin sah sich der Gesetzgeber 1953 nach dem ersten Spruch des Gerichts noch vor der Wahl genötigt, auf Bundesebene die erforderlichen Unterschriften für einen Wahlkreis von 500 auf 200 und für eine Landesliste von 2.500 auf 2.000 herabzusetzen, Parteien nationaler Minderheiten wurden von der Auflage befreit (SSW) (233). In den Ländern galten und gelten immer noch unterschiedliche Regelungen (234), wobei sich die Bewerber für einen Wahlkreis in Bayern (500 Unterschriften) erheblich schlechter stehen (235) als Bewerber in Hessen (50 Unterschriften). Die unterschiedliche Regelung in den Ländern bietet neuen Parteien immerhin noch einen Rest von Chancen, in dem einen oder anderen Landtag Fuß fassen zu können, wobei das Ausmaß dieser Chance jedoch nicht überschätzt werden sollte. Allerdings sind diese Chancen mit der Annäherung der Zulassungserfordernisse in einzelnen Ländern erheblich gesunken.

Gerhard Leibholz gesteht zwar ein, daß es schwierig sei, "die Grenzen des gesetzgeberischen freien Ermessens näher zu umschreiben, deren Überschreitung die Differenzierungen verfassungsrechtlich defekt macht" (236). Und mit Recht fragt auch Hellmuth Röhl kritisch, wo denn die Grenze für die Höhe einer Sperrklausel oder eines Unterschriftenquorums liege. "Seit die Rechtsprechung 1930 die saubere Grundlage des mathematischen Gleichheitsbegriffes aufgab, dem Gesetzgeber freies Ermessen bei der Ausgestaltung der Wahlrechtsgrundsätze zubilligte und sich auf die Nachprüfung von Ermessensentscheidungen zurückzog, hat sie ihre klare Linie verloren". Röhl weist in dem Zusammenhang auf die damit verbundene Unsicherheit in der Wahlrechtsfrage hin und fordert schließlich die "Beschneidung der Freiheit des Gesetzgebers bei der 'Ausgestaltung' der Wahlgrundsätze", die ihm "ein Gebot der Gerechtigkeit und der Rechtssicherheit zu sein" scheine (237).

Nach Ansicht von Wolfgang Hegels bedeutet die Regelung des Bundeswahlgesetzes, wonach nur Parteien mit einer parlamentarischen Vertretung von der Erbringung der Unterschriftenquoren freigestellt werden, "eine nicht zu rechtfertigende Durchbrechung des Chancengleichheitsgrundsatzes und ist deshalb verfassungswidrig" (238). Oskar Schröder kommt 1955 zu dem Schluß, daß eine Bekämpfung der Splitterparteien im Stadium der Wahlvorbereitung ganz allgemein gegen die verfassungsrechtlich geschützte Chancengleichheit aller Parteien verstoße. Allerdings billigt er eine geringe Zahl von Unterschriften (30 - 50 pro

Kreiswahlvorschlag, 300 - 500 pro Landes- oder Bundesliste)
(239), um die Ernsthaftigkeit der Vorschläge sicher zu stellen
(240).

Diese wenig überzeugende Begründung vermag schwerlich
gegenüber dem Vorwurf zu bestehen, daß das Quorum gegen
den Grundsatz der geheimen Wahl verstoße (241). Denn hier
steht ein Grundrecht (Wahlgeheimnis) gegen das rein funktionale, vermeintliche Erfordernis einer "sachgemäßen Wahldurch-
führung" (242). Eine Entscheidung über die Höherwertigkeit
dürfte bei unparteiischer Prüfung nicht schwer fallen. Dagegen
ließe sich argumentieren, daß der verlangte Prozentsatz - gemessen an der Zahl der Wahlberechtigten - viel zu klein ist,
um überhaupt als Indiz für die Unterstützung einer nicht im
Parlament vertretenen Partei durch die Bevölkerung sinnvoll
zu sein. Die Zahl der bei der Wahl selbst erreichten Stimmen
wäre ein sehr viel zuverlässigeres Indiz für die Unterstützung
in der Bevölkerung. Das würde allerdings jede Differenzierung
im Vorfeld der Wahl ausschließen. Volle Chancengleichheit im
Wahlkampf scheint aber aus politischen Gründen nicht opportun,
weil man dann allen Parteien Gelegenheit geben müßte, ihre
Ziele in der Öffentlichkeit zu propagieren. Schon dies wird von
dem "Parteienkartell" als Gefahr empfunden und soll deshalb
vermieden werden. Das Unterschriftenquorum erweist sich damit als ein willkürliches Abwehrinstrument gegen neue bzw.
in die Parlamente drängende Parteien, das die latent vorhandene
Intoleranz und das Mißtrauen gegenüber allen neuen politischen
Ideen verstärkt (243).

Nach Manfred Rowolds Untersuchung läßt sich nicht genau
feststellen, wieviele Parteien bereits an diesem Quorum scheiterten. (Rowold vermutet dies bei zehn Parteien, wobei offensichtlich die Tatsache nicht beachtet wurde, daß eine Partei sich
mehrmals vergeblich zu Wahlen anmelden kann.) Rowold meint
aber, daß die Kandidatur kleinerer Parteien durch das Quorum
"spürbar behindert" werde. Schließlich würden durch eine solche
Auflage diejenigen Kräfte gebunden, die die Partei dringend an
anderer Stelle im Wahlkampf brauchen könnte (244).

Es geht bei der Wirkung des Quorums nicht nur darum, daß
diese "zeitraubende Tätigkeit" des Sammelns von Unterstützungsunterschriften im Wahlkampf behindert wird. Mit Recht weist
nämlich Christa Büchel auf die Angst der Wähler hin, sich öffentlich zu einer kleinen Partei zu bekennen. Entweder befürchten
sie Nachteile von einem Bekenntnis, insbesondere angesichts
des Radikalenerlasses, zu einer als radikal oder extrem ver-
schrieenen Partei (245), oder - wie die Erfahrung zeigt - hinsichtlich ihrer beruflichen Stellung bzw. ihrer Geschäftsinteres-
sen. Diese Angst wird nicht zuletzt dadurch hervorgerufen,

daß den Unterzeichnern - einschließlich Anschrift und Geburtsdatum - auf der Gemeindebehörde ihr Wahlrecht bescheinigt werden muß und sie der Verschwiegenheit dieser Behörde nicht trauen . Da jeder Wähler - nach den jüngsten Bestimmungen zur Europawahl - aus unerfindlichen Gründen jeweils nur eine Partei unterstützen darf, werden die Unterschriften auf der Behörde kopiert. Das Mißtrauen der Bevölkerung - nach zahlreichen Datenskandalen begründet - ist verständlicherweise groß aus der Furcht heraus, daß ihre Unterschrift geheimdienstlich verwendet werden könnte. So beeinträchtigt dieses Quorum die Identifikation mit kleinen Parteien. "Es behindert die Neugründung von Parteien schon auf unterster Ebene durch gesetzliche und psychologische Barrieren" (246).

Und schließlich sei - um den Grad der Minorisierung kleiner und neuer Parteien zu präzisieren - mit Hanns-Rudolf Lipphardt gefragt, ob und wie denn eine große Partei mit einer solchen Auflage fertig würde: "Es ist keineswegs sicher, ob sie eine solch ansehnliche Zahl von Unterschriften zusammenbrächte". In Anbetracht der Tatsache, daß die Bemessung der Sendezeit für Wahlwerbung in Funk und Fernsehen allein davon abhängig gemacht wird, ob die Parteien kandidieren, d.h. ob sie zuvor die geforderten Unterschriften erbracht hat, fragt Lipphardt zu Recht, ob allein die Fähigkeit zur Erfüllung des Quorums Aufschluß darüber zu geben vermag, welche politische Bedeutung eine Partei in einem Land hat (247). Angesichts der weit verbreiteten Verdrossenheit an den großen Parteien würde die Probe auf's Exempel gewiß auch Aufschluß geben über die tatsächliche Bedeutung der parlamentarisch vertretenen Parteien.

4.2.2.3. Minorisierung in der Parteienfinanzierung

Die Frage der Parteienfinanzierung (248) ist zu behandeln sowohl unter der Rubrik "Minorisierung durch legislative Akte" (staatliche Parteienfinanzierung) als auch unter der "Minorisierung durch halb- und nichtstaatliche Organe" (Parteispenden) (249). Ein historischer Rückblick auf die Entwicklung der Parteienfinanzierung (250) ergibt, daß die parlamentarisch vertretenen Parteien bestrebt waren, die "Prämie auf den legalen Machtbesitz" (251) auch in klingende Münze umzusetzen, als der Bedarf der Parteien an finanziellen Mitteln immer größer, die Bereitschaft der Spender, ihre Unterstützung auszudehnen, immer geringer wurde.

Bisherige Untersuchungen zur Entwicklung der Parteienfinanzierung in Deutschland haben sich weitgehend auf die parlamentarisch vertretenen Parteien beschränkt (252). Dabei war die SPD vorwiegend auf Mitgliedsbeiträge und die Unterstützung seitens des DGB angewiesen (253). Die bürgerlichen Parteien CDU, CSU, FDP, DP und - bedingt - der BHE hingegen, die weniger Mitglieder zählten, genossen - je nach politischem Einfluß und politischer Geschmeidigkeit - die mehr oder weniger kontinuierliche finanzielle Unterstützung seitens der Wirtschaft (257).

Die finanzielle Abhängigkeit von potenten Geldgebern, die bestrebt waren, eine ihnen genehme Koalition zu "erkaufen", bekamen in erster Linie die kleineren Parteien FDP, DP und BHE (zeitweise auch FVP) zu spüren, bei denen die Unterstützung von ihrer politischen Willfährigkeit und von ihrer Zugehörigkeit zur bürgerlichen Koalition abhängig gemacht wurde (255). Darüber hinaus wird von Versuchen der CDU berichtet, kleinere Parteien durch finanziellen Druck von sich abhängig zu machen (256).

Die Spendenfreudigkeit der Wirtschaft wurde u.a. durch steuerliche Begünstigung der Einkommens- und Körperschaftssteuerpflichtigen belebt (257). Der steuerliche Vorteil kam also in erster Linie denjenigen zugute, die ohnehin eher in der Lage waren, ihren Interessen im politischen Geschäft mit Geld Nachdruck zu verleihen zum Nachteil der weniger Begüterten. Versuche der SPD, dagegen eine feste, steuerfreie Pauschale - auch für Lohnsteuerpflichtige - einzuführen, schlugen fehl (258).

Um die Geldströme besser koordinieren zu können, wurden schließlich von der CDU und der Wirtschaft im gegenseitigen Einvernehmen Fördergesellschaften gegründet, die als "Hintergrundparteien" (259) das Geld nach einem bestimmten Schlüssel auf verschiedene Parteien verteilten (260). Nach SPD-Quellen sollen Gelder aus der Wirtschaft zu jener Zeit nach folgendem Schlüssel vergeben worden sein: CDU/CSU 60 - 65 %, FDP/LDP 25 30 %, DP 5 - 10 %. Diese, für die kleinen Parteien existenziell notwendigen Zuwendungen wurden von deren Zugehörigkeit zu einer Koalition mit der CDU gegen die SPD abhängig gemacht. Auf diese Weise sicherten die Wirtschaftsunternehmen die Stabilität des Regierungsbündnisses (261).

Die SPD, gegen die vor allem die Unterstützung der Industrie gerichtet war, wurde selbstverständlich von den Fördergesellschaften nicht berücksichtigt (262). Neben den Spenden seitens der Arbeitnehmervertretung stützt sie sich in erster Linie auf die Beiträge ihrer Mitglieder (so auch der BHE). Als weitere kontinuierliche Geldquelle hat sie sich die Abgeordneten-Diäten erschlossen, von denen sie einen beachtlichen Anteil für die Parteikasse fordert (263). So kann jede Erhöhung der Diäten zugleich als staatliche Parteienfinanzierung "durch die Hintertür" bewertet werden, von der alle diejenigen Parteien ausgeschlossen bleiben, die keinen Abgeordneten im Parlament haben.

Damit wird der Chancenungleichheit zwischen parlamentarisch vertretenen und außerparlamentarischen Parteien ein weiterer Aspekt hinzugefügt (264).

Gegenüber der SPD konnten die Koalitionsparteien wegen ihres geringen Mitgliederpotentials nicht auf eigenen Füßen stehen und waren auf externe Geldgeber angewiesen, die selbstverständlich auf diese Weise Politik zu machen versuchten (265). Die CDU erhielt in Kombination mit dem Wahlrecht mit dieser Finanzierungspraxis ein wirksames Mittel zur Disziplinierung der kleinen Parteien. Neben dem "Dukatenesel des Wahlfonds" ließ sich auf diese mit dem "Knüppel aus dem Sack des Wahlgesetzes" einwirken (266). Andererseits bot die Unterstützung der Industrie den kleinen bürgerlichen Parteien eine gewisse Garantie für ihre Regierungsbeteiligung (267). Das Zentrum - weniger nachdrücklich auch die FDP - versuchte dieser zunehmenden finanziellen Abhängigkeit damit zu begegnen, daß es die in der Verfassung festgelegte Verpflichtung zur Offenlegung der Parteifinanzen gesetzlich verankern wollte, allerdings ohne Erfolg (268).

Mit dieser Parteienfinanzierungs-Praxis ging eine Minorisierung aller derjenigen Parteien durch nicht-staatliche Institutionen einher, die keinen Pfennig von diesen Geldern bekamen. Dieser Effekt wurde durch die Steuergesetzgebung verstärkt, nach der nur Spenden an parlamentarisch vertretene Parteien abzugsfähig waren (269). Damit wurde der Spendenstrom so gelenkt, daß in erster Linie die Koalitionsparteien davon profitierten, während die "außerparlamentarischen" Parteien keine Unterstützung erhielten.

Dagegen wendete sich schließlich erfolgreich die GVP mit einer Klage vor dem Bundesverfassungsgericht, weil nach ihrer Meinung die Steuervorschriften die Chancengleichheit der Parteien verletzten (270). Das Gericht hielt es für unzulässig, daß im Hinblick auf die steuerliche Abzugsfähigkeit von Parteispenden zwischen parlamentarisch vertretenen und den übrigen Parteien unterschieden wurde (271).

Eine Klage der Hessischen Landesregierung (SPD) vor dem Bundesverfassungsgericht (272) richtete sich gegen die steuerliche Privilegierung von Spendern, die ihre Steuern nach dem Einkommens- und Körperschaftssteuergesetz abrechnen, d.h. wohlhabendere Bürger und juristische Personen. Da, wie das Gericht feststellte, Geldspenden in der Regel gegeben werden, um eine "bestimmte Interessenlage" zur Geltung zu bringen und sich damit von Spenden "für mildtätige, religiöse und wissenschaftliche Zwecke" grundsätzlich unterscheiden, folgt aus den umstrittenen Bestimmungen, "daß diejenigen Parteien, deren Programm und Tätigkeit kapitalkräftige Kreise ansprechen, stärker begünstigt werden". Das Gericht wandte sich vor allem gegen die Auswirkung einer Regelung, wonach "eine schon bestehende faktische Ungleichheit der Wettbewerbschancen der Parteien verschärft" werde. "Das vorliegende Gesetz ist aber so angelegt, daß der Beitrag, den der Staat durch Verzicht auf Steuern leistet, das Gewicht bestimmter politischer Parteien im Willensbildungsprozeß verstärkt. Die als Folge der gesetzlichen Regelung eintretende Differenzierung des politischen Gewichts der Parteien enthält einen Verstoß gegen das formale Prinzip der Chancengleichheit, weil sie nach einem Kriterium erfolgt, das in diesem Bereich offenbar sachfremd ist. Denn das Gesetz wirkt sich, obwohl es seinem Wortlaut nach alle Parteien gleich behandelt, dahin aus, daß bestimmte Parteien vor anderen durch die Möglichkeit begünstigt werden, große Spenden zu erlangen und damit ihr Gewicht im politischen Konkurrenzkampf ohne sachlich zu rechtfertigenden Grund verstärken" (273).

Diese Entscheidung hatte einen erheblichen Rückgang der Spenden zur Folge und zwang große wie kleine Parteien im bürgerlichen Lager zu Sparmaßnahmen. Der BHE drängte seine Landtagsfraktionen, Initiativgesetzentwürfe für eine staatliche Parteienfinanzierung vorzulegen (274). Daraufhin genehmigten sich auch die im Bundestag vertretenen Parteien staatliche Mittel "zur Förderung der politischen Bildungsarbeit", insgesamt fünf Millionen D-Mark aus der Staatskasse. Von 1959 bis 1966 erhielten die Bundestagsfraktionen aus dem Bundeshaushalt über 156 Millionen D-Mark.

Da auch Länder und Kommunen diesem Beispiel folgten (275), wurden 1963 von Bund und Ländern zusammen 30,3 Millionen Mark an die parlamentarischen Parteien ausgeschüttet, wobei in der Regel immer die gleichen Parteien bedacht wurden (276). Wie Alf Mintzel am Beispiel der CSU gezeigt hat, war es dieser Partei in erster Linie aufgrund dieser staatlichen Parteienfinanzierung möglich, einen perfekten Apparat aufzubauen (277), dem die kleinen Parteien nichts entsprechendes entgegenzusetzen hatten.

Demgegenüber wurden alle nicht in den Parlamenten vertretenen Parteien finanziell "ausgetrocknet". Wenn man sich die Ansicht von Ludger Amseln Versteyl zu eigen macht, daß "Wahlerfolg ohne Geld" schlechterdings nicht vorstellbar sei (278), so stellt diese Maßnahme die krasseste Minorisierung dar. Damit wird über alle mitgliederschwachen, parlamentarisch nicht vertretenen, in keinem Entscheidungsorgan präsenten Parteien das Todesurteil gesprochen. Denn alle Spenden - sei es vom DGB, sei es von der Privatwirtschaft - werden in der Regel gegeben, um die Interessen der Spender zur Geltung zu bringen. Solange diese Spender ihre Interessen von mächtigen etablierten Parteien vertreten sehen, werden sie kaum einer kleinen Partei Unterstützung gewähren, der es um politische Alternativen zu tun ist.

Mit Recht hat schon Ulrich Dübber 1962 davor gewarnt, daß die Endstufe dieser Art von staatlicher Parteienfinanzierung "das staatlich proportionierte Parteienoligopol" sei (279). Denn auf diese Weise wurde die 5-Prozent-Klausel auf die staatliche Finanzierung der Parteien übertragen (280) und das Parteienoligopol noch hermetischer abgeschlossen gegen einen Einbruch von kleinen oder neuen Parteien (281). Demgegenüber vertritt Hans-Christian Jülich die Ansicht, "daß die Förderung ernsthafter Parteineugründungen nicht weniger dem Art. 21 I GG entspricht als ein Bestandschutz der etablierten Parteien" (282).

Wie noch darzustellen sein wird, war es gewiß kein Zufall, daß sich zu jener Zeit das bundesdeutsche Parteiensystem zu einem Drei-Parteien-Kartell verfestigte, dessen Geschlossenheit bis heute kein Außenseiter aufzubrechen vermochte.

Das Bundesverfassungsgericht steuerte seit 1960 behutsam gegen diese Tendenz an und erklärte eine Reihe von Kommunalwahlgesetzen für verfassungswidrig, "weil die großen Parteien ihre Privilegien dahin auszunutzen versucht hatten, nunmehr auch im engen ortsgebundenen und regional-politisch begrenzten Bereich alle konkurrierenden Kräfte auszuschalten" (283). Auf eine Klage der hessischen Landesregierung unter August Zinn erklärte es auch auf Bundesebene diese Form der direkten Parteienfinanzierung nach mehrjähriger Beratung für unzulässig (284). Damit standen für die Parteien ca. 50 % ihrer Einkünfte auf dem Spiel (285). Das Gericht betonte aber, daß nach dem Grundsatz der Chancengleichheit "alle Parteien, die am Wahlkampf teilgenommen haben, bei der Verteilung der Mittel berücksichtigt werden". Um aber der Gefahr vorzubeugen, "daß sich kleine Splittergruppen nur deshalb am Wahlkampf beteiligen, weil er vom Staat finanziert wird", kann der Gesetzgeber die Beteiligung an der Wahlkampfkostenerstattung davon abhängig machen, daß sie ein Mindestmaß an Stimmen erreichen. Die Grenze müsse allerdings erheblich unter derjenigen von 5 % liegen (286).

Es zeigt also - nach der Ablehnung der bis dahin geübten Praxis der Finanzierung nur der parlamentarischen Parteien - die Möglichkeit der Wahlkampfkostenerstattung mit einer geringen Sperrklausel auf. Damit wird - wenn auch in beschränkterem Maße - einer Differenzierung zwischen den Parteien das Wort geredet (287), indem man nur die kleinen Parteien mit einem finanziellen Wahlkampfrisiko belastet. Hinzu kommt eine Abschlagzahlung der Wahlkampfkostenerstattung gegenüber den großen Parteien, wohingegen die Auszahlung der zustehenden Gelder an kleine Parteien häufig durch bürokratische Schikane behindert wird (288). Die Wahlkampfkostenerstattung "enthält eine Prämie auf den politischen Machtbesitz, die den Wahlkampf rückwirkend im Sinne einer Verfestigung der unterschiedlichen faktischen Startchancen beeinflußt. Die erfolgreichen Parteien erhalten eine staatliche Prämie; für die kleinen Parteien wird der Wahlkampf zum finanziellen Risiko". Hans-Christian Jülich hält dieses Verfahren für bedenklich, weil es u.a. geeignet ist, den status quo zu zementieren und Parteigründungen zu beeinträchtigen. Er schlägt stattdessen vor, daß jeder Partei ein gewisser Prozentsatz ihrer - nachgewiesenen - Wahlkampfkosten erstattet wird (289).

Die Anregung des Gerichts wurde ein Jahr später im Parteiengesetz aufgegriffen und die Wahlkampfkostenerstattung darin festgelegt (§ 18) (290). Als Sperrgrenze für das Anrecht auf die Erstattung galt zunächst ein Stimmengewinn von 2,5 % (291), der im Wahlgebiet abgegebenen Zweitstimmen oder 10 % der in einem Wahlkreis abgegebenen gültigen Erststimmen (Abs. 2) (292), "um zu vermeiden, daß die Wahlkampfkostenerstattung zur Geldbeschaffung ohne ernstliche Wahlanstrengung oder gar zur ad-hoc-Gründung von Parteien zwecks Erlangung öffentlicher Gelder mißbraucht wird" (293).

Zugleich wurden Einkommensteuergesetz und Körperschaftssteuergesetz dahingehend verändert, daß seit 1981 ein Betrag von 1800,-- DM (bei Ehepaaren das Doppelte) als Spende an politische Parteien steuerfrei abgesetzt werden kann (294). Damit reagierte der Gestzgeber endlich auf das Verbot des Bundesverfassungsgerichts von 1958. Er stellte nun sicher, daß die Spenden "wegen der geringen Höhe und breiten Streuung der ... vermittelten Steuerermäßigung keine Bevorzugung bestimmter Parteien und finanziell besonders leistungsfähiger Bürger" bedeuten könnten (295). Auch die vom Gericht beanstandete Begünstigung der Parlamentsparteien unterblieb damit.

Eine Klage der NPD, EFP und BSP beim Bundesverfassungsgericht richtete sich gegen die Höhe des Quorums von 2,5 %, die gegen Art. 21, Abs. 1 und Art. 3, Abs. 2 verstoße (296). Das Gericht hielt die angesetzte Sperrgrenze für zu hoch und setzte sie auf 0,5 % herab (297). Die Entscheidung wurde von den Majoritätsparteien mit Ärger aufgenommen und als "Aufruf zur Gründung von Splitterparteien" diffamiert. Angesichts der Tatsache, daß die Minoritätsparteien 1965 lediglich 5 % und 1969 6 % der erstatteten Wahlkampfkosten erhielten (298), hat diese Anklage bestenfalls propagandistischen Wert. Am Beispiel der NPD läßt sich zudem zeigen, daß Wahlkampfkostenerstattung eine Partei nicht vor dem finanziellen Ruin bewahren kann (299). Ulrich Dübber weist darauf hin, daß eine Kandidatur im Wahlkampf erhebliche Vorfinanzierungen erfordert, die eine Partei nur leistet, wenn sie von der Notwendigkeit ihrer politischen Konzeption überzeugt ist (300). Nach jüngsten Berechnungen benötigt nämlich eine Partei in der Bundesrepublik 7 bis 8 Millionen DM Wahlkampfkosten, um die 5 %-Hürde zu nehmen (301). Selbst wenn also - wie Uwe Schleth meint - Wahlen mit Geld allein nicht zu gewinnen sind (302), so sind sie es ohne ganz sicher auch nicht.

Mit Recht wurde darauf hingewiesen, daß es sich bei dem Parteiengesetz in Wahrheit um ein "Parteienfinanzierungsgesetz" handle, das jedoch eine Kostenerstattung für parteilose Bewerber gänzlich ausschließe (303). Auch die Festlegung der Grenze, ab der die Kosten erstattet werden, kann als willkürlich bezeichnet werden, bei der es sich um eine Frage des politischen Ermessens handle, die zu entscheiden nicht in der Kompetenz des (unkontrollierbaren) Bundesverfassungsgerichts liege (304).

Wie die EFP in ihrer Verfassungsklage hervorhob, werden neue Parteien durch das Parteiengesetz insofern benachteiligt, als Abschlagszahlungen nach dem Ergebnis der vorangegangenen Wahlen verteilt werden und nur an diejenigen Parteien, die die Sperrgrenze übersprungen haben. "Die Wahlen dienen der Neufestsetzung des politischen Kräfteverhältnisses. Deshalb sei allen Parteien die gleiche Ausgangsbasis zu gewähren" (305). Dieser Einwand, der erfolglos blieb, zeigt, daß diese Abschlagszahlungen keinesfalls als Starthilfe für neue Parteien gedacht sind.

Für diese Parteien bestehen nach wie vor extrem schwierige Startbedingungen (306), insbesondere dann, wenn es ihnen darum zu tun ist, alternative politische Konzepte dem Bürger und Wähler vorzustellen. Solches kann eben nur erfolgreich geschehen, wenn ausreichende finanzielle Mittel vorhanden sind, um die erforderliche Öffentlichkeitsarbeit zu finanzieren. Neue Parteien können ihr Budget auch durch Erfolg bei den Wahlen nur dann aufbessern, wenn sie in den einzelnen Ländern auf Anhieb zwischen 0,5 % (Nordrhein-Westfalen) und 1,5 % (Schleswig-Holstein) der Stimmen erreichen (307). Wie die Erfahrung der EFP zeigt, war diese Hürde für sie trotz größter Anstrengung nicht zu nehmen (308).

Mit Recht weist Manfred Rowold darauf hin, daß "die nunmehr relativ breit gestreute Finanzierung der Parteien aus öffentlichen Mitteln ... wesentlich zu spät" gekommen sei, "um einen Einfluß auf das Kräfteverhältnis zwischen den etablierten und den nicht-etablierten Parteien ausüben zu können". Hätte die Regelung seit 1949 auf Bundesebene gegolten, so wären 1949 und 1953 acht, 1957 vier, 1961 drei und 1965 zwei kleinere Parteien berücksichtigt worden (309). Dabei muß offen bleiben, ob nicht alle acht 1949 davon betroffenen Parteien bis heute überlebt hätten und die heute bestehende Konzentration und

Schließung des Parteiensystems hätte vermieden werden können. Auf jeden Fall wäre damit dem Grundsatz der Chancengleichheit eher Genüge getan worden. Denn gerade diese fehlenden Mittel hätten den Parteien vermutlich ein Mindestmaß an Organisation und ständiger Öffentlichkeitsarbeit, an Wahlpropaganda erlaubt, die Rowold als "eine notwendige Voraussetzung für eine zumindest minimale Resonanz in der politischen Öffentlichkeit" bezeichnet. Da aber die Partei als Voraussetzung für solche öffentlichen Gelder bereits Erfolge vorweisen muß, bewegt sie sich in einem "Teufelskreis finanzieller und politischer Ohnmacht", der angesichts des konsolidierten Parteiensystems nur schwer zu durchbrechen ist.

Die Brisanz dieser Situation verschärft sich noch dadurch, daß die "Mandatsparteien" sich neben den hier aufgeführten Geldquellen zahlreiche andere finanzielle und materielle Unterstützungsmöglichkeiten erschließen können (310), die allen übrigen Parteien verschlossen bleiben. Da für die Mehrzahl der kleinen Parteien aus dieser finanziell schwachen Position heraus etwa 170.000 Zweitstimmen bei Bundestagswahlen im gesamten Wahlgebiet oder ca. 150.000 Erststimmen im Wahlkreis für solche Parteien nur mit Mühe zu erreichen sind, stellt Manfred Rowold beruhigt fest, daß "in der Senkung des Quorums für die Wahlkampfkostenerstattung auf 0,5 % kein realer Anreiz zur Parteienzersplitterung gesehen werden kann" (311). Denn selbst diese Form der Parteiensubventionierung vermag die ungeheuren finanziellen Vorteile der "Parlamentsparteien" gegenüber den Minoritätsparteien nicht wirklich auszugleichen (312). "Durch die ... ungleiche Wettbewerbslage kleinerer Parteien wird ... bewirkt, daß eine propagandistische Entfaltung und damit die Möglichkeit, in das Bewußtsein einer breiteren Öffentlichkeit vorzudringen, beschränkt, wenn nicht gar vollends behindert wird" (313).

Im übrigen hat auch die staatliche Parteienfinanzierung die großen Parteien nicht von ihren Geldsorgen befreien können. Die nie endende Klage der Schatzmeister über Geldmangel und die immer neue Suche nach neuen Geldquellen (z.B. Erhöhung der Diäten, Erhöhung der Wahlkampfkostenpauschale) (314), hat neuerdings zu einem Geschäft mit der Europawahl geführt. Danach hatte das Parteienkartell eine Vereinbarung getroffen, nach der es - angeblich, um Steuergelder zu sparen - nur einen reduzierten Wahlkampf führen wollte. Da die Berechnung des Erstattungsbetrages nicht nach der tatsächlich erreichten Stimmenzahl, sondern nach den prozentualen Anteilen der einzelnen Parteien am Gesamtergebnis vorgenommen wird, spielt die Höhe der erreichten Stimmen eine untergeordnete Rolle. Die Parteien erhalten trotzdem ihren Anteil am Gesamtergebnis in klingender Münze ausbezahlt, selbst wenn nur 50 % der Bevölkerung oder weniger zur Urne gegangen sind. Auf diese Weise sanierten die Majoritätsparteien ihre Kassen für den nationalen Wahlkampf 1980 (315). Die "Allparteien-Koalition der Schatzmeister" ist auch ständig darum bemüht, Spendenskandale unter den Teppich zu kehren (316).

Ohne hier auf die umfassende Diskussion um einen sinnvollen, die Parteien in ihrem politischen Spielraum nicht behindernden und eine Minorisierung ausschließenden Modus der Parteienfinanzierung einzugehen (317), bleibt nur soviel festzuhalten, daß weder die staatliche (weil von den Majoritätsparteien geregelte) noch die private (weil von den Interessen wohlhabender Spender abhängige) noch die geheime (318) Finanzierung der Parteien eine Minorisierung verhindern kann (319).

Um eine durch die staatliche Parteienfinanzierung drohende Konservierung bestehender Parteiensysteme und die damit verbundene Beeinträchtigung von Parteigründungen wie auch im politischen Wettbewerb zu verhindern, schlägt Uwe Schleth eine Kombination von Mehrheitswahl und einer Zweckbindung der öffentlichen Investitionen (z.B. kostenlose Nutzung der Kommunikationsmittel) vor. Damit sei die Bildung parlamentarischer Mehrheiten sichergestellt, eine Benachteiligung einzelner Parteien im öffentlichen Wettbewerb vermieden. So werde letztlich dem Wähler die Entscheidung über die Struktur des Parteiensystems überlassen (320). Damit könne nach Schleths Ansicht die notwendige positive Funktion der kleinen Parteien als Signal für die Defizite eines politischen Systems zum Tragen kommen und erhalten werden (321).

Gegenüber dieser, an ein duopolitisches Parlamentarismusmodell geknüpften Theorie kann jedoch die hier betonte Innovationsfunktion kleiner und neuer Parteien nur dann wirksam werden, wenn sie sich als Input-Produzent in einem offenen Dialog mit den herrschenden Parteien messen kann und in einem gerechten Wahlsystem auch Erfolgschancen hat (Verhältniswahl). Voraussetzung für eine zufriedenstellende Regelung wäre ganz allgemein eine wachsende Mitgliederzahl (322), die den Parteien eine solide Finanzbasis und mehr Transparenz im Finanzgebaren der Parteien sichern kann (323). Die Mitglieder können aber nur in jenem institutionalisierten öffentlichen Dialog gewonnen werden (324).

So wird dieser Dialog zu einer wesentlichen Voraussetzung für die Auseinandersetzung mit kleinen und neuen Parteien, die, um die Bürger aktivieren und Innovation bewirken zu können, ihre Ziele öffentlich darzulegen haben. Eine wesentliche Voraussetzung für eine solche Diskussion ist die Möglichkeit des permanenten Zuganges zu den privaten und öffentlich-rechtlichen Medien.

4.2.2.4. Minorisierung in der Öffentlichkeit

Die Ansicht von Hanns-Rudolf Lipphardt, daß die Gefahr der positiven und negativen Privilegierung nicht mehr dem Besitz, sondern den Meinungsgruppen drohe (325), läßt sich leicht untermauern anhand der Schwierigkeiten, mit denen kleine Parteien in ihrer Öffentlichkeitsarbeit zu kämpfen haben. Parteien werden in erster Linie durch ihr jeweiliges politisches Konzept identifizierbar und für die Wähler in ihrer Eigenständigkeit erkennbar. Eine echte Auswahl zwischen den Parteien ist für den Wähler nur dann garantiert, wenn sie sich ihm gleichberechtigt präsentieren können. Um also dem Wähler eine Auswahl zu ermöglichen, die diese Bezeichnung verdient, müssen alle Parteien gleiche Chancen "auf dem politischen Markt der Öffentlichkeit" haben (326). Denn "was von dem, was 'man wissen kann', durch die Massenzeitschriften, Rundfunk und Fernsehen nicht angeboten wird, hat wenig Chancen, in das Bewußtsein der breiten Öffentlichkeit einzudringen" (327). Sie ist insbesondere dann von Bedeutung, wenn seitens herrschender Parteien, sei es zur Erhaltung der eigenen Machtpositionen, sei es um der Abwendung einer vermeintlichen oder tatsächlichen Gefährdung willen, politische Vorurteile gegenüber kleinen und neuen Parteien in Umlauf gebracht werden.

Vorurteile eignen sich aufgrund ihrer irrationalen Natur (328) hervorragend für den politischen Machtkampf insbesondere dann, wenn es sich bei dem Gegner um eine kleine oder neue Gruppe handelt, die aufgrund noch zu schildernder Strukturen keine oder nur eine geringe Chance hat, solchen Vorurteilen zu begegnen, d.h. sie mit der notwendigen Breitenwirkung zu widerlegen.

Wie bereits gezeigt, wurde vorwiegend von der CDU die Legende von der für den Weimarer Staat tötlichen Parteienzersplitterung gepflegt mit der Absicht, kleine und neue Parteien am Aufstieg zu hindern und damit lästige Konkurrenten auszuschalten und den Bürgerblock gegen die Sozialdemokratie zusammenzuschweißen (329). Bis heute ist es in der breiteren Öffentlichkeit nicht gelungen, diese Zwecklegende (330) von den demokratiegefährdenden "Splitterparteien" wirksam zu widerlegen. Sie appelliert an das allgemeine Sicherheitsbedürfnis, aus dem heraus auch Vorurteile entstehen (331), die u.a. eine Schutzfunktion gegenüber Unbekanntem (332) erfüllen.

In diesem Zusammenhang sei auf Eugen Kogon verwiesen, der gezeigt hat, "daß geschlossene Gesellschaften ... die Überprüfung ihrer Vorurteile, ihrer Normen" nicht zulassen. Kogon hat die autoritäre Struktur solcher geschlossenen Gesellschaften aufgezeigt (333). Wie sich am Beispiel der kleinen Parteien innerhalb des Parteienwettbewerbs zeigen läßt, zielen geschlossene Gesellschaften ab auf eine Minorisierung kleiner Meinungsgruppen, die diese Geschlossenheit zu zerstören drohen und die ihrerseits aufgrund fehlender publizistischer Möglichkeiten kaum bis gar nicht in der Lage sind, jenen, von der Mehrheit propagierten Vorurteilen zu begegnen. Verleumdungskampagnen, die auf gängige Vorurteile treffen, werden zu einem "institutionalisierte(n) Prozeß von selffulfilling-prophecy" (334).

Peter Brückner kennzeichnet die Minorisierung so: "Wer als Glied einer majorisierenden Gruppe oder als Inhaber einer Herrschaftsposition andere Gruppen, Minoritäten, als niedrig ansieht, macht sie niedrig" (335). Auf unser Thema bezogen ist folgende Abwandlung des Zitats möglich: Wer als Glied einer majorisierenden Gruppe oder als Inhaber einer Herrschaftsposition Minderheitsparteien niederhält, sieht sie auch als opressionswürdig an. Damit korrumpiert er aber den grundgesetzlich verankerten Gleichheitsgrundsatz (336).

Der Nachweis für die Richtigkeit dieser Hypothese ist zu erbringen zum einen an den Möglichkeiten der kleinen Parteien, über die öffentlich-rechtlichen, zum anderen über private Medien an die Öffentlichkeit zu gelangen. Zu beiden Problemkreisen fehlt bisher eine ausführliche Untersuchung (337). Deshalb soll der Kontakt kleiner Parteien zur privaten Presse am Beispiel der Grünen und - ausführlich - der EFP (Kap. 7.2.) aufgrund der persönlichen Erfahrungen und mit Hilfe einer Dokumentation erläutert werden, in der die publizistischen Initiativen der Partei und ihr Echo in Presseagenturen und privaten Zeitungen erläutert werden (338).

Über die Berücksichtigung kleiner und neuer Parteien in öffentlich-rechtlichen Medien sind insoweit eher Aussagen zu machen, als dieses Problem verschiedentlich bis hin zum Bundesverfassungsgericht behandelt wurde (339). In beiden Bereichen handelt es sich um Minorisierungsakte halb- oder nichtstaatlicher Institutionen, die auch vor den Gerichten kaum bis gar nicht einklagbar sind.

Seit der Weimarer Republik wird für den Rundfunk - heute auch für das Fernsehen - Überparteilichkeit propagiert. Diese Forderung wurde jedoch zu Zeiten des Wahlkampfes schon damals nicht befolgt, als zur Reichspräsidentenwahl 1932 für Hindenburg und Hitler, nicht jedoch für den kommunistischen Kandidaten Ernst Thälmann geworben werden durfte (340). Diese Neigung, in erster Linie Kommunisten von der Wahlwerbung auszuschließen, fand ihre Fortsetzung im Bundestagswahlkampf 1953, als der Nordwestdeutsche Rundfunk der im Bundestag vertretenen KPD Wahlsendezeit verweigerte (341). Eine Klage vor dem Bundesverfassungsgericht unterblieb wohl nur deshalb, weil damals vor dem gleichen Gericht das Verbotsverfahren gegen diese Partei bestand. Demgegenüber kam der BHE, der nicht im Parlament vertreten war, aufgrund jüngster Wahlergebnisse auf regionaler Ebene zu Wort (342). Ähnlich wie mit der KPD verfuhr der NWDR 1057 mit dem Bund der Deutschen, weil dieser in keinem Parlament vertreten war. Die Sendezeiten der bürgerlichen Parteien und der SPD richteten sich nicht nach vorangegangenen Wahlergebnissen, sondern waren zwischen den betroffenen Parteien und dem Sender ausgehandelt worden (343).

Die Benachteiligung der Minoritätsparteien (344) wird ganz generell verschärft durch ein nahezu durchgängiges Totschweigen der kleinen Parteien bzw. eine negative Berichterstattung. Nach den Statuten der einzelnen Anstalten der ARD und des ZDF ist keine Anstalt außerhalb der eigenen Wahlkampfzeit verpflichtet, über alle zugelassenen Parteien zu berichten (345). In der Regel beschränken sich die Statuten auf die parlamentarisch vertretenen Parteien, sofern Parteien überhaupt Erwähnung finden (346). Nur Radio Bremen zeigt sich aufgeschlossener, wenn es den zugelassenen politischen Parteien bei strittigen Fragen von öffentlichem Interesse Sendezeit zubilligt (347). Der Saarländische Rundfunk sieht in seiner Satzung Parteiensendungen vor, die dann von den Parteien in eigener Verantwortung zu gestalten sind. Eine Verpflichtung, diese Sendungen tatsächlich zu bringen, besteht aber auch bei dieser Anstalt nicht (348).

In diesem Zusammenhang ist es wichtig, sich die Entscheidungsstrukturen der Anstalten zu vergegenwärtigen. Zwar besteht für die Anstalten als Institutionen öffentlichen Rechts die Auflage, über alle gesellschaftlich relevanten Gruppen zu berichten (Pluralismuskonzept) (349). Aber Hermann Meyn hat mit Recht die Frage gestellt, wer denn die verbindlichen Kriterien für diese gesellschaftliche Relevanz festlege. Das hängt ab vom allgemeinen Konsens und dieser wiederum von den bestehenden Herrschaftsverhältnissen.

Bis heute hat der Begriff der Relevanz u.a. dazu gedient, die machtorientierten Kriterien einer - vorwiegend ablehnenden - Entscheidung mit dem Scheinargument des mangelnden öffentlichen Interesses bzw. der unzureichenden Relevanz zu untermauern.

Ganz generell beklagt auch Hermann Meyn die in starren Gesetzen verankerte Berücksichtigung einzelner politischer und gesellschaftlicher Gruppen in den Kontrollorganen, die sich veränderten Verhältnisse insofern nicht anpassen können, als neu auftretende, durchaus bedeutende Gruppen (z.B. APO, Bürgerinitiativen) nicht einbezogen werden (350). Abgesehen von der mangelnden demokratischen Legitimation der Mitglieder der Kontrollgremien, die meist aufgrund zufälliger Entscheidungen von Landtagen, Parteien und Verbänden entsendet werden, muß hier überhaupt bezweifelt werden, daß bei den Kontrollgremien von einer Repräsentation der Hörer oder Zuschauer gesprochen werden kann. Vielmehr handelt es sich hier um die Vertreter eines Machtoligopols (vermachtete Gruppen), wobei die in den Landtagen vertretenen Parteien dominieren. Schließlich ist zu bedenken, daß die Gesetze, nach denen eine Anstalt arbeitet, von den Landtagen beschlossen und auch nicht ohne Not geändert werden (351).

Seit Konrad Adenauer - vergeblich - versucht hatte, Funk und Fernsehen für die Interessen der Regierung einzuspannen, hat sich die CDU/CSU stets um mehr Parteieinfluß auf die Medien bemüht (352). Zum gegenwärtigen Zeitpunkt kann man wohl ohne Übertreibung sagen, daß die parlamentarisch vertretenen Parteien in den öffentlich-rechtlichen Medien ein Überwachungsmonopol haben (353), das sie in zunehmendem Maße zu nutzen gedenken (354). Hermann Meyn ist zuzustimmen, wenn er sagt: "Außenseiter, die Meinungen vertreten, die von keiner (parlamentarisch vertretenen, R.R.) Partei geäußert werden, haben es bei allen Rundfunkanstalten in der Bundesrepublik ... schwer, überhaupt in führende Stellungen zu gelangen oder ... sich dort zu behaupten" (355). Diese "Abhängigkeitsverhältnisse bei den Rundfunkanstalten" (356) erklären nicht nur die "Dominanz der herrschenden parteipolitischen Kräfte", sondern auch "die viel zu geringe Berücksichtigung ... politischer Minderheiten sowie die totale Eliminierung oppositioneller Kräfte" (357). Gerade im Bereich der öffentlich-rechtlichen Medien macht sich die "gewaltverbindende Wirkung der (herrschenden, R.R.) Parteien" (358) verhängnisvoll bemerkbar, die alle Theorien der Gewaltenteilung unterläuft. Die Praktiken von Stellenbesetzungen nach Parteiproporz (359) machen eine staatliche Zensur überflüssig (360), da auf diese Weise ohnehin jede grundsätzliche Kritik an den großen Parteien und an den Ämtern, in die sie ihre Mitglieder entsenden, vermieden wird. Die Rundfunk- und Fernsehpolitik der Majoritätsparteien präjudiziert eine "Vorzugsstellung von Mehrheitsmeinungen" (Wilfert) (361), insbesondere diejenigen der Majoritätsparteien, und enthält daher Elemente totaler Herrschaft des Parteienoligopols.

In diesem "System der privilegierten Einflußchancen" (362), das sich hinter den lautstarken Diskussionen um die Ausgewogenheit der öffentlich-rechtlichen Medien verbirgt und "Mechanismen der Anpassung" (363) zur Folge hat, bildet für kleine und neue Parteien einen "Schutzwall" zur Öffentlichkeit, den zu überspringen diese in der Regel weder Mittel noch Möglichkeiten haben. Dies gilt insbesondere für diejenigen Parteien, deren Programm nicht nur alternative Sachforderungen, sondern vor allem alternative Strukturkonzepte enthält. Der bereits bestehende Vorteil der Majoritätsparteien, die aufgrund ihrer politischen Präsenz täglich Beachtung in allen Medien finden (364), wird erhöht durch die Herrschaftsstrukturen in den öffentlich-rechtlichen Medien, die eine verstärkte Breitenwirkung garantieren (365). Die Rechtsstreitigkeiten zwischen der BSP und dem Bayerischen Rundfunk um eine angemessene Berücksichtigung im regulären Programm des Senders zeigen die Hartnäckigkeit, mit der Rundfunkanstalten als Propagandainstrument der Majoritätsparteien sich gegen jegliche Informationsansprüche der Minoritätsparteien wehren. Ähnliches gilt für den Kampf der Grünen um mehr Sendezeit im Bundestagswahlkampf (366). Weder die Versicherung Bahrs, daß man keinen "Parteienrundfunk" haben wolle (367), noch das Urteil des Bundesverfassungsgerichts gegen Wahlwerbung der Regierung (SPD/FDP) mit Steuergeldern (368) haben bisher verhindern können, daß die Majoritätsparteien die staatlichen und halbstaatlichen Institutionen dazu benutzen, ihre Herrschaft noch effektiver gegen Neuankömmlinge zu sichern.

Vor der, allen Minoritätsparteien gegenüber publizitätsfeindlichen Situation in den öffentlich-rechtlichen Medien wirken die Streitigkeiten um Sendezeiten im Wahlkampf eher wie ein Ablenkungsmanöver von der grundgesetzwidrigen Chancenvernichtung und Meinungsmanipulation (369), aufgrund tatsächlicher Herrschaftsstrukturen. Von einer "Chancengleichheit von Mehrheit und Minderheit" (370) kann hier insofern im Ernst nicht mehr gesprochen werden, als es den kleinen Parteien unmöglich gemacht wird, die über sie im sogenannten "Parteienwettbewerb" verbreiteten Angriffe und Vorurteile wirksam zu widerlegen (371).

Vor diesem Hintergrund kann die Klage des Bundes der Deutschen beim Bundesverfassungsgericht um die garantierte Teilhabe an den Wahlkampfsendezeiten (372) nur als letzter Versuch gewertet werden, wenigstens die letzten Reste eines Anspruchs auf den Zugang zu den öffentlich-rechtlichen Medien zu sichern. Der NWDR hatte den Anspruch abgewehrt mit dem Argument, der Rundfunk könne seinen Hörern den Wählern die Wahlpropaganda einer unbedeutenden Splitterpartei nicht zumuten, die keine Aussicht habe, in den nächsten Bundestag einzuziehen oder eine beachtliche Stimmenzahl zu erreichen (373) und damit zugleich die großen Parteien, die für den Wähler von Bedeutung seien und auf Grund ihrer Größe und Bedeutung zu Wort kommen müßten ("Mandatsparteien"), zu kurz kommen zu lassen. Der Rundfunk beanspruchte für sich die Verantwortung für die "Wahrung der demokratischen Freiheiten" und gab seiner Hoffnung Ausdruck, daß der Primat des Politischen einer jenseits von Recht und Verfassung gedachten Staatsraison auch vom Gericht anerkannt und damit wiederhergestellt werde (374).

Den Anspruch des NWDR als "Hüter demokratischer Freiheiten" wies das Bundesverfassungsgericht zurück mit dem Argument, daß Art. 3 GG verletzt werde, "wenn Rundfunkanstalten öffentlichen Rechts, die politischen Parteien Sendezeiten für die Wahlpropaganda einräumen, einzelne Parteien ausschliessen, obwohl Landeslisten für diese Parteien im Sendebereich zugelassen sind" (375). In seiner Urteilsbegründung führt das Gericht weiter aus, daß es den Organen des Rundfunks "keinesfalls" zustehe, "Parteien, die zur Teilnahme an der Wahl zugelassen sind, von der Benutzung des Rundfunks auszuschließen, weil sie diese Parteien für zu unbedeutend oder gar schädlich halten" (376). Jüngst hat das Gericht seine Ansicht bestätigt, daß die Wahlbeiträge - unabhängig von ihrem Inhalt - auf jeden Fall ausgestrahlt werden müssen, wenn die Partei die Voraussetzungen erfüllt hat (Unterschriftenquorum, Landesliste) (377).

Daß das Gericht die Zusicherung von Sendezeiten nur auf den Wahlkampf und nur auf die mit Landeslisten zur Wahl zugelassenen Parteien bezieht (378), erklärt sich daraus, daß es die Parteien vor allem als "Wahlvorbereitungsorganisationen" versteht (379), ein gemessen an der tatsächlichen Bedeutung der Parteien als Willensbildungsorgane reduziertes Verständnis. Die Parteien werden damit in "das Vorfeld der politischen Willensbildung" verwiesen, was auf eine "fragmentarische Sicht des Funktionsbereichs der politischen Willensbildung" zurückgeführt wird. Dem "Vorfeld" wird die politische Willensbildung selbst gegenüber gestellt, die sich erst im Wahlakt und den daran anschließenden Vorgängen im staatlichen Bereich vollziehen soll. Damit wird der einheitliche Prozeß der Meinungs- und Willensbildung "im politischen Körper der Nation" in zwei Felder von deutlich erkennbarem Rangunterschied zerlegt. Ridder, der hier die Deutung von Ulrich Scheuner kritisiert, schlägt stattdessen vor, den Gesamtprozeß als Prozeß der politischen Meinungs- und Willensbildung zu bezeichnen. Ridder fährt fort, daß das Bundesverfassungsgericht das Schwergewicht der politischen Chancengleichheit habe auf das "Vorfeld" der politischen Willensbildung verlegen müssen, "weil sonst klaffende Widersprüche zu seiner Wahlrechtsjudikatur auch der notwendigsten Bereinigung entraten hätten" (380).

Deshalb reicht auch die vom Gericht zugebilligte Chancengleichheit nur bis zu dem Punkt, an dem es die Parteien fertiggebracht haben, alle davor errichteten Barrieren zu überwinden (Verweigerung von Öffentlichkeit, Unterschriftsquorum). Darüber hinaus hält es das Gericht mit dem Grundsatz der gleichen Wettbewerbschancen der Parteien im Bereich der Wahlpropaganda für vereinbar, "die den einzelnen Parteien zuzuteilenden Sendezeiten nach der Bedeutung der Parteien verschieden zu bemessen". Neuen Parteien steht demnach eine "<u>angemessene</u> Redezeit" zu (381). Das Gericht hat es jedoch unterlassen, zu konkretisieren, was unter "angemessen" zu verstehen ist.

Obwohl also mit dem Urteil den kleinen Parteien Sendezeit im Wahlkampf garantiert wird, bleibt es doch den Anstalten - und natürlich den diese kontrollierenden parlamentarischen Parteien - überlassen, den kleinen und neuen Parteien nur das notwendige Minimum zuzugestehen. Die in diesem Urteil enthaltene "abgestufte" Chancengleichheit (382) vermag damit an der bereits bestehenden Chancenungleichheit im Endeffekt wenig zu ändern. Denn schon 1957 hatte der NWDR folgende unterschiedliche Sendezeiten eingeräumt: CDU 100 Minuten (UKW 30), SPD 90 (UKW 30), FDP 45 (UKW 15), BHW 35 (UKW 15), DP 30 (UKW 15) Minuten (383). Auf seine Klage hin erhielt der BdD schließlich ganze 10 Sendeminuten (384).

1965 erhielten CDU und SPD in ARD und ZDF jeweils 45 Minuten, die FDP jeweils 15 Minuten, die CSU erhielt von der ARD 10, vom ZDF 15 Sendeminuten. Allen nicht im Bundestag vertretenen Parteien räumte die ARD ganze 5 Sendeminuten ein, soweit sie mindestens in 2/3 aller Wahlkreise Kandidaten aufgestellt hatten - eine für eine kleine Partei beachtliche Hürde. Im ZDF erhielten sie bei Nachweis einer Landesliste ganze 2,5 Minuten. Im Rundfunk wurden die Parteien teils nach den letzten Wahlergebnissen, teils nach dem Gesamtstimmenverhältnis mit Sendezeiten bedacht (385). Danach ist die Verteilungspraxis der Sendeminuten so unterschiedlich, daß von <u>Chancengleichheit</u> im Ernst nicht gesprochen werden kann.

Insbesondere um den Begriff der "Angemessenheit" gab es nach dem Urteil des Bundesverfassungsgerichts 1957 verschiedene Ausdeutungen. Während der Bayerische Verfassungsgerichtshof eine Sendezeit von 5 Minuten für ausreichend hielt, kam das Bundesverwaltungsgericht auf 10 Minuten Mindestzeit (386). Allerdings hat sich seither an der unterschiedlichen Bemessungspraxis nichts geändert (387).

Hegels meint, daß 5 Minuten Sendezeit hier wohl lediglich "als eine freundliche Geste des guten Willens" aufzufassen sind (388). Er teilt mit Hans-Christian Jülich (389) die Ansicht, daß "keine zwingenden Gründe für eine grundsätzliche Differenzierung zwischen den Parteien ersichtlich sind" und kommt zu dem Ergebnis, daß "alle in der Praxis der Bundesrepublik üblichen Verteilungsschlüssel, die mehr oder weniger am bisherigen Stärkeverhältnis der Parteien ausgerichtet sind, mit dem Erfordernis gleicher Wettbewerbschancen nicht vereinbar" sind (390). Er weist darauf hin, daß alle Gründe für eine solche Differenzierung "zu sehr im status-quo-Denken verhaftet sind" (391).

Nach Ansicht von Jülich muß deshalb allen zur Wahl zugelassenen Parteien die gleiche Sendezeit zugestanden werden, da eine - wie auch immer geartete - Abstufung dem Prinzip der Chancengleichheit widerspricht und auch nicht damit gerechtfertigt werden kann, daß die Funktionsfähigkeit des Parlaments gefährdet sei. Diese zu sichern, sei allein Zweck der Sperrklausel (392). "Die Neutralität der Rundfunkanstalten gegenüber dem Wettbewerb der Parteien ist bei der Veranstaltung von Parteisendungen nur in Form schematischer Parität möglich" (393). Franke schlägt vor, allen an der Wahl beteiligten Parteien die gleiche Grundsendezeit zuzuweisen und ein zusätzliches Quantum nach der Zahl der Direktkandidaten zu bemessen (394).

Karl-Heinz Seifert vertritt die gleiche Ansicht und meint, daß angesichts des Übergewichts der großen Parteien in Funk und Fernsehen man in den Wahlsendungen "eher ... eine bescheidene Wiedergutmachung für jahrelange Benachteiligung" sehen kann, "deren Folgen sich in der kurzen Wahlzeit ohnehin nur zum geringsten Teil ausgleichen lassen. Unter diesen Umständen bleibt von dem, was hier unter dem wohlklingenden Namen der 'Integration' auftritt (gemeint ist die Wahl, R.R.) nur eine manifeste Benachteiligung der politischen Minderheiten übrig" (395).

Seifert hält die Abstufung der Sendezeit vom Bundesverfassungsgericht für nicht zwingend begründet (396). Der Staat (die öffentlich-rechtlichen Anstalten) maße sich mit der Vorsortierung der Parteien ein Recht an, das allein dem Wähler zustehe. Seifert kommt deshalb zu dem Schluß, daß es sich bei der Abstufung um nicht weniger als eine regelrechte staatliche Wahlbeeinflussung handle. Er hält deshalb die praktizierte abgestufte Wahlsendepraxis für verfassungswidrig (397). Darüber hinaus werde der Grundsatz der Chancengleichheit von den Funkhäusern ständig mißachtet, weil in den von ihnen selbst gestalteten Wahlsendungen allein die parlamentarisch vertretenen Parteien zu Wort kommen (398).

Vor dem Hintergrund der faktischen Machtverhältnisse in den öffentlich-rechtlichen Medien erscheint die Minorisierung nicht verwunderlich. Die Forderung nach Chancengleichheit ist zwar theoretisch gerechtfertigt, ihre Realisierung unter den gegenwärtigen Verhältnissen jedoch wenig wahrscheinlich. Denn auch kein Verfassungsgericht hat je mit seinem Spruch bestehende Machtverhältnisse zu verändern, bestenfalls Machtmißbrauch in seinen eklatantesten Auswirkungen zu korrigieren vermocht.

Da bisher eine Untersuchung über das Verhältnis der Presse zu den Minoritätsparteien fehlt, müssen wir uns darauf beschränken, die Chancen zu analysieren, die für eine Publikation von Minoritätsmeinungen in der privatwirtschaftlich organisierten Presse bestehen. Diese Fragestellung gibt zugleich Einblick in die Möglichkeiten einer Kompensation der Minorisierung von politischen Meinungen durch die öffentlich-rechtlichen Medien (399). Am Beispiel des Kontaktes der Grünen und EFP zur privatwirtschaftlichen Presse (Kap. 7.2.) lassen sich die hier gemachten Aussagen stützen.

Trotz der unterschiedlichen Organisationsstrukturen besteht die öffentliche Aufgabe der privaten Presse - wie bei den öffentlich-rechtlichen Medien - in der Information, der Mitwirkung bei der Bildung und Verbreitung der öffentlichen Meinung (400). In diesen Aufgabenbereich fällt auch die Publikation von Minderheitsmeinungen, für deren Verbreitung allerdings - wie noch zu zeigen sein wird - nur geringe Chancen bestehen.

Eine solche, hier vermutete Minorisierung wäre - im Gegensatz zu Teilbereichen im öffentlich-rechtlichen Bereich - nicht einklagbar, da die Organe zur Publikation bestimmter Meinungen nicht verpflichtet werden können (401). Andererseits sind auch im privaten Pressewesen die Machtstrukturen derart, daß kleine Gruppen von - in der Regel einflußreichen (402) und daher an der Erhaltung der gegebenen Machtstrukturen interessierten - Bürgern die Richtung der Informationspolitik der Presse bestimmt (403).

Nach einer Inhaltsanalyse (404), die von Dortmunder Journalistik-Studenten während eines Wahlkampfseminars erstellt wurde, ließen sich folgende Tendenzen beobachten: Da der Umfang der Berichterstattung sich an aktuellen Anlässen orientiert (Wahlen, Parteitage), steht er in engem Zusammenhang mit den Wahlerfolgen bzw. -mißerfolgen. Nach den Erfolgen in Bremen und Baden-Württemberg stieg die Berichterstattung sprunghaft an. Vor den Wahlen in Nordrhein-Westfalen genossen die "Grünen" noch durchweg starke Beachtung. Danach wurde über sie (bis auf Wahlergebnisse) kaum mehr berichtet. In der Berichterstattung über Parteitage herrschte eine ablehnende Haltung vor gegenüber den "anarchistischen" Abläufen. In der Regel wurde über die Ziele der "Grünen" nicht berichtet. Hingegen herrschten personenbezogene Artikel und wahlarithmetische Überlegungen vor. Bis auf Ausnahmen (405) kamen "Grüne" selbst nicht zu Wort, hingegen zahlreiche Politiker aus den etablierten Parteien, die sich zu den "Grünen" äußerten. Die Bewertung der Partei beschränkte sich weitgehend auf Schlagwörter, die negative Assoziationen wecken. Über Parteitage wurde in der Regel als merkwürdiges Spektakel berichtet, wobei sowohl die

Sprengkraft der verschiedenen ideologischen Gruppen in den "Grünen" wie auch die Herkunft einzelner führender Mitglieder lange Zeit im Dunkeln blieb. Dies wirft ein Licht auf die allgemeine Fixierung der Medien auf die großen Parteien, aufgrund deren auch Gefahren solcher ideologisch heterogenen Bündnisse leicht übersehen werden.

Die Tendenz, diejenigen "Grünen", die nicht als "Trittbrettfahrer" der Ökologen zu sehen sind, diejenigen also, die z.B. die großen Parteien verlassen haben, um in einer eigenen Organisation mit einem eigenständigen, grundsätzlich anderen Bezugspunkt (Ökologie) vernachlässigte Interessen und Bedürfnisse zu vertreten, stärker in ihrem negativen Bezug zu den großen Parteien (besonders CDU und SPD) vorzustellen als in ihrer positiven Funktion, einen Wertwandel politisch zu demonstrieren und durchzusetzen, beweist einmal mehr die Fixierung der Medien auf die großen Parteien. Nicht die vorgestellte Alternative wurde landesweit diskutiert, sondern die Frage, welchen Nutzen oder Schaden die großen Parteien von dieser neuen Gruppierung haben (406). So haben sich gerade die der SPD und den Gewerkschaften nahestehenden Medien (z.B. Frankfurter Rundschau, Westfälische Rundschau, Stern) (407) - nach anfänglicher Aufgeschlossenheit - später ins Feld der Gegner der "Grünen" bewegt, weil sie einem Stimmenverlust der SPD zur Bundestags- und den Landtagswahlen 1980 entgegenwirken sollten.

Als weiteres Beispiel für eine, gegenüber den Minoritätsparteien unfreundliche Pressepolitik läßt sich der Springerkonzern anführen, der aufgrund einer internen Verlagsanweisung über alle außerparlamentarischen Parteien nicht bzw. nur Nachteiliges berichtet (408). Die Tatsache wiegt umso schwerer, als es sich bei diesem Verlag um den dominierenden publizistischen Großkonzern in der Bundesrepublik handelt (409). Aufgrund seiner Größe vermag er auch kritische, bei ihm beschäftigte Journalisten in die Knie zu zwingen (410), da sie aufgrund der allgemeinen Pressekonzentration (411) wenig Chancen haben, in anderen Verlagen gleichwertige Positionen zu erhalten (412).

Wie Hans-Dieter Müller ausführlich gezeigt hat, hat sich Springer seit 1958 nicht zuletzt aufgrund gemeinsamer ökonomischer Zielvorstellungen mit der CDU verbündet, was von Konrad Adenauer selbstverständlich gern angenommen wurde (413) und den inneren Verfall der Partei vor den Augen der Leser von Springer-Zeitungen lange Zeit zu kaschieren vermochte (414). Axel Springer und die CDU/CSU harmonisieren auch in ihrer Verteidigung des privatwirtschaftlichen Pressewesens und - wie sich heute zeigt (415) - in dem Kampf um das Privatfernsehen. Auf diese Weise erhielt die CDU über Die Welt und die Bildzeitung Zugang zu nahezu allen Schichten der Bevölkerung. Aufgrund der auf Parteien hin ausgerichteten Lizenzierungspolitik der Briten erhielt auch die SPD - in geringerem Maße auch die FDP (416) - Einfluß auf Tageszeitungen und Zeitschriften, den sie bis heute weitgehend verloren hat.

Neben den Parteien, denen u.a. über sogenannte Berater ein - wenn auch begrenzter- Einfluß auf Zeitungen zugestanden wird (417), müssen Zeitungen als privatwirtschaftlich organisierte Betriebe auf ihre Rentabilität Rücksicht nehmen, wobei die Pressefreiheit in der Regel eingeschränkt wird zugunsten eines Einflusses derjenigen Anzeigenkunden, die ihre Werbung optimal verkauft wissen möchten (418). Insofern ist die Zeitung gehalten, möglichst Mehrheitsmeinungen wiederzugeben, um damit das Interesse der Lesermehrheit auf die Anzeigen zu lenken. Diese Nachrichtenpolitik wirkt hinsichtlich der herrschenden Meinungen eher verfestigend als innovatorisch. Hinsichtlich der politischen und ökonomischen Bedingungen, unter denen so Nachrichtenpolitik betrieben wird, wird es in den Presseorganen kaum Möglichkeiten geben, Minoritätsmeinungen zu Wort kommen zu lassen. Wie die Erfahrungen der EFP zeigen (419), bestehen für Minoritätsparteien im lokalen Bereich noch am ehesten Publikationschancen. Die Ursache ist jedoch weniger in einer besonderen Sympathie gegenüber Minoritäten in der lokalen Presse zu suchen als vielmehr in dem eklatanten Mangel der lokalen Presse an Stoff (420).

Geht man davon aus, daß - insbesondere die Massenpresse - nicht nur öffentliche Meinung wiederzugeben vorgibt, sondern sie auch herstellt (421), so stehen unter den dargestellten Umständen auch hier kaum Chancen für politische Minderheiten, ihre Vorstellungen an die Öffentlichkeit zu bringen bzw. sie in der Öffentlichkeit zu diskutieren. Das Gleiche gilt für Presseagenturen, die ihre Nachrichten nach privatwirtschaftlichen Prinzipien weitergeben, d.h. nur das zur Verteilung auswählen, was der Mehrheitsmeinung entspricht und maximale Abnahme garantiert. "Quantität wird für die deutsche Nachrichtenagentur zur Qualität", dann nämlich, wenn hinter der Information eine etablierte, d.h. große, gut organisierte Gruppe steht (422).

Versuche, dieser Minorisierung durch die Presse zu begegnen und eigene Organe zu begründen, haben - zumindest im Bereich der linken Presse - erhebliche Behinderungen zur Folge gehabt, die bis zur Gefährdung der Existenz solcher Organe reichten (423). Die Begründung alternativer Zeitungen, die im überregionalen Bereich der Minorisierung durch die herkömmliche Presse begegnen könnten (424), erfordern erhebliche finanzielle Mittel, die eine kleine, neue Partei in der Regel nicht aufbringen kann.

Wie die Untersuchung der Werbemöglichkeiten kleiner Parteien über die Medien gezeigt hat, wird das Bekenntnis des Grundgesetzes zum Mehrparteiensystem, das auch gleiche Chancen der Minderheitsparteien einschließt, zur Mehrheit zu werden (425), durch die Verfassungswirklichkeit in keiner Weise gestützt. Voraussetzung für den "Kampf um die Mehrheit durch Werbung für politische Programme" (426) ist eine "möglichst offene, d.h. der Öffentlichkeit offenstehende, politische Willensbildung" (427). Die Kanäle hingegen, über die sich auch die nicht in den Parlamenten vertretenen Parteien an der öffentlichen Diskussion beteiligen könnten, bleiben ihnen weitgehend verschlossen. Selbst in der "Wahlsichtwerbung" (Plakate) sind die Möglichkeiten begrenzt, da auch hier "abgestufte Chancengleichheit" gilt (428), d.h. eine von den großen Parteien über eine vom "Patronagekartell" durchsetzte Verwaltung (429) zu genehmigende "differenzierte" Zuteilung von Werbeflächen praktiziert wird (430). Selbst in den Wahlprognosen, die bekanntlich auch Einfluß auf das Wahlergebnis ausüben, werden Minoritätsparteien, insbesondere Schwerpunktparteien, nicht angemessen berücksichtigt (431).

Die Häufigkeit ihrer Präsentation in der Öffentlichkeit beeinflußt entscheidend die Vertrauenswürdigkeit einer Partei beim Wähler. Stellt man seine Vergeßlichkeit in Rechnung, so muß eine Partei, die nur sporadisch oder nur im Wahlkampf an die Öffentlichkeit gelangt, jedes Mal neu um das Vertrauen des Wählers kämpfen, indem sie sich als zuverlässig und beständig darzustellen vermag (432). Dies scheint bei der dargestellten Chancenungleichheit in der Vertrauenswerbung nahezu unmöglich. Und so konnte Bundeskanzler Schmidt mit der Arroganz des Mächtigen befriedigt feststellen, daß kleine Gruppen, die "aus dem Nichts ... nach oben streben" (433), das Vertrauen der Bevölkerung nicht hatten "auf sich ziehen" können. Nur die drei bzw. vier Parteien im Bundestag hätten sich das Vertrauen der Bevölkerung im Bundestag erhalten, wenn auch dieses Vertrauen mal etwas mehr der einen, mal etwas mehr der anderen Partei zugewandt sei (434). Vor dem Hintergrund der bundesdeutschen Medienlandschaft, in der Meinungsfreiheit und Meinungsvielfalt (435) zur Phrase zu werden drohen, ist dieses Ergebnis nicht verwunderlich.

Gewiß lassen sich die Akte der Minorisierung in dieser Übersicht nicht vollständig auflisten. Wie auch am Beispiel der EFP noch zu zeigen sein wird, geschieht vieles in schwer faßbaren Zwischenbereichen, wo z.B. Verwaltungen, in denen in der Regel zahlreiche Vertreter der großen Parteien sitzen, nach eigenem Ermessen entscheiden können. Die Frage, ob Unterstützungsunterschriften im Zweifelsfall anerkannt werden können, wo eine kleine Partei einen Werbestand aufstellen darf, auf dem stark frequentierten Marktplatz oder in einer abgelegenen Seitenstraße, ob sie Lautsprecher benutzen darf oder nicht, hängt in der Regel vom Ermessen der Behörde ab. Eine Minorisierung ist in diesem Falle nicht einklagbar, selbst wenn Karl-Heinz Seifert Abstufungen in diesem Bereich für verfassungswidrig hält und darauf verweist, daß in solchen Fällen eine Abstufung nur dann gerechtfertigt ist, wenn die Behörde "technisch nicht in der Lage sein sollte, alle Parteien voll zu befriedigen" (436).

Die Neugliederung der Bundesländer oder Wahlkreise, bei der ausschließlich Machtansprüche der großen Parteien berücksichtigt werden (437), kann mitunter zum Nachteil einer kleinen Schwerpunktpartei ausfallen (438). Als verfassungswidrige Beeinträchtigung von Schwerpunktparteien charakterisiert wurde auch das gegen die Blockstrategie der CDU gerichtete Verbot von Listenverbindungen (439) und der Zwang, in allen Wahlkreisen Bewerber aufzustellen (440). Es nimmt den kleinen Parteien die Möglichkeit, sich gegen die Monopolstellung der Großen aus wahltaktischen Gründen zusammenzuschließen und gleichzeitig ihre Eigenständigkeit zu wahren (441).

Die Liste der dargestellten Akte der Minorisierung hat deutlich gezeigt, daß das Netz der Abwehr gegenüber kleinen und neuen Parteien so eng ist, daß es einer einzelnen nationalen Partei kaum möglich ist, auf dem Wege der Wahlentscheidung ins Parlament zu gelangen. Wie die gegenwärtige Situation der FDP zeigt, besteht eher die Gefahr, daß diese "dritte Kraft" durchfällt und aus dem Drei- ein Zweiparteiensystem wird.

Nach diesem Ergebnis trifft die Formulierung der Parteienrechtskommission 1957 zur Kennzeichnung der Wahl die Realität gewiß nicht: "Die Wahlen sind frei, wenn die Freiheit der öffentlichen Meinungsäußerung gesichert ist, die Parteien gleiche Wettbewerbschancen haben und die Wähler sich bei der Wahl zu Personen oder zu Parteien ohne Druck zu bekennen vermögen" (442). Bei ihrer Beschreibung der gleichen Wettbewerbschancen hatte die Parteienrechtskommission wohl nur die großen, parlamentarisch vertretenen Parteien im Auge (443) oder aber eine Soll-Vorstellung, die sich kaum an der Realität orientiert hat.

An der zunehmenden Konzentration des realen Parteiensystems läßt sich demgegenüber das ganze Ausmaß des Widerspruchs zwischen dem in der Verfassung geforderten Mehrparteiensystem und der faktisch forcierten Parteienkonzentration aufzeigen.

4.2.2.5. Exkurs: Rechtsstreitigkeiten zwischen Minoritätsparteien und öffentlich-rechtlichen Anstalten

Als Beispiel dafür, daß sich keineswegs alle kleinen Parteien mit jener nicht justiziablen Minorisierung widerstandslos abzufinden bereit sind, sei hier ein wohl einmaliger Rechtsstreit um einige wenige Sendeminuten in Funk und Fernsehen dargestellt. Es scheint jedoch sinnvoll zu sein, sich zuvor eine Definition des ehemaligen Bundesverfassungsrichters Gerhard Leibholz zur Gleichheit in Erinnerung zu rufen: Leibholz definiert diesen Begriff als "mathematische Gleichheit, nach der die Menschen auf allen Lebensgebieten unbeschadet ihrer verschiedenen Anlagen, ihrer sozialen Stellung, ihrer verschiedenen ökonomischen Verhältnisse so weit wie möglich absolut gleich behandelt werden". Die so definierte Gleichheit schließt auch "die absolut gleiche Beteiligung aller an der politischen Willensbildung" ein (445). Im Sinne dieser quantitativen Interpretation mag es schlüssig erscheinen, angesichts der großen Masse der anderweitig oder gar nicht engagierten Bürger kleinen Parteien, die sich mitunter nur auf wenige hundert - politisch Engagierte - stützen können, keine Möglichkeit zur öffentlichen Diskussion zu bieten.

Die Bayerische Staatspartei, eine Partei, die sich von der Bayernpartei abgespalten hat und die als föderalistisch orientierte Partei schon seit 1971 mit der EFP kooperierte, gehörte zeitweilig (1976 - 1978) zur EFP-Sektion Deutschland und ist nun als bayerische Sektion eine direkte Untergliederung des europäischen Verbandes (446).

Zwei Jahre nach ihrer Gründung (September 1967) reichte die Partei beim Bayerischen Verfassungsgerichtshof eine Popularklage ein, weil sie bis dahin vom Bayerischen Rundfunk lediglich zwei mal ganze 10 Minuten Sendezeit erhalten hatte (447). Der Antrag lautete auf Feststellung der Verfassungswidrigkeit des Artikel 4 Abs. 2 Nr. 2 Satz 3 und 4 des Bayerischen Rundfunkgesetzes (448). Aus einer Stellungnahme des Bayerischen Ministerpräsidenten zu dieser Klage geht hervor, daß es letztlich beim Gesetzgeber, d.h. den durch die beklagte Regelung begünstigten Parteien lag, über ihre eigene Relevanz in der Öffentlichkeit zu befinden, aufgrund deren ihnen eine bevorzugte Berücksichtigung seitens des bayerischen Rundfunks eingeräumt wurde (449).

In seiner ersten Mahnung an den Gerichtshof wies Helmut Kalkbrenner als Vertreter der BSP auf die allgemeine Bedeutung der Klage hin: "Bei der heutigen Verbreitung und Massenwirkung der Kommunikationsmittel Rundfunk und Fernsehen ist die Zulassung einer Partei zu deren Sendungen von geradezu existenzentscheidender Bedeutung. Es ist mit den Grundsätzen einer echten Demokratie und der Chancengleichheit aller Parteien einfach nicht zu vereinbaren, nur die im Parlament vertretenen Parteien in Funk und Fernsehen zu Wort kommen zu lassen und alle anderen auszuschließen. Die diesbezüglichen, mit der vorliegenden Klage angefochtenen Bestimmungen des Rundfunkgesetzes sind so offenkundig verfassungswidrig, daß jeder Tag, an dem sie weiter bestehen bleiben, eine schwerwiegende Verzerrung und Verfälschung der politischen Wettbewerbsbedingungen bringt" (450).

Im Gegensatz zur BSP schien der Gerichtshof die Angelegenheit nicht als besonders dringend zu betrachten. Ob bei dieser Verzögerung die im November desselben Jahres anstehenden Landtagswahlen eine Rolle spielten, ist selbstverständlich nicht nachzuweisen. Daß bei der BSP ein diesbezüglicher Verdacht aufkam, zeigt der Passus eines zweiten Mahnschreibens vom 12.5.1970: "Die im Landtag vertretenen Parteien - voran die Regierungspartei CSU - sind natürlich daran interessiert, die Bayerische Staatspartei als unerwünschte Konkurrenzpartei und unangenehme Opposition von Rundfunk und Fernsehen fernzuhalten, damit sie sich den Wählern mit ihren Zielvorstellungen und ihrer Kritik an den herrschenden Zuständen nicht präsentieren kann. Die Nichtbehandlung der anhängigen Klage der Bayerischen Staatspartei gegen das Rundfunkgesetz und der damit verbundene fortdauernde Ausschluß von Sendungen des Bayerischen Rundfunks kommt daher den Landtagsparteien zugute, wobei wir den von diesen Parteien gewählten Mitgliedern des Bayerischen Verfassungsgerichts nicht eine diesbezügliche Absicht unterstellen wollen".

Der in diesem Zitat implizierte Verdacht wurde noch mit dem Hinweis auf eine frühere Klage der BSP vor demselben Gericht gestützt, wonach das Gericht auf "den Antrag auf Erlaß einer einstweiligen Anordnung gegen die Auszahlung von Abschlagzahlungen an politische Parteien" fünf Monate nicht reagierte, "wodurch der mit diesem Antrag verfolgte Zweck gegenstandslos und die sofortige Finanzierung der durch dieses Gesetz ("Über die Erstattung von Wahlkampfkosten bei Landtagswahlen", R.R.) begünstigten Parteien gesichert wurde". Die BSP hatte damals "unter Bezweiflung der parteipolitischen Neutralität des Verfassungsgerichtshofes" ihren Antrag zurückgezogen (451).

In seiner Entscheidung vom 17.8.70 stellte der Gerichtshof schließlich fest, daß - entsprechend der Entscheidung des Bundesverfassungsgerichts wie auch gemäß Art. 5 PartG. - allen Parteien "ein gewisses Mindestmaß an Sendezeit" gewährt werden muß (452). Damit war die Gesetzwidrigkeit von Art. 4 Abs. 2, Nr. 2, Satz 3 BayRuFuG. festgestellt.

Da der Bayerische Rundfunk dennoch keinerlei Anstalten machte, dem Urteil zu entsprechen (453), beantragte die BSP am 9.11.70 beim Verwaltungsgericht München den Erlaß einer einstweiligen Verfügung gegen den Bayerischen Rundfunk, um ihrem Begehren Nachdruck zu verleihen, wonach der BSP eine angemessene Sendezeit ("eine Sendung in Hörfunk und Fernsehen" (454)) einzuräumen sei, "in der sie zu derzeit aktuellen Fragen des politischen Geschehens Stellung nehmen kann" (455). Dieser Antrag wurde vom Gericht zurückgewiesen (456). Kurz darauf (11.12.70) reichte die BSP beim Bayerischen Verwaltungsgericht eine Klage gegen den BR ein, da der Sender auf die Aufforderung der BSP hin, eine Sendezeit nun endlich zu vereinbaren, mit dem allgemeinen Hinweis reagiert hatte, er habe der BSP entsprechend ihrer Bedeutung im politischen Leben Gelegenheit zur Äußerung in seinen Sendungen gegeben. Die Klage wurde insbesondere damit begründet, daß die BSP weiterhin "durch Verzögerungstaktik totgeschwiegen" und von der Chefredaktion des BR auf die Zeit nach dem Wahlkampf vertröstet worden sei (457).

Der BR erklärte diese Klage für unzulässig, da für die Klägerin "kein Rechtsschutzbedürfnis" bestehe. Er vergebe außerhalb der Wahlkampfzeiten überhaupt keine Sendungen. Zu Sendungen, in denen einzelnen Politikern Gelegenheit zur Äußerung gegeben werde, würden nicht bestimmte Parteien eingeladen, sondern einzelne Politiker, die zu Sachfragen Stellung nähmen, in denen sie politisch hervorgetreten seien. In Regionalprogrammen des Fernsehens habe der Bayerische Rundfunk die BSP nicht totgeschwiegen, sondern über sie zu allen "sachlich vertretbaren Anlässen" berichtet und sie insgesamt nicht anders behandelt als vergleichbare kleine Parteien (458).

Das Urteil des Bayerischen Verwaltungsgerichts vom 20.1.71 fiel ähnlich interpretierbar aus, wie das des Bayerischen Verfassungsgerichtshofes. Danach wurde der BR verpflichtet, "bei Sendungen in Hörfunk und Fernsehen über Fragen von öffentlichem Interesse, zu denen Vertretern anderer Parteien die Möglichkeit der Stellungnahme gegeben ist, auch Vertreter der Klägerin angemessen zu Wort kommen zu lassen" (459).

Gegen dieses Urteil legte der BR Berufung beim Bayerischen Verwaltungsgerichtshof ein mit dem Argument: Die Rundfunkfreiheit sei bedroht (460). Im Zusammenhang damit erstellte der zweite Rechtsvertreter und Gründer der Partei, Helmut Kalkbrenner, eine Zusammenfassung des beklagten Sachverhalts auf, die wegen ihrer grundsätzlichen Bedeutung der Dokumentation beigefügt wird (461).

Kurz danach hatte sich der BR offensichtlich damit aus der Affaire zu ziehen versucht, daß er unter Umgehung der Partei-

Geschäftsstelle in München den schwer erkrankten Landesvorsitzenden Franz Egerndorfer kurzfristig zu einer "Kurzdiskussion" von 10 Minuten über "Regionalorganisierte Parteien" einlud. Der Landesvorsitzende mußte den Termin ablehnen und bat stattdessen den Abgesandten des BR um Rücksprache mit Helmut Kalkbrenner. Diese Rücksprache erfolgte nicht. Auf diese Weise versuchte sich nach Ansicht der BSP der BR ein Alibi zu schaffen, um die Anklage als nichtig einstellen lassen zu können (462).

Die BSP hingegen verlangte, die Berufung des BR gegen das Urteil des Bayerischen Verwaltungsgerichts München zurückzuweisen (463). Dieser Antrag wurde vom Gericht zurückgewiesen (464).

Am 22.9.71 schließlich traf der Bayerische Verwaltungsgerichtshof folgende Entscheidung: Der BR wurde verpflichtet, der BSP "bei der Behandlung von Fragen, für die ein öffentliches Interesse besteht", pro Jahr "eine Gesamtsendezeit von 10 Minuten, davon 8 Minuten im Hörfunk und 2 Minuten im Fernsehen, einzuräumen, in der sie durch eigene Vertreter zu Wort kommt" (465). In seiner Urteilsbegründung interpretierte das Gericht den von der BSP vor dem Bayerischen Verfassungsgerichtshof beklagten Art. 4, Abs. 2, Nr. 2, Satz 3 und 4 - im Gegensatz zum Bayerischen Verfassungsgerichtshof - dahin, daß "nach dem Willen des Gesetzgebers allen Parteien auch außerhalb des Wahlkampfes vom Rundfunk angemessene Sendezeit einzuräumen ist" (466). Eine Revision durch das Bundesverwaltungsgericht schloß das Urteil ausdrücklich aus. Der BR beantragte diese Revision dennoch.

Kurz darauf erledigte sich der Streit durch eine Änderung des Bayerischen Rundfunkgesetzes dahingehend, daß den Parteien ein Anspruch auf Sendezeiten nur zur Vorbereitung von Wahlen eingeräumt wurde (Art. 1 Nr. 2d. ÄndG (467)). Damit erledigte sich zugleich die beantragte Revision (468). Die Beschlüsse der Vorinstanzen wurden für unwirksam erklärt (469).

Die auf diese Weise besiegelte Erfolglosigkeit des jahrelangen Rechtsstreites faßte der Rechtsvertreter des BR folgendermaßen zusammen: "Die Klägerin hat trotz der zusprechenden Urteile des Verwaltungsgerichts München und des Bayerischen Verwaltungsgerichtshofs der Beklagten bis heute keine Minute Sendezeit eingeräumt. Der Beklagte, in dem die Vertrauensleute der CSU bis hin zum Rundfunkintendanten, zum Vorsitzenden des Rundfunkrats und zum Chefredakteur des Fernsehens sitzen, hat es durch diese Hinauszögerung der Gewährung der Sendezeit verstanden, der Klägerin solange die ihr zustehenden Sendezeiten zu versagen, bis die CSU Gelegenheit gefunden hat, die besagte Änderung des Rundfunkgesetzes durchzuführen.

Die Klägerin steht auf diese Weise jetzt wieder rechtlos da und hat den ganzen Prozeß praktisch umsonst geführt, obwohl ihr nach der bisherigen Rechtslage eindeutig ein Anspruch auf Sendezeiten zugestanden hätte" (470). Damit hatte schließlich doch die mächtige Mehrheit (CSU - BR) über die Minoritätspartei, die Macht über das Recht gesiegt.

Obwohl die BSP als Abspaltung der BP (471) sich aus 80 % des Mitgliederbestandes der BP zusammensetzte und in zahlreichen Kreis- und Gemeinderäten vertreten war, zahlreiche Bürgermeister und mehr Landräte stellte als FDP und NPD in Bayern zusammen (472), d.h. über eine solide Basis verfügte, war der Bayerische Rundfunk nicht bereit, ihr mehr als die üblichen zweimal drei Minuten während des Wahlkampfes einzuräumen (473), d.h. sie mit jeder anderen kleinen Partei auf gleiche Stufe zu stellen. An diesem Beispiel wird die Fragwürdigkeit jener Formel von der "öffentlichen Relevanz" von Gruppen und Meinungen deutlich, die nach dem Pluralismuskonzept Anspruch auf Berücksichtigung in den öffentlich-rechtlichen Medien haben. Letztlich erweist sich der Terminus doch als politisch verwertbare Formel, mit der man unbequeme Gruppen und Meinungen aus der öffentlichen Diskussion heraushalten kann. Der dargestellte Rechtsstreit hat gezeigt, daß es sich auch bei der Minorisierung kleiner Parteien durch die öffentlich-rechtlichen Medien um eine nicht justiziable Minorisierung handelt. Er zeigt darüber hinaus, daß die Gesetze eines Rechtsstaates einer Minorität soviel Recht sichern, wie ihr die Majorität zuzugestehen bereit ist. Letztlich erweist sich damit ein wesentlicher Rechtsgrundsatz des Rechtsstaates als ausgehöhlt: daß vor dem Gesetz alle gleich seien.

Ein anderer Rechtsstreit um Fernsehminuten wurde jüngst von den "Grünen" im Zusammenhang mit der Sendung "Deutschland vor der Wahl" (Bundestagswahl 1980) geführt, die "eine ständige Ausschließung ... aus den redaktionell gestalteten Sendungen der ARD und des ZDF" als eine "direkte Wahlbehinderung" interpretierten. Ihr Vorwurf richtete sich insbesondere gegen den Ausschluß aus den redaktionell gestalteten "Spitzenkandidaten-Sendungen" (474).

Nachdem die Partei auf ihre Bitte um Beteiligung an der Diskussion der Spitzenkandidaten (475) aus München eine abschlägige Antwort erhalten hatte (476), protestierte sie gegenüber ARD (WDR) und ZDF gegen die "Monopolisierung etablierter Positionen durch ARD und ZDF" (477). Schließlich forderte der von den "Grünen" beauftragte Rechtsanwalt Otto Schily vom ZDF, die "Grünen" an der Diskussion der Spitzenkandidaten zu beteiligen, hilfsweise ihnen 50 Minuten Sendezeit zur Selbstdarstellung zur Verfügung zu stellen. Ein Ausschluß der Partei würde nach Schilys Ansicht die Chancengleichheit der "Grünen" verletzen (478). Mit dem gleichen Ansinnen wandte sich Schily später an das ZDF (479). Die "Grünen" an der Energiedebatte zu beteiligen, forderte Schily auch vom NDR mit der Begründung, daß dieser Partei in Energiefragen vor allen anderen Kompetenz zuzusprechen sei. Als Ersatz schlug er 18 Minuten zur Darlegung der Position der "Grünen" hierzu vor (480).

Entsprechend der redaktionellen Zuständigkeit der Sender forderten die "Grünen" vom WDR die Beteiligung an der Sendung zur Außen- und Sicherheitspolitik mit dem Argument, die Sendung müsse als Wahlwerbung betrachtet werden, denn sie diene der Selbstdarstellung der Parteien und der Darstellung ihrer Programme in den anstehenden Fragen (481).

Parallel zu diesem Kampf um die zureichende Präsenz in den redaktionell gestalteten Sendungen lief eine Auseinandersetzung um den Umfang der Werbespots, d.h. der von den Parteien selbst gestalteten Sendungen. Die "Grünen" gingen - gewiß mit Recht - davon aus, daß auch die Diskussion der Vertreter der großen Parteien als Wahlwerbung betrachtet werden muß, sodaß die Grenze zwischen Werbespot und redaktionell gestalteter Wahlsendung letztlich kaum zu ziehen ist, was eine Verschränkung der Probleme "Wahlspots" und "redaktionelle Sendungen" zur Folge hat.

Die Forderung nach insgesamt fünf Werbespots (d.h. drei zusätzlichen Terminen (482)) beantworteten der WDR unter Hinweis auf seine Grundsätze zur Verteilung von Wahlsendezeiten abschlägig (483) mit der Begründung: "Die Zuteilung von fünf Sendeterminen im Fernsehgemeinschaftsprogramm würde eine Gleichstellung in diesem Punkt z.B. mit der F.D.P. bedeuten, die bereits unter dem Gesichtspunkt der Bedeutung der Parteien ... nicht zu rechtfertigen wäre". So stehen den "Grünen" nach Ansicht der Anstalt nicht mehr Werbesendungen zu als allen "sonstigen", d.h. nicht im Bundestag vertretenen Parteien (484). Die Ablehnung des ZDF erfolgte fernschriftlich (485).

Daraufhin stellte die Partei einen Antrag auf Erlaß einer einstweiligen Anordnung gegen WDR und ZDF und forderte drei weitere Werbespots. Sie wies darauf hin, daß laut BVerfG-Urteil die Wahlchancengleichheit der Parteien nur aus "besonderen zwingenden Gründen" durchbrochen werden darf, daß also der Ermessensspielraum der Anstalten in der unterschiedlichen Zuteilung von Sendezeit nur gering sei (486).

In seiner Stellungnahme dazu gegenüber dem Gericht argumentierte der Sender rein juristisch unter der Prämisse, daß der Staat - und in dessen Auftrag die öffentlich-rechtlichen Anstalten - sich neutral zu verhalten hätte in Absehung von der tatsächlichen Abhängigkeit der Anstalten von den parlamentarisch vertretenen Parteien. Der Sender verwies auf die Paragraphen 3 und 4 des "WDR-Gesetzes". Danach ist der Antragsgegner zu neutraler und unabhängiger Berichterstattung verpflichtet und darf "nicht einseitig einer politischen Partei oder Gruppe" dienen. Bei der Gestaltung redaktioneller Sendungen "sind die Rundfunkanstalten und die in ihnen tätigen Redakteure nur an die Programmrichtlinien der Rundfunkgesetze gebunden, die im übrigen in Bezug auf die Antragstellerin stets beachtet worden sind. ..." Die Berücksichtigung der Parteien im redaktionell verantworteten Programm sei im übrigen keine "staatliche Gewährung", sondern geschehe "in grundrechtlich gesicherter, freier Erfüllung der Informationspflicht des Rundfunks". Weiter versichert der Sender, daß die "Grünen" in der Vergangenheit mehr berücksichtigt worden seien als alle übrigen, nicht im Parlament vertretenen Parteien. Er widersprach der Meinung der "Grünen", daß es sich bei der strittigen Sendung "Außen- und Sicherheitspolitik" um eine Wahlwerbesendung handle. "Vielmehr geht es um die Diskussion und Bilanz der Politik der zurückliegenden Legislaturperiode, an der die Antragstellerin, da sie nicht im Bundestag vertreten war, nicht wesentlich beteiligt war. ... Darüber hinaus muß das Diskussionsthema der Sendung 'Außen- und Sicherheitspolitik' berücksichtigt werden, das eine Beteiligung der Antragstellerin angesichts ihres bislang in diesem Zusammenhang erlangten Aussagegewichts kaum nahelegt. Daß sich Rundfunkjournalisten in erster Linie mit den großen, politisch und gesellschaftlich relevanten Parteien befassen, ist Folge der Bedeutung der Partei für die zukünftige Entwicklung und darf in seiner Auswirkung auf die Wahlchancen durch staatliche Einflußnahme nicht kompensiert werden". Das Argument der "Wahlpropaganda" versuchte der WDR speziell mit dem Hinweis zu widerlegen, daß "den Gesprächsteilnehmern keine bestimmten Redezeiten - etwa unter Verwendung von Stoppuhren - gewährt" würden (487).

Neben der rein juristischen Argumentation, die die tatsächlichen Ungleichgewichte und politischen Einflußmöglichkeiten der parlamentarisch vertretenen Parteien außer Acht läßt, wird hier die tatsächliche Begünstigung der bereits herrschenden Parteien gegenüber allen Newcomers deutlich in dem Argument, die angeblich so neutralen Journalisten hätten sich insbesondere für deren politische Aussagen zu interessieren. Daraus wird ersichtlich, daß bei der öffentlichen Diskussion nicht an die Auseinandersetzung mit Vorstellungen gedacht wird, die außerhalb des etablierten Parteien- und Meinungsspektrums vorgetragen werden. Die Verhandlung im Verwaltungsgericht Köln zur Frage der Wahlspots am 26. September 1980 endete schließlich mit einem Vergleich, der von beiden Seiten akzeptiert wurde. Der WDR stellte einen weiteren Wahlspot-Termin im Regionalprogramm zur Verfügung und machte keine außergerichtlichen Kosten geltend. "Die Grünen" erklärten dafür, keine weiteren gerichtlichen Schritte zur Gewährung von zusätzlicher Sendezeit gegenüber den ARD-Anstalten zu unternehmen. Dem Antrag, einen Vertreter der "Grünen" an der Wahlsendung "Außen- und Sicherheitspolitik" zu beteiligen, gab das Gericht nicht statt. Hinsichtlich der Bewertung der Redaktionspolitik folgte es der rein juristischen Argumentation des Senders (488). Immerhin konnten "Die Grünen" einen Teilerfolg verbuchen insofern, als sie - wenn auch nur regional - hinsichtlich der Wahlspots besser gestellt wurden als die übrigen "Sonstigen".

Mit dem Antrag auf Erwirkung einer einstweiligen Anordnung gegen das ZDF zur Beteiligung eines Vertreters der "Grünen" an der Diskussion der Spitzenkandidaten der etablierten Parteien hatte die Partei weniger Glück. Die vorwiegend politischen Argumente des Rechtsanwaltes Schily als Vertreter der "Grünen" standen im Gegensatz zur formaljuristischen Argumentation der Rundfunkanstalten. Sie hob darauf ab, daß "Die Grünen" - vertreten durch den baden-württembergischen Landtagsabgeordneten Hasenclever - lediglich in einem kurzen Vorfilm zum "Hearing zur Energie- und Umweltpolitik" zu Worte kamen (489), nachdem - wie intern zu erfahren war - die etablierten Parteien nachdrücklich gegen eine Diskussionsteilnahme der "Grünen" protestiert hatten (490).

Der Antrag stützte sich auf die Aussagen des BVerfG zur Chancengleichheit sowie auf Autoren, die diesen Sachverhalt kommentieren (Karl-Heinz Seifert, Hanns Rudolf Lipphardt), und fuhr fort:

"Der Grundsatz der Chancengleichheit der politischen Parteien muß nach ständiger Rechtsprechung des Bundesverfassungsgerichts auch beachtet werden, wenn öffentlich-rechtliche Rundfunk- und Fernsehanstalten politischen Parteien Sendezeiten für die Wahlpropaganda einräumen ... Den Organen der Rundfunk- und Fernsehanstalten steht es daher nicht zu, Parteien, die zu der Teilnahme an der Wahl zugelassen sind, von der Benutzung der Rundfunk- und Fernsehanstalten auszuschließen, weil sie diese Parteien für unbedeutend oder gar für schädlich halten". (S. 8) Schily stützte sich auf das Urteil des BVerfG vom 17.11.1972 (BVerfGE 34, 163), in dem die Wirkung der Wahlwerbung sehr hoch eingeschätzt wird und daher dem Ermessensspielraum der Anstalten in der Zuteilung von Sendezeiten "besonders" enge Grenzen gesetzt werden. "Ihr (der öffentlichen Gewalt - R.R.) ist jede verschiedene Behandlung der Parteien verfassungskräftig versagt, die sich nicht durch einen besonderen zwingenden Grund rechtfertigen läßt. ... Der Grundsatz der gleichen Wettbewerbschancen fordert, daß die Rechtsordnung jeder Partei grundsätzlich die gleichen Möglichkeiten im Wahlkampf und Wahlverfahren und damit die gleichen Chancen im Wettbewerb um die Wählerstimmen gewährleistet ist".

Der Haken liegt allerdings darin - und das muß auch Schily einräumen - daß vom gleichen Gericht eine Differenzierung zwischen den Parteien nach deren jeweiliger politischer Bedeutung bei der Zuteilung von Sendezeiten eingeräumt wird. (S. 10) Unter Bezug auf die von uns weiter oben (S. 167) wiedergegebene Kritik von Karl-Heinz Seifert an der Bevorzugung der Bundestagsparteien betont Schily, daß "sich das Übergewicht an Publizität für die etablierten Parteien in den Medien in jüngster Zeit noch erheblich verstärkt hat". (Antrag S. 12) "Die Grünen" bemängeln, daß das ZDF nicht bereit ist, zwischen den "Grünen" und den übrigen "Splitterparteien" zu unterscheiden (Antrag S. 12 u. 22), womit sie eine Differenzierung zwar grundsätzlich und stillschweigend akzeptieren, sich dann aber eben nur gegen die Verfahrensweise gegenüber der eigenen Partei wenden. Eine solche Argumentation ist gefährlich und geeignet, das Argument der Chancengleichheit in ihrer grundsätzlichen Gültigkeit aus den Angeln zu heben. Sobald nämlich überhaupt eine Differenzierung auch von der Seite des Klägers zugestanden wird, - statt eines institutionalisierten öffentlichen Dialogs für alle zu fordern - gesteht man den jeweils herrschenden Kräften einen Ermessensspielraum zu, der sich entsprechend der jeweiligen Machtkonstellation politisch nutzen läßt. Das Argument der Differenzierung zwischen "Grünen" und anderen, noch kleineren "Splitterparteien" mag auf den ersten Blick nützlich erscheinen, weil es einen geringeren Widerstand erwarten läßt als die generelle Abschaffung einer Differenzierung. Dieses Argument impliziert aber damit das z.Zt. praktizierte Verfahren einer Zuteilung nach willkürlich festgelegten Kriterien, gegen die die Partei der "Grünen" in ihren Prozessen und Protesten vorzugehen vorgibt. Dies betrifft die Gestaltung der redaktionellen Sendungen unter ausschließlicher Beteiligung der etablierten Parteien (Antrag S. 14 ff.) ebenso wie die Wahlspots. Gewiß ist nicht zu leugnen, daß redaktionelle Sendungen vor der Wahl einen "zusätzlichen erheblichen Multiplikatoreneffekt" (Antrag S. 22) besitzen. Die Argumentation läßt die Befürchtung aufkommen, daß auch "Die Grünen", sollten sie erst einmal zum Kreis der "Etablierten" gehören, die Studiotüren gegenüber kleinen Parteien ebenso zu verschließen trachten werden, wie sie es gegenwärtig den vier Bundestagsparteien - mit Recht - vorwerfen (491). Konsequenter erscheint demgegenüber die Argumentation von Karl-Heinz Seifert, auf den sich Schily im übrigen weitgehend stützt, der den Grundsatz der Gleichbehandlung der Parteien auch für redationelle Sendungen als gültig betrachtet. "Zwingende Gründe für eine unterschiedliche Behandlung dürften allenfalls im Ausmaß der Beteiligung zu finden sein". Ansonsten gilt die gleichmäßige Berücksichtigung von Parteien für alle Sendungen, deren Gegenstände alle Parteien angehen. Berichte über parlamentarisches Geschehen können in der Regel auf die Mitwirkung der Vertreter von Parlamentsparteien beschränkt werden. "Die völlige Ausschaltung parlamentarisch nicht vertretener Parteien aus dem Sendebetrieb, wie sie im deutschen Rundfunk und Fernsehen nachhaltig praktiziert wird, ist aber mit der Verfassung sicher nicht zu vereinbaren" (492).

Der vergeblichen Forderung der "Grünen" gegenüber dem ZDF nach drei weiteren Werbespots vor dem Verwaltungsgericht Mainz folgte wegen der Kürze der Zeit schließlich eine Beschwerde vor dem Oberverwaltungsgericht, in der die Partei nunmehr einen weiteren Wahlspot verlangte (493). Dem begegnete das ZDF mit dem Einwand, daß ein weiterer Spot zum derzeitigen Zeitpunkt eine schwerwiegende Verletzung der Chancengleichheit darstelle. Aufgrund einer seit 1961 zwischen ZDF und SPD bzw. CDU bestehenden Absprache würden die beiden letzten Termine für Wahlspots diesen beiden Parteien vorbehalten. "Diese Vorgehensweise liegt im öffentlichen Interesse und ist somit sachgemäß, da eine der beiden Parteien voraussichtlich die Regierungsverantwortung (mit-)übernehmen wird und die Andere in der Rolle der Opposition das künftige politische Geschehen wesentlich beeinflussen wird". Ein Termin in dieser Zeit wurde als "weitere Privilegierung" der "Grünen" abgelehnt (494). Das Gericht folgte in seiner Zurückweisung des Antrages dem Votum des ZDF und berief sich auf das "Differenzierungsgebot" der Chancengleichheit aufgrund des Parteiengesetzes (§ 2 Abs. 1 Satz 1) und meinte, "Die Grünen" seien gemäß ihrer Größe und Bedeutung (Zeitdauer des Bestehens, Kontinuität der Betätigung, Mitgliederzahl, Umfang und Ausbau des Organisationsnetzes, Vertretung in den Parlamenten in Bund und Ländern, Regierungsbeteiligung) gerecht behandelt worden. Die Vergünstigungen, die einer mit Fraktionsstärke im Bundestag vertretenen Partei gewährt werden, müssen dem Umfang nach noch mindestens halb so groß sein wie bei jeder anderen, auch der größten Partei. Demgegenüber hatten "Die Grünen" nur eine kurze Lebensdauer, keine kontinuierliche politische und programmatische Tätigkeit, keine Regierungsbeteiligung und nur eine lose Organisation im überörtlichen Bereich aufzuweisen. Ihre politische Bedeutung sei daher geringer zu bewerten als die der CSU und FDP (495).

Während sich zunächst aus dem ablehnenden Beschluß des Verwaltungsgerichts Mainz (496) schließen lassen könnte, daß es die Forderung der Partei - möglicherweise - als gerechtfertigt akzeptieren und erfüllen würde, wenn dies sich technisch realisieren ließe (497), läuft die Argumentation des Oberverwaltungsgerichts eher auf eine Besitzstandswahrung der herrschenden Parteien hinaus.

Das schlechte Wahlergebnis der "Grünen" vom 5. Oktober 1980 (1,5 %) soll an anderer Stelle auf seine Ursachen hin untersucht werden (498). Doch erscheint das Beispiel des Düsseldorfer Wahlkreises, der von den "Grünen" mit Wahlwerbung optimal abgedeckt wurde, Beleg dafür, daß eine unzureichende Präsenz in den Medien bzw. eine Negativwerbung durch die "relevanten" politischen Gruppen (Parteien, Verbände, Kirchen) wesentlich (neben anderen Faktoren) das Ergebnis beeinflußt hat (499).

Aus grundsätzlichen Erwägungen heraus verfolgte die Partei das Thema auch nach der Wahl mit einer Feststellungsklage beim Verwaltungsgericht Mainz gegen das ZDF, wonach die Zuteilung von nur zwei Wahlspots für rechtswidrig erklärt werden sollte. In einer Erwiderung wandte der Sender vor Gericht ein, daß der Grundsatz der Chancengleichheit nicht zu einer schematischen Gleichbehandlung zwinge. Der Gesetzgeber - das sind die parlamentarisch vertretenen Parteien - habe der Behörde (sprich: dem Sender) einen Ermessensspielraum eingeräumt, um den Parteien jene "zusätzlichen Chancen" in Form von Sendezeiten zuzuweisen. Formal gleiche Behandlung der Parteien in dieser Sache erwecke den Eindruck von Gleichgewichtigkeit. "Gleiches Gewicht erlangt aber eine neu gegründete Partei nicht bereits durch ihre Existenz als Partei, sondern dieses Gleichgewicht ist in erster Linie abhängig von der Zahl ihrer Mitglieder und Anhänger". (Daß diese Mitglieder- bzw. Anhängerzahl wiederum abhängig sein kann von der Publizität einer Partei, wird vom ZDF verschwiegen). "Der bloße Anschein gleicher Gewichtigkeit würde aber das gegebene Chancenverhältnis unter den Parteien verschieben ... Die durch unterschiedliche Mitglieder- und Anhängerzahl sowie unterschiedliche Finanzstärke gegebenen ungleichen Chancen der größeren und kleineren Parteien dürfen einander nicht durch obrigkeitliche Maßnahmen angeglichen werden, soll nicht die Freiheit im Spiel der politischen und gesellschaftlichen Gruppen und Kräfte beeinträchtigt werden. Gleiche Verhältnisse dürfen nicht ungleich behandelt, ungleiche aber auch nicht gleich behandelt werden, wenn der Gleichheitsgrundsatz im Dienst der Freiheit stehen soll". Wie wenig dieses Modell vom freien Spiel der Kräfte mit gleichen Start- und Erfolgschancen der Realität entspricht, dafür sind hier genügend Belege geliefert worden.

Schließlich sei noch auf das letzte, stets von neuem vorgetragene Argument verwiesen, das auch vom ZDF benutzt wurde: die "mit dem Aufkommen von Splitterparteien verbundene staatspolitische Gefahr eines funktionsuntüchtigen Parlaments". Daß dieses Argument auch von einer Sendeanstalt benutzt wird, deutet auf die genuine politische Argumentation hin, die sich hinter der dem ersten Anschein nach neutral-juristischen und der generell abweisenden Haltung gegenüber kleinen und neuen Parteien verbirgt. Nicht Gerechtigkeit ist das eigentliche Motiv, sondern die Erhaltung des status quo im Interesse der etablierten Parteien und Gesellschaftsgruppen.

In Anschluß an diese z.T. noch laufenden Verfahren strengten die "Grünen" eine Verfassungsbeschwerde an, in der die Partei ihre Benachteiligung im Fernsehen während des Wahlkampfes monierte (500). Sie endete mit einem Vergleich, wonach weitere Benachteiligungen der "Grünen" zu vermeiden sind.

Der Kampf der Partei um Fernsehpräsenz wurde begleitet von Aktionen (Besetzung der Rechtsabteilung des WDR) (501).

4.3. Parteienkonzentration als Folge der Minorisierung

Wenn im folgenden die Konzentration der Parteien (502) als Ergebnis eines Minorisierungsprozesses betrachtet wird, so gehen wir - im Gegensatz zu Karl-Dietrich Bracher - davon aus, daß dies in erster Linie eine Folge institutioneller Vorkehrungen in der Verfassung, im Wahl- und Parteiengesetz (503) ist, die getroffen wurden mit dem Ziel einer Konzentration. Gewiß entwickelte die CDU gegenüber dem alten Zentrum ein "verändertes Selbstverständnis" (504) als "gesamtstaatliche Integrationspartei" (505) für alle Bürgerlichen, das jedoch - wie wir zeigen wollen - nicht ganz unproblematisch ist. Ob es sich dabei allerdings um einen "erfahrungsgesättigte(n) Lernprozeß" (506) handelt, in dem abseits von politischer Opportunität alle verfügbaren Erfahrungen mit einbezogen werden, mag bezweifelt werden.

Hier ist zu zeigen, wie als Folge jener Minorisierung die Zahl der Parteien von 11 (BT 1949) auf vier (1961) zusammengeschrumpft ist und welche verhängnisvollen Folgen diese Konzentration für die Innovationsfähigkeit dieses politischen Systems hat. Die immer wieder vorgetragene Sorge um die Stabilität und Funktionsfähigkeit der bundesdeutschen Demokratie (507) hat zur Folge, daß die Erhaltung des status quo zum höchsten politischen Wert wird und Freiheit im Sinne von Veränderbarkeit als Bedrohung des materiellen und Machtbesitzes empfunden wird (508).

Um diese Stabilität zu erhalten, bedarf es eines "realistischen Verfassungs- und Politikverständnisses" (509), dem der Gedanke an Innovation fernliegt und für das kleine und neue Parteien nur als Störfaktoren gelten können (510). Diese Störfaktoren möglichst rasch auszuschalten, war das Hauptziel der CDU von Anfang an (511). Nachdem es ihr mit und nach ihrer Gründung gelungen war, die Mehrheit des Zentrums mit Hilfe der programmatischen Absorption (512) bzw. der Minorisierung und der Ablehnung seitens der Kirche ins politische Abseits zu drängen (513), wandte sie sich anderen bürgerlichen Parteien zu, deren Eigenständigkeit sie durch Übernahme eigenständiger Programmpunkte (Marktwirtschaft - FDP) und führender Mitglieder bedrohte.

Deshalb steht im Zusammenhang mit der Minorisierung bürgerlicher Parteien die CDU im Mittelpunkt unseres Interesses. Demgegenüber vermochte die CSU ihre dominierende Stellung in Bayern als Landespartei mit Intrigen (514) und aufgrund privater und staatlicher finanzieller Unterstützung zu behaupten, die sie zum Ausbau eines hierarchisch gegliederten, effektiven Apparates benutzte. Die Partei selbst erhielt in erster Linie gouvernementale Funktionen und wurde zu einem handlichen Instrument im Dienste der Entscheidungsträger der CSU in Parlament und Regierung umgewandelt (515).

Im Gegensatz zur Absorptionspolitik der CDU beschränkte sich die SPD auf eine Abgrenzung nach links (KPD) und - zunächst - nach rechts (bürgerliche und faschistische Parteien). Nach dem Tode Kurt Schumachers und des Planwirtschaftlers Professor Noelting jedoch öffnete sie sich langsam zur Mitte hin, was sich in der allmählichen Aufgabe aller sozialistischen und Klassenkampf-Konzepte (516) ausdrückte (Godesberger Programm). Mit dieser "Anpassung" (517) an die bürgerliche Mitte versuchte sie sich von den Wählern ein Image der regierungsfähigen Partei zu verschaffen.

Mit ihrem Schwenk hin zu neoliberalen Positionen im Bereich der Wirtschaftspolitik wurde sie für eine FDP koalitionsfähig, die sich gegen den Druck der CDU Konrad Adenauers zur Wehr setzte. Schließlich übernahm sie auch die soziale Marktwirtschaft, die die CDU bereits seit den fünfziger Jahren (518) vertrat anstelle des aus der Zentrumstradition stammenden christlichen Sozialismus.

4.3.1. Die Konzentration des deutschen Parteiensystems bis 1961 (519)

Zur ersten Bundestagswahl 1949 stellten sich - außer den bundesweit organisierten, privilegierten Lizenzparteien CDU/CSU,

SPD und FDP - elf weitere Parteien (520), von denen sechs in das Parlament gelangten. Es waren dies die regional verankerten oder Schwerpunktparteien, denen es nach dem Wahlgesetz zum ersten Bundestag gelang, in einem Land die Grenzen von 5 % zu überspringen (521). Hinzu kam die KPD, die gerade die 5 % Marke noch überwinden konnte (522). Drei unabhängige Kandidaten kamen über die Notgemeinschaft (523) in Württemberg-Hohenzollern ins Parlament. Die restlichen fünf Parteien scheiterten an der 5 %-Sperre, weil sie weder im gesamten Bundesgebiet ausreichend organisiert waren, noch über einen regionalen Schwerpunkt verfügten (524).

Nachdem die Alliierten im März 1950 die Lizenzierung der Parteien aufgehoben hatten (525), begann sich der Fächer der Parteien aufzufalten (526). Nun meldeten alle diejenigen Meinungs- und Interessengruppen den Parteistatus an, die von den Besatzungsmächten daran gehindert worden waren: die Vertriebenen und die Rechtsextremen. Dem Wähler bot sich so ein differenziertes Spektrum potentieller Repräsentanten, mit denen er sich hätte identifizieren können. Die Vertriebenen sahen ihre Interessen durch die großen Parteien nicht ausreichend vertreten und gründeten den "Block der Heimatvertriebenen und Entrechteten" (527). Die raschen Wahlerfolge in Schleswig-Holstein 1950 (23,4 %) wiesen ihn deutlich als Defizienssymptom für die unzureichende Interessenvertretung seitens der "Lizenzparteien" aus. Mit 15 Abgeordneten zog er dann in den Landtag ein (528).

1952 organisierte sich der BHE auf Bundesebene (529), um in erster Linie für die Eingliederung der Vertriebenen zu arbeiten, d.h. als "(sozial und national bestimmte) politische Interessenpartei" (530). Mit seiner "Politik ohne Dogma", die von seinem Begründer Waldemar Kraft vertreten wurde (531), fügte er sich gut in die pragmatische Linie der CDU, die 1953 zusammen mit der CSU auf Bundesebene 45 % der Stimmen erlangte.

Der BHE wurde für die CDU koalitionsfähig (532) und partizipierte an allen Vergünstigungen einer Regierungspartei im Bürgerblock (einschließlich finanzieller Zuwendungen seitens der Industrie). Konrad Adenauer gelang es mit einer geschickten Absorptionspolitik sowie mit der massiven finanziellen Unterstützung seitens der Wirtschaft (533) schließlich, einen Teil der Spitzenfunktionäre mit Rücksicht auf ihre Ämter in der Koalitionsregierung auf seine außenpolitische Linie einzuschwören. Auf diese Weise gelang es der CDU, die führenden Köpfe des BHE auf ihre Seite zu ziehen (z.B. Waldemar Kraft) bzw. sie zum Parteiwechsel zu motivieren (Theodor Oberländer) (534). Diese Absorption gelang nicht zuletzt aufgrund des Verzichts der Partei auf eine fundierte Positionsbestimmung (Interessenpartei).

Der Rest der Partei, der seine Eigenständigkeit als nationale und soziale Interessenpartei (GB/BHE) zu wahren suchte, scheiterte schließlich an dem mangelnden Vertrauen früherer Wähler, die 5 %-Grenze zu überspringen, und am "Totschweigen" der Partei in der Öffentlichkeit. Darüber hinaus mußte die Partei nun ohne die Bundestagsfraktion auskommen, die für sie eine wichtige Organisations- und Informationszentrale darstellte (535). Weitere Versuche, sich als Opposition oder "Dritte Kraft" zu profilieren, schlugen u.a. deshalb fehl, weil sich die Partei aus dem Odium der Vertriebenenpartei nicht befreien konnte (536).

Gerade am Beispiel der BHE lassen sich die Minorisierungstechniken der CDU zeigen. War eine Vertriebenenpartei zunächst deshalb nicht lizenziert worden, weil die Alliierten dadurch separatistische Bestrebungen befürchteten und stattdessen die Integration der Vertriebenen in die "Lizenzparteien" wünschten (537), so gelang es Adenauer schließlich über die Beteiligung an seiner Koalition, die führenden Köpfe der Partei zu absorbieren. Nachdem die Partei 1957 nicht mehr die 5 %-Hürde hatte überspringen können, fiel die Bundestagsfraktion als Publikations- und Organisationszentrale wie auch die finanzielle Unterstützung durch private Spender weg. So geriet die Partei ins politische Abseits.

Unter dem Druck der populären Flüchtlingspartei sah sich Adenauer zunächst gezwungen, Konzessionen an die Vertriebenen zu machen. Nachdem die zentralen Interessen der Vertriebenen durch wirtschaftliche und politische Eingliederung weitgehend befriedigt waren, verlor die Partei ihre Wähler. Immerhin erhielt sie noch 1957 mehr als eine Million Stimmen, die aufgrund der nun auch von dieser Partei abgelehnten Sperrklausel (538) unter den Tisch fielen. Wenngleich die Partei also zunächst dazu beigetragen hatte, den Protest der Vertriebenen in das politische System zu integrieren, als pragmatische, antikommunistische und antisozialistische Kraft (539), so war es insbesondere für die CDU als pragmatisch orientierte Majoritätspartei ein leichtes, diese Interessenpartei zu absorbieren, indem sie einzelne programmatische Forderungen umsetzte und half, die Vertriebenen als eine zunächst "deklassierte soziale Schicht" (540) zu integrieren (541).

Die Entwicklung des BHE diente als eine Grundlage für die These, daß die Perzeption der objektiven wirtschaftlichen Entwicklung zu einer Integration der Wähler und zur politischen Entschärfung und Konsolidierung des Parteiensystems beigetragen habe (soziale Befriedung) (542). Gemeint ist damit die zunehmende Konzentration auf drei bzw. zwei Parteien. Wirtschaftliche Krisen hätten hingegen zur Parteienzersplitterung geführt (543). Als stabilisierenden Faktor nennt Werner Kaltefleiter u.a. die stabile politische Führung (544).

Es muß jedoch nachdrücklich darauf hingewiesen werden, daß die hier hervorgehobenen Faktoren politischer Stabilisierung (soziale Befriedung, starke kontinuierliche Führung) - nicht zwangsläufig zu einer Stabilisierung der Demokratie führen, weil sie die demokratische Einstellung der Bürger nicht bzw. eher negativ beeinflussen. Soziale Befriedung im Sinne einer Befriedigung materieller Bedürfnisse wie auch eine starke Führung sind geeignet, die Partizipationsbereitschaft des Bürgers an öffentlichen Belangen eher zu schwächen als zu stärken.

Die aufgestellten Thesen, die gewiß der Realität nahe kommen (545), müssen daraufhin kritisch befragt werden, wieweit sie Auskunft geben über die unzureichend entwickelten Fähigkeiten der Mehrzahl der Bürger, über politische Konzepte zu diskutieren und Entscheidungen zu treffen. Zumindest war die pragmatische Politik der CDU und CSU geeignet, dieses politische Desinteresse zu fördern mit dem Erfolg einer sozialen Befriedung, bei der wirtschaftliches Wachstum sehr hoch, die breite politische Verantwortung der Bürger für die Demokratie jedoch gering gewertet wurde.

Das hinter Kaltefleiters Analyse erkennbare Denkmodell orientiert sich an der Faktizität einer gegebenen gesellschaftlichen Wirklichkeit und hat insofern immanenten Charakter. Es entbehrt jeder ethischen Normenhaftigkeit und insofern jeder philosophisch-politischen Orientierung über die jeweils gegebenen Zuständlichkeiten eines politischen Systems hinaus. Zusammenfassend läßt sich sagen, daß der "Realismus" Kaltefleiters sich nicht eignet, auch die auf Transzendenz jeweils gegebener politisch-gesellschaftlicher Zustände hin gerichtete Dynamik gesellschaftlichen Wandels zu erfassen.

Der BHE war als Interessenpartei nach allen Seiten offen (546), war aber gerade deswegen von allen Seiten bedroht, sobald eine andere Partei seine Forderungen - auch nur teilweise - übernahm ("Fermentwirkung"). Insofern mag Kaltefleiters These von der Verhinderung der Parteienzersplitterung durch soziale Befriedung zutreffen. Bei weltanschaulich oder regional fundierten Parteien wie KPD, SRP, NPD, DP, BP, Z, SSW usw. vermag diese These keine befriedigende Erklärung zu liefern. Denn gerade die von Kaltefleiter für die Weimarer Republik angeführten Wahlstatistiken liefern den Beweis dafür, daß in erster Linie die weltanschaulich orientierten Parteien wie KPD (bis 1928), SPD und Z eine konstante Wählerzahl aufweisen (547).

Der Niedergang der unmittelbar nach Kriegsende durchaus
erfolgreichen (548) KPD (1953 2,2 % der Stimmen (549)) in
der Bundesrepublik läßt sich nur zum Teil aus dem allgemeinen
Wirtschaftswachstum erklären (550). Entscheidende Bedeutung
kommt hier dem seit 1947 auf allen Ebenen forcierten Antikommunismus zu, der sich im Zuge der Restauration nahtlos an den
nationalsozialistischen Antikommunismus anschloß und deshalb
von der SPD bis zur Ultrarechten getragen werden konnte
(551). Die Anlehnung der Partei an die SED schürte zusätzlich
die Furcht in der Bevölkerung vor einer schleichenden kommunistischen Unterwanderung (552). Schließlich hat die Androhung
eines Parteiverbots, die seit 1952 im Raum stand, nicht zu unterschätzende Auswirkungen auf das Wahlergebnis gehabt (553).
Die bürgerliche Mehrheit im Bundestag drängte darüber hinaus
die KPD mit einer Änderung der Geschäftsordnung in die politische Wirkungslosigkeit, nach der die Zahl der für eine Fraktion erforderlichen Abgeordneten von 10 auf 15 angehoben wurde.
Damit war der KPD (14 Abgeordnete) die Möglichkeit entzogen,
Anfragen und Anträge zu stellen und Abgeordnete in Ausschüsse
zu entsenden (554).

Der Prozeß gegen die KPD vor dem Bundesverfassungsgericht (555) kann als Beweis für unsere These stehen, daß hier
eine spezifische Interpretation der Verfassung der Bundesrepublik zum allgemein- und alleinverbindlichen Dogma erklärt
wurde. Das heißt, daß hier die Opposition gegen ein spezifisches Regime ("Adenauer-Regime") gleichgesetzt wurde mit
einer Opposition gegen die Verfassung als solche (FdGO) (556).
Die Opposition wird dann als "irresponsible" (Sartori) bezeichnet, wenn sie sich nicht den Kriterien des Systemüberlebensmodells unterwirft, d.h. sich nicht an der temporären Ausformung, den geltenden Macht- und Herrschaftsstrukturen
eines Systems orientiert und damit eben nicht systemimmanent
ist (557).

Für den Rechtsradikalismus bestanden bis 1949 aufgrund der
weitgehend repressiven Politik der Alliierten formal kaum Möglichkeiten, sich zu reaktivieren (558). Wie weit ihm durch
Restauration und Absorption insbesondere konservativer Parteien und Gruppen der Boden in der Bevölkerung entzogen
werden konnte, sollte sich erst später zeigen. Für ihn gab es
schließlich zwei Möglichkeiten, politisch zu wirken, entweder
eigene Organisationen aufzubauen oder am rechten Rand des
etablierten Parteiensystems unterzutauchen. Eine Chance für
den zweiten Weg boten CDU /CSU und DP als Absorptionsparteien. Der erste Weg war mit dem Verbot der rasch wachsenden SRP bereits 1952 nahezu blockiert (559). Eine Auseinandersetzung des neuen Staates mit dem Rechtsradikalismus blieb

deshalb bald in Anfängen stecken (560). Wie der Erfolg der NPD in der Krise 1966/67 zeigte, ist der Kern des Rechtsradikalismus, um den sich dann ein breiteres Umfeld bildete, mit sozialer Befriedung allein nicht zu beseitigen (561). Eine öffentliche Auseinandersetzung mit den Ursachen und Formen faschistischer Parteien und Regime, wie sie im Anschluß an den amerikanischen Film "Holocaust" ansatzweise stattfindet, wäre schon damals gewiß langfristig wirksamer gewesen. Stattdessen konnte die deutsche Rechte in einem Zwielicht gedeihen, in dem ihre Konturen - aufgrund einer fehlenden öffentlichen Klärung - nicht genau zu bestimmen waren (562).

Die Deutsche Partei versuchte erfolglos, von dem nach 1949 erfolgten Rechtsschwenk der Konservativen zu profitieren und sich neben der CDU (Sammlung aller Bürgerlichen) und dem BHE (Sammlung aller Vertriebenen) als Sammlung für die Rechte (563) ein breites Wählerreservoir zu sichern. Dabei wurde ihr langfristig ihre strukturelle Heterogenität und ihre zwiespältige Haltung zum Rechtsradikalismus zum Verhängnis (564), wobei es ihr nicht gelang, rechtskradikale Wähler zu absorbieren (565). Sie konnte sich neben SPD und CDU insofern nicht als konservative Rechtspartei profilieren (566), als sie sich hinsichtlich ihrer Programmatik nicht zureichend von der CDU abzusetzen vermochte, zumal diese wiederum verschiedene Programmpunkte der DP absorbierte (567). In diesem Zusammenhang erwies sich ihre wahltaktische und politische Verflechtung mit der CDU als Verhängnis (568), mit der es Adenauer gelang, einen Teil der Fraktion (darunter führende Köpfe) an seine Politik zu binden und damit die Fraktion zu spalten. Wie schon beim BHE bedeutete schließlich der Verlust der Bundestagsfraktion für die sehr heterogene, in ihrer Basis ungefestigte Partei den Todesstoß (569).

Seit sich die NLP zur DP ausgedehnt und ihr Stammland Niedersachsen verlassen hatte (570), war sie auf die Unterstützung der CDU als staatszentristischer Partei angewiesen, die ihr mit der Regierungsbeteiligung und dem damit verbundenen Amtsvorteil als Wahlvorteil ebenso half zu überleben wie mit dem Überlassen einzelner sicherer Wahlkreise (571). Damit konnte sich die DP eine Opposition zur CDU nicht leisten. Andersherum war die CDU auf die DP solange angewiesen, solange diese ihr Stimmen zu entziehen drohte, die sie für eine sichere Mehrheit benötigte. Nachdem es Adenauer gelungen war, führende Vertreter der DP auf seinen außenpolitischen Kurs zu verpflichten und sie damit in Gegensatz zur übrigen Partei zu bringen, d.h. zu absorbieren (572), war die Bundespartei so geschwächt, daß sie - trotz ihrer Fusion mit dem BHE zur Gesamtdeutschen Partei (573) - nicht überlebte. Als sich die CDU durch Absorption zahlreicher führender DP-Mitglieder nach rechts ausdehnte, war es ihr zum dritten Mal gelungen, "eine Koalitionspartei (zu) enthaupten" (574).

Daß die DP schließlich sogar in ihrem Stammland Niedersachsen an der 5 %-Klausel scheiterte (575), verdeutlicht die für eine regionale Partei verhängnisvolle staatszentristische Begründung und Auswirkung dieser Klausel. Obwohl die Partei ihren eigentlichen Schwerpunkt in Norddeutschland hatte (576), war sie gezwungen, sich bundesweit auszudehnen, um das Quorum zu überspringen, was ihr aber gerade wegen ihrer regionalen Verwurzelung ohne fremde Hilfe nicht mehr gelang (577).

An diesem Beispiel läßt sich die Benachteiligung regionaler Parteien und die Privilegierung gesamtstaatlicher Großorganisationen durch eine gesamtstaatliche Sperrklausel zeigen (578). Mit ihr gelang es schließlich, alle regionalen Gruppierungen aus dem Bundestag herauszudrängen (579) und damit die föderalistische Struktur der Bundesrepublik, wie sie im GG festgehalten ist, zu unterlaufen und die staatszentristischen Parteien als einheitliche Macht- und Entscheidungsträger vom Bund bis zur Kommune zu etablieren (580). Die Beispiele des Z, der BP, der WAV (581) zeigen dies deutlich, die mit der Verschärfung der Sperrklausel nicht mehr in den Bundestag einziehen konnten. Deshalb ist dieser Prozeß mit dem Begriff "Zerfall" (582) nur unzureichend klassifiziert. Vielmehr handelt es sich um eine gezielte Verdrängung dieser regionalen Parteien, von der in erster Linie die CDU/CSU profitierte.

Die DP konnte bis 1961 nur aufgrund ihrer Ergebenheit gegenüber der CDU und der Überlassung sicherer Wahlkreise überleben. Der Verlust der Mandate im deutschen Parlament verdrängte alle diese Parteien zunächst auf Bundes-, später auf Länderebene (583) aus der politischen Öffentlichkeit und damit aus dem Bewußtsein der Wähler. Für Parteien wie die DP bedeutete dies zugleich den Verlust an Finanzen, weil diese Partei sich vorwiegend aus Spenden finanzierte, die für einen aussichtslosen Wahlvorschlag in der Regel nicht mehr gegeben werden (584). Adenauer hatte also durch die Absorption eines Teils der Führer die Spaltung von BHE, DP und - in gewisser Weise - auch FDP bewirkt. Die daraus resultierende Schwächung überlebte nur die stärkste dieser drei Parteien, die FDP (585).

Die Ausführungen machen deutlich, daß keineswegs die "Mehrzahl der Wähler" die Entscheidung darüber traf, daß sie "die Aufgabe der politischen Willensbildung und die Verantwortung einigen wenigen großen Parteien übertragen wollte" (586).

4.3.2. Blockpolitik als Konzentrations- und Minorisierungsstrategie

Die CDU hatte mit ihrer Sammlungsstrategie und Blockpolitik schon sehr früh versucht, alle nichtsozialistischen Kräfte zu einem Bürgerblock gegen die SPD zusammenzufassen (587). Schon in ihren Anfängen vermochte die junge Partei (CDP) in Köln führende Mitglieder des Zentrums und der DDP bzw. DNVP an sich zu binden, wobei die Abgrenzung nach rechts vernachlässigt wurde. Die gleiche Strategie wandte die CSU gegenüber der BVP an (588). Die CDU setzte diese Blockpolitik im Wirtschaftsrat und im Parlamentarischen Rat fort, um eine sozialistische Wirtschaftspolitik zu verhindern und die staatsföderalistische Struktur (589) für den neuen Teilstaat durchzusetzen (590).

Da nach dem Bundeswahlgesetz von 1949 auf Betreiben von SPD und FDP Listenverbindungen verboten waren (591), mit denen die CDU in den Ländern erfolgreich gewesen war, versuchte die CDU die "Formierung einer stabilen antisozialistischen Front" mit Hilfe von verschiedenen Wahlbündnissen zu festigen (592). Diese Strategie wurde von der Industrie mit erheblichen Geldmitteln unterstützt (593). Dieser Block wurde durch seinen Antikommunismus und Antisozialismus zusammengehalten und war nach rechts weit offen. Die angestrebte Integration rechter Gruppen wie auch die Unterstützung durch private Spender erkaufte sich die CDU mit dem Opfer aller christlich-sozialen Elemente, die nur solange propagiert wurden, solange die CDU das christlich-sozial orientierte Zentrum als Konkurrenz (bes. in Nordrhein-Westfalen und Hessen) empfand bzw. noch auf dessen Absorbtion hinarbeitete. Wie der Wechsel der Programmatik vom Ahlener Programm (1947: christlicher Sozialismus) zu den Düsseldorfer Leitsätzen (1949: soziale Marktwirtschaft) deutlich macht, hatte die politische Dominanz der Amerikaner deren Protektionismus gegenüber dem privatkapitalistischen Unternehmertum die bürgerlichen und rechten Positionen (auch in CDU und CSU) derart gestärkt, daß für einen von Ossip K. Flechtheim hervorgehobenen "Dritten Weg" (Annäherung von demokratischen und christlichen Sozialisten sowie dem sozialistischen Konzept der KPD) nicht mehr zu denken war (594).

An dem Wahlergebnis zum Bundestag von 1949 zeigte sich eine größere Auffächerung des Parteienspektrums. Von 15 kandidierenden Parteien und Parteigruppen (595) erreichten zwölf Mandate im Bundestag, davon mindestens sechs mit regionalem Schwerpunkt (596). Mit seiner bürgerlichen Koalition aus CDU/CSU, DP und FDP konnte Konrad Adenauer, dessen Partei nur

34,6 % der Mandate erreicht und mit der CSU Stimmen an die BP, DP, an Rechtsextreme und an die WAV hatte abgeben müssen (597), noch so viele Mandatsträger an sich binden, daß er 51,7 % der Abgeordneten hinter sich hatte.

Adenauer unternahm dann verschiedene Schritte, um diese knappe Mehrheit zu verbreitern. Da die FDP die Absicht Adenauers durchschaute, mit Hilfe von Wahlgesetzen ihre eigene Existenz zu bedrohen und sie zum Anschluß an die CDU/CSU zu zwingen (598), wachte sie scharf über die vorgelegten Wahlgesetzentwürfe. Deshalb ließ sich die große, umfassende Bürgerunion nicht mit, sondern nur gegen die FDP verwirklichen (599). Das für die Bundestagswahl von 1953 schließlich verabschiedete Wahlgesetz bedrohte in erster Linie die Existenz der regionalen und Schwerpunktparteien (Sperrklausel für das gesamte Bundesgebiet), was für die FDP als Bundespartei ihrer Ansicht nach nicht zutraf.

Die Bedrohung der Schwerpunktparteien BP und Z (600) versuchten CDU und CSU durch "Huckepack-Abkommen" (Überlassung von einigen sicheren Wahlkreisen und Wahlempfehlungen) abzumildern, womit sie andererseits die Weichen für eine Einverleibung der Konkursmasse dieser katholischen Parteien stellten (601). Der Adenauersche Bürgerblock gegen die SPD umfaßte nun die Koalitionsparteien CDU/CSU, FDP, DP, DRP, aber auch den BHE, wobei die kleinen Parteien aufgrund der Wahlgesetzgebung auf die Hilfe der CDU/CSU angewiesen waren (602).

Die CDU/CSU wußte mit dieser Strategie geschickt die "Labilität des Parteiensystems" wie auch den seit 1949 zu beobachtenden Rechtsdruck (603) für sich auszunutzen, indem sie ihre vorherrschende Stellung im Bürgerblock dazu benutzte, kleine bürgerliche und Regionalparteien durch Regierungsbeteiligung und Wahlbündnisse aus ihrer Randposition scheinbar herauszuholen. Dies brachte den kleinen Parteien einen temporären Vorteil (604). Die CDU/CSU hingegen sah in dieser Umklammerungsstrategie langfristig eine Möglichkeit, diese Parteien so in ihre Abhängigkeit zu bringen, daß für sie eine Opposition innerhalb dieser "Superpartei" bzw. innerhalb dieses "Dauerkartells" lebensbedrohlich werden mußte (Beispiel: BHE, DP) (605).

Adenauer, der zu diesem Zweck auch das Programm der CDU so weit und allgemein faßte, daß es die Forderungen möglichst aller bürgerlichen Gruppen einschloß (606), mußte diese Strategie für umso dringlicher halten, als 1950 nach Aufhebung der Lizenzierung etwa 30 neue Parteien - vorwiegend rechtsextremistische Gruppen - auf den Plan traten (607). Um diese Gruppen zu integrieren, versuchte die CDU als breite restaurative Kraft rechte Parteien an sich zu binden. Als sich diese

Strategie bei den folgenden Landtagswahlen in Niedersachsen als Fehlschlag erwies und die rechtsextreme SRP 11 % der Stimmen auf Kosten der Niederdeutschen Union (CDU/DP) erhielt (608), beantragte die Bürgerblock-Regierung in Bonn das Verbot der SRP durch das Bundesverfassungsgericht. Diese Maßnahme schwächte zugleich die rechtsextreme DRP.

So erwies sich die "erste Konzentrationsphase" (609) vorwiegend als Ergebnis wahltechnischer, strategischer und administrativer Maßnahmen, weniger als Ergebnis der Entscheidung des Wählers "für ein konzentriertes, bedeutend vereinfachtes Parteiensystem" (610). Kleine und unbequeme Parteien waren bereits vor der Wahl ihrer Eigenständigkeit bzw. ihrer Existenz beraubt worden (611), ohne daß je ein öffentlicher Dialog mit dem Wähler über Nutzen und Schaden dieser Partei stattgefunden hatte. Das oft gerühmte "deutsche Wahlwunder" (612), wonach der Stimmenanteil der CDU/CSU und SPD von 66 % (BTWahl 1949) auf 75 % (BTWahl 1953) angestiegen war, erweist sich bei näherem Hinsehen als perfekte Manipulation des deutschen Wählers, der von den Machenschaften der Majoritätsparteien nie Kenntnis erhalten hatte. Darüber hinaus hatte es die CDU/CSU aufgrund ihrer Übermacht gegenüber ihren Koalitionspartnern verstanden, vor dem Wähler alle Erfolge für sich zu verbuchen (Wahlvorteil durch Amtsvorteil), so daß die kleinen Koalitionspartner ihren Anteil daran dem Wähler nicht deutlich machen konnten (613).

Als wichtigstes Instrument zur Disziplinierung für die Koalitionspartner diente der "Dukatenesel der Wahlfonds", mit dem sich die kleinen, mitgliederschwachen Parteien - auch zugunsten des für sie nachteiligen Wahlgesetzes - gefügig machen ließen (614). Dieses Wahlgesetz wirkte sich auch auf das - ansonsten wegen seiner eigenständigen Entwicklung schwer vergleichbare (615) - bayerische Parteiensystem aus. Insbesondere bei den Bundestagswahlen erwies es sich in seinem staatszentrischen Zuschnitt als nachteilig für die bayerische Regionalpartei BP (616). Die CSU profitierte nicht nur von der Protektion seitens der Besatzungsmacht (617), sondern auch von ihrem Status als Schwesternpartei der CDU (618), die eine gewisse Garantie bot für die ständige Präsens in der Bundeszentrale. Hinzu kam eine organisatorische Umstrukturierung der CSU zu einer "Massen- und Apparatpartei modernen Typs" (619), die die CSU zu einer effizienten bayerischen Staatspartei (620) machten auf Kosten der Partizipation und innerparteilichen Demokratisierung (621). So vermochte sich die CSU langfristig und trotz ihrer temporären Stellung als Oppositionspartei (622) gegenüber WAV (623), BP, GB/BHE sowie auch gegenüber SPD FDP durchzusetzen und seit 1958 ununterbrochen als Regierungspartei zu behaupten.

Nach diesem Ergebnis scheint die Hypothese Kaltefleiters in ihrer Ausschließlichkeit nicht mehr haltbar, daß die Parteienzersplitterung allein auf wirtschaftliche Krisen und die Entscheidung des Wählers für eine große Partei auf die Perzeption der von der Regierung bewirkten sozialen Befriedung seitens des Wählers zurückzuführen ist. Auf diese Weise wird das "Wahlwunder" als Folge des "Wirtschaftswunders", wirtschaftliche und politische Stabilität als zwei sich gegenseitig bedingende Faktoren gesehen (624), das - wie wir zeigen konnten - nur die halbe Wahrheit ist.

Gerade die Verluste der KPD und der rechtsextremen SRP und DRP lassen sich ohne die Verbote nicht hinreichend erklären (625). Bei diesen Parteien handelt es sich um weltanschaulich fest verankerte Gruppen, die von der Adenauerschen Absorptionspolitik nicht erreicht wurden. Andererseits aber haben beide großen Parteien (CDU und SPD) aufgrund dieser Verbote ihren Stimmenanteil nach rechts bzw. links ausbauen können (626). 1957 hatte die CDU den Gipfel ihrer Macht erreicht, als sie im Bundestag über die absolute Mehrheit (54,3 % der Mandate bei nur 50,3 % der Stimmen) verfügte. Die SPD gewann 18 Mandate (3 % der Stimmen) hinzu (627). Die von Kaack gerühmte "in Deutschland nie gekannte Stabilität" des Parteiensystems (628) barg andererseits die Gefahr einer "verringerten Innovationsfähigkeit des politischen Systems" (629) in sich, die sich langfristig verhängnisvoll auswirken mußte.

Einen gewissen Sonderstatus hatte schon damals die FDP. Nachdem die Kommunisten im deutschen Parteienspektrum vom dritten Platz verdrängt worden waren, nahmen diesen die Freien Demokraten ein (630). Diese Position ermöglichte ihr den Eintritt in verschiedenartige Koalitionen im Bund und in den Ländern (631). Sie konnte sich dadurch trotz ihrer Koalition mit der CDU auf Bundesebene aufgrund ihres Rückhalts in einigen Ländern in Opposition zur CDU begeben, als sie ihre Existenz durch einen Wahlgesetzentwurf der CDU (Grabensystem) bedroht sah. Zudem hatte sich in dem FDP-Führer Dehler ein Gegenpol zu Konrad Adenauer herauskristallisiert, der sich nicht ohne weiteres integrieren ließ (632).

Die FDP hatte sich schon vor 1949 nicht einseitig auf eine Koalition mit CDU oder SPD festgelegt (633) und verfolgte diese Linie auch danach, um sich damit alle Möglichkeiten offen zu halten. Es gelang Adenauer zwar, im Zusammenhang mit dem Saarstatut einen Teil der FDP-Fraktion auf seine Linie einzuschwören (634). Führende FDP-Mitglieder in Nordrhein-Westfalen konnten jedoch die CDU-Regierung durch eine SPD-FDP-Koalition ablösen und damit die Einführung jenes Grabenwahlsystems verhindern (635). Während also Adenauers Spaltungspolitik bei BHE und DP zum Niedergang der Partei geführt hatte, ließ es die FDP - begünstigt durch ihre verhältnismäßig gefestigte Position als gesamtstaatliche Partei - auf eine Machtprobe ankommen, die letztlich ihr Überleben sicherte. Sie schaffte damit im Bundesrat eine Sperrminorität (636).

Damit war Adenauers "Disziplinierungsstrategie" (637) an der FDP gescheitert. Auch die Absplitterung "Freie Volkspartei" (638) konnte die FDP auf lange Sicht nicht schwächen. Andererseits vermochte sie die Wählerstimmen der geschwächten DP zu absorbieren (639). Schließlich konnte sich die Partei, gefestigt durch einen neuen innerparteilichen Konsens in den Zielen, gegenüber den beiden großen Parteien behaupten (640).

Der Lösungsprozeß von der CDU vollzog sich mit erheblichen innerparteilichen Spannungen und einem Verlust an Wählerstimmen. Zudem versäumte es die Partei, mit dem Berliner Programm ihr Liberalismuskonzept als Alternativposition zu SPD und CDU/CSU auszubauen (641). Trotz der "Freiburger Thesen" (642), die den Wandel der Partei zur "Partei des demokratischen und sozialen Liberalismus" (643) signalisieren sollten, hat sie es bis heute nicht vermocht, diese Alternativposition weiter auszubauen. Die Partei überlebte die Umklammerungsversuche der CDU eher aufgrund eines geschickten Taktierens zwischen den großen Parteien, wobei es ihr zur Zeit der CDU-Baisse gelang, für die SPD auch auf Bundesebene als Koalitionspartner akzeptabel zu werden. Ihr kam dabei das damals verbreitete Unbehagen gegen die große Koalition zugute, das sich aus der Sicht der SPD durch eine Koalition mit der FDP abfangen ließ. Ihr Problem bestand jedoch darin, in dem Feld zwischen altem Mittelstand, der der CDU zuneigte, und dem neuen Mittelstand, der zur SPD tendierte, sich ein festes Wählerreservoir zu erschließen (644).

So rettete sich die FDP vor der Minorisierung mit einer geschickten Schaukelpolitik, mit einigen veränderten programmatischen Ansätzen und mit einem Wechsel in der Führung. Sie profitierte von der Schwäche der CDU und der SPD insbesondere gegenüber den außerparlamentarischen Oppositionsgruppen. Schließlich konnte sie sich mit ihren Ministern im Kabinett Brandt vor der Öffentlichkeit wieder als regierungsfähig erweisen (645) für den Preis, innovatorische Impulse nicht weiter zu entwickeln. Sie hat sich im bundesdeutschen Parteiensystem lediglich als "Korrekturpartei" (646) behauptet, die an den Konzepten der Großen einige Nuancen anbringen konnte. Grundsätzliche Alternativprogramme hat sie nicht entwickelt.

Nachdem 1957 von den 14 Parteien und zwei Wählergruppen nur noch vier Parteien - und davon die DP mit fremder Hilfe - in den Bundestag gelangt waren, war die Schließung des bundesdeutschen Parteiensystems nahezu perfekt. Infolge der Sperrklausel fielen damals fast 7 % der gültigen Stimmen unter den Tisch bzw. wurden den großen Parteien zugeschlagen (647). Die DP erhielt ihren "Todesstoß" vier Jahre später, als die CDU ihr ihre Unterstützung versagte. Sie gehörte zu den neun Parteien und vier Wählergruppen, die den Sprung über die 5 %-Hürde nicht geschafft hatten. Damit verfielen wiederum nahezu sechs Prozent der Wählerstimmen (648).

Bereits 1962 stellte Ossip K. Flechtheim fest, daß es sich bei dem Rückgang der Kleinparteien um einen "irreversiblen Trend" handle. "Neben allen anderen sorgt schon die 5 %-Klausel für das Monopol oder Oligopol der Großparteien ... die bestehenden Großparteien bilden eine geschlossene Gesellschaft, zu der neue Parteien keinen Zutritt erhalten" (649). Es grenzt angesichts dieser Beurteilung schon an Ironie, wenn Ludwig Bergsträsser feststellt, daß die Sperrklausel diese Konzentration stark gefördert habe, um dann zu folgern: "Die Einsicht des Wählers, daß radikale Gruppen im politischen Leben selten nützlich sind und daß große Parteien, die in sich manche Gegensätze austragen müssen, politisch gesünder wirken können", habe ihn letztlich dazu bewogen, seine Stimme jenen großen Parteien zu geben (650).

Wie so oft in den Argumentationen zu unserem Thema wird auch hier die Gefahr offenbar, Ideologie in wissenschaftlicher Verpackung zu verkaufen. Der Wähler erhält die Alibifunktion, um die Manipulationen herrschender Gruppen zu verschleiern. Wie sich hier zeigen ließ, war es der CDU/CSU mit einer skrupellosen Minorisierungspolitik gelungen, kleine Parteien zur Erfolglosigkeit zu verdammen, ohne daß der Wähler diese Strategie durchschaute und eine bewußte Entscheidung für oder gegen ein Vielparteiensystem hätte treffen können.

Die SPD konnte damals deshalb keine wirksame Minorisierungspolitik betreiben, weil sie selbst mit einer umfassenden Anpassungsstrategie bemüht war, aus der Opposition auszubrechen. Sie profitierte jedoch insofern von der Politik der CDU/CSU, als sie einen Teil der Stimmen der KPD und anderer linker Minoritätsparteien erhielt, als Gustav Heinemann z.B. mit großen Teilen seiner Gesamtdeutschen Volkspartei nach einer vergeblichen Kandidatur schließlich zur SPD überwechselte (651).

Dieser Partei, die eine Alternativposition zur Westorientierung Adenauers und zur Remilitarisierung der Bundesrepublik vertrat (652) und sich entschieden für ein neutrales, wiedervereinigtes Deutschland einsetzte, wurde im Wahlkampf als kommunistenfreundlich diffamiert (653). Sie machte mit ihrer Erfolglosigkeit deutlich, daß Neugründungen aufgrund dieses

Konzentrationsprozesses, der sich bis in die Kommunen fortsetzte (654), keine Chance besaßen. Angesichts dieser Entwicklung forderte Ossip K. Flechtheim bereits 1963 ein offenes Parteiensystem, in dem auch die Neugründung von Parteien möglich ist. "Die Neugründung darf nicht zu einer politischen Fiktion werden" (655).

Der Kreis der Parteien hat sich geschlossen, weil eine Partei aufgrund einer Wahlniederlage aus ihm ausscheiden kann, weil er aber - aufgrund der durchschlagenden Wirkung der Sperrklausel - für alle einmal Ausgeschiedenen und newcomer verschlossen bleibt. Die Gesetze des Wirtschaftsmarktes, die heute auch im politischen Wettbewerb gelten, begünstigen die Arrivierten und benachteiligen die newcomer. Die Folge davon ist "ein parlamentarisch-demokratisches System, das in hohem Grade geschlossen ist" (656). Dieses geschlossene Parteiensystem beinhaltet ein Kartell der (herrschenden) Eliten. "Statt ihre Vielfalt zu einer lebhaften Konkurrenz auf dem Markt der politischen Entscheidung zu benutzen, haben sie sich gleichsam zusammengeschlossen in der Übereinkunft, einander nicht weh zu tun und gemeinsam die öffentlichen Dinge zu verwalten". Die Eliten sind also konservativ (657). In Anlehnung an Dahrendorfs Analyse der sozialen Eliten läßt sich auch bei den herrschenden Eliten im Parteiensystem eine stille Übereinkunft entdecken, nach der politische Macht zwischen den Parteien etwa so zu verteilen ist: Zwei große Parteien und eine dritte kleine als Zünglein an der Waage (658), um den Anschein eines Mehrparteiensystems zu wahren. Dieses "Elitenkartell" (659) ist gekennzeichnet von einer durchgehend defensiven Haltung seiner Mitglieder (660), die sich auch gegen newcomer und außerparlamentarische Parteien richtet.

Daß trotz dieser geringen Erfolgschancen politische Gruppierungen es auch in der Bundesrepublik immer wieder wagen, eine Partei zu gründen, kann als Beweis die unzureichende Integrationsfähigkeit bzw. -möglichkeit der großen Parteien SPD und CDU/CSU gelten, die 1961 - also am Ende dieser Konzentrationsphase - auf Bundesebene ca. 87 Prozent der Stimmen, aber 90 Prozent der Mandate auf sich vereinten (661). Die Tatsache, daß ab 1961 nur drei Parteien mit einem Wahlergebnis von 94,3 % einhundert Prozent der Parlamentssitze besetzen, macht die "Überrepräsentation" dieser Parteien deutlich. Gerhard Löwenberg führt als Erklärung dafür an, daß es sich bei diesen drei Parteien um die von den Alliierten protegierten Parteien handelt: "First, the initial ban which military government imposed on the formation of political parties, and then the abrupt decision to license them after all, gave advantages to those formations which were able to prepare informally during

the period of party prohibition and were then able to take
quick advantage of the lifting of the ban ... This favored
those groups able to build on the remains of a strong intrest
group (the Christian Democrats), or in a group of notable
leaders (the Free Democrats)" (662).
   Diese Schlußfolgerung Loewenbergs stützt unsere These,
daß entscheidende Voraussetzungen für die Konzentration der
Parteien in der Bundesrepublik bereits durch die Parteienpolitik der Besatzungsmächte geschaffen wurden, die mit ihrer
Lizenzierung einzelne Parteien bevorzugten, andere minorisierten. Konrad Adenauer hat dann mit seiner Bürgerblockpolitik
gegen die SPD den Vorsprung mit einer ausgeklügelten Minorisierungsstrategie gegenüber kleinen und neuen Parteien -
aber auch der SPD - erfolgreich ausgebaut, die sich auf allgemeine Restaurationstendenzen in der amerikanischen und
deutschen Politik und Gesellschaft stützen konnte.
   Wie noch zu zeigen sein wird, konnte sich die SPD erst mit
einer umfassenden Anpassung an das "Volksparteien-Konzept"
der CDU aus der bürgerlichen Umklammerung befreien. Erst,
als sie neben der Abgrenzung nach links eine weite Öffnung
nach rechts vollzog, konnte sie in das Lager der bürgerlichen
Wähler eindringen und den Minorisierungsversuchen von CDU/
CSU und der Wirtschaft entgehen (663). Seit 1961 konnten
kleine und neue Parteien in der Bundesrepublik nur noch als
"Protestpotential", nicht mehr als Träger politischer Alternativen breites Interesse finden.

4.3.3. Das aktuelle Verhältnis zwischen Majoritätsparteien und
       Minoritätsparteien

Das intensive Bestreben der parlamentarisch vertretenen Parteien, ihren Anspruch auf Repräsentation der übrigen Bevölkerung mit allen Mitteln zu verteidigen und die nach den Grundsätzen der Demokratie vorgesehene Ablösung im Amt (temporäres Mandat) zu vermeiden, zeigt sich deutlich gegenüber der
außerparlamentarischen Opposition, unter der hier - im Gegensatz zur "APO" - sämtliche oppositionellen Gruppen außerhalb
des Parlaments verstanden werden sollen. Dabei läßt sich diese
außerparlamentarische Opposition in zwei Kategorien aufteilen
- erstens in Gruppen, die für das Parteienkartell als "Ziel-
gruppenorganisationen" von Interesse sind, zweitens diejenigen, die sich aufgrund ihrer geringen Größe oder ihrer mangelnden Attraktivität oder aber aufgrund ihrer alternativen
Konzepte weder als Gefahr noch als absorptionsfähig erwiesen
haben. Im übrigen ist eine deutliche Unterscheidung zwischen

Parteien oder Wahllisten und sonstigen oppositionellen Gruppen festzustellen. Wir wollen diese Hypothese an einigen politischen Phänomenen belegen.

Im konservativen Lager wurde nach der Strategie von Franz-Josef Strauß die "Vierte Partei" als taktisches Mittel konzipiert, um einmal die FDP durch Ablenkung ihrer Wähler aus den Parlamenten des Bundes und der Länder herauszudrängen und damit die sozialliberalen Regierungskoalitionen in die Opposition zu verweisen. Mit der Realisierung solcher Pläne muß auch die SPD eine Abspaltung ihres linken Flügels fürchten (664). Diese Strategie wurde ausgearbeitet, nachdem die FDP die Koalitionsangebote der CDU immer wieder zurückgewiesen hat (665).

Die "vierte Partei", die für Strauß als von ihm abhängige konservative bundesweite Partei seinen Einfluß auf die Gebiete außerhalb Bayerns ausdehnen sollte, war zugleich als Mittel zur Disziplinierung der Schwesternpartei CDU gedacht, die sich immer wieder dem massiven Druck aus Bayern zu entziehen suchte. Damit erhielt die "vierte Partei" in erster Linie für die CSU eine Systemfunktion als strategisches Disziplinierungs- und Kampfinstrument und fand nur aufgrund dessen öffentliches Interesse (666). Dies traf bereits zu auf die Deutsche Union, die von dem CSU-Hospitanten Siegfried Zogelmann als Sammelbecken konservativer FDP-Anhänger 1971 gegründet wurde (667).

Nach dem Mißerfolg dieser Partei sah Strauß in der "Aktion Vierte Partei" des Fabrikanten Dietrich Bahner eine weitere Möglichkeit, seine Ziele zu verfolgen, zumal diese Gruppe als Sammelbecken Rechtskonservativer und National-Liberaler sich als strategisches Mittel zur Bedrohung der FDP und zur Disziplinierung des linken CDU-Flügels zu eignen schien. Ihre Neigung zur CSU war offensichtlich (668). Gegenüber solchen Disziplinierungsversuchen reagierte die CDU abweisend (669). Trotz ihrer ausdrücklichen Sympathie gegenüber der CDU (670) und günstiger Wahlprognosen (1 % der Wählerstimmen (671)) entschied sich die AVZ unter dem Beifall von Strauß, 1976 nicht an der Bundestagswahl teilzunehmen (672).

Da die immer neuen Versuche der CSU, sich als bundesweite Partei zu etablieren (673), sich offensichtlich als inopportun erwiesen, fand der jüngste Versuch, eine "vierte Partei" als "Zielgruppenpartei" zu gründen, die das Protestpotential zugunsten der CDU/CSU sammeln sollte ("Bürgerpartei" des Steuerrebellen Hermann Fredersdorf (674)), das Interesse von Strauß und damit der Öffentlichkeit. Die Absage dieser Partei an Strauß führte zur inneren Spaltung und verringerte das Interesse der Medien an ihr spürbar. Bei der letzten Bundestagswahl gewann sie 11 256 Stimmen (0,0 %) (675).

Das Interesse der Sozialliberalen am Spektrum der außerparlamentarischen Opposition konzentriert sich demgegenüber auf Bürgerinitiativen und Ökologen als Sammelbecken der Unzufriedenheit mehr am linken Rand des Parteienspektrums. Auch hier läßt sich zeigen, daß diese Parteien und Gruppen nicht als eigenständige Koalitionspartner gefragt sind, sondern als Absorbtionsbasis, um die eigene Position im "Parteienwettbewerb" zu stärken. Das bedeutet, daß diese Organisationen - wie auch diejenigen am rechten Rand des Parteienspektrums - interessant werden unter dem Gesichtspunkt der Wahlarithmetik (676). Dabei muß zwischen Bürgerinitiativen und Ökologie-Parteien bzw. -Wahllisten unterschieden werden. Zum einen werden Bürgerinitiativen als "Zuspätwarnsystem", als "Korrektursystem" eingestuft und neben den "Erstorganisationen" (parlamentarisch vertretene Parteien) auf den zweiten Platz verwiesen ("Zweitorganisationen" (677)), zum anderen werden sie als Bedrohung für die parlamentarische Vorherrschaft der großen Parteien empfunden, indem es ihnen gelang, in Form von bunten und grünen Listen die FDP aus den Landesparlamenten in Hamburg und Hannover herauszudrängen (678).

Diese Erfolge erwiesen sich als Signal für Repräsentationsdefizite (679) der jungen Generation und der Ökologisten.

Nach verschiedenen Versuchen über Grüne und bunte Listen in die Parlamente zu gelangen, sammelten sich viele von ihnen in den "Grünen", die als Vertreter vernachlässigter Interessen (Ökologie) und als grundsätzliche Gegner des kapitalistischen Wirtschaftssystems als Minoritätsparteien bezeichnet werden können. Sie greifen insofern solche policy-Bereiche auf, die bisher aufgrund einer Wachstumsideologie im Bereich der "Nichtentscheidungen" (680) anzusiedeln sind (z.B. langfristige Folgen der Wachstumswirtschaft, Schädigung allgemeiner, nicht oder schwer organisierbarer Interessen wie soziales Wohl, Erhaltung von Natur und Umwelt etc.).

Ihre Basis finden sie vor allem in Regionen, in denen ein akuter Umweltkonflikt schwelt, wie auch in Universitätsstädten, in denen unter der Studentenschaft ein Wertwandel (681) in Form postmaterialistischer Einstellungen Platz greift (682). Ihren Schwerpunkt haben sie in den jüngeren Altersgruppen zwischen 20 und 40 Jahren (683). Eine Affinität zwischen Bürgerinitiativen und "Grünen" ist jedoch schon deshalb nicht zwingend, weil im Vorstand des Bundesverbandes der Bürgerinitiativen Umweltschutz die SPD-Mitglieder dominieren und eine Wahlempfehlung zugunsten der "Grünen" nicht gegeben wurde (684). Mit einem gewissen Recht kann aber die SPD die "Grünen" als Konkurrent insofern fürchten, als sich in ihnen zahlreiche enttäuschte SPD-Mitglieder wiederfinden. Insbesondere vermag die

Betroffenheit von Umweltproblemen - speziell dem Kernkraftkonflikt - auch ältere Wähler zu mobilisieren (685), zumal "Die Grünen" auch einen spezifischen Wertkonservatismus in die politische Diskussion hineintragen (Erhaltung von lebenswerter Umwelt, Rückkehr zu alten Gesellschaftsstrukturen, Abkehr von der Konsum- und Wegwerfgesellschaft (686)).

Angesichts des breiten Zuspruchs, den "Die Grünen" unter politisch aktiven Jugendlichen finden, die sich von den großen Parteien enttäuscht sehen (687), erscheint die zunehmend negative Beachtung oder Ignoranz, die sie in den öffentlichen und privaten Medien insbesondere vor der Bundestagswahl 1980 erfahren haben (688), gefährlich. Sie kann in unserem Zusammenhang als Versuch gewertet werden, die authentische Artikulation "Neuer Politik"issues durch neue Eliten zu verhindern zugunsten der Erhaltung eines öffentlichen Meinungsmonopols der alten Eliten. Tatsächlich waren nach der Landtagswahl in Nordrhein-Westfalen im Mai 1980 keine Sendungen über "Die Grünen" mehr zu sehen. Eine "objektive" Sendung über den Rückhalt der "Grünen" in Nordrhein-Westfalen vor der Landtagswahl (689) wurde gefolgt von der bundesweit ausgestrahlten Monitor-Sendung (690), in der auf der Grundlage der genannten Untersuchungen von Richard Stöss (691) die Rechtslastigkeit der Partei kritisiert wurde, die sich aus der Mitgliedschaft der AUD und ihres langjährigen Führers August Haußleiter ergibt.

Gewiß scheint die Sorge begründet, daß unter dem großen Dach der "Grünen" kleine Parteien unterschiedlichster ideologischer Provenienz Unterschlupf finden, die die Partei letztlich nur dazu benutzen wollen, ihre eigenen Ideologien und Doktrinen durchzusetzen, wie dies August Haußleiter mit seinem antidemokratischen "populistischen Konservatismus" (692) versucht. Gewiß hat auch der Streit um Programmpunkte, der schließlich zum Auseinanderbrechen der Partei führte (693), ihrer Glaubwürdigkeit und ihrem Ansehen beim Bürger geschadet, und sicherlich auch zahlreiche bürgerliche Wähler abgeschreckt. Diese Entwicklung läßt sich u.a. aus den Minorisierungsstrategien der großen Parteien herleiten, die mit ihrem Druck auf kleine Parteien Zusammenschlüsse zwischen diesen aus strategisch-taktischen Überlegungen heraus erzwingen, die letztlich soviel sachlogischen (weil ideologisch-dogmatischen) Sprengstoff enthalten, daß diese Bündnisse notwendigerweise daran zerbrechen.

Erstaunlich ist aber auch eine gutgläubige Naivität unter den "Grünen" selbst, die zunächst das sehr unterschiedliche Herkommen der Mitglieder glaubten ignorieren oder aber überbrücken zu können in der Hoffnung auf eine gemeinsame Plattform unter der Fahne der Ökologie (694). Dem Fazit von Richard Stöss ist zuzustimmen, wenn er zu den Wandlungsprozessen der DG/AUD bis hin zu den "Grünen" schreibt: "Der antidemokratische Charakter des populistischen Konservatismus ist nicht immer auf Anhieb erkennbar. Im Zeichen des Lebensschutzes beispielsweise vereint er eine reaktionäre Ideologie mit berechtigter Kritik an der autoritär-technokratischen Demokratie der Bundesrepublik. Demokratische und ökologische (Teil-)Forderungen machen ihn für eine Bewegung bündnisfähig, die unter dem Primat der Ökologie dazu tendiert, gewachsene politische Koordinatensyteme als überholt zu bezeichnen und als Maßstab für politische Vertrauenswürdigkeit allein die Haltung in ökologischen Fragen zu verwenden" (695).

Diese gewollte (strategische) oder ungewollte (unwissende) Naivität hat den Gegnern der "Grünen", insbesondere SPD und Gewerkschaften als den von den "Grünen" strategisch (Stimmen- und Mitgliederverlust) und inhaltlich (Verzicht auf Kernkraft kostet nach Meinung der Gewerkschaften Arbeitsplätze) am stärksten bedrohten Gruppen genügend Munition geliefert; Spaltungstendenzen standen im Mittelpunkt der Berichterstattung (696).

Den "Grünen" als Partei wird - wie anderen - eine "Zulieferfunktion" zugestanden, die sich auch in der Absorptionspolitik der großen Parteien zeigt. Mit dem Anspruch, die Stabilität der Demokratie zu retten, geben sich die großen Parteien neuerdings einen "grünen Anstrich" bzw. - wie bei der SPD geschehen - hielten sie ihre Option, ökologischen Forderungen (Nutzung der Kernenergie) entgegenzukommen, bis zur Wahl offen. Erst nach der BT-Wahl bezog Bundeskanzler Schmidt gegen den erklärten Willen einer großen Minderheit seiner eigenen Partei Stellung für die "friedliche" Nutzung der Kernenergie; erst danach fand ein grundlegender Themenwechsel statt. Obwohl die "Grünen" seit langem zu Friedenspolitik, Nachrüstung und Dritter Welt Stellung bezogen hatten, wurden diese Themen öffentlich erst diskutiert, als Mitglieder der SPD - die die Problematik übrigens seit langem kannten - sich über diese Themen in Opposition zu ihrer Partei stellten (697).

Die Absorptionsabsicht der großen Parteien wird dadurch gestützt, daß nicht Vertreter der "Grünen" in öffentlich-rechtlichen und privaten Medien wie auch in Podiumsdiskussionen zu Wort kommen, wenn über Energiefragen, Ökologie und Friedenspolitik diskutiert wird (698), sondern entweder Vertreter der großen Parteien, neutrale Fachleute oder aber Vertreter von Bürgerinitiativen. So konnte z.B. die Teilnahme der "Grünen" an Podiumsdiskussionen erst durch Abstimmung des Publikums erzwungen werden (699). Die Absorptionspolitik der SPD,

die sie gegenüber den "Grünen" betreibt, um das gefährliche
Abdriften von Mitgliedern an ihrem linken Rand zu stoppen
(700), muß auch in Bezug auf die Politik der Gewerkschaften
gesehen werden, auf deren Unterstützung die SPD nicht verzichten kann, und die sich mit dem Argument der Arbeitsplatzsicherung als "Atomlobby" betätigen (701). Die SPD befindet sich also in der Zwickmühle zwischen der Kritik, die sie
vom linken Flügel erfährt, der sich vor allem auf ein beachtliches Wählerpotential in der Jugend stützen kann, und dem
Druck der Gewerkschaften, auf die sie politisch in hohem Maße
angewiesen ist. Die wahre Machtkonstellation erweist sich in
der Tatsache, daß sie die Gewerkschaften in ihrer Kritik verschont, während sie in ihrem Kampf gegen das Abdriften von
Mitgliedern an ihrem linken Rand so weit geht, den "Grünen"
die Kompetenz für einen wirksamen Umweltschutz abzusprechen (702

Die von der Absorption flankierte Minorisierung läßt sich
nicht nur in den parteiabhängigen öffentlich-rechtlichen und den
parteinahen privaten Medien ermitteln, sondern auch in den Behörden, die über Ämterpatronage in einem Klientelverhältnis zu
den großen Parteien stehen. So wechselte die Verwaltung der
Stadt Düsseldorf während der Plakatierung im Europawahlkampf
den Zuteilungsmodus für Plakattafeln, sodaß schließlich die CDU
die Plakate der "Grünen" mit Billigung der Behörden überklebte. Einer möglichen Verwaltungsklage konnten die Verantwortlichen angesichts der langen Fristen solcher Verfahren gelassen entgegensehen (703).

Solche Benachteiligungen, die u.a. als Ursache für potentielle
Stimmverluste gewertet werden können, wiegen jedoch die
Minorisierung nicht auf, die im Bereich der Medien praktiziert
wird. So haben "Die Grünen" im Bundestagswahlkampf in Düsseldorf schwerpunktmäßig plakatiert und informiert und doch nur
1,68 % der Stimmen erhalten. In einer Zeit, in der wesentliche
politische Erfahrungen nur noch über die Medien vermittelt werden, trifft gewiß die Einschätzung von Jürgen Binder ehem.
Schatzmeister der Grünen in NW, und dem Bundesgeschäftsführer der "Grünen", Lukas Beckmann, zu, daß die für große Parteien als selbstverständlich betrachtete authentische Präsenz
der Parteien in den Medien bei Bundes- und Landtagswahlen
durch örtliches Engagement nicht zu ersetzen ist. Diese Präsenz
wurde den "Grünen" sogar hinsichtlich bezahlter Anzeigen verweigert, die entweder vom Verlag zensiert wurden oder aber
nicht im Textteil - wie von den "Grünen" gewünscht - erscheinen durften (704).

Die Angst vor authentischen Aussagen kleiner Parteien, die
als Angst vor der Wirkung berechtigter Kritik an den herrschenden Parteien und vor politischen Alternativen gewertet

werden kann, wird durch den umfassenden Integrationsanspruch der herrschenden "Volksparteien" (705) im Interesse einer Konservierung der Herrschafts- und Verteilungsstrukturen verschleiert. Die Scheu vor einem institutionalisierten öffentlichen Dialog zwischen allen Parteien, in dem sowohl Legitimationsdefizite der großen Parteien aufgedeckt als auch alternative Ziele formuliert werden könnten, setzt sich um im Minorisierungsakte in allen Bereichen öffentlichen Lebens, die schließlich den Geltungsanspruch der viel beschworenen freiheitlich-demokratischen Grundordnung in Frage stellen und sie eher als Element einer Ideologie der herrschenden Kräfte zur Eliminierung störender Konkurrenten entlarven. Denn nicht nur der fehlende öffentliche Dialog, sondern auch die massive psychologische Wirkung der 5 %-Klausel behindern kleine Parteien. Darüber hinaus wird vor jeder Wahl von den großen Parteien das Gerücht lanciert, eine Stimme für eine kleine Partei sei eine verlorene Stimme. Dabei wird verschwiegen, daß diese "verlorenen" Stimmen letztlich den großen Parteien zugeschlagen werden (706) und somit im Lauf der bundesdeutschen Parteigeschichte bis zu 7 % der Stimmen unter den Tisch fielen (707). Es ist anzunehmen, daß die konsequente Ignoranz der Medien vor der Bundestagswahl und die Parole der großen Parteien, die Stimme nicht "wegzuwerfen", den geringen Wahlerfolg der "Grünen" am 5. Oktober 1980 mit verursacht haben.

Die Heterogenität der Alternativen könnte für die herrschenden Parteien beruhigend sein, wenn sie nicht das "Parteienkartell" in seinem status quo gefährdete (Elimination der FDP). Deshalb sind die herrschenden Parteien nun gezwungen, ihr Verhältnis zu diesem politischen (708) Protestpotential zu klären. Dabei wirkt sich hinsichtlich der Bürgerinitiativen in ihrem Ansehen bei dem "Parteienkartell" positiv aus, daß sie in ihrer Mehrzahl "thematisch, zeitlich und räumlich begrenzt" (709) und damit durchaus absorbtionsfähig sind (710). Dies mindert die Gefahr dieser Gruppen für den totalen Repräsentationsanspruch der Großen. Deshalb mehren sich vor allem in der SPD die Stimmen, die für eine Verständigung zwischen Parteien und Bürgerinitiativen werben (711).

Die Auseinandersetzung der herrschenden Parteien, die die dominierenden Gruppen der Gesellschaft repräsentieren, geschieht also im wesentlichen unter der Maxime, ihren ausschließlichen Repräsentationsanspruch zu behaupten (712) und unter diesem Aspekt eine Strategie zu entwickeln, das Protestpotential zu absorbieren ohne weitreichende politische Innovation. Dies machte ein Aufsatz des Leiters der Abteilung Umweltangelegenheiten im Bundesinnenministerium, Peter Menke-Glückert, deutlich (713), der letztlich darauf abzielt, die zahlreichen Bemühungen seines Hauses in Sachen Umweltschutz zu unterstreichen und damit zu betonen, daß bisher die Umweltschützer von der sozialliberalen Koalition doch recht gut bedient worden seien (714). Dabei werden Bürgerinitiativen als "one-issue"-Bewegungen - und damit absorptionsfähig - deutlich getrennt von den Wahllisten und Parteigründungen, die als "verzweifelter Ausbruch aus dem festgefügten Parteiengefüge" (715) in der von großen Parteien verteidigten Machtkonstellation stören. So wird die Grüne Aktion Zukunft (GAZ) als "Parteigründung von oben" charakterisiert, als Sammelbecken für "randständige Figuren aus der bürgerlich-kulturpessimistischen Ecke... biopolitische Mahngreise, Reformhaus-Kunden, vergrätzte Lokalpolitiker" (Carl Amery) diffamiert, die eine "naive Politbiologie" vertreten. Die GAZ betreibe eine "Ideologisierung des Umweltthemas" und sei in erster Linie daran interessiert, daß der Protest in die Medien komme. Weitere Angriffsziele sind die AUD (mit "versponnen-revolutionären Zielen") als Partner der GAZ und die Grünen Listen.

Allen diesen Parteien wird unterstellt, daß sie zu einem für das politische Geschäft so wichtigen Verhalten wie "Kooperation, Toleranz und Geduld, also Zusammenarbeit mit den Altparteien" nicht bereit seien, was auch bedeuten kann, daß sie sich von den großen Parteien nicht absorbieren lassen wollen. Schließlich wird die Legende von Weimar bemüht, wonach jene Republik an der Vielzahl der "Sachparteien" zugrunde gegangen sei (716). Die Schlußfolgerungen des Autors werfen ein Schlaglicht auf die tatsächliche Bereitschaft der herrschenden Parteien zur Innovation. Umweltpolitik muß zum "Bestandteil gesellschaftlicher Stabilitätspolitik" werden. Letztlich reduziert sich Umweltpolitik auf einen "Anpassungsprozeß" an die "hochkomplizierte Industriegesellschaft", deren Prämissen, so kann man daraus folgern, eben nicht angetastet werden sollen. Die angestrebte "Kooperation mit allen Gruppen und Kräften der Gesellschaft" kann also als Versuch einer Integration und Absorption der Ökologen in die Industriegesellschaft verstanden werden, bei der deren alternative Konzepte gewiß nicht mehr zum Tragen kommen werden.

Der Schlußsatz dieses Aufsatzes ist verräterisch: "Das Umwelt-Thema ist zu wichtig, um im politischen Experiment ökologischer Parteien oder grüner Listen verschlissen zu werden" (717). Hierin zeigt sich deutlich die Funktion der kleinen Parteien im politischen System der Bundesrepublik. Sie werden als Protestpotential anerkannt (718), aber nur außerhalb der Parlamente.

Eine Partei, die sich in dieses Bild nicht fügt und dennoch die Kühnheit besitzt, die von ihr vertretene Politik selbst im

Parlament vertreten zu wollen, statt die herrschenden Parteien in Macht und Amt zu belassen und auf deren verantwortungsvolle Wahrnehmung der von ihr formulierten Interessen zu vertrauen, "verschleißt" die von ihr angestrebten politischen Ziele.

Die Perversion dieses "Mehrparteiensystems" wurde kürzlich im Zusammenhang mit der Wahl in Schleswig-Holstein erneut deutlich. Die "Grünen" hatten dort 2,4 % der Stimmen erreicht, der SSW nur 1,4 %. Der SSW erhielt einen Sitz im Parlament, "Die Grünen" keinen. Obwohl dieses Ergebnis die ganze Willkür der Wahlgesetzgebung verdeutlicht, kam kein Kommentator auf den Gedanken, darüber nachzudenken, weshalb eine Partei mit 1,4 % repräsentationswürdiger erscheint als eine mit 2,4 %. Im Gegenteil: Presse und Fernsehen ergingen sich in Entrüstungen, daß "Die Grünen" der SPD und FDP Stimmen weggenommen und damit der CDU zum Sieg verholfen hätten (719). Stattdessen rühmte Heinz-Werner Hübner in seinem Fernsehkommentar die Vernunft der Wähler, die sich doch letztlich für ein stabiles Parteiensystem entschieden hätten (720).

Die Zufriedenheit darüber, daß eine Partei "keine ernste Gefahr" mehr darstelle (721), daß kleine Parteien generell zur "quantité négligeable" geworden seien (722), wechselt mit offenem Hohn allen denen gegenüber, die als Protestpotential nicht mehr ernst genommen werden müssen (723). So werden kleine Parteien gewertet als politisches Querulantentum, das das Parteienkartell entweder benutzt oder absorbiert, oder das man verlacht und vergißt. Das Jahr 1961 hat zwar nicht das Ende der kleinen Parteien gebracht (724), es hat sich aber seitdem die Arroganz der Großen gegenüber den Kleinen verstärkt, unterstützt von den Medien, die sich bei jeder Parteigründung beeilen, ihre Aussichtslosigkeit zu unterstreichen.

5. STAATSZENTRISTISCHER KONSENS UND INTEGRATIONS-IDEOLOGIE

5.1. Integrationsdruck und funktionale Argumentation

Die dargestellte Situation ist das Ergebnis einer technokratischen Demokratiekonzeption, für die das technische Funktionieren der Parteien und des Staates zur obersten Norm wird (1). Dem entspricht die - ebenfalls funktionale - Vorstellung, daß die Regierungsbildung eine Hauptfunktion der Parteien darstelle (2) mit dem Ziel des politischen Machterwerbs. Demgegenüber kann nach Heino Kaack die Erfüllung der Funktion, programmatische Alternative zu entwickeln, "nicht einmal quantitativ angenommen werden" (3).

Heino Kaack orientiert sich damit offensichtlich an der Demokratietheorie McKenzies, für den die Funktionsfähigkeit und Effizienz einer Parteiorganisation wie auch eines politischen Gesamtsystems in der Demokratie Vorrang vor dem Erfordernis der Partizipation der Bürger und Mitglieder haben (Elitist-Theorie (4)). Dieses pragmatische Konzept erklärt seine - von den Gesichtspunkten der politischen Opportunität beherrschte - Darstellung der "Geschichte und Struktur des deutschen Parteiensystems" (5), in der Parteien bewertet werden nach statistischen Wahlergebnissen und nach ihrer Tauglichkeit für die Funktionsfähigkeit in einem spezifischen politischen System. Aufgrund dieser Kriterien verbannt er alle Kleinen und neuen Parteien ins politische Abseits. Ihr massiertes Auftreten gilt als Defekt ("Labilität") des Parteiensystems ("Parteienzersplitterung") und ihre Eliminierung zum Zwecke der "Stabilisierung des Parteiensystems" als Erfolg für das demokratische System (6). So ist das Buch im Ergebnis nicht mehr als eine affirmative Darstellung des vorgefundenen Parteiensystems ohne kritische Reflexion dieser temporären Ausformung der sehr viel breiter interpretierbaren Verfassungsnormen von 1949.

Es mag deshalb auch nicht verwundern, daß der Autor die Bundesrepublik an anderer Stelle als "Parteienstaat" charakterisiert ("ein Staat, dessen Politik und verfassungsmäßiger Aufbau rechtlich und tatsächlich maßgeblich durch die politischen Parteien bestimmt wird") (7). Er bewegt sich damit auf der

Linie von Gerhard Leibholz (8), dem die Parteienstaatstheorie des Bundesverfassungsgerichts entscheidend prägenden Verfassungsrichter, der auf diesem Wege erheblichen Einfluß auf die Auslegung des Grundgesetzes hinsichtlich der Stellung und Funktion der Parteien nehmen konnte.

Nach Leibholz' Interpretation habe die "fortschreitende radikal-egalitäre Demokratisierung ... in den modernen Flächenstaaten zu einer großen Machtsteigerung der politischen Parteien geführt. Sie sind es, die die Millionen von politisch mündig gewordenen Aktivbürgern erst organisieren und aktionsfähig machen. Sie schließen die Wähler erst zu politisch aktionsfähigen Gruppen zusammen und erscheinen so als Sprachrohr, dessen sich das mündig gewordene Volk bedient, um sich artikuliert äußern zu können". Deshalb bezeichnet Leibholz die moderne Demokratie in den westlichen Staaten als "parteienstaatliche Demokratie ... d.h. eine(r) Demokratie, die auf Parteien als politische Handlungseinheiten aufgebaut ist. Ohne ihre Zwischenschaltung würde das Volk heute einfach nicht in der Lage sein, einen politischen Einfluß auszuüben". Die Begründung für die in dieser Definition enthaltene Rechtfertigung eines totalen Machtanspruchs der Parteien bezieht Leibholz aus der Verfassungswirklichkeit verschiedener europäischer Staaten sowie aus den Entscheidungen des Bundesverfassungsgerichts, an denen er - so ist anzunehmen - bestimmend mitgewirkt hat.

Wenn Leibholz meint, der moderne Parteienstaat sei "eine rationalisierte Erscheinungsform der modernen Demokratie" (9), so läßt sich diese Analyse vor dem Hintergrund unserer Studie nur als Ideologie einstufen, die - in ihrer Begründung wenig überzeugend (10) - den Blick verbaut für den tatsächlichen elitären Charakter dieser Parteien. Die weitere Behauptung, "daß der Volks- und Gemeinwille in der parteienstaatlichen Demokratie durch die Parteien gebildet wird", und daß "in einer funktionierenden parteienstaatlichen Demokratie der Wille der jeweiligen Parteienmehrheit in Regierung und Parlament mit dem Gesamtwillen identifiziert" werde (11), vermag eher die akklamatorische Demokratie zu verwirklichen und den Herrschaftsanspruch politischer Eliten in Parteien, Regierung und Parlament zu legitimieren auf Kosten einer breitgefächerten Partizipation. Der totale Herrschaftsanspruch einiger weniger staatszentristischer "Parteien", den sie auch gegenüber Mitgliedern und Abgeordneten - ggfs. mit Repression - durchsetzen dürfen, um die Realisierung des "Parteiwillens" sicher zu stellen (12), birgt die Gefahr demokratiefeindlicher Strukturen in sich, daß mit dem Vorwand der notwendigen umfassenden Integration und Handlungsfähigkeit parteiinterne Opposition unterdrückt und die Position der herrschenden Eliten weiter gestärkt wird (13).

So steht hinter der Definition der Bundesrepublik als Parteienstaat ... das staatliche Parteienoligopol", das als ein System von Staatsparteien erscheint (14).

Die "Parteienstaatsdoktrin" (15), die den Parteien gegenüber dem einzelnen Bürger wie auch gegenüber allen übrigen gesellschaftlichen Gruppen eine unangemessen hohe Bedeutung beimißt, entspricht zwar dem derzeitigen Zustand einer "illegitimen" (16), aber dennoch allgegenwärtigen Parteienherrschaft, läßt sich aber nicht aus dem Grundgesetz herleiten (17). Die illegitime, staatszentristische Parteienherrschaft wird gestützt durch jene - auch in der pluralistischen Theorie betonte - Integrationsfunktion der Parteien (18), die eine vorwiegend innerparteiliche (nicht zwischenparteiliche) Konfliktregelung ermöglichen soll (19).

Diese "wissenschaftliche" Integrationstheorie reflektiert letztlich nur jene "verschwommene Integrationsideologie" der CDU, deren großzügige Aufnahmebereitschaft sie ganze Parteien und Parteiflügel vereinnahmen ließ (20).

Diese Partei, die von Kritikern aufgrund einer fehlenden innerparteilichen demokratischen Willensbildung nur zur Ermittlung von Kandidaten und Programm als "organisatorische Hülle und ideologischer Minimalkonsens für oligarchisch organisierte Interessenverbände" charakterisiert wird (21), hatte unter Adenauer die Integration - mit dem Ziel einer massiven Konfrontation zur SPD - geradezu zu einem politischen Selbstzweck gemacht. Vermutlich aufgrund einer grundsätzlichen Übereinstimmung zwischen wissenschaftlicher Theorie und politischer Strategie war auch das wissenschaftliche Interesse an kritischen Stellungnahmen zu dieser "Integrationsideologie" nicht eben groß. Hier ist eine Ursache für das bis zum Beginn der siebziger Jahre anhaltende Desinteresse der Wissenschaft an kleinen Parteien zu suchen (22).

Am Verhalten der etablierten Parteien gegenüber neuen pflege - wie Erhard H.M. Lange zutreffend analysiert - "ein allgemeiner 'Mechanismus' ... ausgelöst zu werden", der sich bereits in der Frühgeschichte der Sozialdemokratie beobachten ließ. Man spricht jener neuen Partei ab, sich zu dem höchsten Integrationswert in der Gesellschaft zu bekennen, man unterstellt ihr, sie wolle Werte zerstören ("antidemokratisch"). Man ändert Wahlgesetze und Fraktionsstärken, um den "Neuen", sollten sie dennoch ins Parlament einziehen, eine fruchtbare Mitarbeit zu verwehren (23).

Dem Integrationsdruck haben die kleinen Parteien immer wieder durch Fusionsversuche zu entsprechen versucht, um ihr Überleben unter den minorisierenden Wahlgesetzen zu sichern (24). Diese Versuche scheiterten aber in der Regel an der Unterschiedlichkeit der Programmatik, die gerade die Identität der Parteien sichert und die sie deshalb nicht ohne weiteres zu opfern bereit sind.

Den Parteien fällt nach Ernst Fraenkel die Aufgabe zu, "das Funktionieren des parlamentarischen deutschen Regierungssystems zu ermöglichen. Sie wirken bei der Bildung des Volkswillens dadurch mit, daß sie das pluralistisch in zahllose Gruppen aufgespaltene Volk für den spezifischen Zweck parlamentarischer Mehrheitsbildung in wenige politische Blöcke zusammenfassen, ohne im übrigen deren Existenz und Funktionen in Frage zu stellen" (25).

Unter Hinweis auf unsere an anderer Stelle vorgetragene Kritik an der Einstufung der Parteien vornehmlich als "Diener des Staates", bei der die Artikulation des Bürgerwillens zweitrangig wird, verdeutlicht jenes Zitat die für Fraenkel offensichtlich sekundäre Bedeutung einer Pluralismustheorie als Konzeption für die Schaffung einer Demokratie, in der die Partizipation des Bürgers an der Regelung öffentlicher Belange optimal garantiert, d.h. Fremdbestimmung weitgehend ausgeschaltet wird. Demgegenüber ist Fraenkels Konzept von den Parteien als umfassenden Integrationsinstanzen differenzierter politischer Interessen bestimmt von der Prämisse, um der Effizienz eines politischen Systems willen die politische Willensbildung auf wenige staatszentristische Großorganisationen (Parteien) als Mittler zwischen dem Bürgerwillen und dem Staat zu konzentrieren. Der unvermeidlichen Zentralisierung, Hierarchisierung und Verbürokratisierung solcher Großorganisationen versucht man schließlich mit "Strategien innerparteilicher Partizipationsausweitung" (26) zu begegnen. Schon früh warnte ein kritisches Mitglied in der CDU, Walter Hagemann, vor dem "Irrweg", mit wenigen Großorganisationen eine stabile Regierung sichern zu wollen. "Die Väter dieses Gedankens ahnten nicht, daß in einer so ungefestigten, traditionslosen Demokratie das System der Großparteien zur Einparteienherrschaft führen könne" (27). Diese Gefahr ist auch dann nicht gebannt, wenn formal zwei oder drei Parteien bestehen, die - gleich einem Kartell - ihre Einflußbereiche proportional aufteilen und diese gegen newcomers hermetisch abschließen.

Dabei muß sich die Frage stellen, ob die Integration der in der Bevölkerung bestehenden differenzierten Interessen in wenige Großorganisationen für das Funktionieren einer Demokratie unabdingbar sind bzw. welche Prioritäten im Interesse einer Bürgerdemokratie zu sehen sind: das optimale Funktionieren der Staatsmaschinerie oder die optimale Teilhabe des Bürgers an öffentlichen Belangen, die ihn betreffen. Darüber hinaus bleibt das Problem bestehen, wieweit sich Großorganisationen überhaupt so demokratisieren lassen, daß der Bürger optimale Partizipationschancen erhält. Damit ist notwendig die bereits gestellte Frage verbunden, ob sich tatsächlich alle weltanschaulichen Konzepte und politischen Interessen in wenige vorhandene Großorganisationen integrieren lassen, ohne daß diese Integration einen hegemonialen Charakter annimmt mit den darin enthaltenen Gefahren der Absorption durch Assimilation (28).

5.2. Parteienzersplitterung als Defizienzsymptom

Unter der dargestellten Prämisse hat das Bundesverfassungsgericht wiederholt die "staatspolitische Gefahr" der Parteienzersplitterung hervorgehoben (29) und als "ausreichendes Motiv erachtet, um den Proporzgedanken zu modifizieren und politische, gegen die Splitterparteien gerichtete Wahlbestimmungen zuzulassen" (30). Dabei bezieht es sich ausdrücklich auf die Erfahrungen mit der Weimarer Reichsverfassung, wo die Regierungsbildung erschwert, wenn nicht gar unmöglich gemacht worden sei (31). Auf die mangelnde Stichhaltigkeit einer solchen Behauptung hat Wolfgang Abendroth mit Nachdruck hingewiesen, indem er auf die Funktionsfähigkeit und Stabilität zahlreicher Nachbarstaaten verweist, die trotz einer Vielzahl von Parteien in ihrer Existenz keineswegs gefährdet seien. Mit Recht spricht Ridder von einer "Zwecklegende" (32).

Obwohl es sich hier um eine funktionale Argumentation handelt, die den Grundsatz der Parteienvielfalt gerade wegen seiner fundamentalen Bedeutung nicht zu entkräften vermag (33), hat sie sich doch vorher und nachher in der Literatur niedergeschlagen (34). So spricht Karl Dietrich Bracher von den Splitterparteien als von "unechten" Parteien (35), deren Zersplitterungseffekt das <u>Integrationsanliegen der Wählerschaft</u> empfindlich störte und - mit der Verwandlung der politischen Auseinandersetzung in einen Antagonismus unversöhnlicher Einzelinteressen und Ressentimenthaltungen - eine mehrheitsbildende Zusammenarbeit nachhaltig behinderte (36). Als negative Komponente dieser Parteienzersplitterung hebt Bracher (37) wie auch Werner Conze die mangelhafte Kompromißfähigkeit jener Parteien hervor, die Mehrheitsentscheidungen unmöglich machten, weil sie auf die Unfehlbarkeit ihrer Weltanschauungen gepocht hätten (38).

Das Bestreben der Parteien, ihre programmatischen Grundsätze in die politische Wirklichkeit umzusetzen, wird zur zerstörerischen Selbstsucht gegenüber den für ihn übergeordneten gesamtstaatlichen Interessen (39).

Hinter solchen Vorstellungen lassen sich unschwer Konturen des Hegelschen Staatsethos erkennen, das - orientiert an obrigkeitsstaatlicher Wirklichkeit - den (Gesamt-)Staat allen "partikularen" Interessen überordnete. In diesem Kontext können Parteien als Vertreter unterschiedlicher weltanschaulicher und interessenorientierter Konzepte nur einen vorwiegend negativen Stellenwert erhalten, wenn sie ihre jeweils spezifischen Tendenzen nicht wenigstens durch die Bereitschaft wettmachen, funktionsfähige Mehrheiten zur Erhaltung des Gesamtstaates zustande zu bringen (40). "Die Übersteigerung der Parteiengegensätze und die Unfähigkeit, eine verpflichtende 'nationale', 'überparteiliche' Politik zu entfalten", wird zum "Krankheitssymptom der Demokratie" erklärt (41).

Vor diesem Hintergrund lassen sich Parteigründungen durchaus als "Defizienssymptom" intepretieren, als "Erpressungsparteien" (42), die eine weitere Auswahl im Parteienspektrum ermöglichen sollen und insbesondere solche Anliegen vortragen, die von den herrschenden Parteien vernachlässigt werden.

Die verhängnisvolle Wirkung des Begriffes "Parteienzersplitterung" ist insbesondere darin zu suchen, daß er - bezogen auf jene kleinen Interessenparteien wie auf weltanschaulich orientierte, aber systemgefährdende Parteien - einen ausschließlich negativen Klang hat. Demgegenüber steht der Begriff der Parteienvielfalt in enger Verbindung mit Meinungsvielfalt (43) und läßt eine Assoziation mit der Vorstellung von politischen Alternativen, Diskussionen und Innovation zu. Im Gegensatz zur Parteienzersplitterung, die als negatives Gegenbild zu einem funktionsfähigen Parteien- und Regierungssystem gesehen wird, geht der Begriff der Parteienvielfalt über diese pragmatisch-funktionale Ebene hinaus. Während die "staatspolitische" Gefahr der Parteienzersplitterung vor allem darin besteht, daß die Priorität gesamtstaatlicher Interessen und Ziele - ein am Obrigkeitsstaat orientiertes Leitbild - gefährdet ist, läßt sich der Begriff der Parteienvielfalt eher auf die Vertretung unterschiedlicher Interessen und politischer Vorstellungen der Bürger beziehen.

Vor diesem Hintergrund muß schließlich das duopolitische Parlamentarismusmodell gesehen werden (44), das in dem Zweiparteienmodell bzw. in der Vorstellung von zwei miteinander rivalisierenden Lagern (Regierungskoalition - Regierungsopposition (45)) seinen Ausdruck findet. Auch hier sind es funktionale Gründe, die für diese Lösung angeführt werden: Die Funktionsfähigkeit und Stabilität des Parteiensystems und die Handlungsfähigkeit der Regierung sichern im Interesse einer effektiven Exekutive und Legislative auf gesamtstaatlicher Ebene (46). Vor diesem Hintergrund wird die "Ausschaltung der

Splittergruppen zur Voraussetzung für parteipolitische Stabilität" (47).

Die in der bürgerlich-liberalen, parlamentarischen Mehrparteiendemokratie gültige Prämisse von der Priorität gesamtstaatlicher Interessen gegenüber denjenigen aller nachgeordneten Organisationsebenen, der sich auch der Pluralismus europäischer Provenienz (48) mit seinem Integrationskonzept unterordnet, hat die gesamtstaatlich orientierten und organisierten Parteien daran gehindert, als Träger gleichwertiger Teilaspekte und politischer Alternativen wirksam zu werden (49). Schließlich hat die funktionale Definition der Pluralisten vom Staat "als Integration der divergierenden gesellschaftlichen Interessen" (50) nicht verhindern können, daß die Erhaltung der staatlichen Einheit zum Selbstzweck wurde auf Kosten der Partizipationschancen des Einzelnen und der gesellschaftlichen Gruppen, deren "Freiheits- und Beteiligungsrechte" er garantieren und für deren konfliktreichen Willensbildungsprozeß er als demokratischer und sozialer Rechtsstaat lediglich die Voraussetzungen schaffen sollte (51). Sobald die Parteien vorwiegend als "Integrationsfaktoren" gedacht sind, deren wesentliche Aufgabe darin besteht, "die von ihnen repräsentierten Kräfte in die Verfassung zu integrieren" (52), wird der Gesamtstaat zum zentralen Bezugspunkt dieser Demokratie.

An der Diskussion um die Parteienzersplitterung wird deutlich, daß für die in der Bundesrepublik herrschenden Parteien als Träger der Macht der Rechtsstaat mehr geworden ist als nur ein "stabiler Rahmen", der verbindliche Spielregeln für die "pluralistische Interessen- und Meinungsartikulation" bereithält. Dabei ist insbesondere zu prüfen, wie weit für die großen Parteien die Bestandsgarantie dieses Rechtsstaates und der derzeit bestehenden Form der Demokratie gleichbedeutend sind mit der Bestandsgarantie für ihre eigene oligopolistische Vorherrschaft, die - wie bereits zu zeigen versucht wurde - Formen totaler Herrschaft aufweist (53). Hinweise für solche Assoziationen finden sich nicht nur in den politischen Debatten um innere Sicherheit (Solidarität der Demokraten) und "vierte" Partei (unter Mißachtung aller bereits bestehenden, in den Parlamenten nicht vertretenen Parteien), sondern auch bei Journalisten und Wissenschaftlern, für die alle weiteren Parteien nahezu "terra incognita" (54) sind, d.h. offenbar für die Demokratie so unbedeutend, daß eine genauere Kenntnis darüber überflüssig scheint (55).

Solange nach der Pluralismustheorie der Idealzustand darin gesehen wird, daß einige wenige Großparteien möglichst das gesamte Spektrum vorhandener Interessen aggregieren, um das Aushandeln von Konflikten in den Parteien selbst und für den

Bürger weniger öffentlich zu erledigen (56) und eine möglichst reibungslose Herrschaft im Interesse des Gesamtstaates zu garantieren, besteht die Gefahr, daß innerhalb dieser Großorganisationen die staatlichen bzw. die am besten vermachteten Interessen Vorrang haben. Die Annahme scheint berechtigt, daß es sich bei einer solchen Theorienbildung, die primär von der empirischen Deskription der Realität ausgeht, um eine "Reifikation eben dieser Realität" (57), um eine "die Demokratie vernebelnde Ideologie" (58) handelt.

Die Großpartei steht hier eher im Dienste des Gesamtstaates als seiner Bürger. Je mehr ganz allgemein die Parteien auf die Staatsraison, auf den Staat als "Rechtsgemeinschaft" orientiert sind, d.h. als "ein Mittel für Staatszwecke" (59) betrachtet werden, umso weniger werden sie die Interessen der Bürger vertreten können, insbesondere dann, wenn jene den echten oder vermeintlichen Staatsinteressen entgegenstehen. Überall dort, wo diese Sichtweise herrscht (60), werden Parteien in ihrem ureigensten Wesen nicht verstanden: als Gruppen von Bürgern mit gemeinsamen Interessen oder Vorstellungen, um diese gemeinsam öffentlich zu vertreten und zu verwirklichen. Es scheint so, als habe der alte Antiparteienaffekt der Weimarer Demokratie (61), der selbst von bekannten Sozialwissenschaftlern und Staatsrechtlern geteilt wurde (62), sich bis heute in der politischen Theorie erhalten und in jenen gesamtstaatlich orientierten Pluralismuskonzepten seinen Niederschlag gefunden (63). Hier ist vermutlich die eigentliche Ursache für jene Angst bei Wissenschaftlern und Politikern vor Parteienvielfalt - als "Parteienzersplitterung" diffamiert - zu suchen.

5.3. Hegemoniale Integration contra Partizipation

Diese Frage berührt das zentrale Problem dieser Arbeit, nämlich die Systemfunktion kleiner und neuer Parteien als Innovationspotential. Eine hegemoniale Integration solcher kleinen Parteien in Großorganisationen, die sich aufgrund des unterschiedlichen Machtpotentials der Betroffenen geradezu zwangsweise ergibt, würde - so zeigt es die politische Praxis - gerade das innovatorische Potential kleiner Parteien abschwächen und verwässern und damit das politische System entscheidender Impulse berauben, die es als "lernendes System" für sein Überleben braucht. Es bleibt deshalb zu fragen, ob es zwingend und auf lange Sicht klug ist, in Theorie und Praxis das Konzept der Integration aller kleinen Parteien in der vorgefundenen Ausschließlichkeit zu vertreten. Denn gerade diese Ausschließlichkeit, die sich hinter Quasi-Normen wie "Stabilität des Parteiensystems", "Funktionsfähigkeit des politischen Systems", "Arbeitsfähigkeit des Parlamentarismus" verbirgt, läßt die kleinen Parteien als Sand im Getriebe einer auf Effizienz und Höchstleistung hin orientierten Staatsmaschinerie erscheinen, in der den Parteien generell weniger der Platz einer treibenden Kraft, als vielmehr der eines, wenn auch wichtigen Rades im Getriebe zuweist. Das reibungslose Funktionieren wird dabei zum Selbstzweck, dem sich Parteien und Bürger anzupassen haben.

Aus diesem technokratisch angelegten Konzept, nach dem der Verfassungsauftrag (Volkssouveränität) zugunsten einer willkürlich festgelegten Ordnungsfunktion geopfert wird (64), ergibt sich für die Parteien ein Integrationsdruck, der darauf abzielt, alle "ineffizienten", nicht kalkulierbaren und beherrschbaren Elemente soweit ins Getriebe einzupassen, daß sie den reibungslosen Ablauf nicht mehr stören. Aber gerade durch das Ausschalten bzw. Assimilieren aller störenden Elemente wird Innovation blockiert, werden Alternativen, die sich ohne Konflikte nicht entfalten können, verhindert.

Amitai Etzioni hat zwar betont, daß der Konsens die Handlungsfähigkeit einer Einheit vergrößert und Integration zur Voraussetzung für kollektives Handeln wird. Andererseits hat er aber darauf hingewiesen, daß eine niedrige Integrationsstufe die Formbarkeit der Einheit vergrößert und ihr Aktivierungspotential steigert (65), d.h. in unserem Zusammenhang, für Innovation günstiger ist. Die Beziehung zwischen dem Integrationsgrad der Einheiten und ihrer Aktivierung bzw. ihrer Innovationsfähigkeit ist dialektischer Natur.

Jüngst hat Hans Willke darauf hingewiesen, daß Integration nur dann sinnvoll betrieben werden könne, wenn den differenzierten Teilen eines Systems relative Autonomie zu ihrer Entfaltung belassen werde. Nach Willke hängen Qualität und der Grad von Systemintegration davon ab, "welcher Grad an relativer Autonomie der Teile im System möglich oder erwünscht ist". Insgesamt macht Willke die Systemintegration abhängig von "Interdependenz, Differenzierung relativer Autonomie und reflexiver Abstimmung unterschiedlicher Umwelten". Er definiert sie als Kompatibilität relativ autonomer interdependenter Teile, deren Gesamtheit eine spezifische Systemidentität konstituiert. "Die Stabilisierung solcher Systeme", so Willke abschließend, setzt eine "reflexive Abstimmung" der differenzierten Teile voraus (66).

Willkes Modell hat in dem hier angesprochenen Bereich wenig Aussagekraft insofern, als er mit dem Terminus "relative Autonomie" die Phänomene Macht- und Herrschaftsausübung nicht erfaßt. Die neuerdings von Lutz Roemheld aus dem französischen

Sprachraum für den deutschen Leser zugänglich gemachte Theorie des "Integralen Föderalismus" hat speziell zum Thema "Autonomie" einen wesentlichen Beitrag geleistet (67). Danach reicht es nicht aus, optimale Integrationstechniken zu entwickeln (68). Vielmehr muß es um die Frage gehen, wie weit mit der Zusammenfassung zweier Subsysteme (große und kleine Partei) die Eigenständigkeit und Alternativposition einer quantitativ kleinen und als Machtfaktor schwachen, in ihrer Programmatik aber für die Innovationsfähigkeit eines politischen Systems wichtigen Partei erhalten werden kann und muß.

Hinsichtlich einer sinnvollen Integration muß - wenn das System "lernfähig" bleiben soll- die Alternativposition der zu integrierenden Partei erhalten bleiben. Sinnvollerweise kann sie dies nur, wenn ihr auf ideologischer und organisatorischer Ebene Selbstbestimmung, Selbstorganisation und Selbstverwaltung, z.B. in Form einer assoziativen Kooperation (basierend auf einer Gleichwertigkeit der Partner und Meinungen) garantiert werden (69). Das bedeutet, daß keine Organisation - z.B. aufgrund einer großen Masse an Personal, Ressourcen oder größeren Kompetenzen ihre stärkere Position dazu benutzen darf, der kleineren Organisation ihre Existenzgrundlage zu beschneiden, um sie damit auszulöschen. Nur so läßt sich garantieren, daß die Vielfalt der in einer Bevölkerung bestehenden und sich entwickelnden Bedürfnisse und Interessen ohne Manipulation in ein politisches System integriert werden können im Sinne einer reintegrierten Gesellschaft, in der sich die Mitglieder dank der auch von den integralen Föderalisten geforderten Partizipation und Kooperation (70) authentischer ausdrücken können (71).

In der Regel beinhalten politische Alternativpositionen einen weitreichenden ideologischen Dissens zwischen den Gruppen, der - soll dennoch Integration durchgesetzt werden - in der Regel nur durch Repression beseitigt werden kann. Als Beispiel dazu läßt sich die gerichtliche Ausschaltung kommunistischer und faschistischer Parteien im System der Bundesrepublik anführen. Eine Integration dieser Kräfte in CDU und SPD in der Form, wie sie Joachim Raschke beschreibt ("Anerkennung der allgemeinen Ziele, Normen und Verhaltenserwartungen"), blieb hinsichtlich des ideologischen Dissenses ausgeschlossen. Folglich lassen sich solche Gruppen auch nicht durch "Partizipation und Service-Funktionen" integrieren. Zwar gelang es Konrad Adenauer, kleine Parteien zu absorbieren bzw. ihre Existenz zu bedrohen durch die "Einbindung von Gruppenführern in politisch verantwortliche Ämter", durch Abdrängung in weniger brisante Issue-Bereiche "wie auch durch die privilegierte Zuwendung von Information an die Gruppenführer" (72).

Diese Form hegemonialer Integration, die auf Ausschaltung bzw. Schwächung der integrierten Gruppen abzielt, um damit die Herrschaft der integrierenden Gruppe bzw. ihrer Eliten zu sichern, kann auf keinen Fall den Anforderungen einer Demokratie genügen, die die Teilhabe mündiger Bürger zu ihrem obersten Grundsatz gemacht hat. Wenn Raschke hinsichtlich der Integration kleiner Parteien in große seinem Glauben Ausdruck gibt, daß "innerparteiliche Opposition ... Gruppen in die Wählerschaft oder Mitgliedschaft der Partei einbeziehen und einbinden" kann (selbstverständlich dann unter Aufgabe ihrer programmatischen und organisatorischen Eigenständigkeit), "die sonst als radikale Gruppen außerhalb dieser Parteien deren Stabilität und ggf. sogar die Stabilität des Gesamtsystems bedrohen würden" (73), so steht dahinter offensichtlich die Hoffnung, die nach seiner Ansicht bedrohte Stabilität des Parteien- und Gesamtsystems dadurch zu sichern, daß man das Protestpotential in den Schoß der Partei integriert und damit befriedigt. Der Lösungsvorschlag kann bestenfalls als Versuch einer sozialtechnischen Lösung zur Sicherung des status-quo eines Parteiensystems betrachtet werden. Hinsichtlich der positiven Integration politischer Minderheiten als Träger innovatorischer Impulse in ein politisches System vermag er deshalb nicht zu befriedigen, weil er geeignet ist, die Hegemonialposition der integrierenden Gruppe gegenüber der integrierten zu sichern (74).

Gerade die zahlreichen Parteineugründungen nach der "grossen Konzentration" von 1961 zeigen die tatsächliche Unfähigkeit zur Integration seitens der großen Parteien CDU und SPD nach links und rechts, aber auch zur Mitte hin. Diese Zeit wird deshalb auch als "politisch-normative-Legitimationskrise" bezeichnet (75), in der rechts von der CDU z.B. NPD, Deutsche Freiheitspartei, AUD (76), links von der SPD z.B. DFU und DKP (77) sowie im Anschluß an die außerparlamentarischen Oppositionsbewegungen die Parteien der "Neuen Linken" entstanden (78). In der Mitte trat 1964 die Europäische Föderalistische Partei auf den Plan, die sich als Alternative zur "Europa-Union", d.h. den in den Majoritätsparteien wirkenden "Europäern", verstand (79).

Es genügt nicht, diese Neugründungen allein als ein Zeichen für das "Defizit an demokratischer Repräsentation" zu kennzeichnen, das aus den "technischen Sachzwängen der Staatsgestaltung herrührt" (80). Vielmehr ist zu fragen, ob solche "Sachzwänge" nicht eher von denen hergestellt und als solche ausgegeben werden, die nicht nur davon ausgehen, eine Demokratie sei allein mit Großorganisationen funktionsfähig, sondern die daraus insofern selbst Nutzen ziehen, als sie ihnen ein Argument liefert, um ihre verständlichen Bestrebungen nach Steigerung der eigenen Macht zu verschleiern.

In diesem Zusammenhang sei an das weiter oben kritisch gewürdigte Gravitationsmodell von Manfred Rowold erinnert, das mit dem Bild der "Gravitationszentren" (große Parteien) das Parteiensystem als eine Art magnetisches Feld beschreibt, in dem "der organisierte politische Wille als bewegende bzw. bewegte Kraft" – eben doch als quasi physikalische Kraft (81) – herrscht und die Assoziation zu autonomen Naturkräften nahelegt.

Im Rahmen dieser Arbeit ist "der Begriff der Gravitation als treffendste Bezeichnung für die Struktur der internen Beziehungen des Parteiensystems" (82) als mißverständlich zurückzuweisen, da er den zwischenparteilichen Konflikt als sozusagen selbsttätigen Prozeß darzustellen sucht und den Kampf um die Vorherrschaft in diesem System verschleiert.

Stattdessen muß es hier darum gehen, die so unverdächtig als Integration bezeichnete hegemoniale Eingliederung politischer Minoritäten in Großgruppen und ihren Charakter als Kampf einzelner Gruppen und Personen um die Vorherrschaft im Parteiensystem und damit in der Gesellschaft und die damit verbundene Minorisierung kleiner und neuer Parteien darzustellen.

Da jedes etablierte System "von der Gefahr der Selbsterstarrung bedroht" ist und deshalb "Stimulation von außerhalb des in sich geschlossenen Systemkreislaufs braucht" (83), muß die grundsätzliche Frage gestellt werden, weshalb sich diese potentiellen politischen Alternativen nicht legitimerweise und gleichberechtigt zu den "Mandatsparteien" entfalten sollen und können. Die Gründe für die Notwendigkeit der Integration aller politischen Kräfte in wenige Großparteien im Interesse des Funktionierens der Demokratien sind – soweit bisher feststellbar – funktionaler Natur. Sie geben Auskunft über Techniken optimalen Herrschens, weniger über die Sicherung der Teilhabe des Bürgers an öffentlichen Geschäften. Der gravierende Mangel in diesem Bereich besteht in der fehlenden Reflexion darüber, ob alle diese raffinierten Integrationstechniken demokratischen Ansprüchen genügen und dem Bürger tatsächlich die Möglichkeiten selbst- und mitverantwortlichen Handelns im öffentlichen Bereich sichern helfen.

Der Integrationsdruck, der von der Ideologie der Sicherung einer funktionierenden Demokratie durch wenige Parteien und Großorganisationen ausgeht, hat dazu geführt, daß kleine Parteien – ob radikal-extremistisch oder reformistisch-verfassungskonform – immer raffinierteren Minorisierungstechniken ausgesetzt sind; daß Auseinandersetzungen mit ihnen nur noch über Verwaltungsmaßnahmen und Gerichtsentscheide laufen, daß ein öffentlicher Dialog mit ihnen nicht mehr stattfindet. Auf diese Weise werden sie zur "quantité négligeable". Als Folge davon erschöpft sich die Strategie des Systems in der Suche nach immer raffinierteren Techniken, um seine Stabilität und damit die Erstarrung seiner Machtstrukturen zu bewirken. Die herrschenden Parteien haben sich demzufolge zu "leistungskräftigen politischen Dienstleistungsorganisation(en) halbstaatlichen Charakters" (84) entwickelt.

5.4. "Volks- und Staatsparteien" als umfassende Absorptionsinstanzen

Die von Ossip K. Flechtheim bereits 1962 festgestellte Entwicklung der Parteien zu "Quasi-Staatsparteien" hat sie zu "semiöffentlich-rechtlichen ... staatsverbundene(n) hierarchisch geführte(n) 'Anstalt(en)'" werden lassen und zu einer "weitreichende(n) Integration der Parteien in den Staat" geführt (85). Die "geschlossene Gesellschaft" dieser Großparteien (86) stellt zugleich ein Patronage-Kartell dar, das weitgehend über den Zugang zum öffentlichen Dienst (87), und in zunehmendem Maße über die Auftragserteilung an Privatunternehmen entscheidet (88). "Die Parteien dienen dem Staat" (89) und leiten aus diesem Dienst einen besonderen Machtanspruch gegenüber der übrigen Gesellschaft ab. Sie befinden sich "in der Hegung durch den Staat" (90) und erheben den ideologischen Anspruch, alle gesellschaftlich relevanten Kräfte zu vertreten und sich so als besonders staatstragend zu erweisen (91). "Volksparteien" sind nach Peter Haungs "Parteien mit einer vielfältigen sozialen Basis ..., mit einer pluralistischen, organisatorischen Struktur, einem beträchtlichen Bestand von hauptamtlichen Mitarbeitern, mit bestimmten, wenn auch heterogenen oder vagen weltanschaulichen Orientierungen, umfassender Programmatik und vor allem mit dem vorrangig strategischen Ziel, aufgrund entsprechender Stimmenanteile bei Wahlen allein oder zusammen mit anderen Parteien die Regierung zu bilden" (92). Diese funktional ausgerichtete Definition macht deutlich, daß der "Wille zur Mehrheitsbildung" (93) der eigentliche Motor der Entwicklung hin zur Volkspartei ist. Sie wurde also in erster Linie aus einem wahltaktischen Kalkül heraus betrieben, das sich mit dem vermeintlichen Interesse an innerparteilicher Konfliktregelung im Dienste des allgemeinen Wohls trefflich ideologisch verbrämen läßt.

Die inzwischen heftige Kritik an diesem vorwiegend von bürgerlichen Parteien verwendeten Begriff (94) konzentriert sich in erster Linie auf den dahinter verborgenen ideologischen Anspruch auf Ausgleich und Versöhnung zwischen den Klassen ("sozialer Frieden") (95). Als "ideologischer Kampfbegriff" (96) richtete er sich deshalb gegen die "Klassenpartei", die sich wiederum als "Massenpartei" der Arbeiterschaft und in diesem Sinne als "Partei des Volkes" verstand. Der Anspruch, der in diesem Begriff steckt, entspricht jedoch keineswegs der sozialen Basis dieser Parteien. Nach dem Kriege wurde er durch den Begriff "Union" ersetzt und beinhaltete die Strategie der Überwindung aller religiösen und Klassenschranken (97).

Die "Union" (Volkspartei) beanspruchte damit die Repräsentation aller Klassen, Schichten und der beiden großen Konfessionen in Deutschland (98). Hinter diesem totalen Integrationskonzept einer "Mehrzweckpartei" (99), das auch in dem Begriff "Volk" im Sinne von Volksgemeinschaft steckt (100), verbergen sich geradezu politikfeindliche Elemente. Mit einer umfassenden Harmonisierungsstrategie werden bestehende Interessenkonflikte verschleiert bzw. unter dem Begriff "Interessenpluralismus" (101) ihrer Widersprüchlichkeit beraubt und als durchaus koexistenzfähig verharmlost (102).

Der totale Repräsentationsanspruch einer "Volkspartei", mit dem sie sich beim Wähler eine umfassende Legitimation erschleicht, geht hier mit dem weitverbreiteten Antiparteienaffekt ein Bündnis ein. Mit ihrer Orientierung auf "das Ganze" läßt sich die Partei, die in ihrem Selbstverständnis sich selbst negiert ("Ideologie der 'Nicht-Partei'") (103), auch dem unpolitischen Wähler schmackhaft machen, dem jedes konfliktgeladene Politikverständnis höchst suspekt sein muß und als existenzbedrohend empfunden wird. Der Erfolg der Unionsparteien nach dem Kriege beruhte gewiß zu einem Teil gerade darin, daß sie Stabilisierung, Volksharmonie und Sicherheit versprachen und sich damit die durch die existenzielle Bedrohung des Krieges erzeugten Ängste der Bevölkerung zunutze machten.

In diesem Klima, in dem die Folgen totaler Herrschaft spürbar waren (104), ließen sich kleine Parteien leicht als negative Antipoden ("politisches Treibholz") (105) zur Integrationsfähigkeit der großen "staatstragenden Parteien" (106) diskriminieren, die "nur" Teilaspekte vertraten und daher als Konfliktpotential gegenüber der harmonisierenden Propaganda der Union als störend empfunden werden mußten (107). Die CDU und CSU stützten ihren totalen Integrationsanspruch u.a. mit der Einrichtung zahlreicher Hilfsorgane und Sonderorganisationen (Ausschüsse, Vereinigungen), mit denen sie die "Betreuung bestimmter Bevölkerungskreise und ihre Durchdringung mit dem Gedankengut der CDU und CSU" (108) sicherstellen wollten. Sie entwickelten sich so zu "modernen Omnibusparteien", die den Anspruch erhoben, alle Interessen vertreten zu können (109).

5.4.1. Formen hegemonialer Integration in der CDU

Wie sich jedoch an den innerparteilichen Auseinandersetzungen der CDU (110) zwischen Adenauer und Kaiser, Adenauer und Heinemann, Adenauer und Hagemann (die Reihe ließe sich verlängern) gezeigt hat, verfuhr Adenauer in seinem hegemonialen Integrationsstreben mit seinen Gegnern nicht gerade zimperlich. Kritikern ließ er keine Chance, ihre Meinung im innerparteilichen Willensbildungsprozeß zum Tragen zu bringen und bezeichnete abweichende Meinungen als "komplette Narrheit" (111). Entweder drohte ihnen der Ausschluß aus der Partei (Walter Hagemann) (112) oder sie verließen die Partei von sich aus (Peter Nellen, Gerd Bucerius) (113). Um der "inneren Geschlossenheit" (114) willen wurden innerparteiliche Opponenten rücksichtslos unterdrückt und diffamiert (115).

Der ehemalige Minister im Kabinett Adenauer, Gustav Heinemann, unternahm nach seinem Rücktritt und dem Austritt aus der CDU (116) den Versuch, mit der Gründung der Gesamtdeutschen Volkspartei ein alternatives außen- und deutschlandpolitisches Konzept in den "Parteienwettbewerb" einzubringen (Gründung als Defizienssymptom) (117). Daraufhin startete die CDU eine Kampagne, in der sie die neue Partei als kommunistenfreundlich diffamierte. Aufgrund der breiten Elimination kleiner und neuer Parteien aus der Öffentlichkeit (118) vermochte die GVP diesen Verdacht nicht auszuräumen und erreichte - trotz bekannter Namen an ihrer Spitze - bei den nächsten Bundestagswahlen ganze 1,2 % der Stimmen (119). An dieser Partei zeigt sich - wie auch später an den Gruppen links von der SPD - der Mißbrauch der Macht durch die großen, autoritär geführten, verbürokratisierten Parteien (120) und deren Unfähigkeit zur Lösung innerparteilicher Konflikte in repressionsfreiem Diskurs (121).

Wie auch die Auseinandersetzung zwischen Adenauer und Jakob Kaiser zeigt, praktizierte Adenauer und mit ihm die rechte CDU mit finanzieller Unterstützung der Großfinanz und Wirtschaftsverbände hegemoniale Integration bzw. Korrumpierung oder aber Elimination der oppositionellen Kräfte (linker CDU-Flügel) (122). Auch hier erweist sich die Analyse von Robert Michels, die er am Beispiel der Sozialdemokratie erstellt hat, als zutreffend (123). Von echter Integration im Sinne einer assoziativen Kooperation und der Schaffung eines akzeptablen Konsenses zwischen Mehrheit und Minderheit kann unter diesem Vorzeichen nicht gesprochen werden. Auf diese Weise werden alle innovatorischen Impulse, die eine Partei als "lernendes System" (124) verarbeiten könnte, eliminiert.

Bezeichnend für den Charakter der CDU ist auch die Tatsache, daß sie ihre Mehrheitsfähigkeit nicht aus der Zahl der Mitglieder, sondern aus Anhängern und Interessenten bezieht (125), die nur mit pragmatischer Politik zu halten sind (Wählerpartei) (126).

5.4.2. "Entideologisierung" (127) und Anpassung im "CDU-Staat" (128)

Die FDP, in der Weyer, Döring und Scheel (Nordrhein-Westfalen) versuchten, "Weltanschauungspolitik" durch Interessen-Politik für einzelne Gruppen zu ersetzen, orientierte sich schließlich an der pragmatischen Linie der CDU. Die verhängnisvollen Folgen dieser Pragmatisierung zeigten sich spätestens zur Zeit der Großen Koalition, als es der FDP nicht mehr gelang, eine wirksame Oppositionspolitik zu vertreten (129).

Auch die SPD schwenkte schließlich unter Vernachlässigung früher vertretener Grundsätze auf den pragmatischen Kurs der CDU ein, um damit aus der Rolle der ewigen Opposition herauszukommen (130). Sie war um des Machterwerbs willen bereit, nach links Ballast abzuwerfen und sich der Neigung der CDU zur Mäßigung und zur Mitte anzuschließen (131).

"Die Ideologie der CDU war von Anfang an nur ein allgemeiner Hintergrund, eine gewisse Atmosphäre, allumfassend und vage genug, um Anhänger unter Katholiken und Protestanten zu finden" (132), aber auch, so läßt sich ergänzen, unter Besitzenden und Nichtbesitzenden, unter Politischen und Unpolitischen. Die Anpassung der SPD an diese "Allerweltspartei", die Otto Kirchheimer ein "Phänomen des Wettbewerbs" nennt (133), forderte von ihr ideologische Opfer, die Ossip K. Flechtheim als "Entideologisierung" bezeichnet hat. Charakteristisch dafür ist die Tabuisierung neuer und radikaler Ideen und Strömungen. "Der Verlust an Ideologie bedeutet vor allem Anpassung an die herrschenden Ideen, Gewohnheiten und Vorurteile von heute und gestern" (134).

In ihrer Anpassung weg von der Programm- und Massenpartei hin zur Wahlmaschine amerikanischen Stils (135), in der sie speziell in der wirtschafts- und außenpolitischen Programmatik ihre Identität weitgehend aufgab zugunsten einer Anpassung an den von der CDU geschaffenen status quo (136), vermochte sie alle diejenigen Kräfte nicht mehr zu integrieren, die die ursprünglichen wirtschafts- und außenpolitischen Alternativen der SPD nicht ohne weiteres fallen lassen wollten ("Linksabweichler") (137). Der Weg "von der Partei des Volkes zur Partei aller" (138) führte schließlich zu innerparteilichen

Konflikten, die die Partei nicht im Dialog mit den Opponenten, sondern mit deren Eliminierung zu lösen suchte (139).

Beispielhaft für die autoritäre Konfliktlösung innerhalb der SPD (140) ist die Auseinandersetzung mit dem SDS (Sozialistischer Deutscher Studentenbund), der durch "Strukturanalyse" und "Grundlagenkritik des Politischen" die Arbeiterbewegung wieder zu einem wirksamen strategischen Mittel im Zusammenhang mit einer "Marx-Renaissance" machen wollte (141). Anstelle eines Dialogs mit dem unbequemen Studentenverband initiierte der Parteivorstand die Gründung eines neuen, gefügigen Hochschulverbandes (SHB) und den Abbruch der Beziehungen zum SDS (142).

Danach beschloß er die Unvereinbarkeit einer Mitgliedschaft in der Partei und im SDS bzw. der inzwischen gegründeten Fördergemeinschaft und schloß schließlich diejenigen Mitglieder aus, die nicht die gewünschten Konsequenzen gezogen hatten (143).

Solche Unvereinbarkeitsbeschlüsse erfolgten im Zusammenhang mit dem Rechtsdruck der SPD auch gegenüber dem "Demokratischen Kulturbund Deutschlands", mit der Deutschen Friedensunion (DFU) (144), die wiederum eng mit dem "Bund der Deutschen" zusammenarbeitete (145). Bereits fünf Jahre nach der Gründung des SHB grenzte sich die Partei auch von diesem unbotmäßigen Verband ab (146), der mittlerweile zum Motor der innerparteilichen Opposition geworden war (147). Per Dekret verbot der Parteivorstand jegliche Diskussion mit Kommunisten und die Beteiligung an Ostermärschen (148).

Mit diesem diktatorischen Vorgehen, in dem es keine Anhörung der Betroffenen, keine Einzelverfahren gegen Mitglieder, d.h. kein "einer demokratischen und rechtsstaatlichen Partei angemessenes Ausschlußverfahren" (149) gab, disziplinierte die SPD, die die "Weltanschauung" aus Furcht vor der politischen Isolation abstreifte (150), die innerparteilichen Opponenten und versuchte, den Machtanspruch der Führung zu sichern (151), angeblich, um die Partei vor Manipulationen zu schützen (152). In Übereinstimmung mit dem Koalitionspartner animierte sie schließlich die Wiedergründung der KPD in demokratisch gereinigter Form als Auffangbecken für die unbotmäßigen Studenten (153).

Mit ihrer Anpassung an die pragmatische Erfolgspolitik der CDU (154) und ihrem Verzicht auf den innerparteilichen Dialog mit Opponenten sicherte sich die SPD zwar ihren Anteil an der "Wohlstandsausschüttung" des modernen Verteilerstaates (155). Mit dieser Strategie des Machterwerbs vergab sie sich zugleich die Chance, dem Wähler als Arbeitnehmerpartei eine deutliche Alternative anzubieten (156).

5.4.3. Hegemoniale Integration und Extremisierung

Der pragmatische Wille zur Macht hatte die "integrativen Mutterparteien" (157), zuerst die CDU/CSU, unter Adenauers Kanzlerdiktat (158) die christlich-soziale Alternative opfern und jede innerparteiliche Opposition ausschalten lassen (159). Dieser Form der hegemonialen Integration stellte die SPD unter ihrem heimlichen Vorsitzenden Herbert Wehner (160) die diktatorische Eliminierung entgegen. Mit der Pragmatisierung ihrer Ziele versuchte sie sich in einen ähnlich "vielarmigen Interessenpolypen" (161) zu verwandeln wie die CDU. In diesem oligopolistischen Machtkartell der Omnibusparteien, die sich um des Machterhalts willen zu Organisationen für die Kanalisierung organisierter Interessen (162) verwandelt haben, ohne politische Alternative, ohne langfristige Perspektive, in denen Politik ermüdet "im Laborkittel der Sachlichkeit" (163), finden und fanden alle diejenigen keine politische Heimat mehr, die sich mit dieser Programmlosigkeit (164) nicht zufrieden geben wollten (165).

So entstanden links und rechts von diesen "demokratischen Massenlegitimationsparteien" (166) oppositionelle Gruppen und Parteien (NPD, DFU, APO, "Neue Linke", DKP), die sich mit der Mediatisierung und Pragmatisierung der Programmatik nicht abfinden wollten und deren Sprengkraft sich zur Zeit der Rezession für das Kartell als lebensgefährlich erwies (Legitimationsdefizite) (167). Während sich das Wählerverhalten in Anpassung an die Entideologisierung der Parteien weiter pragmatisierte (168), formierten sich die von der SPD Verstoßenen zu einer Fundamentalopposition, der das Kartell zunächst hilflos gegenüberstand, später mit Repression begegnete.

Gerade am Beispiel der sogenannten APO zeigte sich die verhängnisvolle Wirkung jener oligopolistischen Integration, mit der "durch Angleichung der politischen Vorstellungsreihen der Parteiführungsspitzen einander alle entscheidenden politischen Probleme auch der Diskussion zwischen den Parteien" entzogen wurden. In einer "bundeseinheitlichen Ideologie der ... Ideologielosigkeit" versuchte man die politischen Widersprüche zu leugnen ("Solidarität der Demokraten") und verketzerte alle die langfristigen Zielvorstellungen als "ideologisch" (169). Die von Karl-Dietrich Bracher gepriesene "Entideologisierung" (170), die mit einer "heilsamen Ernüchterung politischen Denkens" einhergegangen sei und in der deutschen Politik endlich eine "pragmatische Auffassung von einem funktionsfähigen Parteiensystem" zum Durchbruch verholfen habe (171), förderte weder Kooperationsbereitschaft noch die Bereitschaft zur Lösung der Konflikte, wie Bracher meint. Vielmehr wurde der rein funktionale und systemstabilisierende Konsens (172) mit den Mitteln der Macht und Herrschaft erzwungen, der Konflikt repressiv gelöst. Die Unfähigkeit des Parteienkartells zum offenen Dialog mit seinen Gegner führte zum Vormarsch seiner Gegner in die Parlamente (NPD) und zur Eskalation politischer Konflikte außerhalb der Parlamente ("APO") (173).

Auch in der Folgezeit wurde die "APO" kaum wirklich "als Instrument der Verarbeitung und des Nachschubs politischer Ideen und Aktivitäten aus dem gesellschaftlichen in den politischen Raum" genutzt (174). Sie paßte nicht in die allgemeine "Neigung zur Mäßigung und zur Mitte" (175), weil sie sich nicht damit begnügen wollte, auf "sauber gepflegtem Rasen ... im Sonntagsanzug Demokratie" zu machen (176). Die von Ferdinand A. Hermens immer wieder drohend an die Wand gemalte Polarisation als Existenzkrise des Parteiensystems (177), die den Weimarer Staat gesprengt habe (178), blieb zwar aus (179) dank der wirksamen Minorisierung jener radikalen und extremistischen Gruppen. Die Konflikte jedoch wurden verdrängt, nicht gelöst. Ein Teil der Führer der "APO" vermochte die SPD zu assimilieren (180). Ein Teil der "APO" organisierte sich in der "Neuen Linken" (181). Ein kleiner Teil dieser Bewegung ging als "Terroristen" in den Untergrund (182). Gleiche Tendenzen lassen sich am rechten Rand des Parteienspektrums erkennen, wo die Aktivitäten rechtsradikaler Gruppierungen (einschließlich Terrorismus) zunehmen (183). Als jüngstes Phänomen der mangelnden Integrationsfähigkeit der "Volksparteien" sind Ökologisten und Bürgerinitiativen zu nennen (184), die nach Haungs in Reaktion auf die mangelhafte Artikulation der Bürgerinteressen entstanden (185).

5.5. "Streitbare Demokratie" und "Sicherheitsstaat" (186)

Das Problem der Kontinuität politischer Kultur, das wir an der Einstellung deutscher Theoretiker zum Verhältnis von Staat und Parteien, speziell zum Problem der Parteienvielfalt zu beleuchten suchten, wird auch in der Behandlung der "streitbaren Demokratie" deutlich. Begriff und Konzeption der "streitbaren Demokratie" wurden von Karl Loewenstein 1937 entwickelt aufgrund der historischen Erfahrung, daß Demokratien unter Mißbrauch ihrer Toleranz (187) von nicht- bzw. antidemokratischen Parteien und paramilitärischen Verbänden zugrunde gerichtet wurden. Speziell hinsichtlich der Erfahrungen von Weimar forderte Loewenstein, daß jenen neuen Techniken des Machterwerbs adäquate Techniken politischer und rechtlicher Art entgegengesetzt werden müßten, die den Wesensgehalt demokratischer Grundsätze nicht verletzen ("Democracy must become militant" (188)). Loewenstein geht in seinem Konzept sogar so weit, als Ziel eine "disziplinierte" oder "autoritäre" Demokratie zu fordern (189). In diesem Zusammenhang darf die Gefahr nicht übersehen werden, daß auch die Mittel das Ziel verändern können, d.h. konkret, daß eine "disziplinierte" oder "autoritäre" Demokratie sich in ihrer Substanz gefährdet. Das Bundesverfassungsgericht bekannte sich 1956 - vermutlich in Kenntnis der Argumentation Loewensteins - aufgrund einer ausschließlich formal-strukturellen Betrachtungsweise des Problems erstmals zur "streitbaren Demokratie" (190). Mit Recht hat sich jüngst Hanns-Rudolf Lipphardt kritisch mit dem darin enthaltenen Grundsatz "Keine Freiheit für die Feinde der Freiheit" auseinandergesetzt, in dem angeblich der Freiheit eine "natürliche Grenze" (Leibholz) gesetzt werde. "Hier wird", fährt Lipphardt fort, "übersehen, daß auch unter dieser Parole die Freiheit Schiffbruch erleiden kann, und die Gefahr der Unfreiheit umso größer ist, je sicherer man sich ihrer wähnt, indem man die (wirklichen oder vermeintlichen) "Feinde der Freiheit" verfolgt, um jede auch nur entfernt als 'verfassungswidrig' betrachtete Regung schon im Keim zu ersticken". Er weist weiter darauf hin, daß es sich bei dem politischen Partei- und Vereinsverbot um ein "Recht des Ausnahmezustandes" (191) handle, das <u>nicht</u> in der Logik der Chancengleichheit liege. Im Hinblick darauf müsse die Anwendung des Art. 21 II GG als ultima ratio betrachtet werden (192).

Die Behauptung Loewensteins, die Weimarer Demokratie sei an ihrer Toleranz gegenüber ihren Feinden zugrundegegangen, läßt sich nach den neuesten wissenschaftlichen Erkenntnissen so nicht mehr aufrechterhalten (193). Nach neueren Untersuchungen war eine wesentliche Ursache für das Zerbrechen der Demokratie von Weimar die Übermacht ihrer Gegner, die nicht nur in den Parlamenten saßen, sondern auch in den Bürokratien, im Militär, im Bildungssystem (194). Diese negative Übermacht führte schließlich zu einer Polarisation (195), die von Giovanni Sartori als extremer Pluralismus bezeichnet und als multipolares, zentrifugales Parteiensystem analysiert wurde (196).

Mit Recht hebt Sartori in seiner Analyse der Wahlergebnisse vom November 1932 die "zerbrochene" Mitte der systemtragenden Parteien (SPD, Z, DVP) hervor, die gegenüber der wachsenden Übermacht der systemfeindlichen Rechten und der zwar weniger starken, dennoch in ihrer radikalen Ablehnung des Systems verhängnisvoll wirkenden Linken die Republik nicht zu erhalten vermochte (197). In seiner vergleichenden Betrachtung des derzeitigen italienischen Parteiensystems (1963), des

Parteiensystems der V. Republik in Frankreich (1956) und des
Parteiensystems von Weimar (1932) kommt Sartori zu dem Schluß,
daß "a minimum of five parties is required to produce or to
reflect a polarized society" (198). Neben diesem numerischen
Kriterium hebt er das Fehlen einer "moderate, mature, and
thoughtful opinion" hervor, "which rejects the simplicity of
extremism" (199). Zweitens ermögliche ein extremes Vielparteiensystem mit einer vorherrschenden Mittelpartei (Italien 1963)
keinen systemerhaltenden Regierungswechsel. Drittens sei ein
Anwachsen einer "irresponsible opposition" zu verzeichnen, die
einen systemkonformen Regierungswechsel verhindere (200).

Offensichtlich argumentiert Sartori im Sinne des "Systemüberlebensmodells" mit reduziertem Demokratiebegriff (201), indem er die Erhaltung des derzeit existierenden Systems zum
obersten Gebot erhebt und jegliche Opposition, die sich dieser
Zielsetzung nicht unterwirft, als verantwortungslos disqualifiziert. Dies läßt sich aus seiner Ablehnung gegenüber Ideologien
als "the opposite of pragmatism" schließen, die "a doctrinaire
and somewhat unrealistic way of framing political issues" verfolgen (202). In diesem Zusammenhang vermißt der Leser eine
Abgrenzung der Begriffe Ideologie und Weltanschauung und
damit die Reflexion über Möglichkeiten einer langfristigen politischen Orientierung, wie sie das Systemzielmodell beinhaltet
und die bei weltanschaulich orientierten Parteien gegeben sind.
Politische Gruppen mit weltanschaulicher Orientierung geraten
in der Regel ja nicht nur in Opposition zum System in seiner
derzeitigen Ausformung, weil sie dessen normative Grundsätze
ablehnen, sondern weil sie im status quo des Systems (Machtverteilung, Interessenvertretung etc.) keine Garantie dafür
sehen, daß dessen eigener normativer Anspruch wird eingelöst
werden können. Unter diesem Gesichtspunkt wäre es sinnvoll,
den Begriff "Opposition" weiter zu differenzieren mit der Frage,
wie weit die jeweils in der Opposition befindliche Gruppe sich
mit den normativen Grundlagen eines Systems identifiziert.
Erst nach Klärung dieser Frage lassen sich zuverlässige Kriterien darüber ermitteln, wie weit es sich um eine "responsible
opposition" handelt.

5.5.1. Opposition und "streitbare Demokratie"

In der Frage nach der verantworungsbewußten bzw. verant-
wortungslosen, der für ein System tragbaren bzw. nicht mehr
tragbaren, etwa im Sinne einer "staatsfeindlichen" (203) Opposition scheint das Kernproblem der "streitbaren Demokratie"
speziell in ihrer bundesdeutschen Ausformung zu liegen. Kurz:

wieviel und welche Art von Opposition kann ein politisches
System verkraften, ohne daran zu zerbrechen? Andersherum
gefragt: wieviel Opposition braucht ein politisches System für
seine eigene evolutionäre Entwicklung und damit für seine
Überlebensfähigkeit? Der Jurist Andreas Hamann deutet die
Definition der freiheitlichen demokratischen Grundordnung durch
das Bundesverfassungsgericht so, "daß aus dem Strukturprinzip der Demokratie heraus eine tendenzmäßig bestimmte Beschränkung des Inhalts des Rechts auf Opposition nicht abgeleitet
werden kann" (204). Gegenüber dieser offenen Definition von
Demokratie plädiert der Politikwissenschaftler Karl Dietrich
Bracher angesichts der von ihm untersuchten Weimarer Verhältnisse für eine "stabile, gebändigte Demokratie" (205). Für
ihn ergibt sich somit aus seiner wissenschaftlichen Analyse des
vergangenen politischen Systems ein eher statisches Demokratiemodell im Sinne des Systemüberlebensmodells. Es geht letztlich
darum, Erreichtes zu erhalten, bestehende Strukturen und Institutionen zu schützen (206). Mit solchen Zielen mögen sich
Vertreter des Systemzielmodells, für die die anzustrebende
Demokratie das Ergebnis immer neuer Entwicklungsprozesse
und des menschlichen Handelns ist, nicht begnügen.

5.5.2. "Streitbare Demokratie" - status quo - Demokratie

Die Forderung der genannten Autoren nach einer "disziplinierten" bzw. "autoritären" Demokratie (Loewenstein), nach einer
"stabilen, gebändigten" Demokratie (Bracher), nach einer "verantwortungsbewußten" pragmatisch im bestehenden System integrierten Opposition (Sartori) verrät eine auffallende geistige
Nähe zu dem Denken praktizierender Politiker, die der Ansicht
sind, daß die Demokratie davor geschützt werden müsse, daß
sie selbst mit Hilfe der Freiheit, die sie gewährt, angegriffen
und vernichtet werde (207). Fromme ergänzt dazu, daß "die
Anwendung der politischen Grundrechte, die die Demokratie
dem Staatsbürger zum Zweck der maßgeblichen Mitformung des
Staatswillens verleiht, auf die Anwendung innerhalb der Grenzen der demokratischen Ordnung beschränkt werden mußte"
(208). Dabei handelt es sich nach Frommes Auffassung um eine
"Selbstbeschränkung" des Souveräns (Volk). Die Grenzen dieser Selbstbeschränkung zu wahren, wird der Verantwortung
der die Verfassung handhabenden Politiker anheimgestellt (209).
  Diese Vorstellung von der "Selbstbeschränkung" des Volkes
läßt sich in einer auf Repräsentation basierenden Demokratie
(210) kaum aufrechterhalten, in der die Repräsentanten des
"Volkswillens" (211) eine solche Beschränkung im Interesse der

Staatsraison bzw. der am status quo definierten Demokratie (was schwer zu trennen ist) beschlossen haben und diese auch nach den Gesichtspunkten politischer Opportunität praktizieren (212). In diesem Kontext wird der "Rechtsstaat als Waffe" genutzt (213).

Als deutlicher Beweis für diese These kann die bisherige Praxis der Parteiverbote in der Bundesrepublik gelten. Otto Kirchheimer weist darauf hin, daß es sich bei SRP und KPD zur Zeit ihres Verbotes lediglich um Randerscheinungen handelte. Die Auflösung kleinerer Organisationen lasse sich mit Routinemaßnahmen bewerkstelligen. Man könne mit gewöhnlichen polizeilichen und gerichtlichen Mitteln auskommen, ohne sensationelle politische Auswirkungen befürchten zu müssen. Bei größeren Organisationen sei das Verfahren sehr viel riskanter. Kirchheimer sieht speziell im KPD-Verbot eine taktische Maßnahme, die in enger Verbindung zur Politik des kalten Krieges zu sehen ist (214).

Die Praxis des Extremistenbeschlusses als eines Bestandteils der "streitbaren Demokratie" (215) kann schließlich als Nachweis für das Dilemma betrachtet werden, in das Bundesverfassungsgericht und Politiker angesichts zahlreicher, sich neuerdings demokratisch gebender, in ihrem Kern aber demokratiefeindlicher Parteien geraten sind ("demokratische Mimikry") (216). Die äußerliche Anpassung extremistischer Gruppen macht es dem Gericht zunehmend schwerer, jenen ihre Verfassungswidrigkeit nachzuweisen, weil die Bedrohung der "freiheitlichen demokratischen Grundordnung" nicht mehr in dem erforderlichen Maße manifest wird (217). Da aber die Vertreter der Legislative und Exekutive Auseinandersetzungen mit ihren Gegnern vorzugsweise mit juristischen Mitteln (in Übereinstimmung mit den Prinzipien des Rechtsstaates) glauben erfolgreich führen zu können, griffen sie angesichts des geplanten Marsches der Neuen Linken durch die Institutionen auf die alte Praxis der Regierung Adenauer zurück, Mitglieder der sogenannten "verfassungsfeindlichen" Gruppen wenigstens aus dem Staatsdienst fernzuhalten (218). Dies geschah unter Rückgriff "auf den allgemeinen Konsens bei den demokratischen Parteien" über diejenigen, die als "Verfassungsfeinde" zu gelten haben (219) und unter Umgehung eines zentralen Grundsatzes der "streitbaren Demokratie", nachdem allein das Bundesverfassungsgericht die Verfassungswidrigkeit von Parteien feststellen darf ("Parteienprivileg", Art. 21 II GG) (220).

Auf diese Weise wurden Mitglieder von Parteien aufgrund eines Beschlusses von Politikern benachteiligt, ohne daß das zuständige Gericht jemals eine Entscheidung über die Verfassungswidrigkeit jener Parteien getroffen hat. Das Bundesverfassungsgericht hat diese Praxis mit seinem Extremistenbeschluß (221) insofern gestützt - und damit beigetragen, dieses Privileg zur Feststellung der Verfassungswidrigkeit (mit allen Konsequenzen) zu umgehen (222) -, als es der Verwaltung eine subjektive "Definitionsherrschaft über Radikalität" zu Lasten des Amtsanwärters zugesteht und damit zugleich politische Realität gestaltet zugunsten des status quo (223). Mit diesem Schritt wurde die Zuverlässigkeit und Überparteilichkeit von Rechtsgrundsätzen schwer erschüttert, indem man zuließ, sie nach politischer Opportunität zu interpretieren. Dies führte nach Ansicht von Christian Fenner zu einer Benachteiligung vorwiegend linker Gruppen (224).

Diese "exekutive Disqualifizierung" von Mitgliedern jener in ihrer Verfassungstreue umstrittenen Parteien kann schließlich auch unerwünschte, aber verfassungskonforme Parteien treffen (225) und damit minorisierende Wirkung haben. Jürgen Seifert weist in diesem Zusammenhang auf die Gefahr hin, "daß der verfassungsrechtliche Rahmen einseitig ausgelegt und beispielsweise die Chancengleichheit und das Recht auf Opposition beschnitten werden" (226). An anderer Stelle kennzeichnet er den Vorwurf der Verfassungsfeindlichkeit und der Verfassungswidrigkeit als "ein Instrument im Kampf zur Disqualifizierung und Ausschaltung des politischen Gegners" (227).

Hanns-Rudolf Lipphardt zeigt die Gefahr des Mißbrauchs von Parteiverboten: "Die etablierten Parteien können durch eine konsequente Verbotspraxis der offenen und zur aufgegebenen Integration auch extremer Gruppen unabdingbaren politischen Auseinandersetzung mit dem jeweiligen Rechts- und Linksradikalismus aus dem Wege gehen, indem sie sich lästiger Konkurrenten und Opponenten auf eine Art entledigen, die das Lebenselement der freiheitlichen Demokratie, die freie Information, Diskussion und Kritik gefährdet, die wesensmäßig ja gerade nicht auf bestimmte, weltanschaulich oder sonstwie vorgegebene Entscheidungsinhalte festgelegt, also offen und neutral ist und um ihrer Funktion willen sein muß" (228).

Um willkürliche Benachteiligungen zu verhindern, verweist Karl-Heinz Seifert auf "ein grundsätzliches Legalitätsprinzip", das die antragsberechtigten Verfassungsorgane dazu verpflichtet, auf ein Verbot verfassungswidriger Parteien hinzuwirken (229). Zugegebenermaßen würden damit "unerwünschte", aber verfassungskonforme Parteien vor einer Minorisierung geschützt. Wie weit jedoch allgemein diese vorwiegend politische Auseinandersetzung mit Verfassungsfeinden mit "den Waffen des Rechtes" (230) geführt werden kann und damit befriedigend zu lösen ist, soll im folgenden erörtert werden.

5.5.3. Politischer Dialog statt judikativer Minorisierung

Die Mittel, mit denen eine solche letztlich politische Auseinandersetzung geführt wird, sind geeignet, jede öffentliche Diskussion im Keim zu ersticken. Der Glaube daran, daß die "politische Indifferenz" (231) bzw. die unzulässige Toleranz der Träger des Weimarer Staates (232) eine wesentliche Ursache für den Erfolg extremistischer (233) Parteien gewesen sei, hat die Schöpfer des Grundgesetzes veranlaßt, das Konzept des präventiven Verfassungsschutzes (234) zu entwickeln. Sie glaubten, der Gefährdung der Demokratie mit dem "Einbau wirksamer rechtlicher Sicherungen" (235) begegnen zu können. Diese Sichtweise ist im Zusammenhang mit dem liberalen "Rechtsstaats-Positivismus" zu sehen, dem der Glaube an eine objektive Lösung auch politischer Konflikte durch Rechtsetzung und Urteilsspruch zugrunde liegt, der de facto Minorisierung durch judikative Akte begünstigt (236). Mit Recht wurden schließlich Zweifel an der Lösung des Problems auf juristischem Wege geäußert und daran die Forderung geknüpft, den Feinden dieser wertgebundenen Demokratie politisch zu begegnen (237). Einerseits wurde nämlich nachgewiesen, daß das Bundesverfassungsgericht durchaus nicht dagegen gefeit ist, die Bestimmungen des Grundgesetzes unangemessen extensiv, d.h. nach Kriterien politischer Opportunität zugunsten der Staatsraison auf Kosten der zu schützenden bürgerlichen Freiheiten auszulegen. Dies geschieht sogar auf Kosten der Meinungsfreiheit (238), die in enger Verbindung zur Parteigründungsfreiheit zu sehen (239) und durch die "streitbare Demokratie" zunehmend bedroht ist (240). Sie muß als Grundvoraussetzung für eine erfolgreiche politische Auseinandersetzung der Demokraten mit ihren Gegnern betrachtet werden.

Konrad Hesse weist auf eine Gefahr von Parteiverboten hin (241), die sich auf die gesamte, der Justiz zugeschobene Auseinandersetzung mit den Gegnern der Demokratie beziehen läßt: daß sie zur Verengung des Parteiensystems führe und "die etablierten verfassungsmäßigen Parteien der Konfrontation mit 'Außenseitern' enthebt und dann in diesen Parteien zu einem Rückgang politischen Lebens, einem Verlust von Impulsen, Energien und Dynamik führen kann" (242).

Hier wird das Problem der "streitbaren Demokratie" angesprochen, demgegenüber sich die Politikwissenschaft - vermutlich in dem Vertrauen auf eine zufriedenstellende Lösung durch die Juristen - erstaunlich reserviert verhalten hat (243). Es liegt schließlich in der Orientierung an einem vorwiegend statischen Politikverständnis, wonach die Erhaltung der von einer spezifischen Verfassungswirklichkeit her bestimmten Demokratie als letztgültiges Ziel hingestellt wird. Die Grenzen zu opportunistischer Erhaltung von Machtstrukturen ist dabei schwer zu ziehen, so daß die Gefahr besteht, beide Bereiche als identisch zu betrachten und deren status quo entsprechend unter dem Deckmantel der abwehrbereiten Demokratie zu "verteidigen".

Obwohl die Bereitschaft zum Schutz der Demokratie nicht generell als minorisierend begriffen werden soll, so kann die in der Bundesrepublik vorherrschende Praxis durchaus minorisierende Folgen haben für Parteien, die die in der Verfassung manifestierten normativen Grundlagen dieser Demokratie bejahen, die aber die Verfassungswirklichkeit als reformbedürftig betrachten im Sinne einer evolutionären Entwicklung. Sobald nämlich die Demokratie, die es zu verteidigen gilt, mit der Verfassungswirklichkeit gleichgesetzt wird, reduziert sich die Verteidigung auf diejenige gegebener Strukturen ungeachtet ihrer reformbedürftigen Mängel. Da aber auch das Bundesverfassungsgericht als "politische Institution" (244) aufgrund seiner Konstituierung (245) sowie der politischen Einbindung seiner Richter (246) eng mit den herrschenden Parteien verknüpft ist, wird es in seinen Urteilen eher zur Erhaltung der gegebenen politischen Strukturen neigen (247), statt nach der Vereinbarkeit solcher Strukturen mit den Grundsätzen der Verfassung zu fragen. Damit wird auch die Entscheidung dieses Gerichtes zu einer nicht nur wert-, sondern auch machtorientierten. Mit Recht hat Peter von Oertzen darauf hingewiesen, daß es sich bei der von diesem Gericht fixierten freiheitlichen demokratischen Grundordnung (248) lediglich um einen Interpretationsversuch handelt (249), der modifizierende Deutungen von Demokratie zulassen müsse. Wolfgang Abendroth wirft dem Gericht in diesem Zusammenhang eine Überschreitung seiner Kompetenz vor, indem er versucht habe, "den Bürgern der Bundesrepublik und den politischen Parteien irgendeine politische Kompromißphilosophie obligatorisch aufzuerlegen" (250), die nach Ansicht von Helmut Ridder "einen Verschnitt von demokratischen Prinzipien mit dubiosen Zutaten spätbürgerlicher Ideologie und Elementen der Totalitarismuslehre" darstellt (251).

Damit erweist sich die juristische Lösung einmal mehr als scheinbar objektiv, die zudem bei den angegriffenen Organisationen eine "Taktik demokratischer Anpassung" zur Folge hat und die mit der Androhung eines Verbotes bereits minorisierend wirken kann (252). Eckehard Hammer hat auf die stigmatisierende Wirkung eines Parteiverbots hingewiesen, das nicht nur die betroffene Partei endgültig ausschaltet und damit den Wählern dieser Partei den Einfluß auf die Willensbildung verwehrt, sondern schließlich auch zur Ächtung der von ihr vertretenen

Idee führen kann. Hierin muß eine unvertretbare Beeinträchtigung der Meinungsfreiheit gesehen werden (253).

Schließlich hat Otto Kirchheimer die wichtige Funktion von prinzipiell systemfeindlichen Gruppierungen hervorgehoben, die als "Kanäle" dienen, durch deren Vermittlung grundsätzliche Systemfeindschaft auf mehr oder minder geordnete Weise zum Ausdruck gebracht werden kann (254). Er weist darauf hin, daß in Ländern, in denen der Grundsatz: Gleiches Recht für alle und Schutz der Rechte der Minderheit einschließlich des Rechts, Mehrheit zu werden, gelte, das politische Gleichgewicht nie ernstlich durch antidemokratische Parteien gefährdet gewesen sei (Großbritannien, Teile des Commonwealth, skandinavische Länder) (255). Der Versuch, antidemokratische Parteien durch Rechtsbeschränkungen zu bekämpfen, deute - wie das Beispiel der USA zeige - eher auf Funktionsstörungen des demokratischen Lebensprozesses hin (256). "Sind die systemfeindlichen Kräfte schwach, so ist es unnötig, sich aus dem Arsenal gesetzlicher Rechtsbeschränkung Waffen zu holen, und genug Gründe sprechen dagegen, daß man es tut. In einer Gesellschaft, die ihre Energien darauf konzentriert, die Unzufriedenheit zu knebeln, statt die Lebensprobleme der Menschen zu lösen, lockern sich die Bindegewebe der demokratischen Institutionen; wie sehr, hängt von der Reichweite der Unterdrückungsmaßnahmen ab, die sich der Staat aufhalsen läßt." Kirchheimer schlägt demgegenüber vor, "gesetzlichen Zwang nur gegen die erwiesenen konkreten Handlungen einzusetzen, die über Propaganda und Massenbeeinflussung unverkennbar hinausgehen" (257).

Im Machtkampf der Parteien ist die politische Lösung in Form eines institutionalisierten öffentlichen Dialogs (258) vorzuziehen. Sie könnte wegführen von der rein strukturellen Betrachtungsweise und Begründung von Demokratie (259), an der nach wie vor auch die Auseinandersetzung um das Versagen der Weimarer Demokratie leidet (260). Eine so geartete "demokratische Streitbarkeit" (261) könnte dazu beitragen, politische Positionen unabhängiger von gegebenen Machtstrukturen zu klären, die für die Demokratie unabdingbaren Grundsätze zu präzisieren bzw. im Dialog zu erörtern und die für die Demokratie bedrohlichen Konzepte ihrer Feinde bloßzustellen. Sie würde aber gewiß - und darauf kommt es an - die Demokratie von innen her sichern, indem sie das Bewußtsein ihrer - Bürger schärft und damit ihre eigene Basis festigt. Denn dies gilt auch für die erste deutsche Republik: eine Demokratie ist eben nur so sicher, wie sie in dem Bewußtsein ihrer Bürger verankert ist und diese bereit sind, sie von sich aus zu verteidigen (262).

5.6. Das Dilemma der Opposition

5.6.1. Der Warencharakter der Opposition

Die Entwicklung der Ökologie-Bewegung und Bürgerinitiativen, die als Folge eines Wertwandels vom Materialismus zum Postmaterialismus interpretiert wird (263), mochte zunächst den Anschein erwecken, als ob sich das von Wolfgang Abendroth gewünschte "ständige Wechselverhältnis" zwischen "außerparlamentarischer Aktivität und parlamentarische(n) Vorgänge(n)" herausgebildet hätte (264). Bei genauerem Hinsehen jedoch ist diese Hoffnung trügerisch. Denn seit der Konzentration des bundesdeutschen Parteiensystems auf ein Drei- bzw. Zweieinhalbsystem in einem "Klima politischer Ansichten, das sich gegen ein Vielparteiensystem richtet" (265), haben sich außerparlamentarische Parteien und Gruppen trotz der "Legitimationskrise" (266) des Parteienkartells nur als Protestpotential Gehör verschaffen können (267). Die "Entideologisierung", die mit einer Entpolitisierung einhergeht (268), sich immer noch der "Denunziation aller weitreichenden, auf wesentliche Veränderungen zielenden Ideen" offenbart und gekoppelt ist mit prinzipienlosem Pragmatismus bei Politikern und Wählern (269), hat auch der radikalen Opposition als Ausdruck einer fundamentalen Alternative die Spitze abgebrochen (270). Protest, der in der Bundesrepublik auf öffentliche Wirkung hoffen kann, muß sich verkaufen lassen wie eine Ware (271) und auf Teilprobleme beschränken (Umweltschutz, Kernenergie). Man orientiert sich an Projekten unter Verzicht auf langfristige Lösungsvorschläge. Umfassende alternative Konzepte finden hierzulande keine Öffentlichkeit, weil dieser Bereich den herrschenden Parteien reserviert bleibt (272).

Der punktuelle Protest artikuliert sich in projektorientierten Bürgerinitiativen (273), in grünen, bunten und alternativen Listen, die - in ihrem Protest vereint - wegen ihrer sehr unterschiedlichen Ziele auf gemeinsame Programme in Form von langfristigen, umfassenden Lösungsvorschlägen weitgehend verzichten müssen. Diese Gruppen profitieren von der verbreiteten Verdrossenheit an diesem Staat, an den herrschenden Parteien und Verbänden (274). Als Programme, sofern solche überhaupt vorhanden sind, bieten sie Teilforderungen. Letztlich wird auch hier die Programmlosigkeit im Sinne fehlender langfristiger Konzepte geradezu zum Programm (275).

Die Tatsache, daß die "Volksparteien" die Massen ausschließlich oder primär als Objekt der Wahlmobilisierung" und Stimmenmaximierung sehen (276), als "einfache, ungegliederte Manövriermasse, die auf der wirklichen Entscheidungsebene irrele-

vant ist und sich nur für die quantitative periodisch vorgenommene Machtverteilung eignet" (277), hat zu einem grundlegenden "Verfall der Opposition" (278) geführt. Opposition wird reduziert auf ihren Wettbewerbscharakter (279).
　Auch die Opposition hält sich nun an die Gesetze des politischen Marktes und "verkauft" mehr oder weniger erfolgreich das, was beim Wähler ankommt (280). So empfiehlt Werner Kaltefleiter künftigen Oppositionellen folgende Alternativstrategie: "im Rahmen der akzeptierten Politik eines Landes, im Rahmen des bestehenden Konsensus wenige zentrale Punkte herauszugreifen, die die Regierung aus parteiinternen, koalitionsinternen oder sonstigen Gründen nicht aufgreifen kann oder will und die zugleich in Übereinstimmung mit dem überlieferten Image der Opposition stehen" (281). Also auch hier keine Fundamentalopposition, die die Stabilität und Existenz des bestehenden Staates und seiner gesellschaftlichen Machtverhältnisse in Frage stellen könnte (282). Damit wurden sowohl eine "Reideologisierung" als auch eine essentielle "Polarisierung" bis heute sorgfältig vermieden (283).
　Bis auf eine kleine Minderheit werden die Bürger entmutigt, umfassende politische Alternativen zu entwickeln bzw. ihre Opposition in langfristig konzipierten, parteigleichen Organisationen zu demonstrieren. Nicht nur die traditionsgeprägt konfliktfeindliche Haltung der Deutschen (284) hat sie entmutigt, sondern auch die Tatsache, daß man Gruppen und Parteien mit abweichender Meinung zwar in gewissem Umfang toleriert, ihnen die Legitimität ihrer Opposition aber nicht zugesteht (285).
　Diese Einstellung läßt sich mit dem Grundgesetz zwar nicht vereinbaren (286). Dennoch wird Opposition nur im parlamentarischen Bereich (287) im Parteienkartell als Repräsentanz herrschender, insbesondere materialistisch orientierter Interessen geduldet. Manfred Rowold spricht in diesem Zusammenhang von einer "Diskrepanz" zwischen der Legalität und der Legitimität nicht-parlamentarischer Oppositionen, wobei "der legal zugelassene Oppositionsspielraum in der politischen Auseinandersetzung und vor allem auch in der administrativen Behandlung nicht selten durch einen engeren Legitimitätsbegriff eingeschränkt" wird (288). Hierin ist eine der Ursachen zu suchen, daß eine prinzipielle Opposition als Machtfaktor in der Bundesrepublik fehlt (289).

5.6.2. Innerparteilicher Gruppenwettbewerb als Oppositionsersatz?

Der Kompromißversuch, die ausschließliche Existenzberechtigung von "Wähler-" oder "-Volksparteien" dadurch zu stützen, daß man anhand einiger weniger, - wie die Erfahrung zeigt (290) - jedoch nicht allgemein gültiger positiver Beispiele eine funktionierende innerparteiliche Demokratie bzw. innerparteiliche Opposition als zureichende Innovationsinstanz darstellt (291), kann wohl eher als Ausdruck einer Resignation gegenüber der Tatsache gewertet werden (292), daß die politische Realität - auch im Interesse des staatlichen Funktionierens - andere Lösungen nicht zuläßt (293), sei es, daß man große Parteien als mächtige Kampforganisationen für notwendig hält, sei es, daß man die Macht des Faktischen akzeptiert und sich darauf einstellt. Die innerparteiliche Opposition wurde schließlich zum "Feigenblatt" für ausschließlich systemerhaltende Kräfte (294), und bis heute gibt es z.B. "keine Garantie für die Mitglieder oder für oppositionelle Minderheiten, ihre Auffassungen in den offiziellen Parteiorganen zum Ausdruck zu bringen" (295).

Die hoffnungsvollen Impulse, die das Parteiengesetz zur Weiterentwicklung innerparteilicher Demokratie gegeben hat (296), haben keine langfristige Entwicklung einleiten können (297).

Vor allem mit der 5 %-Klausel ist den herrschenden Parteien bisher gelungen, erfolgreiche Parteigründungen und Abspaltungen zu verhindern (298). "Damit verliert auch das einer Opposition sonst zu Gebote stehende Druckmittel der Drohung mit Abspaltung seine Wirkung in innerparteilichen Auseinandersetzungen. Die Parteiführung kann sich darauf verlassen, daß die innerparteiliche Opposition in jedem Fall gezwungen ist, in der Partei zu bleiben, will sie nicht jeden politischen Einfluß verlieren" (299). Die Sperrklausel erweist sich damit auch als wirksames innerparteiliches Disziplinierungsmittel.
So arrangieren sich nicht nur die Mitglieder der Majoritätsparteien, sondern auch Wissenschaftler mit den gegebenen Machtstrukturen (300), ohne deren Verfassungswidrigkeit (301) in ihrem ganzen Ausmaß zu klären (302). Mit dem Ruf nach innerparteilicher Demokratie und Theorien für die Entwicklung eines innerorganisatorischen Parteienwettbewerbs versucht man, den zwangsläufigen Zentralismus dieser bürokratischen Großorganisationen zu entschärfen (303). Was gegenüber der Realität eines nahezu totalen Parteienoligopols bleibt, ist die Hoffnung auf die Emanzipation der Mitglieder durch innerparteiliche Gruppenkonkurrenz (304). Doch, wie sich allenthalben zeigt, gelten hier die gleichen Gesetze wie im zwischenparteilichen Wettbewerb. Oppositionelle Minderheiten wurden bis heute von der Parteiführung an den Rand gedrängt. (Beispiel in der SPD: Peter von Oertzen, Jochen Steffen, innerfraktionell auch Karl-Heinz Hansen und Manfred Coppik) (305).

Die Frage, weshalb eigentlich nur Großorganisationen alle vorhandenen Interessen und politischen Konzepte integrieren bzw. bündeln müssen, taucht offenbar deshalb nicht mehr auf, weil es ein ehernes Gesetz zu geben scheint, nach dem eine Demokratie allein mit solchen Großorganisationen funktionieren kann. Beispiele aus unserer unmittelbaren Nachbarschaft beweisen aber das Gegenteil ("funktionale Pluralität") (306) und lassen diese These als unbewiesene Herrschaftsideologie erscheinen. Auf die bereits angesprochene Tatsache, daß sich Gruppierungen mit unterschiedlichen Staats- und Gesellschaftsmodellen nicht beliebig integrieren lassen, sei hier nochmals ergänzend verwiesen.

5.7. Die "Zahl als politischer Machtfaktor" (307)

5.7.1. Massenparteien und Manipulation

Die Kritik am Begriff der "Volkspartei" hat die Analytiker gezwungen, einen anderen Begriff zu suchen. Dieser scheint nun gefunden: Massenpartei bzw. Varianten dieses Begriffs. Gedacht ist dabei an eine Partei, bei der ein disproportionales Verhältnis zwischen Mitgliedern und Wählern besteht (308). Jürgen Dittberner spricht von der "integrativen Massenpartei" (309), Horst W. Schmollinger und Richard Stöss nennen sie "demokratische Massenlegitimationsparteien", wobei "eine erhebliche Einschränkung demokratischer Prinzipien" in Form einer "Autonomie der Parteiführung gegenüber der Parteibasis" als unvermeidlicher Mangel akzeptiert werden müsse, der - so sehen es die Autoren - in den Strukturen des Kapitalismus seine Ursache habe (310). Auch Alf Mintzel findet in Anlehnung an Otto Stammer und Peter Weingart (311) am Beispiel der CSU zu der Kennzeichnung "Massen- und Apparatpartei". Mintzel räumt dabei ein, daß eine solche Partei den normativen Anforderungen des Grundgesetzes nicht genügt, um als demokratische Partei legitimiert zu sein. In der bewußt angestrebten effektiven zentralistischen innerparteilichen Struktur, in dem Ausbau ihrer Bürokratie, in der Rationalisierung und Technisierung sieht Mintzel die notwendige "strukturelle Anpassung der Organisationswirklichkeit von Großparteien an die gesellschaftlichen Entwicklungen". Die CSU wird hier zum Paradebeispiel einer "Wählergefolgschaftspartei", die ohne die Steuerung der Mitglieder und Massen ihre Macht nicht erhalten könnte, ("politischer 'Tendenzbetrieb'") (312).

Im Zusammenhang mit den Minoritätsparteien erhält der Begriff der "Massenpartei" besondere Bedeutung und ist deshalb auf seine historisch-politischen Hintergründe hin zu reflektieren.

Es ist ein erklärtes Ziel des deutschen Pluralismuskonzeptes, "dem Schicksal der Vermassung zu entgehen" (313). Man muß sich deshalb fragen, wie sich das Phänomen der Massenpartei mit diesem Konzept vereinbaren läßt. Denn gerade der Begriff der "Massenpartei" bzw. "Massenlegitimationspartei" geht von einer Gesellschaftsstruktur aus, die im Widerspruch zu der eben erwähnten Zielvorstellung des Pluralismus steht. Dieses amorphe, gregär-kollektivistische Gebilde "Masse" einem Parteibegriff zugrunde zu legen, der den Grundsätzen einer in sich pluralistischen Demokratie zu entsprechen beansprucht, besagt doch wohl, daß man sie als gesellschaftliche Basis eben jener Demokratie akzeptiert. Die realdemokratische Gesellschaft muß jedoch dem Anspruch einer Demokratie genügen, die Teilnahme des mündigen Bürgers am politischen Willensbildungsprozeß zu gewährleisten. In dieser Demokratie müßte Legitimation auf der auf dem rationalen und verantwortungsbewußten Mitvollzug bzw. Nachvollzug beruhenden Annahme politischer Entscheidungen basieren (314). Einem derartigen Anspruch kann jedoch eine Masse nicht genügen, da sie als solche politisch nicht handlungsfähig ist. Ihre politische Aktivität muß sich letztlich auf Akklamation beschränken. Wenn man in diesem Zusammenhang überhaupt noch von Demokratie sprechen kann, dann bestenfalls von einer akklamatorischen Demokratie, deren Grenzen zum faschistischen bzw. obrigkeitsstaatlichen Regime fließend sind. Daß die Bundesrepublik Züge dieser akklamatorischen Demokratie enthält, liegt nicht zuletzt in der Konzeption des repräsentativen Systems begründet. Demgegenüber wäre als Grundlage einer tatsächlichen Demokratie z.B. eine Gruppengesellschaft im Sinne des Integralen Föderalismus geeigneter, in der jene Masse strukturell gegliedert bleibt (315). Aus dieser Perspektive lassen sich dann alternative Strukturkonzepte für optimale Teilhabe des Bürgers in Staat, Wirtschaft und Gesellschaft entwickeln.

Solange aber unter Legitimation mit Niklas Luhmann "ein effektives, möglichst störungsfreies Lernen im sozialen System" verstanden wird und "das politisch-administrative Teilsystem der Gesellschaft durch seine Entscheidungen Erwartungen in der Gesellschaft umstrukturieren kann, obwohl es nur ein Teilsystem ist" (316), steht der Manipulation der Masse durch politische Eliten zum Zwecke der Herstellung von Legitimation nichts entgegen (317).

Mit diesem Legitimationsverständnis besteht für die "Massenlegitimationsparteien" als politische Eliten keine normative Schranke, die Masse, die als solche nicht selbständig politisch aktiv werden kann, zur Herstellung von Legitimation zu steuern (318).

Selbst wenn diese "Massenlegitimationspartei" als "demokratisch" charakterisiert wird, müßte man - auch im Sinne des hisher Gesagten - nach dem substantiellen Unterschied zwischen faschistischen, kommunistischen und demokratischen "Massenlegitimationsparteien" fragen, der jedoch de facto nicht so erheblich sein dürfte (319). Die historische Entwicklung des deutschen Parteiensytems zeigt, daß - insbesondere im bürgerlichen Lager - jene "Massenparteien" konzipiert wurden aufgrund der damals herrschenden Meinung, daß das bürgerliche Lager aufgrund seiner politischen Zersplitterung der faschistischen Massenpartei keinen Widerstand habe entgegensetzen können. Man glaubte also, dieser Gefahr nach 1945 mit der Übernahme eben jenes strategischen Konzepts (Massenpartei bzw. Sammlungspartei) begegnen zu können. Diese rein technokratisch begründete Übernahme des strategischen Konzepts des Faschismus und des Nationalsozialismus, die das tatsächlich verhängnisvolle Fehlen eines demokratischen Basiskonsenses in der Weimarer Demokratie als Ursache für deren Scheitern außer Acht ließ, bedeutete zugleiche eine Adoption demdokratiefeindlicher Elemente einer "Massenpartei", die sich auch durch das Konzept innerparteilicher Demokratie nicht wirksam haben eliminieren lassen (Oligarchisierung, Zentralismus, Verbürokratisierung).

In diesem Zusammenhang wirkt sich die Eliminierung kleiner und neuer Parteien aus dem die Legitimation beschaffenden Parteiensystem verhängnisvoll auf das gesamte politische System aus (320). Denn damit wird die Chance einer Parteienvielfalt als bewegendes Element im Parteiensystem zunichte gemacht. Die Anpassung bürgerlicher Parteien an die Massenorganisationen hat Strukturen mit sich gebracht, die diesen gemeinsam sind: Die Dominanz der Führung sowie auch das "Gesetz der Transgression, demzufolge die Partei die immanente Tendenz verfolgt, nicht nur sich zu erweitern, sondern sich über den ihren genetisch gegebenen oder durch ihr grundlegendes Programm gezogenen sozialen Bestand hinaus auszudehnen" (321). Die Tatsache, daß nur drei Prozent der Wahlberechtigten in der Bundesrepublik überhaupt in Parteien organisiert sind und nur 15 Prozent dieser Parteimitglieder aktiv sind (322), läßt den Schluß zu, daß die Legitimation, die durch die "Massenlegitimationsparteien" beschafft wird, bestenfalls akklamatorischen Charakter hat ("Quasi-Partizipation") (323). In diesem Zusammenhang sei noch der Hinweis von Leon D. Epstein vermerkt, daß die Wahlkampftechniken der Parteien (z.B. im Fernsehen) die Massenmitgliedschaft einer Partei ersetzen können (324).

In diesem Zusammenhang ist auf die kritische Untersuchung amtlicher Öffentlichkeitsarbeit von Otto Ernst Kempen hinzuweisen, der sich mit der verfassungswidrigen Beschaffung von Massenloyalität für einzelne Maßnahmen der Exekutive unter Ausschaltung parlamentarischer Publizität befaßt. Für unsere Untersuchung wichtig ist das auch von dem Autor kritisierte Phänomen, "daß jeweils herrschende Gruppen die aus dem Bereich staatlicher Entscheidungsabläufe in die konstituierende Willensbildung zurückwirkenden Impulse manipulativ arrangieren und suggestiv aufbereiten, um das eigentlich 'souveräne' Volk entgegen der demokratischen Norm erfolgreich steuern zu können" (325). Wenn solche "Versuche psychischer Machtausübung" (326) im Parlament nach Meinung des Autors durch eine Opposition in ihrer Wirkung eingeschränkt werden können, so ist diese Balance in einem Parteiensystem dort nicht mehr garantiert, wo einflußreiche Medien von den parlamentarisch vertretenen Parteien beherrscht werden oder sich den herrschenden politischen Meinungen soweit anpassen, daß eine wirksame Kritik nicht mehr garantiert ist. Die "Sicherung von Massenloyalität" (327), die hier an die Stelle eines Partizipationskonzeptes tritt (328) und deshalb problematisch ist, wird ausschließlich etablierten Parteien zugestanden und nicht auch denen, die darauf den gleichen Anspruch erheben.

Nach Ansicht von Michael Th. Greven "kann in einer Gesellschaft ein normativ befriedigender Zustand nur dann erreicht sein, wenn alle in dieser Gesellschaft vorkommenden Interessen die Chance haben, sich <u>in organisierter Weise</u> gegenüber politischen Instanzen zu artikulieren" (329). Ein solcher normativ befriedigender Zustand ist in der Bundesrepublik nicht gegeben. So stützen schließlich jene "Massenlegitimationsparteien" ihren Anspruch als Legitimationsorgane auf eine Loyalität, die sie für sich selbst herstellen und von deren Beschaffung alle Konkurrenten mit Hilfe einer Minorisierungspolitik ausgeschaltet werden. Solange sich also die "Integration von den verschiedenen gesellschaftlichen Interessen und Meinungen in die 'Massenlegitimationsparteien'" zum Zwecke einer "sozial ausreichend breit gefächerten Legitimation staatlicher Politik" (330) mit manipulativen Verfahren vollzieht, muß auch die Berechtigung einer umfassenden Legitimationsfunktion (331) in Zweifel gezogen werden.

Sie läßt sich schließlich unter Hinweis auf die jüngst praktizierte Strategie der "Grünen" belegen, die in Anlehnung an die Strategien der Volksparteien versuchen, unterschiedliche weltanschauliche - ideologische Gruppierungen unter dem Stichwort "Ökologie" zu integrieren. Denn sicherlich hat die Spaltung der "Grünen" in "Wertkonservative" und Linke (332) nach der vor allem weltanschaulich begründeten, Kompromisse ausschließenden Programmdiskussion zahlreiche bürgerliche

Wähler abgestoßen. Auch die Strategie, nach der die Vereinigung so unterschiedlicher Gruppen ein Lernprozeß sei und gerade den alternativen Charakter dieser Partei mitbestimme (333), ist möglicherweise von vielen potentiellen Wählern als Orientierungslosigkeit gedeutet worden. Schließlich ist es für einen Wähler, der den Grünen seine Stimme gibt, schwer zu beurteilen, ob diese einem "Wertkonservativen" oder Linken zugute kommt. Insofern scheint das strategische Konzept des Achberger Kreises "Einheit in der Vielfalt" für einen Wähler, der im Sinne des derzeitigen Demokratie- und Wahlverständnisses den Parteivertreter als seinen Repräsentanten sieht, einige nicht ganz unerhebliche Risiken in sich zu bergen. Dem Protest der "Grünen" werden sich gewiß viele Wähler anschliessen können, nicht aber den Lösungen, die unterschiedliche grüne Gruppen (entsprechend ihrer weltanschaulich-ideologischen Herkunft) anbieten. Insofern werden "Die Grünen" gerade für die mittlere und ältere Generation schwer wählbar, für die weltanschauliche Unterschiede noch gravierend sind.

Den Majoritätsparteien, die ihre Bedeutung nicht aus ihrer Mitgliederzahl, sondern aus einem Wählerpotential beziehen, das - wie zu zeigen war - mit dem effektiven Einsatz der von diesen Parteien beherrschten (Funk/Fernsehen) bzw. ihnen gewogenen (Presse) "hergestellt" werden kann, wird diskussionslos eine politische Relevanz zugestanden, die man den Minoritätsparteien, die keinen unmittelbar wirksamen Einfluß auf die öffentliche Meinung nehmen können, bestreitet, weil sie nur über ein geringes Mitglieder- und Wählerpotential verfügen. An dieser Wertung läßt sich das zweierlei Maß verdeutlichen, mit dem jene "Massenlegitimationsparteien" und das "politische Treibholz" (Schütz) der kleinen Parteien gemessen werden. Wir stoßen hier auf einen Zirkelschluß, der schlagartig die affirmative wissenschaftliche Beurteilung der Machtverteilung im deutschen Parteiensystem beleuchtet (334). Die kleinen Parteien werden für die Folgen einer Minorisierungspolitik verantwortlich gemacht, die sie selbst nicht zu verantworten haben.

5.7.2. Exkurs: Wissenschaftlicher Determinismus und das Massensyndrom

In diesem Zusammenhang ist eine grundsätzliche Auseinandersetzung mit Konzeptionen der Parteienforschung vonnöten, die sich mit den - hier bundesrepublikanischen - "Massenparteien" befassen. Die an ausschließlich materialistischen Prämissen orientierten Forschungsrichtungen, die sich auf kapitalistische und marxistische Theorien als Kehrseiten ein und derselben

Medaille gründen, leiten nach dem Grundsatz: "das Sein bestimmt das Bewußtsein" (Marx) Wahlerfolge der Majoritätsparteien aus der materiellen Befriedigung bzw. Befriedung der Bevölkerung her (335). Unabhängig von der Bewertung dieses Tatbestandes hinsichtlich der Erhaltung bzw. Veränderung der politischen Strukturen des Systems der Bundesrepublik stimmen die Autoren darin überein, daß die Erfolge kleiner Parteien auf Krisen des sozio-ökonomischen Systems zurückzuführen sind (336). Daß dem so ist, läßt sich bei oberflächlicher Betrachtung der Entwicklung des bundesrepublikanischen Systems nicht bestreiten. Der Mangel dieses Forschungsansatzes liegt jedoch in der fehlenden Analyse der Voraussetzungen bzw. der voluntaristisch-rationalen Akte, die zur Vermassung und damit zum Erfolg von Massenparteien führen. So erscheint es uns nicht haltbar, den zwischenzeitlichen Erfolg der Bayernpartei 1954/57 bzw. ganz generell die Erfolge kleiner Parteien 1949 allein auf ökonomische Schwierigkeiten zurückzuführen. Gegenüber diesem wissenschaftlichen Determinismus hat - speziell auf Bayern bezogen - Alf Mintzel jüngst nachdrücklich auf die traditionelle Verwurzelung der Bevölkerung in Bayern (er spricht von "Traditionszonen") hingewiesen, die die CSU als "moderne Massen- und Apparatpartei" in den Griff zu bekommen versucht (337). Wie wir bereits im Zusammenhang mit der Ausdehnung der 5%-Klausel auf das Bundesgebiet gezeigt haben, hat diese Maßnahme, die als Instrument einer hegemonialen Integration seitens der Majoritätsparteien gedacht war, die Wahlerfolge der Regionalparteien nachhaltig reduziert.

Selbst wenn man eine Minderung der regionalen Differenzierung aufgrund der Eingliederung der Flüchtlinge als gegeben annimmt (ohne dabei den voluntaristischen Charakter jener Vertreibung zu vergessen), so wurde doch die Vorherrschaft der "Massen- und Integrationsparteien" ausgebaut mit Hilfe von Parteien- und Wahlgesetzgebung (338). In diesem Zusammenhang müßte auch die Frage nach dem Wählerpotential der "Volksparteien" neu gestellt werden. Ob und wieweit alter und neuer Mittelstand bzw. Teile der Mittelschicht als Reservoir der beiden bundesrepublikanischen "Volksparteien" zu sehen sind (339), kann nicht das letzte Ziel der Erforschung des Phänomens der "Massenparteien" sein. Vielmehr ist zu analysieren, wodurch die gesellschaftlichen Strukturen dahingehend verändert wurden, daß sie als Basis für "Massenparteien" dienen. Darüber hinaus wäre interessant, ob und wieweit diese Entwicklung von den "Volksparteien" selbst erwünscht war (z.B. in Interesse einer besseren Manipulierbarkeit von Massen (340)). Denn nicht zuletzt die "Volksparteien" selbst, deren wichtigstes Ziel die Stimmenmaximierung mit dem umfassenden Integrations- und Aggregationsanspruch aller Interessen erreicht werden soll, haben als erste die Entpolitisierung und status quo-Orientierung mit ihrer Wahlwerbung nachhaltig produziert (341) und damit die politische Nivellierung vorangetrieben.

Die Forderung nach "realistic models" (342) zum Auffinden von "cleavages" (343) in der Wählerschaft, in die die Weltanschauung mit einbezogen werden muß, meint gewiß und zu allererst das Bemühen um die Reduktion doktrinärer Prämissen auf ein für einen weltanschaulich-doktrinär eingebundenen Analytiker zu leistendes Minimum. Ein Wissenschaftler aber, der sozio-ökonomische Gegebenheiten als ausschließliche Ursache für die Entwicklung von Parteiensystemen heranzieht, muß notwendigerweise das voluntaristisch-rationale Element der Politik, die willentliche Gestaltung von bestimmten Zuständen, vernachlässigen. Was damit konkret gemeint ist, soll am Beispiel der jüngsten Untersuchung von Karl Rohe zur Veränderung der Wählerschaft im Ruhrgebiet (344) verdeutlicht werden. Der "Traditionalismus der Bergarbeiterschaft" in dieser Industrieregion, die in ihrer gesellschaftlich-kulturellen Struktur stark von kirchlichen Organisationen geprägt war, sicherte dem Zentrum bis zum Ende der Weimarer Republik eine teilweise zunehmende Wählerschaft (345). Als Begründung für diesen Sachverhalt führt Rohe die Verwurzelung der eingewanderten Arbeiterschaft in der Kirche, den lange währenden provinziellen Charakter dieser Industrielandschaft und das vergleichsweise niedrige Bildungs- und Qualifikationsniveau der Eingewanderten an, die "ein Überleben der überlieferten parochialen Gemeinschaftsbindungen auf industriellem Boden" begünstigten. Nach Rohe bestand der soziale Gegensatz weniger zwischen Arbeitnehmern und Arbeitgebern, als vielmehr zwischen Liberalismus und Katholizismus, sodaß es sich letztlich um einen "Modernisierungskonflikt" gehandelt habe. In diesem Konflikt habe der politische Katholizismus auf der Seite der Arbeitnehmer gestanden (346). Interessant für unsere Hypothese ist schließlich die Meinung Rohes, derzufolge das Anwachsen der kommunistischen Wählerschaft seit 1930 zwar mit der steigenden Arbeitslosigkeit in Verbindung zu bringen ist, die Ursache aber eher in der dadurch bedingten sozialen Entwurzelung zu suchen sei. Rohe vertritt jedoch die Auffassung, daß das kommunistische wie das christliche Wählerpotential gleichermaßen im Traditionalismus wurzelten. Die Mehrheit der Sozialdemokraten hatte im alten Revier damals keine Wählerbasis.

Als die Fundamente des alten Reviers durch die Nivellierung im Nationalsozialismus, durch Krieg und Vertreibung zerstört worden waren, änderte sich das Wählerverhalten. Erst dann gewann die "Massenlegitimationspartei" SPD an Boden,

den sie zunehmend ausbauen und stabilisieren konnte. "Die nationalsozialistische Ära (hat) den 'Nebengesellschaften' des alten Reviers den Garaus gemacht und insofern einen immensen Schub in Richtung auf Herstellung einer Einheitsgesellschaft bedeutet" (347).

Die Aussagen von Rohe müssen ergänzt werden durch den Hinweis, daß die Einführung rationellerer Methoden der Produktion in der Wirtschaft (Fließbänder, Partikularisierung des Produktionsprozesses, Zusammenfassung einzelner Betriebseinheiten zu großen Konzernen) ihren Beitrag zur Entwicklung der Massengesellschaft geleistet hat (348). Sowohl die Nivellierung durch den Nationalsozialismus im soziopolitischen als auch die Nivellierung durch den Kapitalismus im sozioökonomischen Bereich haben ihren Beitrag zur Vermassung der Menschen, d.h. zu ihrer Loslösung aus den sie ursprünglich umgebenden Gruppen geführt, die sie im politischen, wirtschaftlichen und sozialen Bereich einbanden. Erst durch die bewußt hergestellte Nivellierung ist der Mensch isoliert und zum Glied einer amorphen Masse geworden. Es lassen sich nicht wenige aussagekräftige Beispiele dafür anführen, daß auf diesem Boden totalitäre Regime ganz unterschiedlicher Provenienz besonders gut gedeihen.

Zurückkommend auf unsere eingangs ausgeführte Kritik am Determinismus bestimmter Parteienforscher bedeutet dies, daß es sich lohnt, zunächst den Ursachen des Massensyndroms als Ergebnis nicht nur einer wachsenden Zahl von Menschen, sondern vor allem der Umstrukturierung der politischen, wirtschaftlichen und sozialen Umwelt dieser Menschen nachzuspüren. Erst dann wird es möglich, Massen und damit "Massenparteien" nicht nur als genetische Größe zu erfassen, sondern als Produkt bestimmter, willentlich getroffener Maßnahmen, die in der Regel zur effektiven Beherrschung und Steuerung der Menschen im politischen, wirtschaftlichen und sozialen Bereich getroffen wurden.

Die Untersuchungen von Rohe wie auch von Mintzel haben deutlich gemacht, daß erst die Nivellierung differenzierter Strukturen und unterschiedlicher Weltanschauungen (349) die Einheitsgesellschaft - im Gegensatz zu einer gruppal gegliederten Gesellschaft - schufen, die den Boden für die modernen Massenparteien bereitet haben (350). Das Problem dieser Massenparteien besteht insbesondere darin, daß - wenn es sich bei "cleavages" um "Koalitionen" zwischen Parteielten und den sie unterstützenden gesellschaftlichen Kräften handelt (351) - die beiden Koalitionspartner Elite und Masse aufgrund der Größe der Organisation in solcher Distanz zueinander "verhandeln", daß nur noch vermittelte und damit manipulierbare Kontakte möglich sind. Aufgrund dieser Einsicht wäre die Beziehung der Wähler zu ihren Parteieliten treffender als Gefolgschaft zu bezeichnen, die weniger auf einer Befehls- als vielmehr auf einer Manipulationsstruktur basieren.

Der Wertwandel innerhalb der modernen Jugend, der verkürzt als postmaterialistisch (352) bezeichnet wird, ist auch in einer verbreiteten Ablehnung von Massenstrukturen und Massenparteien zu suchen, was bei politisch aktiven Jugendlichen zu einem generellen Antiparteienaffekt ("Frustrationsfolgen") führt (353). Bevorzugt werden demgegenüber kleinräumige Organisations- und Lebensstrukturen (354), in denen Spontaneität möglich ist (355). Der Forderung von Staat und Industrie nach immer mehr Mobilität entziehen sich diese Jugendlichen, indem sie "umsteigen" in kleine Arbeitsgruppen, Landkommunen, Wohngruppen, um der Isolation in der Masse zu entgehen. Eine Massenpartei, die diese Forderungen aufgreifen würde, müßte sich selbst infrage stellen. Gewiß liegt vor allem hier die Kluft zwischen Massenparteien und aktiven Jugendlichen, die unüberbrückbar scheint.

5.7.3. Stimmenmaximierung und Mehrheitsprinzip

Schließlich ist die Machtstellung, die der Mehrheit in der Demokratie eingeräumt wird, zu sehen in Verbindung mit der Auffassung, daß Herrschaft durch Mehrheit des Volkes legitimiert werde (356), daß die Mehrheit den Gemeinwillen verkörpere, und daß es gerechter sei, wenn eine Mehrheit eine Minderheit den Willen aufnötigt als umgekehrt (357). In seiner Fixierung auf die "klare Entscheidung" und die Reduktion der Funktion von Parteien auf Instrumente der Regierungsbildung wird für Ferdinand A. Hermens "die Bildung von Mehrheiten" zum vordringlichen Problem der Demokratie (358). Das Mehrheitsprinzip garantiert jedoch nicht für die Richtigkeit der getroffenen Entscheidung (359), zumal eine schweigende Mehrheit sich u.U. von einer aktiven Minderheit steuern läßt.

Georg Simmel hat schließlich die Ansicht als "ein ganz unerweislichcs Dogma" bezeichnet, "daß eine Meinung, nur deshalb, weil ihre Träger ein größeres Quantum ausmachen als die einer anderen Meinung, den Sinn der überindividuellen Einheit aller treffen sollte". Er reduziert die Begründung des Mehrheitsprinzips auf die banale Notwendigkeit, daß eben gehandelt werden müsse und daß, wenn man schon von der Mehrheit nicht annehmen dürfe, sie wisse als solche das Richtige, doch erst recht kein Grund vorliege, dies von der Minderheit anzunehmen (360). Die politische Brisanz des Mehrheitsprinzips liegt aber eben gerade darin, daß es die Unterwerfung der überstimmten - mitunter politisch informierteren - Minderheit unter eine Entscheidung verlangt (361), deren Richtigkeit eben nicht garantiert werden kann.

Angesichts dieser Einwände gegenüber einer Konfliktregelung nach dem Majorzmuster (362) muß es umso problematischer erscheinen, wenn Gerhard Leibholz in Anlehnung an die Lehre Rousseaus (363) den Willen der Parteimehrheit in Regierung und Parlament mit der volonté générale für identisch erklärt (364). Sie garantiert eben nicht - wie Leibholz meint - "das größtmögliche Maß an politischer Gleichheit und damit die größtmögliche politische Übereinstimmung der individuellen Willen mit dem Gesamtwillen" (365). Vielmehr ist sie mit dieser Begründung dazu geeignet, den Herrschaftsanspruch von politischen und insbesondere Parteieliten gegenüber der "Masse" zu begründen.

Den mit dieser Ideologie begünstigten Herrschaftsanspruch der ohnehin Mächtigen mit einem moralischen Appell an eine "vernünftige Auffassung von der Funktion des Mehrheitsprinzips" (366) mäßigen zu wollen, scheint doch allzu optimistisch. Denn am Beispiel der Minorisierungspolitik der Parteienmehrheit in Regierung und Parlament läßt sich demonstrieren, daß Appelle an die Vernunft im politischen Alltag wenig Erfolg versprechen. Wie auch die Diskussion um das Wahlrecht in der Bundesrepublik gezeigt hat (367), ging es stets darum, vor allem den eigenen Machtanspruch zu sichern und "Repräsentationsbarrieren" (368) gegenüber kleinen und neuen Parteien zu errichten, selbst wenn diese eher die Meinung des Wählers vertreten als die großen (369).

Schon 1955 hat Rudolf Laun darauf hingewiesen, daß die Mehrheitspartei bzw. -koalition einen rücksichtslosen Kampf gegen die Minderheit führen kann. Bei 100 Abgeordneten kann eine Gruppe von 26 in einer Mehrheitsfraktion von 51 Abgeordneten über Fraktionszwang und Mehrheitsentscheid das gesamte Parlament beherrschen. "Die Demokratie kann demnach ... in die dauernde Herrschaft einer ausgesprochenen Minderheit verkehrt werden" (370). ("Thyrannei der Mehrheit" (371)). Ähnlich hat Elias Berg auf die "maximierende Wirkung" des Mehrheitsprinzips hingewiesen, das die Überlegenheit der stärksten Gruppe legitimiert. Es ist deshalb keineswegs geeignet, gleichen Einfluß aller auf politische Entscheidungen zu sichern. Es verhindert - im Gegensatz zu Kompromiß, Machtwechsel und Autonomie (als Strukturprinzip politischer Dezentralisation) - nicht die Gefahr des Totalitarismus und ist insofern weniger antitotalitär als die genannten drei Prinzipien (372). Berg weist weiter darauf hin, daß ein dem Mehrheitsprinzip vorangehender

Konsens Minderheiten ständig einflußlos machen kann (373), eine für unsere Untersuchung zentrale Feststellung.

Um die Mehrheitsentscheidung auch für eine Minderheit akzeptabel zu machen und ein Höchstmaß an Partizipation zu garantieren, muß der der Entscheidung vorangehende Willensbildungsprozeß auch den Minderheiten die gleiche Chance für die Darlegung ihres Standpunktes garantieren und eine Vorzugsstellung von Mehrheitsmeinungen vermeiden (Mehrheitsprinzip in Form der "plurality-rule") (374), die ein Machtgleichgewicht der beteiligten Parteien einschließt (375). Nur dann kann man eine Mehrheitsentscheidung auf möglichst breiten Konsens aufbauen und auf eine maximale Identifikation der Betroffenen mit der getroffenen Entscheidung hoffen (376). Um einen möglichst breiten Konsens zu sichern, müssen auch die außerparlamentarischen Initiativen als unentbehrliches Korrelat in diesen Willensbildungsprozeß einbezogen werden (377).

Rudolf Laun hat auf die Gefahr einer Konzentration des Parteiensytems, einer Ausschaltung und Verhinderung der Bildung neuer Parteien und einer "immer weiter gehenden Gleichschaltung im Sinne der zur Auswahl stehenden Parteiprogramme" als Folge des Mehrheitsprinzips hingewiesen (378), eine angesichts der gegenwärtigen Situation geradezu prophetische Aussage. Die gegenwärtige Parteienkonzentration in der Bundesrepublik beweist, daß die Folgen eines Verhältniswahlrechts mit einer 5-prozentigen Sperrklausel denen des Mehrheitswahlrechts nahezu gleichzusetzen sind, da der Verhältnisausgleich mit Hilfe der Zweitstimme erst bei einem Stimmengewinn von 5 % im gesamten Bundesgebiet beginnt. Mit diesem Wahlrecht, das offiziell unter "Verhältniswahlrecht" firmiert, wurde ein breites Spektrum von Minderheiten (Regionalisten, Reformer, Radikale und Extremisten) gezwungen, den von Minderheiten manipulierten Mehrheitsentscheid zu akzeptieren, wobei die Identität von Mehrheitswille und Mehrheitsentscheid höchst fragwürdig bleiben muß. Dies geschah nicht zuletzt im Interesse einer politisch-ökonomischen Herrschaftselite, die ihre Vorrechte gegenüber einer unterprivilegierten Mehrheit verteidigt. Nicht zuletzt dieser konformistische Druck, der von diesem faktischen Mehrheitswahlrecht ausgeht, und der auch für die Minderheit (z.B. als politische Gegenelite) akzeptable Kompromisse verhindert, hat letztlich zu einer wachsenden Gleichgültigkeit des Bürgers gegenüber allen öffentlichen Belangen geführt, d.h. die Bereitschaft zu Partizipation und Verantwortung eher blockiert als gefördert.

Schließlich verleitet das Mehrheitsprinzip dazu, politische Lösungsvorschläge in erster Linie nach dem Grundsatz der Stimmenmaximierung zu beurteilen und die "Zahl als politischen

Machtfaktor" höher zu werten als die Verantwortung gegenüber dem Bürger (379). Je größer demnach die Partei, desto sicherer ist sie als Basis herrschender Eliten zur Durchsetzung ihrer Interessen. Insofern werden Massenparteien als zentralistische Organisationen zum willkommenen Instrument zur Sicherung der Herrschaft weniger (Faschismus), was sich auch in demokratischen Systemen mit Hilfe einer akklamatorischen Demokratie zur Verschleierung tatsächlicher Manipulation erreichen läßt.

5.8. Der manipulierte, staatszentristische Konsens

Die Kritik an dem deutschen Parteienkartell, das sich mit Hilfe ausgeklügelter Minorisierungstechniken seine Herrschaft einer Minderheit sichert, läßt die strukturelle Annäherung dieses geschlossenen Systems an den totalitären Einparteienstaat (380) als Gefahr erkennen. Angesichts dieses in staatszentristische Richtung gesteuerten Parteiensystems muß die Frage gestellt werden, ob die Parteien die ihnen zugewiesene "gesamtstaatliche Integrationsaufgabe" (381) überhaupt ohne jede wahltaktische Steuerung (Sperrklausel, Unterschriftenquorum) hätten erreichen können. Es ist jedoch zu bezweifeln, ob der auf diesem Wege hergestellte, für die Erhaltung und Weiterentwicklung eines politischen Systems erforderliche Grundkonsens (382) langfristig tragfähig sein kann.

Mit dem manipulierten funktional begründeten Konsens wurde schließlich den Minoritätsparteien als Anwalt vernachlässigter Interessen die in einem Mehrparteiensystem implizierte Chance genommen, einmal zur Mehrheit zu werden (383). Die "Freiheit und Offenheit des politischen Prozesses", die durch die Grundrechte garantiert werden soll (384), ist um einer vermeintlich notwendigen Sicherung der staatszentristischen Demokratie (status quo) willen in geradezu verfassungswidriger Weise eingeschränkt. Die totale Blockade des Parteienkartells gegenüber jeglicher Fundamentalopposition, die Urs Jaeggi unter dem Eindruck der Großen Koalition deutlich herausgearbeitet hat, hat auch im Zeitalter der Ökologisten ihre Gültigkeit behalten. Die Regierung befriedigt im Interesse der Erhaltung des status quo unumgängliche Wählerwünsche soweit, wie diese diesen status quo und das etablierte Parteiensystem gefährden. Sie versteht es darüber hinaus in zunehmendem Maße, mit den von der Wissenschaft bereitgestellten Steuerungsmitteln krisenfest zu werden und den Oppositionsparteien systematisch die soziologische und damit die eigentliche agitatorische Basis zu nehmen. Die "Volksparteien", "die sämtliche wichtigen sozialen Kräfte gleichzeitig zu repräsentieren und in ihrer Politik zu berücksichtigen suchen, müssen sich gegenüber sozialen Konflikten neutral erklären; sie blockieren die sozialen Kontrahenten wechselseitig, drängen sie aus dem Bereich der Politik heraus". Nach Jaeggi betreiben diese Parteien "Überintegration" und ihre Politik bewegt sich im "gesellschaftsfreien, d.h. luftleeren Raum". Die Folge sind das Aufschieben notwendiger Entscheidungen (385), "politische Stagnation, Handlungsunfähigkeit der Parteien, ... Verschleppung regelungsbedürftiger Probleme, verdrängte Reformimpulse und frustrierte Bürger. Im Mittelpunkt des Parteiinteresses steht nun die Organisation, nicht die Programmatik, die Ausübung von Herrschaft, nicht die Repräsentation von Wählerinteressen" (386). Für diese Entwicklung spielt der staatszentristische Konsens insofern eine entscheidende Rolle, als er dazu führt, daß im Interesse staatlicher Einheit und Effektivität die Vielfalt der Interessen seiner Bürger und deren organisatorische Repräsentation zunichte gemacht wird.

Nicht die "ideologische Erschöpfung der Menschen in den posttotalitären Jahrzehnten nach 1945" (387) ist demnach als eine wesentliche Ursache für die "Entideologisierung" zu sehen (388), sondern das Versagen der großen Parteien in ihrer wesentlichen Aufgabe, den politischen Willen des Bürgers und seine Entscheidungsfähigkeit fördern zu helfen ("Willensbildung"), die um der Festigung der eigenen Macht und der Macht des Staates willen versäumt wurde. Die in der zunehmenden, im Gefolge der Vermarktung der Politik einhergehende "Theoriefeindlichkeit" der herrschenden Parteien, ihr Verzicht auf politische Alternativen (389) hat auch solchen Parteien den Boden entzogen, die sich, wie die Europäische Föderalistische Partei im Rahmen des Grundgesetzes als (föderalistische) Alternative (390) verstehen. Die totale Blockade einer Diskussion um politische Alternativen läßt ihnen nur geringe Chance, von den "Rissen im Block der Etablierten" (391) zu profitieren. Denn es ist noch nicht entschieden, ob sich der "Verteilungskampf im Kernbereich der Macht" (392), der sich in den Auseinandersetzungen zwischen CDU und CSU sowie zwischen CSU und FDP und den Gründungsversuchen einer "Vierten Partei" als neuer Mittelstandspartei äußert (393), tatsächlich so verschärft, daß er das Parteienkartell zu sprengen vermag. Eher ist langfristig mit einer Verlagerung des Wählerpotentials auf solche Parteien zu rechnen, die sich in ihrer Zielsetzung an postmaterialistischen und antizentralistischen Werten und Konzepten orientieren. Damit würde auch der staatszentristische Konsens zunehmend ausgehöhlt.

Das "bipolare Oligopol der beiden Großparteien", das "anderen politischen Kräften kaum noch Lebensmöglichkeiten läßt", ist nicht "in langer Übereinstimmung mit dem Volkswillen gewachsen", sondern "entgegen historischen und politischen Gegebenheiten durch Zwangsumstände und u.U. sogar durch verfassungswidrige Grundbefindlichkeiten herbeigeführt worden". In seiner zutreffenden Analyse fährt Karl-Heinz Seifert fort: "Am weitesten hat sich die Verfassungswirklichkeit im Bereich der Parteienfreiheit, speziell in der freien Parteigründung, von der Normativität des Grundgesetzes entfernt. Die Bildung ist zwar formal noch immer möglich, als politischer Tatbestand aber durch die Sperrklausel der deutschen Wahlgesetze sowie den ungeheuren organisatorischen und finanziellen Aufwand, den der Parteienwettbewerb heute fordert, illusorisch geworden ... Es müßten schon politische Katastrophen und schwere Erschütterungen des staatlichen Lebens eintreten, die die herrschenden Parteien vollständig diskreditieren, um eine erfolgreiche Neugründung von Parteien zu ermöglichen" (394).

Seifert weist auf die starke Spannung zwischen Verfassungsrecht und Verfassungswirklichkeit auf dem Gebiet des Parteienwettbewerbs hin, die hier ausführlich behandelt wurde. Die vom Grundgesetz geforderte strenge Chancengleichheit sei schon durch die enge Verflechtung zwischen Parteien und mächtigen Interessengruppen nicht mehr gegeben (Korperatismus). Ergänzend dazu ist festzustellen, daß sie aufgehoben wurde infolge des Bestrebens der staatszentristischen Parteien nach Stimmenmaximierung und bundesweiter Organisation, die selbst den im Grundgesetz enthaltenen Staatsföderalismus systematisch unterlaufen haben.

Das Fazit von Seifert faßt die hier aufgezeigten Ergebnisse treffend zusammen und soll deshalb ausführlich zitiert werden: "Von einem chancengleichen Parteienwettbewerb und einer offenen politischen Willensbildung kann in der Bundesrepublik ernsthaft nicht mehr die Rede sein. So hat sich denn die Verfassungswirklichkeit der Bundesrepublik in nur 25 Jahren weit von ihren rechtlichen Grundlagen entfernt. An die Stelle der vom Grundgesetz gewollten freien pluralistischen Demokratie ist ein staatlich gesichertes Oligopolsystem getreten, das, beherrscht von einem 'Kartell der Großen' mit Niederhaltungstendenz gegen alle Dritte und robustem Streben nach postdemokratischen Privilegien, ohne die Möglichkeit neuer Parteibildung und ohne chancengleichen Wettbewerb, dem Volk wie ein eratischer Block aufliegt und nur noch einen stark eingeengten Raum politischer Entscheidungsmöglichkeiten läßt. Offiziell freilich wird von dieser Erstarrung in Oligopolen und dem neuen Privilegienwesen nicht gesprochen, vollzieht sich noch immer alles nach den Grundsätzen einer offenen politischen Willensbildung. So will es scheinen, daß es auf die Dauer keine Staatsform gibt, die nicht, um mit Radbruch zu sprechen, ihre 'Lebenslüge' hat" (395).

Der manipulierte, staatszentristische Konsens des bundesrepublikanischen Parteienkartells ist dabei, die Vielfalt der organisierten politischen Meinungen und Interessen von der Bundesebene bis zur Gemeinde, von der Spitze bis zur Basis zu ersticken und damit den "Weg zum Einparteienstaat" zu bereiten mit dem Argument, die Demokratie funktionsfähig zu machen. In Wirklichkeit hat er aber auf diese Weise die Demokratie als Möglichkeit der Teilhabe organisierter Bürger an öffentlichen Belangen gemindert und die Macht von Staat- und Parteieliten gestärkt. Am Beispiel der Europäischen Föderalistischen Partei, die sich mit ihrem föderalistischen Programm gegen das funktionale Demokratiekonzept in National- und Zentralstaat wendet (396), gehört zu denjenigen Parteien, die aufgrund dieses manipulierten staatszentristischen Konsenses der hier dargestellten Minorisierungspolitik in ihrer Entwicklung blockiert werden. Am Beispiel dieser Partei sollen die hier auf das gesamte Parteiensystem bezogenen Aussagen ergänzt bzw. am Einzelfall überprüft werden.

6. DIE EUROPÄISCHE FÖDERALISTISCHE PARTEI ALS BEISPIEL EINER MINORITÄTSPARTEI MIT INNOVATORISCHEM KONZEPT

Die Europäische Föderalistische Partei, die nach der auf Bundesebene abgeschlossenen Parteienkonzentration 1961 von einer Gruppe rebellierender Mitglieder der Europaunion 1964 gegründet wurde, scheint uns geeignet, beispielhaft den Spielraum einer kleinen Partei als innovatorischer Kraft in der Bundesrepublik zu klären. Sie bietet sich uns an, aus der Sicht einer Minoritätspartei die Auswirkungen der Minorisierung nach Abschluß jener Parteienkonzentration sowie die daraus erwachsenden Schwierigkeiten für die Entfaltung vor allem neuer Parteien im Parteiensystem der Bundesrepublik Deutschland plastisch zu machen. Das gegenüber rechts- und linksextremen Gruppen vorgebrachte Argument der "streitbaren Demokratie", man müsse die Demokratie vor ihren Feinden schützen, kann bei einer Gruppe keine Gültigkeit mehr haben, die sich für die Fortentwicklung dieser Demokratie durch ein föderalistisches Strukturkonzept einsetzt. Die Partei ist demnach von der totalen Eliminierung durch Verbot nicht bedroht, weil sie nicht als "verfassungswidrig" eingestuft wird. Aber gerade aus diesem Sachverhalt erhebt sich für uns die Frage, weshalb eine solche, das politische System der Bundesrepublik im Hinblick auf die verfassungsrechtlich verankerten Grundwerte offensichtlich nicht gefährdende Partei nahezu der gleichen Minorisierung ausgesetzt ist wie "verfassungswidrige" Parteien. Von daher sind die Ursachen und Motive der Minorisierung einer Partei wie der EFP seitens der herrschenden Kräfte zu klären.

In der vorangegangenen Darstellung der verschiedenen Akte der Minorisierung, die sich gegen sämtliche kleinen Parteien unabhängig von ihren Zielen richtet, hat sich die Hypothese erhärten lassen, daß es sich hierbei ganz wesentlich um einen Kampf um Ausbau bzw. Erhaltung einer Vormachtstellung herrschender Eliten als Repräsentanten dominierender Interessen- und Meinungsgruppen im bundesdeutschen Parteiensystem handelt. Neben dem genannten Argument zum Schutze der Demokratie ließen sich als Begründung für die umfassende Minorisierung kleiner Parteien vorwiegend funktionale, nicht essentielle Gründe ausmachen. Damit läßt sich die von Forsthoff aufgestellte Vermutung erklären, daß der Kampf sich unterschiedslos gegen alle newcomers richtet, die einen parlamentarischen Repräsentationsanspruch erheben. (1)

Am Beispiel der EFP, die in ihrer jüngsten Entwicklungsphase wissenschaftlich noch nicht gewürdigt worden ist (2), soll das Innovationspotential einer Minoritätspartei vorgeführt werden, das hier für den Nachweis einer positiven Systemfunktion kleiner Parteien eine zentrale Rolle spielt. Als Beweis für die Veränderung der Ziele der Partei von einer teiloppositionellen zu einer fundamentaloppositionellen Position (3) ist auf ihre Strategie und ihr Programm - einschließlich ihrer historischen Entwicklung und innergesellschaftlichen Isolierung - einzugehen. Zum einen läßt sich daran verdeutlichen, daß das Ringen um politisch sinnvolle Konzepte in einer kleinen Partei mindestens genauso verantwortungsbewußt und genauso intensiv geschieht wie in den großen Parteien. Damit soll das Vorurteil endgültig widerlegt werden, es handle sich bei Gründern und Mitgliedern von Minoritätsparteien um politische Querulanten, die lieber eine neue Partei gründen, als sich in eine alte zu integrieren. (4)
Bei dieser Argumentation wird u.a. außer acht gelassen, daß sich keineswegs jede neue Idee in einer der etablierten Parteien verwirklichen läßt. Wie die Parteigründungen zeigen, gilt dies vor allem für rechts- und linksextreme wie radikale Gruppen. (5) Es trifft aber gleichfalls zu für die EFP. Sie bemüht sich als erste gesamteuropäische Partei (6) um eine erfolgreiche Strategie zur Vereinigung Europas auf der Grundlage einer Föderalisierung von Staat, Wirtschaft und Gesellschaft. Unter diesem Gesichtspunkt kann sie als Träger einer politischen Alternative gelten.

Nach harten innerparteilichen Auseinandersetzungen, die wiederum beispielhaft die Möglichkeiten und Grenzen politischer Willensbildung in einer Minoritätspartei zeigen, hat sie schließlich in dem Föderalismus als gesamtgesellschaftlichem Strukturprinzip ein politisches Konzept aufgegriffen das in seiner umfassenden Programmatik gleichwertig neben den bekannten politisch-weltanschaulichen Richtungen steht. Mit ihrem Ziel, weitestgehende Partizipation für alle Bürger in Staat, Wirtschaft und Gesellschaft ("Bürgerdemokratie") zu erreichen, kann sie weder als links- noch als rechtsradikal gelten. Daß sie trotzdem minorisiert wird, kann umso mehr die Hypothese stützen, daß in der "freiheitlich-demokratischen Grundordnung" der Bundesrepublik Deutschland politische Minoritäten eher um der Erhaltung der Macht der Mächtigen willen als um der Erhaltung der Demokratie willen ins politische Abseits gedrängt werden.

Seit ihrer Gründung in der Bundesrepublik konfrontiert mit Feindschaft und Repression seitens des herrschenden Parteien-

und Interessenkartelle in Großorganisationen, Medien und Großbürokratien, versucht die Partei bis heute - mit entsprechend geringem Erfolg - ihre Ziele dem Wähler vorzutragen und Mitglieder zu werben. (7) Sie ist - wie die Majoritätsparteien in der Besatzungszeit - zwar eine "Gründung von oben". Diese Feststellung muß aber dahingehend differenziert werden, als sie eine Bewegung, die sich nach dem Kriege in weiten Kreisen der Bevölkerung ausbreitete (europäische bzw. föderalistische Bewegung), durch die Parteigründung am Leben und politisch wirksam zu erhalten versuchte. Zunächst gegründet als Partei mit vorwiegend strategischem Konzept hat sie sich bis heute zu einer philosophisch fundierten Partei entwickelt, die ihr föderalistisches Konzept am "Integralen Föderalismus" (8) orientiert und sich damit als Träger einer so grundsätzlichen Theorie versteht wie Sozialismus, Kommunismus, Liberalismus und Nationalismus. Die Schwierigkeiten, mit dem föderalistischen Angriff auf Nationalstaat, Zentralismus, Technokratie und Großorganisationen einen gesellschaftlich verankerten Wertwandel zu bewirken, soll weiter unten diskutiert werden.

6.1. Das strategische Konzept der FI - EFP

6.1.1. Parteigründungen

Die Gründung der Föderalistischen Internationale (FI) als Dachorganisation nationaler Europäischer Föderalistischer Parteien (EFPs) erfolgte vorwiegend aus strategischen Erwägungen heraus. Sie ist nur im Zusammenhang mit der Europäischen Bewegung zu verstehen, die sich in zahlreichen antifaschistischen Widerstandsgruppen unter föderalistischem Gedankengut zusammengefunden hatte mit dem vordringlichen Ziel, die Einigung Westeuropas als Bollwerk gegen die bolschewistische Gefahr voranzutreiben. (9)
    Die Züricher Rede Churchills 1946, der unter Berufung auf die Gedanken Coudenhove - Kalergis die Europäische Einigung förderte (10), trug dazu bei, daß dieses paneuropäische Gedankengut spontane Zustimmung in Europa fand. (11) Damals konnten die Mitglieder dieser Bewegung mit ihrer Strategie der "Durchsetzung" nationaler Gruppen und Institutionen noch "Regierungen, Parlamente, Parteiführer und Persönlichkeiten des öffentlichen Lebens im föderalistischen Sinne beeinflussen". Als bedeutendster Erfolg dieser ersten Phase wird die Montan-Union gewertet.

"Angespornt durch die relative Leichtigkeit, mit der diese Anfangserfolge erzielt werden konnten, begann man in föderalistischen Kreisen, auf die Einigung der militärischen Kräfte Westeuropas, die Europäische Verteidigungsgemeinschaft hinzuarbeiten". Erst das Scheitern dieser Bemühungen führte "zu einem Prozeß der politischen Revision im Rahmen der föderalistischen Bewegung". (12) Auf einem Kongreß des Mouvement Fédéraliste Européen (MFE) 1957 in Luxemburg wurde die Spaltung der Bewegung in einen "maximalistischen", an ursprünglichen revolutionär-föderalistischen Zielvorstellungen festhaltenden und in einen "possibilistischen", sich eher an der Gegebenheit der Konsolidierung nationalstaatlicher Strukturen in Europa orientierenden Flügel offenbar. Dies bewog z.B. anonyme amerikanische Föderer, eine weitere finanzielle Unterstützung der Bewegung einzustellen. (13) Als auch der Versuch scheiterte, im Zusammenhang mit dem "Kongreß des Europäischen Volkes" breitere Volksschichten in Europa mit den föderalistischen Gedanken vertraut zu machen (14), suchten zwei föderalistische Gruppen unabhängig voneinander - einem Konzept Altiro Spinellis folgend (15) - nach einer neuen Strategie, um ihre Ziele wirksamer vertreten und verwirklichen zu können.

Die Strategie der Europäischen Bewegung, alle Parteien und Verbände mit dem Gedanken der föderalistischen Einigung zu durchdringen, hatte sich nach Ansicht einer Gruppe italienischer Föderalisten um den Kaufmann Dacirio Ghizzi-Ghidorzi (16) und einer Gruppe österreichischer Föderalisten um das führende Mitglied der Paneuropa-Union (17), den Journalisten Otto Molden (18), als wirkungslos erwiesen. Ghizzi-Ghidorzi glaubte nicht an ein Zustandekommen europäischer Parteien aus den nationalen Parteien heraus, die - wie sich in der Vergangenheit immer wieder gezeigt hatte - auf ihre Autonomie und die Vorteile im nationalen Bereich kaum verzichten würden. Nach seiner Ansicht lag die Gefahr von Konflikten in deren nationalen und ökonomischen Verschiedenheiten. (19)

Am 10. Mai 1959 gründete er mit einigen Freunden in Mantua den Partito Democratico Federalista Europeo (PDFE) als erste gesamteuropäische Partei mit einer deutschen Sektion (20). In seinem Programm forderte der PDFE die Vereinigten Staaten von Europa als parlamentarische Demokratie mit einer gesamteuropäischen verfassungsgebenden Versammlung, die die Voraussetzungen für ein europäisches Bundesparlament und eine gesamteuropäische Regierung schaffen sollte. Ein Leitgedanke für das europäische Strukturkonzept lautete: "Grundsätzlich soll eine obere Instanz sich nicht einmischen, wenn eine untere Instanz die betreffenden Probleme zufriedenstellend lösen kann. Die regionalen und lokalen Gemeinschaften sollen weitestgehende Verwaltungsautonomie erhalten". (21)

Dieser Grundsatz entsprach den Vorstellungen vieler in Italien und Frankreich aktiver föderalistischer Gruppen und sollte im Zusammenhang mit dem gegenwärtig gültigen Grundprogramm der EFP erneut Bedeutung erhalten. (22) Der PDFE wandte sich gegen Kommunisten und Rechtsradikale als Verfechter zentralistischer Strukturkonzepte. Er trat für eine gesamteuropäische Wirtschaftspolitik ein, die Privatinitiative und staatliche Planung im Interesse größtmöglicher Leistung verbinden sollte. (23)

Auch Otto Molden spaltete sich angesichts der von ihm festgestellten Wirkungslosigkeit der bisherigen Strategie der Europäischen Bewegung unter dem Stichwort "Parteilösung" (24) von dieser ab. "Diese Lösung ist die revolutionärste von allen, da sie sich von der traditionellen Organisation der föderalistischen Bewegung, die bisher auf überparteilicher Ebene lag, völlig losgelöst und die vollständige Autonomie von den bestehenden politischen Gruppierungen anstrebt". (25) Molden zweifelte daran, "daß die wirtschaftliche Integration (Europas) automatisch eine politische nach sich zieht". Er meinte, "daß die bisherige Strategie der Vereinigung Europas", die sich auf der Hoffnung stütze, "daß die nationalen Außenminister sich selbst aus eigener Initiative und gleichzeitig entmachteten ..., eine Illusion" sei. (26)

Die Gruppe um Molden hielt "die Bildung stabiler proeuropäischer Regierungen gleichzeitig in mehreren Ländern durch die alten Parteien (für) ausgeschlossen, ... weil sie von ihrer Struktur her nicht über die Grenzen ihrer Nationalstaaten hinaus arbeiten können". (27) Eine gesamteuropäische Partei - als Endziel dieser Bestrebungen - war als ein Mittel gedacht, "um die Unzulänglichkeiten der bisherigen Strategie im Kampf um die Vereinigung Europas zu überwinden". (28)

So gründete Otto Molden am 8./9. August 1959 - also drei Monate nach den Italienern - mit einer Gruppe Gleichgesinnter aus verschiedenen europäischen Ländern (29) in Wien die Föderalistische Internationale (FI) der Europäischen Föderalistischen Parteien. (30) Sie verstand sich - in Anlehnung an andere Internationalen und zugleich als deren Gegenpol - als ein "Bund der Europäischen Föderalistischen Parteien" und von Organisationen, welche für die Einigung und Erneuerung Europas auf föderalistischer Grundlage eintreten. Nach dem Zusammenschluß der einzelnen europäischen Staaten zu den Vereinigten Staaten von Europa sollte an die Stelle der FI die "Europäische Föderalistische Partei" treten. (31)

Die unterschiedlichen strategischen Ausgangspositionen der Italiener (gesamteuropäische Partei) und der Österreicher (zunächst Parteienbund, dann gesamteuropäische Partei) führte 1961 zur entscheidenden Schwächung des PDFE durch Abspaltung ihrer deutschen Sektion um deren Mitbegründer Hermann Achminow und seiner Frau Gisela Schölgens - Achminow sowie durch deren Eintritt in die FI.

6.1.2. Partei oder Bewegung (32)

Die FI war mit der Zielsetzung angetreten, den ihrer Auffassung nach verstreuten und nicht mehr im gleichen Maße wie unmittelbar nach dem Zweiten Weltkrieg an der aktiven Gestaltung des Vereinigten Europa beteiligten Rest der Europäischen Bewegung zusammenzufassen in einer "multi- und internationalen europäischen Partei", "einer politischen Organisation ..., die Anspruch auf die Macht in allen europäischen Staaten erhebt". (33) Sie verstand sich als "Aktionsgemeinschaft aller Europäer", in der sie selbst die Führung beanspruchte. (34) Doch trotz größter Bemühungen seitens der FI (35) um eine Zusammenarbeit mit führenden Mitgliedern der europäischen Bewegung lehnten die Adressaten eine Beteiligung weitgehend ab und hielten an ihrem Konzept der Bewegung als überparteilicher Organisation fest. Sie wollten aus der Sicht der FI weiterhin den Weg des geringsten Widerstandes gehen und - ähnlich den Ökologen und Alternativen heute - den Vorteil der Bewegung nutzen, "die verschiedenartigsten Menschen für die gemeinsame Arbeit im Dienste einer Idee zusammenzubringen und dadurch in den bestehenden Nationalstaaten, an ihrer Basis und an ihrer Spitze wirkend, ein weitgespanntes Werk der Werbung von Anhängern durchzuführen". (36) Dem hielten die Verfechter des Parteikonzeptes entgegen, daß die geistige und organisatorische Heterogenität einer solchen Bewegung sie in ihrer Autonomie gegenüber den nationalstaatlichen Kräften verwundbar mache und in ihrer Handlungsfähigkeit schwäche. "Eben diese (differenzierte, R.R.) Struktur birgt die Gefahr des Scheiterns jeder Aktion, die nicht von allen Mitgliedsgruppen gebilligt wird" (37). Die anfänglichen Erfolge hätten das Konzept der Bewegung zunächst gerechtfertigt. Inzwischen sei es jedoch notwendig geworden, aus der ursprünglichen Phase der Bewegung, die keine klar profilierte Linie aufzuweisen hatte, in eine neue Phase einzutreten, die durch vollständige Autonomie und Unabhängigkeit von jedweder politischen Richtung gekennzeichnet ist (38).

Während zum einen die Parteilösung dazu beitragen sollte, "die Autonomie der föderatlistischen Kräfte zu sichern" (39), zum anderen eine Vereinigung Europas mit und durch nationalstaatliche Parteien für unmöglich gehalten wurde (40), gingen Vertreter des Mouvement Fédéraliste Européen (41) davon aus.

daß die politischen Parteien grundsätzlich zum nationalen Establishment gehören und deshalb nationalstaatlich ausgerichtet seien (42). Ferdinand Graf Kinskys Argumente von 1969 (43), die gegenüber den grundsätzlichen Intentionen der Verfechter der Partei-Lösung eher als pragmatisch zu bezeichnen sind, können gewiß auch heute noch für die Argumente aller derer aus der Europäischen Bewegung stehen, die eine Mitgliedschaft in einer Partei bisher abgelehnt haben. Nach Kinsky sei die EFP bisher erfolglos geblieben und es sei einfach kaum denkbar, daß die EFP in absehbarer Zeit über den gegenwärtigen Status hinauskommen werde. Eine neue Partei, die erfolgreich gegenüber den Traditionsparteien arbeiten wolle, brauche dreierlei: "1. mindestens eine außergewöhnlich populäre Persönlichkeit, 2. umfangreiche Geldmittel, 3. eine allgemeine, oder zumindest einen grossen Teil der Bevölkerung umfassende Unzufriedenheit, die zur direkten Ablehnung der Traditionsparteien führt, denen die neue Partei in Programm und Wahlslogans eine attraktive Alternative entgegensetzt". Alle drei Voraussetzungen fehlen nach Kinskys Meinung der EFP. Darüber hinaus orientiere sich die Industrie in erster Linie an einer wirtschaftlichen, nicht an der politischen Integration. Als Voraussetzung für den erfolgreichen Aufbau einer "Europa-Partei" sieht der Autor eine föderalistische Massenbewegung, die durch das Eindringen der Föderalisten in Parteien und Verbände erreicht werden soll (44).

Diese Argumentation, die angesichts der Ökologen an Aktualität gewonnen hat, baut auf dem Phänomen des Gaullismus in Frankreich auf. Dem hält Burkhard Stieglitz, seit 1974 Mitglied des Exekutivkomitees der EFP, die Unvergleichbarkeit von Gaullismus und föderalistischer Bewegung entgegen. Der Gaullismus sei eine personengebundene und damit vorübergehende zeitgeschichtliche Erscheinung. Nach seiner Meinung angebrachter sei ein Vergleich mit der organisatorischen Ausdehnung der sozialistisch-kommunistischen Bewegung, die trotz ungünstigster Startbedingungen sich über Jahrzehnte hinweg aus dem Bereich kleinster intellektueller Zirkel heraus zu einer mächtigen Weltbewegung entwickelt habe. Der Föderalismus habe wie auch der Kommunismus im Gegensatz etwa zum Gaullismus eine welthistorische Dimension. Für die EFP gelte, das Bewußtsein für die von Kinsky erwähnte Krise erst zu entwickeln. Denn: "Solange die Bevölkerung kein echtes Krisenbewußtsein besitzt, werden die großen, umfassenden politischen Strategien und globalen Alternativen, die den Dimensionen der Krise angemessen sind, nur von 'Außenseitern' getragen".

In Übereinstimmung mit Kinsky setzt auch Stieglitz auf die Krisensituation, in der eine neue Partei wie die EFP bei der Wählerschaft eine Chance habe. Die Wurzel einer solchen Krise sieht Stieglitz "in dem Widerspruch zwischen einer fortschreitenden wirtschaftlichen Integration, den wachsenden wechselseitigen Abhängigkeiten der Nationalstaaten einerseits und der politischen Stagnation des Einigungsprozesses in Europa andererseits. Während eine Zollunion noch von allen politischen und gesellschaftlichen Gruppierungen anerkannt werden könne, bringe die Schaffung einer Sozialunion wegen der grundsätzlich verschiedenen gesellschaftspolitischen Konzeptionen dieser selben Gruppierungen Konflikte mit sich, die eine Einigung unmöglich machen werden. "Die politische Integration Europas ist festgefahren, weil jede Weiterentwicklung gesellschaftspolitische Parteinahme erfordert ... . Je größer der Wirtschaftsraum, desto kleiner der gemeinsame Nenner der politisch relevanten Gruppen in Europa". Im Gegensatz zu Kinsky sieht Stieglitz die Erfolgsgrundlage der EFP in der Ausbildung von Kadern, die in ganz Europa das Konzept der Partei vertreten sollen, in der Ausarbeitung einer allen gemeinsamen föderalistischen Theorie und in der offenen politisch-ökonomischen Krise in Europa (45). Diese Kader bilden demnach eine Gegenelite, die für die Durchsetzung vernachlässigter Interessen arbeitet (hier: Europäische Föderation mit regionaler Struktur, Erhöhung der Partizipationschancen in Politik, Wirtschaft und Gesellschaft durch Föderalisierung).

Das von Kinsky vertretene Konzept, das im wesentlichen bis heute die Strategie der Europäischen Bewegung - auch der Europa-Union - geblieben ist, wurde schon 1966 von dem Mitglied der deutschen EFP, Irmin Schneider, anläßlich eines Kongresses der Europäischen Föderalistischen Bewegung in Turin als deren Dilemma gekennzeichnet: "Sie sind allesamt mangels Ausdehnung über das ganze europäische Staatsgebiet (sic!) in Wirklichkeit nur Torso, ohne Berechtigung für das Ganze zu sprechen, oder aber unfähig, dieses zu tun" (46). "Es hat sich gezeigt, daß das geistige und empirische Potential einiger Professoren und Würdenträger nicht ausreicht, um einen spürbaren Einfluß zu etablieren. Die parlamentarische Fraktionsbildung bei den Kongreßteilnehmern war hauptsächlich ein Reflex der Lehrmeinungen verschiedener Professoren, die ihr Kolleg mobilisiert haben, aber keine echte Auseinandersetzung über politische Grundfragen. Das Fehlen einer europäischen Konzeption führte schließlich zur Befürwortung scheinbar risikoloser Kleineuropa-Lösungen und zur Anlehnung an ein paar gängige politische Schlagworte." Schneider, der damals als Beobachter der deutschen EFP an jenem Kongreß teilnahm, beklagte in seiner gewiß polemisch überspitzten, aber doch sicherlich einen wahren Kern enthaltenden Analyse vor allem die Manipulation der Kongreßleitung, die die Diskussion um das Konzept der EFP trotz regen Interesses bei den Teilnehmern behinderte (47). Die von einzelnen italienischen und französischen Delegierten vorgeschlagene Parteigründung fand - möglicherweise aufgrund der besagten Manipulationen - keine Mehrheit (48).

Die verbreitete Abneigung in nahezu allen proeuropäischen Organisationen gegen eine Parteiorganisation hat die EFP bis heute daran gehindert, zum Sammelbecken der verschiedenen Gruppen der Europäischen Bewegung zu werden (49). Daran konnte auch die Tatsache nichts ändern, daß diese Gruppen mit ihrem Ziel, als Bewegung die nationalen Parteien und Regierungen zu durchdringen, mit der Absicht, diese schon an der Macht befindlichen Gruppen in ihrem Sinn zu beeinflussen, bis heute wegen der vorherrschenden nationalstaatlichen Interessen dieser Gruppen kaum Erfolge zu verzeichnen haben (50).

Unter diesen Bedingungen mußte sich die EFP um einen ganz neuen Aufbau mit neuen Mitgliedern bemühen. Die deutsche Gründergruppe setzte sich aus hanseatischen Kaufleuten zusammen, für die ein vereintes Europa von wirtschaftlichem Interesse war (51). Bevorzugte Adressaten der Werbung waren Selbständige jeder Branche und freie Berufe.

Diese Ausrichtung ergibt sich u.a. aus dem föderalistischen Konzept der Partei, das sich - mit Ausnahme der programmatischen Vorstellungen von Herman Achminow (52) - gegen jede Monopolisierung und jeden Zentralismus und für Privateigentum und Eigeninitiative ausspricht. Deshalb fühlen sich gerade Mitglieder der kaufmännischen Berufsgruppen, aber auch allgemein Menschen mit internationalen Kontakten angesprochen. Die antikommunistische Ausrichtung der Partei zog auch zahlreiche Angehörige der Bundeswehr an.

Der Rückblick zeigt deutlich die Schwierigkeit, eine Partei aufzubauen, der sich die damit korrespondierende Bewegung aus doktrinären Gründen verweigert (53). Er zeigt weiter das Dilemma, einer Idee einer sozialen Bewegung Durchschlagskraft zu verleihen, die offensichtlich vorwiegend von wert- als von zweckrationalen Motivationen getragen ist (54) und damit eher geeignet, von einer kleinen Gruppe Intellektueller als von einer großen Masse wirksam antizipiert zu werden. Hans-Peter Schwarz, der auf die allgemeine Schwierigkeit hinweist, die Loyalität der Menschen für eine neue, unbekannte Staatsform zu gewinnen, wertet die positive Einstellung der Bevölkerung zur europäischen Einigung als "politischen Sonntagsgedanken", der angesichts näher liegender praktischer Probleme schnell an Zugkraft verlieren kann (55).

Allgemein hatte die Europäische Bewegung im gehobenen Mittelstand und bei den Intellektuellen ihre stärkste Basis (56). Offensichtlich ist auch darin ihre Unterlegenheit gegenüber pragmatisch-politischen Kräften zu suchen, die die europäische

Einigung von der Ebene der Nationalstaaten her betrieben - unter Einbeziehung nationalstaatlicher Interessen - und die, wie sich zeigte, die stärkeren Bataillone auf ihrer Seite hatten. Mit den zunehmenden Erfolgen der nationalstaatlich orientierten Politik sank auch das Interesse der Bevölkerung an der europäischen Einigung. Als die EFP bzw. PDFE gegründet wurden, hatte es in etwa seinen Tiefpunkt erreicht (57).

Was der Bewegung fehlte, war die langfristige, affektivemotionale Unterstützung der breiten Massen (58). Die Europäische Bewegung konnte sich gegen die Macht des Faktischen - d.h. gegen die auf nationales Wachstum hin orientierte Politik der nationalstaatlichen Regierungen - letztlich nicht behaupten (59). Die "Realisten" der Europa-Bewegung arrangierten sich mit diesen Gegebenheiten und versuchten - in Deutschland als Europa-Union (60) in den nationalen, politischen und wirtschaftlichen "Funktionseliten" (61) ihr europäisches Ziel als pressure-group weiter zu verfolgen (62). Die EFP, die sich in Konkurrenz zu den nationalstaatlichen Parteien (63) um die europäische Integration über eine europäische Partei bemühte (64), verstand sich als potentieller "Föderator" (65) auf parlamentarischer Ebene. Auch sie konnte - u.a. aufgrund der fehlenden Unterstützung durch die europäische Bewegung - bisher dem europäischen Einigungsgedanken nicht wirksam durchsetzen.

Jüngst hat Christian Fenner zu Recht auf die sozialisatorisch begründeten Legitimationsdefizite europäischer Parteien und Wahlen wie auch auf das Faktum der (nationalstaatlichen) Systemgrenzen hingewiesen, das im Bewußtsein der Bevölkerung Europapolitik immer noch als Außenpolitik und damit als peripher erscheinen läßt (66). Mit der Präzisierung dieser Phänomene stößt Fenner jedoch an die Grenzen des Empirikers, der - um sich nicht dem Vorwurf des spekulativen Optimismus auszusetzen - es beim Registrieren einer bisher offensichtlich gewordenen Unmöglichkeit beläßt, europäisches Bewußtsein zu wecken, und damit die breite Legitimation für europäische Parteien und Organe zu ermöglichen. Fenner wäre in diesem Zusammenhang vorzuhalten, daß er es unterlassen hat, nach den Ursachen für die fehlende innenpolitisch wie international notwendige Priorisierung europäischer vor nationalstaatlichen Belangen im Interesse zwischenstaatlicher Konfliktminderung wie auch der Sicherung gesellschaftlicher Einflußnahme auf internationale wirtschaftliche Prozesse zu fragen.

Die Integralföderalisten haben seit langem das Interesse an Herrschaftssicherung in nationalstaatlich-zentralistischen Bürokratien analysiert, die - sei es in Parteien oder Verwaltungen - bei einer Europäisierung ihre führende Position bedroht sehen müssen. Es mag deshalb nicht verwundern, daß gerade die von K.W. Deutsch als einflußreich dargestellte mittlere Elite in ihrem Europabewußtsein zu wünschen übrig läßt (67), wo doch die Ressourcen ihres Einflusses auf nationaler Ebene liegen. Die Umorientierung auf Europa würde gerade sie mit Machtverlust bezahlen müssen. Von dieser Gruppe, von der ein erheblicher Einfluß auf das Spektrum der öffentlich artikulierten (nicht der tatsächlich vorhandenen!) Interessen ausgeht (über Medien, Parteien, Schul- und Ausbildungssysteme), wird jegliche Umverteilung von Ressourcen und Kompetenzen - sei es nach oben oder nach unten - schon im eigenen Interesse blockiert.

Die Wirtschaft profitiert insofern von der nationalstaatlichen Gliederung, als diese ihr unterschiedliche Märkte zur Gewinnmaximierung garantiert, auf die man ggf. ausweichen kann (so z.B. die Kapitalverlagerung aus Frankreich seit dem Sieg des Sozialistenführers Mitterand oder die Verlagerung der Hoesch-Produktion im Hoesch-Estel - Konzern nach den Niederlanden). Auch hier ist das Interesse an einer essentiellen (nicht nur funktionalen (68)) Integration vermutlich nicht übermäßig groß, denn eine europäische Regierung einschließlich einheitlichem Steuer- und Rechtssystem würde die Chancen des Ausspielens der nationalen politischen Systeme seitens der Großindustrie und Konzerne (69) spürbar verringern.

Wie auch schon an der "Entwicklung" des bundesdeutschen Parteiensystems gezeigt, befinden sich die regionalen Gruppierungen gegenüber den Zentralen in einer schwachen Position, eine Tatsache, die sich in Irland, Baskenland, Bretagne etc. in jahrzehntelangen Konflikten niederschlägt. Diese vernachlässigten regionalen Interessen zu vertreten, ist ein Ziel der EFP, die neuerdings in Italien - nicht zuletzt angesichts der schwachen und als korrumpierbar bekannten Zentralgewalt - zunehmend auf Interesse stößt. In der Bundesrepublik müßte sie angesichts eines allgemeinen Wertwandels (Kmiecziak) insbesondere dort Interessenten finden, wo regionale und lokale Spielräume und Partizipationsmöglichkeiten an die von den Zentralen (bes. Bundesländer) eng gezogenen Grenzen stoßen. Daß dies nicht geschieht, hat neben der hier auszuführenden Minorisierung verschiedene Ursachen:

1. der mangelnden Glaubwürdigkeit der Parteien generell bei der jüngeren Generation, deren Ursachen nicht so sehr in der Partei als solcher zu suchen sind als vielmehr in der Art und Weise, wie die herrschenden Parteien und ihre Vertreter die öffentlichen Ressourcen und Kompetenzen zu ihrem eigenen organisatorischen und privaten Nutzen mißbrauchen (Ämterpatronage, Begünstigung, Entmündigung der Parteibasis etc.). Die Partei hat schlechthin an Glaubwürdigkeit verloren (70),

sodaß für speziell jugendliche Oppositionelle gegenüber dem "Sachzwangstaat" (71), die - vermeintlich neue - freie Form der Bewegung als Vehikel infrage kommt (72). Eine historische Parallele zu beispielsweise faschistischen Bewegungen und der damit verbundenen Gefahr der Herausbildung einer unkontrollierbaren, charismatisch überhöhten Führungselite gegenüber einer auf Akklamation beschränkten Masse wird insofern nicht gesehen, als man vor allem die positiv besetzten Werte einer Bewegung (Spontaneität, Aktivität, emotionale Unterstützung) im Auge hat, ohne die in der Vergangenheit demonstrierte Gefahren dieser "Werte" (Unkontrollierbarkeit, Aktionismus, Totalitarismus, Manipulierbarkeit von Emotionen etc.) zu sehen (73). Schließlich muß offen bleiben, wie weit es sich bei den Protestgruppen tatsächlich um langfristig wirksame politische Initiativen handelt (74).

2. damit eng verknüpft die Unkenntnis über die tatsächlich sehr engen Entscheidungsspielräume auf kommunaler Ebene (75), auf der sich in der Regel Bürgerinitiativen bilden. Mit Recht hat Udo Bermbach auf die begrenzten politischen Einwirkungsmöglichkeiten von Bürgerinitiativen als Nicht-Parteien hingewiesen, die letztlich vom Wohlwollen der Entscheidungsträger in Parteien und Verwaltungen abhängen (76). Nach Sternstein stellen Bürgerinitiativen lediglich eine - wenngleich notwendige - Ergänzung der Parteien und Parlamente dar (77). Sie bieten jedoch dem einzelnen die Möglichkeit, über akklamatorisches Verhalten hinaus politisch aktiv zu werden, d.h. sie gewinnen für die politische Sozialisation an Bedeutung (78).

3. herrscht angesichts der obrigkeitsstaatlichen Verhaltensweisen der Parteien und Verwaltungen ein generelles Mißtrauen gegenüber Institutionen der repräsentativen Demokratie (bes. Parteien und Parlamente), die aufgrund ihrer Neigung, Eigeninteresse gegen Bürgerinteresse zu setzen, an Glaubwürdigkeit eingebüßt haben tatsächlich die Interessen der übrigen Bürger zu vertreten bzw. diesen zu dienen.

Dieses allgemeine, von Bernd Guggenberger ausführlich dargestellte Mißtrauen (79) macht nach wie vor nicht nur der von ihm 1980 als Alternative empfohlenen Umweltpartei zu schaffen (80). Sie hat es aber bis heute vermocht, in Bewegungen engagierte Jugendliche für sich zu gewinnen. Dies gelang der EFP mit ihrer neuen Orientierung bisher nicht, die vor allem die Beteiligung der Betroffenen auf ihre Fahnen geschrieben hat.

Die Erkenntnis, daß in einer repräsentativen Demokratie politische Innovation (unter Ausschluß von Gewalt) nur über Parlamente zu erreichen ist (81), hat - trotz der dargestellten Schwierigkeiten - bei den Grünen wie bei der EFP zum Festhalten am Konzept der Partei geführt.

6.1.3. Aufbau und Struktur der Föderalistischen Internationale

Um als Parteiorganisation erfolgreicher zu sein als die heterogenen Bewegungen einerseits und nationalstaatlich orientierte Regierungen andererseits, brauchte die FI nach Ansicht ihrer Gründer zunächst einen wirksamen Apparat an der Spitze, d.h. eine hierarchisch-zentralistische Gliederung.

Die nationalen EFPs und die Aktionskomitees, die die Bildung einer nationalen EFP vorzubereiten hatten, sowie zwei weitere Organisationen (82), bildeten die Basis der FI. Konstitutives Organ war der Europäische Kongreß, die Exekutive bildeten das Europäische Büro und sein Präsidium mit Generaldelegiertem, Generalsekretariat und Europäischen Kommissionen.

Der Europäische Kongreß (EK) sollte als höchste Instanz der FI die politische Linie bestimmen. Der Präsident dieses Gremiums wurde von den Präsidenten und Vizepräsidenten der EFPs der einzelnen Länder sowie von den Generalsekretären der angeschlossenen Organisationen gewählt. Der Kongreß wählte das Präsidium der FI - also den Generaldelegierten und dessen Stellvertreter, die nicht der gleichen Nation angehören durften, sowie sieben weitere Mitglieder - und neun Mitglieder des Erweiterten Europäischen Büros (EB). Vom Generaldelegierten wurden für das Präsidium zwei, für das EB drei beratende Mitglieder benannt. Im EB durften nicht mehr als sechs Mitglieder derselben Nation sein. Der EK bestand aus sechs Delegierten pro nationale Parteispitze, einem Delegierten pro Untergliederung der nationalen Partei (Land, Kanton, Département etc.), bis zu drei Mitgliedern des Aktionskomitees und dem EB, das hier voll stimmberechtigt war (83).

Das EB als oberstes Leitungs- und Koordinationsorgan der FI setzte sich zusammen aus dem Präsidium, den vom EK gewählten und vom Generaldelegierten kooptierten (beratenden) Mitgliedern sowie aus dem vom Präsidium bestimmten Generalsekretär der FI und den Parteivorsitzenden und Vorsitzenden der Aktionskomitees kraft Amtes. Mit Hilfe des Generalsekretariats sollte es die Beschlüsse des EK durchführen und sich dem Kongreß gegenüber verantworten. Es fungierte als Verbindungsorgan für alle der FI angeschlossenen Organisationen, als Motor für neue Aktivitäten und als Kontrollinstanz der FI. Die Machtfülle dieses Organs bestand unter anderem darin, daß es jedem Leitungsgremium der angeschlossenen Organisationen zwei Mitglieder vorschlagen konnte, wobei nach eventueller Zurückweisung der ersten beiden Vorschläge der dritte schließlich angenommen werden mußte. Damit war ein wesentlicher Einfluß dieses Organs in den Untergliederungen gesichert. Darüber hinaus konnte es mit 2/3 Mehrheit Einzelpersonen und

Föderalistische Internationale

Europäisches Büro

Präsidium
- Generaldelegierter → 2 kooptierte Mitglieder
- Stellvertreter
- 7 Mitglieder
- 3 kooptierte Mitglieder
- Generalsekretär
- Parteivorsitzende und Vorsitzende der Aktionskomitees (ex officio)

→ Diverse Europäische Kommissionen

→ Generalsekretariat

Europäischer Kongreß
- Präsident
- 6 Delegierte pro nationale Parteispitze
- 1 Delegierter pro Untergliederung
- bis zu 3 Delegierte pro Aktionskomitee
- Europäisches Büro

→ 9 Mitglieder

Nationale EFPs und Aktionskomitees

268

ganze Gruppen aus der FI ausschließen (84). Seine Ausgaben waren durch Beiträge der Mitgliedsorganisationen zu decken, die mindestens ein Viertel ihres Beitragsaufkommens abzugeben hatten. Die Amtszeit der gewählten Mitglieder dieser Gremien betrug vier Jahre (85).

Das Präsidium der FI war dem EB verantwortlich, obwohl beide Gremien unter Vorsitz des Generaldelegierten zu tagen hatten. Dieser wurde alle vier Jahre gewählt und sollte die Einheit der FI repräsentieren. Er war an die Beschlüsse des Präsidiums, des EB und des EK gebunden und diesen Gremien gegenüber zur Rechenschaft verpflichtet. Zu seiner Unterstützung setzte das Präsidium auf seinen Vorschlag hin den Generalsekretär und das dazugehörige Sekretariat ein, die dem Präsidium gegenüber weisungsgebunden waren. Dazu konnten Mitglieder aller Untergliederungen zur Mitarbeit herangezogen werden. Als politische Beratergremien des EB waren die Europäischen Kommissionen gedacht, die von ihm auf Vorschlag des Präsidiums eingesetzt wurden (86).

Auffällig an dieser Organisationsform ist die starke Orientierung auf die Wiener Zentrale hin (87), die sich mit den Statuten einen weitreichenden Einfluß auf alle angeschlossenen Organisationen sicherte. Dies entsprach der Ansicht des Führungsgremiums, "daß ohne die FI die einzelnen Parteien nur uninteressante nationale Splittergruppen darstellen können" (88).

6.1.4. Die deutsche EFP

Die österreichische EFP wurde als erste Unterorganisation der FI 1960 von Otto Molden gegründet. Molden erreichte in den österreichischen Präsidentschaftswahlen 4 % der Stimmen (89). Die Gründung der EFP Deutschland als zweiter Unterorganisation der FI erfolgte am 12. Januar 1964 durch das Mitglied der Europa-Union (EU), den Bremer Kaufmann Ernst Ruban, der daraufhin aus der EU ausgeschlossen wurde. Ähnlich wie Otto Molden hatte auch Ruban die Strategie der Europäischen Bewegung, über die nationalen Parteien die europäische Einigung zu betreiben, als erfolglos angesehen und deshalb mit Molden Kontakt aufgenommen. Als Beauftragter der FI betrieb er dann seit Frühjahr 1963 (90) die Gründung der deutschen EFP mit dem strategischen Konzept der FI, die Europäisierung des Parteienwesens voranzutreiben (91). Mit ihrem programmatischen Antikommunismus befand diese sich auf der gleichen Linie wie die FI, während sie das nationale Ziel der deutschen Wiedervereinigung im Konzept vom Vereinigten Europa unterbrachte (92).

Die Parteigründung erfolgte mit 22 Mitgliedern durch eine Gruppe hanseatischer Kaufleute (93). Ein offizielles nationales Programm wurde erst vier Jahre später veröffentlicht. Demgegenüber forcierte die Partei die Gründung von Landesverbänden in der Bundesrepublik (94). Gleichzeitig wurde im benachbarten Holland mit deutscher Unterstützung eine - inzwischen wieder eingegangene - EFP Niederlande gegründet (95). Mit ihrer Gründung begab sich die deutsche EFP nolens volens in Konfrontation zur Europa-Union, die das Parteienkartell zur Abwehr der neuen Konkurrenz nutzen konnte.

6.1.5. Machtkämpfe in der FI

Neben dem Kampf um einen festen Platz in dem von den parlamentarisch vertretenen Parteien beherrschten deutschen Parteiensystem warteten auf die junge Partei Konflikte in der Dachorganisation, die nicht zuletzt von deren autoritärer Struktur herrührten.

Während die FI mit der Gründung der EFP Schweiz 1969 (96), der EFP Schweden (97) und der Reorganisation der EFP Frankreich 1970 (98) (eine Vorläuferorganisation war im Zusammenhang mit dem Kampf der Gaullisten gegen die OAS-Revolte wegen ihrer Gegnerschaft zu de Gaulle ausgeschaltet worden (99), der EFP Katalonien 1972 sowie mit der Bildung von Aktionskomitees und Exilorganisationen in verschiedenen europäischen Ländern Erfolge verzeichnen konnte, bereitete ihr die EFP Deutschland als inzwischen größte Unterorganisation (1970 1200 Mitglieder) zunehmend Kopfzerbrechen. Diese war aus werbetechnischen Gründen (100) - entgegen den FI-Statuten (101) - seit 1968 als Europa-Partei (EFP) an die Öffentlichkeit getreten und hatte als solche 1969 beachtliche Erfolge in der Bundesrepublik erzielt (102). Ihr gesteigertes Selbstbewußtsein schlug sich unter anderem in einer allgemeinen Unzufriedenheit "mit den organisatorischen und führungsmäßigen Leistungen" der Wiener Zentrale (103) nieder und führte auf dem ersten Europäischen Kongreß in Steg/Vaduz im November 1969 zu einer ersten Zerreißprobe für die gesamte Organisation.

Drei wesentliche Kritikpunkte der deutschen EFP führten damals zu einer heftigen Auseinandersetzung und leiteten die Veränderung der gesamten Parteistruktur ein. Die Delegierten forderten mehr Demokratisierung der FI-Satzung durch Abschaffung der Kooptation von wichtigen Amtsträgern durch den Generaldelegierten, die stattdessen gewählt werden sollten, Abschaffung der Ämterhäufung und Erhöhung der Zahl der Delegierten und deren Wahl aufgrund eines Delegiertenschlüssels (104).

Der autoritäre Führungsstil des FI-Vorstandes äußerte sich unter anderem in der später noch oft geübten Praxis, den Delegierten die notwendigen Unterlagen erst am Tag des Kongresses vorzulegen. Dies und weitere Satzungsverstöße der Wiener Zentrale führten zu einer heftigen Debatte, in der schließlich der Vorsitzende der EFP Deutschland, Ernst Ruban, die gesamte FI-Satzung infrage stellte. Die heftige Debatte, in der der Generaldelegierte Otto Molden die Neuerarbeitung der Statuten ablehnte, endete schließlich damit, daß die kooptierten Mitglieder im EB und Präsidium auf dem Kongreß kein Stimmrecht mehr haben sollten.

Der dann folgende Streit um den Namen "Europa-Partei" der EFP Deutschland verdeutlichte nicht nur den "Konflikt zwischen einer Sektionsebene und der europäischen Bundesebene der Partei". Er kennzeichnete ebenso einen programmatischen Konflikt (105) und zeigt schlagartig, wie wenig es die FI vermocht hatte, gerade die entscheidende föderalistische Komponente ihres Programms so zu verdeutlichen, daß sich die Unterorganisationen damit identifizieren konnten (106). Schon die Gründung der FI war, vorwiegend unter strategischen Gesichtspunkten vorgenommen worden und so war es die logische Folge, daß sich die Untergliederungen nicht plötzlich mit einer föderalistischen Idee identifizieren konnten. "Man war für ein vereintes Europa und wollte dieses Ziel mittels einer gesamteuropäischen Partei erreichen. Da es ohnehin klar sei, daß dieses Europa kein Zentralstaat sein könne, sondern nur ein Bundesstaat, sei der Begriff 'föderalistisch' überflüssiger Ballast, der bei der Propaganda lästig, weil unverständlich sei" (107).

Allein Professor Guy Héraud, Vertreter des Integralen Föderalismus, seit 1960 befreundet mit Otto Molden und Reorganisator der EFP Frankreich (108), lehnte den pragmatischen Begriff "Europa-Partei" aus ideologischen Gründen ab, weil nach seiner Auffassung Föderalismus ein Programm in allen Lebensbereichen beinhalte (109). Für eine französische Parteiorganisation komme diese Bezeichnung nicht in Frage (110).

Diese Aussage signalisierte die Gefahr einerseits, daß ohne eine für Héraud befriedigende Lösung des Konflikts die beabsichtigte Errichtung der EFP-Frankreich nicht stattfinden könne; andererseits, daß ohne eine für die EFP-Deutschland befriedigende Lösung Ruban zur Abspaltung drängen würde (111). Da aber die FI auf der einen wie auf der anderen Seite keine juristische Handhabe hatte, ihre Vorstellungen auf nationalstaatlicher Ebene durchzusetzen, vielmehr letztlich auf die Kooperationsbereitschaft der EFPs angewiesen war, mußte sie sich zu einem Kompromiß entschließen. Danach sollte der Name "Europa-Partei" per Eintragung in allen Ländern blockiert werden. Er durfte jedoch nur "von Fall zu Fall aus werbetechnischen Gründen allein verwendet werden" (112).

Das forsche Auftreten in Steg hatte jedoch für den bis dahin erfolgreichen ersten Vorsitzenden der EFP Deutschland, Ernst Ruban, zur Folge, daß er auf dem Düsseldorfer Parteitag 1970 durch den Kaufmann Hans-Wittich von Gottberg ersetzt wurde (113). Schon hier zeigte sich die in dieser Partei immer wieder deutliche Abneigung der Mitglieder gegen allzu selbstherrliche und den Zusammenhalt gefährdende Aktivitäten einzelner Funktionäre, die versuchen, ihre Ansichten über die Köpfe der Mitglieder hinweg durchzusetzen. Diese Abneigung, die sich in der Folgezeit bestätigt hat, steht im direkten Zusammenhang mit dem föderalistischen Gedanken, den die Partei vertritt.

Diese Einstellung sollte schließlich auch der Organisation der FI zum Verhängnis werden. Auf dem außerordentlichen Europäischen Kongreß in Aachen (21./22.5.71) ging es in der Debatte um die Statuten, vor allem um die Frage, ob die bisherige Struktur der FI beibehalten oder - schon damals - durch eine gesamteuropäische Partei ersetzt werden sollte. Insbesondere das damalige Europäische Büro unter Führung von Otto Molden setzte sich für die Erhaltung der bisherigen Statuten ein mit dem Argument, daß die nationalstaatlichen Regierungen sich gegen die Aktivität einer internationalen Organisation in ihrem Land wenden würden. Darüber hinaus sichere die FI die programmatische Vielfalt der angeschlossenen Organisationen und verhindere die Majorisierung einer nationalen EFP durch die andere. "Die Föderalistische Internationale kann als Verband von Parteien aufgebaut werden und doch ihren Charakter und ihre Aktionsfähigkeit als gesamteuropäische Partei voll entfalten, weil jede einzelne EFP die FI zu ihrer eigenen Existenzberechtigung braucht", schrieb 1972 Herman Achminow als Vertreter des EB (114). Dieser Einsicht mochten sich jedoch die Untergliederungen nicht anschließen. Lediglich die Franzosen Héraud und Sauvageau bestätigten diese Richtung, aus der Besorgnis heraus, daß sie bei einer Gesamtpartei zu viele Elemente ihres Programms aufgeben müßten (115).

Eine andere Gruppe um den deutschen Rechtsanwalt Manfred Balzereit und dem belgischen Rechtsanwalt Emile Verrijken schlug vor, den Sitz der Zentrale von Wien nach Brüssel zu verlegen und damit einen engeren Kontakt der FI zur EWG zu ermöglichen. Dieser Gruppe, deren Befürworter auch weitgehend für den Begriff "Europa-Partei" plädierten, ging es weniger um eine bestimmte Programmatik, als vielmehr um die Möglichkeit der Durchsetzung einzelner politischer Ziele auf der europäischen Ebene. Die Gruppe um Hans-Gerhard Feldmeyer (Kaufmann),

Manfred Hering (Rechtsanwalt) und Lutz Roemheld (damals Mitarbeiter beim wissenschaftlichen Dienst des deutschen Bundestages) schlug eine Lösung in Richtung auf eine gesamteuropäische Partei vor (116). Eine von Kurt Kantor und Herrmann Hagena vorgeschlagene Kompromißregelung sah zwar eine einheitliche EFP vor, sollte jedoch den nationalen Parteien und Aktionskomitees weitgehend überlassen, wie weit und unter welchen Bedingungen sie sich dieser internationalen Organisation anschliessen wollten. Nach den bis dahin mit der FI gemachten Erfahrungen erscheint es verständlich, daß dieser Kompromiß eine Zweidrittel-Mehrheit fand (117). Seine Realisierung mußte jedoch aufgrund seiner komplizierten inhaltlichen Struktur fraglich erscheinen.

6.1.6. Gründung einer gesamteuropäischen Partei

Seinen Höhepunkt erreichte der Konflikt um die FI-Statuten auf dem zweiten Europäischen Kongreß der FI am 8./9.12.73 in Verona. Ausgelöst wurde er durch einen Vorschlag Moldens zur Veränderung der FI. Aus Gründen der Ersparnis sollte das EB reduziert werden auf fünf Mitglieder (Generaldelegierter, Stellvertreter und drei Mitglieder des EB). Dieses Gremium sollte allerdings im Namen des Gesamt-EB beschließen können, wobei der Generaldelegierte und sein Stellvertreter je zwei Stimmen erhalten sollten. Da das Schiedsgericht ebenfalls eingespart werden sollte, hätte dieses Gremium auch disziplinarische Maßnahmen gegenüber Einzelpersonen und Organisationen beschliessen können. Zwar war Molden bereit, eine Gesamtpartei auf europäischer Ebene neben der FI anzuerkennen, die jedoch ohne Finanzen, ohne Satzung, ohne eigenen Vorstand und als nicht eingetragener Verein unfähig zu irgendwelchen Aktionen gewesen wäre. Molden, der nicht anwesend war und sich wegen Krankheit entschuldigen ließ, verband seine Bereitschaft zur Wiederwahl als Generaldelegierter mit der ultimativen Forderung, daß dieser Antrag angenommen würde.

Da Molden jegliche föderalistische Parteireform blockierte, stellten die Parteireformer als Gegenkandidaten den Schweizer Landwirt Walter Spörri auf, der die Wahl gewann. Als sein Stellvertreter wurde der Reformer Lutz Roemheld, Wissenschaftler (Bundesrepublik Deutschland) gewählt. Auch das Präsidium bestand weitgehend aus Befürwortern der Reform (118). Ähnlich verliefen die Wahlen zum Europäischen Büro. Der Kongreß endete mit einem Beschluß über die Gründung der gesamteuropäischen Europäischen Föderalistischen Partei, deren Statuten auf dem folgenden außerordentlichen Kongreß 1974 in Genf beschlossen werden sollten (119).

An der Gründung der gesamteuropäischen Partei waren neben einer starken schweizerischen und deutschen Delegiertengruppe vor allem Vertreter der italienischen EFP unter Führung von Dacirio Ghizzi-Ghidorzi interessiert, der - wie bereits dargestellt - seit 1956 dieses Ziel angestrebt hatte. Diese EFP hatte sich zwar aus dem unter Partito Democratico Federalista Europeo (zu deutsch DFPE, französisch PDFE) unter Führung von Ghizzi-Ghidorzi und Giordano Formizzi 1972 als direkte Untergliederung der FI gebildet, obwohl der PDFE formal noch heute existiert (120); aber sie verfolgt nach wie vor ihr ursprüngliches Ziel (121)

Mit den Ereignissen von Verona war auch der Programmstreit zwischen Achminow und Héraud/Stieglitz entschieden (122). Angesichts dieser Tatsache warf Herman Achminow das Handtuch, reiste ab und trat später aus der Partei aus (123). Molden, der in Verona zum Ehrenpräsidenten der FI gewählt wurde, dieses Amt aber niemals annahm, trat in der Folgezeit in der Partei nicht mehr in Erscheinung. Die gewählten Gremien konnten daher ungestört die Verabschiedung der Satzungsreform und des Programms vorbereiten. Der Satzungsentwurf wurde in Genf von Burkhard Stieglitz vorgelegt.

Die neugegründete Europäische Föderalistische Partei versteht sich als die "Neue(n) politische(n) Kraft", die "auf die globale Krise unserer Zeit ... eine Antwort geben muß, in jedem europäischen Volk verwurzelt sein" muß, "über die Grenzen des Nationalstaates hinweg wirken" kann "und ihre Politik der Vereinigung Europas noch verstärken" soll, "wenn die alten Parteien auf diesem Gebiet erneut Rückschläge erleiden". "Sie nimmt auf allen Ebenen am politischen Leben teil", d.h. auf europäischer wie auf nationaler, regionaler und lokaler Ebene. Die Einheit der Partei kommt zum Ausdruck im gemeinsamen Bekenntnis aller Untergliederungen zum Grundprogramm sowie in den für alle Sektionen verbindlichen Beschlüssen des Europäischen Kongresses (124). Diese Beschlüsse sind für die Partei Gesetz (125).

Mit dem Programm und der übernationalen Organisation "verschmilzt die EFP in sich Theorie und Praxis zu einer Einheit". Sie will "den Föderalismus als den Humanismus unserer Zeit zur geistigen Grundlage einer demokratischen, pluralistischen und sozialen Gesellschaftsordnung (zu) entwickeln" und "alle Menschen zu einer Gemeinschaft zusammen(zu)fassen, die bereit sind, in gezielten Aktionen und periodischen Wahlkämpfen einen neuen Weg zur Vereinigung und Erneuerung Europas zu beschreiten" (126). Die Satzung der EFP geht davon aus, daß "es zur Vereinigung Europas einer neuen politischen Kraft, einer gesamteuropäischen Partei bedarf, die über die Grenzen hinweg wirken kann und den in jedem europäischen Volk verwurzelten Willen zur Einigung in die Tat umsetzt (127).

Ziel dieser neuen Partei ist "die Schaffung des europäischen Bundesstaates als Teil einer künftigen Weltföderation". "Die politische, soziale und kulturelle Erneuerung Europas" soll sich "nach den Grundsätzen des Föderalismus vollziehen". Die Zugehörigkeit einzelner Sektionen - wie sich die einzelnen Untergliederungen jetzt nennen -, hängt nicht mehr ab vom Beschluß eines obersten Organs, sondern allein vom Bekenntnis zu Grundprogramm und Satzung der Gesamtpartei. Beides muß vom Europäischen Kongreß beschlossen werden.

Der Europäische Kongreß bestimmt die Richtlinien der politischen Arbeit der EFP. Er setzt sich zusammen aus den Delegierten kraft Amtes (Mitglieder des Föderalistischen Rates und des Exekutivkomitees, vier Mitglieder des Vorstandes jeder Parteisektion und zwei Rechnungsprüfer), aus den Delegierten als Vertreter der Sektionen (Zahl hängt ab von der Zahl der zahlenden Mitglieder) sowie einem Delegierten aus jeder Region. Damit werden bereits in der Satzung der Partei die für das politische Konzept so wesentlichen Regionen als konstitutives Element anerkannt.

Ähnlich dem alten EB ist der Föderalistische Rat (FR) jetzt oberstes Beschluß- und Koordinationsorgan der EFP zwischen den Kongressen. Er setzt sich zusammen wie das alte EB unter Wegfall der kooptierten Mitglieder. Auch im Exekutivkomitee (EK), dem neuen Vereinsvorstand und Ersatz für das alte Präsidium, sind lediglich die kooptierten Mitglieder weggefallen. Es führt die Geschäfte der Partei, nimmt zu politischen Tagesfragen Stellung, ist aber dem Europäischen Kongreß gegenüber verantwortlich und an dessen Beschlüsse gebunden. Es verwaltet die Finanzen und wählt einen Generaldelegierten. Der Sitz der Partei ist nicht mehr - wie in der alten Satzung - an einen Ort gebunden, sondern ist am Ort des Generalsekretariats.

Der Generaldelegierte - bzw. sein Stellvertreter - stellt nach wie vor die repräsentative und juristische Spitze der Partei dar, kann aber - im Gegensatz zu früher - keine Mitglieder in Gremien kooptieren. Mitglieder des EK können nicht mehr - wie die alte FI-Spitze - die Zusammensetzung der Vorstände der Sektionen beeinflussen, haben aber das Recht, an deren Sitzungen beratend teilzunehmen. Ein Teil der Mitgliedsbeiträge auf sektionaler Ebene muß an die europäische Ebene abgeführt werden und wird dort vom Schatzmeister (Mitglied des EK) verwaltet.

"Die nachgeordneten Parteisektionen, Regional- und Ortsverbände haben das Recht, autonom Programme zu entwickeln und zu verabschieden, soweit die aufgegriffenen Probleme auf der unteren Ebene gelöst werden können und nicht im Widerspruch zur Aufgabenverteilung stehen, wie sie im Europäischen

Grundprogramm für die Föderation vorgesehen ist" (128). Mit dieser Programmautonomie folgt die Satzung dem Prinzip der Machtaufteilung und Machtanteilnahme, wie es im Grundprogramm festgelegt wurde (129).

Diese gegenüber den FI-Statuten wesentlich veränderte Satzung und das Grundprogramm der EFP wurden auf dem ersten EFP-Kongreß am 17. November 1974 in Genf vom Europäischen Kongreß beschlossen. Dieses Datum wurde damit zum offiziellen Gründungstag der Europäischen Föderalistischen Partei, der ersten gesamteuropäischen Partei überhaupt (130).

6.1.7. Exkurs: Das Interesse der USA an der EFP

Während des Studiums von Entstehung und Arbeit der von Otto Molden gegründeten Föderalistischen Internationale tauchte die Vermutung auf, daß gewisse Verbindungen zwischen den USA und der FI bestünden. Dies mußte im Interesse der Amerikaner liegen, die ihr Modell auf Europa übertragen wollten (131).

Noch während des zweiten Weltkrieges hatte Fritz Molden, der Bruder des Gründers der FI, als führendes Mitglied des antifaschistischen Widerstandes in Österreich engen Kontakt zu Allen Dulles, der damals als Sonderbeauftragter Präsident Roosevelts und europäischer Chef des "Office of Strategic Services" (OSS, amerikanischer Geheimdienst) in Bern u.a. Verbindungsmann zu jenen Widerstandsgruppen war (132). Damals legte eine Gruppe um Otto Molden den Grundstein für das Europäische Forum Alpbach (133), das vom Verein Österreichisches College geführt wird (134). Diesem Verein gehörte auch Fritz Molden seit 1945 an und ist seit 1970 sein Vizepräsident (135). Das Europäische Forum versteht sich heute noch als Zentrum für "die Einigung und innere Erneuerung Europas" (136).

Zu jener Zeit unter der Regierung Truman wurde auch in den USA zunehmend die Vereinigung Europas propagiert, unter anderem von dem unter starkem Einfluß der CIA stehenden (137), 1948 gegründeten "American Comitee for a Free and United Europe". Zu diesem Komitee gehörte auch Allen Dulles (138), der seit 1947 in der CIA tätig war. Seine Erfahrungen in der Zusammenarbeit zwischen OSS und den antifaschistischen Widerstandsgruppen waren offensichtlich so positiv, daß er – seit 1951 stellvertretender Chef, seit 1953 Chef der CIA (139) – wesentliche Elemente davon in die Arbeit der Agentur übernahm (140). 1948 heiratete Fritz Molden die Nichte von Allen Dulles, Tochter von John Forster Dulles, Joan Dulles (141). In jenem Jahr wuchs bei der amerikanischen Legislative das Interesse an einer wirtschaftlichen Einigung Europas mit dem Ziel, den Kontinent vor der Gefahr des Kommunismus zu schützen (142) und die Demokratie zu stärken (143). Unter amerikanischem Druck entstanden 1947 OEEC und die Europäische Zahlungsunion mit dem Zweck, die Verteilung der Mittel aus dem Marshall-Plan zur wirtschaftlichen Gesundung Europas zu regeln und Europa als wirtschaftliches Bollwerk gegen die Ausbreitung des Kommunismus auszubauen. Als Gegenleistung mußten sich die Empfängerländer in einem Abkommen mit den USA auf ein liberales Wirtschafts- und Gesellschaftssystem verpflichten (144).

Mit denselben Intentionen schleuste die CIA Millionen von Dollar in die Europäische Bewegung (145) - soweit diese die gleichen Ziele vertrat -, zumal sich das offizielle Amerika nicht imstande sah, die europäischen Regierungen zur Aufgabe ihrer nationalstaatlichen Interessen zu bewegen (146). Nach Aussagen des ehemaligen Mitarbeiters der CIA, Philipp Agee, war diese Unterstützung der Einigung Europas - auf Kosten der Wiedervereinigung - "ein Angelpunkt amerikanischer Politik in Westeuropa" (147). Es ist anzunehmen, daß angesichts der engen persönlichen und auch politischen Verbindungen zwischen den Familien Dulles und Molden letztere auch in den Genuß solcher Unterstützungen gekommen sind. Von sowjetischer Seite wurde 1968 sogar behauptet, der Verleger Fritz Molden sei in Österreich und Ungarn als amerikanischer Spion tätig gewesen und habe von der "Informationsagentur der Vereinigten Staaten" und der CIA Gelder erhalten (148).

Bis zum Scheitern des Vertrages über eine europäische Verteidigungsgemeinschaft (EVG) in der französischen Nationalversammlung bestand seitens der Amerikaner offensichtlich starkes Interesse an der europäischen Einigung, das angeblich sogar die mögliche Unterstützung einer gesamteuropäischen Partei einschloß (149).

Angesichts der für die Europäische Bewegung unbefriedigenden Erfolge in der Europäischen Einigung, die durch die wachsende Abseitsposition Frankreichs unter de Gaulle noch weiter gedämpft wurden, kam der "Kreis um Otto Molden" (150) zu dem Schluß, "daß die wirtschaftliche Integration (nicht) automatisch eine politische nach sich zieht" (151). Wahrscheinlich hat zu diesem Kreis auch Fritz Molden gehört, so daß nicht auszuschließen ist, daß Anstöße für die Parteigründung von außerhalb kamen.

Höchst undurchsichtig bei diesen Aktivitäten erscheint die Rolle des Exilrussen und Journalisten Herman Achminow und seiner Frau Gisela Achminow-Schölgens, gebürtige Holländerin und ebenfalls Journalistin. Beide gehörten zu den Gründern des Partito Democratico Federalista Europeo, der auf die Initiative von Dacirio Ghizzi-Ghidorzi am 8. Mai 1959 - der Tag der

Kapitulation - als erste gesamteuropäische Partei in Mantua entstand (152). Nichtsdestoweniger favorisierte Achminow wenig später die Föderalistische Internationale, die ein Vierteljahr später von Otto Molden in Wien gegründet wurde. Merkwürdig ist weiterhin, daß auch Gisela Achminow-Schölgens bald danach zu der Gruppe um Otto Molden stieß, 1962 in das Europäische Büro aufgenommen wurde und schließlich der gesamte deutsche Teil des PDFE mit Zentrum in München zur FI stieß (153). Er sollte ursprünglich zur Keimzelle für eine deutsche EFP werden, die dann aber schließlich - unabhängig davon und auf Ernst Rubans eigene Initiative hin - 1964 in Bremen gegründet wurde (154). Die Begründungen der Beteiligten für diese Umorientierung sind bemerkenswert widersprüchlich. Achminow erklärt, es sei das Verhängnis der PDFE gewesen, daß er sich als einheitliche multi- und internationale Partei verstanden habe. Hingegen habe Moldens Idee von der Föderalistischen Internationale mehr der "europäischen Wirklichkeit" entsprochen (155). Demgegenüber meint Hans-Joachim Krüger, 1977 bis 1979 erster Vorsitzender der deutschen Sektion der EFP, daß die DFPE (ital. PDFE, deutsch: Demokratische Föderalistische Partei Europas) sich seit Ostern 1960 in ihren Aktivitäten zurückgehalten habe, weil Mitglieder in Südtirol verhaftet worden waren und sie die persönliche Freiheit weiterer Mitglieder nicht habe aufs Spiel setzen wollen (156).

Nach einer Auseinandersetzung mit Herman Achminow trat sein Kontrahent, der Saarländer Artur Bannholzer, aus der DFPE aus und gründete zusammen mit Ernst Ruban die deutsche EFP in Bremen. Er warnte damals die Gründer der deutschen EFP vor Achminow, der die Partei kaputt mache. Achminow wurde folglich auch erst Mitglied der deutschen EFP, nachdem 1970 Ernst Ruban von Hans Wittich von Gottberg im Vorsitz abgelöst wurde; dies nicht zuletzt deshalb, weil Gisela Achminow-Schölgens, Mitglied des neuen deutschen Vorstandes, sich für die Aufnahme ihres Mannes in die deutsche EFP einsetzte (157).

Entgegen der Achminowschen Begründung für den Wechsel der deutschen Sektion der DFPE zur FI ist nach Meinung von Dacirio Ghizzi-Ghidorzi der Konflikt um Südtirol nicht ausschlaggebend gewesen. Vielmehr führt er den Übertritt darauf zurück, daß Achminow von Anfang an der Internationale gegenüber einer gesamteuropäischen Partei den Vorzug gegeben hat (158).

Eine Erklärung wäre darin zu sehen, daß Herman Achminow und Gisela Achminow-Schölgens die Partei mit gründeten in der Absicht, diese in eine Internationale umzuwandeln, indem sie die Befürworter einer gesamteuropäischen Partei an die Wand zu spielen suchten. Es ist ihnen durch den Austritt der deutschen Sektion dieser gesamteuropäischen Partei schließlich auch gelungen, die Restpartei so zu schwächen, daß sie arbeitsunfähig wurde.

Nicht nur der ständige Versuch des Ehepaares Achminow-Schölgens, mit Intrigen statt in offener Auseinandersetzung die Mehrheit der Parteimitglieder für ihre Ziele zu gebrauchen, sondern auch bei Herman Achminow seine nicht restlos geklärte Herkunft lassen Zweifel daran aufkommen, daß sein politisches Engagement allein von seiner Überzeugung bestimmt war. Denn bisher ist unklar, wie der Exilrusse und Politoffizier in der Wlassow-Armee (159) unbehelligt nach Oxford kam, um dort zu studieren, während andere Gefangene oder Überläufer von den Amerikanern ausgeliefert wurden. Später arbeitete er dann bei Radio Freies Europa und am Institut für die Erforschung der UdSSR, beide in München und beide von der CIA finanziert (160). Seine Frau, Gisela Achminow-Schölgens arbeitete damals als Journalistin, deren Tätigkeitsfeld weitgehend unbekannt blieb. Nach Auskunft eines Parteimitgliedes hat Gisela Achminow-Schölgens ihre Mitarbeit bei der CIA zugegeben (161).

Diese Aussage gewinnt unter dem Aspekt an Wahrscheinlichkeit, als die CIA ihre Mitarbeiter gern als Journalisten tarnte (162). Diesem Berufsstand gehörten immerhin drei führende Mitglieder des Europäischen Büros in Wien an: Otto Molden, Gisela Achminow-Schölgens und Herman Achminow. Die Vermutung geht dahin, daß die FI von der CIA durchdrungen worden sei (163), um auf diese Weise von vornherein in das Programm dieser neuen, möglicherweise für die Vereinigung Europas wichtigen Organisation antikommunistisches Gedankengut im Sinne der CIA zu lancieren (164). Dafür mußte der Autor des Buches "Totengräber des Kommunismus", Herman Achminow, als besonders geeignet erscheinen.

In diesem Buch, bei dem die Autorenschaft Achminows nach wie vor umstritten ist (165), wird die Ansicht vertreten, daß die Liberalisierung Osteuropas dadurch zwangsläufig kommen müsse, daß systemimmanente Spannungen von dem dort herrschenden Regime allein durch die Legalisierung des Privateigentums aufgehoben werden könnten (166). Diese Vorstellungen von der Liberalisierung Osteuropas zwecks innerer Aufweichung sozialistischer Systeme entspricht den Zielsetzungen der CIA, die mit solcher Propaganda eine Annäherung der östlichen Systeme an Westeuropa anstrebte (167). Entsprechende Gedanken finden sich auch in den "Radweger Leitsätzen", die von Achminow und Molden erarbeitet worden waren und zur wesentlichen Grundlage für ein neues Europäisches Grundprogramm werden sollten (168).

Entsprechend versuchte Achminow mit allen Mitteln, seinen Programmentwurf, der 1971 in Aachen wegen seines Rückfalls in die Ideologie des Kalten Krieges abgelehnt wurde, in der Partei durchzusetzen (169). Auch Otto Molden verstand den

Föderalismus nicht nur als Mittel gegen den Nationalismus, sondern auch gegen den Kommunismus (170).

Unter diesem Aspekt erscheint es logisch, daß die Föderalistische Internationale als Alternative zu sozialistischen und kommunistischen Internationalen gedacht war, zu denen sie auch gewisse strukturelle Parallelen aufweist (171). In diesem Sinne hatte Herman Achminow in seinem umstrittenen Entwurf für ein Europäisches Grundprogramm die föderalistische Weltrevolution der kommunistischen gegenübergestellt, obwohl es sich bei seinem Konzept um ein Programm nur auf der Ebene des Staatsföderalismus handelt, dem die im Sozialismus, im Kommunismus und im Grundprogramm der gesamteuropäischen EFP enthaltene gesamtgesellschaftliche Perspektive fehlt. Die Diskrepanz zwischen revolutionärer Attitüde und dem Mangel an entsprechend überzeugender und mitreißender Programmatik wird besonders dort deutlich, wo Achminow in seinem Programmentwurf als strategisches Mittel zur Durchsetzung seiner Ziele die Lenkung von politischen Prozessen in einem anderen Land durch die EFP als Möglichkeit einbezieht (172). Gerade diese, von der Gruppe um Molden und Achminow angestrebte aggressive antikommunistische Tendenz (173) wurde von der Mehrheit der FI abgelehnt (174).

Ein weiteres Indiz für die Vermutung, daß CIA-Mitarbeiter versuchten, die FI für ihre Ziele zu benutzen, ist die Gründung und Aufnahme von Exilorganisationen. Es gehörte nämlich zur Strategie der CIA, osteuropäische Emigrantengruppen dazu zu benutzen, "den Widerstand in den kommunistischen Ländern zu organisieren" (175). 1970 wurde in München unter der Führung des slowakischen Emigranten Miloslaw Taćovský die von ihm gegründete "Slowakische Europäische Bewegung" in Anwesenheit von Otto Molden in die "EFP Slowakei im Exil" umgewandelt. Auf dem Gründungskongreß bemühte sich Gisela Achminow-Schölgens als Vorsitzende des Landesverbandes Bayern sehr, vor den Mitgliedern der deutschen EFP die Existenz einer solchen Exilorganisation in Deutschland zu rechtfertigen (176). Nach Angaben von Herman Achminow soll auch eine illegale EFP in Estland bestanden haben (177), was von zahlreichen Parteimitgliedern stets bezweifelt wurde.

Ein weiteres Indiz kann unsere Hypothese stützen. Zur Zeit der FI bestand von amerikanischer Seite reges Interesse an der Organisation (178), das nach Verona und Genf deutlich abnahm. Achminow schied etwa ein Jahr vor seinem Parteiaustritt aus dem Münchener Institut aus und arbeitet seitdem bei der Deutschen Welle in Köln. Damals trennte er sich auch von seiner Frau, Gisela Achminow-Schölgens, die weiterhin in München lebt. Otto Molden, der nicht aus der EFP ausgetreten ist, hat sich seit Verona ganz auf die Arbeit im Europäischen Forum Alpbach konzentriert, das nach wie vor eine proamerikanische, antikommunistische Richtung vertritt und bevorzugt osteuropäische Emigranten einlädt (179).

Sollte die Vermutung zutreffen, daß die FI für die Intentionen und Interessen der CIA eingespannt worden ist, so ist weiter anzunehmen, daß die Erfolglosigkeit ihrer Bemühungen die Amerikaner zu größter Zurückhaltung gegenüber der Organisation veranlaßte. Spätestens die Entscheidung von Verona und auch die folgende in Genf, die zum Ausscheiden bzw. zur Passivität führender Mitglieder führte, haben die gesamteuropäische EFP für die CIA uninteressant werden lassen. Gewiß hat die Agentur die Zusammenarbeit mit Leuten gesucht, die von sich aus gleiche Ziele anstrebten, so daß sie die Legalität und Moral der CIA-Methoden nicht in Frage stellten (180). Die Problematik dieser Methoden im Zusammenhang mit der FI läge jedoch vor allem darin, daß Mitglieder in Führungspositionen das bei der Basis gewonnene Vertrauen und ihre Legitimation dazu mißbraucht hätten, die innerparteiliche Willensbildung durch Manipulation zur Durchsetzung fremder Ziele zu mißbrauchen. Fest steht zunächst, daß die hier dargestellten Auseinandersetzungen die Organisation lange Zeit in eine existentielle Krise stürzten, die ihr Wachstum, ihre innere Festigung und ihren Erfolg nach außen zusätzlich zu den extrem schwierigen Arbeitsbedingungen im politischen System beeinträchtigen und die sie bis heute nicht hat überwinden können.

6.2. Programmatik

Die für unseren Ansatz entscheidende Frage nach der Programmatik der kleinen und neuen Parteien, aus der sich ihr tatsächliches Innovationspotential erschließen läßt, wurde bisher nur am Rande gestreift. Dies geschah in der Absicht, diese Frage am konkreten Beispiel zu klären: an der Programmatik der Europäischen Föderalistischen Partei.

Diese Partei erscheint als Untersuchungsobjekt insofern geeignet, als sie zumindest in der jüngsten Phase der Entwicklung ihrer Programmatik - den Anspruch erheben kann, als Vertreterin einer so umfassenden Orientierung wie der des Sozialismus, Kommunismus und Liberalismus zu gelten: des Föderalismus. Nach den noch zu erläuternden Thesen des europäischen Grundprogramms der EFP bietet er die Voraussetzung dafür, als umfassende Weltanschauung gleichwertig neben den o.g. zu stehen.

Ein wesentliches Ziel dieser Untersuchung ist es, die nachteiligen Folgen jenes "Trends zur Grundsatzlosigkeit aller politischen Parteien" (Otto Brunner (181)) mit dem Ziel der Stimmenmaximierung für kleine Parteien aufzuzeigen und im Zusammenhang damit die Frage zu klären, ob und wie auf diese Weise ein für das Überleben der Demokratie erforderliches Innovationspotential um des kurzsichtigen Kalküls der Machterhaltung und -stabilisierung willen elimiert wird.

Innovation ist hier nicht zu sehen als Veränderung lediglich von Teilbereichen eines Systems (Reform), sondern als grundlegende Veränderung von Strukturen und Zielen eines politischen Systems mit dem Zweck optimaler Befriedigung menschlicher Bedürfnisse im weitesten Sinne des Wortes. Die Notwendigkeit einer solchen Innovation kann sich nicht primär orientieren an einem System, sondern dieses System muß begriffen werden in Funktion zu den Menschen, denen es zu dienen hat. D.h. primärer Bezugspunkt können nicht die Bedürfnisse eines Systems sein, weil jedes Innovationsbestreben sonst Gefahr läuft, das System um seiner selbst willen zu erhalten und zu perfektionieren ohne Rücksicht auf die Bedürfnisse der Menschen, die darin zu leben haben und aus deren Befriedigung es letztlich seine Rechtfertigung herleitet.

Solange unter dem Begriff "Gemeinwohl" die realen Bedürfnisse aller in einem System lebenden Menschen verstanden werden, erhält der Begriff durchaus einen faßbaren Sinn. Zur "Leerformel" (182) wird er erst dann, wenn herrschende Gruppen ihn dazu mißbrauchen, ihre tatsächlich betriebene, egozentrische Interessenpolitik dahinter zu verbergen. So liegt die Problematik dieses Begriffs nicht so sehr in ihm selbst, als vielmehr in der Schwierigkeit, den Unterschied zwischen Lippenbekenntnissen und den tatsächlichen Absichten der Bekenner zu unterscheiden (183). Diese Schwierigkeit wird allerdings durch "die Auflösung der politischen Weltanschauungen" (184) keineswegs behoben, die in eine prinzipienlose Pragmatisierung politischen Handelns zu münden droht, das unkontrollierbare "Technokraten-Gläubigkeit" (185) fördert und diejenigen stärkt, die die berechtigte Sorge um die Verwirklichung von Demokratie als "Gefahr des Demokratismus" diffamieren (186).

Die von Wilhelm Hennis gemachte, zutreffende Feststellung, daß "unsere Parteien soziologisch und weltanschaulich kontextlos geworden" sind, d.h. "daß keine der drei Parteien noch eine 'Weltanschauung' hat, auf die sie sich unproblematisch beziehen könnte" (187), kann uns aber nicht zu der von Hennis als Erfolg bewerteten Quintessenz führen, daß die Parteien - wie wir schlußfolgern - endlich zu ihrer eigentlichen Aufgabe gefunden hätten, der "Forderung des Tages" nachzukommen und praktische Politik zu betreiben, anstatt "der Gesellschaft durch Zielvorgaben das Korsett an(zu)passen". Hennis vertritt die - zutreffende - Ansicht, "daß diese Gesellschaft der Politik nicht wie eine tabula rasa, wie ein frisches Feld zur Disposition steht, in die im Namen vorgefertigter Konzepte nun die Furchen hineinzuziehen wären" (188). Trotzdem kommt auch Hennis zu dem Schluß, daß diese daraus folgende "geistige Leere" der Parteien "eine große Schwäche" sei, daß sie "ratlos (sind) in den grundsätzlichen Fragen der Zukunftsorientierung und ... sich so allzu leicht von modischen Zeitströmungen hin- und herreißen" lassen. Hennis stellt fest, daß die Parteien aufgrund dieser Schwäche auseinanderzubrechen drohen, wenn nicht eine "charismatische Führergestalt" sie zusammenhalte. Mit dieser Aufgabe seien aber jene Führer in der Regel überfordert.

Dieser Mangel an Grundsätzen bzw. der Verlust des weltanschaulichen Hintergrundes, den Hennis mit einem Mangel an grundlegenden Erfahrungen zu erklären sucht, "die unter die Haut gehen würden, die mit Niederschlag im Parteiwesen gesellschaftlich und geistig strukturieren würden" (189) und die seiner Ansicht nach einst zu jenen Weltanschauungen wie Liberalismus, Sozialismus und auch Kommunismus geführt haben (190), scheint aber - vor dem Hintergrund einer allgemeinen Verschleierung bzw. Eliminierung kontroverser Positionen - ein spezifisches Phänomen der herrschenden Parteien zu sein, die - wie wir gezeigt haben - um der Erhaltung bzw. des Ausbaus ihrer Herrschaft willen alle dabei hinderlichen Grundsätze zu eliminieren versuchten. Daß ihnen dies nicht vollständig gelungen ist, läßt sich an zahlreichen Parteigründungen nach der großen Konzentration nachweisen. In der Ökologiebewegung deutet sich allerdings eine Grunderfahrung im Sinne von Hennis an (Bewußtsein von der Endlichkeit lebenswichtiger Ressourcen, drohende Zerstörung des ökologischen Gleichgewichts), die durchaus zu einer neuen, politisch umsetzbaren Weltanschauung führen kann.

An wen sonst sollte dann die Warnung Walter Scheels vor der Gefahr eines unfruchtbaren politischen Streites um Prinzipien (Grundsätze) gerichtet sein als an diejenigen, die trotzdem jene Grundsätze zur Geltung bringen wollen. Diesem Streit um Prinzipien läßt sich auch nicht allein damit wirksam begegnen, daß man - in liberaler Manier - Meinung gegen Meinung stellt in der Hoffnung, daß sich daraus schon irgendein brauchbarer Kompromiß ergeben werde. Wie der ehemalige Bundespräsident - in einem von ihm offenbar nicht erkannten Widerspruch zu der von ihm vertretenen und hier wiedergegebenen liberalen Kompromißtheorie feststellte, ist "der Streit um Prinzipien ... immer ein Streit um Macht" (191) und zwar Macht nicht nur - wie hier verstanden - im geistigen, sondern im materiellen Sinne. Denn wer mit politischen Konzepten und Argumenten in die Öffentlichkeit geht, tut dies in der Hoffnung, durch Zustimmung Macht zu erlangen, um seine Konzepte verwirklichen zu können. D.h. hinter jenem Streit um Grundsätze steckt in der Regel die Absicht, Macht zu erhalten bzw. Macht zu erlangen.

Das gilt, um auf die Argumentation von Hennis zurückzukommen, auch für diejenigen, die hinter vorgeschobenen, angeblich an tagespolitischen Notwendigkeiten orientierten und von "Sachzwängen" aufgezwungenen Lösungsvorschlägen ihre eigene durchaus weltanschaulich begründete Zielvorstellung (Erhaltung des status quo - "freie und soziale Marktwirtschaft" - zum eigenen Vorteil) verbergen. Gegen solche vorgeschobenen Argumente sind vor allem diejenigen hilflos, die - fixiert auf kurzfristig realisierbare Forderungen - ohne langfristige Konzepte glauben auskommen zu können. Die Tatsache, daß diese herrschenden Kräfte die alternativen, weltanschaulich begründeten Ziele als "ideologisches Getue" (192) verteufeln und im übrigen alles tun, um dem Bürger "neue grundlegende Erfahrungen" zu ersparen, d.h. ihm seine Abhängigkeiten als notwendig zu verkaufen und damit sein Bewußtsein zu vernebeln, hindert den Bürger daran, solche neuen grundlegenden Erfahrungen überhaupt zu machen und sich gegen solche Manipulationen zu wehren. Hierin liegt eine Ursache dafür, daß "Weltanschauungen" sich nicht mehr entwickeln und entfalten können.

Was dagegen zu entwickeln ist, sind Konzepte und Strategien, um dieser allgemeinen politischen Ziellosigkeit zu begegnen. Eine Möglichkeit dafür ist zu sehen in der Entwicklung langfristiger Orientierung, die sich in einem Parteiprogramm niederschlagen können. Dabei muß von vornherein unterschieden werden zwischen Termini wie Ideologie, Dogmatik und Weltanschauung. Als Hintergrund für ein langfristiges Programm ist eine Weltanschauung oder eine Philosophie erforderlich, die alle Lebensbereiche durchdringt (193) und damit umfassende Innovation ermöglicht (194). Demgegenüber ist Dogmatismus als tragende Kraft einer Partei abzulehnen, da er verbunden wird mit dem Anspruch der ausschließlichen Verbreitung und Herrschaft einer Idee und so die Existenz verschiedener Weltanschauungen nebeneinander als Ausdruck der Vielfalt menschlichen Denkens und menschlicher Bedürfnisse unmöglich macht. Ähnliches gilt für Ideologien, sofern sie sich nicht als Lehre von Ideen im ursprünglichen Sinne des Wortes, sondern als wirklichkeitsfremde und damit an den politischen Bedürfnissen vorbeigehende Konzepte darstellen.

Weltanschauung als Grundlage für ein langfristiges politisches Konzept einer Partei hat den Vorteil, eine umfassende Grundlage zu bieten (z.B. der Integrale Föderalismus) (195). Ähnliches gilt für Kommunismus, Sozialismus und Liberalismus. In diesem umfassenden Geltungsanspruch liegt auch die Gefahr der Weltanschauung. Um dieser Gefahr in Form von Ideologisierung bzw. totalitärer Erstarrung im Falle der Erringung von Macht in einem oder mehreren politischen Systemen zu begegnen, ist es notwendig, daß jede Weltanschauung in ihren politischen Ordnungsvorstellungen den ständigen institutionalisierten Wettbewerb unterschiedlicher Weltanschauungen vorsieht. Nur unter dieser Voraussetzung können weltanschaulich fundierte bzw. orientierte Parteien als geeignete Träger solcher Wettbewerbsmechanismen betrachtet werden.

Damit müssen auch an Parteiprogramme höhere Anforderungen gestellt werden. Es genügt nicht mehr, dem Wähler Programme als "politische Offerten" (196) - gleich einer Ware im Kaufhaus anzubieten, die sich - je nach Marktlage - beliebig vertauschen läßt. Es genügt auch nicht, daß das Programm "zu den wesentlichen politischen Fragen in allen sozialen Bereichen Stellung bezieht" (197). Zumindest das Grundprogramm sollte die weltanschauliche Position einer Partei so deutlich aufzeigen, daß dem Wähler diese Position erkennbar, identifizierbar und damit eine wirkliche Auswahl möglich wird.

Ein solches Vorgehen könnte die Diskussion um politische Grundsätze insofern beleben, als es auch den Blick des Wählers auf die langfristigen Perspektiven der Parteien lenkt. Voraussetzung dafür müßte jedoch sein, daß das Ziel der Stimmenmaximierung als oberster Orientierungspunkt im "Parteienwettbewerb" ersetzt wird durch neue, am Proporzprinzip orientierte Entscheidungsmechanismen (198), d.h. eine optimale Repräsentation aller Betroffenen in den Entscheidungsgremien.

Es kann hier auch nicht darum gehen, "Weltanschauungsparteien alten Stils" (199) das Wort zu reden, die sich - in einer monistischen Denkweise befangen - gegeneinander abschotten und/oder - einer Ersatzreligion gleich - totalitäre Herrschaftsansprüche erheben (200). Vielmehr gilt hier die Weltanschauungspartei als Organisation, in der sich zwar Menschen gleicher Grundeinstellungen treffen (201), die sich aber dennoch als eine unter vielen, als pars im ursprünglichen Sinne des Wortes versteht. Dieses Selbstverständnis muß aus der Sicht erwachsen, daß sich die Vielfalt der Menschen, ihrer Vorstellungen und Interessen auch in ihren Parteien bzw. in einem Parteiensystem niederschlagen können muß, daß gerade die darin implizierte Dialektik als Motor erhalten bleiben sollte, und daß sich auf einer weltanschaulichen Basis auch die "Zukunftsbezogenheit" (202) des Menschen entfalten und langfristige Konzepte entwickeln kann. Wie sich an der Programmatik der Europäischen Föderalistischen Partei zeigen läßt, schließt dies den von Narr betonten Praxisbezug (203) keineswegs aus.

Was die "Weltanschauungsparteien alten Stils" nach unserem Verständnis für die Bewältigung moderner politischer Probleme untauglich macht, ist nicht so sehr ihre weltanschauliche Orientierung, als vielmehr ihre Unfähigkeit, ihr weltanschauliches Konzept in realisierbare Lösungsvorschläge und Kompromisse umzusetzen. Die Mängel sind also nicht so sehr im inhaltlichen, als vielmehr im methodischen Bereich zu suchen.

Als Beleg für unsere Hypothese wollen wir die Programmatik der EFP untersuchen, um zu überprüfen, wie weit diese Partei als Weltanschauungspartei bezeichnet werden kann. Die Frage der Praktikabilität ihrer Konzepte läßt sich jedoch erst dann endgültig beantworten, wenn sie selbst Möglichkeiten der Umsetzung ihrer politischen Vorstellungen in die Wirklichkeit erhält.

6.2.1. Die EFP in der Literatur

Die Schwierigkeit, die EFP von ihrer Programmatik her den übrigen, nationalen Parteien zuzuordnen - was sich eigentlich von Aufbau und Zielsetzung her verbietet -, zeigt sich deutlich in dem mißglückten Versuch von Manfred Rowold (204) und Richard Stöss (205), sie in ein nationales Parteiensystem einzuordnen. Manfred Rowold rettet sich in die nichtssagende Kategorie: "Parteien mit spezieller Problematik" und ordnet EFP und Freisoziale Union einander zu mit der Begründung, "daß sie sich eine oder wenige bestimmte politische Maßnahmen zur Aufgabe machen, von denen sie sich die Lösung der Proble-Gegenwart und der Zukunft versprechen". Rowold gibt zu, daß "ein gemeinsames inhaltliches Kriterium nicht gegeben" sei und daß sich beide von allen übrigen kleinen Parteien grundsätzlich unterscheiden. Er behauptet jedoch weiter, daß "ihre jeweilige politische Zielsetzung als Reform und nicht als radikale Alternative zum status quo zu begreifen" sei (206). Rowold läßt dabei allerdings offen, wie weit nach seiner Ansicht Reform gehen darf und ab wann eine Alternative beginnt, radikal zu sein. Zudem widerspricht dieser Feststellung die folgende, daß "sich beide Parteien wegen ihrer organisatorischen Kohäsion und politischen Eigenständigkeit weitgehend dem absorbierenden Einfluß der etablierten politischen Kräfte (entziehen), weil sie ihr jeweils zentrales Anliegen mit ihrer Überzeugung von keiner anderen Partei vertreten sehen" (207). Daraus ist der Schluß zu ziehen, daß es sich bei ihrem Programm wohl doch um Alternativvorstellungen handeln muß.

Vor ähnliche Probleme sieht sich Richard Stöss in seiner Kritik an Rowold gestellt. Er ordnet die EFP ein unter "Parteien, die im Zusammenhang mit besonderen Problemen (Wiederbewaffnung, Westintegration usw.) gegründet worden sind und sich der Verfolgung politischer Teilkonzeptionen (Wiederbewaffnung, Europäische Integration usw.) widmen". Daraufhin ordnet Stöss der EFP die Gesamtdeutsche Volkspartei zu (208). An dieser Einordnung, die die Programmatik der EFP auf eine "politische Teilkonzeption" und auf die "Europäische Integration" reduziert, zeigt sich einmal mehr die Unkenntnis, die über diese Partei noch herrscht.

Stephen L. Fisher, der nur zwei Kategorien für die "kleinen Parteien" nennt, ordnet die EFP den "nonextremist parties" zu, den Systemparteien. Diese Parteien stimmen - nach Fishers Interpretation - mit den großen Parteien nicht überein, wie allgemein akzeptierte bundesdeutsche Lehrmeinungen auf besondere Probleme angewendet werden sollen. Aber mit diesen politischen Grundhaltungen selbst gehen sie durchaus konform. Sie ordnen sich also nach Fishers Interpretation in die ideologische Grundorientierung bundesdeutscher Politik ein. Sie beschäftigen sich aber eher mit der Reform eines bestimmten Teilbereiches des bestehenden Systems als mit dessen völliger Umwälzung (209).

Für die augenblickliche Programmatik der EFP kann dies aber ebensowenig mehr gelten wie die Klassifizierung lediglich als "pro-European Party" (210). Fisher und Rowold beziehen sich in ihren Darstellungen auf unterschiedliche programmatische Aussagen der Partei (211), was auf unklare Vorstellungen von der innerparteilichen Entwicklung schließen läßt.

Ursachen für solche Fehleinschätzungen, z.B. die von der Öffentlichkeit verweigerten Diskussion, sollen später ausführlich behandelt werden. Um diese Mißverständnisse im Bereich der Programmatik der EFP zu klären, wollen wir einen kurzen Überblick über deren Entstehen und Wandel bis hin zum deutschen Programm der EFP von 1979 geben. Dieser Prozeß ist eng verknüpft mit dem dargestellten Wandel in Aufbau und Struktur der Partei.

6.2.2. Das europäische Grundprogramm der FI

Daß die meisten Gründer der EFP aus der Europäischen Bewegung kamen, zeigte sich unter anderem in ihrem ersten europäischen Grundprogramm, das bei der Gründung der Föderalistischen Internationale der Europäischen Föderalistischen Parteien am 8./9. August 1959 beschlossen wurde (212). Es weist zum einen hin auf Gedanken, die Richard Graf Coudenhove-Kalergi - ein Österreicher wie Otto Molden und Gründer der Paneuropa-Union (213) - schon 1923 in seinem berühmten Buch "Pan-Europa" niedergeschrieben hat. Sein politisches Fernziel waren die Vereinigten Staaten von Europa (214). Er ging von dem in seinem 1954 erschienenen Buch "Die europäische Nation" näher ausgeführten Gedanken aus, daß Europa aufgrund seiner gemeinsamen Kultur eine Kulturnation, aufgrund der Bedrohung dieser Kultur durch den Bolschewismus eine Schicksalsgemeinschaft sei (215).

Entsprechend versteht sich die EFP in ihrem ersten Grundprogramm als eine Partei, die "den Völkern Europas den Weg zur Formung einer europäischen Nation weisen" will und "die Bildung eines großeuropäischen Staates" ansteuerte. Nach Ansicht der Gründer sollten in "einer modernen föderalistischen Gemeinschaft der Völker und innerhalb jedes Volkes" neue Ordnungsvorstellungen verwirklicht werden, nachdem die alten weltanschaulichen Frontstellungen und die "geschlossene Gesellschaft" (im Sinne von "politische Religionen") der großen, ideologisch gebundenen Parteien zusammengebrochen waren (216).

Das von Coudenhove-Kalergi 1951 nach Straßburg eingeladene "Verfassungskomitee für die Vereinigten Staaten von Europa" hatte in seinem Entwurf einer Europäischen Bundesverfassung die Konzeption eines Bundesstaates der Vereinigten Staaten von Europa gezeichnet. Der Bund sollte eine Gemeinschaft souveräner Staaten sein, die ihre souveränen Rechte weiter ausüben konnten, soweit sie diese nicht auf die gemeinsamen, in der vorliegenden Verfassung vorgesehenen Organe übertragen hatten. Der Bund solle Frieden und Ordnung sichern und die Außenbeziehungen regeln, dies möglicherweise auch parallel zu den Mitgliedstaaten. Außerdem sollte er die Vereinheitlichung der Wirtschaft vorantreiben. Das Bundesrecht sollte über den Gesetzen der Mitgliedstaaten stehen, wobei der Bund deren demokratischen Verfassungen zu respektieren hatte. Für das Bundesparlament waren zwei Kammern vorgesehen, das Abgeordnetenhaus, in das die Vertreter von den beteiligten Völkern direkt zu wählen sein, und der Senat, in dem die Vertreter der nationalen Parlamente sitzen sollten. Als Exekutive war ein Bundesrat vorgesehen. Der Präsident, gewählt aus der Exekutive heraus, sollte nicht nur diesem Gremium vorstehen, sondern auch die Vereinigten Staaten von Europa insgesamt repräsentieren. Dieser Entwurf orientierte sich an der Verfassung der USA. Ein Bundesgericht war als Schiedsinstanz für

Verfassungsfragen und Streitigkeiten unter den Mitgliedstaaten vorgesehen (217).

Das europäische Grundprogramm der Föderalistischen Internationale (FI) gab diesen Entwurf einer modifizierten Präsidialdemokratie (218) nahezu vollständig wieder mit dem Unterschied, daß "Bundesrat" bei der EFP in dem Verfassungsentwurf Senat genannt wird. Der Bundesrat stellte für die EFP - nach dem Modell der bismarkschen Reichsverfassung von 1871 - das oberste Bundesorgan und den wesentlichen "Vollstrecker der Bundesgewalt" dar (219).

Die "VEREINIGTEN STAATEN VON EUROPA" sollen den einzelnen Gliedstaaten völlige Freiheit in der Entwicklung ihrer regionalen und lokalen politischen, wirtschaftlichen und kulturellen Angelegenheiten, gewähren, wobei deren Kompetenzen nur durch die Artikel der Bundesverfassung beschränkt werden. Bündnisse und politische Verträge zwischen den europäischen Gliedstaaten waren nur im Rahmen der europäischen Bundesverfassung möglich.

Bundesparlament und Staatsoberhaupt sollen direkt, die Mitglieder des Bundesrates von den Parlamenten der Gliedstaaten gewählt werden (220). Die Kompetenzen jener Legislative sollen sich nur auf Bereiche erstrecken, die von den Einzelstaaten allein nicht geregelt werden können. Als oberstes Gericht war ein Europäischer Verfassungsgerichtshof vorgesehen, Außenpolitik und europäisches Sicherheitssystem waren Sache des Bundes.

Hinter diesem Konzept stehen die Prinzipien der Dezentralisierung und der Subsidiarität, nach denen die Lösung von Aufgaben primär den Untergliederungen zugeordnet wird (221). In dem Föderalismus, hier verstanden als das "dynamische Gleichgewicht zwischen Regional-Autonomie und zentraler Lenkung" (222) zeigt sich die reaktionäre Orientierung der Gründergruppe, die sich das obrigkeitsstaatliche Modell von 1871 zum Vorbild nahm, ohne Fragen nach Partizipation und Kontrolle z.B. so zentraler Amtsträger wie dem des Präsidenten zu stellen (223). Ähnlich unklar bleibt die Vorstellung vom Subsidiaritätsprinzip, das entsprechend dem Modell einer Trennung von Staat und Gesellschaft erst unterhalb einer neutralen, allein dem "Gemeinwohl" dienenden Regierung wirksam werden soll. "In einer föderalistischen Gesellschaftsordnung werden die Organisationen der wirtschaftlichen Gruppen und Verbände im Rahmen des Staatsganzen nach den Prinzipien der Subsidiarität wichtige Aufgaben in Bezug auf die Selbstverwaltung, Selbsthilfe und Interessenvertretung für ihre Mitglieder zu erfüllen haben". Zur "Entlastung des Staates" sollen deshalb Wirtschafts-, Sozial- und Kulturräte als "Selbstverwaltungsorgane der Wirtschaft und Gesellschaft" gesetzgebend und beratend mitwirken. Die Begründung dieser Forderung in einem Kommentar weist das Modell als eher altliberal denn föderalistisch aus: "Dezentralisation und Verteilung der wirtschaftlichen und politischen Macht einerseits und ihre stufenförmige Integrierung andererseits wird die oberste Staatsführung erst wirklich frei machen, für die ihr gemäßen übergeordneten Gemeinschaftsaufgaben aktionsfähig zu werden" (224).

Die Konzeption dieser Räte deutet allerdings auf die Verbindung zu einem anderen Zweig der Europäischen Bewegung hin: den Integralen Föderalisten (225). Diese politisch-philosophische Richtung, auf deren Theorie und Verfassungskonzeption später noch genauer einzugehen sein wird, hatte sich in Frankreich als Gegenbewegung zu dem französischen Zentralismus entwickelt. Ausgehend von dem föderalistischen Gedankengut Pierre-Joseph Proudhons hatte sie, und in dieser Gruppe vor allem der Staatsrechtler Guy Héraud, ein Verfassungsmodell für eine europäische Föderation entwickelt, die wiederum "als Modell staatlicher Neuorganisation" überhaupt angesehen wird (226). In diesem Modell ist auf Bundesebene ein Dreikammerparlament als <u>Legislative</u> vorgesehen, bestehend aus Bundesversammlung, Nationalrat und Wirtschafts- und Sozialrat (227). Zur Sicherung der Autonomie des kulturellen Lebens einzelner Nationen – die vor allem als ethnisch-kulturelle Einheiten verstanden werden – sieht Héraud auch einen Kulturrat vor, der über eigene Exekutivorgane verfügt. Diese Instanzen, ausgestattet mit finanziellen und administrativen Mitteln, verfügen über alle Befugnisse, die die Kultur betreffen (228). Héraud hat diese Gedanken in seinem Konzept vom ethnischen Föderalismus weiter ausgeführt (229). Die geistige Verbindung zu den Integralen Föderalisten zeigt sich auch in dem zweiten Hauptziel der EFP, der "Gestaltung einer modernen, sozialen föderalistischen Gesellschaft". Gerade die Föderalisierung nicht nur des Staates, sondern auch der Gesellschaft ist ein zentrales Anliegen der Integralen Föderalisten (230).

Ähnliche geistige Wurzeln lassen sich für Punkt 7 des Programms freilegen, in dem es heißt: "Wir fordern Gemeindefreiheit als Grundlage des demokratischen freiheitlichen Aufbaues der VEREINIGTEN STAATEN VON EUROPA, die freie Gemeinde als Grundzelle eines neuen vereinigten Europas. Die Gemeinden, die autonomen Gebiete und die Gliedstaaten sollen ihre Angelegenheiten, mit Ausnahme der durch die Artikel der Bundesverfassung ausdrücklich genannten, durch orts- oder landesansässige Persönlichkeiten, die das Vertrauen der Bevölkerung besitzen, verwalten lassen". In dem damals weit verbreiteten Buch "Gemeindefreiheit als Rettung Europas" (1943) hatte Adolf Gasser unter der Überschrift: "Europas Rückkehr zum kommunalen Urprinzip?" folgende Schlußfolgerung gezogen: "eine allfällige Demokratisierung bisheriger europäischer Obrigkeitsstaaten wird inskünftig nur dann von Dauer sein, wenn sie bis auf die Fundamente hinuntergreift. Europa kann nur dann eine Welt wahrer Demokratie werden, wenn man dazu schreitet, die bisherigen Obrigkeitsstaaten von unten her neu aufzubauen. Ein solcher Versuch würde zugleich die Rückkehr zu jener Gemeinschaftsidee bedeuten, zu der sich in der Urzeit alle europäischen Völker bekannten, und von der sie nie freiwillig, sondern immer nur infolge langdauernder fremder Willkürherrschaft abgefallen sind" (231). Alexandre Marc hat diese Gedanken in sein Konzept aufgenommen und bezeichnet die Gemeinde als Grundpfeiler einer integralföderalistischen Wirtschafts- und Gesellschaftsordnung. Die autonome Gemeinde sollte gleichsam am Beginn des Entstehungsprozesses einer Föderation stehen (232).

Neben solchen integralföderalistischen Elementen finden sich in dem Programm unvermittelt solche aus dem Liberalismus. Die innere Ordnung des konzipierten Bundesstaats soll "durch den demokratischen Rechtsstaat bestimmt sein, der geeignet erscheint, den gefährlichen Tendenzen zum Überhandnehmen der Machtapparatur in Politik und Wirtschaft entgegenzuwirken". Ziel dieser inneren Ordnung soll es vor allem sein, "die europäische Wirtschaft derart zu gestalten, daß die menschlichen Lebenswerte der Arbeit und des Berufes, insbesondere die Arbeitsfreude, erneuert werden". Die Priorität, die hier der Wirtschaft und ihren Elementen Arbeit und Beruf eingeräumt wird, entspricht in Punkt 9 der Forderung nach "voller Freizügigkeit der Niederlassung an jedem beliebigen Ort des europäischen Bundesgebietes für alle europäischen Bundesbürger". Im Sinne des oben über die Gemeinde Gesagten wird jedoch konzediert, "daß sich durch unerwünschte Veränderung der Bevölkerungsstruktur betroffene Gebiete wirksam schützen können müssen". Im Sinne der altliberalen Vorstellung von der weitestgehend uneingeschränkten Entfaltung der Wirtschaft ist vor allem Punkt 11 zu verstehen, in dem "dynamische Konjunkturpolitik", Wirtschaftswachstum und der hohe Lebensstandard für alle Arbeitenden zu den höchsten Werten im gesellschaftlichen Leben erhoben werden. Offen bleibt jedoch, wie weit bei der geforderten optimalen Entfaltung aller Wirtschaftskräfte, der auch die Beseitigung der Zollmauern und anderer Wirtschaftsschranken dienen soll, die Vollbeschäftigung gesichert werden kann. Geradezu utopisch wirkt im Zeitalter eklatanter Interessengegensätze zwischen Arbeitnehmern und Arbeitgebern die an eine harmonisierende Beschwörungsformel erinnernde Forderung nach einer "Wirtschaft der Solidarität freier Menschen", "einer Wirtschaftsordnung, die auf Veränderung und Leistung aufbaut", ohne Mitbestimmung.

Im Gegenteil: während sich die Unternehmerverbände in "völliger Freiheit" weiterentwickeln können sollen, wird die Aufgabe der Gewerkschaften auf den <u>Kampf</u> um die Gleichberechtigung der Arbeiterschaft reduziert. Das Programm vermittelt keine Vorstellung darüber, in welcher Form sich die Gleichberechtigung der Arbeiterschaft verwirklichen soll.

Auch im sozialpolitischen Bereich beläßt es die FI dabei, durch nicht näher ausgeführte Maßnahmen "die Eigenverantwortung und persönliche Beteiligung zu wecken". Die Ideenlosigkeit zu diesem Problem äußert sich exemplarisch in folgendem Satz: "Die Sozialpolitik muß das Ganze der Gesellschaft, insbesondere die wirklich schwachen und schutzwürdigen Schichten im Auge haben und soll nicht Symptome, sondern Grundübel kurieren". Welches jedoch diese Grundübel sind, die ein Grundprogramm eigentlich aufzudecken und zu deren Lösung es die geeigneten Gegenmaßnahmen vorzustellen hätte, bleibt hier offen. Vielmehr wird die Aufgabe eines zu leistenden sozialen Ausgleichs einer nicht näher dargelegten Währungs- und Finanzpolitik übertragen, "die Eigentumsstreuung und Eigentumsbildung begünstigt und damit Selbsthilfe ermöglicht". Diese Eigentumsbildung - vornehmlich in Form von "Eigenheimen" - ist nach Auffassung der FI "das tragende Element zur Gesundung des gestörten Verhältnisses der Sozialpartner".

Gerade die "Interessenpolitik" der Gruppen und Verbände wird negativ bewertet und eine "Unterordnung unter das Gemeinwohl" gefordert. Dahinter steht ein antiquiertes Gesellschaftsbild, das die Regierung als neutrale Instanz und Hüterin des Gemeinwohls gegenüber harmonischen Gemeinschaften sieht (233). Aus dieser Perspektive ist eine realistische Auseinandersetzung mit den einer modernen Gesellschaft innewohnenden Problemen und Konflikten nicht zu führen, geschweige denn sind Alternativen zu entwickeln.

In der hier nur oberflächlich konzipierten Wirtschafts- und Sozialordnung des von der FI angestrebten Europa werden der Wirtschaft nahezu unbegrenzte Expansionsmöglichkeiten eingeräumt, wobei der Staat weitgehend auf dienende Funktionen zurückgedrängt wird im Sinne des altliberalen "Nachtwächterstaates". Demgegenüber haben die Integralen Föderalisten, die gerade im Bereich der Sozialpolitik speziell hinsichtlich der Verteilung der Güter sehr konkrete Vorstellungen entwickelt (234). Forderungen nach der Sicherung von Leben, Freiheit und Würde des Menschen kommen in dem Programm nicht vor.

Damit wird jede Sozialpolitik überflüssig und ein Sozialrat hat in einem solchen System praktisch keine Funktion. Auch die Gemeinden werden sich gegen die expansive Wirtschaft vor dem Hintergrund unserer hochentwickelten Industriegesellschaft ohne staatliche Hilfe nicht behaupten können. Damit werden auch Forderungen nach Vollbeschäftigung, Rettung der Familie und des Bauerntums sowie Streuung des Eigentums zu Phrasen.

Bemerkenswert und für die geographischen Perspektiven der österreichischen Gründer aufschlußreich erscheint die Forderung, wonach "Osteuropa als ein integrierender (sic!) Teil unseres ganzen Vaterlandes Europa" verstanden wird. Im Gegensatz zu Coudenhove-Kalergi, der 1923 und 1954 das demokratische Mittel- und Westeuropa gegen das bolschewistische Osteuropa abgrenzte (235), hält die FI sich offen für eine Integration der möglicherweise durch innere Unruhen veränderten Staaten Osteuropas (236). Diese Auffassung mag u.a. aus dem Wunsch der Österreicher zu verstehen sein, nach der neuen Kräftekonstellation in Europa sich nicht auf ewig am Rande eines vereinigten Westeuropa wiederzufinden, sondern - wie früher - auf lange Sicht wieder eine Brückenfunktion im europäischen Abendland (237) als traditionsreiche "Österreichische Mission" (238) zu übernehmen. In diesem Zusammenhang wird der Begriff vom Vaterland Europa zur beschwörenden Einigungsformel. Entsprechend fordert die FI von jedem ihrer Mitarbeiter, "daß er den revolutionären Schritt vollziehe, sich nicht mehr lediglich als Angehöriger einer europäischen Nation, sondern auch als Europäer anzusehen. Europa ist das Vaterland eines jeden von uns, unsere Nation die europäische, die aus allen Völkern Europas wächst".

Das Programm offenbart sich bei näherem Hinsehen als schlecht gegliedertes Konglomerat aus höchst heterogenen Vorstellungen zum Thema Europa, das ein durchgängiges staats- oder gesellschaftspolitisches Konzept entbehrt. Eine ausführliche kritische Stellungnahme erfolgt im Zusammenhang mit der kritischen Auseinandersetzung von Burkhard Stieglitz mit den im folgenden darzustellenden "Radweger Leitsätzen" und dem Entwurf eines zweiten Europäischen Grundprogramms von Herman F. Achminow (1971). Eine Schlußfolgerung jedoch scheint naheliegend: bei der Gründung kam es Otto Molden und seiner Gruppe nicht darauf an, in der gesamteuropäischen Partei mit ihrer Spitze, der FI, ein Mittel zur Durchsetzung eines durchgehenden, weltanschaulichen Konzepts zu schaffen. Vielmehr scheint das aus vielen Elementen verschiedener theoretischer Richtungen der Europäischen Bewegung zusammengewürfelte Programm als strategisch-taktisches Mittel gedacht gewesen zu sein, die sehr heterogenen politischen Richtungen dieser Bewegung zusammenzufassen zu einem machtvollen, gut durchorganisierten Instrument für die Vereinigung Europas. Darauf deutet auch die Tatsache hin, daß das Programm, das offensichtlich von den Verfassern als das fehlende "umfassende(n), konstruktive(n), gesamteuropäische(n), politische(n) Konzept(s)" betrachtet wird, das die "traditionellen Klassenparteien" zu gestalten versäumt hatten (239), zur Gründung nur unvollständig vorlag (240). Die bereits geschilderten historischen Hintergründe stärken diese Vermutung. Dieses "Europäische Grundprogramm" der FI wurde zur Grundlage für die Programme der Europäischen Föderalistischen Parteien bis zum Genfer Kongreß 1974. Aber gerade dieses, allen Europäischen Föderalistischen Parteien als verbindlich vorgestellte Programm führte - neben der als zentralistisch empfundenen Struktur (wie bereits dargestellt) - zum Konflikt insbesondere mit der inzwischen vergleichsweise großen EFP Deutschland.

6.2.3. Das "Göttinger Programm" und die "Radweger Leitsätze"

Dieser Konflikt deutete sich in den beiden in Deutschland herausgegebenen Programmen an, in denen sich die EFP - wie bereits dargestellt - als Europa-Partei präsentierte. Vor allem in den "Leitsätzen für die Bundesrepublik Deutschland" findet sich keine Passage, die an das von der FI als verbindlich ausgewiesene Europäische Grundprogramm erinnert. Danach lag das Hauptanliegen der Partei darin, die Wiedervereinigung Deutschlands über die europäische Einigung anzustreben. Bei diesem Programm, das aus sonst mehr oder weniger unverbundenen Einzelforderungen besteht, handelt es sich tatsächlich um eine "Teilkonzeption" (241).

Das eigentliche Grundsatzprogramm der Europäischen Föderalistischen Partei Deutschland, das Göttinger Programm (GP), wurde vom ordentlichen Kongreß in Göttingen am 4./5. Mai 1968 verabschiedet und am 2./3. Oktober 1971 vom IV. Außerordentlichen Kongreß in Marburg/Lahn erweitert. Inhaltlich läßt sich bei diesem Regionalprogramm in seiner ersten Fassung eine Beziehung zu den Aussagen des Europäischen Büros der FI feststellen, das im November 1968 die "Radweger Leitsätze" (RL) beschloß. Diese Leitsätze, konzipiert von Herman Achminow und Otto Molden, sollten "die ideologische Grundlage der FI für den Kampf um die Bildung eines großeuropäischen Staates und einer modernen föderalistischen Gesellschaft bilden". Von ihren geistigen Vätern wurden sie betrachtet als die "geistespolitische Alternative zur Lösung der Probleme Europas auf Seiten des heutigen 'Establishment'". Sie wurden auf dem Gut

Radweg in Kärnten beraten mit der Absicht, sie zusammen mit einem Aktionsprogramm dem ersten Europäischen Kongreß der FI zur Aufnahme in das Europäische Grundprogramm zu empfehlen (242). Der programmatische Einfluß des Europäischen Büros lief vermutlich über Herman Achminow (243) und Gisela Achminow-Schölgens. Diese inhaltliche Übereinstimmung findet sich z.B. in der Präambel Punkt 2 "Die Krise des Nationalstaates" (vgl. dazu "Der Nationalstaat und der Mensch" RL, S. 3) und Punkt 5 (GP) "Die Aufgabe", die als Ziel den "Vielvölkerstaat Europa" nennt (vgl. dazu "Das Selbstbestimmungsrecht der Völker" RL, S. 3). In den Programmatischen Grundsätzen fällt in Punkt 2 "Der Mensch und die Gemeinschaft" die fast wörtliche Übereinstimmung mit den Radweger Leitsätzen ("Der Mensch und seine Rechte", S. 2) auf. Ähnliche Übereinstimmungen lassen sich feststellen zwischen dem Passus "Parlamentarische Demokratie, freie Wahlen und Chancengleichheit" der Radweger Leitsätze (S. 2) und Punkt 3 der Programmatischen Grundsätze (GP, S. 9 f.) "Demokratie und freie Wahlen". Der Abschnitt zur Europäischen Bildung (GP, S. 19) ist nahezu wörtlich in den Radweger Leitsätzen wiederzufinden.

Die sozial- und wirtschaftspolitischen Vorstellungen des Europäischen Büros, die sich teilweise wörtlich im Göttinger Programm (S. 11 f., S. 20 f.) niederschlugen, wurden schließlich zum Auslöser eines programmatischen Grundsatzstreits zwischen der Dachorganisation und ihrer deutschen Untergliederung. Um die Aussagen zur Wirtschaftsordnung im Göttinger Programm analysieren zu können, lohnt es sich, die Urheberschaft einiger Gedanken zu klären. Es heißt dazu: "Die EFP geht von der Überzeugung aus, daß das Privateigentum der materiale Ausdruck der Leistung des einzelnen, einer Familie oder einer juristischen Person ist, und daß es die Unabhängigkeit der Persönlichkeit in der Gesellschaft sichert". Mit der Anerkennung des Eigentums verbindet die EFP jedoch die Forderung, daß mit ihm kein Entscheidungsmonopol verbunden sein dürfte (S. 11). Auch in den Radweger Leitsätzen findet sich das Bekenntnis "zum Prinzip des Privateigentums aus der Achtung vor der Leistung des Menschen und aus der Erkenntnis, daß das Privateigentum eine wesentliche Grundlage der Unabhängigkeit und Freiheit des Menschen ist" (244). Diese Betonung des Privateigentums - wobei der allgemeine Begriff über seine unterschiedlichen Inhalte keine Auskunft gibt - erklärt sich besser, wenn man das vom Mitautor der Radweger Leitsätze, Herman Achminow, 1964 veröffentlichte Buch "Die Totengräber des Kommunismus" hinzuzieht. Hier geht der Autor von der Ansicht aus, daß im sozialistischen Lager, vor allem aber in der Sowjetunion, trotz (sic!) der Strukturen eines "Ersatz-

Frühkapitalismus" in staatlicher Hand der Privatbesetz "exkommuniziert" sei (245). In der weiteren Entwicklung dieses Systems, so der Autor, nehme das Eigentum, das die Ursachen ständiger systemimmanenter Spannungen sei, weil sich die Bevölkerung dieser Länder ständig gegen diese Aufhebung des Privateigentums wehre, einen zentralen Platz ein. Nach Achminow kann diese sogenannte Grundspannung sich nur "durch die Änderung der Eigentumsverhältnisse, also durch den Sturz der kommunistischen Diktatur und die Legalisierung des Privateigentums" lösen lassen (246). Das bedeutet für den Autor der Radweger Leitsätze, daß er, da er darauf abzielt, den Völkern Osteuropas den Beitritt zur europäischen Union zu ermöglichen, in dem hier projezierten System Bedingungen zu schaffen hat - im Verständnis des Autors also die Bildung von Privateigentum begünstigen muß -, die den dann liberalisierten Staaten den Anschluß ermöglichen sollen. Da aber Achminow das Problem der Systemveränderung allein unter dem materiellen Aspekt sieht, kommt er in den Radweger Leitsätzen zu folgendem Postulat: "Der beste und sicherste Weg, soziale Gerechtigkeit zu erreichen, ist die weitestmögliche Streuung des Eigentums, die dem Einzelnen Unabhängigkeit von Staat und Arbeitgebern gewährt. Es bietet die beste Grundlage für die freie Entfaltung der Persönlichkeit jedes Menschen und für die Wahrnehmung seiner Rechte durch ihn selbst". Man muß sich vor Augen halten, daß solche Sätze 1968 in ein Parteiprogramm geschrieben wurden, als kritische Studenten in aller Welt gerade solche Postulate als Verschleierung der wahren Machtkonzentration in den Händen einiger weniger Kapitaleigner aufdeckten. So betrachtet konnte die Zielgruppe eines solchen Programms nur konservativ sein.

Gemäß den Prämissen der Wachstumsideologie fordert das Göttinger Programm ein reales Wirtschaftswachstum als Voraussetzung für sozialen Fortschritt. "Das Optimum wirtschaftlicher Effektivität wird am ehesten durch eine marktorientierte Konkurrenzwirtschaft erreicht. Die EFP befürwortet daher eine marktwirtschaftliche Wirtschaftsverfassung. Der Staat hat jedoch über die Funktionsfähigkeit der Wirtschaft zu wachen und ist zu marktkonformen Eingriffen aus sozialen und konjunkturpolitischen Gründen berechtigt" (S. 11 f.). Ein auf marktwirtschaftliche Grundsätze in seinen Aktivitäten eingeengter Staat muß ein von privatwirtschaftlichen Initiativen unabhängiger Staat bleiben, der die Belange der Allgemeinheit nicht hinreichend wird vertreten können, wobei ihm die Mittel fehlen.

Das eigentliche Ziel, das hier mit der Einigung Europas angestrebt wird, wird in der Auffassung deutlich, "daß die unternehmerische Initiative eine der wichtigsten Triebkräfte des wirtschaftlichen Fortschritts darstellt".

Die EFP will deshalb "systematisch die Bildung von Groß-
unternehmen unterstützen, die allein die moderne Großraum-
wirtschaft leiten können". Unter solchen Prämissen scheint es
unmöglich, "die Bildung von Unternehmen, die kraft ihrer Monopolstellung den Wettbewerb behindern und das Preisgefüge
verzerren, wenn nötig durch administrative und gesetzgeberische Maßnahmen zu unterbinden", wie es die Radweger Leitsätze
fordern (S. 7).

So wird für das Europäische Büro (EB) der FI der Zusammenschluß vor allem aus wirtschaftlichen Gesichtspunkten eine
dringende Notwendigkeit. Den Gewerkschaften bleibt schließlich nur die Sorge dafür, "daß der Anteil der Arbeitnehmer
am Sozialprodukt angemessen bleibt". Wie sich jedoch "die soziale Gerechtigkeit aus dem ständigen Spannungsverhältnis
zwischen Arbeitgebern und Arbeitnehmern" ergeben soll, bleibt
offen. Darüber hinaus soll die "Arbeitnehmer-Mitbestimmung"
beschränkt sein auf alle Fragen, "die unmittelbar das Wohl der
Arbeitnehmer berühren". Ansonsten wird im Göttinger Programm,
das diese Aussagen weitgehend übernommen hat - über Unterschiede wird noch zu sprechen sein -, von den Gewerkschaften
politische Unabhängigkeit verlangt (S. 25). Über Unternehmer
hingegen liest man nichts dergleichen.

6.2.4. Föderalistische Mitbestimmung - die theoretische Wende

Nach den Widerständen gegenüber der Organisationsstruktur
der FI wurden in der deutschen EFP Zweifel an den programmatischen Aussagen der Dachorganisation laut. Burkhard Stieglitz griff die Forderung im Europäischen Grundprogramm nach
einer "sozialen föderalistischen Gesellschaft" auf und setzte
in diesen Rahmen den ersten konkreten föderalistischen Bau-
stein (247), das föderalistische Mitbestimmungs-Programm. Dieses Vorhaben wurde begünstigt durch zweierlei: erstens durch
die damals in der Bundesrepublik auf Hochtouren laufende allgemeine Mitbestimmungsdiskussion, zweitens durch eine für Re-
formen aufgeschlossenere Öffentlichkeit, was zum Großteil ein
Verdienst der vorangegangenen Studentenbewegung Ende der
60ger Jahre war, drittens durch das Erscheinen von Literatur,
die auf das Konzept des Integralen Föderalismus (248) sowie
auf die in der Europäischen Bewegung geläufigen föderalistischen Gedanken hinwies (249).

Mit der Ausarbeitung (Frühjahr 1970) und späteren Annahme dieses föderalistischen Mitbestimmungs-Programms auf dem
Bundesparteitag in Düsseldorf (19./20.9.1970) verlagerte Burkhard Stieglitz die programmatischen Aussagen der deutschspra-

chigen EFP, die in Deutschland, Österreich und der Schweiz vornehmlich die Interessen der europäischen Großindustrie berücksichtigten, auf den sozialen Bereich (250).

Im Gegensatz zu der bis dahin für die Arbeitnehmer propagierten Stellung als den Unternehmerinteressen und Marktmechanismen Unterworfenen wurden sie in dem Mitbestimmungs-Programm zu gleichberechtigten Partnern der Unternehmer. Das Programm forderte deshalb die paritätische Vertretung der beiden Gruppen im Aufsichtsrat, sowie drei Neutrale als Repräsentanten des öffentlichen Interesses. Spezifisch für dieses Programm ist die Forderung, daß die Arbeitnehmervertreter nur von den Beschäftigten ihres Betriebes gewählt werden dürfen. Um eine unerwünschte Außensteuerung des Aufsichtsrats zu vermeiden, soll die Zahl der betriebsfremden Arbeitnehmervertreter begrenzt werden (251). "Ziel der Mitbestimmung ist die rechtliche Sicherheit, daß die Arbeitnehmer nicht nur von der Unternehmensleitung, sondern die Unternehmensleitung auch von den Arbeitnehmern abhängig ist. Der Mitbestimmung liegt also ein föderalistisches Prinzip zugrunde, das lautet: Jeder muß die Gremien mitbestimmend beeinflussen, die in irgendeiner Weise über ihn verfügen" (252).

Diese Konzeption stand in prinzipiellem Gegensatz zu derjenigen des Europäischen Büros und wurde Ausgangspunkt einer parteiinternen ideologischen Auseinandersetzung, die erst in Genf 1974 ihren Abschluß fand. Obwohl das Mitbestimmungsprogramm in Düsseldorf mit Zweidrittelmehrheit angenommen worden war, gab es erhebliche parteiinterne Widerstände gegen seine Veröffentlichung. In der Folgezeit taktierte die deutsche Gruppe um Burkhard Stieglitz und Lutz Roemheld zusammen mit der Gruppe um Guy Héraud in der französischen EFP, deren Vorstellungen sehr viel weiter gingen und die Selbstbestimmung der Arbeitnehmer forderten (253). Dies zeigte deutlich, daß sich die verschiedenen EFPs nicht mehr allein den programmatischen Aussagen des EB unterzuordnen bereit waren (254).

6.2.5. Der europäische Programmstreit: Staatsföderalismus oder Integralföderalismus

Währenddessen erhoffte sich das EB von der Verabschiedung des veränderten Europäischen Grundprogramms auf dem Kongreß der FI in Aachen (21./22.5.1971) eine neue ideologische Integration. Stattdessen vertiefte sich jedoch die Kluft zwischen dem EB und den nationalen Organisationen. Diese Entwicklung wurde gefördert durch den Versuch des EB und diesem voran des Autors des veränderten Programmvorschlags des EB, Herman Achminow, die innerparteiliche Willensbildung zu diesem Programm weitgehend auszuschalten (255).

Mißtrauisch geworden durch die mangelnde Kooperationsbereitschaft des EB hatte Burkhard Stieglitz einen Alternativvorschlag vorbereitet, der noch während des Kongresses vervielfältigt und verteilt wurde. Die wesentlichen Unterschiede beider Programmvorschläge wurden in einer Analyse von Burkhard Stieglitz herausgearbeitet. In dem Achminow-Entwurf (256) fällt gegenüber dem alten Grundprogramm die aggressive, gegen den Kommunismus gerichtete Tendenz auf ("föderalistische Weltrevolution" gegen "kommunistische Weltrevolution") (257). Daneben zeigt sich die Begünstigung der Großindustrie.

Der in Aachen und danach ausgefochtene Konflikt dieser Gegenelite um das Grundprogramm ergab sich u.a. aus der veränderten soziologischen Struktur der Partei, in der die neu gewonnenen Mitglieder sich nicht mehr mit antiquierten Forderungen identifizieren mochten. Er ergab sich aus den unterschiedlichen Erfahrungen und Zielen zu ihren Alterskohorten (258) und deren Versuch, Anschluß an die derzeit zentralen politischen Fragen zu finden und diese in ihr gesamteuropäisches Konzept zu integrieren. So wurde der Abschnitt "Jugend und Familie" abgelehnt, weil er veraltete Familienstrukturen verteidigte. Das eindeutig gegen den Kommunismus gerichtete außenpolitische Konzept des Entwurfs fand ebensowenig eine Mehrheit im Kongreß wie die Präambel, beides wegen seiner aggressiven Tendenz gegenüber dem Osten, die als unzeitgemäße Strategie des Kalten Krieges verworfen wurde (259). Der Versuch, mit diesem Programm einen europäischen Westblock zu propagieren und der Idee der kommunistischen Weltrevolution entgegenzusetzen, entsprach der bereits behandelten Idee von Achminow, man müsse jede Ausweitung des Kommunismus verhindern, bis er an seiner inneren Zersetzung (bedingt durch das Drängen der Bevölkerung nach Privateigentum) zugrunde gehe und dann eine Anbindung des Ostblocks an den Westen erfolgen könne (260). Es ging dem Autor offensichtlich um ein strategisch-taktisches Konzept für Kampf und Widerstand gegen den Ostblock, speziell gegen die Sowjetunion und den Kommunismus.

Im Gegensatz zu diesem, auch an gravierenden formalen und inhaltlichen Mängeln leidenden Entwurf legte Burkhard Stieglitz dem Kongreß ein in sich schlüssiges Konzept für die Umsetzung des föderalen Prinzips in Staat und Gesellschaft vor. Die EFP, die hier als die "europäische Opposition der Mitte" bezeichnet wird, bietet "die föderalistische Vereinigung Europas" als Ausweg aus der allgemeinen Krise an und als Modell für andere Regionen der Erde. Diese Vereinigung Europas soll verbunden sein "mit einem umfassenden gesellschaftspolitischen Reformprogramm - dem Wirtschafts- und Sozialföderalismus". Es heißt dann weiter: "Die EFP erblickt in den Thesen ihres europäischen Grundprogramms den Ausgangspunkt ihrer umfassenden theoretischen Arbeit: den Föderalismus zur geistigen Grundlage einer Theorie von der demokratischen pluralistischen und sozialen Gesellschaftsordnung zu entwickeln und zum Fundament einer politischen Bewegung zu machen, die auf die großen Fragen unserer Zeit Antwort gibt" (261).

Als programmatische Grundsätze werden "Leben, Freiheit, die schöpferische Entfaltung und Würde des Menschen" genannt, die zu sichern seien. Die Struktur des Föderalismus baut auf zwei Grundsätzen auf: "1. Entscheidungen werden auf derjenigen gesellschaftlichen Ebene getroffen, auf die sie sich auswirken. Nur Probleme, die ihrem Wesen nach nicht auf einer unteren gesellschaftlichen Ebene gelöst werden können, werden auf die nächst höhere gesellschaftliche Ebene übertragen". Dieser Grundsatz erscheint später auch in der veränderten Fassung des Göttinger Programms als "Macht-Aufteilungs-Prinzip". Das zweite Prinzip, später "Macht-Anteilnahme-Prinzip" (262), lautet: "Jeder soll die Gremien mitbestimmend beeinflussen können, die in irgendeiner Weise über ihn verfügen". Diese beiden Prinzipien stehen im grundsätzlichen Gegensatz zu dem Subsidiaritätsprinzip im Achminow-Entwurf, das wiederum als Bestandteil des "dynamischen Föderalismus" betrachtet wird (263). Beide Prinzipien wurden erst 1971 in Marburg in das Göttinger Programm eingefügt. Deshalb bedarf der darin enthaltene Widerspruch zum Subsidiaritätsprinzip noch heute einer Korrektur (näheres dazu s.u.).

Nach dem Achminow-Entwurf geht er "von der Vorstellung sich ständig verändernder Gruppen aus. Er will immer wieder das Gleichgewicht zwischen Selbständigkeit und Einheit herstellen ... Dynamischer Föderalismus bedeutet Dezentralisation ... (und) ... Schaffung großer lebensfähiger Gebilde. Er ist die staatsbildende und staatstragende Idee Europas" (264). Wie so oft in diesem Entwurf wird nicht mitgeteilt, was sich verändern soll. Ein Konzept, das das Ergebnis solcher Veränderungen darstellen würde, fehlt. Von einer "Doktrin" wären allerdings auch gewisse Zielvorstellungen zu erwarten.

Das Subsidiaritätsprinzip lautet: "Keine höhere Instanz soll Funktionen übernehmen, die die untere erfüllen kann. Und umgekehrt: die Entscheidungsbefugnis muß auf eine höhere Ebene übertragen werden, wenn die untere ihrer Aufgabe nicht gewachsen ist" (265). Diese so demokratisch klingende Formulierung weist allerdings bei näherem Hinsehen einen ganz gravierenden Mangel auf. Da die höhere Instanz in der Regel mit größeren materiellen und personellen Ressourcen ausgestattet ist, wird sie im allgemeinen auch erfolgreich ihren Anspruch auf die Lösung umfangreicher Aufgaben und damit auf politische Macht durchsetzen können. Wieviele Kompetenzen danach für die untere Instanz noch übrigbleiben (subsidere), wird damit letztlich von der höheren Instanz bestimmt. Mit diesem Prinzip wird also die Gefahr des Zentralismus nicht gebannt.

Dem setzen die Integralen Föderalisten (Guy Héraud) die "genaue Kompetenzangleichung" entgegen. Danach müssen die rechtlichen Befugnisse und materiellen Mittel den zu lösenden Aufgaben genau angeglichen werden. Das bedeutet, daß die Lösung von Problemen nicht in Funktion zur Verteilung der Ressourcen stehen darf, sondern daß umgekehrt die Ressourcen entsprechend den auf den jeweiligen Ebenen zu lösenden Problemen zu verteilen sind (266).

Dieses Konzept findet sich in dem Stieglitz-Entwurf in den beiden Prinzipien der "Machtaufteilung" und "Macht-Anteilnahme" wieder. Bemerkenswert darin ist jedoch, daß Stieglitz die beiden Begriffe und ihre inhaltliche Ausfüllung unabhängig vom Integralen Föderalismus entwickelt hat in dem Bemühen, föderalistische Prinzipien auch auf Wirtschaft und Gesellschaft zu übertragen (zuerst im Konzept der föderalistischen Mitbestimmung) (267). Wie noch zu zeigen sein wird, hat die Zusammenarbeit mit Guy Héraud in der kleinen Programmkommission zu einer Verschmelzung mit zahlreichen Elementen des Integralen Föderalismus geführt.

Da im Achminow-Entwurf Wirtschafts-, Sozial- und Kulturräte als Elemente des europäischen Bundesstaates nicht mehr auftauchen (268), vertritt dieses Konzept allein den Staatsföderalismus im üblichen Sinne, und steht damit im grundsätzlichen Gegensatz zum Stieglitz-Entwurf. Für die Delegierten des Aachener Kongresses, die nicht noch einmal bereit waren, die Programmfrage ungeklärt zu lassen wie in Steg, galt es, einen Kompromiß zwischen diesen kontroversen Positionen zu finden. Die Lösung des Konflikts wurde zusätzlich erschwert durch das undurchsichtige Taktieren Achminows und des Europäischen Büros. Man einigte sich schließlich darauf, eine "große Programmkommission" unter Vorsitz von Herman Achminow zu bilden, die beide Entwürfe zu einem einzigen zusammenfassen sollte. In diese Entscheidung war der künftige "Programmstreit" bereits "eingepflanzt" (269). Der zweite Kongreßbeschluß bestand darin, daß Guy Héraud und Burkhard Stieglitz in der sogenannten "kleinen Programmkommission" eine Kurzfassung des in der großen Kommission erarbeiteten Kompromißentwurfes erstellen sollten (270). Damit war dieser Grundsatzstreit in die Kommission verlagert und führte dort zu einem höchst spannungsreichen ideologischen Machtkampf, der von seiten des EB und Achminow mit allen Mitteln bis zur persönlichen Verleumdung geführt wurde (271).

In seinem Bemühen, trotz kontroverser Grundauffassungen wenigstens Teile der verschiedenen Programmentwürfe (272) in einem Programm zu verbinden, setzte sich Burkhard Stieglitz mit den am meisten kontroversen Aussagen auseinander (273). Die Meinungsverschiedenheiten bezogen sich insbesondere auf die Wirtschafts- und Sozialpolitik, in der sich ein extrem kapitalistisches und ein föderalistisches Konzept gegenüberstanden. Stieglitz kritisierte vor allem "das altliberalistische und völlig utopische Wirtschaftskonzept", das von Achminow "ausdrücklich zur programmatischen Forderung erhoben" wurde (274). So heißt es im Entwurf II d.: "Die Wirtschaft soll wirtschaften. Die Verwaltung soll verwalten. Die Politik soll mit voller Autorität den Rahmen für die wirtschaftliche Tätigkeit und die Richtlinien für die Arbeit des Staatsapparates im Interesse der Bürger, der Gruppen und der Gemeinschaft bestimmen" (275). Demgegenüber meinte Stieglitz, "eine Trennung von 'Wirtschaft', 'Staat', 'Gesellschaft' ist in einem hochkomplexen industriellen Gemeinwesen nicht mehr möglich" (276). Er war weiter der Auffassung, daß Achminow im Grunde den "totalen Kapitalismus" propagierte (277).

Demgegenüber stand die Auffassung "1. eine hochkomplexe Industriegesellschaft kann auf die wirtschaftliche Tätigkeit der öffentlichen Hand nicht verzichten; 2. der Glaube an den totalen Kapitalismus und die selbstkorrigierende Wirkung der Marktwirtschaft läßt sich im Zeitalter der Oligopole durch nichts rechtfertigen; 3. Wirtschaftspolitik kann sich nicht in - ohnehin wenig wirksamen - Kartellgesetzen erschöpfen; 4. die Marktwirtschaft wird zu einer weiteren Verzerrung der Eigentumsverteilung führen, wenn die Politik nicht über die Steuern und eine sozial orientierte Ausgabenpolitik ständig einen Ausgleich im Vermögens- und Einkommensgefälle der Bevölkerung schafft" (278). Hinter dem von Achminow verwendeten Terminus "Primat der Politik" verbarg sich in Wirklichkeit eine programmierte "Abdankung der Politik" (279), die sich u.a. darin zeigte, daß nicht "Leben, Freiheit, die schöpferische Entfaltung und Würde des Menschen" (280) zu unveräußerlichen Rechten deklariert wurden, sondern "das Recht auf Privateigentum" (281). Ohne Rücksicht auf tatsächliche ungerechte Verteilung räumte Achminow den Eigentümern das Recht der Verteidigung dieses Eigentums ein, was bedeutet, daß dem Staat für den sozialen Ausgleich die Hände gebunden werden sollten. Wie bereits weiter oben (282) dargestellt, werden nach diesem Konzept alle Mittel (z.B. Mitbestimmung, wirksame politische Aktionsmög-

lichkeiten für Arbeitnehmer) ausgeschaltet oder unwirksam konzipiert, die für einen sozialen Ausgleich erforderlich sind.
Herman Achminow, ein Exilrusse aus der stalinistischen Sowjetunion, der sich als historischer Materialist und Marxist (sic!) verstand, sah jedoch die "internationalen Kapitalisten ... als die revolutionäre Klasse" an, deren supranationale Konzerne die eigentliche revolutionäre Kraft in der gegenwärtigen Geschichtsepoche sei. Das internationale Kapital sei die treibende Kraft der europäischen Integration (283). Diese Vorstellung brachte ihn zu der Forderung: "Sie (die EFPs) werden sich unter Ausnützung ihrer gesamteuropäischen Organisation energisch dafür einsetzen, daß alle Unternehmungen, die ihre Tätigkeit über die Grenzen eines Nationalstaates erweitern, steuerliche Vergünstigungen erfahren und sich voll entfalten können" (284). Bemerkenswert erscheint in diesem Zusammenhang Achminows besondere Abneigung gegen die Gewerkschaften, deren Forderung nach paritätischer Mitbestimmung und nach gewerkschaftseigenem Betriebsvermögen (285).
Kennzeichnend für den Autor erscheint auch die Vorstellung, daß die Vereinigung Europas mit "revolutionäre(n) Entwicklung(en)" einhergehen müsse. Es heißt weiter: "Die Föderalistische Internationale (FI) wird in ihrer Politik bestrebt sein, die revolutionären Erschütterungen auf ein Minimum zu beschränken. Sie wird aber beizeitig (sic!) alle notwendigen Vorbereitungen treffen, um nicht nur evolutionäre, sondern auch revolutionäre Prozesse bei der Vereinigung Europas zu lenken" (286). Da die EFP sich jedoch als Partei versteht, die mit demokratischen Mitteln ihre Ziele erreichen möchte, lehnt sie solche revolutionären Aktionen ab (287).
Parallel zu dem Ringen um das neue Grundprogramm lief der Versuch in der deutschen EFP, einige der in Düsseldorf und Aachen verhandelten Forderungen in das Göttinger Programm einzufügen (288).
Dazu gehört das Konzept der föderalistischen Mitbestimmung, das eng verbunden mit dem "Macht-Aufteilungs-" und "Macht-Anteilnahme-Prinzip", das ebenfalls auf diesem Parteitag in das Göttinger Programm unter "dynamischer Föderalismus" eingefügt wurde (289). Wie bereits erwähnt, können diese beiden Prinzipien mit dem Subsidiaritätsprinzip in seiner ursprünglich im Programm enthaltenen Version in Konflikt geraten. Es wurde deshalb durch folgenden Zusatz präzisiert: "Der Föderalismus überweist Zuständigkeiten und damit Gemeinschaftsentscheidungen immer dorthin, wo die größte Sachkompetenz und das jeweilige Einzel-, Gruppen- oder Gesamtinteresse legitim repräsentiert wird" (290). Hiermit wird das Interesse der Betroffenen der Gefahr des Subsidiaritätsprinzips entgegengesetzt,

Kompetenzen bei den jeweils Mächtigen zu zentralisieren. Machtaufteilung und Machtanteilnahme sollen gerade dieser Tendenz begegnen.

Im folgenden, auch in Marburg eingefügten Passus wird der Föderalismus erstmals in einem Parteiprogramm als "Organisationsprinzip" in Staat und Gesellschaft vorgestellt. "Seine gesellschaftspolitische Bedeutung enthält er aus der Verteilung der Macht, der Sicherung größtmöglicher Freiheit und Entfaltung, der Anwendung auf alle Bereiche menschlicher Gemeinschaft" (291). Diese Aussage, die im Gegensatz zu dem übrigen Programm steht (282), sollte bestimmend werden für die weitere programmatische Arbeit in der EFP.

Während die "große Programmkommission" vor allem wegen der fehlenden Kooperationsbereitschaft ihres Vorsitzenden Achminow in ihrer Arbeit nicht vorankam (293), konnten Héraud und Stieglitz sehr schnell Einigung erzielen. Stieglitz war in seiner Arbeit am föderalistischen Mitbestimmungskonzept zu ähnlichen Grundprinzipien des Föderalismus vorgestoßen wie die Integralen Föderalisten, unter ihnen Héraud, damals Vorsitzender der französischen EFP. Eine solche Einigung war für den Zusammenhalt der FI von Bedeutung, da die Franzosen nicht bereit waren, wesentliche Teile ihres gegenüber der Linie des EB sehr progressiven Programms aufzugeben (294). Dieses Programm entstand unter maßgeblicher Beteiligung Guy Hérauds und ging - wie der Entwurf Stieglitz - von dem Föderalismus als einem alle Bereiche durchdringenden Prinzip im Sinne des Integralen Föderalismus aus. Dieses Prinzip bezieht sich also nicht nur auf die Verfassung (Verfassungsföderalismus) (295) - wie das alte Grundprogramm -, sondern auch auf Wirtschaft, Gesellschaft (Wirtschafts- und Sozialföderalismus) (296) und Kultur (Kulturföderalismus) (297).

6.2.6. Das Grundprogramm der gesamteuropäischen EFP

Den Verfassern des Grundprogramms, Héraud und Stieglitz, ging es darum, dem Pragmatismus der politischen Praktiker wie auch der derzeitigen FI-Spitze eine politische Theorie gegenüberzustellen, mit der "die Föderalisten an die Spitze aller demokratischen Kräfte" treten könnten (298). Das Programm geht - wie der Integrale Föderalismus - aus von der globalen Zivilisationskrise und von dem Konkurs des Nationalstaates (299) und grenzt sich - wie der Integralföderalismus - vom Liberalismus und Sozialismus (300), aber auch vom Faschismus ab (301). Der Integralföderalismus wie auch das Grundprogramm sehen Europa als Modell einer föderalistischen Gesellschaft von globalem Ausmaß einer Weltföderation (Gr. P., S. 9 und 10) (302).

Ein zentrales Prinzip des Integralföderalismus, der personalistische Gruppencharakter der Gesellschaft (303), drückt sich in folgender Aussage des Grundprogramms (S. 7) aus: "Keine Gemeinschaft soll gegen den Willen ihrer Mitglieder Anspruch auf den ganzen Menschen erheben oder gar zu Selbstzweck werden. Die Freiheit des Einzelnen setzt die Demokratie in Gruppen voraus. Föderalismus ist eine Gesellschaftsordnung, die auf dem freien Bund und der demokratischen Selbstbestimmung von Gruppen und Individuen beruht ... Die gleichzeitige Zugehörigkeit eines Menschen zu verschiedenen Gemeinschaften erlaubt die volle Entfaltung der Person und ist der beste Schutz gegen Vermassung und ihre unausbleibliche Folge: die Tyrannei". Dieses Konzept versteht sich als Alternative zur modernen Massengesellschaft, die in allen ihren Bereichen aus mehr oder weniger zentralistisch strukturierten Massenorganisationen besteht. In ihnen stehen der großen Mehrheit atomistisch nebeneinander lebender Individuen Minderheiten gegenüber, die mit Hilfe hochentwickelter administrativer Apparate Macht ausüben. Die herrschenden Minderheiten ziehen die beherrschten Mehrheiten in periodischen, praktisch ritualisierten Prozessen zu einer fiktiven Legitimation heran, wobei die Herrschaft der Minderheiten immer unkontrollierbarer wird. Das führt zu einer tendenziell totalen Fremdbestimmung und Entpolitisierung der Mehrheit und damit zum Rückzug des Einzelnen ins Private. Da aber soziales Engagement ein wesentliches Merkmal der menschlichen Person ist, fördert diese Entwicklung den zunehmenden Abbau menschlicher Personalität.

Dagegen wollen der Integrale Föderalismus wie auch die EFP die gewachsenen Gruppenstrukturen erhalten, in denen der Mensch eingebunden ist und sich optimal entfalten kann, und die aufgrund ihrer Kohärenz und ihres gewachsenen Eigenlebens der Gefahr illegitimer zentralistischer Herrschaftsmethoden am ehesten Widerstand zu leisten vermögen (304). Dieses Konzept geht von einem Menschenbild aus, nach dem der Mensch nicht nur als Individuum (wie beim Liberalismus) und nicht nur als soziales Wesen (wie beim Sozialismus) angesehen wird, sondern als beides, als ein dialektisches Wesen (305), das sich deshalb am ehesten in einer Gruppe verwirklichen kann. Damit werden die Gruppen und ihre Autonomie zu zentralen Bestandteilen dieses integralföderalistischen Gesellschaftskonzeptes (Gr.P., S. 8) (306).

Wie die Integralföderalisten spricht auch das Grundprogramm von der Föderation (Gr.P., S. 10 f.) (nicht vom Bundesstaat), worunter "die in einem staatlichen Aufbau gegliederte föderalistische Gesellschaft" (307) zu verstehen ist. Der Aufbau der Föderation entspricht dem Konzept von Guy Héraud mit

Dreikammersystem (Bundeskammer, Regionenkammer, Wirtschafts- und Sozialrat als Legislative) (308), wobei der Bund für Außen-, Sicherheits- und Währungspolitik zuständig sein, in anderen Bereichen jedoch nur Rahmenkompetenzen haben soll (309). Die Untergliederung der Föderation in Regionen (310), die als demokratische Einheiten über Gesetzgebung, Rechtsprechung und Regierung verfügen, die Steuerhoheit sowie wirtschaftliche, polizeiliche und kulturpolitische Befugnisse haben sollen und die über die Regionenkammer auf der Ebene der Föderation legislativ tätig sein sollen, wurde von Guy Héraud entwickelt. Sein Bemühen zielte vor allem darauf ab, gewachsenen ethnische Einheiten mit dieser genauen Kompetenzangleichung Mittel an die Hand zu geben, ihre im Nationalstaat häufig unterdrückten Forderungen selbst regeln zu können (311). Die Nation wird dabei nur als kulturelle Einheit verstanden (312). Aufgrund ihrer zentralen Stellung in diesem Konzept (313) sollen die Gemeinden nach der Vorstellung der EFP künftig größere finanzielle Mittel erhalten (Gr.P., S. 11). Integralföderalistischen Vorstellungen entspricht auch der Wirtschafts- und Sozialrat, der gegenüber Staat und Wirtschaft Beratungs- und Kontrollfunktionen ausüben soll sowie in gewissen Bereichen Gesetze erlassen kann (Gr.P., S. 14) (314). Die Vorstellung, daß auch materielles Eigentum als Teil der menschlichen Persönlichkeit angesehen werden kann (315), die Forderung nach einem Mindesteinkommen für Arbeitswillige (Sozialminimum) sowie das Recht auf Arbeit sind ebenfalls im Integralföderalismus verankert (316). Demgegenüber stammt der Begriff "Kulturföderalismus" (Gr.P., S. 15 f.) aus dem deutschen Sprachraum, in dem die Hoheit der Länder im Bereich von Schule und Kultur eine fruchtbare Tradition hat (317).

Darüberhinaus haben eine Reihe von Vorschlägen verschiedener anderer Mitglieder in das Parteiprogramm Eingang gefunden, um deren Integration sich insbesondere Burkhard Stieglitz bemühte. In einem ausführlichen Briefwechsel legte er unter anderem seinen Freiheit- und Machtbegriff dar. Er definiert "Freiheit als die Möglichkeit, Entscheidungen zu fällen und rechtmäßig verwirklichen zu dürfen, und Macht als das Vermögen, sich selbst zu entfalten" (Gr.P., S. 8). In einem Brief an Héraud begründet er diese Formulierung, die der marxistischen "Freiheitsdefinition weit überlegen ist". Nach Stieglitz' Meinung läßt sich der gesamte kommunistische Totalitarismus "auf eine schiefe Freiheitsdefinition bei Engels und eine naive Gesetzesgläubigkeit bei Marx zurückführen". Stieglitz setzt sich mit der These von der Freiheit als der Einsicht in die Notwendigkeit auseinander und meint, daß das Urteil eines Menschen über eine Sache aufgrund der Erkenntnis bestimmter

Naturnotwendigkeiten nicht freier wird, wie Engels behauptet, sondern bestenfalls sachgerechter und, im politischen Bereich, damit durchsetzbarer. Wenn Marx meint, daß die Einsicht in bestimmte Naturgesetzlichkeiten die Naturgesetze der Gesellschaft erschließe, erwidert Burkhard Stieglitz, daß der Einzelne bestenfalls Einblicke in Teilbereiche habe. Er fährt dann fort: "Die Kommunisten haben (nach ihrer eigenen Vorstellung) die Einsicht in die Notwendigkeit. Die gesellschaftlichen Handlungen der Gegner des Kommunismus sind unfrei, denn sie stemmen sich ... gegen den Gang der Geschichte, gegen die Notwendigkeit selbst, deren Geburtshelfer die Kommunisten sind. Man kann sie ... befreien indem man sie - notfalls mit Gewalt - Einsicht in die Notwendigkeit haben läßt. So liegt der gesamte Witz des Kommunismus in der Möglichkeit, die terroristische Maßnahme in das Mäntelchen der Freiheit zu hüllen". Der Begriff im Grundprogramm soll demgegenüber den Mißbrauch des Wortes Freiheit verhindern (318).

Obwohl Burkhard Stieglitz als der Urheber und Gestalter dieses Programms gelten kann (319), haben sich doch zahlreiche inhaltliche und redaktionelle Vorschläge anderer Mitglieder darin niedergeschlagen, so z.B. die Forderung nach einem neuen Bodenrecht von Walter Spörri (320) oder das Konzept für eine europäische Akademie (Gr.P., S. 16) von einer Hamburger Gruppe. Daneben griff Stieglitz bekannte Begriffe (dynamischer Föderalismus) auf, um sie dann mit dem neuen Konzept entsprechenden neuen Inhalten zu füllen.

Die breite Beteiligung von Mitgliedern innerhalb und außerhalb der gewählten großen Programmkommission war nicht zuletzt der Grund dafür, daß das Programm - im Gegensatz zu dem Achminow-Entwurf - in Genf 1974 eine so breite Zustimmung fand (321).

Zwei Aspekte erscheinen bei dieser Gestaltung des Programms wesentlich: der personelle und der theoretisch-normative. Der Streit um das Programm nahm so harte Formen an, weil sich in Achminow und Stieglitz die Repräsentanten zweier grundsätzlich verschiedener politischer Orientierungen in der Partei gegenüberstanden. Achminow war gewiß ein Materialist, jedoch kein Marxist, weil ihm jegliche soziale Perspektive fehlte. Zwar versuchte er die marxistische Methode des historischen Materialismus zu kopieren, dies allerdings mit dem Ergebnis, daß er die brutalste Form des Materialismus propagierte, den "totalen Kapitalismus", dem schließlich die überwiegende Mehrheit der Menschen wehrlos ausgeliefert gewesen wäre. Achminow, aufgewachsen im stalinistischen Rußland, beherrschte gewiß Strategie und Taktik. Was ihm jedoch offensichtlich fehlte, war das politische Ethos, die Verantwortung des politischen Theoretikers für diejenigen, die von seiner Theorie betroffen gewesen wären, die Menschen. Er und diejenigen, die ihn stützten, wollten das Vereinigte Europa um jeden Preis, ohne danach zu fragen, wer denn letztlich diesen Preis werde zahlen müssen. Ihr Konzept, das Europa der Großunternehmer, ging einzig von dem Gedanken aus, mit welcher Strategie, welchen Mitteln dieses Europa am schnellsten zu erreichen sei. Die Frage, wie sich ein solches Europa legitimieren lasse, taucht in ihrer Diskussion nicht auf. Ebensowenig war ihnen das Problem gegenwärtig, daß der Preis von allen denen gezahlt werden würde, die nicht Großunternehmer sind. Somit war für diese Gruppe das vereinigte Europa ein strategisches Ziel, dem jede normative Perspektive der Humanisierung menschlichen Zusammenlebens in diesem neuen Territorium fehlte.

Genau dieses Problem stand jedoch in der kleinen Programmkommission im Mittelpunkt. Ihr kam es darauf an, föderalistische Konzeptionen, deren Ziel die Humanisierung menschlichen Zusammenlebens ist, in allen Bereichen zum Tragen zu bringen. Im Zentrum ihrer Arbeit stand nicht die Frage nach einer Strategie, sondern der Versuch, eine kohärente Doktrin umzusetzen in programmatische Forderungen einer Partei. Héraud als Integralföderalist und Stieglitz als sozial engagierter Wirtschaftswissenschaftler teilten mit der sie stützenden Gruppe die normative Zielvorstellung, daß die EFP die Interessen der menschlichen Persönlichkeit und der sie umgebenden Gruppen vertreten und Strukturen konzipieren mußten, die diese vor Vermassung und Tyrannei schützen. Für diese Gruppe ist die europäische Föderation nicht Endziel - wie im Gegensatz dazu für die Gruppe um Achminow und Molden die Vereinigten Staaten von Europa -, sondern eher ein Modell dafür, wie man solche Strukturen weltweit schaffen kann.

Auf das neue Grundprogramm trifft die Theorie von Heinz Gollwitzer zu, der meint, daß Parteien ohne Weltanschauungen nicht existieren können. Sie beziehen sie jedoch aus zweiter Hand und müssen sie mediatisieren, um sie multiplizierbar und politisch verwertbar zu machen (322). Diese Mediatisierung wurde im vorliegenden Fall hauptsächlich von Burkhard Stieglitz geleistet, der aufgrund seines Konzepts Ressourcen und Kompetenzen eindeutiger festlegte als die Integralföderalisten. Bemerkenswert ist dabei, daß hier gleiche Vorstellungen aus zwei verschiedenen Richtungen (Deutschland-Frankreich) über die Partei (als Medium) aufeinandertrafen und schließlich in einem einheitlich strukturierten Programm ihren Niederschlag fanden. Damit begann zugleich der steinige Weg der Vermittlung dieser in Deutschland kaum bekannten Grundsätze, die zwar mit der Theorie des Christlichen Sozialismus verwandt sind, in ihrer Konsequenz aber vermutlich erst in der "alternativen Szene" Echo finden werden.

6.2.7. Das neue Programm der EFP-Sektion Deutschland

Die Annahme des Grundprogramms der gesamteuropäischen EFP barg das - kalkulierte (323) - Risiko einer Spaltung der FI in sich in diejenigen, die dem neuen Konzept folgen würden (fortschrittlicher Flügel) und diejenigen, die sich damit nicht mehr identifizieren konnten (konservativer Flügel). Die erste spürbare Folge war, daß sich Otto Molden mit der gesamten österreichischen EFP in die Inaktivität zurückzog (324). Damit wurden auch führende Mitglieder der französischen EFP passiv, die von der gesamteuropäischen Partei größere Abhängigkeiten als gegenüber der FI befürchteten. Guy Héraud - nach wie vor engagierter Föderalist und Mitglied der Partei - gelang es bisher nicht, die französische Sektion der EFP weiterzuentwickeln.

Während die Italiener aus innerster Überzeugung zur neuen EFP mit ihrem Konzept einer supranationalen europäischen Partei standen, gab es in der Schweiz erhebliche personelle und programmatische Differenzen, aus denen sich heute eine kleine Gruppe aus überzeugten Föderalisten herauskristallisiert hat. Die übrigen EFPs bzw. Aktionskomitées, die vermutlich auf den persönlichen Beziehungen zu Otto Molden basierten, sind in ihrer Mehrzahl verschwunden.

Der Riß, der seit Genf die gesamte FI/EFP durchzog, setzte sich in der Sektion Deutschland in Form vielfältiger personalpolitischer Auseinandersetzungen fort. Aus diesem Grunde dauerte es bis 1978, bevor eine neugewählte Programmkommission mit der Angleichung des alten "Göttinger Programms" an das neue Grundprogramm beginnen konnte. Auf dem Bundesparteitag der EFP in Bonn-Bad Godesberg am 9. Juni 1979 (einen Tag vor der ersten Europawahl) schließlich wurde das Programm verabschiedet.

In diesem Programm, das sich in Orientierung an den Grundsätzen im Grundprogramm gegen die von der EFP bekämpfte nationalstaatliche Struktur Europas und gegen die aus ihr folgende Unfähigkeit der nationalstaatlich organisierten politischen Systeme zur Lösung existenziell wichtiger innen- und außenpolitischer Probleme wendet, bildet der Föderalismus die durchgehende Leitlinie für den Entwurf eines alternativen Modells für staats-, wirtschafts- und gesellschaftspolitische Veränderungen in der Bundesrepublik unter dem Blickwinkel ihrer Integration in ein nach föderalistischen Prinzipien neu zu ordnendes Europa.

"Der Föderalismus wendet sich gegen Machtkonzentration in Staat, Wirtschaft und Gesellschaft. Er hat deshalb vier große Gegner: den Nationalstaat, den Zentralstaat, den Sozialstaat und die unföderalistischen Wirtschafts- und Gesellschaftsstrukturen" (S. 1). Entsprechend ihrem Ziel: Europäische Föderation, gegliedert in ethnische bzw. Wirtschaftsregionen wendet sich die deutsche Sektion der EFP in ihrem neuen Programm u.a. gegen "die föderative Ausdünnung der Bundesrepublik" (325), in der - wie sich an der Entwicklung des Parteiensystems, aber eben nicht nur dort, zeigen läßt - föderalistische Elemente auf allen Ebenen mehr und mehr zugunsten einer zunehmenden Unitarisierung verdrängt wurden.

Demgegenüber geht die EFP von dem Grundgedanken aus, den Karl Möckl, ein Regionalismusforscher, im Zusammenhang mit der Frage der politischen Repräsentation folgendermaßen ausgedrückt hat: "Die Individualität der Region könnte die Möglichkeit bieten, die kooperativen pluralistischen Tendenzen gleichsam aus dem wildwuchernden Bereich herauszuführen und überregionale Körperschaften in den gestuften und kontrollierbaren politischen Entscheidungsprozeß einzubinden. Der Regionalismus bekäme damit eine Form der politischen Repräsentation des Volkes, die über sich hinausdrängt und gerade in ihrer Bindung an historisch gewachsene Einheiten eine individuell-freiheitliche Alternative zu manipulierbaren Menschen darstellt, eine Alternative zu einer im Extremfall anonymen Massengesellschaft mit Zentralsteuerungsmechanismen" (326). In diesem Zitat ist jene Komplexität des föderalistischen wie auch regionalistischen Konzepts angedeutet, die bereits in der Einleitung erwähnt wurde.

Der Föderalismus, wie ihn die EFP - speziell in ihrem deutschen Programm - vertritt, wendet sich nicht nur gegen willkürliche geographische Grenzen, wie sie von nationalstaatlicher Politik hervorgebracht wurden, sondern gegen die willkürliche und unter technokratischen Gesichtspunkten betriebene Verflechtung von Ressourcen und Kompetenzen, die zu zunehmender Dominanz des Bundes über Länder und Gemeinden führt und, mehr noch, zu einer Dominanz exekutiver über legislative Organe sowohl auf Länder- als auch auf Bundesebene (327).

Diese Haltung schlägt sich einmal in dem Lösungsvorschlag zur Deutschlandfrage nieder. Als langfristiges Ziel strebt die deutsche Sektion "die Einheit Deutschlands als Kulturnation in einer europäischen Föderation" an, die nur noch kulturpolitische Kompetenzen behalten, alle anderen Befugnisse jedoch entweder an europäische Organe oder an Organe derjenigen Regionalstaaten abgeben würde, in die sie im Zuge der Bildung einer europäischen Föderation zu gliedern wäre.

Das Konzept eines wiedervereinigten Deutschland als Kulturnation ist vor dem Hintergrund des von Guy Héraud entwickelten Begriffs der "Ethnie" zu verstehen, die er als eine Gruppe von Menschen definiert, deren innerer Zusammenhalt auf der Gemeinsamkeit ihrer Sprache als Ausdruck gemeinsamer psychischer und mentaler Strukturen beruht, eine existentielle Grundgegebenheit zwischenmenschlichen Zusammenlebens, die seiner Auffassung nach auf Dauer eine stärkere strukturierende Kraft zu entwickeln in der Lage ist als andere Muster gesellschaftlicher Organisation, wie etwa der Nationalstaat jakobinischer Provenienz. Nach Héraud ist die "Ethnie" die wahre Nation, die erst nach ihrer Befreiung von der bzw. von den sie dominierenden Staats-Nationen zu voller eigenständiger Entfaltung gelangen kann (328). Berlin soll nach den Vorstellungen der EFP-Sektion Deutschland in der Föderation zur eigenständigen Region, zu einem Zentrum politischer, wirtschaftlicher und kultureller Kooperation zwischen Ost und West werden. Als Gegengewicht gegen den Zentralstaat sieht die EFP die Städte und Gemeinden, deren Eigenständigkeit deshalb hauptsächlich durch Gewährleistung ihrer finanziellen Autonomie gestärkt werden soll. Zur Lösung überörtlicher Aufgaben sind Zweckverbände zu bilden, die die gemeinsamen Probleme auf dem Wege über Vereinbarungen lösen sollen. Damit wendet sich die deutsche Sektion der EFP z.B. gegen jene Bevormundung der Städte und Gemeinden durch Bund und Land, die bis heute wirksam in Form von Zuschüssen praktiziert wird.

Anknüpfend an die Prinzipien des Grundprogramms "Machtaufteilung - Machtanteilnahme" wendet sich die deutsche Sektion der EFP gegen jede Form der Zentralisation von Verwaltung, die den Bürger daran hindert, an den ihn betreffenden Entscheidungen mitzuwirken. Demgegenüber fordert die Partei: "Dezentralisation von Kompetenzen von der Spitze zur Basis". Letztes Ziel dieser Konzeption ist die möglichst umfassende Verwirklichung der Idee der "Basisdemokratie", d.h. eine Veränderung der politischen Strukturen dahingehend, daß den Bürgerinnen und Bürgern effektive Partizipation an Entscheidungsprozessen ermöglicht wird, von deren Auswirkungen sie individuell betroffen werden.

Demgemäß werden Parteien, Bürgerinitiativen und Medien als Mittel der tatsächlichen Teilhabe am politischen Willensbildungsprozeß gesehen. Ein wesentliches Ziel der EFP-Sektion Deutschland ist es darüber hinaus, allen interessierten gesellschaftlichen Gruppen über einen "institutionalisierten öffentlichen Dialog" eine breite mittelbare Teilnahme an politischen Entscheidungsprozessen zu ermöglichen.

Auch die Forderungen zur "Bildungspolitik" richten sich letztlich gegen die Dominanz staatlicher Institutionen (z.B. "mehr Ausbildungsstätten ... in nichtstaatlicher Trägerschaft, d.h. Zurückdrängung des staatlichen Bildungsmonopols"). Darüber hinaus wendet sich die Partei "gegen die zunehmende Entpolitisierung der Lehrinhalte, die darauf abzielt, gesellschaftliche Konflikte durch falsche Harmonievorstellungen zu verschleiern, statt sich mit ihnen auseinanderzusetzen mit dem Ziel, sie besser zu bewältigen" (S. 7).

Als Alternativkonzept zu den "unföderalistischen Wirtschafts- und Gesellschaftsstrukturen", die nach Ansicht der deutschen Sektion der EFP "die Entfaltung des Einzelnen und ... der Gruppen" (S. 1) behindern, fordert die Partei "den Ausbau volkswirtschaftlicher Steuerungsmechanismen zur indirekten Lenkung der Produktion", wobei jedoch eine weitgehende Autonomie der einzelnen Betriebe gewährleistet bleiben soll. "Auf diese Weise soll die Eigeninitiative einzelner Personen und Gruppen in einer föderalistischen Wirtschaftsordnung in Verbindung mit dem Grundsatz der gegenseitigen Verantwortung als wichtiger Bestandteil des ökonomischen und sozialen Fortschritts erhalten und gefördert werden" (S. 7).

Gewiß als originell kann das Konzept bezeichnet werden, die Lösung der deutschen Probleme "Arbeitslosigkeit und Inflation" zu verbinden mit dem Aufbau der Wirtschaft in der Dritten Welt (329). Es sieht einen Austausch von Krediten und Technologie gegen (in erster Linie reproduzierbare) Rohstoffe vor, die in der Dritten Welt reichlich vorhanden sind, aber dort nicht verarbeitet werden können, von den Industriestaaten jedoch benötigt werden. Die Lagerung und Vorausfertigung solcher Rohstoffe in den Industriestaaten setzt allerdings ein verändertes Konsumverhalten voraus, in dem Qualität als oberste Maxime zu gelten hat. Ein solches Spar-Konsumverhalten ist als Alternative zu der derzeitigen Verschwendergesellschaft zu sehen, die noch nicht gelernt hat, mit den endlichen Ressourcen sparsam umzugehen.

Neben diesem globalen Aspekt sieht die deutsche Sektion der EFP für Europa die Regionalisierung der Wirtschaft vor, wonach regionale Zweckverbände und autonome Wirtschaftsregionen über nationale Grenzen hinweg zu entwickeln sind.

Im Zentrum des wirtschaftspolitischen Programms der EFP-Sektion Deutschland stehen "Föderalisierung der Wirtschaft und Mitbestimmung". "Der arbeitende Mensch ist im Bereich der Wirtschaft als Bürger zu sehen, dem in seinem Arbeitsbereich Mitsprache- und Mitbestimmungsrechte zustehen" (S. 8). Das Föderalisierungskonzept bezieht sich in erster Linie auf Konzerne, die in der Weise aufzugliedern sind, "daß alle angeschlossenen

Bereiche und Betriebe über die sie unmittelbar betreffenden Belange selbst entscheiden können", als ideale Betriebsform sieht die EFP-Sektion Deutschland die Genossenschaft, "in der die Grundsätze der gegenseitigen Hilfe sowie die Beteiligung an Gewinnen und Verlusten zu gelten haben." Das Programm fährt dann fort: "Die föderalistische Mitbestimmung der Arbeitnehmer schließt eine schrittweise Beteiligung am Betriebsvermögen ein. Auf diese Weise führt Mitbestimmung zur Mitverantwortung" (S. 8). Als konkretes Beispiel für die Verwirklichung solcher Forderungen sei auf das "Ahrensburger Modell" verwiesen (330).

Um die Autonomie der einzelnen Betriebe zu sichern, soll außerbetriebliche Fremdbestimmung weitestgehend ausgeschlossen werden. Zur Humanisierung der Arbeitsabläufe werden Arbeitsgruppen gefordert, die jeweils möglichst viele einzelne Arbeitsgänge in eigener Verantwortung durchführen sollen, um auf diese Weise - wo immer das möglich ist - monotone und dem Menschen schädliche Fließbandproduktion zu ersetzen (Modell "Volvo" in Schweden). Die EFP-Sektion Deutschland fordert generell Vereinfachung der Steuerarten und -gesetze. Öffentlichkeit der Finanzplanung und wirksame Mitbestimmung der Bürger durch Bürgerausschüsse.

Bei den Forderungen zum Thema "Umweltschutz" hat die EFP-Sektion Deutschland zahlreiche Forderungen der Ökologisten aufgegriffen. Als wichtigstes, aber auch innerhalb der Partei umstrittenstes Ziel sei das "ausnahmslose Verbot der Energieerzeugung durch Kernspaltung" hervorgehoben. Demgegenüber fordert sie: "die Erforschung neuer Energieträger und die Nutzung ökologisch optimaler Energieformen sind zu fördern". Gedacht ist z.B. an die optimale Nutzung alternativer Energieträger in den Haushalten, was zugleich Dezentralisation in der Energieversorgung und größere Autonomie der Verbraucher nach sich ziehen würde.

Die Kritik der EFP-Sektion Deutschland am "Sozialstaat" wendet sich in erster Linie gegen staatlich und bürokratisch verwaltete Vor- und Fürsorge, die "die Bereitschaft der Menschen zur gegenseitigen Hilfe und Verantwortung einschläfern und die Bürger zu immer abhängigeren Almosenempfängern machen" (S. 1). Demgegenüber sieht die EFP-Sektion Deutschland ihre sozialpolitischen Hauptziele in der "weitestgehende(n) Autonomie und (der) gegenseitige(n) soziale(n) Verantwortung der Gruppenmitglieder füreinander" (S. 11).

Als eine Form der sozialen Sicherung ist das Eigentum zu sehen. Deshalb fordert die deutsche Sektion der EFP eine möglichst breite Eigentumsstreuung. Als eine Form der sozialen Vorsorge wird ein Sozialdienst in Anlehnung an den integralföderalistischen "Bürgerdienst" (331) gesehen, woran alle diejenigen teilnehmen, die keinen Wehrdienst leisten. "Ein solcher Dienst wird die soziale Verantwortung der jungen Menschen fördern. Er wird durch eine Beihilfe vergütet. Aus dem Überschuß, der der öffentlichen Hand dadurch zuwächst, daß die im Sozialdienst erbrachte Arbeitsleistung nur zu einem Teil ihres Wertes vergütet wird, sollen dezentralisierte Fonds gebildet werden. Aus diesen Fonds sollen Menschen, die in berufliche und andere existenzielle Krisen ohne eigenes Verschulden geraten sind, Unterstützung erhalten" (S. 11). Auf diese Weise kann nach dem Konzept der deutschen Sektion der EFP in vielen Bereichen Staatshilfe durch gegenseitige Hilfe der Gruppenmitglieder ersetzt werden.

Entsprechend dem föderalistischen Gesellschaftsbild (Gruppengesellschaft) sollen Familien und Kleingruppen besonders gefördert werden in der Weise, daß kein Gruppenmitglied (z.B. Vater oder Mutter) sich einseitig zu Lasten eines anderen Gruppenmitgliedes (Kind) entfalten kann. Um z.B. die beruflichen Entfaltungsmöglichkeiten beider Elternteile zu sichern, fordert die Partei Teilzeitarbeit für Männer und Frauen (als Angebot), ausreichende und sorgfältige Betreuungsmöglichkeiten für die Kinder etc., aber auch - langfristig - die Aufhebung der krassen Trennung von Arbeit und Freizeit (z.B. regionale Streuung und Entflechtung von Arbeitsprozessen). Sie fordert intensive Förderung und Betreuung der Jugend, Integration von Randgruppen (z.B. durch private und öffentliche Initiativen gegenseitiger Hilfe) sowie eine sinnvolle Eingliederung der alten Menschen in die Gesellschaft. So sollen auch Rentner - entsprechend ihren Fähigkeiten - noch Arbeitsmöglichkeiten erhalten mit dem Nebeneffekt, daß durch zusätzliches Einkommen die Belastung der Rentenzahlung durch die Gesellschaft gemindert würde. Diese Programmpunkte zielen nicht nur ab auf die Entschärfung sozialer Konflikte und die Beseitigung der Isolation, sondern auch auf die Entspannung der Arbeitssituation des modernen Menschen ganz allgemein.

Hauptanliegen der EFP-Sektion Deutschland zum Thema Strafvollzug ist die Wiedereingliederung Straffälliger in die Gesellschaft und die Verhinderung des Rückfalls. Auch hier soll insbesondere gegenseitige Hilfe und Verständnis bewirkt werden.

Besonders wichtig für die EFP als europäische Partei ist die Lösung des Ausländerproblems. Die Partei fordert - im Sinne des Grundprogramms - weitestgehende Entfaltungsmöglichkeiten der ausländischen Mitbürger in ihrer ethnisch-kulturellen Eigenart, die ihrer ethnisch-nationalen Mentalität und ihrer individuellen Persönlichkeit entsprechen. Beispielhaft für die politische Zielrichtung der EFP-Sektion Deutschland in dieser Frage ist auch die Forderung: "Ausländische Mitbürger sollen durch Ausstellung eines Gemeindebürgerbriefes vollwertige Bürger der Gemeinde mit allen Rechten und Pflichten werden". In Großbetrieben soll den Ausländern eine eigene Interessenvertretung ermöglicht werden.

Das Programm schließt diesen Teil mit den Worten: "Grundsätzlich aber gilt: Die Maschinen müssen zu den Menschen kommen, nicht die Menschen zu den Maschinen" (S. 14). Hierin deutet sich die im Grundprogramm (S. 13) ausgeführte Forderung an "eine europäische Regionalpolitik, damit man die Arbeitsplätze möglichst dort schafft, wo die Menschen wohnen, und diese nicht mehr dahin auswandern müssen, wo die Betriebe sind". An dieser Stelle wird deutlich, wie eng Grundprogramm und deutsches Programm miteinander verknüpft sind. Damit sieht sich die EFP als einzige europäische Partei in der Lage, in ganz Europa mit einem gemeinsamen Grundkonzept aufzutreten, das aber inhaltlich so differenzierbar ist, daß unterschiedliche wirtschaftliche, soziale und kulturelle Verhältnisse der einzelnen europäischen Länder darin berücksichtigt werden können.

6.2.8. Die EFP als Innovationspotential

Die Zukunft muß zeigen, ob die EFP ein genügend "attraktives innenpolitisches Programm" (332), eingebettet in ein entsprechendes europäisches Konzept, anzubieten hat, um für den deutschen Wähler als innovatorische Kraft von Interesse zu sein. Doch hängt dies, wie noch zu zeigen ist, nicht allein von der Partei selbst und dem nach Ansicht von Hans-Peter Schwarz notwendigen "überragenden Führungspersonal" (333) ab, zumal es dieser Partei von ihrer programmatischen Intention her widersprechen muß, den Schwerpunkt der politischen Aktivität an die Spitze zu verlagern.

Auch die Frage, wie weit sie "politische Repräsentanten der verschiedenen Interessengruppen" (334) für ihre Vorschläge interessieren kann, steht zum einen nicht allein in ihrer Macht. Der Verzicht auf radikale Kritik und grundlegende Alternativen (335) würde sie zum anderen der Gefahr aussetzen, in einen Anpassungsprozeß an das gegebene System hineinzugeraten, der sie ihrer innovatorischen Kräfte berauben könnte.

Der Erfolg der Partei hängt nicht zu einem geringen Teil von dem politischen Umfeld ab, in dem sie sich bewegt. Solange z.B. die Neigung verbreitet ist, das regionalistische Konzept der Partei mit der Vorstellung von einem "Europa(s) der Biedermeier-Staaten" (336) zu assoziieren, bestehen kaum Chancen, bei den geringen Möglichkeiten der öffentlichen Klärung solcher Fehldeutungen jene Vorurteile auszuräumen.

Ein weiteres Problem liegt in der verbreiteten Abneigung marxistisch-doktrinärer linker Meinungsgruppen gegen dezentrale, regionalistische Strukturen (337). Andererseits ist der entschiedene Antikommunismus der Föderalisten, der gewiß zur Zeit der FI "als bloße Reflexbewegung" (338) erscheinen mochte, sich aber letztlich und grundsätzlich gegen die im kommunistischen Konzept enthaltenen zentralistischen Strukturen wendet (ähnliches gilt gegenüber Nationalismus und Faschismus), geeignet, im linken Meinungsspektrum mit jenem emotional bestimmten Antikommunismus assoziiert zu werden, der derzeit in der Bundesrepublik herrscht und jeder rationalen Auseinandersetzung mit Kommunisten mit weitgehend repressiven Maßnahmen aus dem Wege zu gehen sucht. Demgegenüber wenden sich die Föderalisten gegen jegliche Minorisierung von Meinungsgruppen - auch im Lager ihrer Gegner - und fordern stattdessen einen "institutionalisierten öffentlichen Dialog zwischen allen gesellschaftlichen Gruppen" (Programm EFP-Sektion Deutschland, S. 5), um letztlich dem Bürger die Entscheidung über seine Repräsentanten zu überlassen.

Abschließend sei noch darauf hingewiesen, daß in erster Linie die CDU dazu beigetragen hat, in der Bundesrepublik einen "etatistischen Föderalismus" (339) (Staatsföderalismus) zu etablieren, der sich weitgehend auf die "Staatswürde" der Länder konzentriert (340) und sich in seiner verkürzten Form grundlegend von dem auch auf wirtschaftliche und gesellschaftliche Strukturen abhebenden umfassenden Konzept der Föderalisten unterscheidet, die sich auf den integralen Föderalismus berufen. Auch hierin liegt eine entscheidende Schwierigkeit für diese Föderalisten, in der Bundesrepublik Fuß zu fassen, solange ihnen der von ihnen geforderte institutionalisierte öffentliche Dialog verwehrt wird, in dem sich die gravierenden Unterschiede zwischen Föderalismus als "Basisdemokratie" und Föderalismus als Staatsföderalismus klären ließen.

Nicht zuletzt muß für die bisherige Entwicklung der EFP auch der Mangel an eigenen alternativen Konzeptionen zur Zeit ihrer Gründung verantwortlich gemacht werden, der es der Partei zu Beginn nicht ermöglicht hat, sich ein unverwechselbares neuartiges programmatisches Profil zu geben und auf diese Weise erhebliches Interesse zu gewinnen.

Zusammenfassend kann man kritisch anmerken, daß die FI und die deutsche EFP zur Zeit ihrer Gründung über eine durchdachte Strategie verfügten, aber in ihren programmatischen Aussagen diffus blieben. Demgegenüber ist es der EFP als europäischer Partei gelungen, eine bis in die angeschlossenen Sektionen in ihrer Grundlinie einheitliche programmatische Aussage zu entwickeln, der gegenüber - wie noch zu zeigen ist - die Organisation weit zurückfiel. Um also die Voraussetzungen für eine erfolgreiche Auseinandersetzung mit dem politischen Umfeld zu schaffen, wäre ein systematischer Ausbau der Organisation erforderlich.

Hinsichtlich des im EFP-Programm enthaltenen innovatorischen Potentials kann man festhalten, daß zwar viele Einzelforderungen nicht allein von der EFP vertreten werden (341). Was aber nach Auffassung der EFP anderen Gruppen - also auch den Ökologen - fehlt, ist jene neue Konzeption für eine langfristige Veränderung der staatlichen, gesellschaftlichen und wirtschaftlichen Strukturen in dem umfassenden Sinne (von der eigenständigen Kommune bis zur Weltföderation), wie sie die EFP auf der Grundlage des Integralen Föderalismus anzubieten beansprucht. Die Föderalisten wollen und können sich nicht auf Einzelforderungen beschränken, verstehen sich vielmehr aufgrund ihres umfassenden Programms als potentielles Sammelbekken für alle diejenigen Kräfte, die grundlegende Alternativen zu bestehenden politischen Systemen in Europa anstreben. Ihr weltanschaulich begründetes Bild von dem personalistischen Gruppencharakter der von ihnen anvisierten neuen Gesellschaft, das sie in ihrem Grundprogramm unter den "Grundsätzen des Föderalismus" (S. 7) dargestellt hat, wird weiterentwickelt zu einer alle Bereiche des Lebens umfassenden Theorie, aus der sich neue innovatorische Strategien herleiten lassen. Vor diesem Hintergrund erscheint die Schlußfolgerung gerechtfertigt, die EFP insofern als Innovationspotential zu bezeichnen, als von ihr weitreichende Impulse zur strukturellen und bewußtseinsmäßigen Veränderung eines politischen Systems im umfassenden Sinne ausgehen können. Wie weit solche Impulse von dem politischen System der Bundesrepublik aufgenommen werden, soll die folgende Untersuchung zeigen.

7. DIE EFP IM BUNDESDEUTSCHEN MINORISIERUNGSPROZESS

Die umfassende Darstellung des Minorisierungsprozesses in der Bundesrepublik Deutschland hat ganz allgemein die Schwierigkeiten deutlich gemacht, mit denen eine kleine und neue Partei konfrontiert ist. Am Beispiel der EFP läßt sich nunmehr zeigen, daß bei den meisten Aktivitäten der etablierten, staatszentristischen Parteien, zu denen die EFP aufgrund ihrer transnationalen Struktur wie auch aufgrund ihres föderalistischen Konzepts einen deutlich erkennbaren Gegenpol darstellt, in den wenigsten Fällen die Minorisierungsabsichten offensichtlich werden.

Die Materialien, die uns als Nachweis zur Verfügung standen, sind deshalb auch nicht sehr zahlreich. Wir meinen aber, daß sie - im Kontext mit den vorangegangenen Darstellungen - durchaus exemplarischen Charakter haben und geeignet sind, in ihrer Gesamtheit jenen Minorisierungseffekt zu erklären, der kleinen und neuen Parteien die ungehinderte Teilhabe einer nicht im Parlament vertretenen Partei am öffentlichen Willensbildungsprozeß unmöglich machen.

Bei der Mehrzahl der Minorisierungsakte handelt es sich - wie zu zeigen sein wird - um das, was man nicht justiziable Minorisierung nennen könnte, dies nicht zuletzt deshalb, weil der staatliche und kommunale Verwaltungsapparat von den Parteien für diese Minorisierung mißbraucht wird. Die Minorisierungsabsichten bleiben dabei solange weitgehend verborgen, solange man sich in einer solchen Untersuchung darauf beschränkt zu fragen, ob alles rechtens zugegangen sei, ohne die Verflechtungen von Bürokratie und herrschenden Parteien bzw. die Frage nach dem Mißbrauch des Rechts zur Sicherung der Macht in Betracht zu ziehen. Die Frage nach den Minorisierungsabsichten läßt sich letztlich erst dann sinnvoll klären, wenn man nicht nur die Verflechtungen zwischen Parteien und Bürokratien, sondern auch zwischen Parteien und Medien, Parteien und Gerichten, Parteien und "überparteilichen" Gruppierungen wie der Europa-Union (EU) einbezieht. Diese Gruppierung, über die unseres Wissens bisher keine umfassende Untersuchung vorliegt (1), versteht sich laut Eigenwerbung als "überparteiliche und überkonfessionelle Organisation. Unter voller Wahrung ihrer geistigen, politischen und organisatorischen Unabhängigkeit ist die Europa-Union Deutschland bestrebt, "die öffentliche politische Meinung, die politischen Parteien, die Parlamente und die Regierungen für die föderative und demokratisch-rechtsstaatliche Vereinigung der europäischen Völker zu gewinnen". Sie beansprucht, als Teil der Europäischen Bewegung, die Interessen der Europäer im umfassenden Sinne zu vertreten (2).

Ihr größtes Handikap hat Hans-Peter Schwarz zusammengefaßt: "Das Föderatorkonzept einer überstaatlichen europäischen Bewegung leidet ... nicht nur an ihrem programmatischen Pluralismus. Sie ist zudem darauf angewiesen, daß Parteien, Parlamente und Regierungen ihre Vorschläge aufgreifen und durchsetzen" (3). Ihre tatsächliche enge Verflechtung mit den herrschenden nationalstaatlichen Parteien wird durch ihren nach parteipolitischem Proporz zusammengesetzten Vorstand offensichtlich (4).

Die deutsche EFP ging - wie Schwarz bemerkt - "auf eine Palastrevolution der Bremer Jugendorganisation der Europa-Union zurück" (5). So wurde bereits in der Parteigründung der Gegensatz zwischen EFP und EU für das Verhältnis der beiden Organisationen konstitutiv. Wie weit die Tatsache, daß "die Bedeutung politischer Parteien auf der europäischen Ebene ... bestenfalls marginal" (6) geblieben ist, aus solchen Gegensätzen zu erklären sind, kann und soll hier nicht untersucht werden. Zumindest scheint die Schlußfolgerung voreilig, daß der "Versuch, mit Hilfe spezieller Europa-Parteien die Integration voranzutreiben ..." von vornherein zum Scheitern verurteilt gewesen sei und dem Integrationsgedanken letztlich geschadet habe (7). Es läßt sich nämlich nachweisen, daß gerade diese Europa-Parteien mit ihren spezifischen und mit Nachdruck vertretenen Forderungen - zumindest auf dem Wege über die Absorption durch die großen Parteien (8) - die Entwicklung zu einem vereinigten Europa weiter vorangetrieben haben. Unter diesem Aspekt sollen im Folgenden die Beziehungen zwischen der EFP und der EU bzw. der drei parlamentarisch vertretenen Parteien untersucht werden.

7.1. Strategie des Totschweigens und der Absorption: EFP, Europa-Union und die parlamentarischen Parteien

Die Minorisierung der EFP durch die Europa-Union als Exponent der Europäer in den herrschenden nationalen Parteien gestaltete sich in der Vergangenheit weit weniger spektakulär als diejenige der CSU gegenüber der Bayernpartei 1958. Während damals der jetzige Fraktionsvorsitzende der CSU, Friedrich Zimmermann, die Führer der bayerischen Rivalin mit Falschaussagen in Prozesse verwickelte und damit die Partei ruinierte (9), zielten Europa-Union und die herrschenden Parteien hinsichtlich der EFP eher darauf ab, diese in ein "Isolations-Ghetto" (10) zu verdammen. Dies gelang zum einen mit der Absorption zentraler Konzepte und Forderungen der Partei, zum anderen durch die Zurückweisung jeglicher Kooperationsangebote seitens der EFP bzw. durch eine "Strategie des Totschweigens" (11), die - wie noch zu zeigen ist - sich durch nahezu alle Medien hindurchzieht. Eine zentrale Forderung, die die EFP als erste bundesdeutsche Partei aufstellte: "Wahlen zur Verfassunggebenden Versammlung für die Vereinigten Staaten von Europa" führte noch vor der Gründung der EFP zum Zerwürfnis innerhalb der EU. Als damals vier Mitglieder der Organisation diese Forderung vertraten, die vom "Kongreß des Europäischen Volkes" aufgestellt wurde, schloß man sie kurzerhand aus der EU aus. Einer der vier Ausgeschlossenen stieß 1972 zur EFP (12).

Nachdem die EFP diese Forderung, wie auch diejenige nach einer Direktwahl des europäischen Parlaments (13), jahrelang öffentlich vertreten hatte - u.a. in einem, jedem Bonner Korrespondenten zugänglich gemachten Pressedienst "pep" - traten im September 1971 die EU (14), im September 1972 der CDU-Abgeordnete Blumenfeld (15) und im März 1974 der damalige Bundesaußenminister Walter Scheel und der EG-Kommissar Altiero Spinelli mit eben diesen Forderungen an die Öffentlichkeit (16) und machten sie auf diese Weise "hoffähig". 1977 übernahm auch Kurt Biedenkopf (CDU) diese Forderungen, ohne natürlich die Urheberschaft der EFP zu erwähnen (17).

Die von der EFP aufgestellte Forderung hingegen wurde von keinem Publikationsorgan einer Zeile gewürdigt.

Ein weiteres "politisches Plagiat" (18) dieser Art läßt sich nachweisen in einer Forderung der EFP, die sie selbst durch ihre Existenz als erste verwirklicht hat: daß "die nationalstaatlichen Parteien sich organisatorisch und programmatisch zu europäischen Parteien umwandeln" (19). 1948 hatte der recht eigenwillige (20) erste Präsident der Europa-Union, Wilhelm Hermes, mit dem Gedanken der Gründung einer Europa-Partei gespielt und "damit das blanke Entsetzen des auf Überparteilichkeit eingeschworenen Vorstandes erweckt" (21).

Noch im August 1971 schrieb Rainer Barzel an die EFP, daß er "die Existenz einer eigenen Europa-Partei für unzweckmäßig" halte (22). Er begründete damit seine Ablehnung gegenüber dem Angebot des Bundesvorsitzenden der EFP, Hans Wittich v.

Gottberg, zu einem Streitgespräch über den von ihm vorgelegten Stufenplan für die politische Union Europas (23). Kurz darauf jedoch forderte die Europa-Union offiziell die Bildung europäischer Parteien, selbstverständlich ohne dabei die Urheberschaft dieses Konzepts zu nennen (24). Schließlich verschaffte der Vize-Präsident der EWG-Kommission, Sicco Mansholt, diesem Konzept europaweite Öffentlichkeit (25), ohne dabei auf die entsprechenden Forderungen der EFP zu verweisen.

Lange nachdem sich die EFP im November 1974 in Genf als erste europäische Partei konstituiert hatte (26) und auch vom Bundeswahlleiter "erlaubt" worden war (27), erklärte die EU in ihrem gleichnamigen Organ, daß es sich bei der zu gründenden liberalen Partei (1976) um die "erste europäische Partei" handle (28). Eine von der EFP geforderte Richtigstellung wurde nie veröffentlicht (29). Der dahinter stehende Versuch der FLIDEPEG (Föderation der Liberalen und demokratischen Parteien in der EG) (30), sich als "erste europäische Partei" einzuführen, wurde noch 1976 nach Einleitung gerichtlicher Schritte seitens der EFP-Sektion Deutschland (Antrag auf einstweilige Verfügung) aufgegeben (31). Die CDU versuchte übrigens verschiedentlich auf regionaler Ebene mit dem für die EFP geschützten Namen "Europa-Partei" zu werben (32).

Als weiteres, von der EFP vermutlich übernommenes Ziel wäre das aktive Wahlrecht für ausländische Arbeitnehmer auf kommunaler Ebene zu nennen, das die EU-Baden-Württemberg 1974 öffentlich vertrat (33).

Das Verhältnis EU - EFP gestaltete sich weitgehend negativ. 1969, als sich die EFP erstmals auf Bundesebene zur Wahl stellte, machte die EU der EFP ihre Abneigung unmißverständlich klar, indem sie sich weigerte, die Kandidaten der Europa-Partei in ihre Wahlempfehlung aufzunehmen. Mehr noch: sie verbreitete nach außen hin eine Warnung, keine nicht im Parlament vertretene Partei zu wählen, um eine Parteienzersplitterung zu verhindern. Angesichts der nahezu gleichlautenden Zielsetzung von EU und EFP mußte sich diese Wanrung in erster Linie gegen die EFP richten (34).

Ein Gespräch, das auf Initiative der EFP mit der EU Anfang 1970 in Bonn stattfand, sollte nach den Vorstellungen der Vertreter der EFP wieder zu einer Zusammenarbeit der beiden Organisationen führen in der Form, daß die EFP als parteipolitischer Arm für die EU dienen sollte. Die EFP wollte dafür die Schulungsstätten der EU nutzen. Das Gespräch blieb ergebnislos, weil die Vertreter der EU gegenüber dem Parteikonzept der EFP ganz allgemein skeptisch blieben (35).

Ein Versuch der EFP, in einer von ihr 1970 in Bonn angesetzten Podiumsdiskussion über die Europäisierung des Parteienwesens mit den herrschenden Parteien ins Gespräch zu kommen, wurde von FDP und SPD positiv beantwortet. Beide Parteien schickten ihre Vertreter. Die CDU hingegen lehnte ab mit der Bemerkung, daß sie nicht daran denke, durch Teilnahme an dieser Diskussion sich einen unerwünschten politischen Konkurrenten großzuziehen (36). Eine in Hamburg angesetzte Podiumsdiskussion zwischen der EFP und den drei etablierten Parteien mußte auf deren Protest hin abgesagt werden (37).

Gewisse Hoffnung auf die seitens der EFP angestrebte gute Zusammenarbeit mochte ein Gespräch mit einem Redakteur der Europa-Union anläßlich des XIX. Ordentlichen Kongresses der EU in Bad Godesberg wecken, in dem die Vertreter der EFP eine Zusage erhielten, daß in der Zeitschrift "Europa-Union" ein ausführlicher Artikel über Entwicklung und Programm der EFP in Deutschland erscheinen würde. Was schließlich veröffentlicht wurde, war ein einspaltiger kurzer Artikel, der immerhin den damaligen Wandel von der Europa-Partei zur Europäischen Föderalistischen Partei wiedergab und als eines der Wahlziele der Partei die Ausschaltung der FDP auf Bundesebene vorstellte. Der Artikel schloß mit der Perspektive, "daß die EFP Europa in den Wahlkampf bringen" werde. "Auch das kann der Europa-Union und allen Europäern nur recht sein, auch wenn man über die Ziele, Strategie und Methoden der EFP geteilter Meinung sein kann" (38). Eine von der EFP in der gleichen Zeitung veröffentlichte Anzeige wurde ausdrücklich so gerechtfertigt: "Wie irgendwo und selbstverständlich in diesem Blatt Reklame für die großen Parteien Aufnahme finden würde ..., so hat auch die EFP als legale Partei ihr Anzeige-Recht" (39). Diese ausdrückliche Rechtfertigung deutet immerhin darauf hin, daß Einsprüche zu befürchten waren.

Ein weiterer Lichtblick zeigte sich 1973 in Berlin, als die Europa-Union Berlin die Beziehungen zur EFP zu intensivieren beschloß und den damaligen Landesvorsitzenden der Partei zu einem Vortrag einlud (40). Im gleichen Jahr hatte die EFP in Bonn einen erneuten Vorstoß gemacht, mit der EU in Kooperation zu treten. Doch blieb auch dieses Bemühen letztlich ergebnislos (41). Ein Jahr darauf registrierte "Europa-Union" aufatmend, daß die EFP auf die Teilnahme an der Wahl in Niedersachsen verzichten wollte mit dem Argument, als "überparteiliche" (42) Opposition außerhalb der beschränkenden Wahlgesetzgebung wirken zu wollen, in der Hoffnung, daß nun die EFP wieder zur Strategie der EU zurückkehren werde (43).

Die zunehmend frostige Beziehung zwischen EU und EFP zeigte sich u.a. darin, daß die EFP, die als erste bundesdeutsche Partei die Direktwahl des Europäischen Parlaments gefordert hatte, in den gesamten Vorbereitungen zu dieser Wahl, die ja lange vor dem eigentlichen Wahlkampf begonnen und in denen krampfhaft versucht wurde, mangelndes Europa-Bewußtsein schnell in ausreichendem Maße zu erzeugen, weder an irgendeiner Diskussion der EU zu diesem Thema noch generell zu irgendeiner offiziellen Veranstaltung zum Thema "Europa" eingeladen wurde (44). Nachdem die EFP-Sektion Deutschland auf ihre schriftliche Bitte an Bundesminister Maihofer (45) nicht an der Erarbeitung des Entwurfes zum Europawahlgesetz (z.B. in einer Anhörung) beteiligt worden war (46), wurde sie - trotz Antrages bzw. ausführlichen Schriftwechsels - weder in Berlin (47), noch in Nordrhein-Westfalen in das Landeskomitee für die Europa-Wahl berufen. Nach Auskunft des Sonderbeauftragten für die Europa-Wahl in NW wurden ausdrücklich "nur die im Landtag von Nordrhein-Westfalen vertretenen politischen Parteien, die Spitzenverbände der gesellschaftlichen Gruppen und die Europabildungseinrichtungen in das Komitee berufen". Sozusagen zum Trost wurde die EFP auf Informationsmaterial der Landeszentrale für politische Bildung verwiesen (48).

Erst auf einen Protest der Landesparteileitung der EFP hin (49) - die in Kurzform an dpa ging - antwortete der Europa-Beauftragte und damalige Wissenschaftsminister Johannes Rau persönlich. Er rechtfertigte die "notwendige" Beschränkung des Komitees mit "Erwägungen der Zweckmäßigkeit". Nach seiner Ansicht würde über die "Etablierung" von Parteien durch das Votum der Wähler entschieden und schloß mit dem Satz: "Die Überlegung, politische Repräsentanz auf andere Weise als durch die Beteiligung an demokratischen Wahlen erzielen zu wollen, würde einem Grundsatz widersprechen, dem gerade auch durch die Direktwahl des europäischen Parlaments auf einer neuen Ebene Geltung verschafft werden soll" (50). Angesichts der dargestellten Minorisierung kleiner Parteien speziell vor der Wahl erweist sich der Inhalt dieses Schreibens als - bewußte? - Verharmlosung der tatsächlichen Wahlentscheidungen.

Die Minorisierung ist selbst in Publikationsorganen zu beobachten, die sich als wissenschaftlich verstehen. Die Zeitschrift für Parlamentsfragen hatte früher ausführlich über die europäischen "Parteibünde" berichtet, zu denen bekanntlich auch die vier im Bundestag vertretenen Parteien gehören (51). Rudolf Hrbek beklagte in einem jener Beiträge zu diesem Thema ausdrücklich, daß den EG-Fraktionen "die Verankerung in EG-weiten transnationalen Parteiorganisationen" fehle (52). Für einen Beitrag über die EFP als Modell einer solchen transnationalen Parteiorganisation, die in diesen Beiträgen nicht erwähnt war und angesichts ihres Bestehens seit 1959 (als Parteiinternationale) bzw. 1974 (als europäische, supranationale Partei) den Verfassern jener Artikel wie auch den Redaktionsmitgliedern bekanntgewesen sein dürfte, fand sich jedoch kein Platz in der Zeitschrift (53). Selbst wenn hierzu notwendige Schlußfolgerungen sich nur auf Vermutungen beschränken können, so kann in diesem Zusammenhang durchaus von einer verdeckten "Strategie des Totschweigens" gesprochen werden. Ein Vergleich zwischen der "überparteilichen" Europa-Union und den öffentlich-rechtlichen Medien liegt nahe, die gerade von denjenigen Parteien immer wieder an das Prinzip der Ausgewogenheit erinnert werden, die de facto jene Medien kontrollieren. Es wäre gewiß reizvoll, in einer noch zu schreibenden Analyse der Europa-Union die tatsächlichen personellen und finanziellen Abhängigkeiten von den herrschenden nationalstaatlichen Parteien zu klären, um endlich jene Überparteilichkeit, mit der sich die Organisation nach außen hin um das Vertrauen der Bürger bemüht, als Ideologie zu decouvrieren. Darüber hinaus läßt die redaktionelle Praxis beispielsweise eines Organs wie der Zeitschrift für Parlamentsfragen, deren finanzielle Abhängigkeit vom Bundestag bekannt ist, Zweifel an ihrer Wissenschaftlichkeit - im Sinne eines Bemühens um Objektivität und Überparteilichkeit - aufkommen.

Im Anschluß an die allgemeine kritische Analyse Hans Kastendieks an der Kritikfähigkeit der bundesdeutschen politischen Wissenschaft (54) wird auch hier am Beispiel die Tendenz deutscher Politikwissenschaftler und ihrer Publikationen deutlich, sich unverhältnismäßig stark ihrer kritischen Distanz zur politischen Praxis zu begeben und - ähnlich den dem Prinzip der Parteilichkeit verpflichteten Zeitschriften in der DDR - an den Interessen der politischen Praxis zu orientieren.

Die Minorisierung der EFP durch die herrschenden Parteien geht aber, wie sich am Beispiel der CDU bereits zeigen ließ, nicht nur indirekte Wege über "überparteiliche" Organe und Organisationen. Als die EFP in einem offenen Brief in der "Zeit" (30.11.73) an Bundeskanzler Willi Brandt dessen Europa-Politik und die ablehnende Haltung der SPD zur europäischen Direktwahl und zum Zusammenschluß der sozialistischen und sozialdemokratischen Parteien zu einer "Europäischen Sozialdemokratischen Union" rügte, reagierte nicht der Kanzler als Adressat, sondern die Parteizeitung "Vorwärts" (13.12.73) mit einem heftigen und polemischen Angriff gegen die EFP. Unter dem Titel "Mißbrauch einer Idee" warf der Autor der Partei vor, sie vertrete nur eigene Interessen, genauer gesagt, die Interessen des in ihr - nach Meinung des Autors - vorwiegend vertretenen "neuen Mittelstandes", der sozialen Aufsteiger (Kaufleute, Offiziere, Lehrer, Selbständige (sic!) (55). Das einzige Interesse dieser Schicht - und damit nach Meinung des Autors dieser Partei - sei es, Patentrechte "in Portugal mit der gleichen Selbstverständlichkeit vertreten zu können wie in Finnland". Danach reduziere sich für die EFP "die Lebensnotwendigkeit eines Vielvölkerstaates Europa ... auf bloße Interessenpolitik". Dieses Ergebnis entnahm der Autor nicht dem Programm der Partei, sondern einer von ihm nicht angegebenen Quelle über die Mitgliederstruktur der Partei. Der Schreiber ging weder auf die eigentliche Programmatik der Partei ein, noch auf die in jenem offenen Brief aufgeführte Kritik, die sich u.a. gegen die Minorisierung der EFP (Unterschriftenquorum) richtete (56).

Die große Zahl der Zuschriften auf jenen offenen Brief wie auch die folgende kritische Diskussion um die Europapolitik als "Konferenzdiplomatie" (57) hatte vermutlich das SPD-Organ zu jenem Angriff bewogen, andererseits der EFP gezeigt, daß sie mit ihren Vorschlägen auf starkes Interesse stoßen würde, würde sie nicht so total aus der Öffentlichkeit ferngehalten werden.

Von seiten der EFP wurde der Angriff mit der Feststellung erwidert, daß die SPD wohl fürchten müsse, daß die "neue Klasse" jenes Mittelstandes mit ihrer Intelligenz und Dynamik "das antagonistische Klassenmodell von Ausgebeuteten und Ausbeutern ... seiner politischen Existenzgrundlage" beraube. "Der 'demokratische Sozialismus' beginnt sich vor der Idee des Integralen und Dynamischen Föderalismus zu fürchten" (58). Zumindest läßt die Unsachlichkeit, in der das Parteiorgan der SPD auf jene erste und einzige Anzeige dieser Art reagierte, die Schlußfolgerung zu, daß die SPD keine adäquaten Gegenargumente hatte.

Ein weiterer offener Brief an Bundeskanzler Schmidt, in dem die EFP gegen dessen Vorschlag protestierte, den 23. Mai (Verabschiedung des Grundgesetzes) zum nationalen Feiertag zu erklären (59), wurde weder vom Bundeskanzler beantwortet noch von den fünf angeschriebenen Zeitungen veröffentlicht (60).

Diese offensichtliche Ignoranz gegenüber politischen Stellungnahmen aus kleinen Parteien erfuhr die EFP bei weiteren Gelegenheiten (61). Auf einen Brief an die Fraktionen im Europäischen Parlament (Christliche Demokraten, Sozialisten, Liberale und Nahestehenden) zum Thema "Verfassunggebende Versammlung für Europa" (62) reagierten die Liberalen überhaupt nicht. Von den Sozialisten erhielt die EFP die Zusage, die Gedanken bzw. Bedenken in ihre Erwägungen mit einbeziehen zu wollen (63). Die Christlichen Demokraten schlossen ihr Antwortschreiben mit der Bemerkung: "Ihre Forderungen sind im übrigen die, die die Christlichen Demokraten schon fortgesetzt vertreten" (64).

Die verschiedenen, in diesem Kapitel beschriebenen Beispiele der Absorption von Ideen sowie des totalen Totschweigens und der Ignoranz der EFP deuten auf eine Strategie etablierter Parteien gegenüber nicht in den Parlamenten vertretenen Parteien hin, die folgendermaßen beschrieben werden kann: die ersteren entnehmen dem Programmgefüge der letzteren diejenigen Elemente, die
1. in ihr jeweils eigenes Programmgefüge ohne größere Schwierigkeiten einzugliedern sind, und mit deren Vertretung nach außen sie
2. eine mögliche Abwanderung von auch noch so kleinen Wählergruppen hin zu den entsprechenden nichtetablierten Parteien verhindern können.
Mit dieser Strategie können die sich als "staatstragend" verstehenden großen Parteien zum einen in der Öffentlichkeit den tatsächlichen Alternativcharakter der Programme nichtetablierter Konkurrenten bestreiten und damit deren potentielle Attraktivität für Wähler schmälern oder ganz zunichte machen; zum anderen mindern sie dadurch den umfassenden Charakter alternativer Programme minoritärer Parteien und beeinträchtigen zwangsläufig auch die innere Kohärenz und die darauf ganz wesentlich beruhende Überzeugungskraft von deren alternativen ordnungspolitischen Vorstellungen. Von "Fermentwirkung" u.ä. kann man, wenn überhaupt, in diesem Zusammenhang nur sehr bedingt sprechen, weil
1. die entsprechende Kausalkette in der Regel nicht aufgedeckt werden kann, und weil
2. die Übernahme bestimmter Programmelemente unter Umständen durchaus widerruflich sein kann (65) und in solchen Fällen eben keine innovatorische Veränderung des Programmgefüges der so taktierenden Partei impliziert.
Die problematischen Folgen dieser Strategie des Totschweigens und der Absorption zeigten sich deutlich am Beispiel der Direktwahl zum Europäischen Parlament. Nachdem die nationalstaatlichen Parteien diejenige Partei durch Ignoranz ins politische Abseits gedrängt hatten, die sich unabhängig von den nationalen Parteiinteressen für ein vereinigtes Europa engagiert hatte, ist in der halbherzigen europäischen Interessenvertretung durch die nationalen deutschen Parteien ein Grund zu suchen, weshalb ein Jahr vor der Europa-Wahl nur 58 % der Deutschen sich zugunsten der EG aussprachen (66). Entsprechend geringes Interesse bestand z.B. 1977 noch an einer Wahl zum Europäischen Parlament. Damals erklärten sich definitiv ganze 36 % der Bundesbürger bereit, sich an einer möglichen Wahl zu beteiligen (67).

Eine Möglichkeit, um dieses verbreitete Desinteresse der Bevölkerung an der Vereinigung Europas zu klären, sehen wir in der Untersuchung der öffentlichen Reaktion auf Initiativen der EFP, die Öffentlichkeit an Fragen der Europäischen Einigung zu interessieren.

7.2. Öffentliche Ignoranz und Diffamierung

Wie sich in der folgenden Darstellung zeigen läßt, steht eine kleine Partei in der Bundesrepublik vor einer Mauer des Schweigens, der Ignoranz und der Diffamierung. Während die ausländische Presse z.B. in der Schweiz, in Italien und sogar in den Niederlanden (wo z.Zt. keine EFP besteht) sachlich über die Initiativen berichtet (68), beschränken sich insbesondere überörtliche Medien in der Bundesrepublik auf Ignoranz und Diffamierung der EFP. Als einziger nennenswerter Fernsehbeitrag über die EFP ist der diffamierende Bericht im ZDF (Heute, 9.11.72) anzuführen. Er wurde offensichtlich aufgenommen, nachdem dem ZDF bekannt geworden war, daß der einzige bundesweite Wahlspot der EFP von 2 1/2 Minuten, den das ZDF ausstrahlte, ein unerwartetes Echo unter den Zuschauern gefunden hatte (69). Auf ihren Protest gegen jenen Heute-Beitrag erhielt die EFP von der Anstalt keine Antwort (70).
   In der ARD erhielt die Partei nur in den Regionalprogrammen (außer Rheinland-Pfalz) Werbespots (71), weil sie in Rheinland-Pfalz 1972 keine Landesliste eingereicht hatte. Ein Protest der Partei wegen dieser Zurücksetzung und die Forderung nach bundesweiten Wahlspots wurde vom WDR abschlägig beschieden (72). Ein fernschriftlicher Protest der Partei gegen diese Praxis wurde nie beantwortet.
   Diese Politik der Fernsehanstalten, die wir im Kap. 4.2.2.5. ausführlich dargestellt haben, erklärt sich aus der bereits dargestellten engen Verflechtung bzw. zunehmenden Kontrolle durch die im Bundestag vertretenen Parteien. Dies trifft u.a. für die Zuteilung der Fernsehspots im Wahlkampf zu, über die der Bundeswahlausschuß - bestehend aus Mitgliedern der Majoritätsparteien - entscheidet (74). Für die Anstalten hat diese Praxis u.a. zur Folge, daß zwar Gedanken aus dem Programm der EFP übernommen werden (z.B. "Europa der Regionen") (75), die EFP als Vertreterin dieses Konzeptes aber verschwiegen wird. Selbst in der Berichterstattung über Ereignisse im Ausland (Teilnahme des Vorsitzenden der EFP-Sektion Frankreich an der französischen Präsidentschaftswahl - die "Neue Züricher Zeitung hatte ausführlich darüber berichtet (76)) - werden Na-

men, Programm und Exponenten der EFP sorgfältig verschwiegen (77). In jüngster Zeit blieben verschiedene Versuche seitens der EFP, mit Redakteuren vom WDR rechtzeitig vor der Euro-Wahl Kontakt aufzunehmen (78), letztlich ergebnislos (79).

Die Reaktionen der verschiedenen überörtlichen Zeitungen reichen von Ignoranz über Diffamierung bis zur Absorption der EFP-Ziele ohne Nennung des Urhebers. Nach den im Anhang aufgeführten Aktivitäten in der Öffentlichkeitsarbeit hat die Partei zwischen 1975 und 1979 44 Stellungnahmen an dpa und ddp, fakultativ auch an ap, upi und afp geschickt (80). Keine einzige dieser Stellungnahmen kam je an die Öffentlichkeit. Auch der Bericht eines dpa-Vertreters anläßlich der Hauptausschußsitzung der EFP-Sektion Deutschland in Kassel fand sich in keiner Zeitung wieder (81). Die einzige, von dpa übernommene, inhaltlich nicht korrekte Meldung handelte von der Abspaltung einer kleinen Gruppe von EFP-Mitgliedern (82). Im Zeitraum von einem Jahr (1977) brachte die Frankfurter Allgemeine Zeitung von 35 Leserzuschriften eine einzige (83).

Von Mai 1971 bis April 1975 verteilte die EFP Deutschland bzw. Sektion Deutschland wöchentlich den Pressedienst Europa-Partei (pep) an nahezu alle Bonner Redaktionen nationaler und internationaler Medien. In keiner der damit bedachten Organe und Sender aus der Bundesrepublik (84) fand sich je eine Meldung oder Stellungnahme entsprechenden Inhalts. Unter den einzelnen Presseorganen hat allen voran der Springer-Konzern das Totschweigen aller nicht im Bundestag vertretenen Parteien praktiziert. Laut einem Redaktionsbeschluß von 1972 werden in den Springer-Zeitungen nur Termine und Informationen der vier im Bundestag vertretenen Parteien veröffentlicht (85). Selbst Leserbriefe zustimmenden Inhalts werden nicht veröffentlicht (86).

Dagegen tun diese Zeitungen alles, um kleine Parteien als unwählbar ("Liliput-Parteien") hinzustellen (87). Beispielhaft dafür ist ein Artikel in der Bildzeitung vom 18. November 1972, also einen Tag vor der Wahl, mit der Überschrift: "So entscheiden Sie über ihre Zukunft". Dieser Artikel schließt mit folgendem Passus: "Schließlich ist dies noch wichtig: Außer CDU (in Bayern CSU), SPD und FDP stellen sich auf Ihrem Wahlzettel noch eine Anzahl anderer Gruppen zur Wahl. Sie rangieren ab Platz 4. Es ist jedoch sinnlos, diesen Gruppen Stimmen zu geben, da keine von ihnen eine reelle Chance hat, mehr als fünf Prozent der Gesamtstimmen zu erreichen. (Das Gesetz schreibt vor: Diese Stimmen werden nicht mitgezählt.) Bild bittet deshalb alle Leser in ihrem eigenen Interesse: Geben Sie nur den Parteien ihre Zweitstimme, die auf den Plätzen 1 bis 3 angegeben sind:

. CDU (in Bayern CSU)
. SPD
. FDP" (88).

Angesichts dieser massiven Manipulation der Wähler seitens der Bild-Zeitung, mit der sie millionenfach gerade unpolitische Leser erreicht, kann der geringe Stimmenanteil der kleinen Parteien bei der Wahl von 1972 nur noch als logische Folge dieser Art Minorisierung registriert werden.

Zu den Zeitungen, die die EFP offensichtlich totschweigen, sind auch NRZ (Neue Rhein-/Ruhr-Zeitung) und die "Wirtschaftswoche" zu rechnen. Der Versuch eines EFP-Mitgliedes, bei der NRZ zur Bundestagswahl 1972 eine Anzeige aufzugeben, in der eine Wahlkundgebung der EFP angekündigt werden sollte, lehnte die Zeitung ab mit der Bemerkung, daß sie während des Wahlkampfes keine Anzeigen von nicht im Bundestag vertretenen Parteien veröffentliche. Wie das Mitglied berichtet, habe es auch in anderen Zeitungen keine Anzeigen von nicht in den Parlamenten vertretenen Parteien gefunden. Es kommt deshalb zu dem Schluß, "daß es sich hier um eine Absprache unter den Zeitungsverlagen handelt" (89).

Ein weiteres Indiz für das Totschweigen kleiner Parteien lieferte die "Wirtschaftswoche" (13.9.74). In einer Titelgeschichte berichtete sie ausführlich über die Schwierigkeiten des europäischen Integrationsprozesses. In ihrer Aufzählung der verschiedenen Parteien in den EG-Ländern, mit der sie beanspruchte, alle Parteien in diesen erfaßt zu haben, fehlte ausgerechnet diejenige Organisation, die mit ihrem Konzept eines europäischen Zusammenschlusses gleichgesinnter Parteien als erste den Versuch unternahm, diese verwirrende Vielfalt zu überwinden - die Föderalistische Internationale der Europäischen Föderalistischen Parteien (90).

Wie man - allerdings nur unter der Hand - erfährt, lagern in den Archiven der verschiedensten Sender und Presseorgane zahlreiche Unterlagen dieser Partei. Dennoch hat es bisher noch kein bundesdeutscher Sender bzw. kein bundesdeutsches Presseorgan unternommen, dieses Material unvoreingenommen auszuwerten. Für das Vorhandensein entsprechender Informationen sprechen Fälle, in denen politische Überlegungen und Forderungen der EFP in der Bundesrepublik nach ihrer Veröffentlichung im mehr oder weniger großen zeitlichen Abstand danach in verschiedenen Zeitungen in anderer Form, aber wesentlich übereinstimmenden Inhalten zu lesen waren. Die Frankfurter Allgemeine Zeitung stellte im Juni 1973 das Ziel eines westeuropäischen Bundesstaates mit gemeinsamer Außen- und Sicherheitspolitik zur öffentlichen Diskussion, ein Ziel, das die EFP - Deutschland vorher bereits wiederholt in ihrem Pressedienst "pep" zur Sprache gebracht hatte (91).

Als Beispiele für eine diffamierende Berichterstattung sind zu nennen die Frankfurter Allgemeine Zeitung (21.6.69), der NDR-Kurier (5.10.70), das Handelsblatt (22.9.70) und der Spiegel (Nr. 47, 1972, S. 50 f.). Die Frankfurter Allgemeine Zeitung konzentrierte ihren vierspaltigen Bericht "Von einem, der auszog, Europa zu finden", zunächst auf die von dem Parteigründer und damaligen Vorsitzenden Ernst Ruban entwickelte Strategie, von Luxemburg als neuem Zentrum der EFP aus Europa zu einigen. Dieser abenteuerliche Plan wie die soziale Zusammensetzung der Mitglieder interessierten die Zeitung in erster Linie. Das gerade verabschiedete Programm der Partei lag damals erst in unkorrigierten Druckabzügen vor. Zwar entsprach der Artikel im wesentlichen der derzeitigen Verfassung der EFP - Vorrang von Strategie, Organisation und Mitgliederwerbung vor programmatischen Aussagen. Auch die Ironie des Berichterstatters gegenüber jenem utopischen Plan Rubans - in Luxemburg gab es damals noch keine EFP - ist verständlich. Die Minorisierung der Partei besteht jedoch darin, daß man sich in diesem Artikel über ihre Kleinheit mokierte und ihr selbst und ihrem Programm später keine Zeile mehr widmete, dem quantitativen Aspekt also Vorzug vor dem qualitativen Aspekt gab.

Während sich der NDR-Kurier über einzelne, aus ihrem Zusammenhang gerissene Forderungen der EFP lächerlich machte und sich gegen die Kritik der Partei an der Ostpolitik Brandt/Scheel wandte, mokierte sich das Handelsblatt zunächst generell über die kleine Partei, in der "Mitglieder ... zum größten Teil - notgedrungen - auch Funktionäre ... nicht frei von Dilettantismus" sind. Das der Industrie nahestehende Blatt setzte sich - zumindest ansatzweise - mit den Zielen der Partei auseinander, die sie inzwischen entwickelt hatte, und hob das im "Göttinger Programm" vertretene Subsidiaritätsprinzip hervor. Die Forderung nach "Vergesellschaftung der mit Mitteln des sozialen Wohnungsbaus errichteten Wohnungen" wurde dabei vor allem kritisiert. Gewiß mit Recht stellte das Blatt fest, daß mit solchen Zielen kaum diejenigen Abtrünnigen der FDP zu gewinnen seien, die sich stärker für Europa engagieren wollten, und die die Partei zu gewinnen hoffe. Allgemein bestritt es der Partei jedoch einen "programmatischen Anspruch". Auch in diesem Bericht ist eine allgemeine Süffisanz gegenüber der kleinen Partei zu beobachten, die man nicht so ernst nehmen müsse, eine Haltung, die offensichtlich eher dem Ziele psychologisch nicht ungeschickt angestrebter Desinteressierung als demjenigen sachlicher Information des Lesers dienen sollte.

Der Spiegel-Artikel ging von einem Rundschreiben des Präsidiums der EFP an die Mitglieder vor der Bundestagswahl 1972

aus, in dem es heißt: "Zum anderen möchten wir allen Mitgliedern sagen, daß das Prozentergebnis dieser Wahl für uns - sei es wie es sei - nicht ausschlaggebend ist. Denn wir wissen heute schon, daß sich die Wahlbeteiligung für uns gelohnt hat. Von unserem Standpunkt aus haben wir die Wahl auf jeden Fall schon gewonnen, denn:
1. der Name der EFP ist noch nie so bekannt geworden wie jetzt im Wahlkampf;
2. die durch die Wahlbeteiligung bedingten Fernseh- und Rundfunkübertragungen haben uns die Möglichkeit gegeben, eine Vielzahl von Wählern persönlich anzusprechen;
3. der gesamte Wahlkampf brachte uns tausende von Zuschriften von Personen, die alle mehr über die Ziele der EFP wissen wollten;
4. viele Interessenten haben die Mitgliedschaft beantragt oder ihre Mitarbeit zur Wahl angeboten;
5. eine Reihe neuer Mitglieder hat sich bereiterklärt, in ihrem Wohnort einen Verband aufzubauen;
6. durch den Wahlkampf bedingt, wurden bereits einige neue Kreisverbände gegründet;
7. die Verbundenheit mit der EFP der anderen Länder wurde durch deren Unterstützung im Wahlkampf wesentlich gestärkt; das Erscheinen der EFP in unseren Informationsmedien führte zur Erwähnung unserer Partei in den Nachrichten der Nachbarländer;
8. der gesamte Wahlkampf wurde mit einer lächerlichen Summe von DM 20.000 geführt, aufgebracht von den Mitgliedern der Partei.
Das alles sind Erfolge, die sich sehen lassen können und auf die wir stolz sein können. Darum haben wir auch keinen Anlaß, mit dem Ergebnis der Wahl unzufrieden zu sein" (92).

Im Anschluß an dieses Schreiben, das als Entmutigung für die Mitglieder gedacht war (93), mokierte sich der Spiegel über die von der EFP vertretene Ansicht, daß ein Ergebnis vom 0,2 % bereits als Wahlsieg gedeutet würde. Was die EFP - angesichts einer nahezu totalen Minorisierung verständlicherweise - als Erfolg verbuchte ("50 Prozent der Bevölkerung kennen jetzt unseren Namen"), quittierte der Spiegel mit der Bemerkung: "Vielmehr wissen selbst Eingeweihte nicht. Denn seit acht Jahren fristen die rund 2000 Europa-Eiferer ein Schattendasein - fernab von Politik und Publizität". Er kritisierte die Oberflächlichkeit des Werbeslogans der Partei, ohne ein Wort über die Gemeinplätze der großen Parteien zu verlieren, die doch die Weichen für oberflächliche, an der Wirtschaftswerbung orientierten Wahlkämpfe gestellt haben. Er berichtete über innerparteiliche Flügelkämpfe um den Namen der Partei und belächelte ihre Kritik an der nationalstaatlichen Ordnung, ohne nach deren Berechtigung zu fragen. Ohne sich mit den Zielen der Partei, etwa "dynamischer Föderalismus", auseinanderzusetzen, diffamierte das Blatt die Partei-Vertreter als "Europa-Doktrinäre", als "Amateur-Politiker", die offensichtlich als Vertreter einer neuen politischen Richtung nicht ernst zu nehmen sind. Stattdessen informierte sich der Spiegel ausführlich bei dem inzwischen in den Hintergrund getretenen Parteigründer Ernst Ruban, der mit einer unverständlichen Theorie "an seinem Come-back bastele" (94).

Die ausführliche Richtigstellung seitens der EFP, die der Spiegel - allerdings nach dem Wahltermin - auszugsweise brachte (95), wird ausführlich in der Dokumentation wiedergegeben (Dok. 5). Sie zeigt die einseitige und verworrene Berichterstattung des Spiegel, die angesichts des umfassenden Archivs dieses Blattes gewiß nicht in der unzureichenden Information zu suchen ist. Die vom Spiegel gegenüber potentiellen EFP-Wählern offensichtliche beabsichtigte Entmutigung hätte mit jener Richtigstellung danach ohnehin nicht mehr abgefangen werden können.

Gegenüber den überregionalen Medien erweisen sich in der Regel Regional- und Lokalzeitungen gegenüber der EFP und ihren Zielen wesentlich aufgeschlossener. Bis auf Ausnahmen einer diffamierenden, unsachlichen Berichterstattung (96) hat die Partei auf lokaler Ebene - vorwiegend in Zeitungen mit überparteilichem Charakter - noch das größte Interesse gefunden (97). Dabei richtete sich die Zahl der Berichte nach den Aktivitäten der Partei. Als Grund dafür kann einmal der verbreitete Stoff- und Personalmangel auf diesem Sektor zu sehen sein. Zweitens scheint die Lokalberichterstattung zumindest teilweise noch im Windschatten der großen Parteien zu stehen.

Die den Bereich der Öffentlichkeitsarbeit der Partei tangierenden, eher sporadischen Kontakte der EFP zu anderen Organisationen sind aufgrund der fehlenden Reaktionen der Ansprechpartner nicht vertieft worden oder beschränkten sich auf Einzelfragen (98). Schon 1975 hat sich die Partei aktiv auf die Seite der Umweltschützer gestellt und - in Darmstadt - eine Aktion gegen eine geplante Mülldeponie initiiert (99). 1977 wandte sich die Partei in einem offenen Brief gegen die Diffamierung der Kernkraftgegner durch den DGB-Vorsitzenden Heinz-Oskar Vetter, erhielt aber keine Antwort (100). Auch von dpa, der Frankfurter Rundschau und der Frankfurter Allgemeinen Zeitung wurde der Brief nicht veröffentlicht (101). Auf verschiedene Versuche einer Kontaktaufnahme mit verschiedenen Umweltschutzgruppen erfolgten ebenfalls keine Reaktionen (102), obwohl sich die deutsche Sektion in ihrem neuen

Programm mit den Forderungen der Ökologisten aus föderalistischer Perspektive identifiziert. Zwar sah die EFP bei der Europa-Wahl davon ab, mit den "Grünen" ein Wahlbündnis zu schließen, weil sie - wohl zu Recht - befürchtete, dort mit ihren spezifischen Aussagen zu Europa nicht zum Tragen zu kommen. Auf lokaler Ebene ist sie aber verschiedentlich Wahlbündnisse mit Ökologisten eingegangen (103).

Für die Zurückhaltung anderer Gruppen gegenüber einer so unbekannten Partei wie der EFP scheint in erster Linie eben der geringe Bekanntheitsgrad ausschlaggebend zu sein. Damit scheint sich der Zirkel des Totschweigens zu schließen. Die Eliminierung kleiner und neuer Parteien aus der politischen Diskussion hindert sie daran, bekannt und damit interessant zu werden. Das hat schließlich zur Folge, daß auch andere Gruppen diese Partei für uninteressant halten und sich nicht um Kontakt bemühen. Die Rundfunkanstalten ignorieren bzw. diskriminieren jene kleinen Parteien, weil sie ihrerseits von den herrschenden Parteien kontrolliert werden. Aber auch die Presse orientiert sich in ihrer Nachrichtenpolitik - wie zu zeigen war - an den Interessen der herrschenden Parteien und Gruppen. Zum anderen "verkauft" sie die Nachrichten, die ihrer Meinung nach ihr Konsument (Leser) ihr vermutlich am meisten abnimmt.

Am Beispiel der Minorisierung der kleinen Parteien läßt sich die subtile, nicht justiziable tatsächliche Einschränkung der Meinungsfreiheit in der Bundesrepublik demonstrieren. Nicht nur die Unterdrückung unerwünschter Meinungen seitens der herrschenden Parteien wird hier subtiler gehandhabt als anderswo, sondern auch die Ausschaltung unbequemer und unerwünschter Meinungen in der Öffentlichkeit. Diese Art der Minorisierung ist aber deshalb gefährlich, weil sie in der Regel dem Bürger nicht erkennbar wird, und er sich deshalb nicht - gegebenenfalls mit den minorisierten Gruppen - dagegen wehren kann.

Damit wird die nicht justiziable, d.h. mit Rechtsmitteln nicht faßbare Minorisierung (Ignoranz, Totschweigen, Absorption) zum effektivsten strategischen Mittel der herrschenden Parteien, ihre Macht zu erhalten. Für diesen Vorgang erscheint der Begriff der Meinungsmanipulation angemessen.

7.3. Strategie der Paralysierung: die EFP und die Behörden

Ein immer neues Problem ergibt sich für eine kleine in der Öffentlichkeit aufgrund jener "Strategie des Totschweigens" unbekannte Partei wie die EFP aus der Verpflichtung, vor jeder Wahl eine erhebliche Zahl von Unterstützungsunterschriften beibringen zu müssen. Wenn eine Partei in einem Gebiet Fuß fassen will, so kann sie dies am besten zur Zeit des Wahlkampfes, in der mit einem gesteigerten öffentlichen Interesse an Parteien schlechthin zu rechnen ist. Voraussetzung für die Teilnahme an der Wahlwerbung jedoch sind z.B. in Nordrhein-Westfalen 200 Unterschriften pro Wahlkreis für Einzelbewerber und 2000 Unterschriften pro Landesliste. Wie in der Dokumentation nachzulesen (104), kann die Beibringung von 200 Unterschriften pro Wahlkreis erheblich verzögert werden durch einen Amtsleiter, der der Partei von vornherein nicht wohl gesonnen ist bzw. eine erfolgreiche Unterschriftensammlung verhindern möchte. Aufgrund solcher Behinderungen, z.B. durch verzögerte Herausgabe der notwendigen Unterlagen, durch umständliche Verfahren bei der Prüfung der einzelnen Unterschriften etc. wurde die EFP in Dortmund 1972 derart behindert, daß sie ihre Kandidaten in zwei Wahlkreisen nicht aufstellen konnte. Während die Presse vor Sammlung der Unterschriften nichts über die EFP berichtete, geriet die Partei nach dem Scheitern in zwei Wahlkreisen in die Schlagzeilen der Lokalpresse (105).

Zur Vorbereitung der Bundestagswahl von 1972 muß ergänzend daran erinnert werden, daß es sich - wegen der vorzeitigen Auflösung des Bundestages - um einen vorzeitigen Wahltermin handelte. Deshalb bat die Partei in einem Brief an die SPD-Bundestagsfraktion um Unterstützung ihrer Forderung, "auf das Erfordernis der Stützungsunterschriften für nicht im Bundestag vertretene Parteien bei Neuwahlen ... dort zu verzichten, wo eine neue Partei bei den letzten Bundestagswahlen diese Unterschriften bereits gesammelt hat" (106).

In seinem Antwortschreiben gab der Fraktionsvorsitzende Wehner zwar zu, "daß es für Ihre Partei ein Erschwernis (sei), innerhalb einer relativ kurzen Frist die erforderlichen Unterschriften ... zu sammeln. Dennoch halte ich diese wahlgesetzliche Auflage auch unter Berücksichtigung der verkürzten Zeit nicht für so gravierend oder gar unerfüllbar, daß man hier von einer unzumutbaren Belastung sprechen könnte" (107).

Herbert Wehner hielt demnach für zumutbar, daß eine kleine Partei ohne Apparat ihre Wahlvorbereitungen erledigte; Wahl der Kandidaten auf Mitglieder- und Delegiertenversammlungen, Erledigung der Formalitäten, um die Unterschriftenlisten von den Ämtern zu erhalten (Protokolle, eidesstattliche Erklärungen, Wählbarkeitsbescheinigungen der Kandidaten etc.). Erst danach konnte die Partei mit der eigentlichen Sammlung der Unterschriften beginnen - bei der Besetzung aller Wahlkreise ca. 50.000, wobei im Schnitt pro Unterschrift ca. eine Viertelstunde Zeit zu rechnen ist. Unterschriftenlisten werden erst ausgegeben, wenn Wahltermin und Kandidaten feststehen. Da der Schriftverkehr in der Regel über die Post geht, muß hierfür, wie auch für die Beglaubigung der Unterschriften, genügend Zeit einkalkuliert werden. Daher hatten die kleinen Parteien für das eigentliche Sammeln der Unterschriften letztlich nur wenige Tage Zeit (108). Es ist anzunehmen, daß sich der Fraktionsvorsitzende der SPD über das wahre Ausmaß der Benachteiligung neuer Parteien gar nicht im Klaren war, zumal die SPD von Anfang an solche Auflagen nicht hat erfüllen müssen.

Die Antwort des Bundesministeriums des Innern auf zwei Beschwerdebriefe der EFP zum Problem der Unterschriftensammlung bei vorgezogener Wahl vom 15.6. und 4.8.72 traf erst drei Monate (!) später bei der EFP ein. Von Seiten der Partei wurde dieser Tatbestand "als administrative Unfähigkeit oder als zynische Verhöhnung rechtsstaatlicher Grundsätze angesehen". Das Ministerium hatte darin den Vorschlag der EFP abgelehnt, die Unterschriftensammlung öffentlich bekannt zu machen und Listen in öffentlichen Gebäuden auszulegen. Die Partei deutete diese Ablehnung dahin, "daß es eindeutig um eine Zementierung des parteipolitischen status quo und nicht um eine auch von uns bejahte sinnvolle Zulassungsbeschränkung geht" (109). Selbst die Zeitschrift "Europa-Union" teilte damals den Standpunkt der EFP, als sie schrieb: "Die EFP wird hier mit einem Tatbestand konfrontiert, mit dem sich reformerische Kräfte nicht abfinden können. Mit Recht wollen Verfassung und Gesetzgebung die Zersplitterung unseres Parteiwesens ... verhindern. Im gleichen Maße wird aber neuen und nicht etablierten politischen Strömungen, die nach vorne drängen, die Entfaltung behindert. Das sollte nicht Sinn der Verfassung sein" (110).

Doch trotz dieser zahlreichen Appelle, ergänzt durch ein - nicht beantwortetes - Fernschreiben an den Bundespräsidenten mit der Bitte, bei der Terminierung der Wahl die 60-Tage-Frist zwischen Auflösung des Bundestages und der Wahl einzuhalten (111), erhielt die EFP hinsichtlich der Sammlung der Unterschriften keinerlei Erleichterung.

Die Schwierigkeiten, mit denen eine kleine, neue Partei bei der Sammlung von Unterschriften fertig werden muß, lassen sich an den Vorbereitungen zur Europawahl verdeutlichen. Entgegen dem bisherigen Verfahren, die Unterschriften auf behördlich genehmigten Listen zu sammeln - dies hatte während des Sammelns den Vorteil, daß schon zahlreiche Namen auf der Liste standen, was die Bereitschaft zur Unterschrift förderte -, wurden vom Bundeswahlleiter für jede einzelne Partei gedruckte Formblätter ausgegeben (112). Diese Formblätter, versehen mit dem Siegel des Bundeswahlleiters, informierten nicht nur darüber, daß Unterschriften erst gesammelt werden dürfen, wenn der gültige Wahlvorschlag aufgestellt ist, sondern auch darüber, daß jemand, der zwei Parteien unterstützt, sich strafbar macht (113). Um sich nicht dem Vorwurf auszusetzen, daß das Wahlgeheimnis verletzt werde, konnten mißtrauische Bürger ihr Wahlrecht auf einem getrennten Formblatt bescheinigen lassen. Die bürokratische Aufmachung der Formblätter wie auch die Handhabung der notwendigen Bescheinigung des Wahlrechts wirkte auf die angesprochenen Bürger von vornherein abschreckend. Die ohnehin bei älteren Menschen verbreitete Neigung, ohne Not überhaupt nichts zu unterschreiben mit der Begründung, man sei bereits zu oft hereingefallen, wurde verstärkt durch die abschreckende Aufmachung des Formblattes. Bei jüngeren Menschen - besonders bei Schülern und Studenten -machte sich die Angst breit, mit ihrer Unterschrift in einer "Terrorismus-Kartei" gespeichert zu werden und dazu berufliche Nachteile befürchten zu müssen. Die Angst, von einer Verwaltung registriert und ggf. beruflich benachteiligt zu werden, wurde auch von zahlreichen Angehörigen des öffentlichen Dienstes (Arbeiter, Angestellte) geäußert. Zahlreiche Geschäftsleute lehnten mit dem Argument ab, daß sie entweder ihre geschäftlichen Aufträge seitens einer Behörde und/oder ihre Kundschaft aus dem Kreis der großen Parteien nicht verlieren wollten. In der Regel beruhte also die Ablehnung der Unterschrift nicht auf der Ablehnung der politischen Zielsetzung der Partei - diese wurde im Gegenteil in der Mehrzahl begrüßt! -, sondern auf der Angst vor beruflicher Benachteiligung. Hier zeigt sich zugleich die wachsende Angst der Bevölkerung vor der anonymen Kontrolle durch Verfassungsschutz und Computer bzw. den Zweifel an der Verschwiegenheit der kommunalen Bediensteten, die häufig den herrschenden Parteien angehören. In den wenigsten Fällen wurde die Unterschrift mit politischen Argumenten abgelehnt.

Gegeben wurden die Unterschriften in erster Linie aufgrund persönlicher Beziehungen zu dem Sammler bzw. aufgrund der Tatsache, daß dieser dem Unterzeichner vertrauenswürdig erschien. Die Unterschrift wurde häufig mit der Bitte um Diskretion verbunden bzw. gegeben unter ausdrücklichem Ausschluß eines weiteren politischen Kontaktes (Werbeschriften, Gespräche etc.) (114).

Diese Erfahrungen können wohl als typisch für das Problem der Unterschriftensammlung kleiner und neuer Parteien angesehen werden, deren Zielsetzungen in der Öffentlichkeit nicht diskutiert werden. Die Parteien sollen nach dem in der Regel vierjährigen Schweigen das Unmögliche möglich machen und als immer wieder nahezu Unbekannte aus dem Stand das Vertrauen der Wähler in dem Maße gewinnen, daß diese bereit sind, eine Unterschrift zu geben. Daran scheiterte die EFP nicht nur 1972 in Rheinland-Pfalz, sondern auch 1978 bei der Wahl zum Berliner Abgeordnetenhaus (115) und - was gerade für diese Partei einen schweren Schlag bedeutete - bei der Europawahl (116). Erschwerend für die Sammlung zu dieser Wahl kam das dezentralisierte Vorgehen hinzu, wobei bis zuletzt kein vollständiger Überblick über die gesammelte Zahl zu erlangen war. Hinzu kam, daß einige Behörden die Bescheinigung des Wahlrechts entweder ganz verweigern wollten (117) bzw. die Rücksendung auf den letzten Termin verzögerten (118). Ein weiteres Handikap bestand in Bayern darin, daß die erst kürzlich als Sektion der EFP angeschlossene BSP, die in Bayern unter ihrem ursprünglichen Namen bekannt ist, nun dort mit Unterschriftenbögen für die EFP ohne Nennung des alten Namens auftrat (119).

Die größte Schwierigkeit bestand aber zum einen in dem generellen Desinteresse der Bevölkerung an der europäischen Einigung (120). Zum zweiten aber ist das Scheitern der EFP insofern als Folge der dargestellten Minorisierung und Absorption zu sehen, als gerade diese Partei, die als erste und am entschiedensten diese Wahl gefordert hatte, sich mit diesen Forderungen in der Öffentlichkeit nicht profilieren konnte. Sie war deshalb der Bevölkerung, deren Vertrauen sie gewinnen und mit den Unterschriften dokumentieren sollte, gar nicht als Promotor der europäischen Einigung bekannt geworden bzw. war daran gehindert worden, das Interesse der Bevölkerung an diesem Ziel wach zu halten (121).

Die Minorisierung seitens der Behörden erstreckt sich nicht nur auf die Behinderung beim Sammeln von Unterschriften, sondern auch auf andere Ermessensentscheidungen. So kann z.B. bei Werbeveranstaltungen die Benutzung von Megaphonen nicht gestattet werden (122) oder die Benutzung eines Kleinbusses als Werbestand in der Fußgängerzone mit dem Ruf nach der Polizei verhindert werden (123). Genehmigte Plätze für Werbestände, die im Konfliktfall nach dem Parteienproporz verteilt werden, können an ungünstige Stellen verlegt werden (124), das Verteilen von Handzetteln kann willkürlich behindert werden (125).

Ein weites Feld für Behinderungen bietet die Plakatierung während des Wahlkampfes. In diesem Bereich gilt - laut Bundesverfassungsgericht zu Recht (126) - abgestufte Chancengleichheit. Konkret bedeutet dies, daß während der nationalen Wahlkämpfe in der Regel auf den offiziellen kommunalen Plakatflächen den drei parlamentarisch vertretenen Parteien Raum für je ein Plakat zur Verfügung steht, allen übrigen Parteien ("sonstige") zusammen jedoch Fläche für ein einziges Plakat (127).

Mitunter werden die außerparlamentarischen Parteien auch gar nicht oder zu spät berücksichtigt (128).
Schließlich gibt es auch Konflikte um das Kleben der Plakate. Die Stadt Konstanz ließ das Kleben von einer Firma erledigen. "Eine Selbstbeklebung kommt aus Gründen der Sicherheit, Sauberkeit und Gerechtigkeit nicht in Frage" (129). Die Partei hätte dabei pro Plakat drei D-Mark zahlen müssen. Die EFP hat diese Auflage als Behinderung empfunden, da ihr dadurch von dem ohnehin geringen Etat Geld abgezweigt wurde, das sie für eigene Werbematerialien gebraucht hätte (130). Im übrigen besteht für eine solche Regelung seitens der Stadt Konstanz keine rechtliche Grundlage.

Wie bereits eingangs vermerkt, handelt es sich gerade bei diesen Behinderungen durch die Bürokratie um keine spektakulären Akte, die sich jeweils unter der Grenze des Einklagbaren halten. Aber gerade die verschiedenen kleinen Behinderungen, denen eine solche Partei u.U. ausgesetzt sein kann, wenn sie an die Öffentlichkeit gehen will, wirken sich auf sie als Paralysierung aus. Solche Behinderungen sind nicht überall zu beobachten. Aber dort, wo sie der Arbeit der Partei im Wege stehen, ziehen sie ihr wichtige Kräfte ab, die gerade im Wahlkampf für die Werbung und das Gespräch mit dem Bürger benötigt werden. Die Behinderungen vermitteln einen Eindruck von einem Klima, das die gesamte Parteienlandschaft beherrscht und sich immer noch aufgrund der Legende von Weimar erhält.

7.3.1. Wahlbeteiligung und Mitgliederwerbung

Der Mitgliederbestand der Partei wird zu einem nicht geringen Teil von den Wahlen und ihren Ergebnissen beeinflußt. Es hat sich herausgestellt, daß insbesondere im Wahlkampf neue Mitglieder gewonnen werden können. So konnte die Partei in dem vom damaligen Bundesvorsitzenden Karl Hahn engagiert betriebenen Landtagswahlkampf in Baden-Württemberg von 1976 100 Mitglieder werben, von denen ein Jahr danach immerhin noch 80 in der Partei verblieben sind (131).

Für eine kleine Partei, die über geringe finanzielle Mittel verfügt und in der Öffentlichkeit zwischen den Wahlen kaum Interesse findet, stellt der Wahlkampf höchste Anforderungen an alle aktiven Mitglieder. Die Partei steht dabei vor der Aufgabe, ein großes Defizit an Bekanntheit im öffentlichen Bewußtsein aufzufüllen, in das die in den Parlamenten vertretenen Parteien aufgrund ihrer ständigen Präsenz in den Medien nie geraten.

Ihr Erfolg hängt daher wesentlich von der Aufgeschlossenheit der Medien ab. In Schleswig-Holstein zeigten die lokalen Zeitungen gegenüber dem föderalistischen Konzept der Partei gesteigertes Interesse. So erreichte sie 1970 nach intensivem Einsatz aller Aktiven dort - wie auch im gleichen Jahr in Hessen - 0,3 % der Stimmen (132). Ähnlich offen zeigten sich im bayerischen Landtagswahlkampf 1970 die bayerischen Presseorgane bis hin zur "Süddeutschen Zeitung", die in ihren Regionalausgaben neben den übrigen Kandidaten auch diejenigen der EFP ausführlich vorstellte. Die EFP, die damals ein Bündnis mit der Bayerischen Staatspartei (BSP) eingegangen war, erhielt daraufhin 0,2 % aller Stimmen (133). In einigen Münchner Bezirken erreichte sie 1 %, in Bad Kissingen 1,3 % der Stimmen (134). Das Wahlbündnis mit der BSP stellte insofern eine ideale Kombination dar, als die BSP ihre Anhänger vornehmlich auf dem Land fand, die EFP die ihren besonders in den Städten (135). Gewiß stieß dieses Wahlbündnis in einem auf seine Eigenständigkeit bedachten Land wie Bayern nicht zuletzt deshalb auf wohlwollendes Interesse, als es unter anderem eine eigene Vertretung für Bayern in Brüssel forderte.

Den größten Erfolg hatte die Partei auf Bundesebene 1969 mit 0,2 % der Stimmen. Nach dem auf Polarisation zwischen CDU und SPD abgestellten Wahlkampf erreichte sie - bei vorgezogener Wahl - jedoch nur 0,1 %, allerdings das unter den kleinen Parteien beste Ergebnis (136). Entgegen diesem Flächenwahlkampf hatte der auf wenige Schwerpunkte konzentrierte Wahlkampf der Partei 1964 bei den Kommunalwahlen in Dünsen (Niedersachsen) 12,5 %, in Kaarst (bei Düsseldorf) 4,4 % der Stimmen gebracht (137). Er erwies sich auch 1976 in Baden-Württemberg als günstig, wo der damalige EFP-Kandidat Helmut Palmer bei der Oberbürgermeisterwahl in Aalen 26 % der Stimmen erhielt. Bei der Landtagswahl in Baden-Württemberg im gleichen Jahr war es der zeitweiligen Mitarbeit dieses politischen Einzelkämpfers mit lokaler und regionaler Publizität zu danken, daß die Partei ein bisher noch nie dagewesenes Ergebnis von 0,7 % erreichen konnte. In beiden Wahlen erwies sich die Partei als Sammelbecken von Protestpotential gegenüber der kommunalen Verfilzung (138).

Helmut Palmer identifizierte sich allerdings in diesem Zweckbündnis mehr nolens volens mit den Zielen der EFP und trat bald nach der Wahl wieder aus. Die wahren EFP-Kandidaten konnten jedoch die von der Partei schon früher erreichte Maximalgrenze (1,4 % in Tübingen) nicht überschreiten (139).

Das Ergebnis zeigt, daß die Partei bei der Ausschöpfung aller Möglichkeiten zumindest Achtungserfolge erzielen kann, die jedoch in Baden-Württemberg gegenüber den Ergebnissen der DKP (0,4 %) und NPD (0,9 %) in nahezu allen überregionalen Medien verschwiegen wurden. Umstritten bleibt jedoch innerhalb der Partei die Frage, ob eine junge Partei wie die EFP nicht zunächst durch Schulung und innere Organisationsarbeit sich selbst intern organisatorisch und theoretisch stabilisieren soll, um dann eine solche außerordentliche Anstrengung wie den Wahlkampf (Unkosten in Baden-Württemberg ausschließlich der privaten Investitionen von Palmer: 12.000 DM) (140) mit weniger Verlusten überstehen zu können (141). Ein Teil der Mitglieder plädiert deshalb für eine "Strategie der Wahlkampfpause" (142), wonach die Wahlbeteiligung auf das im Bundeswahlgesetz erforderliche Minimum (ein Kreisvorschlag bei einer Bundes- oder Landtagswahl innerhalb von sechs Jahren (143) solange beschränkt werden soll, bis sich die Partei innerlich gefestigt hat. Dies würde allerdings bei allen Mitgliedern zunächst die Bereitschaft zu einem Verzicht auf Erfolge voraussetzen. Die Gegner dieser Strategie, die auf Oppositionswähler setzen, meinen, nur kontinuierliche Aktivitäten führten zu neuen Mitgliedern und damit zur Ausweitung der Partei und ihrer Einflußmöglichkeiten (144). So stehen in der Diskussion um eine Erfolgsstrategie qualitativ orientierte Aspekte quantitativ orientierten gegenüber.

Die Erfahrung zeigt, daß die Partei sich bei ihrer Öffentlichkeitsarbeit zunächst vorwiegend auf diejenigen Gebiete wird konzentrieren müssen, in denen aufgrund dezentralisierter und föderalistischer Denktraditionen eine Aufnahmebereitschaft für ihr Konzept einer bürgernahen föderalistischen Staats- und Gesellschaftsstruktur vorhanden ist oder durch politische Fehler der herrschenden Parteien bewirkt wurde. So sehr es plausibel erscheint, daß ein dezentralistisches Strukturkonzept im regionalen wie lokalen Bereich Interesse findet, so wenig vermochte es die Partei bis heute, damit die überregionale Ebene zu erreichen (145).

7.4.2. Minorisierung als Entmutigung

Da aufgrund der allgemeinen Minorisierung der Wahlkampf einer kleinen Partei nahezu allein Gelegenheit gibt, sich überregional selbst öffentlich darzustellen, bedeutet er zugleich eine Chance für erhöhten Mitgliederzuwachs. So registrierte die Partei 1969 eine Zuwachsrate von 300 % (146). Der Partei gelingt es aber insbesondere aufgrund der fehlenden Präsenz in der Öffentlichkeit sowie aufgrund des unzureichenden Apparates nicht, alle diese neuen Mitglieder langfristig zu halten (147).

Da die Partei ohne finanzielle Zuwendungen von außen auskommen muß (sie erhielt bisher weder Spenden noch Abschlagzahlungen im Wahlkampf), bedeuten für sie die Mitgliedsbeiträge die einzige zuverlässige Geldquelle. Insofern bedeutet die ständige Mitgliederfluktuation aufgrund der fortgesetzten Entmutigung (geringe öffentliche Präsenz, geringe Wahlergebnisse) eine ständige, auch existentielle Bedrohung insofern, als damit die Aufrechterhaltung selbst eines minimalen Apparates laufend personell wie materiell in Frage gestellt ist.

Abgesehen von dem Zusammenschluß mit der BSP als Sektion Bayern der EFP sind bisher weitere Versuche, ganz politische Gruppierungen einzugliedern, nicht zuletzt aufgrund unvereinbarer wesentlicher Zielvorstellungen mißlungen (148). Selbst innerhalb der BSP gelingt es nur mühsam, die europäische Dimension in das Bewußtsein der Mitglieder zu tragen.

Aufgrund der Einsicht, daß Wahlkampf und Wahl für den Mitgliederbestand und damit für die finanzielle Grundlage der Partei von Bedeutung sind, hat sich die EFP doch - trotz geringer finanzieller Mittel (149) - immerhin seit ihrer Gründung an zwei Bundestagswahlen beteiligt. Der Rückgang der Stimmen von 1972 (gegenüber 1969) wirkte auf Parteiführung und Mitglieder insofern entmutigend, als der Vorstand sich in seinen Aktivitäten auf das Notwendigste beschränkte und zahlreiche Mitglieder daraufhin der Partei den Rücken kehrten. Auch der konzeptionelle Wechsel von der Europa-Partei mit nationalstaatlicher Gliederung zur Europäischen Föderalistischen Partei als transnationaler Partei bedeutete vor allem einen Verlust zahlreicher Aktiver, die sich lediglich mit der Forderung nach einem vereinigten Europa identifizieren konnten.

Auf diese Weise verschwanden drei Landesverbände nahezu ganz (150). Selbst das für die Partei außergewöhnliche Ergebnis von Baden-Württemberg 1976 (0,7 %) konnte sich deshalb langfristig nicht positiv auswirken, weil kurz darauf der Bundesvorsitzende Karl Hahn aus verschiedenen Gründen - nicht zuletzt aus Enttäuschung darüber, daß sich seine Hoffnung auf ein Ergebnis von über 1 % nicht erfüllt hatte - die Partei in einem recht desolaten Zustand zurückließ und austrat.

Speziell hinsichtlich der Europawahl, für die die Partei seit 1976 Vorbereitungen traf (151), unternahm sie verschiedene Schritte, um das zu schaffende Wahlgesetz zu beeinflussen (152). Sie wandte sich in öffentlichen Stellungnahmen gegen die Ablehnung des Verhältniswahlrechts im Europawahlgesetz Großbritanniens (153), gegen Unterschriftenquorum und Fünfprozentklausel im deutschen Europawahlgesetz (154). Doch gelangten diese Erklärungen weder an die Öffentlichkeit, noch bewirkten sie Änderungen in der Gesetzgebung.

Die Wahlergebnisse der Partei stellen sich weitgehend als Folgen jener Minorisierungspolitik dar, in der der Partei nicht nur zentrale Ziele und damit ein wesentlicher Teil ihrer Identität genommen wurde, ohne daß sie sich dagegen öffentlich zur Wehr hätte setzen können. Sie wurden schließlich von den nationalen, mehr oder weniger zentralistisch strukturierten Parteien so lasch vertreten, daß die überzeugten Verfechter eines vereinigten föderalistischen Europa sich nicht einer der drei parlamentarisch vertretenen Parteien hätten anschließen können.

An den Wahlergebnissen läßt sich zeigen, daß die Absorption ihrer Ziele wie auch deren folgende halbherzige Postulierung, die in ihrer grundsätzlichen Orientierung den Interessen der nationalen Parteien diametral entgegenlaufen, der Vereinigung Europas insofern schädlich waren, als auf diese Weise die potentiell treibende Kraft im europäischen Einigungsprozeß sich nicht entfalten konnte, ohne daß sich ein gleichwertiger Anwalt für dieses Ziel gefunden hätte.

Schon nach dem Rückgang des Wahlergebnisses von 1969 (0,2 %) bis 1972 (0,1 %) schrieb der Pressedienst der EFP "Europa hat die Wahl verloren" (155). 1976 verzichtete die Partei ganz auf die Beteiligung an der Bundestagswahl (156), nachdem sie unter dem Aufgebot aller Kräfte in Baden-Württemberg ein Ergebnis von 0,7 % erreicht hatte.

Als jüngstes Ergebnis der Minorisierung in Form der ständigen Entmutigung kann wohl die Tatsache gesehen werden, daß die EFP nicht die 4000 Unterschriften für die Europa-Wahl zu sammeln vermochte und daher ihre auf eben dieses Ziel hin gerichteten Forderungen nicht an die Öffentlichkeit bringen konnte. Da sie als die potentiell treibende Kraft der europäischen Einigung in der Anonymität gehalten wurde und sich als solche nicht öffentlich darstellen konnte, vielmehr von den an nationalen Interessen orientierten Majoritätsparteien an einer Willensbildung in Richtung auf ein vereintes Europa gehindert worden war, fehlte ihr angesichts der von den großen Parteien vernachlässigten bzw. behinderten Politik das nötige Vertrauen in der Bevölkerung. Die Tatsache, daß anderen europäischen Gruppierungen wie Europa 2000 dasselbe Schicksal beschieden war, belegt diese These. Außer der EAP - einer aus den USA importierten und gesteuerten, in ihren Zielen und Praktiken nicht demokratischen und nur scheinbar europäischen Partei - gelang es keiner dieser Gruppen, an den Europa-Wahlen teilzunehmen. Daraus und aus dem schlechten Abschneiden der FDP in der Europa-Wahl kann man schließen, daß die nationalstaatlich orientierte Politik und die Minorisierung der ersten europäischen Partei, die sich als "Sperrspitze" versteht, zugleich die Chancen für die Entwicklung eines transnationalen Europa verhinderte.

8. PARTEIELITEN, MANIPULATION UND STAGNATION

"Die Gesellschaft, die heute ihre Utopisten verstößt, wird morgen an moralischer Anämie leiden". Svetozar Stojanović, Kritik und Zukunft des Sozialismus, 1970

8.1. Partizipationschancen in Minoritätsparteien

Entgegen der weitverbreiteten Meinung, daß kleine Parteien den Meinungs- und Willensbildungsprozeß einer Demokratie beeinträchtigen oder zumindest ihn nicht fördern, zeigt das Beispiel der EFP nicht nur die Grenzen, sondern auch die Möglichkeiten einer kleinen, jungen Partei auf. Die innerparteilichen Konflikte, die vor allem zwischen der ehemaligen Dachorganisation "Föderalistische Internationale" und den nationalen EFPs ausgefochten wurden, ermöglichen jungen engagierten Mitgliedern, sich gegen ein sich verfestigendes Establishment durchzusetzen, das versuchte, eine Konzentration von Entscheidungsfunktionen in der Wiener Zentrale zu erreichen. Der Versuch, die Mitwirkung der Untergliederungen durch Verkleinerung der Entscheidungsgremien der FI (aus Gründen der "Sparsamkeit") entscheidend einzuschränken, widerspricht dem föderalistischen Strukturprinzip, das ja wesentlich auf Erweiterung der Partizipationschancen aller Beteiligten und auf die Verlagerung von Ressourcen und Kompetenzen nach unten, d.h. hin zu den Betroffenen abzielt.

Der Konflikt entzündete sich an den ex officio Mitgliedern der führenden Gremien in Wien und weitete sich schließlich - als Otto Molden keine Bereitschaft zur Veränderung der kritisierten Zustände zeigte - in Verona 1973 zu einem grundsätzlichen Satzungskonflikt aus. Die Kritiker sahen in Otto Moldens Versuch einer Manipulation der Satzung sowie in den Junktim zwischen Annahme seines Satzungsvorschlags und seiner Wiederwahl eine Beeinträchtigung der innerparteilichen Willensbildung, die mit föderalistischem Gedankengut nicht zu vereinbaren war. Demgegenüber trat die Tatsache, daß es sich bei Otto Molden um den Gründer der FI handelte, bei der Mehrheit der in Verona Versammelten in den Hintergrund. Maßgebend für die Entscheidung von Verona war nicht zuletzt die Anwesenheit der italienischen EFP, deren Führer Ghizzi-Ghidorzi ja bereits vor Otto Molden eine gesamteuropäische Partei gegründet hatte und der nun wieder die Chance sah, diesen Gedanken mit größerem Rückhalt zu verwirklichen.

In der Auseinandersetzung um die Satzung wie auch in dem parallel dazu laufenden Streit um das neue Europäische Grundprogramm zeigte sich, daß die "zweite Generation" der Parteimitglieder eine andere Vorstellung von einer föderalistischen Partei mit einem entsprechenden Programm hatte. Sie war weder bereit, die zentralistischen Satzungsvorschläge von Otto Molden zu akzeptieren noch einen Programmvorschlag von Herman Achminow, der offenbar bei den Vorstellungen des Kalten Krieges stehen geblieben war. Dagegen stießen die Konzeptionen von Burkhard Stieglitz, den Gedanken des Föderalismus von einem Staatsföderalismus auf einen Wirtschafts-, Sozial- und Kulturföderalismus auszudehnen, auf das Bemühen des Integralföderalisten und ersten Vorsitzenden der französischen EFP Guy Héraud, der nicht bereit war, wesentliche fortschrittliche Teile des Programms der französischen EFP einem demgegenüber rückschrittlichen Programmvorschlag Achminows und des Europäischen Büros zu opfern.

Im Zentrum der Diskussion um die Ausformung des Föderalismus stand dabei die Frage nach der Verteilung von Ressourcen und Kompetenzen. Die Gruppe um Achminow verfocht dabei das Subsidiaritätsprinzip, wonach in einem Entscheidungsablauf von oben nach unten festgelegt werden soll, auf welcher Ebene welche Kompetenzen aufgrund welcher Ressourcen verbleiben sollen. Im Gegensatz dazu verbanden Guy Héraud mit der "genauen Kompetenzangleichung" und Burkhard Stieglitz mit dem Prinzip der Macht-Aufteilung und Macht-Anteilnahme die Ansicht, die Kompetenz müsse so nahe wie möglich beim Betroffenen verbleiben, um damit seine politische Partizipation sicher zu stellen und eine Schranke gegen Fremdbestimmung und Zentralismus zu errichten. Allein unter diesem Gesichtspunkt sollen dann die jeweils notwendigen Ressourcen verteilt werden.

Nicht zuletzt die Bereitschaft der Gruppe Héraud - Stieglitz zur Beteiligung aller interessierten Mitglieder an der Erarbeitung ihres Programmvorschlages sicherte ihnen in Genf die mehrheitliche Zustimmung. Die politischen Gegner hatten inzwischen das Rennen aufgegeben.

Gerade bei dieser Programmdiskussion zeigte sich ein weiterer Vorteil einer kleinen jungen Partei: die Möglichkeit direkter Kommunikation und Konfrontation zwischen allen interessierten Mitgliedern von der Basis bis zur Spitze. Da hier jede Parteispitze auf die Mitarbeit jedes Mitgliedes angewiesen ist, kann sich kein führendes Mitglied hinter einem mächtigen Apparat verstecken. In dieser Partei sind für ihre führenden Mitglieder nicht Befehlsstrukturen entscheidend, sondern eher Konfliktfähigkeit, die Bereitschaft, in der Auseinandersetzung zu brauchbaren Kompromissen zu gelangen. Das heißt, für alle, die sich in dieser Partei beteiligen wollen, bestehen erhöhte Partizipationschancen sowie die Möglichkeit, politisches Verhalten zu lernen (1).

Wie sich in dem Konflikt weiter gezeigt hat, bietet eine junge Partei wie die EFP noch Möglichkeiten für grundsätzliche Veränderungen im personellen und programmatischen Bereich. Daß die Partei noch nicht durch Macht und Verantwortung in die verfestigten Strukturen eines Staates, aufgrund ihres neuen politischen Konzepts in die verfestigten Strukturen einer alten Doktrin eingebunden ist, macht sie im personellen wie programmatischen Bereich höchst flexibel. Weder ein durch Posten und Parteikarrieren verfestigtes Establishment noch eine durch Traditionen belastete Doktrin behindern die innerparteiliche Auscinandersetzung. Wie sich gezeigt hat, gelten hier in weit höherem Maße als in den herrschenden Parteien temporäres Mandat und Abrufbarkeit von Amtsträgern.

Auch auf internationaler Ebene hat sich die Partei als sehr beweglich erwiesen. Das Konzept der FI entsprach in seiner Essenz dem Subsidiaritätsprinzip: die Spitze legte fest, welche Aufgaben die Untergliederungen zu erledigen hatten. Entsprechend gingen die Initiativen für Parteigründungen weitgehend von der Wiener Zentrale aus, die auch darüber entschied, ob sich eine Partei als EFP im Verbund der FI konstituieren durfte. Demgegenüber geht die gesamteuropäische EFP in ihrer Satzung aus von der Autonomie der Gruppen. "Sie umfaßt das Recht, die Regeln des Zusammenlebens in der Gruppe frei zu bestimmen". (GP S. 8). Entsprechend heißt es in der Satzung weiter: "Der EFP gehören alle Sektionen an, die diese Satzung und das Grundprogramm anerkennen". (GP S. 21). In der neuen Satzung ist der Sitz der Partei der des Generalsekretariats, also nicht an einen bestimmten Ort (früher Wien) gebunden. Zudem können die "nachgeordneten Parteisektionen ... autonom Programme ... entwickeln und verabschieden, soweit die aufgegriffenen Probleme auf der unteren Ebene gelöst werden können und nicht im Widerspruch zur Aufgabenverteilung stehen, wie sie im europäischen Grundprogramm für die Föderation vorgesehen ist". (GP S. 28). Um zu vermeiden, daß eine Sektion über ihre Nationalsprache im Verbund dominiert, wird für die sprachliche Verständigung eine gemeinsame Zweitsprache, z.B. Esperanto, vorgeschlagen (GP S. 16) und von einer steigenden Zahl von Mitgliedern bereits gelernt. So versucht die Partei, den funktionalen Zentralismus auf das erforderliche Minimum zu beschränken und die substantielle Dezentralisation maximal zu erweitern.

Hier zeigt sich das Bemühen, durch Aufbau und Struktur der Partei diese als gesamteuropäisch auszubauen und darzustellen, d.h. alles zu vermeiden, was zu Konflikten um nationale Vorherrschaften führen kann wie einst in Steg. Denn gerade der in Steg aufbrechende Konflikt hat die Verletzbarkeit einer Konstruktion wie der von Herman Achminow so engagiert verteidigten (2) FI gezeigt, die wegen ihrer Aufgliederung in nationale Unterorganisationen den Streit um nationale Vorherrschaften in sich barg, der gerade durch ihre Gründung unmöglich gemacht werden sollte. Der Gedanke, in Wien die Zentrale der FI einzurichten, ist in enger Verbindung mit der Vorstellung von der Brückenfunktion zwischen Ost und West als "Mission" Österreichs zu sehen. Die Tatsache, daß Österreich hier eine besondere Position im Verbund zugeschrieben wurde, barg den Konflikt bereits in sich.

Die Probleme einer kleinen jungen Partei sind - allem Engagement der Aktiven zum Trotz - gravierend und für die Beteiligten ständig präsent. Wie gezeigt wurde, steht eine kleine Partei wie die EFP im ständigen Kampf um ausreichende finanzielle Mittel sowie vor dem Problem der Entwicklung eines effektiven materiell-technischen Instrumentariums. Aufgrund des geringen Etats steht sie vor dem Problem, mit einem Minimum an finanziellem Aufwand und einem Maximum an Einsatz aller Aktiven, d.h. nahezu ausschließlich mit Eigenmitteln, ein Optimum an Außenwirkung zu erreichen (3). Sie hat aufgrund der geringen Erfolge mit starker Mitgliederfluktuation zu kämpfen. Die fehlende Publizität, die sich auch negativ auf die Identifikation der weitverstreuten Mitglieder mit ihrer Partei auswirkt, tut dazu ein übriges. Nicht zu übersehen ist dabei die Frustration, die die Aktiven bei ihren Bemühungen um Außenwirkung ständig zu verkraften haben und die bei vielen jede langfristige Initiative zu lähmen droht.

Dies bringt einen Mangel an notwendiger organisatorischer Stabilität und Kontinuität der Arbeit der Partei mit sich. Auf diese Weise werden die innerparteilichen Partizipations- und nach außen gerichteten Innovationschancen einer aktiven politischen Minderheit immer wieder von neuem bedroht, die u.U. geeignet sein könnten, das Machtkartell der Eliten in den herrschenden Parteien und Verbänden aufzubrechen.

8.2. Majoritätsparteien als "Herrschaftsinstrumente" des Staates

Die Funktion der Majoritätsparteien als "Herrschaftsinstrumente" des Staates (4), die sie zu "Quasi-Staatsinstitutionen" (5) haben werden lassen, hat "die Entwicklung eines unbeweglichen, unangreifbaren Machtkartells verselbständigter, von der Bevölkerung entfremdeter Parteieliten mit massiven Eigeninteressen" (6) gefördert und die Wandlungsfähigkeit des Parteiensystems verkümmern lassen (7). Zwischen Parteien, Interessengruppen und Gerichten - allen voran dem Bundesverfassungsgericht - ist ein staatszentristischer Konsens zu beobachten (8). Er erhält in der Parteientheorie seine theoretische Fundierung u.a. in der "Elitist Theory", nach der die Partei vorrangig in Funktion zu den Parlamentsfraktionen und zur Regierung (9) und erst danach in Funktion zum Bürger gesehen wird. Damit erhält die Partei den Charakter einer gouvernementalen Willensbildungsinstanz (Willensbildung orientiert an den Bedürfnissen der Exekutive). Der Staat ist nicht mehr nur "gesamtgesellschaftliche Organisation, in der die pluralen Kräfte der Gesellschaft zum Ausdruck kommen" (10), sondern seine Erhaltung und damit sein Interesse werden zum Selbstzweck bzw. zum willkommenen Alibi für Parteieliten und herrschenden gesellschaftlichen Minderheiten, ihre Herrschaftsposition mit dem vorgeschobenen Argument der Notwendigkeit der Staatserhaltung zu verteidigen und zu perpetuieren. Mit diesem Argument erhalten auch alle Strategien der Absicherung gegenüber Konkurrenten (kleine und neue Parteien) ihre Rechtfertigung, die hier als Minorisierung gekennzeichnet und dargestellt wurden. Diese Minorisierung zeigt deutlich, daß Minderheiten im Sinne von Minoritäten kein "Naturprodukt" sind, sondern daß sie "geschaffen" werden durch verschiedene Minorisierungsakte (11). Diese Minorisierung, die, wie an der EFP gezeigt werden konnte, auf eine Entmutigung zur Gründung einer eigenen politischen Partei bzw. zum Beitritt zu einer solchen abzielt, in der Gruppen von Bürgern ihre politischen Zielvorstellungen vertreten können, wirkt umso verhängnisvoller, als sie unausweichlich ist. Diese hier vertretene These läßt sich erst glaubwürdig widerlegen, wenn Voraussetzungen geschaffen sind, die auch kleinen und neuen Parteien einen freien Zugang zur Öffentlichkeit und damit eine echte Vertrauenswerbung für Personen und Konzeptionen ermöglichen. Die Monopolstellung der Parteien in der politischen Willensbildung zwingt politische Minderheiten, sich als Partei oder als parteiähnliche Gruppierung zu organisieren und damit dem System anzupassen, wenn sie politisch wirksam werden wollen (12). Denn auch die großen Parteien

("Volksparteien"), die vorgeben, im umfassenden Sinne integrationsfähig zu sein, fürchten letztlich den grundsätzlichen innerparteilichen Konflikt. Deshalb haben auch dort politische Minderheiten, selbst wenn sie von ihren Zielen her relativ problemlos zu integrieren wären, keine Chance, ihre alternativen Vorstellungen wirksam zur Geltung zu bringen (13).

Als Innovationshemmnis erweist sich zudem eine verbreitete Tendenz zur "Versäulung" (14) und zum Korporatismus (15), weil die Majoritätsparteien als Vertreter herrschender Minderheiten sämtliche gesellschaftlichen Bereiche durchdringen, damit beherrschen und andere politische Kräfte - allen voran Minoritäten - in allen diesen Bereichen in ihrer Entfaltung behindern (Radikalenerlaß, Besetzung von Ämtern nach Parteiproporz).

Unter diesen Voraussetzungen noch von einem - wie auch immer spezifizierten - Pluralismus zu sprechen (16) scheint insofern nicht mehr gerechtfertigt, als hier nur "vermachtete Interessen" zum Tragen kommen. So scheint auch die Frage müßig, ob drei oder fünf Parteien dem Funktionieren der Demokratie dienlicher seien (17).

Selbst die Frage nach der sozialen Basis der Parteien hat sich nach unserer Untersuchung als zweitrangig herausgestellt, da eine Willensbildung von unten nach oben sich ohnehin über weite Bereiche als blockiert erweist (18). Vielmehr hat sich für uns die von Gerhard Lehmbruch aufgestellte Vermutung verstärkt, daß die Wähler eher den Bewegungen und Manipulationen in den und durch die Parteien folgen, als daß die Parteien Wählerinteressen folgen. In diesem Zusammenhang weist Lehmbruch darauf hin, daß die längerfristigen Trends im Wahlverhalten "nicht eigentlich veränderte Distanzen der Wähler zu den Parteien anzeigen, sondern die von den Wählern wahrgenommenen Veränderungen in den Distanzen von Partei zu Partei widerspiegeln, daß sie also mehr den Bewegungen im Parteiensystem - und insbesondere den Distanzen zwischen den Parteieliten - folgen, als daß sie diese bestimmen" (19). Durch die Aussage werden diejenigen Parteitheorien in Frage gestellt, die von der Ansicht ausgehen, daß Parteien Wählerinteressen repräsentieren bzw. zusammenfassen.

Sobald sich aber die Erhaltung von Herrschaftspositionen als das oberste Ziel der Partei im "Parteienwettbewerb" erweist, ist ihr zentrales Interesse auf die Ausschaltung aller dieses Ziel gefährdenden Kräfte gerichtet, worunter nicht nur die Funktion eines Parteiensystems als Transformator von Interessen und Bedürfnissen an das politische Entscheidungssystem (20) leidet, sondern auch die Innovationsfähigkeit des gesamten politischen Systems. Insofern wäre dann auch die Minorisierung das Mittel einer Elite zur Verteidigung ihrer Vormachtstellung, indem sie alle diejenigen Kräfte klein hält, die ihr ihre Vormachtstellung streitig machen wollen, sei es im materiellen oder aber politisch-ideologischen Sinne. Unter diesem Aspekt lassen sich Wahlkämpfe eher als breit angelegte Manipulationsversuche der Parteieliten (21) deuten, durch die man mit Hilfe des Wählervotums seine Vorherrschaft zu sichern sucht, denn als Beitrag zur politischen Willensbildung und Information.

Demgegenüber ist die im Grundgesetz enthaltene Entscheidung "für einen freien und offenen Prozeß der Meinungs- und Willensbildung des Volkes" (22) vor allem deshalb nicht überzeugend realisiert worden, weil diese Meinungs- und Willensbildung in ihren entscheidenden Bereichen der Kontrolle der herrschenden Parteien und Interessengruppen ("gesellschaftlich relevante Gruppen") unterliegt und auf diese Weise alle diejenigen Meinungs- und Interessengruppen an einer wirksamen Artikulation ihrer Konzepte und Interessen gehindert werden, die nicht über ausreichende "gesellschaftlich Relevanz" - sprich: Machtpositionen - verfügen.

In einem Artikel hat sich Ralf Dahrendorf gegen jenes "Übermaß an Konsens" in Deutschland gewendet, das letztlich bewirkt, "daß vorhandene Widersprüche unter den Teppich gekehrt werden". Seine Vermutung, daß "das erste Opfer des deutschen Konsens ... neue Ideen ... (und) unbequeme Fragen" sind (23), hat sich nicht nur mit dieser Untersuchung nachweisen lassen, sondern findet seine Bestätigung in der immer wieder zu beobachtenden Art und Weise, in der die "gesellschaftlich relevanten Kräfte" mit den Verfechtern solcher neuen Ideen verfahren. Die "Koalition des Verschweigens" (24) zeigt sich nicht nur in der Verweigerung, sich z.B. auf die Argumente einzulassen (25). Schließlich kann es jedem drohen, als Verfassungsfeind diskriminiert zu werden, der es wagt, die Verfassung anders zu interpretieren als die "gesellschaftlich relevanten Gruppen" (26). Selbst jüngste Versuche, den Dialog mit minorisierten Meinungsgruppen (Studenten, Ökologisten) (27) in Gang zu setzen, werden auf halbem Wege stecken bleiben, solange die politische Innovation sich nur in der Absorption der Ziele durch die herrschenden Parteien erschöpft, der Herrschaftswechsel von Gruppen und einzelnen Personen aber durch minorisierende Maßnahmen blockiert wird. Die Folge ist die Perpetuierung der Herrschaft der alten Eliten aufgrund einer raffinierten Minorisierungs- und Absorptionsstrategie, die allen nachwachsenden Gruppen und innovatorischen Kräften jede Chance nimmt, ihre Ziele selbst zu vertreten und zu verantworten. Nicht zuletzt die Einsicht der Aussichtslosigkeit, eigene grundlegend alternative Gedanken und Ziele öffentlich zu vertreten und zu verwirklichen, hat sehr viele - insbesondere junge, unangepaßte Menschen – entmutigt, politisch aktiv zu werden und sie stattdessen den "Rückzug ins Private" antreten zu lassen. Da in der Bundesrepublik politische Aktivität voraussetzt, zuerst die Herrschaft des Machtkartells anzuerkennen (z.B. durch Mitgliedschaft in den "gesellschaftlich relevanten Gruppen", die intern auf Mäßigung bzw. Disziplinierung der Opposition bedacht sind), bleibt eine Integration der verfassungskonformen (nicht systemkonformen) Gruppen ausgeschlossen, die eigenständige Existenz außerhalb dieser Gruppen beanspruchen. So werden die innergesellschaftlichen Konflikte nach dem bipolaren Konfliktlösungsmuster zu bewältigen gesucht (Eliminierung von auf Systemtranszendenz orientierten Oppositionen), was letztlich zu einer Verschärfung des Konfliktes führen muß. Ursprünglich Radikale (28) suchen einen Ausweg in extremistischen Gruppen, die in der Regel straff organisiert und autoritär strukturiert sind, aber gerade deshalb der Minorisierung effektiver zu widerstehen vermögen. Ein Konsens mit diesen Gruppen erweist sich dann schließlich als unmöglich.

Mit diesen bipolaren Konfliktlösungsstrategien werden demnach besonders aktive politische Gruppierungen aus dem System herausgedrängt, die dann ihrerseits um so härter zurückschlagen (29). Das bipolare Konfliktlösungsmuster bringt keine Lösung, sondern nur Eskalation des Konflikts, der langfristig das System in seiner Existenz zu bedrohen geeignet ist.

8.3. Lern- und Innovationsfähigkeit des politischen Systems

Will ein System also überleben, so muß es "Lernfähigkeit" entwickeln und sich diese erhalten, d.h. die Fähigkeit zur "Änderung des Verhaltens ... die eine Verbesserung der Reaktion auf Umweltbedingungen" ermöglicht (30). Karl W. Deutsch hat darauf hingewiesen, daß wichtige Impulse für "neue Verhaltensmuster in der Politik, Wirtschaft und Kultur anfangs häufig von sozialen Außenseitern, Eigenbrötlern, Angehörigen von Minderheiten und von Menschen, die 'am Rande der Gesellschaft' leben, hervorgebracht und propagiert werden". Nach seiner Beobachtung, die durch unsere Untersuchung bestätigt wird, kommen solche Außenseiter in der Regel nicht in die Lage, diese Ideen selbst zu realisieren, sondern sind vielmehr darauf angewiesen, daß "mächtigere und stabilere Gruppen in der Gesellschaft" bereit sind, diese Ideen in ihr Programm zu übernehmen, während die Urheber ("Ohnmächtigen") "ausgeschlossen" bleiben (31).

Nach unserer Untersuchung erscheint dieser Prozeß jedoch nicht zwingend oder naturnotwendig, wie die Ausführungen von Deutsch vermuten lassen. Vielmehr ließ sich zeigen, daß die herrschenden Eliten in einem System im Interesse der Machterhaltung die Verfechter neuer Ideen daran hindern, diese selbst zu vertreten. Was bei Deutsch als ein Zustand in Erscheinung tritt, ist den Ergebnissen der vorliegenden Arbeit zufolge eher als ein Prozeß anzusprechen, eben der Prozeß der Minorisierung, der zu der Schlußfolgerung führt, daß die von Deutsch erwähnten Außenseiter und Angehörigen von Minderheiten nicht in jedem Falle einfach gegeben sind, sondern auch "gemacht" werden können.

Ebenso wenig Allgemeingültigkeit vermag nach unseren Ergebnissen die Unterscheidung zwischen "Programmaspirationen" und "Machtaspirationen" zu beanspruchen, die Deutsch vornimmt, da ja - wie sich zeigen ließ - diejenigen, die Programmaspirationen hegen, auch Machtaspirationen ausweisen in dem Sinne, daß sie ihre Vorstellungen selbst realisieren wollen, dies aber aufgrund ihrer politischen Ohnmacht nicht können bzw. von den Mächtigen daran gehindert werden (32). Denn, wie die Untersuchung zeigt, wird Macht von den Mächtigen eher subjektiv begriffen, weniger funktional in Bezug auf eine optimale Weiterentwicklung des hauptsächlich von ihnen getragenen politischen Systems, d.h. also nicht unbedingt zunächst orientiert an den Interessen der übrigen Systemangehörigen. So wird Macht eher um ihrer selbst willen erhalten, als daß sie als grundsätzlich zur Disposition stehendes Instrument zur Befriedigung eines Maximums an unterschiedlichen konkreten Bedürfnissen und Interessen der vielfältigen Gruppen einer Gesellschaft benutzt wird.

Zugleich deutet sich hier die Aushöhlung eines wesentlichen Grundsatzes der Demokratie an: des temporären Mandats. Ihm wird zwar vordergründig entsprochen durch bloßes Auswechseln einzelner Personen, aber er verliert seine Geltung im Hinblick auf einen Wechsel von Eliten und über diese auf einen Austausch grundlegender und umfassender politischer Alternativkonzepte, deren Trägern die Probe auf Zustimmung seitens der Bevölkerung durch Teilnahme am öffentlichen Meinungsbildungsprozeß erschwert bzw. unmöglich gemacht wird. Diese Restriktion wird durch das herrschende Pluralismusverständnis begünstigt, demzufolge gesellschaftlich relevante Gruppen selbst über ihre Relevanz und damit über die Erhaltung ihrer Machtposition entscheiden, nicht jedoch außer ihnen stehende Instanzen, wie z.B. Wähler (z.B. hinsichtlich ihres Zuganges zur Öffentlichkeit über die Medien).

Die im vorangegangenen aufgezeigte Minorisierungspolitik liefert eine Erklärung dafür, weshalb "kontinuierliches" und "prophetisches Führertum" so selten in einer Person vereint sind (33). Diese Kategorien, die Deutsch als "Gegenstücke" charakterisiert, sind dies nicht unbedingt und nicht in jedem Fall. Die Gefahr solcher, einander ausschließenden Kategorien, die auf Erfahrungswerten aufbauen, liegt in erster Linie in ihrer Reifikation der Realität: die Realität wird dabei gleichsam abgebildet und durch Abstraktion in ein starres System allgemeingültiger Begriffe eingefügt, ohne daß dabei zureichend die Ursachen und Entstehungsbedingungen derjenigen Prozesse kritisch analysiert werden, die in ihrer Gesamtheit die eben erwähnte - dynamische - Realität bilden. Dann fällt es aber natürlich auch nicht mehr schwer, die so konstruierte Wirklichkeit in Beziehung zu diesen allgemeinen Begriffen zu setzen, um Widerspruchsfreiheit zwischen einer Realität und der sie erklärenden Theorie herzustellen.

Bezogen auf die eben angeführte Aussage von Deutsch läßt sich diese Kritik dahingehend konkretisieren, daß es eher scheint, daß jenes "kontinuierliche Führertum" seine Kontinuität nur aufgrund von entsprechender Macht aufrechterhalten kann, über die es verfügt, um sich gegenüber dem "prophetischen" Führer, der ja in der Regel auch auf Veränderung der Machtverhältnisse abzielt, zu behaupten. Sollte es einem "prophetischen", aber machtlosen Führer dennoch gelingen, die Mehrheit der Menschen für eine Idee zu gewinnen, so scheint es für den politischen Führer, der seine Macht erhalten möchte ("Kontinuität"), das Klügste, eben gerade so viel von dem Programm des "Konkurrenten" zu absorbieren, um einen breiten Konsens herzustellen -, wie es für seine Machterhaltung erforderlich ist. Genau dies ist die Minorisierungsmethode der herrschenden Parteien.

Fraglich bleibt, ob die Eliminierung von politischen Minderheiten, die zugleich die werbende Kraft ihrer Ideen reduziert, zu den notwendigen Opfern gehört, die ein "Staat" um der Erhaltung seiner Einheit willen bringen muß (34).

Vielmehr scheint es, daß diese Ansicht jenem staatszentristischen Konsens entspringt, der die Interessen der Bürger denen des Staates unterordnet, statt umgekehrt den Bürgern Priorität einzuräumen gegenüber einem politischen System ("Staat"), das sich nur in Funktion zu den Bürgern zu legitimieren vermag, nicht aus sich selbst heraus.

Selbst bei Donald A. Schon, der Konzepte für eine "lernende Gesellschaft" (35) entwickelt hat, ist eine gewisse gouvernementale Tendenz nicht zu übersehen. Schon entwickelt ein Modell, in dem die "Regierung als Lernsystem" (36) begriffen wird. Die Qualität eines lernenden Systems bemißt sich für ihn "an seiner Fähigkeit, populäre Ideen seiner augenblicklichen Situation anzupassen" (37). Er demonstriert diese Fähigkeit an dem Modell eines evolutionären Veränderungsprozesses, bei dem aber die Regierung letztlich als "Ausbreitungsträger", d.h. als Impulsgeber im ideellen und materiellen Sinne wirkt (38). Die Impulse werden jedoch in der Regel nicht von der Zentrale aus entwickelt, sondern eher an der Peripherie, um dann von der Zentrale aufgegriffen und in eine neue Politik umgesetzt zu werden. Unter dieser Voraussetzung könnte der Staat als lebendes System bezeichnet werden, als ein "sich selbst transformierendes System" (39).

In dem Modell lassen sich gewisse Parallelen zu dem Konzept der EFP von einem föderalistischen Europa finden in dem Sinne, daß auf der Ebene der Föderation - mit Ausnahme der Außen- und Sicherheitspolitik - lediglich Rahmenkonzeptionen erarbeitet werden, bei deren Zustandekommen gewiß - vergleichbar jenem Modell von Schon - Impulse von der Basis eine Rolle spielen müßten. Wie weit allerdings die von der Zentrale einzusetzenden Mittel ("lokale Verhaltensweisen durch bestimmte Formen der Lenkung und des Zwanges" zu steuern (40)) mit dem Konzept der genauen Kompetenzangleichung zu vereinbaren sein würden, wäre eine weitere entscheidende Frage für die Übernahme eines solchen Modells seitens der Föderalisten. Denn darin, daß die "Peripherie" eher als "Ideenlieferant" für die Zentrale denn als autonom zu gestaltende Einheit wirken darf, drückt sich eine gemäßigt zentralistische Tendenz aus, bei der wiederum die Einheit Vorrang erhält gegenüber der Vielfalt.

Eine in unserem Zusammenhang zentrale Frage an jenes Innovationsmodell, das Robert Jungk in seinem Vorwort als ein "zeitadäquates Strukturmodell für die gesellschaftlichen Organisationen der Jahrhundertwende" empfiehlt (41), ist die, zu welcher Art von Innovation dieses Modell die Voraussetzungen bietet. Angenommen, die z.B. von kleinen, an der Regierung nicht beteiligten Parteien und Gruppen angestrebte Innovation würde eine grundlegende Veränderung der Eigentumsverhältnisse bzw. der Verfügungsgewalt über das Eigentum implizieren, so wäre ein solches Modell vermutlich auch langfristig nicht geeignet, dieses Ziel zu erreichen, weil es auf derzeitigen politischen und wirtschaftlichen Machtverhältnissen aufbaut bzw. diese akzeptiert. Wie sich immer wieder gezeigt hat, scheitert eine Regierung mit ihren Innovationskonzepten spätestens dann, wenn sie bestimmte Grundpfeiler gesellschaftlicher Strukturen anzutasten sucht.

Um bei dem Beispiel der EFP zu bleiben, wäre es für eine solche Partei ziemlich aussichtslos, sich mit ihrem Konzept der Dezentralisation von Ressourcen und Kompetenzen an eine Regierung zu wenden, die ihre eigene Machtfülle eben gerade aus der Zentralisation von Ressourcen und Kompetenzen herleitet. Eine solche Regierung wird schon aus ihrem ureigensten Interesse, aber auch aus der Scheu vor einer - für sie möglicherweise existenzbedrohenden - Auseinandersetzung mit mächtigen Wirtschaftsgruppen ein solches Programm nicht unterstützen. Für solche radikalen Innovationskonzepte die Unterstützung der herrschenden politischen und gesellschaftlichen Eliten zu erwarten (42), erscheint widersinnig. Hier zeigt sich sehr schnell die Grenze reformerischer Innovationsmodelle, die eine Integration der "Propheten" und "Utopisten" in den Herrschaftsapparat vermeiden zu können glauben.

Nach Schon liefern die "Utopisten ... eine Vision dessen, was sein könnte, und zwar in der Weise, daß sie die Aufmerksamkeit auf den unzureichenden Charakter bestehender Dinge lenken" (43). "Der Prophet ... sagt uns, wohin wir gehen, läßt uns die fernen Konsequenzen unseres augenblicklichen Verhaltens als real und gegenwärtig erkennen und appelliert an die Moral, um uns mit Sünden zu konfrontieren, die wir sonst ignoriert und zurückgedrängt hätten" (44).

Diese Gruppen spielen für Schon in jenem Innovationsprozeß die Rolle von "brain-trusts", die von der Regierung zu unterstützen sind, die aber im etablierten System am Rande bleiben (45). Ihre Einbeziehung in den Entscheidungsapparat wird damit ausdrücklich ausgeschlossen. Die Ideen dieser "Avantgarde" haben dann aller Voraussicht nach eben gerade so viel Chancen, realisiert zu werden, wie ihnen z.B. ein Machtkartell wie das in der Bundesrepublik beschriebene einzuräumen bereit ist. Demgegenüber hat das auch die öffentliche Meinung beherrschende Kartell die Möglichkeit, diese Avantgarde im Konfliktfall zu marginalisieren (46), d.h. ihre Konzepte als irrelevant oder "utopisch" (nicht realisierbar) hinzustellen und damit von vornherein der öffentlichen Diskussion fernzuhalten. (Dazu das Beispiel der EFP (47)).

8.4. Zielbewußte Systeme und Utopien

Das von Schon entwickelte Innovationsmodell würde nach den Kategorien von Russel L. Ackoff und Fred E. Emery in einem "zielsuchenden System" seinen Sinn erhalten, denn ein "zielsuchendes System wählt seine Handlungsweise nur bezüglich eines Zieles, des Ergebnisses, das sich in der Situation, mit der es sich konfrontiert sieht, ereignen kann". Demgegenüber erhält ein "zielbewußtes System" eine höhere Rangordnung; "es kann Fernziele verfolgen". Das "zielbewußte System" strebt also Ziele an, von denen nicht sicher ist, wann und wie sie erreicht werden können. Selbst wenn die Absicht unter den gegebenen Bedingungen mit den derzeit möglichen Mitteln nicht zu erreichen ist, so wird sie dennoch nicht aufgegeben. Vielmehr werden "zielbewußte Systeme" veränderte Strategien entwickeln, um das Fernziel zu erreichen.

"Nur solche zielbewußten Systeme können idealsuchende sein, die zwischen ihren Zielen wählen können. Sie sind in der Lage, ... den Fortschritt in Richtung auf ein Ideal aufrechtzuerhalten, indem sie ein anderes Ziel wählen, sobald das eine erreicht ist, oder der Versuch, es zu erreichen, gescheitert ist; oder ... andauernd ihre Ziele im Interesse eines Ideals zu opfern" (48).

Im Ideal sehen die Autoren "ein Ergebnis, das niemals erreicht werden, dem man sich jedoch unbegrenzt nähern kann" (49). In diesem Zusammenhang wird unterschieden zwischen dem Ideal, das nie erreicht werden kann und Priorität hat, dem Fernziel, das auf ein Ideal gerichtet ist und dem Ziel, das auf ein Fernziel hin orientiert ist, aber um dieses Fernzieles willen auch aufgegeben werden kann.

Nach diesem Verständnis wird "ein zielbewußtes Individuum oder System" als "idealsuchend" eingestuft, "wenn es nach Erreichung eines seiner Fernziele ein anderes Fernziel wählt, das seinem Ideal näherkommt" (50). Dieses Ideal kann sich in einer Gesellschaft als Utopie darstellen, "die", wie Ossip K. Flechtheim sagt, "nie gegeben (ist), aber stets aufgegeben" .... (51). Sie hat eine "wirklichkeitstranszendente(r) Orientierung, ... die zugleich eine bestehende Ordnung auch sprengt" (52).

Flechtheim unterscheidet noch zwischen einer Utopie und einer Gegenutopie. Utopie betone und überbetone in kritischer Auseinandersetzung mit den grundlegenden Übeln des bestehenden soziokulturellen Systems die rationalen und produktiven Möglichkeiten des Menschen. Gegenutopie hingegen male das Bild einer Gesellschaft und einer Kultur, in der die irrationalen und destruktiven Tendenzen ihre idealtypische Vollendung gefunden haben (z.B. George Orwell, 1984). Nach Flechtheim besteht die positive Funktion der Utopie darin, daß sie "den Horizont der offenen Möglichkeiten" erschließt und damit - wie zu ergänzen ist - gerade im Bereich der Politik als treibende Kraft eine wichtige Funktion erhält. Sie verleite aber zugleich dazu, "die Möglichkeiten von morgen nicht in ihrer stets vorläufigen und unzulänglichen Gestalt zu erkennen" (53).

Ähnlich hat auch Leszek Kolakowski darauf verwiesen, daß die von der Utopie anvisierten Veränderungen idealisiert und mystifiziert seien und so der wirklichen sozialen Bewegung, die in Richtung auf die Realisierung dieser Utopie hin strebt, "den Sinn einer Realisierung des Ideals verleiht, das in der reinen Sphäre des Geistes entsteht und nicht aus der gegenwärtigen Erfahrung. Die Utopie ist also das mystifizierte Bewußtsein der tatsächlichen geschichtlichen Tendenz" (54).

Kolakowski nennt die Utopie "ein totales Programm der Veränderungen". Sie ist die Voraussetzung für soziale Umwälzungen, irreale Bestrebungen sind die notwendigen Voraussetzungen für reale" (55).

Eine wesentliche Voraussetzung für die Legitimation solcher Utopien liegt in ihrer Orientierung auf die Zukunft und in ihrem moralischen Anspruch, der auf die Menschheit und ihre Teile gerichtet ist (56). Wie Fred L. Polak festgestellt hat, wird in der Utopie eine ideale Welt aus der Vielfalt von Möglichkeiten ausgewählt. "Der Idealismus der Utopisten gründet in einer spezifischen Weltsicht und diese Wertphilosophie bildet die treibende Kraft allen utopischen Denkens über die Zukunft" (57). Sie ist damit in einer Weltanschauung gegründet und bezieht ihre drängende Kraft aus dem "Willensoptimismus" (58), der auf die Zukunft gerichtet ist. Eingedenk seiner Würde fühlt sich der Mensch aufgefordert, "daß er seine Geschichte selbst gestaltet, daß er seine eigene Gesellschaft im Sinne vernünftiger und moralischer Prinzipien ordnet, und daß er über seine eigene Zukunft zielbewußt und im Sinne der Verwirklichung einer bestmöglichen Gesellschaft entscheidet" (59). In diesem Zielbewußtsein liegt die eigentliche politische und moralische Verpflichtung, Utopien als Ideale dem politischen Handeln überzuordnen. Wie einleitend dargestellt, können allen voran Weltanschauungsparteien ein solches Zielbewußtsein entwickeln und - unter den eingangs dargestellten Prämissen - als notwendiges Innovationspotential in einem politischen System von Bedeutung sein.

8.5. Utopiefeindlichkeit und Stagnation

Verglichen mit dem dargestellten Utopieverständnis wird utopisches Bewußtsein verfälscht, wenn man es dem politischen Pragmatismus unterzuordnen versucht, indem man es in seinem Sinn auf einen Entwurf beschränkt, der "sinnvolles Fortschreiben in der Geschichte möglich macht" (60) bzw. als "reale Utopie" zum "politischen Integrationsfaktor" "abwertet" (61). Georg Picht meint zwar, daß Utopie auf das "zielbewußte Handeln" des Menschen bezogen sei. Dieses Handeln beschränkt sich aber - im Gegensatz zu Ackhoffs und Emerys Verständnis (62) - auf "den Bereich der realen Möglichkeiten" (63) und wird damit letztlich seines transzendentalen wie auch radikalen Charakters beraubt.

Mit solchen Definitionen, mit denen das Wagnis einer Utopie um der Sicherung augenblicklicher Verhältnisse willen ausgeschaltet werden soll, sollte vermutlich der in den Jahren 1967 ff. virulenten Utopieanfälligkeit insbesondere unter der jungen Generation (64) die Spitze abgebrochen werden. Das Verfahren läßt zugleich die Methode erkennen, mit der die Signalwirkung von Begriffen in Richtung auf Systemveränderung abgeblockt wird durch Umdeutung und Verflachung.

In der Reduktion des Utopie-Begriffes von idealistischen Zukunftsentwürfen, deren Notwendigkeit Ossip K. Flechtheim in seinen Schriften zur Futurologie immer wieder unterstrichen hat (65), auf Verfahren bzw. Integrationsinstrumente deutet sich eine Utopiefeindlichkeit an, die im Interesse der herrschenden politischen Gruppen liegt. Die heute meist von den linken Gruppen positiv bewertete Utopie trifft auf eine breite Abwehrfront gegen Veränderungen der Seinsordnung. Gemeinsame symbolische Surrogate werden von der herrschenden Gruppe bzw. deren Apologeten in Instrumente verwandelt, "die bewußt zur Stütze ihrer Autorität genutzt werden können" (66). So wird zukunftsorientiertes, mitunter systemsprengendes Denken und Handeln abgeblockt zugunsten der Sicherung des status quo mit dem Ziel, Herrschafts- und Verteilungsstrukturen zu sichern.

Aus der Sicht der systemstabilisierenden Kräfte erhält Utopie einen dominierenden Nebensinn von einer Konzeption, die "prinzipiell unverwirklichbar" ist. "Von diesem Standort will man einfach nicht über den gegebenen Seinsstatus hinauskommen. Dieses Nichtwollen trachtet das allein in der gegebenen Seinsordnung Unverwirklichbare als _völlig_ Unverwirklichbares anzusehen, um durch diese Verschüttung der Differenzen das nur relativ (d.h. von einer bestimmten Entwicklungsstufe her. R.R.) Utopische als Forderung nicht aufkommen zu lassen. Indem man ohne Unterschied alles utopisch nennt, was über das Gegebene hinausragt, vernichtet man die Beunruhigung, die aus dem in anderen Seinsordnungen Verwirklichbaren, 'relativ Utopischen' entgegenstehen könnte" (67).

In diffamierender Weise wird der Utopiebegriff demnach dazu mißbraucht, unbequeme bzw. gefährliche politische Zukunftsentwürfe als ideale Zielvorstellungen ihrer Sinnhaftigkeit, Identifizierbarkeit und damit ihrer Stoßkraft zu berauben, d.h. sie zu marginalisieren. Das, was von Radikalen im Interesse der Humanisierung der Gesellschaft entworfen und verfochten wurde, wird im Interesse einer herrschenden Elite lächerlich gemacht, um damit einen Angriff auf ihre Herrschaft abzuwehren. Dabei wird die von Karl Mannheim als Verschleierungsinstrument analysierte Ideologie u.a. zur Diffamierung der Ideen der Radikalen benutzt, die die menschlichen Lebensbedingungen von der Wurzel her verändern möchten (68).

Das Zielbewußtsein erhält eine negative Deutung als "Ideologieanfälligkeit", als "Starrheit in Prinzipien und Ideologien", die bei Politikern die Fähigkeit zum Kompromiß hemme. "Daher", so folgert Werner Conze in seiner Reflexion über das Versagen der Parteien in der Weimarer Demokratie, "sind die deutschen Parteien von Anbeginn mehr oder weniger kompromißfeindlich und damit wirklichkeitsunsicher. Wohl wurden in der Praxis selbstverständlich stets Abstriche an den Prinzipien gemacht.

Aber die Neigung, die Wirklichkeit an den politisch-ideologischen Grund- und Gegensätzen zu messen und dementsprechend die Vertreter anderer Parteien als Bekenner anderer, d.h. falscher Weltanschauungen gering zu schätzen, blieb trotz aller Abschleifung in der parlamentarischen Arbeit bis zu einem gewissen Grade bestehen. Darin lag eine der größten Gefahren für die Funktionsfähigkeit des deutschen Parteiwesens und eines der stärksten Argumente gegen eine rein parlamentarische Regierungsweise. Die Pluralität sich selbst gegenüber und anderer ausschließender Parteien konnte allerdings im politischen Leben auf die Dauer nur dann erhalten bleiben, wenn sie entweder durch Einschränkung der Parteienkompetenz in der Verfassung oder durch eine Minderung der ideologischen Prinzipien im Interesse der praktischen Arbeit existenzfähig gemacht wurde" (69). Diese Forderung nach "Minderung der ideologischen Prinzipien im Interesse der praktischen Arbeit", die hier als ein Heilmittel für die Demokratie vorgeschlagen wird, läßt sich mit den Interessen aller derjenigen trefflich vereinbaren, die gegenüber radikalen Ideen ein generelles Unbehagen empfinden. Karl Mannheim hat bereits einen allmählichen Verlust der Totalansicht festgestellt, mit dem ein Trend aller politisch verbrämten Ideen zur pragmatischen Mitte einhergehe. Utopien würden in diesem Prozeß zu wissenschaftlichen Hypothesen oder konkurrierenden Parteimeinungen reduziert. "Das Verschwinden der Utopie bringt eine statische Sachlichkeit zustande, in der der Mensch zur Sache wird" (70).

Das, was Mannheim nur als Stufe eines Prozesses deutet, ist - wie an der Konzeption und Realisierung der "Sammlungslungsparteien" (catch-all-parties) gezeigt wurde - von Menschen bewußt gestaltet worden. Das Beispiel der Minorisierung, die eine Eliminierung bzw. Marginalisierung radikaler und alternativer politischer Konzepte als Ausdruck vernachlässigter Interessen und Bedürfnisse einschließt (71), vermag eine Erklärung für die ideologische Stagnation und Ziellosigkeit unseres derzeitigen politischen Systems zu geben.

Die Minorisierung der EFP kann als konkretes Beispiel stehen für die Eliminierung in sich aktiver politischer Gruppen, die noch - im Gegensatz zu den in ihren Strukturen erstarrten Großorganisationen - eine reale Möglichkeit für innerparteiliche Partizipation und programmatische Innovation bieten, die die Gestaltung der Zukunft als ihre eigene Sache anzusehen (72). Die Chance wird damit vertan, den allgemeinen "Mangel an Programm" (73) durch solche Organisationen zu kompensieren und sie als Motoren der Innovation in ihrer spezifischen Systemfunktion anzuerkennen. Auf diese Weise wird die Stagnation des politischen Systems perpetuiert im Interesse der herrschenden Eliten. Auf der Strecke bleiben die Interessen aller derjenigen, die weder über Ressourcen noch über Kompetenzen verfügen, diese selbst wahrzunehmen.

ANMERKUNGEN

Vorwort

1 Manfred Rowold, 1974, S. 82; Stephen L. Fisher, 1974, S. 165 ff.
2 So Manfred Rowold, 1974, S. 378; Richard Stöss (1980, S. 286, 306) am Beispiel der Deutschen Gemeinschaft/Aktionsgemeinschaft Unabhängiger Deutschen.
3 Lutz Roemheld, 1977/78, Integraler Föderalismus - Modell für Europa - ein Weg zur personalen Gruppengesellschaft, 2 Bde., München

1. Kapitel

1 1962, S. 100
2 Die NPD erhielt zwischen 1966 und 1969 vorübergehend Mandate in einigen Landesparlamenten. Manfred Rowold, 1974, Anhang Tab. 2 ff., ebenso "Die Grünen" seit 1979.
3 Ernst Forsthoff, 1971, S. 87 ff.
4 1974, S. 378
5 a.a.O., S. 378 ff.
6 Ursula Kaack (1979, S. 507) hebt insbesondere ab auf die "Nicht-Information" über "Splitterparteien".
7 Gutachten Wolf-Dieter Narr v. 28.8.1979, S. 48; dazu auch der mündliche Beitrag von Christian Fenner zur Diskussion der Minorisierungstheorie im Arbeitskreis der DVPW Parteien - Parlamente - Wahlen v. 3.4.1981 in Berlin.
8 So Richard Stöss in einem Ms. zur EFP für das Parteien-Handbuch, (i.E.) und ders. in 1980, S. 293
9 Anthony Downs, 1968
10 Wolf-Dieter Narr, 1966, S. 33
11 Wolfgang Abendroth, Vorwort zu Hans See, 1972, S. 10
12 S. dazu Wolf-Dieter Narr, 1966, S. 33
13 1964, S. 30; vgl. dazu Wolf-Dieter Narr, 1969, S. 38; Otto Stammer, 1955, S. 303
14 S. dazu Hans Kastendiek, 1975, S. 83 ff.

15 1976, S. 137 ff. Zeuner spricht von einer "etatozentrischen Fehlorientierung"
16 vgl. dazu Hans Kremendahl, 1977, S. 317
17 1979, S. 9 ff. und passim
18 Dazu Lutz Roemheld, 1978, S. 183 ff.
19 "Der Föderalismus ist ein Pluralismus" (Hervorhebung R.R.) Guy Héraud, 1979, S. 7
20 Die in der Diskussion um innerparteiliche Demokratie bereits eine theoretische Fundierung erfahren hat. Dazu z.B. Frieder Naschold, 1969.
21 Lutz Roemheld, 1977, S. 9
22 Gerhard Lehmbruch, 1967, S. 8 und 13 ff.
23 Dazu ausführlich Jürg Steiner, 1970, S. 139 ff.
24 a.a.O., S. 144
25 S. dazu Gerhard Lehmbruch, 1968, S. 447
26 Jürg Steiner, 1979, S. 144 f.; s.a. Gerhard Lehmbruch, 1968, S. 453
27 Ders., 1967, S. 33 f. Wie weit eine solche "Versäulung" im politischen System der Bundesrepublik zu beobachten ist, soll am Schluß der Arbeit erörtert werden.
28 Dazu ausführlich Gerhard Lehmbruch, 1977, S. 11 ff.
29 Als Ausnahme sind die Eiderdänen im Südschleswigschen Wählerverband (SSW) zu nennen.
30 Stanislaw Ehrlich, 1966, S. 46
31 Damit kann das von Ossip K. Flechtheim (1974, S. 13) hervorgehobene "Vakuum an globaler Politik und langfristiger Planung" ausgefüllt werden.
32 1977, S. 193
33 Der weltanschaulich-philosophische Bezug erscheint uns trotz des Einwandes von W.-D. Narr (Gutachten S. 5, s. Anm. 6) von entscheidender Bedeutung.
34 S. dazu Walter Dirks in Ossip K. Flechtheim, 1973, S. 111, für den die Mitte als Ausgleich nicht ein Ziel, nur ein Ergebnis bedeutet.
35 Dazu Lutz Roemheld, 1978, S. 252 ff. Die Integralföderalisten sehen in dem Parlament (Bundesversammlung) ein plebiszitäres Strukturelement, in dem Parteien nicht vorgesehen sind. Im Gegensatz dazu wird hier die Ansicht vertreten, daß Parteien als politische Meinungsgruppen bzw. als Ausdruck unterschiedlicher weltanschaulicher Positionen in den politischen Willensbildungs- und Entscheidungsprozeß einbezogen werden müssen.
36 Ossip K. Flechtheim, Dokumente, Bd. 1, 1962, S. XVI
37 a.a.O., S. 13
38 1973, S. 17
39 a.a.O., S. 32

40 a.a.O.
41 1974, S. 5; vgl. dazu auch Hans-Peter Schwarz, 1972, S. 394 ff.; Stephen L. Fisher, 1974, S. 87
42 Diese Funktion wird von Fisher in seiner Untersuchung der Systemfunktion der "minor parties" nicht berücksichtigt. 1974, bes. S. 172 ff.
43 So bei Heino Kaack, 1971; Stephen L. Fisher, 1974; Manfred Rowold, 1974; dazu die Kritik von Claus Offe, 1980, S. 30 f.
44 Manfred Rowold, 1974, S. 378 ff.; Stephen L. Fisher, 1974, S. 165 ff.
45 a.a.O., S. 163 ff.
46 Damit sind die von Otto Stammer 1955 (S. 303) angedeuteten Fehlentwicklungen tatsächlich eingetreten.
47 Gerd Meyer, 1973, S. 7; zur Monopolstellung der Parteien auch Thomas Ellwein, 1973, S. 169 f.
48 Dazu Interviews mit Vertretern der "Grünen" im baden-württembergischen und Bremer Parlament.
49 Darauf hat bereits Michael Th. Greven (1977, S. 193) hingewiesen. S.a. Schmollinger/Stöss, 1975, S. VIII f.
50 Stammer/Weingart, 1972, S. 176
51 S.a. Michael Th. Greven, 1977, S. 193 ff.; Claus Offe, 1980.
52 Wolf-Dieter Narr/Frieder Naschold, 1971, S. 26
53 Dazu Frankfurter Rundschau, 26.8.1977
54 Sporadische Informationen über einschlägige Erfahrung von Minorisierung erhielt die Verfasserin von der Liberalsozialistischen Partei (Freiwirtschafter) als Schweizer Schwesternorganisation der FSU (Brief von Otto Haag, v. 28.12.78), von der UAP, AUD und vorrangig von der BSP.
55 Rudolf Hrbek, 1976, S. 179 ff.
56 Zusammenarbeit der Parteien in Westeuropa, 1976; Theo Stammen, 1977; Jüttner/Liese, 1977; Rudolf Dadder, 1978; Joachim Raschke, 1978
57 Anthony Downs, 1971
58 Claus Offe, 1973, S. 148
59 Vgl. dazu die Fragestellung von Dieter Runze (1977, S. 122) nach den gesellschaftlichen Bedingungen, unter denen Minderheiten entstehen.

2. Kapitel

1 BVerfGE4, 1956, S. 40 f.
2 Manfred Rowold, 1974
3 Bei Stephen L. Fisher, 1974; der Begriff wird hier allerdings nicht erläutert.

4 Manfred Markefka, 1974, S. 14; Heinz Kloss, 1970, S. 63
5 Hans-Joachim Hoffmann-Nowotny, 1974, S. 174
6 ebd.
7 Dazu Duden, Etymologie, 1963, S. 424 und Kluge, 1963, S. 479; Manfred Markefka, 1974, S. 14 ff.; bes. auch Horst Schumacher, 1969, S. 9 f.
8 Vgl. dazu Heinz Kloss, 1970, S. 63
9 Duden, Etymologie, 1963, S. 417
10 Ausnahmen dazu bilden z.B. die Minderheiten in Dänemark
11 Heinz Kloss (1970) bezeichnet solche Definitionen als verfehlt und führt als Gegenbeispiel das ausgeglichene Nebeneinander des Mehrheitsvolkes und der nationalen Minderheiten in Dänemark an. Kloss argumentiert hier vor allem gegen den in dieser Definition enthaltenen Pessimismus, der eine befriedigende Lösung des Problems ausschließe, d.h. aus einer politischen Motivation heraus. Daß in den von Kloss angeführten Ländern die angeblich befriedigende Lösung des Problems nicht unbedingt dauerhaft sein muß, zeigt sich heute an der politischen Entwicklung im Libanon (von Kloss auf S. 347 f. dargestellt), wo, wie sich heute zeigt, das innerstaatliche Nationalitätenrecht die latenten Konflikte nur verdeckt, nicht ausgeräumt hat. D.h. solche formalrechtlichen Lösungen können nicht unbedingt die politischen, sozialen und sozialpsychologischen Probleme von Minderheiten ausräumen. Kloss räumt jedoch ein, daß die Mehrzahl der Minderheiten diskriminiert wird. (S. 66)
12 Felix Ermacora, 1974, S. 11
13 Dazu Charles Silbermann, 1973, S. 68 ff.; Nathan Glazer, 1975, S. 25 ff.
14 Dazu Peter Heinz, 1958, S. 304; René König, 1967, S. 336; Emmerich K. Francis (1965, S. 157 f.) wertet diesen Begriff weniger negativ als allgemein üblich.
15 Vgl. dazu Dieter Runze, 1977, S. 120
16 Zu dem Problem der unterschiedlichen Begriffsebenen A.M. Rose, 1969, bes. S. 702; Hermann Raschhofer, 1960, S. 721
17 Peter Heinz, 1958, S. 304 f.; dazu auch Emmerich K. Francis, 1965, S. 156 f.
18 Zit. nach Hermann Raschhofer, 1960, S. 722, dazu auch Preston Valien, 1969, S. 433
19 Heinz Kloss, 1970, S. 63
20 Emmerich K. Francis, 1960, S. 717
21 Hermann Raschhofer, 1960, S. 721
22 Georg Erler, 1961, S. 528
23 Gordon W. Allport, 1971, S. 157 u. 158
24 Hans-Joachim Hoffmann-Nowottny, 1974, S. 174 f.
25 E.K. Francis, 1960, S. 717

26 Im Gegensatz dazu Heinz Kloss, 1970, S. 65 f.
27 Hans-Joachim Hoffmann-Nowottny, 1974, S. 176
28 Rudolph M. Loewenstein, 1968, S. 123 f.
29 Rudolph M. Loewenstein, 1968, S. 123 f.; Rudolph Heberle, 1965, S. 224. Das Problem wurde vor allem erforscht von R.S. Park und E.V. Stonequist (Emmerich K. Francis, 1965, S. 157); Peter Heintz, 1958, S. 307
30 Rudolph Heberle, 1965, S. 218 ff.
31 Zum Problem europäischer Minderheiten im einzelnen Rudolf Grulich, Peter Pulte, 1975; auch: Nationale Minderheiten in Westeuropa, 1975
32 Hermann Raschhofer, 1931, S. 29
33 Hans-Gerd Schumann (1976, S. 509) spricht stattdessen von außerparlamentarischen Bewegungen. Er beruft sich dabei auf die Ausführungen von Wolfgang Zeidler (1969) 1976, S. 369 ff.
34 Uwe Thaysen, 1968, S. 618 ff.; John J. Herz, 1969, S. 189
35 Gerd Langguth, 1976, S. 32 f.
36 Johannes Agnoli/Peter Brückner, 1968, S. 77 f.
37 Jürgen Habermas, 1969, S. 141 f.
38 Jürgen Habermas, 1969, S. 144
39 Zeugnisse dafür bei Hans Joachim Winkler, 1968
40 Dazu ausführlich Uwe Bergmann, u.a., 1968, S. 7
41 Dies wurde später z.B. von Vertretern der Evangelischen Kirche, so z.B. vom ehemaligen Berliner Oberbürgermeister Pfarrer Heinrich Albertz und von Präses Kurt Scharf öffentlich eingestanden.
42 Wie weit sich die Justiz nach wie vor in die Bereiche der Lehr- und Meinungsfreiheit vorwagt, zeigt das Urteil des Berliner Oberverwaltungsgerichts in Sachen des ehemaligen Studentenführers Wolfgang Lefèvre. Dabei maßt sich das Gericht an, einen allgemein gültigen Wissenschaftsbegriff zu definieren, an dem es dann die wissenschaftliche Arbeit des Klägers maß und zu dem Ergebnis kam, daß diese Form der Arbeit eine Anstellung des Klägers an der Universität nicht zulasse. Dazu Wolf-Dieter Narr in einem Artikel in der Frankfurter Rundschau vom 25.11.1976. Dazu auch Peter Brückner/Alfred Krovoza, 1972, S. 10 - 20.
43 Roderich Reiffenrath: Das Versagen der Parlamente, in: Frankfurter Rundschau, 16.11.1976, S. 3
44 Ausspruch eines Mitgliedes der Bürgerinitiative gegen die Ablagerung von Atommüll im Lichtenmoor, Lüneburger Heide, zit. von Lilo Weinsheimer: Das Warnsystem von Bauer zu Bauer ... in: Frankfurter Rundschau, 16.11.1976, S. 3
45 Gerhard Bott in "Panorama", 15.11.1976
46 Rudolf Zundel, Die Zeit, 5.8.1977, S. 3

47 Zusammenfassend dazu Klaus v. Beyme, 1972, S. 262 ff.
48 Zusammenfassend Alf Ammon, 1967, und Ralf Zoll, 1972, für die amerikanische Forschung; neuerdings auch Hans-Arthur Haasis, 1978, für die deutsche und amerikanische Forschung.
49 Dazu vor allem Claus Offe (1977, S. 74 ff.), der von "Nicht-Ereignissen" spricht, und Peter Bachrach/Morton S. Baratz (1977, S. 74 ff.), die von "Nicht-Entscheidungen" sprechen.
50 Dazu vor allem Otto Stammer, 1951, S. 27, und 1965, S. 169 ff.
51 Robert Michels, 1970
52 K.W. Deutsch, 1969, S. 222 f.
53 Max Weber, 1964, S. 1063 ff.; zur Kritik der Integralföderalisten s. auch Lutz Roemheld, 1978, S. 140 ff.
54 Zum Sozialisations- und Selektionsprozeß von (partei-)politischen Führungskräften ausführlich Dietrich Herzog, 1975, S. 178 ff.; Herzog stellt fest, daß nur ein Viertel der befragten Politiker aus "präformierter politischer Überzeugung" einer Partei beitrat.
55 Georg Erler, 1961, S. 529
56 Ders. (S. 528) meint, es gäbe keine typische Minderheit, sondern sehr viele verschiedenartige Minderheiten.
57 a.a.O., S. 527 f. Guy Héraud unterscheidet zwischen ethnischen und Wahlminoritäten (minorités électorales) (Erler spricht a.a.O. von "Wahl-, Abstimmungs- und Parlamentsminderheiten"), wobei die ersteren eine bleibende, unveränderbare Erscheinung sind. Daraus erklärt Héraud die teilweise leidvolle und ungerechte Situation der ethnischen Minderheiten. (Brief an die Verfasserin) In Konsequenz dazu ließe sich der Status der politischen Minderheiten als potentiell temporär und revidierbar kennzeichnen.
58 Der Begriff findet sich - allerdings nicht näher bestimmt - bei Karl Christoph, 1973, S. 317. Der Definition von Theodor Veiter (1970, S. 37 f.) können wir nicht folgen, da sie die politische Minderheit als eine "ethnische Minderheit" kennzeichnet, die "entweder vom Staat oder vom staatstragenden Volk oder auch aus dem Kreis politischer und sozialer Führungsschichten der nationalen Minderheit heraus selbst zu dem Zwecke propagiert und - im Widerspruch zu den tatsächlichen ethnischen Verhältnissen - als existent im ethnischen Sinne hingestellt wird, um eine vorhandene (minoritäre - R.R.) Volksgruppe aufzuspalten" (S. 37). Es handelt sich also nach dieser Definition um eine von der herrschenden Mehrheit fremdbestimmte Gruppierung, die zu politischen Zwecken mißbraucht wird.
59 Dieser Ausdruck wird von Hans-Joachim Hoffmann-Nowottny (1974, S. 178) geprägt.

60 Vgl. dazu Peter Sörgel, 1968, S. 102 ff.; Uwe Bergmann u.a., 1968, S. 19; Jürgen Habermas, 1969, S. 165
61 Dazu Peter Brückner, 1969, S. 339 ff.
62 So der CDU-Abgeordnete Eyrich nach Rudolf Zundel, s. Anm. 46
63 So der CDU-Abgeordnete Eyrich nach Rudolf Zundel, s. Anm. 43
64 Rainer Barzel in der BT-Debatte zur inneren Sicherheit, Verhandlungen des Deutschen Bundestages 6. Wp. Stenogr. Berichte, 145. Sitzung (21.10.71), S. 8331
65 Otwin Massing, 1974, S. 86
66 Dazu auch Johannes Agnoli in: Peter Brückner/Joh. Agnoli, 1968, S. 76
67 Zum Problem der Kriminalisierung studentischer Interessenwahrnehmung Ralph Kretz-Manteuffel: Jetzt müssen dem Dialog Taten folgen, in: Frankfurter Rundschau, 12.5.1978, S. 15
68 Dazu auch Werner Zolnhöfer, 1973
69 Zur Diskussion um den Neokorporatismus Ulrich v. Alemann/ Rolf G. Heinze (Hrsg.), 1979, und Z. Parl, H.4, 1979
70 Claus Offe, 1972, S. 143 (Hervorhebungen im Original)
71 Gerhard Lehmbruch, 1976, S. 41
72 Im Sinne Joseph A. Schumpeters, (1942) 1975, S. 430
73 a.a.O., S. 431
74 Ernst Fraenkel, 1964, S. 48
75 Ernst Fraenkel, 1964, S. 49
76 Wolf-Dieter Narr (1969) 1972, S. 256
77 (1942), 1977
78 1968
79 Philipp Herder-Dorneich, 1959, 1968, 1979; Philipp Herder-Dorneich/Manfred Groser, 1977, zusammenfassend neuerdings auch Manfred Groser, 1980
80 Herder-Dorneich/Groser, 1977, S. 53
81 Anthony Downs, 1968, S. 26 f.
82 Anthony Downs, 1968, S. 5 ff. u. 37 ff.
83 a.a.O., S. 119 Anm. 5
84 Anthony Downs, 1968, S. 129 ff.
85 Philipp Herder-Dorneich, 1980, S. 8
86 Anthony Downs, 1968, S. 97
87 Herder-Dorneich/Groser, 1977, S. 52
88 Siehe dazu auch die Kritik von Günter Schmölders in: Philipp Herder-Dorneich, 1968, S. 33
89 1977, S. 52
90 Iring Fetscher, 1971, S. 56
91 a.a.O., S. 61
92 Oder - wie in der Bundesrepublik Deutschland größtenteils - nach Tradition.

93 S. dazu auch die Kritik von Brian Barny, 1975, S. 52 f. und Günter Schmölders in Philipp Herder-Dorneich, 1968, S. 23
94 i.S. v. Rechtfertigung bestehender Verhältnisse. Ossip K. Flechtheim, (1970) 1980, S. 214
95 Herder-Dorneich/Groser, 1977, S. 78
96 Herder-Dorneich, 1959, S. 58
97 Anthony Downs, 1968, S. 37; Josef A. Schumpeter, (1942) 1975, S. 444
98 Ernst Fraenkel, 1964, S. 65; Heiner Flohr, 1968, S. 39 f.; Werner Zolnhöfer, 1873; Philipp Herder-Dorneich, 1980, S. 8
99 Ulrich v. Alemann, 1973, bes. S. 77; dazu ders., 1975, S. 7 ff.
100 a.a.O., S. 75
101 a.a.O., S. 58 f.
102 Otwin Massing, 1973, S. 283 f.
103 Ders., 1973, S. 284
104 Hans Kremendahl, 1977, S. 461
105 Narr/Naschold, 1973, S. 96
106 Joseph A. Schumpeter, (1942) 1975, S. 431
107 Schumpeter definiert Demokratie als Methode bzw. als "diejenige Ordnung der Institutionen zur Erreichung politischer Entscheidungen, bei welcher einzelne die Entscheidungsbefugnis vermittels eines Konkurrenzkampfs um die Stimme des Volkes erwerben", a.a.O., S. 428
108 Im Gegensatz zu dem von der Theorie des Integralföderalismus konzipierten Wirtschafts- und Sozialföderalismus, vgl. dazu Lutz Roemheld, 1977 u. 1978
109 Gerhard Lehmbruch, 1976
110 Vgl. Jürgen Habermas, 1975, S. 132
111 Ossip K. Flechtheim, (1970) 1980, S. 17
112 Horst Schumacher, 1969, S. 18
113 Russell L. Ackoff/Fred E. Emery, 1975, S. 250
114 Auf diese Perspektive hat sich insbesondere die Futurologie konzentriert. S. dazu bes. Ossip K. Flechtheim (1970) 1980
115 Nils Kummer, "Vierzig Liliput-Parteien träumen vom großen Wahlsieg" in: Die Welt v. 28.8.1974, S. 2
116 Manfred Rowold, 1974, S. 16
117 Stephen L. Fisher, 1974, S. 2
118 ebd. S. 7
119 ebd. S. 6 f.
120 ebd., S. 20 f.
121 Dazu auch W. v. Wachter, 1956, S. 14, Anm. 2 u. 4, S. 364 ff.
122 Heino Kaack, 1971, S. 400
123 Helmut Lindemann, 1966, S. 128

124 BVerfGE 1 (1952), S. 210
125 ebd., S. 252
126 W. v. Wachter (1956, S. 371 ff.) betont, daß dafür allein politische Maßstäbe gelten können.
127 So auch die Deutung dieser Aussage seitens des Bundesministeriums des Innern (Grundlagen, 1955, S. 36). Gedacht wurde damals vor allem an den Südschleswigschen Wählerverband, der als Vertretung einer nationalen Minorität gilt und sich mit einer Klage gegen die schleswig-holsteinische Landesregierung an das Gericht gewandt hatte.
128 Gerhard Leibholz, 1967, S. 49 f.
129 BVerfGE 4, (1956) S. 40 f.
130 1955, S. 7 f.
131 Dazu auch Hermann Josef Unland, 1955, S. 70, Anm. 2 u. 4.
132 Oskar Schröder, 1955, S. 9
133 BVerfGE 6, S. 85, 99
134 1966, S. 118
135 a.a.O., S. 226
136 Helmut Ridder, 1975, S. 56
137 Dazu ausführlich Lutz Roemheld, 1978, S. 129 ff.
138 Zu diesem Problem Gerhard Lehmbruch, 1976
139 Oskar Schröder, 1955, S. 13 f., 18
140 a.a.O., S. 18
141 Wolfgang Bötsch, 1969, S. 15
142 Ernst Forsthoff, 1950, S. 315; vgl. auch Walter v. Wachter, 1956, S. 368
143 Wolfgang Bötsch, 1969, S. 17
144 Helmut Röhl, 1954, S. 557
145 Wolfgang Bötsch, a.a.O. Dazu ausführlich Kap. 4
146 Bezeichnung für die sich rechts von der SPD um den Braunschweiger Oberstadtdirektor Hans-Günther Weber gebildete Gruppierung. Frankfurter Rundschau 7.12.1976, S. 3
147 So auch Richard Stöss, 1980
148 Lagasse, 1968, S. 64
149 Lagasse, 1968, S. 59 ff.
150 Ders., S. 64
151 Titel des behandelten Aufsatzes
152 Gemeint ist die FDF - Front Democratique Flamand, Lagasse, 1968, S. 62 u. 67
153 Kurt L. Shell (1970, S. 292) bezeichnet nach Leo Epstein die politische Partei als "eine Gruppe, wie locker auch organisiert, die versucht, die Wahl von Amtsinhabern unter einer bestimmten Etikette zu bewerkstelligen". So auch Stephen L. Fisher, 1974, S. 4

154 Zur Ausklammerung des normativen Aspekts Stephen L. Fisher, 1974, S. 4 f.
155 Wolf-Dieter Narr, 1966, S. 60
156 Manfred Rowold, 1974, S. 16
157 Vgl. dazu Thomas von der Vring (1968, S. 157 f.), der von der Aufsplitterung der Liberalen in Interessenparteien spricht.
158 Anthony Downs, 1968, S. 25; Heino Kaack (1971, S. 681)
159 Heino Kaack, a.a.O.
160 Heiner Flohr, 1968, S. 40
161 Zur Aufgabe und Funktion der Programme Ossip K. Flechtheim, 1963, S. 1; Joachim Raschke, 1970, bes. S. 14 ff.; Heinz Gollwitzer (1954, S. 18 ff.) meint, daß Parteien nicht ohne Weltanschauung existieren können. Auch Autoren wie Otto Heinrich v.d. Gablentz (1952, S. 18 ff.), Karl-Heinz Seifert (1956, S. 3) und Karl Loewenstein (1969, S. 71) räumen der Weltanschauung oder wenigstens der politischen Zielsetzung einen zentralen Platz ein. Vgl. auch die Definition von Franz Neumann, 1973, S. 351
162 Zum Problem der politischen Karrieren bes. Dietrich Herzog, 1975; dazu auch Ulrich Scheuner (1958) 1969, S. 119 f. Heino Kaack (1971, S. 681) sieht in der Rekrutierung der politischen Führungselite die Hauptfunktion der Parteien. Die Vorstellung programmatischer Alternativen könne als Funktion seiner Ansicht nach nicht einmal angenommen werden. Demnach tritt für Kaack der programmatische Aspekt ganz in den Hintergrund.
163 Kurt L. Shell, 1970, S. 295
164 Stammer/Weingart, 1972, S. 165
165 Wolf-Dieter Narr, 1977, S. 9 f.
166 Walter Seufert, (1962) 1969, S. 106; Ulrich Scheuner, (1958) 1969, S. 113; Parteienrechtskommission: Rechtliche Ordnung des Parteiwesens, 1957, S. 128 ff.
167 GG Art. 21, 1; Parteiengesetz, 1967, S. 774
168 Wie Heino Kaack (1971, S. 369) interpretiert. Er meint, das Streben nach Einflußnahme als solche sei zentraler Punkt der Definition der Partei im Parteiengesetz.
169 Dazu BVerfGE 2 (1953) S. 15: "Die Parteien als die dynamischen Faktoren des politischen Lebens im Staat sind es vor allem, in denen die politischen Ideen entstehen und weiterwirken".
170 Claus Offe, 1973, S. 143
171 In diesem Zusammenhang kritisiert Ossip K. Flechtheim (1974, S. 5 f.) die Zielsetzung der herrschenden Parteien als "Ideologie der Ideologielosigkeit", die sich aus Programmparteien zu Allerweltsparteien gewandelt hätten, die nur

noch Patronage-, Dienstleistungs- und Quasi-Staatsorgane darstellten.
172 Parteiengesetz, 1967, S. 774 (§ 2). Die politischen Zielsetzungen werden lediglich unter Punkt 7 der Funktionen genannt, die der Begriff der Mitwirkung an der politischen Willensbildung beinhaltet.
173 Diese lautet: Parteien sind "organisierte politische Vereinigungen, die sich in der Absicht länger dauernder Tätigkeit zum Ziel setzen, unmittelbar auf die politische Willensbildung des Volkes Einfluß zu nehmen, und die dieses Ziel durch Beteiligung an den Wahlen zum Bundestag oder zu den Vertretungskörperschaften der Länder zu folgen bereit sind". Rechtliche Ordnung des Parteiwesens, 1957, S. 133 f.
174 Rechtliche Ordnung des Parteiwesens, 1957, S. 131
175 Im Gegensatz dazu Walter v. Wachter, 1956, S. 129
176 Jürgen Habermas spricht in Anlehnung an Max Weber von einer Verantwortungsethik, die etwa zwischen Macht- und Gesinnungsethik liege, (1960) 1969, S. 83; Max Weber, (1926) 1964, S. 57 ff.
177 Ders., 1975, S. 125
178 Agnoli/Brückner, 1968, S. 77 f.
179 Dazu ausführlich Andreas Hamann, 1962, bes. S. 249-251; vgl. auch Hannah Vogt, 1972, S. 15 f.
180 Manfred Rowold, 1974
181 Hans-Gerd Schumann, 1976, S. 508
182 Hans-Gerd Schumann, 1976, S. 508
183 Eine Präzisierung des Begriffes der Parlamentarischen Opposition gibt Michael Hereth (1969, S. 11). Danach unterscheidet sich diese von jeder anderen Opposition dadurch, daß sie in dem Bestreben, die Regierung in ihrem Amt abzulösen, sich mit dieser im Parlament direkt auseinandersetzt.
184 Dabei sind wir uns der Schwierigkeit bewußt, einen allgemeinen Parteibegriff zu entwickeln. (Vgl. auch Franz Neumann, 1973, S. 352 f. und Richard Stöss, 1976, S. 13. Zur Notwendigkeit außerparlamentarischer Aktivitäten der Parteien auch W. Abendroth, 1977, S. 158 f.
185 Im Gegensatz zu dem von Ossip K. Flechtheim (1962, S. X) gewählten Begriff der "Kampfgemeinschaft" scheint für unseren Zweck der neutralere Begriff "Vereinigung" angebrachter.
186 In chancengleicher Konkurrenz zu anderen Gruppen und Instanzen, vgl. dazu auch Rüdiger Wolfrum, 1974, S. 56, 60
187 Ossip K. Flechtheim, 1977, S. 3
188 Ossip K. Flechtheim, zuletzt 1974, S. 231 ff.; s. dazu Max Weber, (1926) 1964, S. 57 ff.
189 Vgl. dazu Anm. 161: Oswald Nell-Breuning, 1969, S. 305

190 Otto Kirchheimer, 1974, S. 113 ff.
191 s. Anm. 169
192 Ossip K. Flechtheim: Futurologie - der Kampf um die Zukunft, Köln 1970, hier zitiert nach der Neuauflage unter dem Titel: Der Kampf um die Zukunft - Futurologie, Bonn 1980
193 Alexandre Marc, 1970, zit. nach der handschriftl. unveröff. Übers. von Lutz Roemheld, S. 1
194 Dazu neuerdings die umfassende Studie von Lutz Roemheld 1977 und 1978
195 Alexandre Marc, a.a.O., S. 5
196 a.a.O., S. 8 ff.
197 a.a.O., S. 5
198 Zit. nach Ossip K. Flechtheim, 1964, S. 24
199 Vgl. dazu Oswald Nell-Breuning, 1969, S. 312
200 i. S. einer demokratischen Grundnorm: Wolf-Dieter Narr, 1966, S. 21
201 So in Anlehnung an W. Hennis Lenk/Abendroth, 1968, S. 14
202 S. hierzu Lutz Roemheld, 1978, S. 61 - 126
203 Karl-Dietrich Bracher, 1962, S. 18; auch Theodor Eschenburg (1963, S. 29) meint, daß damals die Angst der Parteien voreinander größer gewesen sei als der Wille zur Macht. Dazu kritisch Wolf-Dieter Narr, 1966, S. 14 f.
204 Stephen L. Fisher, 1974, S. 58; Werner Kaltefleiter, 1968, S. 120
205 Dazu Robert Michels, (1911), 1970, S. 351
206 Dietrich Herzog, 1975, S. 13
207 a.a.O., S. 11; zur Sozialisation von Bundestagsabgeordneten s. Jürgen Reese u.a., 1976
208 Dietrich Herzog, a.a.O., S. 12
209 1951, S. 26
210 a.a.O., S. 27; ders., 1965, S. 169 ff.
211 Ders., 1951, S. 20
212 Ders., 1955, S. 302 f.
213 Ders., 1965, S. 172 f.
214 Von Stammer (a.a.O., S. 176) als Ausgleich für die Gefahr von Machtkonzentration und Bevorzugung mächtiger Interessen betrachtet.
215 Otto Stammer, 1951, S. 26
216 Claus Offe, 1973, S. 143 ff.
217 Elite hier als zur Leitung eines Systems rekrutierte Gruppe; vgl. dazu Klaus v. Beyme, 1971, S. 9
218 Beispielhaft dafür die kleinen, föderalistisch orientierten Aktivistengruppen des "Front Européen" des "Mouvement Fédéraliste Européen", Lutz Roemheld, 1977, S. 321 ff.
219 Vgl. etwa die Polemik des F.D.P.-Vorsitzenden Hans Diet-

rich Genscher während des Berliner Wahlkampfes im Frühjahr 1981, die Alternative Liste würde alles das zu zerstören drohen, was in den vergangenen Jahrzehnten aufgebaut worden sei.
220 Philipp Herder-Dorneich/Manfred Groser, 1977, S. 78
221 Dazu neuerdings ausführlich Richard Stöss, 1980, S. 37, der von einem Basiskonsens der kapitalistischen Gesellschaft ausgeht.
222 Stephen L. Fisher, 1974, S. 23
223 Stammer/Weingart, 1972, S. 166
224 Sigmund Neumann, (1956) 1974, S. 105
225 Otwin Massing, 1974, S. 82
226 Otto Kirchheimer, (1965) 1974, S. 116, dazu kritisch Alf Mintzel, 1975, S. 67 f.
227 Alf Mintzel, 1975, S. 70 f.
228 Im Gegensatz dazu Ossip K. Flechtheim, (1975), S. 13), der sich eine ewige Minderheits- oder Oppositionspartei vorstellt.
229 BVerfGE 1 (1952), S. 205; so auch Stephen L. Fisher, 1974
230 Werner Kaltefleiter, 1968, S. 137
231 Max Gustav Lange, 1955, S. 498
232 So Manfred Rowold, 1974
233 Ähnlich auch Werner Kaltefleiter, 1968
234 Stephen L. Fisher, 1974, S. 172 ff.; dazu neuerdings ausführlich Richard Stöss, 1980, S. 25 ff.
235 Es gelingt diesen Parteien nur, die Masse der Wählerstimmen zu gewinnen. Organisiert in diesen Parteien sind auch heute nur drei bis vier Prozent der Bundesbürger. (Karl-Heinz Seifert, 1975, S. 7 f.) Diese Zahlen können als Beweis für die tatsächliche politische Passivität der Mehrzahl der Bürger gelten.
236 Otto Stammer, 1965, S. 118
237 Zur "Integration und Absorption als systemstabilisierende Funktionen" ausführlich Manfred Rowold, 1974, S. 70 ff.; auch Stephen L. Fisher, 1974, S. 172
238 Werner Kaltefleiter, 1968, S. 156
239 a.a.O., S. 16 f.; auch Stephen L. Fisher (1974, S. 170) betont die ökonomischen Verhältnisse als relevant für den Wahlerfolg der kleinen Parteien; s.a. Richard Stöss, 1980, S. 24 f.
240 Zur innerparteilichen Demokratie s. Alf Mintzel, 1975, S. 466 ff.
241 Seit Robert Michels, (1911), 1970, ist das Problem der innerorganisatorischen Partizipation ein für die Parteien- und Verbändeforschung zentrales. Dazu bes. Renate Mayntz, 1959; Ulrich Lohmar, 1968; Hans See, 1972; Bodo Zeuner, 1969; neuerdings zum Thema parteiinterner Opposition in

westeuropäischen Parteien Joachim Raschke, 1977.
242 Dazu auch Leon Epstein, 1967, S. 62 f.
243 Stammer/Weingart, 1972, S. 164
244 Wolf-Dieter Narr, 1966, S. 45
245 Joachim Raschke, 1977, S. 47
246 Die Auseinandersetzungen in der SPD um die Kernenergie haben deutlich gemacht, wie wenig sich eine <u>starke</u> innerparteiliche Opposition gegenüber einem autoritären Regierungschef durchsetzen kann.
247 So der Vorschlag von Anthony Downs, der im Interesse der Stimmenmaximierung zu einem solchen Schritt rät (1968, S. 120)
248 Joachim Raschke, 1977, S. 47
249 Manfred Rowold, 1974, S. 377; Anthony Downs spricht von Erpressungsparteien (1968, S. 124).
250 Wolf-Dieter Narr, 1966, S. 15
251 Claus Offe, 1973, S. 143 f.
252 Frieder Naschold schlägt eine Steigerung des Demokratisierungspotentials durch Subsysteme vor. Damit soll eine komplexere Struktur dieser Organisation und mehr innerorganisatorische Demokratie erreicht werden. 1972, S. 57 ff.
253 Stephen L. Fisher (1974, S. 59) baut auf dieser vermeintlichen Parallelität seine vergleichende Studie über deutsche und amerikanische "minor parties" auf. Vgl. dazu auch die Kritik von Richard Stöss, ZParl. 6 (1975), S. 254 ff.; ders., 1980, S. 25 ff.
254 Stephen L. Fisher, 1974, S. 178 f.
255 Peter Molt bezeichnet sie als Parteien, "die als aufgrund einer bestimmten Weltanschauung gegebene Ordnungskonzeption verwirklichen wollen". (1963, S. 359); Karl-Heinz Seifert, 1975, S. 9
256 Stephen L. Fisher, 1974, S. 63 f.
257 a.a.O., S. 22
258 Dazu ausführlich S.M. Lipset/Stein Rockan, 1968
259 Das Problem der Unvergleichbarkeit amerikanischer Wahlplattformparteien mit deutschen Weltanschauungsparteien wird auch von Alf Mintzel (1975, S. 517) angesprochen.
260 Otto Kirchheimer, 1966, S. 184 ff.
261 Karl W. Deutsch, 1970, S. 234
262 Ernst Fraenkel, 1964, S. 31
263 Manfred Rowold, 1974, S. 373 ff.
264 a.a.O., S. 70 ff.
265 a.a.O., S. 374
266 a.a.O., S. 374
267 a.a.O., S. 128
268 a.a.O., S. 379

269 a.a.O., S. 379
270 a.a.O., S. 378
271 a.a.O., ähnlich auch Stephen L. Fisher, 1974, S. 165
272 a.a.O., S. 374
273 Richard Stöss, 1980, S. 31
274 a.a.O., S. 36 ff.
275 a.a.O., S. 286
276 a.a.O., S. 306

3. Kapitel

1 Vgl. dazu Rainer Kunz, 1979, S. 362 ff.
2 Manfred Rowold, 1974; dazu ausführlich S. 36 ff.
3 Dolf Sternberger, 1953, S. 14
4 Manfred Rowold, 1974, S. 374
5 Gerhard Loewenberg, 1968, S. 87 ff.
6 Schon Friedrich Engels rückte nach Marx' Tod von der monistischen Postulatio principii ab, ökonomische Verhältnisse bestimmten die Inhalte des sogen. "Überbaus". Ossip K. Flechtheim, 1978, S. 66
7 Leonhard Krieger, 1979, S. 26 ff.
8 1979, S. 47 ff.; s. auch ders. 1972
9 Vgl. dazu Lutz Roemheld, 1978, bes. S. 56 ff.
10 Dazu ausführlich Lutz Niethammer, 1979, bes. S. 55, Anm. 3
11 Damit wird die Auffassung relativiert, daß die Parteien aus der "Gesellschaft hervorgegangen" seien. Stammer/Weingart, 1972, S. 177
12 Dazu die Direktive von General Eisenhower: "No political activities of any kind shall be countenanced unless authorized by you". Gerhard Loewenberg, 1968, S. 87
13 Dabei verfuhren die Amerikaner strenger als die Briten, die Franzosen aber am nachsichtigsten. Fritz René Allemann, 1955, S. 33; Lutz Niethammer, 1972; Erhard H. M. Lange, 1975, S. 72
14 Dazu Lutz Niethammer, 1979, S. 47 ff.; ders. 1972. Leonhard Krieger, 1979, S. 29 ff.; Narr/Thränenhardt, 1979, S. 2 ff.
15 Dazu ausführlich Eberhard Schmidt, 1970, S. 16 ff.
16 a.a.O. und Lutz Niethammer, 1979, S. 53
17 Narr/Thränhardt, 1979, S. 2 ff. sprechen von den 4 D's, die insbesondere die Amerikaner nach dem Zusammenbruch forderten: Demilitarisierung, Dekartellisierung, Denazifizierung, Demokratisierung, die aber mit dem neuen Kurs nach Roosevelts Tod aufgegeben bzw. vernachlässigt wurde.

18 Dies geschah mit einer "Politik der Präjudizierung durch Verbot aller Präjudizierungen". Hans-Hermann Hartwich, 1977, S. 68 ff.
19 S. dazu Eberhard Schmidt, 1970, S. 80 f.
20 a.a.O. und Hans-Peter Schwarz, 1966, S. 90 ff., 124 ff.
21 Clay suspendierte in diesem Zusammenhang die Sozialisierungsbestimmungen der hessischen Verfassung, obwohl sich die Bevölkerung in einem Referendum mehrheitlich dafür ausgesprochen hatte. Das gleiche geschah 1948 mit dem nordrheinwestf. Sozialisierungsgesetz. Hans-Hermann Hartwich, 1977, S. 78 ff.
22 Hans-Peter Schwarz, 1966, S. 126
23 So genoß z.B. Erhard bei den Amerikanern besondere Unterstützung, Heino Kaack, 1964, S. 39
24 Hans-Peter Schwarz, 1966, S. 119
25 Alf Mintzel, 1976, S. 73
26 Rudolf Wildenmann, 1967, S. 40
27 Lutz Niethammer, u.a. 1976, S. 635
28 S. auch Ernst Deuerlein, 1970, S. 124 ff.
29 Dazu ausführlich die Darstellung von Ursprung und Ende der Antifa-Gruppen bei Lutz Niethammer u.a. a.a.O.
30 Frank Moraw, 1973, S. 69, 77
31 Franz Moraw, 1973, S. 92 f.; Lutz Niethammer u.a., 1976, S. 110
32 a.a.O., S. 46 f.; Dietrich Staritz, 1976, S. 93 f.; auch Wolfgang Leonhard, 1955, S. 401 ff.
33 Alf Mintzel, 1976, S. 74 f.
34 Vgl. Erich Matthias, 1968, S. 693
35 Potsdamer Abkommen, zit. nach Fritz Faust, 1969, S. 375; siehe dazu auch Ernst Deuerlein, 1970, S. 134 ff.; dazu auch Hans-Peter Schwarz, 1966, S. 39 ff.
36 Potsdamer Abkommen, a.a.O., S. 375 f.
37 Theo Pirker, 1977
38 Wolf-Dieter Narr (1966, S. 147) spricht von einer 'negativen Revolution'.
39 Lutz Niethammer, 1979, S. 47 ff.; Narr/Thränhardt, 1979, S. 2 ff.; Leonhard Krieger, 1979, S. 34
40 Lutz Niethammer u.a., 1976, S. 701; Peter Brandt, 1976, S. 100, zum Beispiel Bremen.
41 Dazu die Karte über die Verbreitung solcher Ausschüsse a.a.O., Anhang
42 a.a.O., bes. Kap. C. u. D.
43 Demgegenüber hält Franz Neumann diese Gruppen für isoliert und zu schwach für eine solche Aufgabe (1948, S. 10)
44 Willi Eichler (1962, S. 67) berichtet über das Mißtrauen der Engländer und Amerikaner gegenüber jeglichem innerdeut-

schen Widerstand gegenüber den Nationalsozialisten. Dieser wurde als Machtkampf deutscher Eliten gewertet. Die beiden Mächte zogen daraus den Schluß, daß sie sich hinsichtlich der Niederschlagung der Nazi-Herrschaft allein auf ihre eigenen Armeen verlassen könnten.

45 Lutz Niethammer u.a., 1976, S. 12 f.; auch Dietrich Thränhardt, 1973, S. 201 ff.; Alf Mintzel, 1967, S. 5 f.
46 Vgl. dazu die Erklärung der German Labor Delegation 1945 bei Erich Matthias, 1968, S. 690
47 Gerhard Loewenberg, 1968, S. 95; Albrecht Kaden, 1964, S. 236; Hans-Peter Schwarz, 1966, S. 273 ff.; Eberhard Schmidt, 1970, S. 10 ff.; s.a. Rainer Kunz, 1979, S. 360 ff.
48 Wolfgang Abendroth, 1964, S. 70 f.; Alf Mintzel, 1967, S. 22 f.
49 Nach Lutz Niethammer u.a., 1976, S. 699 ff.
50 Nach Lutz Niethammer u.a., 1976, S. 111 f. u. 218; ders. 1972, S. 200; Schmollinger/Staritz, 1976, S. 111; vgl. auch Holger Christier, 1975, S. 85 ff. am Beispiel Hamburg.
51 Zur Auflösung der Antifa-Büros durch die "Gruppe Ulbricht" in Berlin ausführlich Wolfgang Leonhard, 1955, S. 381 ff.; allgemein dazu Lutz Niethammer u.a., 1976, S. 636 ff.; Peter Brandt, 1976
52 Solange sie in dieser Funktion nötig waren, ließ man sie in begrenztem Raum arbeiten. Lutz Niethammer u.a., 1976
53 a.a.O., S. 639
54 a.a.O., S. 126 ff.
55 Zu dieser Schulung ausführlich Wolfgang Leonhard, 1955
56 Lewis J. Edinger, 1967, S. 142; Gerhard Loewenberg, 1968, S. 95 f.
57 Dazu ausführlich Lutz Niethammer, 1972, S. 199 ff.; vgl. auch die Erklärung der GLD bei Erich Matthias, 1968, S. 693, und Rudolf Wildenmann, 1967, S. 38
58 Dazu auch Gerhard Loewenberg, 1968, S. 96; Erhard H.M-Lange, 1975, S. 22 f.; Lutz Niethammer, 1973 für die amerikanische, Peter Hüttenberger, 1973, S. 45 für die britische Personalpolitik.
59 Selbst Parteiführer wie Kurt Schumacher hielten sich in ihrer Deutung der gegenwärtigen Verhältnisse gegenüber den Besatzungsmächten zurück. Lewis L. Edinger, 1967, S. 124; vgl. Manfred Jenke, 1967, S. 8 ff., der von einem Scheitern der Entnazifizierung spricht.
60 Hans-Peter Schwarz, 1966, S. 597, 636
61 Alexander und Margarete Mitscherlich, 1967
62 Narr/Thränhardt, 1979, S. 2 ff.; Eberhard Schmidt, 1970, S. 56
63 Frank Moraw, 1973, S. 65

64 Peter Hüttenberger, 1973, S. 42; zu dem Fehlen politischer Zielvorstellungen bei den Amerikanern Gerhard Loewenberg, 1968, S. 95; vgl. auch Hans-Peter Schwarz, 1966, S. 279
65 Peter Hüttenberger, 1973, S. 43
66 Hans-Georg Wieck, 1953, S. 35 f.
67 Ossip K. Flechtheim, Dokumente Bd. 1, 1962, S. X
68 Dietrich Staritz, 1976, S. 92 f.
69 Lutz Niethammer u.a., 1976, S. 47
70 Frank Moraw, 1973, S. 81
71 a.a.O., S. 93; Alf Mintzel, 1976, S. 7 f.
72 Albrecht Kaden, 1964, S. 83, der dazu einen Ausspruch Marshall Shukows zitiert.
73 Dokument bei Ossip K. Flechtheim, 1962, S. 108 f.
74 Karl Buchheim, 1953, S. 418 f.; Alf Mintzel, 1967, S. 11; Werner Conze, 1969, S. 25
75 Wolfgang Leonhard, 1955, S. 389 ff.; Frank Moraw, 1973, S. 94 f.
76 Ossip K. Flechtheim, 1962, S. 43; Wolfgang Treue, 1962, S. 54; Albrecht Kaden, 1964, S. 165; Heino Kaack, 1971, S. 155; Dietrich Thränhardt, 1973, S. 209, bes. Anm. 5; Alf Mintzel, 1967, S. 14; Hans-Peter Schwarz, 1966, S. 241 ff., 619 f.
77 Wolfgang Abendroth, 1973, S. 24; Walter Tormin, 1967, S. 226 f.; Alf Mintzel, 1976, S. 77
78 Heino Kaack, 1971, S. 157
79 Lutz Niethammer, 1972, S. 200; Dietrich Thränhardt, 1973, S. 209
80 Zit. nach Fritz Faust, 1949, S. 378
81 Rainer Kunz, 1979, S. 363
82 Lutz Niethammer u.a., 1971, S. 120 f.; Dietrich Thränhardt, 1973, S. 212 f.; Rainer Kunz, 1979, S. 368
83 Alf Mintzel, 1976, S. 77
84 Lutz Niethammer u.a., 1976
85 Hans-Georg Wieck, 1953, S. 45
86 Ders. 1958, S. 32; vgl. dazu die Anweisungen der sowjetischen, britischen und französischen Militärregierungen. Ossip K. Flechtheim, 1962, S. 109 ff.; dazu auch Peter Hüttenberger, 1973, S. 44 f., der die Vorstellungen der Briten von den zu gründenden Parteien wiedergibt. Vgl. auch Arnold J. Heidenheimer, 1960, S. 21
87 Hans-Georg Wieck, 1953, S. 38 ff.; Heino Kaack, 1971, S. 158
88 Hans-Georg Wieck, 1953, S. 44
89 Nach Fritz Faust, 1949, S. 378
90 Hans-Georg Wieck, 1953, S. 37 ff.; Schmollinger/Staritz, 1976, S. 109

91 Max-Gustav Lange, 1955, S. 284
92 Lutz Niethammer (1972, S. 204) spricht von einer Parteigründungsprozedur von oben nach unten; vgl. auch Dietrich Thränhardt, 1973, S. 210 f., Albrecht Kaden, 1964, S. 123
93 Wolf-Dieter Narr, 1966, S. 147
94 Peter Hüttenberger, 1973, S. 46; Schmollinger/Stöss, 1975, S. 202 u. 280 f.
95 a.a.O., S. 255
96 a.a.O., S. 61
97 Arnold Bauer, 1955, S. 483 ff.; Sören Winge, 1976; Stephen L. Fisher, 1974, S. 91 ff.
98 Schmollinger/Stöss, 1975, S. 277
99 a.a.O., S. 158; Wolfgang Treue, 1962, S. 74
100 Zur Chronologie Dolf Sternberger, 1956, S. 89 f.
101 Schmollinger/Stöss, 1975, S. 115
102 Dietrich Thränhardt, 1973, S. 219
103 Erhard H.M. Lange, 1975, S. 125
104 Heinz-Dietrich Fischer, 1971, S. 65
105 Walter Tormin, 1967, S. 227
106 Hans-Georg Wieck, 1958, S. 175; Jörg Michael Gutscher, 1967, S. 20 ff.
107 a.a.O., S. 21 f.; Schmollinger/Stöss, 1975, S. 57
108 Hans-Georg Wieck, 1958, S. 9
109 Vgl. auch Stephen L. Fisher, 1974, S. 41
110 So die Interpretation der Briten. Peter Hüttenberger, 1973, S. 45
111 Eine Ausnahme bildeten die Deutsche Aufbau-Partei in Schleswig-Holstein (Schmollinger/Stöss, 1975, S. 61) und die Nationaldemokratische Partei in Hessen, die von den Amerikanern die Kreislizenz für Friedberg erhielt. (a.a.O., S. 185) Ossip K. Flechtheim, 1962, S. 51
112 Z.B. die Gründung des ehemaligen Reichsministers Hans Schlange-Schöningen (Walter Tormin, 1967, S. 233) und die Bayerische Heimat- und Königspartei, die nur kurz auf Kreisebene existierte und dann verboten wurde. (Dietrich Thränhardt, 1973, S. 213; Alf Mintzel, 1976, S. 78; Schmollinger/Stöss, 1975, S. 10)
113 Noch 1949 wurde der Lizenzantrag eines bayerischen Vertriebenenverbandes abgelehnt. (Schmollinger/Stöss, 1975, S. 199; dazu auch Ossip K. Flechtheim, 1962, S. 55; Martin Virchow, 1955, S. 450; Dietrich Thränhardt, 1973, S. 273 ff.)
114 Demokratische Union in Bayern, Stephen L. Fisher, 1974, S. 70
115 Hans-Georg Wieck, 1958, S. 36 f.; Walter Tormin, 1967, S. 231

116 Wolfgang Leonhard, 1955, S. 388
117 Werner Conze, 1969, S. 15 f.; Alf Mintzel, 1967, S. 11; Dietrich Staritz, 1976, S. 98 f.
118 Frank Moraw (1973, S. 122 f.) berichtet von dem Verbot einer Gewerkschaft in Hamburg, die Sozialisten und Kommunisten einschloß; s.a. Holger Christier (1975, S. 65 ff.) sieht die Ursache für das Scheitern insbesondere in ihren gewerkschaftlichen Gegensätzen.
119 Lewis J. Edinger, 1960, S. 194
120 Auf den eigenständigen Charakter dieser Bewegung hat Lutz Niethammer (1972, S. 208 ff.) hingewiesen, der die Veränderung der Zielsetzung bayerischer Gruppen durch später aus dem Exil eingereiste Kommunisten zeigt.
121 Hans-Georg Wieck, 1958, S. 99
122 a.a.O., S. 10; Schmollinger/Stöss, 1975, S. 280 f.
123 Peter Hüttenberger, 1973, S. 178
124 Schmollinger/Stöss, 1975, S. 211
125 Werner Conze, 1969, S. 45 ff., 201 ff.; Gerhard Schulz, 1955, S. 73, 78
126 Stephen L. Fisher, 1974, S. 70
127 Dietrich Thränhardt, 1973, S. 272; Schmollinger/Stöss, 1975, S. 14; Alf Mintzel, 1975, S. 85 f.
128 Schmollinger/Stöss, 1975, S. 255; Alf Mintzel, 1976, S. 78 f.
129 Schmollinger/Stöss, 1975, S. 256
130 Soziale Volkspartei: a.a.O., S. 249
131 a.a.O., S. 208; Peter Hüttenberger, 1973, S. 139 f.; Wolfgang Treue, 1962, S. 73 f.
132 Erhard H.M. Lange, 1975, S. 81; Ossip K. Flechtheim, 1962, S. 51
133 Schmollinger/Stöss, 1975, S. 261: Vaterländische Union, die später mit der hessischen NPD fusionierte.
134 Hans-Georg Wieck, 1953, S. 43 ff.. Die Frage, welches Parteiensystem die Besatzungsmächte letztlich anstrebten, ist umstritten.
135 Stephen L. Fisher, 1974, S. 43
136 Erhard H.M. Lange, 1975, S. 45 ff.
137 Hans-Georg Wieck, 1953, S. 44 f.
138 Vgl. dazu die Verordnungen der britischen und französischen Militärregierungen zur Bildung von politischen Parteien. Ossip K. Flechtheim, 1962, S. 109 ff.
139 Erhard H.M. Lange, 1975, S. 25; Heino Kaack, 1972, S. 158
140 Mit Ausnahme des DZ und der NLP, die im ersten nordrhein-westfälischen bzw. niedersächsischen Kabinett Ministerposten erhielten. Dazu die Aufstellung der Regierungen in den Ländern in: Parteien in der Bundesrepublik, 1955, S. 521 ff.

141 Erhard H.M. Lange, 1975, S. 37
142 So beklagte sich das Zentrum über Schikanen seitens deutscher Behörden. Ossip K. Flechtheim, 1962, S. 38; Dietrich Thränhardt, 1973, S. 216
143 Gerhard Schulz, 1955, S. 120 f.
144 Heino Kaack, 1971, S. 178 ff.; Manfred Rowold, 1974, S. 22 u. Tab.2 - 12
145 Heino Kaack (S. 181) bezeichnet das Parteiensystem als "erstaunlich stabil" gegenüber demjenigen der Weimarer Republik.
146 Walter Tormin, 1967, S. 229; Stephen L. Fisher, 1974, S. 43; Ernst Deuerlein, 1957, S. 87 ff.
147 Walter Tormin, 1967, S. 247; Schmollinger/Staritz, 1976, S. 111
148 Ossip K. Flechtheim, 1962, S. 79 f.; Schmollinger/Staritz, 1976, S. 120; für Bayern Dietrich Thränhardt, 1973, S. 218; Hans Kluth, 1959, S. 20 ff.
149 Ossip K. Flechtheim, 1962, S. 4; ausführlich Albrecht Kaden, 1964, bes. S. 155 ff.
150 Holger Christier (1975, S. 85) für die Entwicklung in Hamburg. Im Gegensatz dazu die anhaltenden Einigungsbestrebungen in Bremen. Peter Brandt, 1976, S. 191 ff.
151 Alf Mintzel spricht in diesem Zusammenhang von einer "präformierenden Lizenzpolitik" der Amerikaner, die die Christlich-Sozialen geradezu zur Vereinigung zwangen und ihnen für einen günstigen Start mit Anordnungen Schützenhilfe leisteten. (1975, S. 84 f.)
152 Dietrich Thränhardt, 1973, S. 218 ff.
153 Parteien in der Bundesrepublik, 1955, S. 521 ff.
154 Hans-Georg Wieck, 1953, S. 39
155 Schmollinger/Staritz, 1976, S. 121
156 Hans Kluth, 1959, S. 27 f.
157 Schmollinger/Stöss, 1975, S. 6, 264
158 Arnold J. Heidenheimer, 1960, S. 24 f.
159 Hans-Georg Wieck, 1953, S. 41
160 Rechtliche Ordnung des Parteienwesens, 1957, S. 26
161 Heinz-Dietrich Fischer, 1971, S. 33; vgl. auch Wolfgang Leonhard, 1955, S. 397 ff., der die rasche Einrichtung von Parteizeitungen in der SBZ beschreibt. Dazu auch Dieter Stammler, 1971, S. 51 ff.; Harold Hurwitz, 1972, S. 117 ff.
162 Heinz-Dietrich Fischer, 1971, S. 36; Harold Hurwitz, 1972, S. 122 ff.
163 Alf Mintzel, 1967, S. 21
164 a.a.O., S. 37 u. 43 ff.; Reinhard Greuner, 1962, S. 55 ff.
165 Die CSU fühlte sich bis 1948 gegenüber der SPD benachteiligt. Seit 1949 erhielt sie in Bayern ein leichtes Überge-

wicht. Alf Mintzel, 1975, S. 158 ff. Im August 1948 lizenzierten die Amerikaner auf Drängen der katholischen Kirche eine weltanschaulich-politische Zeitung. Harald Hurwitz, 1975, S. 158 f.
166 a.a.O., S. 139
167 Dietrich Thränhardt, 1973, S. 215, bes. Anm. 31
168 Heinz-Dietrich Fischer, 1971, S. 52
169 Harold Hurwitz, 1975, S. 171 f.
170 Heinz Laufer, 1974, S. 20
171 Die abhängig waren von der personellen Besetzung der zuständigen amerikanischen Stellen. Reinhard Greuner, 1962, S. 66; ausführlich dazu Harold Hurwitz, 1975, S. 313 ff.
172 In Bayern stellte damals die SPD 16 Lizenzträger und 7 nahestehende, die CSU 5 Mitglieder und 10 nahestehende, die FDP 2 Mitglieder, die KPD ein Mitglied. Hinzu kamen 3 parteilose Lizenzträger, a.a.O.
173 Dazu ausführlich Harold Hurwitz, 1975, S. 313 ff.
174 Reinhard Greuner, 1962, S. 70
175 Dazu eine Statistik bei Heinz-Dietrich Fischer, 1971, S. 52
176 a.a.O., S. 53
177 Harold Hurwitz, 1975, S. 147, 167 ff.
178 a.a.O., S. 258 f.
179 Reinhard Greuner, 1962, S. 71 f.; Heinz-Dietrich Fischer, 1971, S. 54 f.
180 Reinhard Greuner, 1962, S. 74
181 Peter Hüttenberger, 1973, S. 144 ff.
182 Reinhard Greuner, 1962, S. 72; Heinz-Dietrich Fischer, 1971, S. 60 f.
183 Harold Hurwitz, 1975, S. 125
184 Albrecht Kaden, 1964, S. 117; Harold Hurwitz, 1975, Gerd G. Kopper, 1972, S. 28, Anm. 28
185 Heinz-Dietrich Fischer, 1971, S. 54
186 Peter Hüttenberger, 1973, S. 147, Anm. 7
187 Ossip K. Flechtheim, Dokumente, Bd. 1, 1962, S. 37 f.; dazu auch Peter Hüttenberger, 1973, S. 151
188 Gerd G. Kopper, 1972, S. 29, 33 f.
189 Ossip K. Flechtheim, Dokumente Bd. 1, 1962, S. 148 ff.
190 a.a.O., S. 152
191 Den großen Parteien wurde im Statut des NWDR vom 30. 12.47 die Möglichkeit eingeräumt, "wie bisher über den NWDR zu sprechen". Reinhard Greuner, 1962, S. 60
192 Peter Hüttenberger, 1973, S. 153; auch Reinhard Greuner, 1962, S. 72
193 Heinz-Dietrich Fischer, 1971, S. 54 ff.
194 a.a.O.

195 Peter Hüttenberger, 1973, S. 153 f.
196 Reinhard Greuner, 1962, S. 73
197 Peter Hüttenberger, 1973, S. 155
198 Ähnlich Reinhard Greuner (1962, S. 72), dessen Bezeichnung "Parteizeitungen" hier jedoch nicht übernommen werden soll.
199 Heinz-Dietrich Fischer (1971, S. 60) vermutet erhebliche Einflußmöglichkeiten für die parteigebundenen Lizenzträger.
200 Heinz-Dietrich Fischer, 1971, S. 64
201 Ein Brief Schumachers an General Clay vom 7.6.47, der den "großen Einfluß" von Kommunisten auf verschiedene Zeitungen kritisiert, belegt dies. Abgedr. bei Reinhard Greuner, 1962, S. 70
202 a.a.O., S. 69; Heinz-Dietrich Fischer, 1971, S. 62
203 Reinhard Greuner, 1962, S. 75
204 Heinz-Dietrich Fischer, 1971, S. 66
205 a.a.O., S. 68 f.
206 Harold Hurwitz, 1975, S. 125
207 a.a.O., S. 74
208 Heinz-Dietrich Fischer, 1971, S. 74
209 Dietrich Thränhardt, 1973, S. 267
210 Zur Strukturpolitik der Alliierten auch Rudolf Wildenmann, 1967, S. 31 ff.; Hans-Peter Schwarz, 1966, S. 287 ff. Zur Prädominanz der Amerikaner Hans Hermann Hartwich, 1977, S. 64 ff.; vgl. auch Wolf-Dieter Narr, 1966, S. 70
211 John Gimbel, 1971, S. 13
212 Lutz Niethammer u.a., 1976, S. 108 f.
213 Zu den Beschränkungen der deutschen Politiker auch Arnold J. Heidenheimer, 1960, S. 20 f.; Hans-Peter Schwarz, 1966, S. 597
214 Ernst-Ulrich Huster (1978, S. 17) kennzeichnet die Anpassung an die Politik der Besatzungsmächte als Preis für die Ausweitung deutscher Kompetenzen.
215 Dolf Sternberger, 1948, S. 21 f.
216 In der wissenschaftlichen Diskussion u.a. Werner Conze, 1960, S. 13 f.; Karl-Dietrich Bracher, 1960, bes. S. 82; ders. 1964, S. 81; Hans-Joachim Winkler, 1963, S. 21 f.; Heino Kaack, 1971, S. 123, der diesen Faktor unter anderen hervorhebt; Ossip K. Flechtheim (1969, S. 33) und Thomas von der Vring (1968, S. 156 f.) sehen in der Spaltung der Arbeiterbewegung die wesentliche Ursache für die Parteienzersplitterung.
217 Diese Meinung wird in erster Linie von Ferdinand A. Hermens (1949 und 1951) und der Kölner Schule vertreten. (dazu kritisch Gerhard Loewenberg, 1968, S. 88; Thomas von der Vring, 1968, S. 124 ff.; Erhard H.M. Lange, 1975,

S. 169 ff.; Hans-Gerd Schumann, 1967, S. XVII; Martin Schumacher, 1977, S. 45). Sie kann auch als Grundlage für die Einstellung des Bundesverfassungsgerichts zum Problem der Gleichheit der Wahlchancen betrachtet werden. (vgl. BVerfGE 1 (1952), S. 11 f., 249; Gerhard Leibholz, 1967, S. 4); Hans Fenske, 1972, S. 350 ff.
218 Erhard H.M. Lange, 1975, S. 187 f.
219 Kritisch dazu auch Ulrich v. Alemann, 1975, S. 12
220 Ernst Fraenkel, 1964, S. 30; vgl. Thomas Ellwein, 1973, S. 168
221 Rudolf Wildenmann, 1967, S. 47 ff.
222 So Richard Stöss, 1976, S. 38; dagegen Hans Fenske, 1974, S. 345 f.
223 a.a.O., S. 42
224 Am Beispiel der Lehrer dazu Regine Roemheld, 1974, S. 45 ff.
225 Thomas von der Vring, 1968, S. 157 ff.
226 Vgl. dazu Arnold J. Heidenheimer, 1960, S. 6
227 1966, S. 14 f., 38; vgl. auch Hanns-Rudolf Lipphardt, 1975, S. 74
228 Hans Fenske, 1974, S. 344 ff.
229 Martin Schumacher, 1977, S. 46; Hellmuth Röhl, 1954, S. 558; vgl. auch Wolfgang Abendroth, 1966, S. 84; Nils Kadritzke, 1976, S. 47 ff.
230 Heino Kaack, 1971, S. 122 ff.
231 Brief v. Dr. J.H. Unland, ehem. Assistent v. Dr. Brüning, v. 4.5.81.
232 Johannes Agnoli spricht in diesem Zusammenhang von Oligokratie. Agnoli/Brückner, 1968, S. 77
233 Gerhard Lehmbruch behandelt die Unitarisierung durch die Parteienkonzentration als Problem des deutschen Staatsföderalismus, 1976.
234 Joachim Raschke, 1977, S. 47
235 Als bekanntestes, aber keineswegs einziges Beispiel Paul Lücke, 1968, bes. S. 22 ff.; vgl. auch Hans-Joachim Winkler, 1963, S. 21 f.
236 Dazu Wolf-Dieter Narr, 1966, S. 63
237 Karl-Dietrich Bracher, 1968, S. 13 ff.; Kurt Sontheimer, 1962; vgl. auch Regine Roemheld, 1974, S. 132 ff.
238 Werner Kaltefleiter, 1968
239 Thomas von der Vring, 1968, S. 158
240 Karl-Dietrich Bracher, 1962, S. 17
241 Ders., 1964, S. 78 f.
242 Konrad Adenauer, 1967, S. 74
243 Gerhard Schulz, 1955, S. 44; Alf Mintzel, 1967, S. 77
244 Erhard H.M. Lange, 1975, S. 83

245 Arnold J. Heidenheimer, 1960, S. 6
246 Erich Kosthorst, 1967, S. 90; Karl Buchheim, 1953, S. 412 f.
247 Adam Stegerwald, 1964a, S. 22, 31; ders., 1964b, S. 57; dazu Gerhard Schulz, 1955, S. 42 u. 67
248 a.a.O., S. 42 f.; Werner Conze, 1969, S. 15; Peter Hüttenberger, 1973, S. 48; Alf Mintzel, 1975, S. 83
249 Gerhard Schulz, 1955, S. 31
250 Zur "Einheits-Parole" der Sozialisten in diesem Sinne Franz Moraw, 1973, bes. S. 60 ff. u. S. 91; Zum Standort der Christlichen Walter Tormin, 1967, S. 212 f.
251 Hans-Georg Wieck, 1958, S. 82
252 Karl Buchheim, 1953, S. 416 f.; Hans-Georg Wieck, 1958, S. 66; Werner Conze, 1969, S. 15 f.; Dietrich Staritz, 1976, S. 98
253 s.u. S.
254 Wolf-Dieter Narr, 1966, S. 173
255 Zur geistigen Tradition dieses Konzepts auch Ernst Deuerlein, 1957, S. 33 f.
256 Manfred Rowold, 1974, S. 27; Wolf-Dieter Narr, 1966, S. 74 f.
257 Max-Gustav Lange, 1955, S. 494
258 Wolfgang Leonhard, 1955, S. 389 f.
259 Die SPD in der SBZ zählte zur Zeit der Zulassung der SPD in der britischen Zone bereits 300 000 bis 400 000 Mitglieder. Lewis J. Edinger, 1967, S. 145
260 Vgl. S. 64 f.; auch Schmollinger/Staritz, 1976, S. 111; Peter Hüttenberger, 1973, S. 115
261 Vgl. Dolf Sternberger, 1948, S. 20
262 Dazu ausführlich für Hamburg Holger Christier, 1975, S. 85 ff.; so auch die KP in Bremen. Peter Brandt, 1976, S. 185
263 Ossip K. Flechtheim (1948), 1969, S. 337; Albrecht Kaden, 1964, S. 171; Schmollinger/Staritz, 1976, S. 119 f.
264 Ernst-Ulrich Huster u.a., 1972, S. 183
265 Walter Tormin, 1967, S. 245; Werner Kaltefleiter, 1968, S. 138
266 Ernst-Ulrich Huster u.a., 1972, S. 188
267 Vgl. S. 80 f.; Schmollinger/Staritz, 1976, S. 120 f.
268 Ernst-Ulrich Huster u.a., 1972, S. 191
269 Die frühen Versuche eines Zusammengehens von KPD und SPD scheiterten zunächst am Verbot jeder politischen Betätigung durch die Besatzungsmächte. Albrecht Kaden, 1964, S. 93; vgl. dazu das Zitat von Schumacher bei René Allemann, 1956, S. 247; Hans Kluth, 1959, S. 74 ff.; Peter Brandt, 1976, S. 193

270 Hans Kluth, 1959, S. 33 ff.; Holger Christier, 1975, S. 218 ff. Das Konzept vom besonderen deutschen Weg zum Sozialismus war ursprünglich von der gesamten KPD vertreten worden. Ossip K. Flechtheim, 1962a, S. 104
271 Peter Hüttenberger, 1973, S. 115 f.; Narr/Thränhardt, 1979, S. 2 ff.
272 Fritz René Allemann, 1956, S. 237 ff.
273 Erich Matthias, 1968, S. 134
274 Lewis J. Edinger, 1960, S. 191; Willi Eichler, 1962, S. 68 f.; Albrecht Kaden, 1964, S. 89 f.
275 a.a.O., S. 90 f.; Erich Matthias, 1968, S. 43, 70 ff.; Werner Röder, 1969, S. 76 ff.; Heinrich Potthoff, 1974, S. 142 ff.
276 Klaus Schütz, 1955, S. 164; Willi Eichler, 1962, S. 69; Albrecht Kaden, 1964, S. 43 f., 90 ff.; Susanne Miller, 1974, S. 12; Heinrich Potthoff, 1974, S. 144
277 Rede Kurt Schumachers, Parteitag Hannover 1946; auch seine programmatische Erklärung von 1945 bei Ossip K. Flechtheim, 1963/2, S. 7; Heino Kaack, 1971, S. 161
278 a.a.O., S. 162; Hans-Peter Schwarz, 1966, S. 491 ff.
279 Albrecht Kaden, 1964, S. 25 ff., 290 f.; kritisch zu dieser Strategie Frank Moraw, 1973, S. 64, 88
280 Dazu ausführlich Ernst-Ulrich Huster u.a., 1972, S. 193 ff.
281 a.a.O., S. 168 ff.; auch Frank Moraw, 1973, S. 70 ff.
282 Albrecht Kaden, 1964, S. 77, bes. S. 238; Ernst-Ulrich Huster u.a., 1972, S. 145
283 a.a.O., S. 286; von zahlreichen Versuchen, zu einer Einheitspratei zu gelangen, berichtet auch Frank Moraw, 1973, S. 122 f.; Peter Brandt, 1976, S. 167 ff. (Bremen); Holger Christier, 1975, S. 79 ff. (Hamburg).
284 Albrecht Kaden, 1964, S. 167
285 Albrecht Kaden, 1964, S. 291; Lewis J. Edinger, 1967, S. 147 ff.
286 Holger Christier, a.a.O.
287 Hans-Peter Schwarz, 1966, S. 621 f.; Ernst-Ulrich Huster u.a., 1972, S. 143
288 a.a.O., S. 145; Albrecht Kaden, 1964, S. 20, 292
289 a.a.O., S. 181
290 Dazu ausführlich Frank Moraw, 1973, S. 129 ff.
291 Albrecht Kaden, 1964, S. 62 ff., 127 ff.; Alf Mintzel, 1967, S. 9 ff., zur Auseinandersetzung um die "Nationale Repräsentation" ausführlich Hans-Peter Schwarz, 1966, S. 635.
292 a.a.O., S. 66; zur Fragwürdigkeit dieser Politik auch Frank Moraw, 1973, S. 78 f.
293 Beispielsweise Carl Severin, der als Personalberater der

britischen Militärregierung gerade jüngeren Mitgliedern den Aufstieg in wichtige Positionen versperrte; s. Ernst-Ulrich Huster u.a., 1972, S. 147 f.
294 Sie stellte in acht von elf Landesregierungen den Wirtschaftsminister; ebd. S. 156
295 Vgl. ebd. S. 155 ff.; s. auch Ernst-Ulrich Huster u.a., 1980, S. 74 ff. und Eberhard Schmidt, 1970, S. 128 f.
296 Hans-Peter Schwarz, 1966, S. 171, 458, 535 ff.; 594
297 Lewis J. Edinger, 1967, S. 142 ff.; Peter Hüttenberger, 1973, S. 102 f.; Schmollinger/Staritz, 1976, S. 109
298 Zum Konzept der Sowjets bezüglich der Dominanz der KPD-Ost im Parteiensystem der SBZ Wolfgang Leonhard, 1955, S. 389 ff.; vgl. auch Lutz Niethammer u.a., 1976, S. 10; Alf Mintzel, 1967, S. 20 ff.; Albrecht Kaden, 1964, S. 84 f., 181 ff.
299 Dazu ausführlich Hans-Peter Schwarz, 1966, S. 491 ff.
300 Eberhard Schmidt, 1970, S. 85 und 150 ff.; Ernst-Ulrich Huster u.a., 1972, S. 156 ff.
301 Ernst-Ulrich Huster u.a., 1972, S. 158 ff.
302 Diese hatte Kurt Schumacher bis zum Ende der Besatzungszeit hinausgeschoben; Wolf-Dieter Narr, 1966, bes. S. 32, 126 ff.
303 Zu den Forderungen von 1946 Hans-Peter Schwarz, 1966, S. 490; Ossip K. Flechtheim, 1962, S. 104 ff.
304 z.B. die Vorstellungen des Buchenwalder Manifests für eine Volksrepublik. Frank Moraw, 1973, S. 67 f., bes. Anm. 7.
305 In Anlehnung an das Konzept einer Integration Deutschlands in ein föderalistisches Europa. Erich Matthias, 1968, S. 135 ff.; Werner Röder, 1969, S. 81 ff.
306 Ossip K. Flechtheim, Dokumente Bd. 1, 1962, S. 64
307 Klaus Schütz, 1955, S. 164; Albrecht Kaden, 1964, S. 22; Theo Pirker, 1965, S. 37; die zunehmende Anpassung der Forderungen Kurt Schumacher an die politischen Gegebenheiten hebt auch Frank Moraw (1973, S. 77 f.) hervor.
308 1966, S. 126
309 Schumachers Europa-Konzept blieb vergleichsweise vage, (s.a. Hans-Peter Schwarz, 1966, S. 528 ff.).
310 Albrecht Kaden, 1964, S. 26 f.; Klaus Schütz, 1955, S. 216
311 Frank Moraw, 1973, S. 96 ff.
312 Albrecht Kaden, 1964, S. 19, 70, 123, 273 ff.; vgl. auch die Richtlinien für eine Deutsche Staatsverfassung 1945 bei H. Potthoff, 1974, S. 217 ff.; Ernst-Ulrich Huster, 1978, S. 32 ff.; Hans-Peter Schwarz, 1968, S. 494 ff.

313 Weitere gewichtige Gründe bei Wolf-Dieter Narr, 1966, S. 124 ff.
314 Ossip K. Flechtheim, Dokumente Bd. 4, 1965, S. 190
315 Albrecht Kaden, 1964, S. 79, 293; vgl. dazu Max-Gustav Lange, 1955, S. 496. Damit gab die Partei ihre Position als Kampfverband auf. Fritz René Allemann, 1956, S. 945
316 Dazu auch Ulrich Lohmar, 1973; zur Anpassung der SPD in der Bundesrepublik kritisch auch Wolfgang Abendroth, 1964, S. 73 ff.; Jutta v. Freyberg u.a., 1975
317 Frank Moraw, 1973, S. 77
318 Walter Dirks, 1947, S. 18 f. und S. 39 ff.; Adam Stegerwald, 1946/b, S. 31
319 Leonhard Krieger, 1979, S. 36
320 Lewis J. Edinger, 1967, S. 142
321 Adam Stegerwald, 1946/b, S. 5; Gerhard Schulz, 1955, S. 41 ff.; Peter Hüttenberger, 1973, S. 50
322 Helmuth Pütz, 1971, S. 14
323 Gerhard Schulz, 1955, S. 31. In dem Kölner Antrag auf Zulassung der Partei wird von einer "christlich-demokratischen Einheitspartei" gesprochen. Ossip K. Flechtheim, Dokumente Bd. 2, 1962, S. 14; Ernst-Ulrich Huster u.a., 1972, S. 214 f.
324 Adam Stegerwald, 1946/b, S. 70. Er sprach deshalb von einer "Brückenpartei" (1946/a, S. 31)
325 Hermann Ehlers, 1954, zit. nach Gerhard Schulz, 1955, S. 32
326 a.a.O.; dazu ausführlich Wolf-Dieter Narr, 1966, S. 74 ff.
327 Vgl. dazu Ernst Deuerlein, 1957, S. 39 ff.; Bruno Dörninghaus, bei Ossip K. Flechtheim, 1962, S. 16
328 Ernst-Ulrich Huster u.a., 1972, S. 217
329 Gerhard Schulz, 1955, S. 47 ff.; die Programme bei Ossip K. Flechtheim, Dokumente Bd. 3, 1963/1, S. 30 ff., 213 ff.; ders., 1962, S. 104 f.; s.a. Wolfgang Abendroth, 1967, S. 50 f.; Alf Mintzel, 1976, S. 85; Arnold J. Heidenheimer, 1960, S. 69
330 Walter Dirks, 1947, S. 25, 39 ff.
331 Dazu auch Wolfgang Abendroth, 1967, S. 50 f.; W.D. Narr, 1966, S. 79 ff.
332 Ernst-Ulrich Huster u.a., 1972, S. 224.; dazu s.a. Wilhelm Hoegner, 1975, S. 179
333 Karl Rohe, 1979, S. 23
334 Ernst-Ulrich Huster u.a., 1972, S. 223
335 Lutz Niethammer, 1972, S. 205
336 Im Sinne des amerikanischen Beispiels von der Partei als "Wahlvorbereitungsmaschine". a.a.O., S. 227. Vgl. auch die Konzeption der Frankfurter Gruppe bei Hans-Georg

Wieck, 1958, S. 41, Punkt 3: "Der Verzicht auf eine eigentliche 'Partei', stattdessen die Bildung eines bloßen Wählerausschusses, der das Gewicht der katholischen Wählerkreise sozusagen nur jeweils einmal - nämlich vor den Wahlen - in die Waagschale wirft;...".
337 Gerhard Schulz, 1955, S. 54; Werner Conze, 1969, S. 20, 36; Ernst Deuerlein, 1957, S. 62 ff.
338 Gerhard Schulz, 1955, S. 122 f.
339 Arnold J. Heidenheimer, 1960, S. 35 f., 76
340 Zur programmatischen Heterogenität der Partei, a.a.O., S. 32 ff.; die pragmatische Ausrichtung der Programme der CDU behandelt ausführlich Wolf-Dieter Narr, 1966
341 Alf Mintzel, 1975, S. 67 f.; Wolf-Dieter Narr, 1966, S. 43 ff., 85 ff.
342 Helmuth Pütz, 1971, S. 8
343 Wolf-Dieter Narr, 1966, S. 92
344 Ernst Deuerlein, 1957, S. 53 ff.
345 Alf Mintzel, 1973, S. 363 ff.; ders., 1975, S. 273 ff.
346 Lutz Niethammer, 1972, S. 189 ff.; Wolfgang Leonhard, 1955, S. 385 ff., 398 ff.
347 Lewis J. Edinger, 1967, S. 115 f.; auch Arnold J. Heidenheimer, 1960, S. 21
348 Karl-Dietrich Bracher, 1968, S. 13 ff.; Regine Roemheld, 1974, S. 118 f.; Adam Stegerwald, 1946/a, S. 31
349 Ernst Deuerlein, 1957, S. 39 ff.; s.a. Wolf-Dieter Narr, 1966, S. 44, 79
350 Theo Pirker, 1977, S. 54 ff., 73 ff.
351 Vgl. dazu Stammer/Weingart, 1972, S. 164 ff.; zum Problem der Bewegung auch Rudolf Heberle, 1965, S. 217 ff.; ders. zur begrifflichen Präzisierung, 1967, S. 6 ff.; zu diesem Problem im Folgenden ausführlicher S.
352 Gerhard Schulz, 1955, S. 76; Hans Fenske, 1974, S. 345; s.a. Ernst-Ulrich Huster u.a., 1972, S. 215
353 Helmuth Pütz, 1971, S. 13 und 19
354 Hans-Georg Wieck, 1958, S. 112 f. u. S. 161 ff.; Günter Olzog, 1965, S. 38
355 Hans-Georg Wieck, 1958, S. 164 und 169
356 Theo Pirker, 1977, S. 53; Dietrich Thränhardt, 1973, S. 203 und 210
357 Hans-Georg Wieck, 1953, S. 13 ff.; Gerhard Schulz, 1955, S. 38 f.; Ernst Deuerlein, 1957, S. 50
358 Claessens/Klönne/Tschoepe, 1968, S. 55 f.; Fritz René Allemann, 1956, S. 238; Ossip K. Flechtheim, Dokumente Bd. 4, 1965, S. 191
359 Zwischen Berlin und Köln, Köln und München, Berlin und Stuttgart konnten sich schon damals lebhafte Beziehungen

entwickeln, so daß z.B. auf diesem Wege auch die Neugründung einer BVP zugunsten der CSU durch Adenauer von Köln aus verhindert werden konnte. Gerhard Schulz, 1955, S. 43 und 49; Hans-Georg Wieck, 1958, S. 171; Walter Tormin, 1967, S. 233; Werner Conze, 1969, S. 34 f.; Lutz Niethammer, 1972, S. 319; zu den "Aktionsräumen" auch Ernst Deuerlein, 1957, S. 38 ff., zu den Kontakten, bes. S. 57 ff., wo die Unterstützung eines amerikanischen Beamten erwähnt wird. Zu den Gründungszentren auch Arnold J. Heidenheimer, 1960, S. 36 ff.

360 Dazu Alf Mintzel, 1967, S. 17, 53 ff., 75
361 Ossip K. Flechtheim, Dokumente Bd. 6, 1968, S. 7 ff.; A.J. Heidenheimer, 1960, S. 99; Hans-Peter Schwarz, 1966, S. 22 f., 464 ff.
362 a.a.O., S. 299, 440, 422 ff.
363 Hermann Graml, 1976, S. 46, 50
364 Hans-Peter Schwarz, 1966, S. 488
365 Besonders Arnold J. Heidenheimer, 1960, S. 54 ff.; Gerhard Schulz, 1955, S. 73, 78
366 Alf Mintzel, 1967, S. 58 ff., 77 f.
367 Gerhard Schulz, 1955, S. 79; Hans-Georg Wieck, 1958, S. 144 f.
368 Arnold J. Heidenheimer, 1960, S. 53 ff.
369 Ernst Deuerlein, 1957, S. 70 f.; Hans-Hermann Hartwich u.a., 1964, S. 134; dazu im einzelnen Hans-Peter Schwarz, 1966, S. 468 f., 595
370 Zur Absorptionsfunktion der großen Parteien auch Manfred Rowold, 1974, S. 70 ff.
371 Rainer Kunz, 1979, S. 367 ff.. Von einem "Trend zu Massenparteien" zu sprechen, erscheint zu undifferenziert.
372 Dazu ausführlich Gerhard Loewenberg, 1968, S. 103 ff.
373 Gerhard Schulz, 1955, S. 123
374 Kölner Gruppe: Peter Hüttenberger, 1973, S. 51
375 Kreis um Hans Schlange-Schöningen: Arnold J. Heidenheimer, 1960, S. 31 f.; Walter Tormin, 1967, S. 233
376 Berliner Gruppe: Werner Conze, 1969, S. 24, wobei diese Konzeption wie auch die von Jakob Kaiser angestrebte Volks- und Arbeiterpartei auf gewerkschaftlicher Grundlage (Labour-Party) durch das Vorgehen der Sowjets verhindert wurde (a.a.O., S. 15); auch Hans-Georg Wieck, 1958, S. 126 f., 152 (Mannheimer Gruppe); Hamburg: Demokratische Union: Walter Tormin, 1967, S. 233; Jörg-Michael Gutscher, 1967, S. 15; Bremen und Schleswig-Holstein (Demokratische Union): Walter Tormin, 1967, S. 250
377 Hans-Georg Wieck, 1958, S. 157 ff.
378 Die Wiedergründung der BVP scheiterte zunächst am Wider-

stand Fritz Schäffers (Lutz Niethammer, 1972, S. 189, 219), später am Einspruch Konrad Adenauers. Walter Tormin. 1967, S. 233
379 Stephen L. Fisher, 1974, S. 76; Hans-Georg Wieck, 1953, S. 188; ders., 1958, S. 101 ff.
380 a.a.O., S. 108, 112 ff.; Gerhard Schulz, 1955, S. 44
381 Peter Hüttenberger, 1973, S. 178
382 Hans-Georg Wieck, 1953, S. 153; Peter Hüttenberger, 1973, S. 88 f. Von einer "Aufspaltung der CDU" (a.a.O., S. 85), die die Wiedergründung des Zentrums bedeutet habe, kann demnach nicht gesprochen werden.
383 Ossip K. Flechtheim, Dokumente Bd. 1, 1962, S. 36 f.; vgl. auch Manfred Rowold, 1974, S. 337 f.; Peter Hüttenberger, 1973, S. 79; Hans-Georg Wieck, 1953, S. 139 u. 148
384 Vgl. Hans-Georg Wieck, 1953, S. 150; Gerhard Schulz, 1955, S. 51
385 Peter Hüttenberger, 1973, S. 54
386 Vgl. dazu Arnold J. Heidenheimer, 1960, S. 126
387 a.a.O., S. 48
388 Peter Hüttenberger (1973, S. 115) spricht von einer Behinderung des Zentrums gegenüber der CDU.
389 Im Wahlkampf beschwor die CDU bereits den "Zerfall des Zentrums", a.a.O., S. 39; kennzeichnend für die Veränderung der Situation sind auch die Rivalitäten zwischen Adenauer (CDU) und Amelunxen (Z) um die Regierungsbeteiligung in Nordrhein-Westfalen, a.a.O., S. 178 f.; 1947 "bedauerte" Adenauer die Existenz des Zentrums. Ernst Deuerlein, 1957, S. 90; vgl. auch Hans-Peter Schwarz, 1966, S. 440
390 Vgl. dazu Ulrich Lohmar in der Freien Presse, Bielefeld, 1961, zit. bei Manfred Rowold, 1974, S. 336, Anm. 5
391 Peter Hüttenberger, 1973, S. 96. Eine anfangs scheinbar erfolgreiche Zentrumsneugründung in Hessen löste sich schließlich selbst auf. Hans-Georg Wieck, 1958, S. 59 f. Eine Wiedergründung des Zentrums in Baden 1951 brachte der Partei bei den folgenden Landtagswahlen 2,1 % Wählerstimmen, a.a.O., S. 121
392 Vgl. Arnold J. Heidenheimer, 1960, S. 10
393 In Berlin und Württemberg, vgl. Anm. 342
394 Hans-Georg Wieck, 1958, S. 152 f.; Jörg-Michael Gutscher, 1967, S. 11; Richard Stöss, 1976, S. 37 f.
395 Für die Franzosen: Hans-Georg Wieck, 1958, S. 174 f.; für die Briten: Jörg-Michael Gutscher, 1967, S. 12; Peter Hüttenberger, 1972, S. 124; Fritz René Allemann (1956, S. 236 ff.) spricht von "Besatzungs-Tripartismus".

396 a.a.O., S. 84 und 115
397 Werner Bruhn bei Ossip K. Flechtheim, Dokumente Bd. 1, 1962, S. 43; Alf Mintzel, 1967, S. 17
398 Hans-Georg Wieck, 1968, S. 61, 156
399 Schmollinger/Stöss, 1975, S. 57; Jörg-Michael Gutscher, 1967, S. 22
400 Schmollinger/Stöss, 1975, S. 115
401 Werner Stephan bei Ossip K. Flechtheim, Dokumente Bd. 1, 1962, S. 43; Alf Mintzel, 1967, S. 17
402 Hans-Georg Wieck, 1958, S. 147 f.
403 Schmollinger/Stöss, 1975, S. 115 f.; Jörg-Michael Gutscher, 1963, S. 14; Walter Tormin, 1967, S. 250
404 Hans-Georg Wieck, 1958, S. 61 ff.; Jörg-Michael Gutscher, 1969, S. 19 f.; Schmollinger/Stöss, 1975, S. 115
405 a.a.O., S. 116
406 Jörg-Michael Gutscher, 1967, S. 21 f.
407 a.a.O., S. 24
408 a.a.O., S. 26
409 Peter Hüttenberger, 1973, S. 124
410 Walter Tormin, 1967, S. 233; Schmollinger/Stöss, 1975, S. 115 f.
411 Jörg-Michael Gutscher, 1967, S. 28; Alf Mintzel, 1967, S. 65
412 Peter Hüttenberger, 1973, S. 119
413 Der von Theodor Heuss unternommene Versuch einer Sammelpartei aus Liberalen, Christlichen und Sozialdemokraten stellt hier eine - erfolglose - Ausnahme dar. Hans-Georg Wieck, 1958, S. 148 ff.; Jörg-Michael Gutscher, 1967, S. 13
414 Hans-Georg Wieck, 1958, S. 264
415 Vgl. Jörg-Michael Gutscher, 1967, S. 12; Peter Hüttenberger, 1973, S. 128; Fritz René Allemann, 1956, S. 242
416 Im Gegensatz zu SPD 1946 und CDU 1947. Heino Kaack, 1972, S. 162; ders., 1976, S. 12; Jörg-Michael Gutscher, 1967, S. 28 ff.; Alf Mintzel, 1967, S. 81 ff.
417 Vgl. dazu Heino Kaack, 1967, S. 10 ff.
418 Jörg-Michael Gutscher, 1967, S. 32; vgl. auch Peter Hüttenberger, 1973, S. 127 f.
419 Arnold J. Heidenheimer, 1960, S. 134; Jörg-Michael Gutscher, 1967, S. 34
420 Im Unterschied zu dem Zentralismus in ihrem eigenen Land: Heinz Laufer, 1974, S. 19
421 So das "Mouvement du Rassemblement de la Sarre à la France" (Saargebiet) und die "Réunion des amis de la France" (Pfalz). Hans-Georg Wieck, 1958, S. 87
422 Ernst-Ulrich Huster u.a., 1972, S. 36
423 Hans-Georg Wieck, 1958, S. 87, Anm. 122; Schmollinger/

Stöss, 1975, S. 212; Hans-Peter Schwarz, 1966, S. 607
424 Auch Schmollinger/Stöss, 1975, S. 208
425 Zu dem bisher Gesagten Peter Hüttenberger, 1973, S. 138 f.
426 a.a.O., S. 139 f.
427 Dazu ausführlich Manfred Rowold, 1974, S. 360 ff.
428 Schmollinger/Stöss, 1975, S. 141
429 Wolfgang Treue, 1962, S. 74
430 Peter Hüttenberger, 1973, S. 140 f.
431 Arnold Bauer, 1955, S. 468 ff.; Stephen L. Fisher, 1974, S. 69 ff.; zu ihrer Entwicklung nach 1949 Manfred Rowold, 1974, S. 318; auch Wolfgang Treue, 1962, S. 71 f.
432 Arnold Bauer, 1955, S. 468
433 Dietrich Thränhardt, 1973, S. 273. Sie konnte deshalb bei den kurz darauf folgenden Wahlen nur ein Drittel der Kreise mit Kandidaten besetzen. Der Erfolg war dennoch beachtlich.
434 Alf Mintzel, 1975, S. 78
435 Dietrich Thränhardt, 1973, S. 271
436 Alf Mintzel, 1975, S. 187; auch Dietrich Thränhardt, 1973, S. 271
437 Dietrich Thränhardt, 1973, S. 271; Alf Mintzel, 1975, S. 187 ff.
438 Heinz Laufer, 1974, S. 19
439 Vgl. Arnold Bauer, 1955, S. 473 ff. Auf Verwandtschaften zum Programm der EFP wird noch einzugehen sein.
440 Rudolf Holzgräber, 1955, S. 407
441 Hermann Meyn, 1965, S. 13 ff.
442 Parteien in der Bundesrepublik, 1955, S. 536
443 Wolfgang Treue, 1962, S. 73
444 Im Gegensatz dazu: Wolfgang Holzgräber, 1955, S. 408 f.
445 Hermann Meyn, 1965, S. 14 f.; Stephen L. Fisher, 1974, S. 80; Schmollinger/Stöss, 1975, S. 80
446 Wolfgang Holzgräber, 1955, S. 435
447 Hermann Meyn, 1965, S. 15
448 Vgl. o. S. 94
449 Dazu Fritz René Allemann, 1956, S. 243; Wolfgang Treue, 1962, S. 70; vgl. auch Stephen L. Fisher, 1974, S. 65 f., der allerdings nur die Folgeorganisation SSW erwähnt, Heinz-Josef Varain, 1964, S. 17 ff.
450 s.o. S. 86; Schmollinger/Stöss, 1975, S. 256
451 Hans-Peter Schwarz, 1966, S. 647
452 Von einem friedlichen Nebeneinander der Parteien (Dolf Sternberger, 1948, S. 11) kann also nicht die Rede sein.
453 Dietrich Thränhardt, 1973, S. 193
454 Dolf Sternberger, 1953, S. 13
455 Karl-Heinz Seifert, 1975, S. 10 f.
456 Rudolf Wildenmann, 1967, S. 48 ff.; vgl. auch Karl-Heinz

Niclauß, 1974, S. 19
457 Zum Thema der Ethnien ausführlich Guy Héraud, 1974
458 Karl-Heinz Seifert, 1975, S. 8
459 So haben die Parteien alle Bereiche bis hin zur Kommunalpolitik durchdrungen. T..... 1974, S. 80 ff.
460 Dietrich Thränhardt, 1973, S. 373
461 Peter Hüttenberger (1973, S. 141) zur Rheinischen Volkspartei
462 Max Gustav Lange, 1955, S. 508; Rudolf Wildenmann, 1967, S. 47; Alf Mintzel, 1976, S. 80; Stammer/Weingart, 1972, S. 164 f.
463 Karl-Heinz Seifert (1975, S. 14) spricht von "ausgeprägter organisatorischer Dezentralisation mit zunehmender politischer Schwerpunktbildung in den Zentralen".
464 Siehe auch Albrecht Kaden, 1964, S. 14
465 Alf Mintzel, 1976, S. 80

4. Kapitel

1 Wolf-Dieter Narr, 1977, S. 17
2 Rechtliche Ordnung des Parteienwesens, 1957, S. 27; s.a. Werner Kaltefleiter, 1968, S. 223
3 Maunz - Dürig - Herzog, 1974, Art. 21, S. 5
4 BVerfGE 2 (1952), S. 13
5 Es wurde jedoch bereits im Parlamentarischen Rat über die Möglichkeit von Sperrklauseln diskutiert. Werner Matz, 1950, S. 274
6 Siehe dazu Philipp Herder-Dorneich, 1980, S. 15 f.
7 Konrad Hesse, 1976, S. 64; ders., 1959, S. 20
8 Gerhard Leibholz (1967, S. 140) meint, daß sie dort ihre "natürliche Grenze" finde, wo sich eine Partei nicht an diese Verpflichtung zu halten beabsichtige. Einschränkend dazu Hanns-Rudolf Lipphardt, 1975, S. 156
9 Hans-Christian Jülich, 1967, S. 77 f.; Hanns-Rudolf Lipphardt, 1975, S. 118 ff.
10 BVerfGE 2 (1952), S. 12 f., s.a. BVerfGE 5 (1956), S. 197 ff.; vgl. dazu Gerhard Leibholz, 1962, S. 137 f.; auch Horst Holzer, 1971, S. 40 ff.
11 S. Werner Matz, a.a.O. zur Diskussion über die mögliche Verankerung von Sperrklauseln in der Verfassung.
12 1975, S. 56 f., 197
13 Vgl. dazu ähnlich Hans Christian Jülich, 1967
14 S. v.d. Heydte-Sacherl, 1955, S. 84; Hanns-Rudolf Lipphardt, 1975, S. 16 f., 410
15 a.a.O., S. 21, 316 f.

16 a.a.O., S. 118 ff.; vgl. auch Hans Christian Jülich, 1967, S. 89 f.
17 Dazu ausführlich Hanns-Rudolf Lipphardt, 1975, S. 555 ff.
18 Hanns-Rudolf Lipphardt, 1975, Vorwort
19 a.a.O., S. 316
20 a.a.O., S. 317
21 a.a.O., S. 79 ff., 411
22 a.a.O., S. 29, 319 f.
23 a.a.O., S. 317
24 1967, S. 95 f.
25 Thomas Ellwein, 1973, S. 103
26 Helmut Ridder, 1975, S. 55
27 Dazu die Kritik von Michael Th. Grevens (1977, S. 96 ff.) an "der Ideologie der Chancengleichheit" und der Leistungsgesellschaft.
28 Niklas Luhmann, 1969
29 John H. Herz, 1975, S. 39
30 Vgl. dazu auch Thilo Vogelsang, 1966, S. 50 ff.
31 Das Dreiparteiensystem hat sich eben nicht "herausgebildet", (Karlheinz Niclauß, 1974, S. 10, 16 f.), sondern wurde bewußt gesteuert. Die von Stephanie Münke (1952, S. 201 ff.) wiedergegebenen Ergebnisse der Berliner Wahlen können als Beweis der Wirksamkeit der Steuerung durch die Besatzungsmächte angesehen werden, die sich mit ihren Parteikonzepten teilweise an den politischen Strömungen in Deutschland vor 1933 orientierten.
32 v.d. Heydte-Sacherl, 1955, S. 87 f.; Karlheinz Niclauß, 1974, S. 9 f.; BGerfGE 2 (1952), S. 11 f.; vgl. auch Eduard Dreher, 1950, S. 130
33 Hans-Hermann Hartwich u.a., 1964, S. 129
34 Werner Matz, 1950, S. 274; Michael Antoni, 1980, S. 93 ff.
35 v. Mangoldt-Klein, 1966, S. 624; Ernst Forsthoff, 1950, S. 315; Maunz-Dürig-Herzog, 1974, Art. 21, S. 5
36 Von Karl Dietrich Bracher (1971, S. 271) positiv hervorgehoben.
37 1965, S. 187
38 Ders., 1967, S. 58
39 Stephen L. Fisher (1974, S. 108) weist darauf hin, daß man mit den Verboten die Überzeugungen der Betroffenen nicht habe ändern können.
40 Dazu auch Thomas von der Vring, 1968, S. 20 ff.
41 Otto Kirchheimer, 1965, S. 244 ff.
42 1975, Vorwort
43 Hervorhebung R.R.; Joachim Raschke, 1973, S. 191
44 Auch Erhard H.M. Lange (1975, S. 452 f.) kritisiert, daß das Gericht bei seinen Entscheidungen nicht die politischen

Folgen eines Wahlrechts berücksichtigt hat.
45 1971, S. 400
46 Thomas Ellwein, 1973, S. 173
47 Manfred Rowold, 1974, S. 89
48 1973, bes. S. 43 f.
49 1968, S. 94 f.
50 1975, S. 329 ff.
51 Diese Strategie traf in erster Linie die FDP als dritte Kraft im Koalitionskarussell. Jürgen Bredthauer, 1973, S. 33
52 a.a.O., S. 95
53 a.a.O., S. 43 f.; vgl. auch Erhard H.M. Lange, 1975, S. 13
54 1975, S. 771; Jürgen Bredthauer, 1972, S. 81 ff.
55 a.a.O., S. 95; vgl. dazu auch die Darstellung der FDP (Nordrhein-Westfalen) von 1967 zur "Manipulation des Wahlrechts".
56 Joachim Raschke, 1973, S. 191
57 "Rechtliche Ordnung des Parteienwesens, 1957, S. 27
58 Wichtig sind hier die Publikationen der Kölner Schule um F.A. Hermens, die in enger Verknüpfung mit der damals laufenden Wahlrechtsdiskussion zu sehen sind. Kritisch dazu Thomas von der Vring, 1968, S. 124 ff.; Erhard H.M. Lange, 1975, S. 169 ff.;
59 Rüdiger Bredthauer, 1973, S. 112
60 a.a.O., S. 33 ff.. Die Versuche scheiterten 1953 an dem bestimmenden Einfluß der FDP. Die SPD trat vor 1949 insbesondere in den Ländern für ein Mehrheitswahlrecht ein, in denen sie ihre Hochburgen hatte. Thomas von der Vring, 1968, S. 46 ff.; s. dazu Bundesminister des Innern, Beirat für Fragen des Wahlrechts, Bericht 68, S. 11
61 Federführend war hier die rheinische CDU, deren erste Angriffe sich gegen das in Nordrhein-Westfalen regional verankerte Zentrum richteten.
62 Dazu ausführlich Hans Fenske, 1972, S. 350 ff.; S. 9, Anm. 21. Auch die "Deutsche Wählergesellschaft", die - wie die Hermens-Schule - selbst nicht parteipolitisch festgelegt war, berief sich weitgehend auf diese Schule, a.a.O., S. 52 f.; 124 ff.; Erhard H.M. Lange, 1975, S. 168 ff., 309 ff.
63 So auch Heino Kaack, 1971, S. 89; Wolfgang Treue, 1962, S. 71
64 Thomas von der Vring, 1968, S. 10
65 BVerfGE 24, S. 344 f.; Hanns-Rudolf Lipphardt, 1975, S. 420 ff.
66 Günter Olzog, 1965, S. 15
67 Hanns-Rudolf Lipphardt, 1975, Vorwort
68 a.a.O., S. 440

69 BVerfGE 3, S. 26 ff.
70 s.o. Kap. 2.1.4. Dazu auch der Protest der BP gegen die Verwendung dieses Begriffes durch das Gericht. Ossip K. Flechtheim, Dokumente Bd. 4, 1965, S. 356
71 Hanns-Rudolf Lipphardt, 1975, S. 110
72 BVerfGE 1, S. 209 f.
73 Dazu schon Hermann Josef Unland, 1955, S. 50 ff.
74 Rüdiger Wolfrum, 1974, S. 212
75 H.J. Rinck, 1958, S. 225
76 Dazu kritisch Hanns-Rudolf Lipphardt, 1975, S. 523 ff.
77 Vgl. v.d. Heydte-Sacherl, 1955, S. 90 ff. V.d. Heydte spricht in diesem Zusammenhang vom "Selbsterhaltungsrecht" und der "Selbsterhaltungspflicht" des Staates.
78 Wilhelm Henke, 1964, S. 189
79 Mit der sich auch Hanns-Rudolf Lipphardt ausführlich kritisch auseinandersetzt. 1975, S. 530 ff.
80 Ossip K. Flechtheim, 1962, S. 101
81 Dazu ausführlich Hanns-Rudolf Lipphardt, 1975, S. 127 ff.
82 Hermann Josef Unland, 1955, S. 50 ff.; Heinz-Christian Jülich, 1967, S. 27 ff.; Hellmuth Röhl, 1954, S. 558 ff.
83 So auch Helmut Ridder, 1965, S. 36
84 Ernst Forsthoff, 1950 b, S. 315
85 Ders., 1950 a, S. 374
86 S. 377 f.
87 BVerfGE 1, S. 255
88 Helmut Ridder, 1965, S. 37
89 Karl-Heinz Seifert, 1975, S. 108 f.
90 BVerfGE 2, S. 13; 5, S. 140, 224
91 Helmut Ridder, 1965, S. 36
92 BVerfGE 1, S. 247 f.; dagegen Helmut Ridder, 1965, S. 30; Jochen Frowein, 1974, S. 89; vgl. auch H.J. Rinck, 1958, S. 225; Vogel/Nohlen/Schulze, 1971, S. 56; Bundesminister des Innern, Grundlagen des Wahlrechts, 1955, S. 34
93 1950, S. 315; zur Diskussion nach dem Krieg s.a. Walter v. Wachter, 1956, S. 13 ff.
94 BVerfGE 3, S. 27
95 Wolfgang Zeidler, 1976, S. 370
96 S. 315
97 v.d. Heydte-Sacherl, 1955, S. 99 f.
98 Hanns-Rudolf Lipphardt, 1975, S. 186 f., 222; nach v.d. Heydte wolle man damit Totalitätsansprüchen der Parteien begegnen. V.d. Heydte-Sacherl, 1955, S. 101 ff.
99 So Hans-Christian Jülich, 1967, S. 88
100 Vgl. dazu Manfred Rowold, 1974, S. 128
101 H.J. Rinck, 1958, S. 222
102 Hans-Joachim Winkler, 1966

103 Gerhard Loewenberg, 1968, S. 100
104 Kommunalwahl 1946 in Groß-Hessen. Erhard H.M. Lange, 1975, S. 46. Zur Entwicklung der Sperrklausel auch Walter von Wachter, 1956, S. 175 ff.
105 Erhard H.M. Lange, 1975, S. 93
106 a.a.O., S. 227
107 In der Diskussion waren 10 %, so auch in Groß-Berlin und Bayern, a.a.O., S. 50, 238 ff.; Thomas v.d. Vring, 1968, S. 56
108 a.a.O., S. 53 f.; Erhard H.M. Lange, 1975, S. 100
109 a.a.O., S. 95
110 a.a.O., S. 109; Thomas v.d. Vring, 1968, S. 47 ff.
111 Walter v. Wachter, 1956, S. 196 ff.; Erhard H.M. Lange, 1975, S. 125 ff.
112 a.a.O., S. 338; Werner Matz, 1950, S. 274; Friedrich Karl Fromme, 1960, S. 190 f.
113 Hellmuth Röhl, 1959, S. 561; Gerhard Loewenberg, 1961, S. 100; Karlheinz Niclauß, 1974, S. 110 f.
114 Zusammensetzung des Wahlrechtsausschusses: CDU/CSU und SPD jeweils 27; Liberale = 5, DP, Z, KPD jeweils 2 Vertreter. Erhard H.M. Lange, 1975, S. 339
115 z.B. mußte die CDU/CSU befürchten, daß bei mangelnder Kompromißbereitschaft die kleinen Parteien mit der SPD gehen und so das Bürgerblockkonzept durchkreuzen würden, a.a.O., S. 344 f.
116 Hellmuth Röhl, 1954, S. 562; Gerhard Loewenberg, 1968, S. 100 f.; Karlheinz Niclauß, 1974, S. 120
117 Erhard H.M. Lange, 1975, S. 412
118 a.a.O., S. 144, 202. Dies gilt besonders für den linken Flügel der CDU um Jakob Kaiser, der sich davon eine Stärkung innerhalb der Partei gegenüber dem bürgerlichen Flügel versprach, a.a.O., S. 467
119 a.a.O., S. 221, 369; zur Affinität der Amerikaner zum bürgerlichen Flügel der CDU auch S. 616; siehe auch S. 109. Für das Mehrheitswahlrecht, das durchaus auch Parteien mit regionalem Schwerpunkt begünstigen konnte, trat auch die Deutsche Partei ein, a.a.O., S. 298 f. SPD und FDP hatten sich gegen das Vorgehen der Alliierten entschieden gewehrt, a.a.O., S. 399 ff.
120 a.a.O., S. 373
121 Gegen Thomas von der Vring, a.a.O., S. 407
122 Heino Kaack, 1971, S. 197 ff.; Jürgen Dittberner, 1976, S. 138 ff.
123 Erhard H.M. Lange, 1975, S. 421 ff., 458 ff., 503; Thomas von der Vring, 1968, S. 63
124 Eckhard Jesse, 1977, S. 5

125 Erhard H.M. Lange, 1975, S. 417 ff., 459 ff.
126 Thomas von der Vring, 1968, S. 65 ff.
127 Anna Christine Storbeck, 1970, S. 86
128 Erhard H.M. Lange, 1975, S. 468
129 a.a.O., S. 474 ff.
130 a.a.O., S. 525
131 a.a.O., S. 545
132 a.a.O., S. 449 ff. Die SPD wollte sich damit vor dem Verlust derjenigen Wahlkreise schützen, die sie aufgrund der Stimmenzersplitterung im bürgerlichen Lager gewonnen hatte. S.a. Hellmut Röhl, 1954, S. 563; Manfred Rowold, 1974, S. 93
133 Eine Ausnahme machten dabei die nationalen Minderheiten (SSW)
134 1975, S. 560 ff.
135 a.a.O., S. 442. Dazu siehe auch den Protest des Zentrums gegen "wahlgesetzliche" Manipulationen. Ossip K. Flechtheim, Dokumente Bd. 4, 1965, S. 388
136 Gegen die KPD lief seit 1951 ein Verbotsverfahren, das ihre Wahlchancen zusätzlich beeinträchtigte. Otto Kirchheimer, 1965, S. 232
137 Vgl. Hellmuth Röhl, 1954, S. 563; Hanns-Rudolf Lipphardt, 1975, S. 29
138 Erhard H.M. Lange, 1975, S. 564
139 Thomas von der Vring, 1968, S. 70 f.; Erhard H.M. Lange, 1975, S. 569 ff.
140 a.a.O., S. 579
141 a.a.O., S. 586
142 a.a.O., S. 72 f.; die betroffenen Parteien waren KPD (2,2 %), BP (1,71 %), GVP (1,2 %), DRP (1,4 %), DNS (0,3 %), SSW (0,2 %). Walter von Wachter, 1956, S. 188; s.a. A.C. Storbeck, 1970, S. 40 f.
143 Stephen L. Fisher, 1974, S. 153 ff.; Gerhard Loewenberg, 1968, S. 101
144 Erhard H.M. Lange, 1975, S. 639 ff.
145 Erhard H.M. Lange, 1975, S. 618
146 a.a.O., S. 622 ff.
147 Dafür wurden ihr von der Industrie zunächst die finanzielle Unterstützung gesperrt; a.a.O., S. 600 f.
148 a.a.O., S. 688 ff.
149 a.a.O., S. 680 f.
150 a.a.O., S. 701 ff.; Thomas von der Vring, 1968, S. 73 ff.; Manfred Rowold, 1974, S. 93 ff.
151 BGBl I 1956, S. 383; BWahlG. § 4,4
152 So Hellmuth Röhl, 1954, S. 562
153 Erhard H.M. Lange, 1975, S. 703

154 a.a.O., S. 716 ff.
155 Thomas von der Vring, 1968, S. 73 ff.
156 a.a.O., S. 88 ff.
157 Erhard H.M. Lange, 1975, S. 712 f.
158 Dazu die Kritik der BP an dem Urteil. Ossip K. Flechtheim, Dokumente, Bd. 4, 1965, S. 356 ff.
159 BVerfGE 6, S. 85, 99
160 Erhard H.M. Lange, 1975, S. 449 ff.; kritisch auch Hanns-Rudolf Lipphardt, 1975, S. 530 ff., bes. S. 549 f.
161 Gerhard Leibholz, 1966, S. 118 f., 224 ff.
162 Hanns-Rudolf Lipphardt (1975, S. 533) spricht von "Fehldeutung der Wirklichkeit".
163 Diese Benachteiligung reichte bis zur kommunalen Ebene, auf der es ebenfalls den großen politischen Parteien eine Führungsrolle zuweist. Erhard H.M. Lange, 1975, S. 714 f. Selbst die Gemeinden seien nach Meinung des Gerichts vor Splitterparteien zu schützen. BVerfGE 6, S. 113 ff.
164 Walter von Wachter, 1956, S. 196 ff.
165 Diese Regelung war gegen den BHE gerichtet.
166 Hellmuth Röhl, 1954, S. 563 f.; Bundesministerium des Innern, Wahlrechtskommission, 1955, S. 131 ff.; Manfred Rowold, 1974, S. 94 ff.; Hans-Christian Jülich, 1967, S. 63 ff.
167 Über 1 %
168 Walter von Wachter, 1956, S. 188 ff.
169 Ausführlich dazu Erhard H.M. Lange, 1975; Thomas von der Vring, 1968, S. 45 ff.; Rüdiger Bredthauer, 1973, S. 31 ff.
170 BVerfGE 1, S. 209; BVerfGE 5, S. 248 f.; dazu auch kritisch Hanns-Rudolf Lipphardt, 1975, S. 105, bes. Anm. 367
171 Vgl. auch Erhard H.M. Lange, 1975, S. 360
172 Thomas Ellwein, 1973, S. 205
173 Hans-Joachim Veen, 1975, S. 249
174 Hanns-Rudolf Lipphardt, 1975, S. 109
175 Dazu Hans-Christian Jülich, 1967, S. 111 ff.
176 Wolfgang Hegels, 1967, S. 61; ders., 1969, S. 105 ff.; Karl-Heinz Seifert, 1975, S. 144; Hellmuth Röhl, 1954, S. 562
177 BVerfGE 1, S. 255
178 BVerfGE 6, S. 92 f.; Karlheinz Niclauß, 1974, S. 109; H.J. Rinck, 1958, S. 224; Karl-Heinz Seifert (1975, S. 142) hält allein die Verhinderung einer Parteienzersplitterung für zulässig.
179 Theodor Eschenburg, 1958, S. 413
180 Ludger Amseln Versteyl, 1975, S. 341
181 Andreas Hamann, 1970, Art. 38, S. 455

182 Theodor Eschenburg, 1958, S. 411
183 Werner Kaltefleiter, 1968, S. 117
184 Siehe dazu Thomas Ellwein, 1973, S. 194; Manfred Rowold, 1974, S. 378 f.
185 1973, S. 83 f.
186 Ihr komme keine maßgebliche Bedeutung für den Stimmenschwund kleiner Parteien bzw. für die ungünstigen Startbedingungen neuer Parteien zu (1974, S. 102).
187 Walter von Wachter, 1956, S. 340 f.
188 Werner Zolnhöfer, 1965, S. 157; s.a. Christa Büchel, 1977, S. 34 ff.; nach einem Fernseh-Interview mit Kurt Sontheimer sympatisieren 11 % der Wahlberechtigten in der Bundesrepublik mit kleinen Parteien (15.9.1976).
189 Stephen L. Fisher (1974, S. 161 ff.) weist nach, daß mit wachsender Erfolgschance einer kleinen Partei, ins Parlament zu gelangen, die Bereitschaft steigt, ihr die Stimmen zu geben.
190 Nach Alfred Grosser
191 Michael Th. Greven, 1977, S. 196; s.a. Werner Speckmann, 1970; Andreas Hamann, Grundgesetz-Kommentar, 1970, Art. 38, S. 455
192 1968, S. 115
193 1956, S. 43 ff., bes. S. 73
194 a.a.O., S. 75
195 a.a.O., S. 198
196 BVerfGE 1, S. 210; s.a. Oskar Schröder, 1955, S. 98. Dazu neuerdings die Umstellung des Auszählverfahrens bei den nordrhein-westfälischen Kommunalwahlen von d' Hondt auf "Niemeier", das die kleineren Parteien (FDP) begünstigt und deshalb von der FDP betrieben wurde. Westfälische Rundschau 15.6.1978.
197 Sie liegt über dem Satz zahlreicher vergleichbarer Länder. S. Wolfgang Hegels, 1967; neuerdings hat Frankreich in seinem Europa-Wahlgesetz in Anlehnung an die Bundesrepublik ein gleichhohes Quorum eingeführt.
198 Walter von Wachter, 1956, S. 353 ff.
199 Karl-Heinz Seifert, 1975, S. 143, bes. Anm. 162; s.a. Bundesministerium des Innern. Grundlagen, 1955, S. 35; vgl. Hans Meyer, 1973, S. 266
200 BVerfGE 1, S. 249
201 Kritisch dazu Helmut Ridder, 1965, S. 35 f.; ders., 1975, S. 54 f.
202 Franz Neumann, 1968, S. 186
203 Beispielsweise Gerhard Leibholz, 1967, S. 42 ff.; Oskar Schröder, 1955, S. 68 f.; H.J. Rinck, 1958, S. 225; Hans Meyer, 1973, S. 265 f.

204 Gerhard Leibholz, 1967, S. 49
205 Rupert Breitling, 1970, S. 77 f.; Gerhard Leibholz (a.a.O., S. 50) stellt die Möglichkeit in Aussicht, daß kleine Parteien, die "echte politische Ziele im Sinne der FdGO verfolgen", als politisch bedeutsam anerkannt werden können. Bei der noch zu schildernden totalen Blockade gegenüber kleinen Parteien ist es ihnen aber unmöglich, ihre Bedeutsamkeit unter den o.g. Richtlinien nachzuweisen.
206 Zit. nach Hermann Josef Unland, 1955, S. 90 f.
207 Zit nach Wolfgang Zeidler, 1967, S. 369
208 1977, S. 195 f.
209 Arnaud Marc-Lipianski, 1978, S. 3 f.
210 Wolfgang Wagner, 1978, S. 784 f.
211 Das Parlament hat weder wesentliche Gesetzgebungsbefugnisse noch kann es eine Regierung bestellen. Deshalb kann eine "Parteienzersplitterung" auch seine Funktionsfähigkeit nicht beeinträchtigen. Darüber hinaus gelten für die politischen Gruppierungen im europäischen Parlament ohnehin andere Gesetze als im nationalen Bereich.
212 Dietrich Murswieck, 1979, S. 55 ff.; s.a. Frankfurter Rundschau, 29.03.1979, S. 3.
213 Beschwerdeschrift v. 25.05.1979, Archiv Roemheld. Eine ähnliche Verfassungsbeschwerde von der EFP am 12.06.1979 eingereicht, Archiv Roemheld.
214 Antwort des Bundesverfassungsgerichts v. 2.7.1979, Archiv "Die Grünen".
215 Die gleiche Begründung wurde an die EFP geschickt, Verlautbarung der Pressestelle des Bundesverfassungsgerichts v. 7.6.1979.
216 Dazu die Überlegungen der schleswig-holsteinischen CDU nach der letzten Landtagswahl, Frankfurter Rundschau 8.10.79 und 15.11.79.
217 FAZ, 29.12.79, Überlegungen der niedersächsischen CDU.
218 FR 10.1.80.
219 Ernst Forsthoff, 1971, S. 90
220 Ähnlich die Beschwerde der "Grünen".
221 BWahlG § 19 u. 21,2
222 a.a.O., § 28
223 Walter von Wachter, 1955, S. 138
224 Manfred Rowold, 1974, S. 104 f.
225 Hellmuth Röhl, 1954, S. 562; Manfred Rowold, 1974, S. 104
226 Erhard H.M. Lange, 1975, S. 398
227 In diesem Zusammenhang ist auf die von Gustav Radbruch und Georg Jellinek vertretene Meinung zu verweisen, der auch Gerhard Leibholz gefolgt ist, nach der diejenigen Parteien als "unechte Parteien" betrachtet wurden, die "nicht

das Wohl des Gesamtvolkes, sondern einer Gruppe im Volke erstreben". Gustav Radbruch, 1930, S. 293
228 BVerfGE 3, S. 19 ff.; vgl. auch BVerfGE 3, S. 392 ff.; dazu auch Gerhard Leibholz, 1967, S. 51 ff.
229 500 Unterschriften für einen Wahlkreisvorschlag hielt es für zu hoch. BVerfGE 3, S. 28
230 Werner Kaltefleiter (1968, S. 119) weist darauf hin.
231 BVerfGE 4, S. 381; s.a. BVerfGE 5, S. 79; vgl. dazu auch die Argumentation der Wahlrechtskommission des Bundesinnenministeriums, 1953, S. 36 f.
232 a.a.O., S. 38
233 Manfred Rowold, 1974, S. 104; Ernst Forsthoff (AÖR 76, S. 376) zweifelt an der Stichhaltigkeit einer solchen Regelung.
234 s.o. S. 147; Walter von Wachter, 1956, S. 135 ff.; Hellmuth Röhl, 1954, S. 563; Bundesminister des Innern, 1955, S. 133; ausführlich Manfred Rowold, 1974, S. 104 ff., auch Anm. 8 - 18
235 Zur Benachteiligung der neuen gegnüber den alten Parteien auch Walter von Wachter, 1956, S. 138 ff.
236 1967, S. 52
237 1954, S. 593
238 1967, S. 93 (nach Mahrenholz)
239 Wolfgang Schreiber (1976, S. 257) hält es für vertretbar, daß Parteien, die bei der letzten Wahl 0,5 % der Stimmen auf Landesebene erzielten, von dieser Auflage befreit werden.
240 1955, S. 97, ähnlich Bundesministerium, Wahlrechtsausschuß, 1955, S. 37; Hermann Josef Unland, 1955, S. 47
241 a.a.O., S. 48; s.a. Walter von Wachter, 1956, S. 302 f.
242 Hermann Josef Unland, 1955, S. 47
243 s. dazu auch die Kritik von Erhard H.M. Lange, 1975, S. 436 f.
244 Manfred Rowold, 1974, S. 106 ff.; vgl. auch Walter von Wachter, 1956, S. 196 ff.
245 1977, S. 93 f.
246 Christa Büchel, 1977, S. 39 f.
247 Hanns-Rudolf Lipphardt, 1975, S. 419 f.
248 Dazu umfassend Uwe Schleth, 1973, und Karl-Heinz Naßmacher, 1982 im Vergleich Bundesrepublik, Kanada und USA, S. 3 ff.
249 a.a.O., S. 121 ff. Zu beiden Komplexen aus juristischer Sicht Heiko Platte, 1966
250 Ossip K. Flechtheim, Teil A, 1973, S. 523 ff.; Ulrich Dübber, 1962, S. 11 f.; Manfred Rowold, 1974, S. 118 f.; Hans-Christian Jülich, 1967, S. 53 ff.; Lit. zu diesem Thema auch bei Heino Kaack, 1971, S. 383, Anm. 52

251 Hanns-Rudolf Lipphardt, 1975, S. 116
252 Als Ausnahme ist zu nennen Manfred Rowold, 1974, S. 118 ff.
253 Ossip K. Flechtheim, Dokumente Bd. 8, 1970, S. 330 ff.; ders., 1973, S. 544 ff. Diese konnten - wegen der neutralen Stellung der Gewerkschaften - nur verdeckt gegeben werden. Heiko Platte, 1966, S. 49
254 Dazu ausführlich Heinz-Josef Varain, 1964, S. 192 ff.; Ulrich Dübber, 1962, S. 23 ff.
255 Thomas von der Vring, 1968, S. 64, 83, Anm. 71, 86; Ossip K. Flechtheim, Dokumente Bd. 8, 1970, S. XVIII; Heinz Josef Varain, 1964, S. 205 f. Für DP, BHE u. DRP wurden für 1957 allein 7 Mio DM Wahlkampfkosten ermittelt. Uwe Kitzinger, 1960, S. 144, 160 f.
256 Nach Theodor Eschenburg bei Ulrich Dübber, 1962, S. 3
257 Ossip K. Flechtheim, Dokumente Bd. 8, 1970, S. 34 ff.; Ulrich Dübber, 1962, S. 6, 16 ff.
258 a.a.O., S. 17 f.
259 a.a.O., S. 53
260 Heinz Josef Varain, 1964, S. 202; Ossip K. Flechtheim, Dokumente Bd. 8, 1970, S. 18 ff., S. 36 f.
261 Erhard H.M. Lange, 1975, S. 597 ff.; Uwe Schleth, 1973, S. 306 ff.
262 Nach einem Brief des SPD-Vorstandes an Robert Pferdmenges, bei Ossip K. Flechtheim, 1970, S. 16 f.; Heinz Josef Varain, 1964, S. 205 f.; Ossip K. Flechtheim, Dokumente Bd. 8, 1970, S. 53 ff.; ders., 1973, S. 525 f., 542 f.
263 1976 bis zu 30.000 DM pro MdB jährlich: Der Spiegel, 1.2.1976, S. 41; Ulrich Dübber, 1962, S. 25; Heinz Josef Varain, spricht von "Ansätzen staatlicher Parteienfinanzierung"; Uwe Schleth, 1973, S. 138 ff.
264 Neuerdings läßt sich am Beispiel der Grünen eine finanzielle Benachteiligung derjenigen Parteien im Parlament nachweisen, die mit der Zahl ihrer Vertreter nicht den Fraktionsstatus erreichen. Für sie entfällt der Fraktionssockelbeitrag. Dabei ist zu berücksichtigen, daß der Fraktionsstatus durch die Geschäftsordnung geregelt wird, die verhältnismäßig leicht geändert werden kann. Interview mit dem Abgeordneten Willers, Die Grünen, Bremer Bürgerschaft, 30.3.81.
265 Die Versuche reichten bis zur Einflußnahme auf Wahlkampfaussagen, Kandidatenaufstellung und die Zusammensetzung der nächsten Regierung. Heinz Josef Varain, 1964, S. 207 f.; Ossip K. Flechtheim, 1973, S. 53; Ulrich Dübber, 1962, S. 27 ff., 42 ff.; zu den Pressionen auch Uwe Schleth, 1973, S. 308 ff.; Rupert Breitling, 1970, S. 101 f.
266 Fritz René Allemann, 1956, S. 308

267 Erhard H.M. Lange, 1975, S. 602
268 Ulrich Dübber, 1962, S. 8
269 Ossip K. Flechtheim, Dokumente Bd. 8, 1970, S. 35 f.; s.a. Theodor Eschenburg, 1958, S. 413
270 BVerfGE 6, S. 274 f.
271 Dazu ausführlich Hanns-Rudlf Lipphardt, 1975, S. 244 ff.
272 BVerfGE 8, S. 51 ff.; s.a. Ossip K. Flechtheim, Dokumente Bd. 8, 1970, S. 38 f.; dazu ausführlich Hanns-Rudolf Lipphardt, 1975, S. 255 ff.
273 BVerfGE 8, S. 66 f.; s.a. Ossip K. Flechtheim, Dokumente Bd. 8, 1970, S. 39 ff.
274 Ulrich Dübber, 1962, S. 19
275 Ossip K. Flechtheim, Dokumente Bd. 8, 1970, S. XVIII f., 243 f.; ders., 1973, S. 549 ff.
276 Helmut Ridder, 1965, S. 23. Hierin sind u.a. beträchtliche Mittel aus öffentl. Hand enthalten, die an die Fraktionen gehen, Uwe Schleth, 1973, S. 108 f.
277 Alf Mintzel, 1975, S. 357. Mintzel hat die Partei als "staatlichen Subventionsbetrieb" charakterisiert, S. 512; 1977 (S. 143) spricht der Autor nur noch von einem "halbstaatlichen Subventionsbetrieb" - offenbar mit Rücksicht auf die erheblichen Spenden, die die Partei zusätzlich zu den staatlichen Mitteln erhielt.
278 1975, S. 343. Auch nach Ulrich Dübber (1962, S. 39) ist finanzielle Überlegenheit in der Wahlwerbung ein wichtiger Vorteil, um vor allem unausgeschöpfte Wählerreserven zu mobilisieren.
279 1962, S. 80
280 Manfred Rowold, 1974, S. 122
281 Dazu die Kritik von Wilhelm Henke (1964, S. 195) und Wilhelm Kewenig (1964, S. 380): Darüber hinaus dürften sich die Bedenken gegen eine allzu starke Berücksichtigung der letzten Wahlen bei der Verteilung der staatlichen Zuschüsse während der ganzen folgenden Legislaturperiode als eine mit dem demokratischen Prinzip nicht zu vereinbarende Zementierung des "status quo" erhärtet haben. Dazu positiv Karl Dietrich Bracher, 1964, S. 117
282 1967, S. 136
283 Wolfgang Zeidler, 1976, S. 371. Zum Problem der "direkten Staatsbezogenheit" der Parteien und der damit verbundenen Herauslösung der Kommunalparteien aus dem allgemeinen Parteienbegriff kritisch Heiko Plate, 1966, S. 22
284 BVerfGE 20, S. 56 ff.; Ossip K. Flechtheim, Dokumente Bd. 8, 1970, S. 99 ff.; dazu ausführlich auch Hanns-Rudolf Lipphardt, 1975, S. 523
285 Uwe Schleth, 1973, S. 104

286 BVerfGE 20, S. 117 f.; Hans-Christian Jülich weist auf die unzulässige Verknüpfung von Parteigründung und 5%-Klausel hin, da die Neugründung von der Verfassung geschützt ist, die Sperrklausel aber die Arbeitsfähigkeit des Parlaments sichern soll. Ausführlich auch Heiko Plate (1966, S. 72 ff.), der auf die Unzulässigkeit der Anwendung der 5 %-Klausel auf die Verteilung von Staatszuschüssen hinweist.
287 Hanns-Rudolf Lipphardt, a.a.O.
288 So bei den Grünen nach der Landtagswahl 1980. Interview Jürgen Binder, 17.3.81
289 1976, S. 139 ff.
290 BGBl I, 1967, S. 773 ff., bes. S. 777; dazu Karl-Heinz Seifert, 1970, S. 15, 35 ff.; ders., 1975, S. 35 ff.; Thomas Ellwein, 1973, S. 171 f.
291 Die NPD hatte kurz zuvor 2,4 % der Stimmen erreicht. Die Grenze wurde vermutlich so festgelegt, daß die NPD gerade keine Ansprüche mehr stellen konnte. Uwe Schleth, 1973, S. 328
292 Wenn in diesem Land eine Landesliste nicht zugelassen war.
293 Karl-Heinz Seifert, 1970, S. 36. Demgegenüber betont Ernst Wolfgang Hegels (1967, S. 103), daß diese Klausel durch keinen zwingenden Grund gerechtfertigt sei, sie verletzte das Recht der Parteien auf Chancengleichheit.
294 Nach dieser Entscheidung konnten damals 600,-- DM (für Ehepaare das Doppelte) abgesetzt werden. BGBl I 1967, S. 780.
295 Karl-Heinz Seifert, 1970, S. 47 f.
296 BVerfGE 24, S. 300 ff.; Ossip K. Flechtheim, Dokumente Bd. 8, 1970, S. 164 ff.; s.a. Wilhelm Henke, 1972, S. 222 ff.; Karl-Heinz Seifert, 1970, S. 35
297 BVerfGE 24, S. 342
298 Uwe Schleth, 1973, S. 77
299 Frankfurter Rundschau, 24.12.1977
300 Ulrich Dübber, 1970, S. 115 ff.
301 Westfälische Rundschau, 29.3.1979
302 Uwe Schleth, 1973, S. 316
303 Rupert Breitling, 1968, S. 224; dazu eine Initiative des Bundesverbandes der Freien Wähler, die die steuerliche Abzugsfähigkeit von Zuwendungen für ihre Kandidaten fordert. Frankfurter Rundschau 17.2.81. Eine Wahlkampfkostenerstattung für unabhängige Bewerber wurde inzwischen durchgesetzt. Westfälische Rundschau 19.10.79.
304 Heinz Laufer (1973, S. 233) bezieht in diese Problematik die 5%-Klausel ein.
305 BVerfGE 24, S. 321
306 Manfred Rowold, 1974, S. 125

307 Nur NRW hatte sich an der Empfehlung des BVerfG orientiert. Die unterschiedlichen Quoten in den einzelnen Ländern werden abhängig gemacht von der Zahl der Stimmen, die für einen Abgeordneten erforderlich sind. Manfred Rowold, 1974, S. 125 f.; dazu auch die erfolglose Popularklage der NPD vor dem Bay.VerfGH vom 7.3.77, die in der bayerischen Sperrgrenze von 1,25 % für die Wahlkampfkostenerstattung eine Verletzung der Chancengleichheit sieht. Peter Franke, 1978, S. 316 ff.
308 In Baden-Württemberg erreichte sie mit einem Aufgebot aller Kräfte 0,7 %, kam also an die dort gültige Sperrgrenze von 1 % nicht heran.
309 Manfred Rowold, 1974, S. 127, bes. Anm. 53
310 Ausführlich Uwe Schleth, 1973, S. 212 ff. Nach seiner Ansicht wird die Parteientätigkeit heute überwiegend aus öffentlichen Mitteln finanziert.
311 Manfred Rowold, 1974, S. 117
312 Dazu auch Uwe Schleth, 1973, S. 373
313 Manfred Rowold, a.a.O., vgl. dazu Uwe Schleth, 1973, S. 414 f.
314 Frankfurter Allgemeine, 5.5.1978; Westfälische Rundschau, 14.12.1978; Frankfurter Rundschau, 13.7.1977, 28.4.1978; Die Zeit, 23.12.1977
315 Darmstädter Echo, 3.2.1979
316 Frankfurter Rundschau, 26.1.80 u. 25.2.81
317 Dazu Ulrich Dübber, 1962, S. 75 ff.; Erwin Hilscher, 1955, S. 17 f.; Uwe Schleth, 1973, S. 353 ff.; Theodor Eschenburg (1971, S. 33 ff.) schlägt als Ausweg einen "Bürgerbeitrag" vor (S. 43 ff.), dazu positiv Jürgen Seifert, 1958, S. 1123 ff. und Hans-Christian Jülich, 1967, S. 141 ff.
318 Beispielhaft dafür die hohen Zuwendungen, die der westdeutschen KP aus östlichen Quellen zuflossen. Ossip K. Flechtheim, Dokumente Bd. 8, 1970, S. 9; s.a. Landtag intern, 29.4.1977, S. 12; wib 3/30/78, S. 5; weitere Beispiele einer geheimen Parteienfinanzierung und damit verbundenen Steuerungsversuche aus dem westlichen Ausland (CIA) bei Rupert Breitling, 1971, S. 437 ff.
319 Ulrich Dübber (1962, S. 88) weist darauf hin, daß mit der staatlichen Parteienfinanzierung die Abhängigkeit von privaten Spendern abgelöst werden durch eine Abhängigkeit vom Staat, wobei die Minderheitspartei vom Willen der Mehrheitspartei abhängig wird. Dazu auch Uwe Schleth, 1973, S. 326 ff.; Heiko Plate, 1966, S. 60 ff.
320 Uwe Schleth, 1973, S. 353 ff.
321 a.a.O., S. 363 f.; s.a. Rudolf Wildenmann, 1968, S. 59 f.
322 Dietrich Schwarzkopf, bei Ossip K. Flechtheim, Dokumente

Bd. 8, 1970, S. 16; s.a. Anm. 266, dazu kritisch Uwe Schleth, 1973, S. 330 ff.
323 Dies erfordert auch eine Verbesserung der Rechenschaftsberichte der Parteien; dazu Wolfgang Hoffmann, 1973, S. 212 ff.
324 Schleths Einwand, daß sich damit die großen Parteien nicht finanzieren könnten (1973, S. 330 f.), wäre entgegenzuhalten, daß man zunächst den Parteiapparat und damit die Macht der Zentralen sowie die aufwendige Werbung abbauen und damit eine größere Partizipation der Basis sicherstellen sollte.
325 1975, S. 104
326 Ernst Forsthoff, 1971, S. 87
327 Lieselotte Hinz, 1969, S. 265
328 Zur Problematik des Vorurteils Gordon W. Allport, 1971, S. 26; René König, 1967, S. 303; Eugen Kogon, 1964, S. 162; Earl E. Davis, 1964, S. 53; Peter Brückner, 1966, S. 15; Alexander Mitscherlich, 1964, S. 42 ff.
329 Vgl. dazu Hans Fenske, 1974, S. 345 zum Verhängnis des Antimarxismus der Bürgerlichen in der WR.
330 Helmut Ridder, 1965, S. 36
331 Earl E. Davis, 1964, S. 57 f.
332 Eugen Kogon, 1964, S. 163; Peter Brückner, 1966, S. 21; nach Max Horkheimer (1963, S. 6) haben Vorurteile ihre Ursache u.a. im Selbsterhaltungstrieb.
333 1964, S. 165
334 Heino Kaack (1976, S. 7) mit Blick auf die FDP. Ursula Kaack spricht im Hinblick auf die nicht-etablierten Parteien von "Nicht-Information" (1979, S. 507).
335 Peter Brückner, 1966, S. 24
336 s.a.: a.a.O., S. 19
337 Das Problem der öffentlich-rechtlichen Medien wurde ansatzweise von Manfred Rowold (1974, S. 112 ff.) behandelt. Über Minoritätsparteien in den privaten Medien gibt es bis heute noch keine Untersuchung. Die Ausführungen sind thematisch zu trennen von der Diskussion um eine Benachteiligung der Oppositionspartei durch das Fernsehen, wie sie von Elisabeth Noelle-Neumann und H.M. Kepplinger geführt wird, weil sich dieser Konflikt nur um die Einflußchancen der Etablierten dreht.
338 s.u. Kap. 4.2.2.4. und Kap. 7.2. u. Anhang Dokumentation
339 Bes. BVerfGE 7, S. 11 ff. und 14, S. 121 ff.; dazu Einhard Franke, 1979
340 Hans-Christian Jülich, 1967, S. 32 ff.
341 Manfred Rowold, 1974, S. 112
342 Hans-Christian Jülich, 1967, S. 46 f.

343 Ulrich Dübber, 1962, S. 79
344 Das Ausmaß dieser Manipulation wird von Rupert Breitling (1970, S. 79) unterschätzt.
345 So ausdrücklich die Satzung des HR.Lehr/Berg, 1970, S. 54
346 So wird die Partei in den Statuten des NDR nur negativ erwähnt. a.a.O., S. 65. Die Statuten siehe a.a.O.; s.a. Heinz-Christian Jülich, 1967, S. 44; beispielhaft dafür den Kampf der Grünen und der BSP um Sendezeiten im Bayerischen Rundfunk, s.u. Kap. 4.2.2.5.
347 Lehr/Berg, 1970, S. 82
348 a.a.O., S. 86
349 a.a.O., S. 19
350 Hermann Meyn, 1974, S. 258 f.
351 a.a.O., S. 260 ff.
352 Rolf Steininger, 1976, S. 476 ff.
353 In den Verwaltungsräten der Rundfunkanstalten dominieren Minister, Staatssekretäre und höhere Beamte. Sie nehmen beinahe die Hälfte der Sitze ein. Im ZDF und in den Anstalten DF und DW nehmen Vertreter der Bundes- und Länderexekutive über die Hälfte der Sitze ein. Stephan Müller-Doohm, 1972, S. 229
354 Beispielhaft dafür ist die Art, wie die CSU per Gesetz sich die dominierende Rolle im Bayerischen Rundfunk zu sichern sucht. Michael Crone, 1975, S. 439 ff.
355 Hermann Meyn, 1974, S. 264
356 Dazu ausführlich Stephan Müller-Doohm, 1972, S. 228 ff.
357 a.a.O., S. 229
358 a.a.O., S. 232; s.a. Franz Neumann, 1968, S. 248
359 Hermann Meyn, 1974, S. 236 f.
360 Trotzdem sind zunehmend Zensurmaßnahmen über den Parteieneinfluß zu bemerken. a.a.O., S. 36 f.; s.a. Gutachten H. Heer, Russeltribunal, Köln, 5.1.79
361 Zit. nach Stephan Müller-Doohm, 1972, S. 234
362 Jürgen Seifert, 1972, S. 132
363 a.a.O., S. 137 ff.
364 Manfred Rowold, 1974, S. 112
365 Claessens/Klönne/Tschoepe, 1965, S. 53; dazu schon Robert T. McKenzie, 1961, S. 387 f.
366 Dazu im folgenden Kap. 4.4.2.5.
367 Frankfurter Rundschau, 22.5.1978
368 BVerfGE 44, 125 ff.; s.a. Frankfurter Rundschau, 3.3.77; s.a. Frankfurter Allgemeine, 9.8.76, S. 8
369 Dazu auch Claessens/Klönne/Tschoepe, 1974, S. 66 ff.
370 Hanns-Rudolf Lipphardt, 1975, S. 12
371 Diese Vorurteile betreffen sowohl die propagierte Abneigung gegen kleine Parteien als auch gegen Gruppen mit system-

verändernden Konzepten (reformerisch oder revolutionär).
372 BVerfGE 7, S. 99 ff.
373 Dagegen entschieden Wolfgang Hegels, 1967, S. 222
374 Nach Hanns-Rudolf Lipphardt, 1975, S. 251 f. Ähnlich argumentierte der Bayerische Rundfunk vor dem BayVerfGH in einem Paralellverfahren.
375 BVerfGE 7, S. 100
376 a.a.O., S. 107
377 s.a. Frankfurter Rundschau, 22.3.78; BVerfGE 47, S. 199 ff.
378 a.a.O., S. 108
379 Hanns-Rudolf Lipphardt, 1975, S. 219
380 Helmut Ridder, 1965, S. 35
381 BVerfGE 7, S. 108, s.a. BVerfGE 14, S. 121 ff., wonach das Gericht seine Entscheidung für eine Differenzierung der Sendezeiten bestätigt. Dazu auch Hanns-Rudolf Lipphardt, 1975, S. 51 ff.
382 a.a.O., Vorwort
383 BVerfGE 7, S. 101
384 Ulrich Dübber, 1962, S. 79
385 Wolfgang Hegels, 1967, S. 108. Dabei werden CDU und CSU erheblich begünstigt. a.a.O., S. 119; s.a. ders., 1968; ausführlich dazu auch Hans-Christian Jülich, 1967, S. 47 f.
386 Wolfgang Hegels, 1967, S. 130
387 S. dazu Hans-Christian Jülich, 1967, S. 47 f.
388 Wolfgang Hegels, 1967, S. 131
389 1967, S. 129 f.
390 Wolfgang Hegels, 1967, S. 128
391 a.a.O., S. 121; ders., 1968, S. 22
392 1967, S. 120 ff.
393 a.a.O., S. 130; vgl. auch Ulrich Dübber (1970, S. 118), der als Fernsehredakteur gleiche Sendezeiten für alle kandidierenden Parteien für durchführbar hält.
394 Einhard Franke, 1979, S. 164 ff.
395 Karl-Heinz Seifert, 1975, S. 148
396 Die eine Abstufung nach dem unterschiedlichen Umfang der Wahlbeteiligung erlaubt.
397 a.a.O., S. 149 f.
398 a.a.O.
399 Mit den von Jürgen Habermas (1969, S. 257 ff.) gemachten Einschränkungen
400 BVerfGE 20, S. 175 f.; Horstpeter Klein, 1973, S. 26; Dieter Stammler, 1971, S. 206 ff.
401 Zum Thema Pressefreiheit Bernd Rebe, 1969, S. 37 ff.; BVerfGE 25, S. 268
402 Dazu das bekannte Zitat von Paul Sethe: "Pressefreiheit ist die Freiheit von zweihundert reichen Leuten, ihre Meinung

zu verbreiten", nach Eckehart Spoo, 1968, S. 206
403 Dazu die Untersuchungen zur Personalpolitik der Zeitungen: Christel Hopf, 1972, S. 193 ff.
404 Thesenpapier vom Sommer 1980 im Archiv der Verfasserin.
405 Frankfurter Rundschau (Dokumentationsteil), WDF.
406 z.B. Grüne als "Steigbügelhalter für FJS?" (gemeint ist Franz Josef Strauß), Spiegel Nr. 131, 1980, S. 19; Westfälische Rundschau v. 2.1.1980.
407 Bei der Frankfurter Rundschau soll seit dem Dortmunder Parteitag der "Grünen" (Juni 1980) eine Berichtsperre bestanden haben; Interview Lukas Beckmann v. 3.3.1981.
408 Dazu eine inoffiziell an die EFP gelangte Information. EFP-Archiv.
409 Arno Klönne, 1968, S. 13; s.a. die Tabelle über die Anteile des Springerkonzerns am Zeitungsmarkt der Bundesrepublik: 1966, bei Horst Holzer, 1974, S. 93
410 Zu den Chancen der Mitbestimmung von Journalisten im Bereich der Presse ausführlich Dieter Stammler, 1970, S. 245 ff.
411 Zu den Folgen der Pressekonzentration ausführlich Jörg Aufermann u.a., 1970, S. 325 ff.; Helmut Arndt, 1972, S. 236 ff.; Aufermann/Lange/Zerdick, 1973, S. 242; Gerold L. Grotta, 1973, S. 303 ff.
412 Zur Abhängigkeit der Journalisten a.a.O., S. 333 f.; Eckart Spoo, 1968, S. 205 ff.; Jörg Huffschmid, 1968, S. 60 ff.
413 Adenauer sah in der Presse ohnehin verwiegend ein "Werkzeug" für die Durchsetzung seiner Ziele. Arnulf Baring, 1971, Bd. 2, S. 269
414 Hans-Dieter Müller, 1968, S. 119 ff.
415 S. dazu die Referate zum Medientag der CDU 1978.
416 Zur Lizenzierung s.o. S. 90 ff.; so kandidierte Rudolf Augstein, Herausgeber des Spiegel, für die FDP. Auch Die Zeit kann als Vertreterin der liberalen Richtung eingestuft werden.
417 Mir persönlich bekannt sind solche Berater beim Spiegel und beim Stern.
418 Dazu Dieter Stammler, 1970, S. 284 ff.; zur Abhängigkeit der Presse von der Werbung Jörg Aufermann, 1973, S. 550 ff.; Eike Hennig, 1974, S. 36 ff.
419 s.u. Kap. 7.2.
420 Zur Situation der lokalen Presse Haenisch/Schröter, 1974, S. 242 ff.; Ralf Zoll, 1974
421 Marianne Regensburger, 1969, S. 114
422 Kurt Reumann in: Frankfurter Allgemeine Zeitung v. 16.12.1978.

423 Brücken/Groth, 1973, S. 668
424 Die lokalen Alternativzeitungen (diverse Volksblätter, "Klüngelkerl") erreichen diese Wirkung im lokalen Bereich nur begrenzt. Als Versuche überregionaler Zeitungen neuerdings "Die Tageszeitung" und "Die Neue".
425 Maunz/Dürig/Herzog, 1974, Art. 21, S. 5
426 s.a. Josef A. Schumpeter, 1950, S. 418 ff.
427 a.a.O.
428 Dazu auch das Urteil des BVerfG vom 13.12.1976. ZParl. 1976, S. 518 ff.
429 Vgl. dazu Theodor Eschenburg, 1955, S. 23 ff.
430 Beleg dafür sind die Schikanen, denen die "Grünen" im Europawahlkampf seitens der Düsseldorfer Verwaltung bei der Plakatierung ausgesetzt waren. Interview Jürgen Binder, v. 12.3.81. Im Konfliktfall wird auch hier nach Proporz entschieden. Auskunft des Amtes für öffentl. Ordnung, Dortmund, v. 15.6.1981.
431 Claessens/Klönne/Tschoepe, 1974, S. 66 f.; Max Kaase, 1973, S. 146 f.
432 Dies hängt wiederum von der Erfüllung des Unterschriftenquorums ab. Dauer und Beständigkeit werden ausdrücklich zu wesentlichen Merkmalen einer Partei erklärt. Rechtliche Ordnung ... 1957, S. 165 f.
433 Als Beispiel wurde die AUD genannt.
434 Im Brennpunkt, ARD, 9.2.78
435 Helmut Ridder (1960, S. 650) stellt fest, daß eine private Meinung im politischen System nur über die öffentliche Meinung beeinflussen kann, sie also, um wirken zu können, den Zugang zur öffentlichen Meinung braucht. Maunz/Dürig/Herzog, § 5 GG, S. 22 f.; Horst Holzer, 1971, S. 55
436 1975, S. 154
437 Dazu Rudolf Hrbek, 1972, S. 150; dazu der jüngste Streit um Wahlkreiseinteilung für die Landtagswahl 1980 in Nordrhein-Westfalen. Westfälische Rundschau 12.7.78.
438 Dazu Walter von Wachter, 1956, S. 84 f.; Bundesminister des Innern, Grundlagen, 1955, S. 48
439 Walter von Wachter, 1956, S. 324; dagegen Hermann Josef Unland, 1955, S. 85 f.
440 Walter von Wachter, 1956, S. 161, 333; auch Hermann Josef Unland, 1955, S. 84 f.
441 Beispiel dafür die Grünen als weltanschaulich diffuse Gruppe. Näheres s.u. Kap. 4.3.3.
442 Rechtliche Ordnung ..., 1957, S. 31
443 Dies entspricht dem von Politikern der etablierten Parteien gepflegten Verständnis von Chancengleichheit. Ähnlich Werner Kaltefleiter, 1968, S. 214 f.; s.a. die Argumenta-

tion der FDP vor dem BVerfG zum Thema: Gleiche Sendezeiten bei Wahlen. Hanns-Rudolf Lipphardt, 1975, S. 51
445 1968, S. 137 (Hervorhebung R.R.)
446 Dazu s. Manfred Rowold, 1974, S. 329 ff.; Alf Mintzel, 1975, S. 431; Schmollinger/Stöss, 1975, S. 12 ff.
447 Antrag vom 1.9.69, Archiv BSP
448 Im Wortlaut: "Den politischen Parteien, die im Bayerischen Landtag oder im Bundestag durch in Bayern gewählte Abgeordnete vertreten sind, werden angemessene Sendezeiten eingeräumt. Zur Vorbereitung von Wahlen ist auch den übrigen politischen Parteien und Wählergruppen, die in Bayern einen gültigen Wahlvorschlag zum Landtag oder Bundestag eingereicht haben, bis zum Wahltag Gelegenheit zur Äußerung im Rundfunk gegeben". Klageschrift der BSP vom 19.9.69, Archiv Kalkbrenner.
449 Brief des bayerischen Ministerpräsidenten Alfons Goppel vom 19.11.69 an den Präsidenten des Bayerischen Verfassungsgerichtshofes. Archiv Kalkbrenner.
450 Mahnbrief vom 4.3.1970. Archiv BSP.
451 Mahnbrief vom 12.5.70, Archiv BSP.
452 Urteil im Wortlaut, S. 11, Archiv Kalkbrenner
453 Dazu ein Brief des Intendanten des BR an die BSP: "Die Bayerische Staatspartei wurde, wie vergleichbare kleinere Parteien, im Programm berücksichtigt und wird auch in Zukunft gemäß den gesetzlichen Vorschriften und der journalistischen Sorgfaltspflicht berücksichtigt". 5.10.70. Archiv Kalkbrenner.
454 Brief des RA Dr. Gerhard Frank an Dr. Dr. Helmut Kalkbrenner vom 11.1.71, Archiv BSP; Brief des RA Dr. G. Frank an das Bayer. Verw.gericht München vom 11.2.71, Archiv BSP.
455 Klageschrift, Archiv BSP
456 Mündl. Auskunft, Dr. Dr. Kalkbrenner
457 Klageschrift
458 Nach der Urteilsschrift des Bayer. Verwaltungsgerichts München vom 20.1.71.
459 Archiv BSP
460 Dagegen betont Helmut Kalkbrenner die dominierende Stellung der CSU im BR, durch die deshalb die Rundfunkfreiheit bedroht sei. Schreiben vom 23.4.71, Archiv BSP
461 Dokumentation Dok. 15
462 Brief Dr. Dr. H. Kalkbrenner
463 Briefe Dr. Dr. Kalkbrenner vom 8.4. und 23.4.71, sowie den Brief von RA Dr. Frank vom 3.6.71 an das Bayer. Verw.Gericht. Archiv BSP
464 Abschrift des Urteils vom 7.5.71, Archiv Kalkbrenner

465 Archiv BSP
466 Brief von Dr. Dr. H. Kalkbrenner an RA Dr. G. Frank vom 31.1.72; vgl. dazu das Urteil vom 22.9.71, S. 18 f., Archiv BSP; s. dazu auch Michael Stolleis, 1972, S. 337 ff.
467 Dazu a.a.O., S. 338; dazu auch ein Brief v. Dr. Dr. H. Kalkbrenner an RA Dr. G. Frank v. 17.5.72, Archiv Kalkbrenner.
468 Dazu die Beschwerdeschrift des BR vom 14.2.72 und ein Brief des RA Dr. G. Frank an das BVerwG. v. 29.5.72, Archiv Kalkbrenner.
469 Beschluß zur Einstellung des Verfahrens beim BVerwG. v. 8.11.72, S. 2, Archiv Kalkbrenner; zum Streit um das Bayerische Rundfunkgesetz auch Michael Crone, 1975, S. 439 ff.
470 Brief v. 28.8.72, Archiv Kalkbrenner
471 Insofern ist sie in unserem Sinne eine Splitterpartei.
472 Schreiben v. 31.3.71 v. Dr. Dr. H. Kalkbrenner an den BayVerwGH S. 3, Dok. 15
473 Auskunft Gerhard Huber
474 Presseinformation der Grünen o.D., Archiv "Die Grünen".
475 Schreiben an die ARD vom 22.7. und 4.8.1980, Archiv "Die Grünen".
476 Schreiben v. 8.8.1980, Archiv "Die Grünen".
477 Schreiben v. 20.8.1980, Archiv "Die Grünen".
478 Schreiben v. 2.9.1980, Archiv "Die Grünen".
479 Schreiben v. 14.9.1980, Archiv "Die Grünen".
480 Schreiben v. 3.9.1980, Archiv "Die Grünen".
481 Schreiben v. 14.9.1980, Archiv "Die Grünen".
482 Schreiben an ARD und ZDF v. 3.9.1980, Archiv "Die Grünen".
483 Grundsätze der ARD-Rundfunkanstalten für die Zuteilung von Sendezeiten an politische Parteien anläßlich der Bundestagswahl am 5. Oktober 1980 (Archiv, "Die Grünen") Abs. 2: "Sendezeiten im Fernsehgemeinschaftsprogramm "Deutsches Fernsehen" erhalten grundsätzlich die Parteien, die in allen Bundesländern Landeslisten aufgestellt und/oder in allen Bundesländern jeweils mindestens in einem Drittel der Wahlkreise Kreiswahlvorschläge gemacht haben".
484 Schreiben v. 5.9.1980, Archiv "Die Grünen".
485 Schreiben v. 5.9.1980, Archiv "Die Grünen".
486 Antrag v. 17.9.1980, Archiv "Die Grünen". Darüber hinaus beantragten "Die Grünen" beim Verwaltungsgericht Köln den Erlaß einer einstweiligen Anordnung gegen den WDR zur Beteiligung an der Sendung zur "Außen- und Sicherheitspolitik" (Antrag v. 23.9.1980, Archiv "Die Grünen"; der Antrag wurde am 22.10.1980 zurückgezogen).

487 Stellungnahme des WDR zum Verfahren vor dem Verwaltungsgericht Köln v. 20.9.1980, Archiv "Die Grünen".
488 Verfahrensprotokoll vom 20.9.1980, Archiv "Die Grünen".
489 Klageschrift v. 22.9.1980, S. 4.
490 Interview Lukas Beckmann, 17.3.1981.
491 Zu diesem Vorwurf siehe den Nachtrag zum Antrag v. 24.9.1980, S. 2 f., Archiv "Die Grünen".
492 Karl-Heinz Seifert, 1975, S. 358 f.
493 Antrag vom 29.9.1980, Archiv "Die Grünen".
494 Auskunft Norbert Mann v. 5.7.1981.
495 Gerichtsprotokoll v. 1.10.1980, Archiv "Die Grünen".
496 v. 29.9.1980, Auskunft Norbert Mann v. 5.7.1981.
497 So die Interpretation von Norbert Mann, dem Promotor der juristischen Schritte in Sachen Wahlspots, Interview v. 3.4.1981.
498 s.a. S. 202 ff.
499 Auskunft Jürgen Binder
500 Interview mit Lukas Beckmann, Bundesgeschäftsführer der "Grünen", v. 3.3. u. 24.3.81. Interview mit Norbert Mann, Bundesvorstand der "Grünen" v. 3.4.81; s.a. Frankfurter Rundschau v. 9.9.80 u. 18.10.80; Frankfurter Allgemeine Zeitung v. 20.9.80.
501 Auskunft Norbert Mann v. 5.7.1981
502 Dazu auch Alf Mintzel in Frankfurter Rundschau v. 15.8.1979, Dokumentation
503 Vorwort zu Manfred Rowold, 1974, S. 271; Friedrich K. Fromme vertritt die Meinung, daß sich das Drei-Parteiensystem "allmählich entwickelt" habe (1976, S. 54).
504 Karl-Dietrich Bracher, Vorwort zu Manfred Rowold, 1974, S. 11
505 a.a.O.
506 Ders., 1971, S. 272
507 Ders., 1978, S. 427 ff.
508 Ders. (a.a.O., S. 430 f.) meint, daß die "Freiheit von Weimar" "selbstmörderisch" gewesen sei.
509 a.a.O., S. 426
510 Dabei werden kleine Parteien und radikale Gruppen gern als identisch betrachtet. Ludwig Bergsträsser, 1965, S. 234; Eckhard Hammer, 1976, S. 248
511 Günter Olzog, 1965, S. 27 ff.
512 In diesem Zusammenhang ist auch das Ahlener Programm als "christlich-soziales Zwischenspiel" Adenauers zu sehen; s.S.
513 Walter Tormin, 1967, S. 232 f.; Karl-Dietrich Bracher, 1971, S. 278 f.; Manfred Rowold, 1974, S. 336 ff.
514 Die föderalistische Alternative 3, 1978, S. 5

515 Alf Mintzel, 1975, S. 492 f., 512 f.
516 Klaus Schütz, 1955, S. 168 f., 216
517 Ossip K. Flechtheim, Dokumente Bd. 4, 1965, S. 190 ff.
518 a.a.O., S. 191 ff.
519 Ausführlich dazu: Wolfgang Treue, 1965, S. 50 ff.; Walter Tormin, 1967, S. 259 f.; Hans See, 1972, S. 110 ff.; Claessens/Klönne/Tschoepe, 1974, S. 68 ff.; Manfred Rowold, 1974, S. 30 ff.; Werner Kaltefleiter, 1974, 1975
520 Manfred Rowold, 1974, S. 389
521 DP, WAV (auch als Vertretung der Flüchtlinge), BP, DReP/DK, SSW, Z. Alf Mintzel 1976, S. 88; Wahltabellen bei Manfred Rowold, 1974, S. 389 ff.
522 KPD-Hochburgen waren in Marburg, Bremen, Nordrhein-Westfalen, Rheinland-Pfalz, Hessen und Baden.
523 "Notgemeinschaft aus Vertriebenen und Fliegergeschädigten". Schmollinger/Stöss, 1975, S. 204
524 Manfred Rowold, 1974, Tab. 10; erfolglos blieben: Europäische Volksbewegung Deutschlands, Sammlung zur Tat, FSU (RSF); RVP und RWVP
525 Dokument bei Ossip K. Flechtheim, Dokumente Bd. 1, 1962, S. 114
526 a.a.O., S. 107
527 Dazu ausführlich Martin Virchow, 1955, S. 451; Franz Neumann, 1968, S. 31 ff.
528 Ossip K. Flechtheim, Dokumente Bd. 1, 1962, S. 55 ff.; Franz Neumann, 1968, S. 34. Nach Fritz René Allemann (1956, S. 295) wäre der BHE bereits 1949 als drittstärkste Partei aus den Wahlen hervorgegangen, hätten ihn die Alliierten nicht an der Gründung gehindert.
529 Günter Olzog, 1965, S. 57
530 Franz Neumann, 1968, S. 406
531 a.a.O., S. 63, 388 f.
532 a.a.O., S. 39
533 Dazu Hans See, 1972, S. 107 f.
534 Franz Neumann, 1968, S. 97 ff.
535 a.a.O., S. 200 ff.
536 a.a.O., S. 406
537 a.a.O., S. 64
538 Dazu die Erklärung des schleswig-holsteinischen Ministers Asbach (BHE) von 1957 (a.a.O., S. 424). Früher hatte der BHE keinen Anstoß an der Klausel genommen in der festen Annahme, sie zu überspringen.
539 a.a.O., S. 64 ff.
540 Dietrich Thränhardt, 1977, S. 279
541 Vgl. Martin Virchow, 1955, S. 467; auch Fritz René Allemann, 1956, S. 299 f.

542 Werner Kaltefleiter, 1968, S. 108 ff.
543 Als Beispiele nennt Kaltefleiter (1968) die Erfolge der DRP (S. 134 ff.), der SRP (S. 135), NPD (S. 137), des BHE (S. 129, 140 ff.) bes. S. 146.
544 a.a.O., S. 117, z.B. in der Person Adenauers.
545 Vgl. dazu die Analyse von Bodo Zeuner, 1976, S. 184 f.
546 Der BHE konnte mit allen Parteien Koalitionen eingehen, solange eine Garantie für eine ausreichende Interessenvertretung der Vertriebenen bestand. Die Flexibilität der Partei zeigte sich schließlich auch in der Fusion mit der regional orientierten DP. Schmollinger/Stöss, 1975, S. 152 ff.
547 Werner Kaltefleiter, 1968, S. 30, S. 64 ff.; s.a. Hans Fenske, 1974, S. 345 f.
548 In den ersten Nachkriegswahlen erreichte die KPD bis zu 14 % der Stimmen. Hans Kluth, 1959, S. 35; Manfred Rowold, Anhang, Tab. 2 ff.; Heino Kaack, 1971, S. 182 ff.
549 a.a.O., S. 216
550 Werner Kaltefleiter, 1968, S. 138
551 Jürgen Dittberner, 1976, S. 139; Holger Christier, 1975, S. 203 f.
552 Vgl. Hans Kluth, 1959, S. 37; s. dazu neuerdings Ossip K. Flechtheim u.a., 1980
553 Rudolf Schuster (1968, S. 420) bewertet das Verbot der SRP lediglich als "Feigenblatt für den wesentlich einschneidenderen Schlag gegen die KPD".
554 Hans Kluth, 1959, S. 36; Ossip K. Flechtheim, Dokumente Bd. 5, 1966, S. 336
555 Dazu ausführlich die Dokumentation von Gerd Pfeiffer/Hans Georg Strickert, 1955/56
556 s.a. Hans Kluth, 1959, S. 43 f.
557 vgl. Kap. 5.5. f.
558 s.a. Peter Hüttenberger, 1973, S. 141 f.; Rudolf Schuster, 1968, S. 420 f.
559 Zur SRP ausführlich Ossip K. Flechtheim, 1962, S. 52 ff.; Rechtsradikalismus ... 1957, S. 93 ff., 183 ff. Teile der SRP-Wähler wechselten zur DReP, später zur DRP über. Günter Olzog, 1965, S. 59 f.; Fritz René Allemann, 1956, S. 292 ff.
560 Zur Abwehr der demokratischen Parteien und Verbände Rechtsradikalismus ..., 1957, S. 175 ff.
561 Die NPD trat schließlich als Erbin der DRP auf. Kühnl/Rilling/Sager, 1969, S. 45 ff.
562 Fritz René Allemann, 1956, S. 289
563 Walter Tormin, 1967, S. 275; Ossip K. Flechtheim, Dokumente Bd. 1, 1962, S. 47; Hermann Meyn, 1965, S. 34 f.
564 a.a.O., S. 30 ff.

565 a.a.O., S. 135 ff.
566 a.a.O., S. 44 ff., 117 ff.
567 z.B. das Ziel der "sozialen Marktwirtschaft", a.a.O., S. 143
568 Hermann Meyn (a.a.O.) spricht von einer "Satellitenpartei"; s.a. Fritz René Allemann, 1956, S. 290; vgl. auch Rudolf Holzgräber, 1955, S. 448
569 Hermann Meyn, 1965, S. 67 ff., 148; Thomas v.d. Vring, 1968, S. 88; Heino Kaack, 1971, S. 223 ff.
570 Hermann Meyn, 1965, S. 150
571 a.a.O., S. 51 f.
572 a.a.O., S. 67 ff.; Ossip K. Flechtheim, Dokumente Bd. 4, 1965, S. 565
573 Thomas v.d. Vring, 1968, S. 90
574 Hermann Meyn, 1965, S. 73 f.; Manfred Rowold, 1974, S. 298 ff.
575 Thomas v.d. Vring, 1968, S. 90; die in Bremen reaktivierte DP konnte keine Bedeutung mehr erlangen. Manfred Rowold, 1974, S. 213 ff.
576 Die DP hatte deshalb beantragt, daß die Sperrklausel 1957 nur auf 2 Bundesländer beschränkt werde. Dieser Antrag wurde von der CDU nicht unterstützt. Hermann Meyn, 1965, S. 56
577 a.a.O., S. 148 f.
578 Die von Kaack (1971, S. 240) angeführte Erklärung für die Parteienkonzentration, daß nur Großorganisationen einen modernen Wahlkampf "bewältigen" können, läßt sich nur aufgrund einer Verwechselung von Ursache und Wirkung erklären.
579 Vgl. dazu Rechtliche Ordnung des Parteienwesens, 1957, S. 10; Heino Kaack, 1971, S. 261
580 Dagegen neuerdings Gerhard Lehmbruch (1977, S. 42), der generell das Steuerungspotential im Parteienwettbewerb nicht sehr hoch einschätzt.
581 Zur WAV Sören Winge, 1976
582 Claessens/Klönne/Tschoepe, 1968, S. 57
583 Ossip K. Flechtheim, Dokumente Bd. 4, 1965, S. 564
584 Hermann Meyn, 1965, S. 156 ff.
585 Heino Kaack, 1971, S. 225
586 Wolfgang Treue, 1965, S. 53
587 Fritz René Allemann, 1956, S. 302
588 Walter Tormin, 1967, S. 232 f.
589 Gerhard Schulz weist zu Recht darauf hin, daß der Föderalismus der CDU nur bis zur Länderebene reichte. (1955, S. 119)
590 Heino Kaack, 1971, S. 188 ff.

591 Thomas v.d. Vring, 1968, S. 61
592 Vaterstädtischer Bund (Hamburg), Schleswig-Holstein-Block, Antimarxistischer Block (schon 1947 in Niedersachsen), Deutscher Block (Schleswig-Holstein), Niederdeutsche Union, Gerhard Schulz, 1955, S. 106 f.; Thomas v.d. Vring, 1968, S. 63
593 a.a.O.; s.a. Alf Mintzel, 1976, S. 84 ff.; Manfred Rowold, 1974, S. 20
594 Ossip K. Flechtheim, 1962, S. 104 f.
595 Einschließlich der Unabhängigen.
596 Heino Kaack, 1971, S. 196 ff.; DP und BP, also Parteien mit regionalem Schwerpunkt, waren die eigentlichen Gewinner der Wahl. Ders. 1976, S. 15
597 Ders., 1971, S. 199 f.
598 Thomas v.d. Vring, 1968, S. 67 f.
599 Hinzu kam, daß die FDP in verschiedenen Ländern in Opposition zur CDU/CSU stand. Heino Kaack, 1976, S. 13
600 Beide Parteien hatten sich im Bundestag zur Fraktion der "Föderalistischen Union" zusammengeschlossen. Thomas v.d. Vring, 1968, S. 70
601 a.a.O., S. 31; s.a. Hermann Josef Unland, 1955, S. 31. Das Wahlergebnis von 1953 bestätigt dies. Heino Kaack, 1971, S. 221 f.; s.a. Ossip K. Flechtheim, Dokumente Bd. 4, 1965, S. 383
602 Thomas v.d. Vring, 1968, S. 72
603 Heino Kaack, 1971, S. 202
604 Nach der Wahl von 1953 erreichte die CDU die absolute Mehrheit dadurch, daß ein Zentrumsabgeordneter - entsprechend einer Vereinbarung - kurz nach der Wahl zur CDU übertrat. Erhard H.M. Lange, 1975, S. 589
605 Fritz René Allemann, 1956, S. 306 f.
606 Zur pragmatischen Absorptionsstrategie zustimmend auch Peter Hüttenberger, 1973, S. 142
607 Heino Kaack spricht von einer "kurzen Blütezeit der Splitterparteien". 1971, S. 207
608 NU und SPD hatten damals gegenüber den Wahlen von 1949 15 % der Stimmen eingebüßt. Seit 1949 hatte die SPD 5,1 % gewonnen, die CDU aber 6,7 % verloren. Heino Kaack, 1971, S. 208 f.; s.a. Ossip K. Flechtheim, 1967, S. 49
609 Werner Kaltefleiter, 1975, S. 3
610 Dolf Sternberger, 1953, S. 14
611 Dazu ist auch die KPD zu zählen, gegen die seit 1952 ein Verbot beim Bundesverfassungsgericht beantragt war. Dies brachte ihr einen Verlust von 3,5 %.
612 Baer/Faul, 1953
613 Heino Kaack, 1971, S. 220

614 Fritz René Allemann, 1956, S. 308
615 Zu den Eigenheiten Alf Mintzel, 1977, S. 94 ff.
616 Manfred Rowold, 1974, S. 318 ff.
617 Alf Mintzel, 1977, S. 94
618 Zur Einflußnahme Adenauers zugunsten der CSU ders., 1975, S. 245 ff.
619 a.a.O., S. 273 ff.
620 a.a.O., S. 507
621 a.a.O., S. 508 ff.
622 Ernst Deuerlein, 1957, S. 242
623 Der Niedergang der WAV begann seit 1949. Sören Winge, 1976, S. 22 ff.
624 Werner Kaltefleiter, 1968, S. 109 ff., 157; ders., 1975, S. 3 f.
625 Hans See, 1972, S. 255 f.
626 Heino Kaack, 1971, S. 218 f.; Fritz René Allemann, 1956, S. 255 f.
627 Heino Kaack, 1971, S. 233 ff.
628 a.a.O., S. 239
629 Werner Kaltefleiter, 1975, S. 4
630 Heino Kaack, 1976, S. 13; Ossip K. Flechtheim, Dokumente Bd. 1, 1962, S. 44 f.
631 Fritz René Allemann (1956, S. 278 ff.) spricht von einem "proteushaften Gesicht" der FDP, weil sie linke und rechte Elemente in sich vereinte. S.a. Peter Hüttenberger, 1973, S. 133 ff.
632 Thomas v.d. Vring, 1968, S. 75; Heino Kaack, 1976, S. 18 f.
633 Im Parlamentarischen Rat hatte sie mehr mit der SPD, im Wirtschaftsrat mehr mit der CDU kooperiert. A.a.O., S. 14
634 Darunter auch den hessischen FDP-Abgeordneten Euler, der von der CIA Gelder erhalten hatte. Rupert Breitling, 1971, S. 475
635 Heino Kaack, 1976, S. 19
636 Thomas v.d. Vring, 1968, S. 75 ff.; Heino Kaack, 1976, S. 19 f.
637 a.a.O., S. 20; Fritz René Allemann (1956, S. 313) sieht hier das Ende der Koalitionspolitik alten Stils.
638 Hierbei handelt es sich um eine echte "Splitterpartei". S.a. Ossip K. Flechtheim, Dokumente Bd. 1, 1962, S. 46 f.
639 Ders., 1965, S. 513 f.; Heino Kaack, 1971, S. 293
640 BTWahl 1961, Heino Kaack, 1971, S. 210
641 Ders., 1976, S. 22 ff.; Fritz René Allemann (1956, S. 314) hebt in diesem Zusammenhang die neue pragmatische Politik ("Entideologisierung") der FDP hervor. Thomas v.d. Vring, 1968, S. 92 ff.

642 Flach/Maihofer/Scheel, 1972
643 a.a.O., S. 44 f.
644 Zum Problem Parteiensystem und Sozialstruktur ausführlich Franz Urban Pappi, 1973, S. 191 ff.
645 Vgl. dazu Flach/Maihofer/Scheel, 1972, S. 34 ff.; zum Parteiensystem zur Zeit der großen Koalition Bodo Zeuner, 1976, S. 157 ff.
646 Eine Partei, die die Leitlinien der Großen mit einigen Nuancen versieht bzw. das Tempo des Entscheidungsprozesses forcieren oder bremsen kann. A.a.O., S. 53; Bodo Zeuner (1976, S. 191) spricht von "Bereichs-Korrektur-Partei".
647 Thomas v.d. Vring, 1968, S. 87
648 a.a.O., S. 92; zur Konzentration 1961 Heino Haack, 1971, S. 260 ff.
649 1962, S. 100
650 Ludwig Bergsträsser, 1965, S. 234
651 Günter Olzog, 1965, S. 58; Stephen L. Fisher, 1974, S. 87 ff.; Schmollinger/Stöss, 1975, S. 150 f.
652 Ähnlich wie bei der EFP in ihren Anfängen lag der Schwerpunkt der Programmatik der GVP in der Außenpolitik. Zu diesem Problem Hans-Peter Schwarz, 1971, S. 395
653 Darauf beruht auch ihre Bereitschaft zu einem Zusammengehen mit dem Bund der Deutschen. In der Wahlpropaganda der Gegner wurde sie deshalb als kommunistenfreundlich diskriminiert. Stephen L. Fisher, 1974, S. 89; Ossip K. Flechtheim, Dokumente Bd. 5, 1966, S. 11 f.
654 Claessens/Klönne/Tschoepe, 1968, S. 61; Werner Kaltefleiter (1975, S. 3 ff.) spricht in diesem Zusammenhang von 3 Konzentrationsphasen. Zum Problem der Parteienkonzentration neuerdings Gerhard Lehmbruch, 1977, S. 145
655 Während einer wissenschaftlichen Diskussion: 1963a, S. 48
656 Ernst Forsthoff, 1971, S. 87 ff.
657 Vgl. dazu Ossip K. Flechtheim (Dokumente Bd. 1, 1962, S. XVI), der von einem "Organisationsgeflecht konservativer Bewahrung, wenn nicht gar restaurativer Rückbildung" spricht, das das politische Leben in Westdeutschland beherrschte.
658 Ralf Dahrendorf, 1966, S. 296 ff.
659 Claessens/Klönne/Tschoepe, 1968, S. 61
660 Als Beweis für die Stichhaltigkeit dieser These sind immer wieder Übereinkommen der Bundestagsparteien zu beobachten, die Wahlkampfkosten zu senken und eine Versachlichung des Wahlkampfes anzustreben. Ludwig Bergsträsser, 1965, S. 258. Als jüngster Beweis kann jene oben beschriebene (S. 158 f.) Übereinkunft zum Europawahlkampf angeführt werden, nach der die "Mandatsparteien" mit den Zuschüssen

zum Eurowahlkampf bei reduzierten Aktivitäten ihre nationalen Kassen für den nächsten nationalen Wahlkampf sanieren.
661 Zu den Wahlergebnissen Heino Kaack, 1971, S. 295
662 1968, S. 193, 195
663 Dazu ausführlich Ossip K. Flechtheim, Dokumente Bd. 4, 1965, S. 195 ff.
664 Frankfurter Allgemeine Zeitung, 5.8.78. Versuche dazu gab es bereits. Frankfurter Allgemeine Zeitung, 16.8.77.
665 Dazu ein Interview der Westfälischen Rundschau mit Heinrich Geißler vom 11.1.78; zur "Vierten Partei" Ursula Kaack, 1979, S. 509 ff.
666 Vgl. Frankfurter Allgemeine Zeitung, 19.6.76
667 Vgl. Frankfurter Rundschau, 16.4.73
668 S. dazu Frankfurter Allgemeine Zeitung, 19.6.76
669 Dazu Kurt Biedenkopf: "Vierte Partei nicht so wichtig", Frankfurter Rundschau, 26.5.76; s.a. Heiner Geißler, Westfälische Rundschau, 11.3.78
670 S. Anzeige Frankfurter Allgemeine Zeitung, 12.2.76
671 Frankfurter Rundschau, 20.1.76
672 Frankfurter Rundschau, 17.5.76, 6.9.76
673 z.B. der Versuch einer Parteigründung an der Saar (Westfälische Rundschau, 11.10.78, 20.1.79) und die Freundeskreise in Norddeutschland
674 Dazu Hermann Fredersdorf, 1978; Westfälische Rundschau, 3.5.79. Eine "Steuerrebellen-Partei" wurde bereits 1977 in Berlin gegründet. Frankfurter Allgemeine Zeitung, 10.12.77. Über den Rücktritt des Parteigründers vom Parteivorsitz wurde - im Gegensatz zum vorangegangenen Schweigen - wieder ausführlich berichtet. Frankfurter Rundschau und Westfälische Rundschau v. 19.5.80.
675 Wirtschaft und Statistik, 1980, S. 665
676 Westfälische Rundschau, 6.2.79
677 Dazu die Umfrage des Wissenschaftszentrums Berlin. Frankfurter Rundschau, 25.10.77, 13.6.78; Frankfurter Allgemeine Zeitung, 13.6.78; Uwe Thaysen, 1978, S. 91
678 Rolf Lange, 1979, S. 12 ff.; Wolfgang Jüttner/Klaus Wettig, 1979, S. 21 f., 28 ff.
679 Uwe Thaysen, 1978, S. 91 f.
680 S. dazu ausführlich Bachrach, P./Morton S. Baratz, 1973, S. 74 ff.
681 S. dazu Peter Kmieciak, 1976, S. 375 ff. u. 430 ff.
682 Joachim Raschke, 1980; Wilhelm P. Bürklin, 1981, S. 359 ff.; s.a. Heidrun Abromeit, 1982, S. 182 ff.
683 Statistisches Bundesamt Wiesbaden (Hsg,): Wahl zum 9. Deutschen Bundestag am 5. Oktober 1980, Übersicht der

Wahlbewerber S. 11 u. 14; s.a. Wählerverhalten bei der Bundestagswahl 1980, Sonderdruck aus Wirtschaft und Statistik, 1, 81, S. 23.
684 Rolf Meyer-Günter Handlögten, 1980, S. 19
685 Wilhelm P. Bürklin, 1981, S. 371 Interview mit dem Bundesgeschäftsführer der "Grünen", Lukas Beckmann am 3.3.1981.
686 Vgl. dazu die Zusammenfassung der Programmatik von Meyer/Handlögten, a.a.O., S. 12 ff. Zum Wahlerfolg der Wähler derjenigen, Wilhelm Bürklin, 1981
687 Panorama v. 8.4.1980; vgl. Ferdinand Müller-Rommel, 1982, S. 369 ff.
688 Interview mit Lukas Beckmann v. 3.3.1981
689 WDF-Landesspiegel v. 22.4.1980
690 Monitor v. 22.4.1980
691 a.a.O. 1980
692 Richard Stöss, 1980, S. 297 ff.
693 s. dazu Heidrun Abromeit, 1982, S. 183 f.
694 So war in weiten Kreisen der Partei und der Öffentlichkeit die ideologische Herkunft August Haußleiters unbekannt.
695 Richard Stöss, 1980, S. 319
696 S. auch Interview mit Lukas Beckmann v. 3.3.1981.
697 Gemeint ist insbesondere der Streit um den Abgeordneten Hansen; dazu Interview Lukas Beckmann v. 3.3.1981.
698 Zur Diskussion über Energiepolitik im NDR waren "Grüne" zunächst eingeladen, dann auf Protest der großen Parteien wieder ausgeladen worden. Gesendet wurde schließlich ein Vorab-Interview mit Wolf-Dieter Hasenclever; Interview Lukas Beckmann v. 3.3.1981.
699 Interview mit Lukas Beckmann v. 3.3.1981
700 S. dazu Frankfurter Rundschau v. 28.4.1980 u. v. 18.3.1981
701 Interview Lukas Beckmann v. 3.3.1981
702 Westfälische Rundschau v. 22.1.1980: Eppler: "Grüne schaden der Umweltschutzbewegung"; vgl. dazu Spiegel Nr. 13/1980, S. 28
703 Interview Jürgen Binder v. 17.3.1981
704 So geschehen bei der Frankfurter Rundschau; zensiert wurden Anzeigen von Düsseldorfer Lokalzeitungen (die Maßnahme wurde damit begründet, daß bei eventuellen Folgen "Die Grünen" für den Schaden aufzukommen hätten); Interview Josef Binder v. 17.3.1981.
705 Dazu Hermann Kaste - Joachim Raschke: Zur Politik der Volksparteien, in: Wolf-Dieter Narr (Hsg.): Auf dem Weg zum Einparteienstaat, Opladen 1977, S. 26-74.

706 Michael Th. Greven: Parteien und politische Herrschaft, Meisenheim 1977, S. 196
707 Thomas v.d. Vring: Reform oder Manipulation, Frankfurt 1968, S. 73 ff.
708 Zuletzt stellt Horst Dieter Rönsch diese verkürzte Deutung infrage, die geeignet ist, den sich anbahnenden Wertwandel im Interesse der Machterhaltung der Etablierten zu leugnen.
709 Vgl. Uwe Thaysen, 1978, S. 94
710 Forschungsgruppe, Freie Universität, 1973, S. 284 f.
711 z.B. Johano Strasser, Frankfurter Rundschau, 10.6.78, Dokumentation; s.a. Frankfurter Rundschau, 15.7.78
712 S. dazu die Stellungnahmen der CDU, SPD und FDP zu den Grünen. Landtag intern, 16.6.78
713 1978, S. 3 ff.
714 a.a.O., S. 9 ff.
715 a.a.O., S. 3
716 a.a.O., S. 11
717 a.a.O., S. 12; das Zitat erinnert an die CDU-Werbung der fünfziger Jahre "Keine Experimente"
718 Rudolf Wildenmann, 1968, S. 59; Uwe Schleth, 1973, S. 363 f.
719 ARD, 29.4.79; Westfälische Rundschau 1./2.5.79: "Wahlkrimi in Kiel: Stoltenberg siegt mit hauchdünnem Vorsprung" - "'Grüne' verhinderten Wechsel in Kiel"
720 ARD 29.4.1979
721 Zur NPD: Landtag intern, 16.6.1978
722 Jürgen Falter (1973, S. 117) zur Bundestagswahl 1972
723 Frankfurter Rundschau, 31.7.75 "Nur Gelächter für die Retter des Vaterlandes" - gemeint ist die "Partei freier Bürger" in Bremen
724 Vgl. Heino Kaack, 1971, S. 260 ff.

5. Kapitel

1 Friedrich Karl Fromme, 1960, S. 13; s.a. Robert McKenzie (1961, S. 387), für den die Parteien in erster Linie den Fraktionen und damit dem Staat zu dienen haben.
2 a.a.O., S. 385; Ferdinand A. Hermens, 1968, S. 176
3 Heino Kaack, 1971, S. 687
4 Dazu ausführlicher Alf Mintzel, 1975, S. 467
5 1971
6 1971, bes. S. 202 ff.; s.a. Ferdinand A. Hermens, 1968, S. 171

7 1964, S. 13
8 1966, S. 224 f.; s.a. ders., 1951, S. 1 - 8
9 Ders., 1966, S. 226
10 Vgl. dazu die Zusammenfassung der Kritik an Leibholz von Peter Haungs, 1973, S. 504 ff.
11 Gerhard Leibholz, 1966, S. 226
12 a.a.O., S. 228
13 Vgl. Peter Haungs, 1973, S. 505
14 Rupert Breitling, 1970, S. 76 f.
15 Dazu neuerdings kritisch Hanns-Rudolf Lipphardt, 1975, S. 526 ff., der sich insbesondere mit dem bei Leibholz implizierten Denkmodell einer Trennung von Staat (einschließlich Parteien) und Gesellschaft (einschließlich Verbänden) auseinandersetzt.
16 Dolf Sternberger, zit. nach Peter Haungs, 1977, S. 152
17 Deshalb spricht Karl-Heinz Seifert von einer Parteiendemokratie (1956, S. 1 f.); s.a. K. Sontheimer, FAZ, 21.2.78, S. 9
18 Rudolf Wildenmann, 1968, S. 61; Ferdinand A. Hermens, 1968, S. 171; Gerhard Leibholz, s. Anm. 8; Eckehard Hammer, 1976, S. 167, 240 f.; Samuel J. Eldersveld, 1964, S. 96 f.; s.a. Ulrich v. Alemann, 1973, S. 78
19 Lipset/Rokkan, 1968, S. 4 ff.; Carl Joachim Friedrich, 1970, S. 346
20 Hermann Scheer, 1977, S. 149
21 Becker/Wiesendahl, 1972, S. 9
22 Vgl. dazu Richard Stöss, 1975, S. 254 ff.
23 Erhard H.M. Lange, 1975, S. 428, bes. Anm. 26
24 a.a.O., S. 567 ff., 721 ff.
25 Ernst Fraenkel, 1964, S. 30
26 Joachim Raschke, 1975, S. 15
27 Zit. nach Ossip K. Flechtheim, Dokumente Bd. 6, 1968, S. 64
28 Im Sinne einer "Angleichung an die herrschende Gruppe, so daß man nicht mehr zu unterscheiden ist". Gordon W. Allport, 1971, S. 159
29 BVerfGE 1 (1952), S. 248 und 14 (1962), S. 135
30 BVerfGE 1 (1952), S. 249
31 BVerfGE 14 (1962), S. 135
32 Helmut Ridder, 1965, S. 36
33 Wolfgang Abendroth, 1966, S. 89 f.
34 Gerhard Leibholz, 1967, S. 4
35 s.a. Gustav Radbruch, 1930, S. 293
36 (Hervorhebung R.R.) 1960, S. 94; vgl. dazu ders., 1962, S. 18
37 1960, S. 80 f.

38 Werner Conze, 1960, S. 13 f.; vgl. dazu ders., 1954, S. 50 ff.; dazu auch Giovanni Sartori, 1966, S. 160 ff.
39 Werner Conze, 1967, bes. S. 188 f. Diese Problematik war bereits in der WR heftig umstritten. Ders., 1954, S. 4
40 Vgl. dazu Hanns-Rudolf Lipphardt, 1975, S. 147 f.; Helmut Ridder, 1965, S. 50 ff.
41 Fritz René Allemann, 1956, S. 235
42 Anthony Downs, 1968, S. 124
43 Vgl. dazu Eckehard Hammer, 1976, S. 179 ff.
44 In einer kritischen Zusammenfassung dazu ausführlich Ulrich von Alemann, 1973, bes. S. 49 ff., 130 ff.
45 Theodor Eschenburg, 1958, S. 411; Hans Schuster (1973, S. 1) spricht von einem Zwei-Gruppen-System; s.a. Werner Kaltefleiter, 1968, S. 23
46 S. dazu Robert McKenzie (1961) zur Elitist-Theorie
47 Fritz René Allemann, 1956, S. 234
48 Gegenüber dem in Amerika praktizierten Pluralismus, Kurt L. Shell, 1970, S. 308
49 In diesem Zusammenhang definiert Hans Kremendahl, der eine "antithetische Bindung des Pluralismuskonzepts an die konservative Lehre vom übergesellschaftlich-neutralen Staat" konstatiert, den Staat als "gesamtgesellschaftliche Organisation, in der die pluralen Kräfte der Gesellschaft zum Ausdruck kommen und die die Aufgabe hat, auf einem bestimmten Gebiet aus der Vielheit heraus die Entscheidungen zustande zu bringen, die notwendig allgemeinverbindlich zu treffen sind" (1977, S. 317 f.)
50 "... in der Weise, daß er die Regularien der Konfliktaustragung bereitstellt, aus der Vielheit verbindliche Entscheidungen hervorbringt, somit also Einheit jeweils neu bildet". a.a.O., S. 319
51 a.a.O.
52 Eckehard Hammer, 1976, S. 166 ff., 240 f.
53 Zum Rechtsstaat kritisch Michael Th. Greven, 1977, S. 187 f.
54 Richard Stöss, 1975, S. 254
55 "Die im Schatten der Mächtigen agierenden kleinen Parteien beunruhigen nach dem NPD-Zwischenfall nicht weiter". Manfred Funke, 1978, S. 15
56 Dazu Samuel J. Elderveld, 1964, bes. Kap. 4 u. 5 (S. 73 ff.); Otto Kirchheimer, (1965) 1974, S. 113 ff.; ders., 1966, S. 345 ff.; Carl Joachim Friedrich, 1970, S. 346, bes. Anm. 7; vgl. dazu Ulrich v. Alemann, 1973, S. 130 ff.
57 Rolf Ebbighausen, 1973, S. 20; vgl. dazu die Pluralismuskritik von Michael Th. Greven, 1977, S. 60 ff.
58 Wolf-Dieter Narr, 1966, S. 16
59 Dazu Wilhelm von Blume, 1930, S. 347: "Die Partei soll sein

ein Mittel zum Zwecke, nicht Selbstzweck. Und zwar ein Mittel für Staatszwecke, nicht für eigennützige Zwecke der Mitglieder oder Führer". Danach soll nur diejenige Partei öffentliche Anerkennung genießen, die sich als 'politisches Mittel zur Teilhabe an der Bildung des Gesamtwillens eines Volkes' versteht. Eine Partei, die diese Aufgabe nicht erfüllt, gilt als 'staatsfeindlich' ".
60 Werner Conze (1954, S. 4) spricht in diesem Zusammenhang von der "Gefahr der Auflösung des Staates in die Anarchie gesellschaftlicher Interessengruppen".
61 Gustav Radbruch, 1930, S. 288 f.; Karl-Dietrich Bracher, 1955, S. 42; ders., 1968, S. 16; Kurt Sontheimer, 1968, S. 155 ff.; vgl. auch Regine Roemheld, 1974, S. 94 ff.
62 z.B. Georg Jellinek (1924) 1968, bes. S. 136; Heinrich Triepel, 1928, bes. S. 311; dazu auch Kurt Sontheimer, 1968, S. 63 ff.
63 S. auch Wolf-Dieter Narr, 1966, S. 40 f.
64 Dazu ausführlicher Johannes Agnoli, 1977, S. 214
65 1975, S. 98 f.
66 Helmut Willke, 1978, S. 248 f.
67 Lutz Roemheld, 1978, S. 198 ff.
68 Siehe dazu neuerdings Joachim Raschke, 1977
69 Dazu Lutz Roemheld, 1978, S. 202 ff.
70 a.a.O., S. 214 ff.
71 Amitai Etzioni, 1975, S. 583
72 Joachim Raschke, 1977, S. 234 f.
73 a.a.O., S. 235
74 Vgl. dazu schon Wolf-Dieter Narr, 1966, S. 229 f.
75 Christian Fenner, 1976, S. 211; Ossip K. Flechtheim spricht deshalb von einem "Wendepunkt", (1967).
76 Ders., Dokumente Bd. 4, 1965, S. 597, 621 ff.; Manfred Rowold, 1974, S. 216 ff., 274 ff.; Stephen L. Fisher, 1974, S. 127 ff.; dazu neuerdings ausführlich Richard Stöss, 1980, S. 199 f.
77 Ossip K. Flechtheim, Dokumente Bd. 5, 1966, S. 21 ff.; Manfred Rowold, 1974, S. 136 ff.; Stephen L. Fisher, 1974, S. 111 ff.
78 Manfred Rowold, 1974, S. 185 ff.
79 S. dazu Kap. 7.1.
80 Wolfgang Zeidler, 1976, S. 373
81 Manfred Rowold, 1974, S. 373 ff.
82 a.a.O., s.o. S.   ff.
83 Wolfgang Zeidler, 1976, S. 374
84 Alf Mintzel, 1977, S. 203; s.a. Peter Haungs, 1977, S. 163
85 1962, S. 101
86 a.a.O., S. 100

87 a.a.O., S. 101; ders., 1965, S. 195; Peter Molt, 1963, S. 355; Theodor Eschenburg, 1955, S. 23 ff.
88 Bodo Zeuner, 1969, S. 106
89 Dolf Sternberger in: Frankfurter Allgemeine Zeitung, v. 3.12.1979
90 Ernst Forsthoff, 1971, S. 88. Er bezieht sich dabei auf die staatliche Parteienfinanzierung.
91 Manfred Rowold, 1974, S. 59, 78
92 1977, S. 153
93 Kaste/Raschke, 1977, S. 41; s.a. Hans Kremendahl, 1977
94 Alf Mintzel, 1975, S. 67 f.
95 Dazu kritisch Johannes Agnoli, 1973, S. 233 ff.
96 Kaste/Raschke, 1977, S. 26; vgl. Schmollinger/Stöss, 1976, S. 229
97 Alf Mintzel, 1975, S. 68; s.a. Robert Michels, 1970, S. 20 ff. zum Gesetz der Transgression einer Partei.
98 Kaste/Raschke, 1977, S. 26 f.
99 Bodo Zeuner, 1969, S. 29; vgl. Claus Offe, 1980
100 Schmollinger/Stöss, 1976, S. 228
101 Bodo Zeuner, 1969, S. 29; dazu kritisch Johannes Agnoli, 1973, S. 236 f.
102 Vgl. dazu Schmollinger/Stöss, 1976, S. 231
103 "Die Volkspartei lebt in dem Widerspruch, Teil zu sein und gleichzeitig Ganzes sein zu wollen". Manfred Rowold, 1974, S. 56, 60
104 Wolf-Dieter Narr spricht von einer posttotalitären Atmosphäre (1966, S. 38)
105 Klaus Schütz, 1955, S. 248
106 Gerhard Schulz, 1955, S. 122; Waldemar Besson, 1965, S. 72
107 Vgl. auch Wolfgang Treue, 1965, S. 58
108 Gerhard Schulz, 1955, S. 125; Alf Mintzel, 1975, S. 204 ff., 437 ff., 508
109 Wolf-Dieter Narr, 1966, S. 229; Ossip K. Flechtheim, Dokumente Bd. 4, 1965, S. 104 f.
110 Dazu ausführlich Ossip K. Flechtheim, Dokumente Bd. 6, 1968
111 a.a.O., S. 84
112 a.a.O., S. 67 ff.
113 a.a.O., S. 89 f.
114 a.a.O., S. 88
115 Dazu allgemein Bodo Zeuner, 1969, S. 109
116 Ossip K. Flechtheim, Dokumente Bd.6, 1968, S. 19 ff.
117 Schmollinger/Stöss, 1976, S. 232, am Beispiel des BHE
118 s.o. S. 160 ff.
119 Stephen L. Fisher, 1974, S. 87 ff.; Jürgen Dittberner, 1976, S. 140

120 Vgl. Robert Michels, 1970, S. 161 ff.
121 Zur diskursiven Willensbildung Jürgen Habermas, 1975, S. 125
122 Dazu Hans See, 1972, S. 97; s.a. Jürgen Dittberner, 1973, S. 92
123 1970, S. 185 ff.
124 In Anlehnung an Donald A. Schon (1973) "Die lernende Gesellschaft".
125 Rüdiger Altmann bei Ossip K. Flechtheim, Dokumente Bd. 4, 1965, S. 115; Waldemar Besson, 1965, S. 74 f.
126 Helmut Pütz, 1971, S. 10
127 Fritz René Allemann, 1956, S. 314 f.
128 Schäfer/Nedelmann, 1969
129 Bodo Zeuner, 1976, S. 191
130 Manfred Rowold, 1974, S. 159 ff.; Jürgen Dittberner, 1973, S. 97
131 Dazu Wolf-Dieter Narr, 1966, S. 159 ff.; dazu positiv Ludwig Bergsträsser, 1965, S. 235; Manfred Rowold, 1974, S. 54; Günter Olzog, 1965, S. 50
132 Otto Kirchheimer, 1974, S. 120
133 a.a.O., S. 121
134 1962a, S. 103; dazu ausführlich Joachim Raschke, 1970, S. 218 ff. Diese Entideologisierung wird von Peter Haungs weitgehend bestritten. 1977, S. 149
135 Ossip K. Flechtheim, 1965, S. 197
136 Ders., 1962a, S. 107 f.
137 Heino Kaack, 1971, S. 253
138 Wolf-Dieter Narr, 1966, S. 194
139 Zum Problem der Parteisanktionen gegenüber Abweichlern ausführlich und kritisch Hans See, 1972, S. 42 ff.
140 Dazu kritisch Ossip K. Flechtheim, 1962a, S. 102 f.; Jürgen Dittberner, 1973, S. 97
141 Wolf-Dieter Narr, 1966, S. 207
142 Ossip K. Flechtheim, Dokumente Bd. 7, 1969, S. 157 f.
143 a.a.O., S. 158 ff.
144 a.a.O., S. 156
145 Ders., 1966, S. 23 f.
146 a.a.O., S. 314
147 Häcc/Müller, 1973, S. 293
148 Ossip K. Flechtheim, Dokumente Bd. 7, 1969, S. 156
149 Stellungnahme von Wolfgang Abendroth und Eberhard Dähne, a.a.O., S. 181
150 Siehe Herbert Wehner zum Auftreten der "Neuen Linken", a.a.O., S. 186 f.
151 Ossip K. Flechtheim, 1965, S. 199; ders., Dokumente Bd. 6, 1968, S. XI

152 S. auch Otto Kirchheimer, 1967, S. 75; dazu auch Rudolf Schuster, 1968, S. 419
153 a.a.O., S. 420
154 Werner Kaltefleiter, 1968, S. 152
155 Wolf-Dieter Narr, 1966, S. 25
156 Ossip K. Flechtheim, 1965, S. 200
157 Jürgen Dittberner, 1976, S. 155
158 S. dazu Rüdiger Altmann, bei Ossip K. Flechtheim, Dokumente Bd. 4, 1965, S. 118
159 Von Werner Kaltefleiter positiv bewertet (1968, S. 148)
160 S. dazu auch Friedrich Karl Fromme, 1976, S. 55 f.
161 Wolf-Dieter Narr, 1966, S. 232; vgl. auch Karl-Dietrich Bracher, 1971, S. 281
162 Vgl. dazu a.a.O., S. 228 ff.; Waldemar Besson, 1965, S. 72
163 Karl-Dietrich Bracher, 1971, S. 219
164 Die CDU bekannte sich geradezu zu dieser Programmlosigkeit, a.a.O., S. 91
165 S. dazu Heino Kaack, 1971, S. 257 ff.
166 Schmollinger/Stöss, 1976, S. 232
167 a.a.O.
168 Werner Kaltefleiter, 1968, S. 155; Walter Tormin, 1967, S. 260
169 Wolfgang Abendroth, 1973, S. 85
170 Ähnlich im Urteil Werner Kaltefleiter, 1968 a
171 1971, S. 271
172 Positiv dazu Manfred Rowold, 1974, S. 54 ff.; Waldemar Besson, 1965, S. 73
173 Wolfgang Zeidler, 1976, S. 374
174 a.a.O., S. 375
175 Ludwig Bergsträsser, 1965, S. 235; Michael Th. Greven, 1977, S. 65
176 Rudolf Schuster, 1968, S. 418
177 1968, Einleitung zu Werner Kaltefleiter
178 Michael Stürmer, 1967, S. 73
179 s.a. Robert Leicht, 1971, S. 528 ff.; nach Hans Schuster sei durch eine "systemimmanente Polarisierung auf dem Boden der rechtsstaatlichen Verfassung die Polarisierung in systemfeindliche Parteigruppen am Rande oder jenseits der Verfassung" verhindert worden. 1973, S. 2
180 Im Sinne von Gordon W. Allport (1971), S. 159. Angliederung an die herrschende Gruppe; s. dazu auch Christian Fenner, 1977, S. 73 ff.
181 Manfred Rowold, 1974, S. 185 ff.; s.a. Ulrich Lohmar, 1968, S. 13 ff.; Gerd Langguth, 1978, S. 176 ff.
182 Dazu ders., 1976, S. 102 ff.

183 Dazu Manfred Funke, 1977, dort bes. S. 12 ff.; Hans-Josef Horchem, 1978, S. 202 ff.
184 S. dazu Peter Menke-Glückert, 1978, S. 3 ff.; Kurt Oeser, 1978, S. 134
185 Peter Haungs, 1977, S. 156; s.a. Forschungsgruppe, Freie Universität, 1973, S. 286
186 Joachim Hirsch, 1980
187 Karlheinz Niclauß unterscheidet hier - in Anlehnung an Bracher - zwischen "formaler" (WR) und "gegenseitiger" Toleranz. 1974, S. 111 f.
188 Karl Loewenstein, 1937, S. 423, 430 f.; dazu auch Hella Mandt, 1977, S. 234 u. dies., 1978, S. 4
189 "Salvation of the absolute values of democracy is not to be expected from abdication in favor of emotionalism utilized for wanton or selfish purposes by selfappointed leaders, but by deliberate transformation of obsolete forms and rigid concepts in to the new instrumentalities of "disciplined", or even - let us not shy from the word - "authoritarian" democracy". Karl Loewenskin, 1937, S. 657
190 BVerfGE 5 (1956), S. 139 (KPD-Urteil)
191 So auch Helmut Ridder, 1975, S. 57 ff.
192 1975, S. 156 f.
193 Helmut Ridder, 1975, S. 33 f., 55
194 Karl Dietrich Bracher, 1955, bes. S. 46; ders., 1962, S. 17; Kurt Sontheimer, 1968, S. 21 ff.; Regine Roemheld, 1974, bes. S. 124 ff.; vgl. auch Eckehard Hammer, 1976, S. 173 ff., der vor allem auf die klassisch-liberale Orientierung der Weimarer Reichsverfassung hinweist, die sich mangels einer demokratischen Tradition als "Fehlkalkulation" erwiesen hat. Zur "Faschisierung" der WR Nils Kadritzke, 1976, S. 47 ff.
195 Von Robert Leicht als "Existenzkrise des Parlamentarismus" apostophiert. (1971, S. 518); dazu auch Michael Stürmer, 1967, S. 73; Ferdinand A. Hermens, Einleitung zu W. Kaltefleiter, 1968, S. 8
196 1966, S. 138 ff.
197 a.a.O., S. 155 f.
198 a.a.O., S. 153
199 a.a.O., S. 156
200 a.a.O., S. 157
201 Dazu Frieder Naschold, 1971, S. 253 f.; vgl. auch Hans Kremendahl, 1977, S. 264
202 Giovanni Sartori, 1966, S. 158
203 Fritz René Allemann (1956, S. 234 f.) stellt ihr die "'staatstragenden', für die Gründung der Bundesrepublik und für die Gestalt, ihrer Verfassung verantwortlichen Parteien" gegenüber.

204 (im Gegensatz zu Maunz-Dürig) 1962, S. 264 f.
205 1964, S. 116
206 Jürgen Seifert hat auf die grundsätzliche Veränderung des Widerstandsrechts durch den an Art. 20 GG. angeführten Abs. 4 hingewiesen, wonach das, was bisher "als Abwehrrecht des Bürgers gegenüber verfassungswidrig ausgeübter Gewalt staatlicher Organe gedacht war", nun verkehrt wird in einen Widerstand "gegen Personen oder Personengruppen, denen von beliebiger Seite nachgesagt werden kann, daß sie es "unternehmen", die verfassungsmäßige Ordnung zu beseitigen". 1974, S. 36 u. 86
207 (Hervorhebung R.R.) So der Zentrumsabgeordnete Brockmann nach Friedrich Karl Fromme
208 (Hervorhebung R.R.). a.a.O. Demgegenüber spricht Gerhard Leibholz davon (1967, S. 138)
209 Friedrich Karl Fromme, 1960, S. 181
210 Thomas Ellwein, 1973, S. 251
211 Eckehard Hammer, 1976, S. 167
212 Nach Hans Horchem (1973, S. 117) können die Politiker gegenüber dem Extremismus nur nach diesem Gesichtspunkt entscheiden, wenn die Abwehr wirksam sein soll.
213 Christian Fenner, 1977, S. 99
214 Otto Kirchheimer, 1965, S. 229 ff. Zum SRP-Verbot und KPD-Verbot auch Ossip K. Flechtheim, Dokumente Bd. 1, 1962, S. 150 ff.; s.a. Hans-Joachim Winkler, 1966, S. 15; Helmut Ridder, 1975, S. 55
215 Dazu der sich durch wenig überzeugende, politisch-polemische Argumentation auszeichnende Aufsatz von Friederike Fuchs/Eckhard Jesse, 1978, S. 25 ff.
216 Fritz René Allemann, 1956, S. 236
217 Dies gilt als Voraussetzung für das Verbot. Eckhard Bulla, 1973, S. 325; Model/Müller, 1971, S. 142 ff.; zu dem angesprochenen Problem ausführlicher Manfred Rowold, 1974, S. 117 f.
218 Die juristisch korrekte, die politischen Folgen jedoch verharmlosende Feststellung von Martin Kriele (1978, S. 335), daß es sich bei dem sogen. "Radikalenerlaß" nur um einen Beschluß der Ministerpräs. ohne Rechtsqualität handle, verdeckt die pol. Brisanz dieser Maßnahme.
219 So Hans Filbinger in einem Spiegel-Interview vom Juni 1976 zum Thema "Verfassungsfeinde" (Spiegel 27, 1976, S. 38/40). Die Spiegel-Redakteure wiesen in diesem Zusammenhang auf die rechtliche Irrelevanz des Begriffes hin. Wie weit der Begriff der "Verfassungsfeindlichkeit" deckungsgleich ist mit dem im GG verwendeten der "Verfassungswidrigkeit", war neuerdings Thema heftiger Auseinanderset-

zungen. Frankfurter Rundschau, 18.11.78 u. 19.1.79; Frankfurter Allgemeine Zeitung, 22.1.79
220 v.d. Heydte-Sacherl, 1955, S. 88 f.; Konrad Hesse, 1976, S. 282 f.; so auch Karl-Heinz Seifert, 1975, S. 485, der es als "brüchige Konstruktion" bezeichnet, wenn das Parteienprivileg der Verfassungstreue der Beamten nachgeordnet wird; Hartmut Maurer (1971, S. 227) hat auf die Schutzfunktion dieser Auflage hingewiesen, daß dem Mißbrauch des Parteiverbots als Mittel des politischen Kampfes gegen jedwede Opposition durch diese Regelung vorgebeugt werden soll. Zum Parteiverbot allgemein auch Model/Müller, 1971, S. 178 f.; zum Parteienprivileg BVerfGE 40, S. 287 ff.; s.a. Peter Franke, 1976, S. 523; Helmut Ridder, 1975, S. 59
221 BVerfGE 39, S. 334 ff.
222 Dazu auch das Minderheitsvotum des BVerfRichters Dr. Rupp, a.a.O.; s. auch Manfred Funke, 1978, S. 567 ff. Ulrich Klug bezeichnete das Urteil als verfassungswidrig. Frankfurter Rundschau, 17.4.78
223 Wolfgang Hoffmann-Riem, 1978, S. 373 f.
224 1977, S. 100
225 Karl-Heinz Seifert, 1975, S. 468
226 1977, S. 236
227 1974, S. 12
228 1975, S. 156
229 1975, S. 491
230 Gerhard Leibholz, (1951) 1967, S. 139
231 Klaus Stern, 1977, S. 172
232 Hella Mandt, 1977, S. 236; diese Deutung wird von Hartmut Maurer (1971, S. 205 f.) überzeugend widerlegt, der auf verschiedene Maßnahmen zum Schutz der Republik verweist. Vgl. dazu auch Eckehard Hammer, 1976, S. 171 f., gegen die Vorstellung von der "wertneutralen Verfassung".
233 Auf den Unterschied zwischen Radikalismus und Extremismus weist Ossip K. Flechtheim, (1976) 1978, S. 47 ff. hin.
234 Klaus Stern, 1977, S. 172
235 (Hervorhebung R.R.) BVerfGE 5, (1956), S. 85-138 f.; vgl. auch Eckehard Hammer, 1976, S. 185
236 Vgl. Helmut Ridder, 1975, S. 61 f.
237 Hartmut Maurer, 1971, S. 225; Eckehard Hammer, 1976, S. 249; dagegen Klaus Stern, 1977, S. 173
238 Eckart Bulla, 1973, S. 553 ff.
239 Hanns-Rudolf Lipphardt, 1975, S. 156
240 Helmut Ridder, 1975, S. 61
241 Zum endgültigen Verbot einer Partei kritisch Eckehard Hammer in seiner Abhandlung über die "Möglichkeit einer

Wiedereingliederung verfassungsfeindlicher Parteien", 1976
242 Konrad Hesse, 1976, S. 282
243 Auffällig ist die große Zahl juristischer Abhandlungen gegenüber kaum vorhandenen politikwissenschaftlichen Untersuchungen. Vgl. Hella Mandt, 1977, S. 260
244 Heinz Laufer, 1971, S. 227; s.a. Gerhard Leibholz, 1962, S. 14; Holger Börner bezeichnete das Gericht als "Herr" oder "Herrscher der Verfassung". Frankfurter Rundschau, 30.5.78
245 Bestellung der Mitglieder durch Bundestag und Bundesrat, wobei auch nach Parteiproporz entschieden wird. Heinz Laufer, 1968, S. 219 ff.
246 (ders., 1971, S. 228 ff.) Diese Tatsache, die sich nicht als politisch gefärbte Rechtsprechung in Bezug auf die großen Parteien niederschlagen mag (a.a.O., S. 473 ff.), wirkt sich jedoch auf Ermessensentscheidungen aus wie diejenige, ob "Splitterparteien" als "staatspolitische Gefahr" einzuschätzen sind. Vgl. dazu ders., 1973, S. 230 ff.
247 Auf dieses Problem hat Wolfgang Abendroth (1967, S. 169 ff.) mit Nachdruck hingewiesen angesichts der Auffassung von Verfassungsrichtern, die Verfassung nicht nur wahren, sondern "entfalten" zu sollen. Abendroth verweist u.a. auf die Definition der FdGO seitens des Gerichts, die der Legitimität politischer Parteien unzulässig enge Schranken ziehe. Zur Verdeutlichung des Problems die Diskussion um die Entscheidung des § 218 StGB. Walter Gagel, 1975, S. 341 ff.; Helmut Ridder (1966, S. 28) kritisiert hingegen die mangelnde Präzision der Definition.
248 BVerfGE 2 (1953), S. 12 f.
249 (im Anschl. an Maunz-Dürig) 1977, S. 211
250 1967, S. 148
251 Helmut Ridder, 1975, S. 64
252 Manfred Rowold, 1974, S. 117
253 Eckehard Hammer, 1976, S. 170 ff.
254 Otto Kirchheimer, 1965, S. 242 f.
255 a.a.O., S. 259
256 a.a.O., S. 254
257 a.a.O., S. 255
258 Im Interesse einer diskursiven politischen Willensbildung. Vgl. dazu Jürgen Habermas, 1975, S. 125
259 Bei der Sicherung der Demokratie geht es hauptsächlich um die Sicherung ihrer Funktionsfähigkeit, weniger um ihre Stärkung im Bewußtsein ihrer Bürger, Karlheinz Niclauß, 1974, S. 96
260 Vgl. dazu z.B. Friedrich Karl Fromme, 1960, S. 1 ff.

261 Helmut Ridder, 1957, S. 367
262 "Demokratie zerbricht, wenn nur Institutionen für sie arbeiten". Manfred Funke, 1978, S. 44; Eckehard Hammer (1976, S. 177 ff.) weist mit Recht darauf hin, daß Demokratie sich nicht mit Normensetzung verordnen lasse, daß ihre Funktionsfähigkeit von der inneren Einstellung der Staatsorgane und der Gesellschaft abhänge.
263 Dazu Ronald Inglehardt, 1971 u. 1977; Wilhelm P. Bürklin, 1980 u. 1981; s.a. Peter Kmieciak, 1976, S. 379 u. 430 ff.
264 Wolfgang Abendroth, 1967, S. 159
265 Lewis J. Edinger (1972, S. 294 ff.) begrüßt die Entwicklung zu einem Zweiparteiensystem.
266 Dittberner/Ebbighausen, 1973
267 S. dazu Manfred Rowold, 1974, S. 73, 82. Darauf konnte die NPD zur Zeit der Rezession 1967/68 ihre beachtliche Erfolge zurückführen, die sie bis knapp an die 5%-Grenze heranbrachten. Dazu auch Klaus J. Troitsch, 1971, S. 175 ff.; Detlef Murphey u.a., 1979
268 Heidrun Abromeit, 1972, S. 102 ff.
269 Joachim Raschke, 1970, S. 18; dagegen Wilhelm Harris, 1976, S. 94
270 Zur Veränderung der Opposition auch Claessens/Klönne/Tschoepe, 1974, S. 102 ff. Als Ursache wird hier u.a. die langfristige Planung von Regierungspolitik gesehen, die auch die Opposition im Falle einer Regierungsbeteiligung in festgelegte Rahmen zwinge.
271 Heidrun Abromeit, 1972, S. 15
272 Vgl. Fritz Joachim Gnädinger, 1976, S. 835 f., der den Unterschied zwischen Parteien und Bürgerinitiativen herauszuarbeiten versucht. Siehe dazu auch die Stellungnahme der FDP zu den Bürgerinitiativen. 1978, S. 5 f.
273 Forschungsgruppe, Freie Universität, 1973, S. 285 f.; dazu ausführlicher Uwe Thaysen, 1978, S. 95
274 Peter Cornelius Mayer-Tasch, 1974, S. 28 ff.
275 Auf Anfrage erklärte ein führendes Mitglied der Bunten Liste Hamburg, daß man kein Programm brauche.
276 (Hervorhebung R.R.) Kaste/Raschke, 1977, S. 30
277 Johannes Agnoli, 1977, S. 219
278 Otto Kirchheimer, 1967, S. 74 f.
279 a.a.O., S. 76
280 Opposition, "die institutionalisierte Hoffnung der Unzufriedenheit". Paßt sie sich an, erhöht sich die Wahlchance der außerparlamentarischen Parteien. So Werner Kaltefleiter, 1973, S. 3 f.
281 a.a.O., S. 7
282 Vgl. dazu auch die Stellungnahme der CDU zu den Bürger-

initiativen, 1978, S. 4
283 Wolf-Dieter Narr, 1977, S. 7; vgl. auch Manfred Rowold, 1974, S. 54
284 Michael Hereth, 1969, S. 11; s.a. Waldemar Besson, 1962, S. 230
285 Otto Kirchheimer, 1967, S. 89. Aus diesem Grund wurde 1967 ein Verbot der NPD diskutiert, die als ernste Gefahr für das politische System galt. Rudolf Schuster, 1968, S. 415
286 Andreas Hamann, 1962, S. 255
287 Als "Regierung von morgen". Werner Kaltefleiter, 1973, S. 3; Andreas Hamann, 1962, S. 252; Martin Gralher, 1975, S. 567
288 1974, S. 53 f.
289 Waldemar Besson (1962, S. 238) im Zusammenhang mit dem Anpassungsprozeß der SPD.
290 Vgl. dazu Claessens/Klönne/Tschoepe, 1974, S. 87 ff. Die von Renate Mayntz (1959, bes. S. 148 ff.) beobachteten Partizipationsdefizite an der Parteibasis dürften insgesamt als sehr viel symptomatischer für innerparteiliche Zustände gelten (vgl. Ulrich Lohmar, 1963, S. 40) als die von Joachim Raschke (1974) und Bodo Zeuner (1969, S. 114 ff.) beobachteten innerparteilichen Gruppenkonflikte. S.a. Hans See, 1972, S. 123 ff.; Gerd Börnsen, 1970
291 Bodo Zeuner, 1969, S. 11; Joachim Raschke, 1974, S. 9 ff.; ders., 1977, S. 47; s.a. Manfred Rowold, 1974, S. 61 f.
292 Vgl. dazu auch Hans See, 1972, S. 133; Wolfgang Abendroth in der Einleitung, a.a.O., S. 9; s.a. die Schlußfolgerungen des Juso-Mitgliedes Gerd Börnsen, 1970, S. 92
293 Ähnlich sind die Argumente der Vertreter der Elitist-Theorie zu werten, die Parteien wesentlich in ihrer Funktion zu ihrer parlamentarischen Vertretung sehen (Robert McKenzie, 1964, S. 385; Wolfgang Jäger, 1973, S. 134 ff.; dazu auch Alf Mintzel, 1975, S. 466 f.)
294 Gerd Börnsen, 1970, S. 90
295 Hans See, 1972, S. 39; s. auch Karl-Heinrich Hasenritter, 1982, S. 25-27
296 Ulrich von Alemann, 1972, S. 202
297 Als Beleg für die mangelnde Bereitschaft der Parteispitze zur innerparteilichen Auseinandersetzung mag folgendes Zitat von Willi Brandt genügen: "Die theoretische Fundierung der Politik ist wichtig, aber die Partei ist kein Debattierklub, sondern sie ist verantwortlich für das Geschick eines großen Industriestaates. Innerparteiliche Diskussion dürfen die politische Handlungsfähigkeit nicht lähmen. Selbstfabrizierte Verunsicherungen darf man nicht

dulden oder begünstigen; sie müssen entschlossen abgewehrt werden". Zu Repressionen in der SPD auch Frankfurter Rundschau, 2.1.75, 15.11.77, 1.7.74, 16.2.78
298 Dazu auch Claessens/Klönne/Tschoepe, 1974, S. 91; der Versuch Eberhard Schütts (1973, S. 204 ff.), Parteigründungen und Abspaltungen mit einem nicht näher erklärten "Machtstreben" zu erklären, läßt den hier als zentral angesehenen programmatischen Dissens völlig außer Betracht. Der sich dahinter verbergende Mangel eines theoretischen Bezugssystems (vgl. dazu die banalen Erklärungsversuche so komplexer Probleme wie Chancengleichheit, Mehrheitsprinzip) bringt den Autor zu Aussagen, die nicht einmal alle empirischen Phänomene dieses Komplexes einbeziehen.
299 Bodo Zeuner, 1969, S. 106; vgl. auch Joachim Raschke, 1974, S. 219
300 So spricht Joachim Raschke (1974, S. 9) vom Parteiensystem, wobei er die Minoritätsparteien gar nicht mit einbezieht.
301 Art. 21, Abs. 1: innerparteiliche Demokratie, Parteiengründungsfreiheit. Dazu auch Konrad Hesse, 1977, S. 69
302 Hans See (1972, S. 95) kritisiert an Untersuchungen der innerparteilichen Demokratie, daß viele dieser Arbeiten den Entpolitisierungsprozeß in den Parteien bemerken, beklagen, zugleich aber begünstigen, weil sie die Verflechtungen von Interessen zwischen Staat, Wirtschaft und Partei nicht erkennen.
303 Franz Neumann, 1968, S. 254; Gerhard Leibholz, 1967, Frieder Naschold, 1972, S. 32 ff.
304 Bodo Zeuner, 1971, S. 186 ff.
305 Frankfurter Rundschau, 2.5.78; 30.1.79
306 Ulrich von Alemann, 1973, S. 144
307 Robert Michels, 1970, S. 20
308 Rudolf Wildenmann, 1968, S. 234
309 1976, S. 155; vgl. dazu auch das "Parteienstaatskonzept" von Gerhard Leibholz, nach dem die Parteien die Masse der Bürger integrieren sollen (vgl. Gerhard Leibholz, 1966, S. 224 f.).
310 Schmollinger/Stöss, 1976, S. 232 f.; neuerdings dazu ausführlich Richard Stöss, 1980, S. 36 ff.
311 1972, S. 177
312 Alf Mintzel, 1975, S. 506 ff.
313 Ernst Fraenkel, 1972, S. 160
314 Jürgen Habermas (1975, S. 135) weist auf die Wahrheitsabhängigkeit des Legitimitätsglaubens und damit auf den normativen Bezug von Legitimation hin.

315 Dazu Lutz Roemheld, 1977/78; s.a. plp., 19.7.78: Statt Massendemokratie - Föderlismus
316 Niklas Luhmann, 1969, S. 35
317 Vgl. dazu Werner Kaltefleiter, 1968, S. 115; kritisch Manfred Rowold, 1974, S. 79
318 S. dazu auch die Kritik von Jürgen Habermas an Niklas Luhmann (1975, S. 134 f.)
319 In diesem Sinne ließen sich NSDAP und KPDSU durchaus als "Massenlegitimationsparteien" bezeichnen.
320 Schmollinger/Stöss, 1976, S. 232
321 Robert Michels, 1970, S. 20; Wilhelm Harris (1976, S. 91 ff.) hat auf die Parallelität der NSDAP ("erste Volkspartei") zu unseren derzeitigen "Volksparteien" hingewiesen.
322 Heino Kaack, 1971, S. 694
323 Michael Th. Greven (1977, S. 161 f.) im Anschluß an Sylvia und Wolfgang Streeck, 1972
324 Nach Peter Haungs, 1977, S. 143
325 1975, S. 265; Heidrun Abromeit, 1972, S. 32
326 Otto Ernst Kempen, a.a.O.
327 a.a.O., S. 246 ff.
328 Heidrun Abromeit, 1972, S. 32 f.
329 (Hervorhebung R.R.) 1977, S. 62
330 Schmollinger/Stöss, 1976, S. 231
331 Legitimation im Sinne von Jürgen Habermas (1975, S. 125) als Ergebnis eines herrschaftsfreien Diskurses.
332 Herbert Gruhl: "Ich bin wertkonservativ", Frankfurter Rundschau v. 11.7.1978; diese Spaltung geht nach wie vor durch die Restpartei, in der sich "linke Dogmatiker" und eigentliche Ökologen gegenüberstehen.
333 Interview Jürgen Binder, 17.3.1981; zum programmatischen Spektrum Detlef Murphy u.a., a.a.O., S. 22 ff. und Meyer/Handlögten, a.a.O.
334 Michael Th. Greven weist mit Recht darauf hin, "daß die empirisch erfahrene Realität der untersuchten Gesellschaftssysteme selbst in die Theorien als normative Ausgangsbasis Eingang findet". 1977, S. 62
335 So vor allem Werner Kaltefleiter, 1968; Richard Stöss, 1980; Narr-Thränhardt, 1979, S. 273 ff.
336 Zuletzt Narr-Thränhardt, a.a.O.
337 Alf Mintzel, 1975
338 Dagegen Richard Stöss, 1980, S. 23
339 Dazu Lipset/Rokkan, 1968, S. 6 ff.
340 S. dazu Franz Urban Pappi, 1973, S. 191 ff.; vgl. dazu Kaste/Raschke, 1977.
341 Heidrun Abromeit, 1972, S. 102 ff.
342 Stein/Rokkan, 1968, S. 31

343 Dazu Lipset/Rokkan, 1968, S. 6 ff.
344 K. Rohe, 1979, der in kritischer Auseinandersetzung mit den von der sozio-ökonomischen Prämisse geleiteten Untersuchungen wiederum einseitig soziokulturelle Determinanten betont.
345 a.a.O., S. 23,32
346 a.a.O., S. 32 f.
347 a.a.O., S. 51
348 Ein gutes Beispiel für die gezielte Entwicklung wirtschaftlicher Großorganisationen im Ruhrgebiet zeigt Hartmut Pogge v. Strandmann, 1979, S. 142 ff.
349 S. dazu Franz Urban Pappi, 1977, S. 206
350 S. dazu auch Hildebrandt/Dalson, 1977, S. 230
351 a.a.O., S. 195
352 Ronald Inglehard, 1971
353 Peter Kmieciak, 1976, S. 439 ff., s.a. Wildenmann/Kaase, 1969; Walter Jaide, 1975
354 Dies wurde in zahlreichen Gesprächen mit Jugendlichen deutlich, die sozial und in Bürgerinitiativen tätig sind.
355 Vgl. Martin Jänicke in "Natur", Nullnummer, 1980, S. 53
356 Konrad Hesse, 1977, S. 63
357 John Locke, 1967, S. 256; Röhrig/Sontheimer, 1970, S. 279 ff.; Hannah Vogt, 1972, S. 13
358 1968, S. 170 ff. Daraus resultiert sein konsequentes Eintreten für die Mehrheitswahl, wobei sich die Argumentation auf rein funktionaler Ebene bewegt. Die von Hermens behauptete integrative Wirkung des Mehrheitswahlrechts wird von Hans Fenske (1972, S. 359) bestritten.
359 s.a. Ulrich Lohmar, 1968, S. 26 f.
360 1958, S. 146
361 Gerhard Leibholz, 1968, S. 135; Theodor Eschenburg, 1965, S. 139
362 Dazu ausführlich Jürg Steiner, 1970, S. 139 ff.
363 Dazu Werner Hill, 1975, S. 703
364 1951, S. 4; ders., 1966, S. 266; dazu auch Rüdiger Wolfrum, 1974, S. 20; gegen die Gleichsetzung des Mehrheitswillens mit dem Willen des Volkes Josef A. Schumpeter, 1975, S. 432 f.
365 Gerhard Leibholz, 1966, S. 224
366 Heinz Kloss, 1969, S. 162; Theodor Eschenburg, 1965, S. 140
367 Dazu ausführlich Erhard H.M. Lange, 1975
368 Joachim Raschke, 1971, S. 193
369 So G.B. von Hartmann, 1949, S. 17
370 1955, S. 180 ff.
371 Manfred Funke, 1978, S. 34; Elias Berg, 1965, S. 139;

Robert Dahl spricht demgegenüber von einem Kampf der Minderheiten, demgegenüber eine Mehrheit von Erwachsenen oder Wahlberechtigten passiv bleibe.
372 1965, S. 150 ff.
373 a.a.O., S. 138 f.
374 a.a.O., S. 131 f.
375 Jürgen Habermas, 1975, S. 154, zum Kompromiß
376 Dazu Konrad Hesse, 1977, S. 61 ff.; Rüdiger Wolfrum beschreibt Mehrheitsbildung als "dynamischen Prozeß ... durch den auf dem Wege von Diskussion und Ausgleich aus vielen Einzelmeinungen immer weniger Generalmeinungen herauskristallisiert werden". 1974, S. 31
377 Hannah Vogt, 1961, S. 14
378 Rudolf Laun, 1955, S. 194
379 Es hat also nicht dazu geführt, daß damit annäherungsweise "die Teilnahme aller in gleicher Freiheit ermöglicht" wird, wie Heinz Josef Varain (1964, S. 250) meint.
380 Wolf-Dieter Narr, 1977; auf diese Tendenz hat Rudolf Laun schon 1955 (S. 196) hingewiesen. Vgl. auch Eckehard Krippendorf, 1962
381 Rudolf Wildenmann, 1962, S. 69; diese Integrationsaufgabe ist nach einer Untersuchung des ZDF (22.5.79) nicht gelungen. Dazu speziell das Interview mit Rudolf Wildenmann.
382 Ernst Fraenkel, 1964, S. 63, 66 f.; Reinhard Niebuhr, 1961, S. 210; Gerhard Lehmbruch (1969, S. 285) spricht von einem "Konsenspostulat".
383 Konrad Hesse, 1977, S. 64
384 a.a.O., S. 66
385 Bachrach/Baratz (1977, S. 74 ff.) sprechen von "Nicht-Entscheidungen". Dazu auch Claus Offe, 1980
386 1969, S. 123 ff.; s. auch schon Peter Molt, 1963, S. 354; zu den Gefahren der SPD, Staatspartei im Werden, Narr/Scheer/Spöri, 1976, S. 12
387 Joachim Raschke, 1970, S. 19
388 Als ein Gegenbeweis von vielen ist die weite Verbreitung der antikommunistischen Ideologie z.Zt. des Kalten Krieges anzuführen.
389 Claessens/Klönne/Tschoepe, 1968, S. 65
390 So der Titel einer von der EFP herausgegebenen Zeitung.
391 Regine Roemheld, Föderalistische Alternative, Nr. 1977, S. 4
392 Karl D. Bredthauer, 1976, S. 1332
393 Dazu Friedrich Karl Fromme, 1976, S. 58 ff.
394 1975, S. 156
395 1975, S. 371
396 Programm EFP-Sektion Deutschland, 1979, S. 1

6. Kapitel

1 1971, S. 87 ff.
2 Ältere Darstellungen finden sich bei Hans-Peter Schwarz, 1971, S. 394 ff.; Manfred Rowold, 1974, S. 366 ff.; Stephen L. Fisher, 1974, S. 87; Werner J. Feld, 1972, S. 215, 223 f.; Hermann F. Achminow, 1972; als jüngste Darstellung mein Referat vor der DVPW, Darmstadt, 1978
3 Unzutreffend dazu Richard Stöss in: ders. u.a. (Hrsg.), Parteienhandbuch, Opladen (i.E.)
4 So Eberhard Schütt, 1973, S. 209 ff.
5 Zur terminologischen Unterscheidung Ossip K. Flechtheim, 1978, S. 474 f.
6 Die Europäische Arbeiterpartei (EAP) kann wegen ihrer Abhängigkeit von der amerikanischen Mutterorganisation (Spiegel, Nr. 22, 179, S. 36) wie auch wegen ihres nicht spezifisch europäischen Programms nicht als europäische Partei bezeichnet werden. Vgl. dazu Internationales Bulletin, Nr. 13, 1974 und: "Wer sind die Labor Comites wirklich?"; s.a. betrifft: Verfassungsschutz, 1976, 1977, S. 104
7 S. dazu auch Regine Roemheld, 1976
8 Lutz Roemheld, 1977/78; s. auch B. Voyenne, 1982
9 Schwerpunktmäßig im deutschen und französischen Widerstand, ZE I, 2, 1964, S. 33; ZE II, 1, 1965, S. 3; ZE III, 4, 1966, S. 48; siehe hierzu allgemein auch Lipgens, 1977, 1. Teil, bes. S. 44
10 Im Wortlaut bei Rolf Hellmut Foerster, 1963, S. 253
11 Ausführlich Claus Schöndube, 1969, S. 27 f.; Rolf Hellmut Foerster, 1963, S. 21 f.
12 ZE II, 1, 1965, S. 3 f.
13 Auskunft Dacirio Ghizzi-Ghidorzi v. 26.8.78, dem die Geldquellen im einzelnen unbekannt sind.
14 ZE II, 1, 1965, S. 4
15 Hans-Peter Schwarz, 1971, S. 389. Zu weiteren Gründungsversuchen dieser Art Werner J. Feld, 1972, S. 223, der hier hinsichtlich der Parteigründung Ghizzi-Ghidorzis zu korrigieren ist.
16 Föderalistische Briefe, 1959, in: La Federacio, Doc. 3, S. 12, Doc. 4, S. 5
17 Von 1954 - 1960, ZE IX, 1, 1972, S. 17
18 Hermann Achminow, 1972, S. 16; Europ. Grundprogramm, S. 4; ZE II, 1, 1964, S. 27
19 ZE II, 3, 1965, S. 43 f.
20 Vgl. Anm. 16; Ghizzi-Ghidorzi dazu ausführlich in einem Brief an die Verfasserin; dazu auch Hermann Achminow, 1972, S. 49, dessen Darstellung von Ghizzi-Ghidorzi ver-

schiedentlich widersprochen wird.
21 Grundsatzprogramm PDFE, S. 1 - 3
22 S. dazu S. 304 ff.
23 Grundsatzprogramm, S. 3
24 ZE II, 1, 1965, S. 4
25 a.a.O.
26 Hermann Achminow, 1972, S. 17
27 a.a.O., S. 18
28 a.a.O., S. 19
29 ZE IX, 1, 1972, S. 3
30 Hermann Achminow, 1972, S. 27, 29
31 FI-Statuten, S. 1; Europäisches Grundprogramm, S. 4
32 Dazu allgemein Ossip K. Flechtheim, 1974, S. 71 ff.
33 Hermann Achminow, 1972, S. 50
34 IDEE 21.12.66
35 Hermann Achminow, 1972, S. 122 f.
36 ZE II, 1, 1965, S. 4
37 a.a.O., S. 5
38 a.a.O.
39 a.a.O.
40 ZE I, 1, 1964, S. 8
41 Ferdinand Graf Kinsky ist Direktor des von Alexandre Marc in Nizza gegründeten C.I.F.E. (Centre International de Formation Européenne)
42 Vgl. dazu das Argument von Michael Th. Greven (1977), wonach die oktroyierten Organisationsprinzipien alle Parteien zur Anpassung zwingen.
43 Ferdinand Graf Kinsky, 1969, S. 199 f.
44 Ferdinand Graf Kinsky, 1969, S. 199 ff.
45 Burkhard Stieglitz, Doc. 1, S. 6 ff.
46 Die Gruppen beschränkten sich weitgehend auf Südwest-Europa.
47 IDEE 21.12.1966
48 ZE I, 2, 1964, S. 35; ZE VI, 3, 1969, S. 23
49 Dazu IDEE 18.7.1966
50 Zum Föderations-Potential der Europäischen Bewegungen ausführlich Hans-Peter Schwarz, 1971, S. 287; schon auf dem Kongreß in Den Haag 1948 wurden z.B. Integralföderalisten und Paneuropäer in den vergleichsweise unbedeutenden kulturpolitischen Ausschuß abgedrängt. Lutz Roemheld, 1977, S. 21 ff.
51 Gespräch mit Claus Tödt und Friedrich Wilhelm Merck, beides EFP-Mitglieder der ersten Stunde.
52 IDEE 18.7.66, s.S. 287 ff.
53 Dazu die Theorie von Alexandre Marc, der Parteien grundsätzlich ablehnt. Dazu neuerdings ein Brief an die Verfasserin v. 22.12.81.

54 Siehe dazu Rudolf Heberle, 1967, S. 80 ff.
55 1971, S. 380 f., 389
56 Vgl. dazu Alain Greilsheimer, 1975, S. 138
57 1950 sprachen sich noch 53 % der Bevölkerung Europas für ein vereintes Europa aus, 1962 waren es in der EG nur noch 40 %. Uwe Thaysen, der von einer "relativen Konstanz des Europa-Bewußtseins" spricht (1976, S. 165), wird durch das von ihm vorgelegte Material (a.a.O., S. 166) nicht überzeugend bestätigt.
58 Hans-Peter Schwarz, 1971, S. 389; dazu neuerdings Christian Fenner, 1981, S. 27 ff.
59 Vgl. dazu a.a.O., S. 386
60 Zu deren Anfängen ausführlicher Walter Lipgens, 1977, S. 602 ff.
61 Hans-Peter Schwarz, 1971, S. 390
62 Zur "Lobbyistenfunktion" a.a.O., S. 388 f.
63 a.a.O., S. 389
64 Ob diese Strategie "von vornherein" zum Scheitern verurteilt war (so Forschungsgruppe "Parteiensysteme... 1978, S. 81) soll hier differenzierter untersucht werden.
65 i.S. von Hans-Peter Schwarz, 1971, S. 385
66 Christian Fenner, 1981, S. 26 ff.
67 Karl-Heinz Reif u.a., 1979; s. dazu auch Christian Fenner, a.a.O., S. 31
68 Die von Reginald J. Harrisson (1974, S. 77 ff.) gegenüber der praktizierten funktionalen Theorie gehegten Hoffnungen haben sich gerade angesichts der jüngsten Zerreißproben der EG bisher als trügerisch erwiesen.
69 Zu diesem Problem allgemein Siegfried Mielke, 1973
70 Dazu ausführlich Wolfgang Sternstein, 1980, S. 330 ff.; Theo Schiller (1978, S. 188) spricht von einer Funktionskrise der Volksparteien.
71 Freimut Duve in: Frankfurter Rundschau v. 29.8.80 (Dokumentation)
72 Dazu Peter Kmiezciak, 1977; Wilhelm P. Bürklin, 1980, S. 238 f.
73 Nach einer Diskussion der Verfasserin mit Fachhochschulstudenten.
74 Dazu Friedhart Hegener, 1980, S. 71 ff.
75 Dazu mein Habil.-Vortrag an der FU Berlin, November 1980
76 Udo Bermbach, 1973, S. 10; ders., 1978, S. 98
77 Wolfgang Sternstein, 1980, S. 325
78 Bernd Guggenberger, 1980, S. 71
79 a.a.O., S. 24 ff.
80 a.a.O., S. 83. "Die Grünen" befanden sich zu diesem Zeitpunkt wieder auf dem absteigenden Ast.

81 Vgl. dazu Hermann Scheer, 1979, S. 215
82 "Europäische Föderalistische Jugendexekutive der Europäischen Legion" (EFJ), "Europäische Föderalistische Studentenexekutive des Neuen Europa" (EFS). Beide Organisationen sind in der Folgezeit fast nie in Erscheinung getreten und bleiben deshalb im Folgenden unerwähnt.
83 FI-Statuten, bes. S. 3 f.
84 FI-Statuten, S. 7 f.
85 Dieser Zeitraum ergibt sich lt. Expertise von Lutz Roemheld aus § 8 Abs. 1 der FI-Statuten in Verbindung mit § 2
86 FI-Statuten, S. 8 ff.
87 Wien wird ausdrücklich als Sitz der FI in den Statuten fixiert (S. 1).
88 Hermann Achminow, 1972
89 Otto Molden, a.a.O., S. 166 f.
90 ZE I, 1, 1964, S. 13 a
91 "Das EFP-Konzept: Europa durch seine Partei!" IDEE 25.3.66
92 Grundsatzerklärung IDEE 7.12.64; vgl. auch die Meinungsumfrage der EFP 1965, die die Zugkraft dieser Konzeption bestätigte. IDEE 4.12.65
93 ZE I, 1, 1964, S. 13 a; Gespräch mit Claus Tödt und Friedrich Wilhelm Merck.
94 IDEE 20.7.65
95 IDEE 15.5.65; ZE II, 2, 1965, S. 67
96 Diese EFP ging hervor aus der bestehenden "Europäischen Demokratischen Partei". Hermann Achminow, 1972, S. 41; ZE VII, 2, 1970, S. 3
97 ZE VII, 2, 1970, S. 3
98 Hermann Achminow, 1972, S. 43; dito ZE VII, 2, 1970, S. 314
99 Hermann Achminow, 1972, S. 42
100 Weil der Föderalismus in Deutschland nicht populär sei. Demgegenüber behauptete Achminow (1972, S. 51) zu Unrecht, die EFP Deutschland habe mit dem neuen Namen einen Hegemonieanspruch innerhalb der FI erhoben. Dagegen Claus Tödt in einem Brief an die Autorin. Vgl. dazu die Ausführungen von Ernst Ruban in Steg. (Burkhard Stieglitz, Dok. 1, S. 21)
101 S. 14: "Jede im Rahmen der FI stehende Europäische Föderalistische Partei muß den Namen 'Europäische Föderalistische Partei' und anschließend den offiziellen Namen ihres Landes im Genetiv führen".
102 0,2 % bei der BT-Wahl
103 Brief des Parteiratsvorsitzenden der EFP Deutschlands, Claus Tödt, an Hermann Achminow vom 29.6.72.

104 Burkhard Stieglitz, Dok. 1, S. 20
105 a.a.O., S. 21 f.
106 Sowohl im Europäischen Grundprogramm als auch in den "Radweger Leitsätzen" wird der Föderalismus nur am Rande erwähnt. Dazu s. S. 287 ff
107 Burkhard Stieglitz, Dok. 1, S. 22. Claus Tödt bestätigte, daß ihnen allen - gemeint sind die Mitglieder der Gründergruppe - der Föderalismus als durchgehendes Prinzip erst sehr viel später verständlich geworden sei. Claus Tödt bezieht sich dabei für seine Person auf die Lektüre von Constantin Frantz. Gespräch vom 15.3.77.
108 Brief von Héraud an die Verfasserin vom 7.3.77.
109 Zu der Auffassung der Integralföderalisten ausführlich Lutz Roemheld, 1978
110 Burkhard Stieglitz, a.a.O.
111 Ruban laut Protokoll: "Die FI kann beschließen, was sie will, wir bleiben doch bei Europa-Partei!", zit. nach Burkhard Stieglitz, a.a.O.
112 Ders., Dok. 2, S. 21
113 Ders., Dok. 1, S. 22; bestätigt im Gespräch mit Claus Tödt und H. Rudolph, damals Stellvertreter von Ruban. Diese Feststellung wurde bestätigt von Friedrich Wilhelm Merck.
114 S. 29 ff.
115 Dazu s. S. 304
116 Sie hatten ebenfalls einen Satzungsentwurf für den Aachener Kongreß ausgearbeitet, der in der Diskussion jedoch keine wesentliche Rolle spielte.
117 Diese Bewertung unterscheidet sich grundsätzlich von der von Burkhard Stieglitz, der den Antrag als "lasch" abqualifiziert (Dok. 3, S. 22), dessen Bericht diese Darstellung ansonsten weitgehend folgt (Dok. 2, S. 21 und Dok. 2, S. 21 f.).
118 Guy Héraud (F), Giordano Formizzi (I), Burkhard Stieglitz (D), Peter Menzi (CH) sowie Herrmann Hagena (D), Peter Stämpfli (CH). Kurt Kantor (A) nahm seine Wahl aus Protest nicht an und wurde durch Jaques Marzolf (F) ersetzt. Burkhard Stieglitz, Dok. 1, S. 21
119 Zum gesamten Verlauf ausführlich a.a.O., S. 19 ff., sowie Berichte von Lutz Roemheld.
120 Brief von Ghizzi-Ghidorzi an die Verfasserin; s.a. Constituzione di Assoziazione vom 1.2.72
121 Dazu ausführlich Ghizzi-Ghidorzi in seiner Rede auf dem 1. Parteitag der italienischen Sektion der EFP 1975 in Verona. Dok. 2, bes. S. 9 f.
122 Dazu ausführlich Kap. 6.2.

123 Auskunft Lutz Roemheld
124 Grundprogramm, S. 18
125 Burkhard Stieglitz, Dok. 1, S. 22
126 Grundprogramm, S. 19
127 Satzung, S. 21
128 Grundprogramm, S. 28
129 a.a.O., S. 8
130 Burkhard Stieglitz, Dok. 4, S. 21; s.a. Protokoll 10.1.75
131 Max Beloff, 1963, S. 27
132 Otto Molden (1958, S. 175 u. 181) beschreibt die Kontakte seines Bruders zum amerikanischen und französischen Geheimdienst. Zum Thema Widerstand und Europ. Bewegung allgemein Walter Lipgens, 1968.
133 Otto Molden, 1958, S. 33
134 a.a.O., S. 36
135 Brief Fritz Moldens vom 5.5.77 an die Verfasserin.
136 Otto Molden, 1952, S. 44
137 Dazu Philipp Agee, ehemaliger Mitarbeiter der CIA in einem Interview im WDF "Tagesthema" vom 23.2.77.
138 Richard Coudenhove-Kalergi, 1953, S. 115 f.
139 Carola Stern u.a. (Hrsg.), 1971, S. 197; Victor Marchetti/ John D. Marks, 1974, S. 56
140 a.a.O., S. 154
141 Dazu ausführlich ein Artikel der Iswestija v. 4.12.68
142 Richard Coudenhove-Kalergi, 1953, S. 125
143 Ernst-Otto Czempiel, 1966, S. 333 u. 336
144 a.a.O., S. 330; so auch Richard Coudenhove-Kalergi, 1953, S. 125 ff.; ebenso Rolf Hellmut Foerster, 1963, S. 22 f.
145 Vgl. Anm. 137
146 Ernst-Otto Czempiel, 1966, S. 336. Sie verzichtete deshalb auf offizielle Eingriffe in diesen Bereich.
147 s. Anm. 137
148 s. Anm. 130; dazu auch die Auskunft v. Ghizzi-Ghidorzi, S. 393, Anm. 12
149 Nach Aussagen eines ehemaligen Mitgliedes der Europa-Union - zeitweise Vorsitzender der deutschen Sektion der EFP - Hans-Joachim Krüger, der von einem Grundsatzstreit um eine gesamteuropäische Partei zwischen dem damaligen Vorsitzenden der EU des Landes Bayern und dem Präsidenten der deutschen EU, Eugen Kogon, in diesem Zusammenhang berichtet.
150 Hermann Achminow, 1972, S. 50
151 a.a.O., S. 17
152 Brief Dacirio Ghizzi-Ghidorzi vom 19.6.77 an die Verfasserin; Hermann Achminow, 1972, S. 49

153 Hermann Achminow, 1972, S. 49
154 Auch Claus Tödt im Gespräch mit der Verfasserin
155 Hermann Achminow, a.a.O.
156 Auskunft Hans-Joachim Krüger
157 Gespräch mit Claus Tödt 15.3.77
158 Sein Buch: Die Europäische Föderalistische Partei (1972) ist ein einziges Plädoyer für diese Konzeption.
159 Klappentext zu: Die Totengräber des Kommunismus, 1964 und Auskunft von Burkhard Stieglitz, der mit Achminow ausführliche Diskussionen führte.
160 Die Vermutung einer engen Beziehung zwischen Hermann Achminow und der CIA wird von Ghizzi-Ghidorzi geteilt. Gespräch 26.8.78
161 Auskunft Friedrich Wilhelm Merck, 15.3.77
162 Victor Marchetti/John D. Marks, 1974, S. 70 f.
163 Solche Durchdringungen, die unter dem Stichwort 'Verdeckte Aktionen' liefen, konnten auch in Form von freundschaftlichen Beziehungen bzw. gelegentlichen Geldzuwendungen praktiziert werden.
164 Auch dies gehört zur Praxis der CIA, a.a.O., S. 56, 59 u. 452 f.
165 Ein Vergleich mit seinem Buch von 1972 spricht für solche Zweifel. Daß vermeintlich brauchbaren Mitarbeitern von der CIA beim Erstellen von Büchern entscheidend geholfen wurde, berichten auch Victor Marchetti und John D. Marks, 1974, S. 222 u. 228
166 1964, S. 68 f. und 459 ff.; dazu auch S.
167 Victor Marchetti/John D. Marks, 1974, S. 215
168 Dort S. 6
169 Dazu ausführlich S. 298 f
170 Nachwort zu Hermann Achminow, 1972, S. 157
171 Zur Komintern Dietrich Geyer, 1969, S. 775
172 Entwurf für ein Europäisches Grundprogramm, S.
173 Diese Tendenz kennzeichnet auch die ideologische Orientierung der CIA. Victor Marchetti/John D. Marks, 1974, S. 306
174 Vgl. dazu S. 299
175 Victor Marchetti/John D. Marks, 1974, S. 59
176 Hermann Achminow, 1972, S. 44; später entpuppte sich der Vorsitzende dieser Organisation als Offizier des tschechoslowakischen Geheimdienstes. Frankfurter Allgemeine Zeitung 18.11.76
177 a.a.O., S. 27
178 1961 und 1971 erschienen in amerikanischen Zeitungen noch zahlreiche Berichte. Herman Achminow, 1972, S. 8 f.
179 Dazu z.B. Otto Molden (Hrsg.), 1977. Solche Kontakte zu

osteuropäischen Emigranten, die zu Propagandazwecken benutzt werden, sind eine von der CIA bevorzugte Methode. Victor Marchetti/John. D. Marks, 1974, S. 219 u. 221 f.
180 a.a.O., S. 304
181 Zit. nach Wolf-Dieter Narr, 1966, S. 14
182 Franz Neumann, 1968, S. 375
183 S. dazu Rechtliche Ordnung, 1957, S.
184 Fritz René Allemann, 1956, S. 319
185 Reinhard Ueberhorst in: Frankfurter Rundschau, Dok., 22.12.78
186 Hans Buchheim, in: Frankfurter Allgemeine Zeitung, Dez. 1968
187 Wilhelm Hennis, 1976, S. 95; auch Bernd Guggenberger, 1978, S. 177 f.
188 a.a.O., S. 96
189 a.a.O., S. 97 ff.
190 a.a.O., S. 95 f.
191 In einer Rede vor dem "Forum Politikum" in der Bonner Universität, Frankfurter Rundschau, 23.12.78
192 Auf die verhängnisvolle Vermischung weist Wolf-Dieter Narr (1966, S. 61) hin; vgl. auch Claus Offe, 1980
193 Heinz Gollwitzer, 1954, S. 228
194 Der negativen Bewertung von Weltanschauung von Wolf-Dieter Narr (1966, S. 178) kann hier nicht gefolgt werden, da nur sie in der Lage ist, rationale und irrationale Elemente menschlichen Seins zu berücksichtigen. Die Reduzierung des Innovationspotentials im Parteienwettbewerb auf die parlamentarischen Parteien (wie sie von Werner Zolnhöfer, 1973, vorgenommen wird) muß aus unserer Sicht als unzureichend zurückgewiesen werden.
195 S. dazu ausführlich Lutz Roemheld, 1977/78
196 Heiner Flohr, 1968, S. 40
197 a.a.O., S. 46
198 Dazu die Hypothesen von Jürg Steiner, 1970, S. 139 ff.
199 So Wolf-Dieter Narr, 1966, S. 62
200 v.d. Heydte/Sacherl, 1955, S. 27
201 Die von v.d. Heydte (1955, S. 27 ff.) angeführten Beispiele CDU/CSU, FDP und BHE können deshalb nicht als irklich beispielhaft gelten, als gerade in deren Programmatik der weltanschauliche Hintergrund zu kaum erkennbaren Rudimenten zusammengeschrumpft ist.
202 Helmut Gollwitzer in einem Interview mit "links", sozialistische Zeitschrift, 11. Jan. 1979, S. 11
203 Wolf-Dieter Narr (1966, S. 31) zur Definition des Programms.
204 Manfred Rowold, 1974, S. 366 ff.

205 Richard Stöss, 1975, S. 261
206 Manfred Rowold, 1974, S. 360
207 ebd.
208 Richard Stöss, a.a.O.
209 1974, S.
210 a.a.O., S. 87
211 Ders. (ebd.) berücksichtigt nur das alte Europäische Grundprogramm und die deutschen "Leitsätze" von 1968, während Manfred Rowold (1974, S. 368) das Göttinger Programm der deutschen EFP einbezieht, das von 1968 bis 1979 galt.
212 Hermann F. Achminow, 1972, S. 39. Das Programm befindet sich im Archiv Stieglitz.
213 Sie existiert heute noch. Frankfurter Rundschau v. 11.11.80
214 bes. S. 39
215 S. 9 ff.; s. dazu kritisch Christian Fenner, 1981 S. 36
216 Vgl. dazu ZE III, 1, 1966, S. 62
217 Richard Coudenhove-Kalergi, 1953, S. 162 ff.
218 Vgl. auch HE IV, 2, 1967, S. 29 ff.
219 ZE IV, 2, 1967, S. 14 f.
220 Dazu ausführlich ZE VII, 2, 1970, S. 9 ff.
221 ZE IV, 2, 1967, S. 16, 31 ff.
222 ZE I, 2, 1964, S. 16
223 Vgl. ZE IV, 2, 1967, S. 16 ff., 29 ff.
224 ZE II, 1, 1965, S. 14
225 Dazu ausführlich Lutz Roemheld, 1977/1978; in Kurzfassung auch Ferdinand Graf Kinsky, 1969; s.a. Bernard Voyenne, 1982;
226 Lutz Roemheld, 1978, S. 227
227 Im Gegensatz dazu hat im Modell eines Bundesstaates, wie er u.a. in der Europa-Union vertreten wird, der Wirtschafts- und Sozialrat nur beratende Funktion. Claus Schöndube, 1969, S. 216 ff.
228 Dazu ausführlich Lutz Roemheld, 1978, S. 156 ff.
229 ZE IX, 1, 1972, S. 7 ff.; vgl. auch Guy Héraud: L'Europe des Ethnies, 2 me éd., 1974; ders.: Peuples et Langues d'Europe, 1966; ders.: Die Prinzipien des Föderalismus und die europäische Föderation (Übs.), 1979; ders., Nouvelles reflexions sur l'ethnisme et sur le fédéralisme ethnique, 1975
230 Dazu ausführlich Lutz Roemheld, 1977, Teil 4.
231 Gasser, a.a.O., S. 147
232 Lutz Roemheld, 1978, S. 154 f.
233 ZE II, 1, 1963, S. 12 ff.
234 Dazu ausführlich Lutz Roemheld, 1977, Teil 4.

235 Zur Abgrenzung der Begriffe Europa und Abendland ausführlicher Rolf Hellmut Förster, 1963, S. 8
236 Diese Vorstellung basiert wahrscheinlich auf der Theorie Herman Achminows (1964) von der zwangsläufigen Zersetzung der sozialistischen Staaten.
237 1923, S. 108 und 1954, S. 32 ff.
238 Zu dieser österreichischen Mission ausführlich Otto Molden (1952, S. 36 ff.), der darin eine wichtige Funktion des Europäischen Forums Alpbach sieht.
239 Siehe Grundprogramm der FI, S. 4
240 Dazu Herman F. Achminow, 1972, S. 39
241 Im Sinne von Richard Stöss, 1975, S. 2111
242 ZE VI, 2, 1968, S. 14 f.
243 Achminow wurde erst 1971 als Mitglied der EFP Deutschland aufgenommen. Gespräch mit Claus Toedt, 15.3.77.
244 Vgl. dazu ZE VI, 3, 1969, S. 104
245 Hermann Achminow (1964), S. 86 f.
246 a.a.O., S. 462 f.
247 Auf die rudimentär vorhandenen Elemente des Integralen Föderalismus wurde bereits oben hingewiesen.
248 Ferdinand Graf Kinsky, 1969; ebenso Claus Schöndube, 1969, S. 135
249 Claus Schöndube (1969, S. 136) schrieb: "In der Gründung des europäischen Bundesstaates sehen die Föderalisten deshalb nicht alles, wohl aber einen entscheidenden Schritt auf dem Wege der Durchsetzung des föderalen Prinzips". (Hervorhebung R.R.) Er bezog sich dabei u.a. auf die Gedanken von Alexandre Marc und Hendrik Brugmans, der bereits 1947 schrieb: "Der Föderalismus wird nicht nur eine neue politische, sondern eine neue soziale Ordnung aufbauen". (zit. nach Claus Schöndube, 1969, S. 135)
250 Dies wird bereits in seiner Rede auf dem Landesparteitag NW (14.3.1970) deutlich.
251 EFP Deutschland, Mitbestimmungsprogramm, Forschungspolitisches Konzept, Unna o.J.
252 Burkhard Stieglitz in seiner Rede zum Mitbestimmungsprogramm, Düsseldorf 1970
253 France et Progrès, Programm du Parti Fédéraliste Européen de France, Evreux o.J.
254 Dazu Lutz Roemheld auf dem Aachener Kongreß. Burkhard Stieglitz, Doc. 3, S. 21
255 Der Programmvorschlag des EB war den Delegierten erst auf dem Parteitag selbst vorgelegt worden.
256 Als Unterlage diente der von Rudolf Polley gedruckte Entwurf, der entgegen den Beschlüssen in Aachen als Europäisches Grundprogramm bezeichnet wurde (Archiv Stieg-

litz). Auch Herman Achminow (1972) gibt diesen Entwurf fälschlicherweise als beschlossenes Programm aus. Im Folgenden bezeichnet als AE. Dabei hatte Achminow nicht den von der Programmkommission beschlossenen Entwurf, sondern seinen privaten vorgelegt, Burkhard Stieglitz, Doc. 2, S. 21
257 Vgl. ZE V, 2, 1968, S. 5
258 Dazu allgemein Michael Zängle, 1978, S. 32
259 Dazu bes. Héraud, Protokoll, S. 5. Da das Programm erst auf dem Kongreß selbst bekannt wurde, war eine ausführliche Debatte nicht möglich. Die Entscheidung über Annahme oder Ablehnung fiel daher ohne ausreichende Klärung. Das Protokoll gibt diese Entscheidungen nicht wieder (Gespräch mit Lutz Roemheld). Darüber ausführlich Burkhard Stieglitz, Doc. 2, S. 21 ff.
260 Vgl. Herman Achminow, 1964
261 Stieglitz-Entwurf (SE), S. 1 f.
262 Göttinger Programm, S. 10
263 AE, S. 6; Der "dynamische Föderalismus", zuerst in Anlehnung an Constantin Frantz geprägt von dem Vorsitzenden der EFP Deutschland, Hans Wittich von Gottberg, (ZE VIII, 1, 1971, S. 8) wurde später zur "Doktrin der EFP" erhoben. Herman Achminow, 1972, S. 45
264 AE, S. 7
265 Göttinger Programm, S. 10
266 Lutz Roemheld, 1978, S. 207 ff. und S. 247 ff.
267 Lt. Gespräch mit Burkhard Stieglitz vom 22.1.77
268 Wie im Europäischen Grundprogramm, s.o.
269 Burkhard Stieglitz, Doc. 2, S. 23
270 Das Kongreß-Protokoll enthält dazu keine eindeutige Aussage. Informationen von Lutz Roemheld und Burkhard Stieglitz, Doc. 2, S. 21 f.
271 So unterstellte Achminow (1952, S. 124) - für Eingeweihte erkennbar - Stieglitz und seiner Gruppe "kommunistische Infiltrationsversuche". Zu den Einzelheiten ausführlich Burkhard Stieglitz, Doc. 3, S. 22 f.
272 Vom Achminowschen Programmvorschlag stand nach der Ablehnung der o.g. Passagen nur noch der "Aachener Torso" zur Diskussion.
273 Burkhard Stieglitz, Analyse, o.J. und ders., Doc. 2, S. 22 f.
274 Ders., Analyse, S. 4
275 Aachener Torso, S. 7
276 Burkhard Stieglitz, S. 5
277 ebd., S. 6
278 ebd., S. 5

279 ebd.
280 Stieglitz-Entwurf, S. 2
281 Aachener Torso, S. 16
282 s.S. 307
283 Burkhard Stieglitz, Doc. 2, S. 22 f., der sich dabei auf Aussagen von Achminow in ausführlichen mündlichen Auseinandersetzungen stützt. Gespräch mit Burkhard Stieglitz vom 22.1.77
284 Aachener Torso, S. 12; Burkhard Stieglitz, Doc. 2, S. 22 ff.
285 Burkhard Stieglitz, Doc. 2, S. 23
286 Aachener Torso, S. 11
287 Burkhard Stieglitz, Analyse, S. 22; ders., Doc. 2, S. 23
288 Göttinger Programm, S. 24. Die Diskrepanz zwischen diesen Punkten und dem übrigen Programm wird deutlich in einem Kommentar zum Göttinger Programm (Erläuterungen zum Grundsatzprogramm der Europäischen Föderalistischen Partei Deutschland (Göttinger Programm) (im Besitz der Verfasserin)), der von einer "Initiativgruppe" um Lutz Roemheld angefertigt wurde und vom Initiator als Dokument des Übergangs vom Göttinger zum Grundprogramm gewertet wird. Siehe bes. "Erläuterungen..." PG 2, 4, 5 - 1.
289 Göttinger Programm, S. 10
290 ebenda
291 ebenda
292 Vgl. dazu den Kommentar "Erläuterungen ..." PG 4, 2, 3 - 1 f. Nach Auskunft von Lutz Roemheld bedarf das Programm deshalb dringend einer Überarbeitung.
293 Dazu als beredter Beweis das Protokoll einer Sitzung der Kommission von Hermann Hagena (EFP-Archiv).
294 Burkhard Stieglitz, Doc. 3, S. 21
295 Grundprogramm, 1974 (im Folgenden zit. als Gr.P.), S. 9 ff.
296 a.a.O., S. 7 und 11 ff. Zu dieser Theorie ausführlich Lutz Roemheld, 1978, Teil 4
297 Gr.P., S. 15 f.; das integralföderalistische Konzept bei Lutz Roemheld 1978.
298 Burkhard Stieglitz in einer Rede vor Interessenten 1972. Zu fragen bleibt, weshalb dann der Föderalismus im Gr.P. (S. 8) nur als Methode bezeichnet wird. Die Integralföderalisten hingegen sprechen von einer Doktrin, Lutz Roemheld, 1978, S. 63
299 Lutz Roemheld, 1978, S. 129 ff. Das Gr.P., S. 5 spricht vom übermäßigen "Anwachsen der Macht in den Händen des Nationalstaates, der als größte Massenorganisation mit seinem bürokratischen Apparat, mit Polizei und Armee allein dazu berufen scheint, die Gesellschaft zusammenzuhalten und deren Konflikte zu lösen. Aber der liberalistische Na-

tionalstaat ist ebensowenig wie der totalitäre Staat in der Lage, die Probleme unserer Welt zu lösen". Zu den Bedingungen der Krise allgemein Martin Jänicke, 1975, S. 438 f.
300 Lutz Roemheld (1978, S. 133)
301 Gr.P., S. 5
302 Aufgrund ähnlicher Vorstellungen haben die World Federalists (Hutchins u.a., S. 6 - 11) bereits 1948 eine Weltverfassung veröffentlicht. Gr.P., S. 10; vgl. auch Lutz Roemheld, 1978, S. 175, 191, 231
303 Lutz Roemheld, 1978, S. 67 f., 154, 181, 184, 197 ff.
304 Lutz Roemheld, 1978, S. 120 - 126, S. 13 f., Gr.P., S. 7
305 Ders., 1978, S. 61 f.
306 Ders., 1978, S. 198 f.
307 Ders., 1978, S. 238
308 ebd., S. 252 f.
309 Das Konzept der Kompetenzaufteilung, speziell der Rahmenkompetenz, findet sich auch bei den Integralföderalisten; ebd., S. 207 ff., 247 ff.
310 Region ist einer der Schlüsselbegriffe im integralföderalistischen Konzept; ebd., S. 156 ff.
311 ebd., S. 166 ff.
312 ebd., S. 167
313 ebd., S. 153 ff.
314 ebd., S. 253
315 ebd., S. 282 ff.
316 ebd., S. 342 ff.
317 Auskunft Burkhard Stieglitz
318 Brief von Burkhard Stieglitz an Guy Héraud vom 13.12.71
319 Dies wird von Guy Héraud in einem Brief an die Verfasserin bestätigt.
320 Vgl. dazu sein Buch "Der dritte Weg", Bern o.J., S. 34 ff.
321 Burkhard Stieglitz, Doc. 5, S.
322 Heinz Gollwitzer, 1954, S. 228
323 Lt. Auskunft Lutz Roemheld
324 Die FI wurde am 28.8.74 in Zürich aufgelöst. pep 8.1.75.
325 Frankfurter Allgemeine Zeitung, 3.4.78
326 1979, S. 37
327 Dazu ausführlich: Hans Boldt, 1979, S. 9 ff.; Hartmut Klatt, 1971, S. 20 ff.; Wolfgang Zeh, 1979, S. 15 ff.; Liesegang/Plöger, 1973, S. 177 ff.; Fritz Rietdorf, 1973, S. 201 ff.
328 Diese Auffassung zieht sich durch alle Schriften Hérauds, von denen die Bibliographie eine Auswahl bietet.
329 Ausführlich dazu Ulrich Grote-Mismahl, La Federacio, Doc. 5, S. 3 ff.

330 s.a. Walter Dürr, 1975, S. 401 ff.
331 Siehe Lutz Roemheld, 1978, S. 351
332 So Hans-Peter Schwarz, 1971, S. 395
333 a.a.O.
334 a.a.O.
335 Diese Radikalität wird dem Integralen Föderalismus vorgeworfen wegen des Risikos einer Revolution. S. dazu Reginald J. Harrison, 1973, S. 58 ff.
336 Hans-Peter Schwarz zum Regionalismus der Europabewegung nach 1945, 1966, S. 649 f.
337 Zumindest bei den Neomarxisten mag die Ursache in der grundsätzlichen Abneigung ihrer Theoretiker Karl Marx und Friedrich Engels gegen alle regionalistischen Bestrebungen zu suchen sein, die ihrer Strategie im Wege stehen mußten, "auf die entschiedenste Zentralisation in die Hände der Staatsmacht hinzuarbeiten" mit dem Ziel, daß diese Staatsmacht von den Arbeitern erobert werden müsse. Zitat und Kontext nach Hans-Peter Schwarz, 1966, S. 260 f.
338 a.a.O., S. 90
339 Wolf-Dieter Narr, 1966, S. 89
340 a.a.O.
341 Dazu beispielhaft der Vergleich mit dem Programm der Bayernpartei und der Deutschen Zentrumspartei als Exponenten des christlichen Sozialismus und des Föderalismus. Arnold Bauer, 1955, bes. S. 473 f.; Manfred Rowold, 1974, S. 321 f.; Grundprogramm der Deutschen Zentrumspartei 1974; s.a. das Memorandum des Arbeitskreises "Das demokratische Deutschland", Wilhelm Hoegner, 1975, S. 175 ff.

7. Kapitel

1 Zur Anfangsphase dieser Organisation Walter Lipgens, 1977, S. 602 ff.
2 Informationsblatt der EU Deutschland
3 1971, S. 388
4 pep, 6.9.71
5 1971, S. 438, Anm. 47
6 Forschungsgruppe Parteiensysteme, 1978, S. 80
7 a.a.O., S. 81; ähnlich negativ Christian Fenner, 1981, S. 31
8 Von Seiten der großen Parteien wird dieser Vorgang sehr viel zurückhaltender mit "Fermentwirkung" umschrieben.
9 Die föderalistische Alternative Nr. 3, 1978, S. 8
10 Regine Roemheld, in: Föderalist Nr. 41. Dez./Jan. 1974/75

11 Lutz Roemheld in einem Brief an die Zeitschrift Europa-Union vom 10.7.77. Archiv Roemheld.
12 pep, 8.5.72 (irrtümlich statt 8.6.72)
13 Dazu auch die Erklärung von Malfatti, Präs. d. EG.Komm. und W. Scheel, Präs. d. Ministerrates, Handelsblatt 17.9.79
14 pep, 16.9.71; s.a. pep, 10.4.74
15 pep, 9.8.72; vgl. pep, 19.7.72 u. 8.6.72
16 pep, 27.3.74
17 Dazu der Brief der EFP an Biedenkopf vom 18.10.77, Dokumentation, S. 521
18 pep, 27.3.74
19 Kommentar zum Göttinger Programm, P 4. - 1
20 Dazu ausführlich Walter Lipgens, 1977, S. 603 f.
21 Hans-Peter Schwarz, 1971, S. 438, Anm. 348
22 pep, 10.8.71
23 pep, 16.6.71, 18.6.71
24 pep, 16.9.71; s.a. pep, 24.4.73 (Gespräch von deutschen und britischen Vertretern in Königswinter, Votum für europäische Parteien. Gleichzeitig griff auch das C.I.F.E. (Centre International de Formation Europèen) diese Forderung auf, allerdings unter Bezugnahme auf die EFP, pep, 23.9.71.
25 pep, 13.1.72; 12.5.72
26 Die Vorbereitungen zu einer solchen Partei waren seit 11.12.73 (pep) öffentlich bekannt.
27 pep, 23.10.73
28 Föderation Europa, Juli 1975, S. 6
29 Auskunft Lutz Roemheld
30 Dazu ausführlich Ficker/Fischer-Dieskau/Krenzler, 1976, S. 31 ff.; Rudolf Dadder, 1978, S. 238 ff.; Theo Stammen, 1977, S. 356 ff.
31 Am 27.3.76 stellte die EFP den Antrag auf einstweilige Verfügung gegen den widerrechtlichen Gebrauch der Bezeichnung "erste europäische Partei". Dazu ein offener Brief der EFP an den FDP-Vorsitzenden Genscher (keine Antwort) mit telefonischer Durchgabe an dpa. Keine öffentliche Reaktion. Archiv Roemheld.
32 Dazu ein ausführlicher Briefwechsel: EFP Kleve - CDU Kleve. Archiv Paul Zigan.
33 pep, 10.4.74
34 pep, 22.8.72 und mündlicher Bericht Lutz Roemheld
35 Mündlicher Bericht Lutz Roemheld
36 Bericht Lutz Roemheld
37 Unterlagen Archiv EFP
38 Europa-Union, Nov. 1971, S. 5; zu diesem Wahlziel auch ein internes Papier der EF; EFP-Archiv
39 Europa-Union, a.a.O.

40 pep, 28.8.73
41 pep, 8.5.73
42 In Wirklichkeit hieß es "überparlamentarische Opposition". pep, 14.6.74
43 Europa-Union, Juni 1974
44 Beispielhaft dafür die "Podiumsdiskussion" mit Kandidaten des Europäischen Parlaments zu einer Tagung der "Deutschen Vereinigung für Parlamentsfragen" nach Luxemburg zum Thema: "Das Europäische Parlament" (21. - 23.3.79) unter der Leitung von Carl Otto Lenz (MdB)-CDU) als Vorsitzender der Vereinigung. Einladung im Archiv der Verfasserin. Der Parteivorsitzende H.J. Krüger hatte sich ausdrücklich um eine Einladung zu einer Podiumsdiskussion in Darmstadt bemüht, sie aber nicht erhalten. Ergänzend dazu eine Begebenheit aus Hamburg während des Wahlkampfes 1972: Die Vertreter der parlamentarischen Parteien in Hamburg weigerten sich, zusammen mit einem Vertreter der EFP an einer Podiumsdiskussion teilzunehmen. Daraufhin mußte der Veranstalter (Schülerselbstverwaltung eines Hamburger Gymnasiums) die EFP wieder ausladen, pep, 21.11.
45 Brief vom 15.7.76, Archiv Roemheld.
46 Ablehnender Bescheid vom 4.8.76, Archiv Roemheld. Der britische Liberale Gladwyn hatte öffentlich gefordert, alle interessierten Gruppen an der Erarbeitung des Europa-Wahlrechts zu beteiligen. Dazu ein Briefwechsel EFP - Lord Gladwyn. Archiv EFP
47 Auskunft Erika Metzner
48 Brief 15.7.77, Archiv Roemheld
49 Schreiben v. 29.7.77. Dokumentation Dok. 1
50 Im Wortlaut s. Dokumentation, Dok. 2
51 Wilfried Dzieyk, 1978, S. 179 ff. In dem Seminar, auf dem dieser Beitrag fußte, war auch die EFP behandelt worden.
52 1976, S. 180
53 Ein Beitrag zu diesem Thema wurde abgelehnt.
54 "Politikwissenschaft als Integrationswissenschaft", 1975, S. 83 ff.
55 Aus dieser Sicht bezieht die SPD selbst ein beachtliches Wählerreservoir. Franz Urban Pappi, 1977, S. 200 ff. Dazu auch Richard Stöss in: Parteienhandbuch, i.E. Er verortet die Partei im "westdeutschen Kleinbürgertum".
56 s.a. pep, 18.11.73
57 pep, 8.1.74
58 Friedrich Wilhelm Merck, pep, 16.1.74
59 Brief vom 24.5.78, s. Dokumentation, Dok. 4
60 Angeschrieben wurden: Frankfurter Allgemeine Zeitung, Frankfurter Rundschau, Die Welt, Süddeutsche Zeitung, Stuttgarter Zeitung

61 Brief an Dr. Christian Schwarz-Schilling, CDU-MdB zum Thema "Europäische Mittelstandspolitik" und Brief an die Sozialdemokratische Fraktion im Deutschen Bundestag zum Thema "Bezüge des Generalsekretärs der CDU, Heinrich Geißler", beides s. Dokumentation, Dok. 3
62 Brief vom 15.6.77
63 Brief vom 1.7.77
64 Brief vom 8.7.77, Archiv Roemheld
65 Dazu z.B. das Ahlener Programm als Absorptionsinstrument der CDU gegenüber dem Zentrum, die Übernahme der Bezeichnung "Europa-Partei" durch die CDU (z.B. im Wahlkampf Schleswig-Holstein, 1970, Bericht Lutz Roemheld wie auch in einer Werbebroschüre der CDU-Kleve zur Euro-Wahl).
66 Frankfurter Rundschau, 14.7.78
67 22 % hielten ihre Beteiligung für wahrscheinlich. Uwe Thaysen, 1978, S. 165
68 z.B. "Neue Züricher Zeitung", 8.3.74, ausführlicher Bericht über die Schweizer EFP. Im gleichen Jahr veröffentlichte die NZZ einen Appell der EFP (8.3.74) und nannte - im Gegensatz zu deutschen Zeitungen, den EFP-Präsidentschaftskandidaten bei den französischen Wahlen 1974, Guy Héraud, mit Partei und politischen Zielsetzungen. Eine Zeitung in Mantua berichtete 1972 über die zweijährige Arbeit der EFP-Sektion; Bericht in zwei holländischen Lokalzeitungen über Gründungsbemühungen der EFP 1977; s.a. den ausführlichen Bericht einer südfranzösischen Regionalzeitung "l'Independent" über die EFP-Katalonien und das Grundsatzprogramm. pep, 18.12.74
69 pep, 24.10.72
70 Brief vom 9.11.72, Archiv Roemheld
71 Von zweimal 3 Minuten, in Bremen nur einmal 3 Minuten. EFP-Archiv
72 lt. Fernschreiben an WDR (1.11.72) und Antwort (13./14.11.72)
73 Telex vom 15.11.72
74 lt. Auskunft WDR-Justiziariat
75 In einer Hörfunksendung (WDR II, 1.12.73) wurde dieses Konzept zur Lösung des belgischen Sprach- und Kulturstreites vorgetragen. (pep, 13.12.73)
76 vgl. Anm. 68
77 pep. 2. u. 8.5.74
78 u.a. durch Zusendung von Informationsmaterial
79 Eine Erklärung dafür mag darin zu suchen sein, daß zur Zeit der Präsident der Europa-Union (pep, 22.5.73), Theo M. Loch, als Chefredakteur des WDP die Nachrichtenpolitik des Senders bestimmt.

80 Liste und einige Beispiele s. Dokumentation, Dok. 3
81 Bericht Lutz Roemheld, seit 1973 Pressesprecher der EFP-Sektion Deutschland.
82 dpa, 11.3.73, s.a. pep, 20.3.73 u. 10.4.73. Es handelt sich dabei um die bald wieder eingegangene "Partei christdemokratischer Europäer".
83 Unterlagen Archiv EFP
84 Über die Reaktionen ausländischer Medien fehlt der Überblick.
85 Dazu ein Bericht eines Hamburger Mitgliedes anläßlich des Wahlkampfes 1972. Archiv EFP
86 S. dazu auch das Antwortschreiben der Zeitung "Die Welt" vom 30.5.78 auf einen Brief an C.G. Ströhm zu dessen Beitrag während einer Fernsehdiskussion (28.4.78).
87 Die Welt, 28.8.74: "Vierzig Liliput-Parteien träumen vom großen Wahlsieg".
88 EFP-Archiv
89 Bericht von Gerd Pfannkuche vom 28.11.72, Archiv EFP
90 Dazu pep, 25.9.74
91 Frankfurter Allgemeine Zeitung, 28.6.73; dazu pep, 3.7.73
92 Original im EFP-Archiv
93 Die Partei verlor bei dieser Wahl 50 % der 1969 gewonnenen Stimmen.
94 Spiegel Nr. 74, 1972, S. 50 f.
95 s.a. pep, 28.11.72
96 z.B. in der Westfälischen Rundschau vom 7.3.79: "Gerücht: Europaparlament demnächst in Fröndenberg".
97 Belege dafür im Archiv EFP und Archiv Roemheld
98 So z.B. an das Zentralkomitee der Deutschen Katholiken zum Parteieneinfluß auf die öffentlich-rechtlichen Rundfunkanstalten vom 14.7.77, Dokumentation, Dok. 6
99 z.B. mit einer Informationsanzeige im Darmstädter Echo (6.9.75) und einer Presseerklärung zu diesem Problem.
100 s. Dokumentation 7
101 Dazu die Korrespondenz mit den genannten Zeitungen. Archiv Roemheld.
102 Unterlagen dazu: Archiv Roemheld.
103 Bunte Liste Wehrt Euch, Hamburg und kommunale Wählergemeinschaft im Kreis Kleve.
104 Bericht Stephan Ramrath, über die Wahlvorbereitungen in Dortmund 1972, Dokumentation, Dok. 8
105 S. dazu Dokumentation 9; vgl. dazu auch den Bericht vom 29.9.72 im Hamburger Abendblatt über die gescheiterten Versuche der Unterschriftensammlung in den niedersächsischen Kommunalwahlen. Gescheitert waren damals DP, ZP, DFU, FSU und EFP. Archiv EFP

106 Nach pep, 11.7.72
107 Brief vom 6.7.72. Archiv EFP
108 pep, 11.7.72
109 pep, 12.9.72
110 September 1972
111 pep, 22.9.72
112 s. Dokumentation 14
113 Gegen diese Auflage legte die EFP beim Bundeswahlleiter Beschwerde ein. Archiv Roemheld.
114 Die hier gegebene Schilderung beruht auf eigenen Erfahrungen bzw. auf Berichten von Parteimitgliedern.
115 Sie hatte mit der Partei Freies Berlin kandidieren wollen und dafür in 19 Tagen - die auch noch die Weihnachts- und Neujahrstage einschlossen - 6000 Unterschriften zu sammeln. Bericht Erika Metzner
116 Am Stichtag fehlten noch ca. 800 Unterschriften von 4000 geforderten.
117 z.B. Gemeindeverwaltung Oer-Erkenschwiek
118 Bericht H.C. Schweizer
119 Bericht Gerhard Huber
120 S. dazu Christian Fenner, 1981
121 Nicht ohne Grund hat die FDP als "europäischste" aller nationalen Parteien das schlechteste Wahlergebnis: 4 Sitze im Europa-Parlament.
122 So in Essen mit der Begründung, daß dies nur zulässig sei, "wenn ein überwiegendes Interesse der Allgemeinheit vorliegt" (z.B. Hinweise oder Durchsagen bei Katastrophen). Schreiben der Stadt Essen v. 15.8.77, Archiv EFP
123 So in Dortmund 1977
124 So der Stand der EFP in Mülheim/Ruhr direkt an einer Fußgängerampel.
125 So bei einer Veranstaltung der Stadt Kleve (mit CDU-Mehrheit von 60 %) "Eurotreff" 1971 gegenüber der EFP. Archiv Zigan.
126 Siehe dazu auch das Urteil des BVerfG v. 13.12.74; dazu Peter Franke, 1976, S. 518 ff.
127 Belege aus Schleswig-Holstein. Archiv EFP
128 Bericht E. Rechlin. Archiv EFP; s.a. Bericht v. Paul Zigan aus dem Kreis Kleve
129 Brief der Stadt Konstanz an die EFP v. 10.11.72. Archiv EFP
130 Dazu ein Flugblatt der EFP v. 12.11.72. Archiv EFP
131 Auskunft Horst Engelmann, Vorstandsmitglied im LV Baden-Württemberg
132 Horst Schmollinger/Richard Stöss, 1975, S. 112; s. auch Archiv Paul Zigan

133 a.a.O., S. 111
134 Gisela Schölgens, damals Vorsitzende des LV Bayern, über das Wahlergebnis. EFP-Archiv
135 Süddeutsche Zeitung, 11.11.70
136 Horst Schmollinger/Richard Stöss, 1975, S. 111
137 IDEE 12.10.64
138 Dazu die Zeitungsberichte aus dem Wahlkampf. Archiv EFP
139 Rechenschaftsbericht des stellvertretenden Bundesvorsitzenden Krüger März 1977 in Würzburg; s. auch Biege/Mann/Wehling 1976, S. 348 f. Die EFP wird hier unberechtigterweise als "Palmer-Partei" bezeichnet.
140 Auskunft Horst Engelmann, s. Anm. 131
141 Der Wahlkampf in Baden-Württemberg bewirkte eine weitgehende Stornierung der Zahlungen für den Parteifinanzausgleich, führte u.a. wegen seines niedrigen Ergebnisses zum Austritt des 1. Bundesvorsitzenden Karl Hahn (Grund: physische Erschöpfung) und zahlreicher weiterer Mitglieder. Rechenschaftsbericht a.a.O.
142 Dazu ausführlich Regine Roemheld, Dok. 3, S. 6 ff.
143 Dazu BVerfGE 24, S. 260
144 Die Strategie der Wahlkampfpause und punktuellen Wahlbeteiligung wurde 1980 erfolgreich in Kleve, Dortmund und Mettmann praktiziert.
145 Zur Zeit der FI und auch als gesamteuropäische Partei konnte sie im Ausland beachtliche Erfolge erzielen: Österreich: 1962 Nationalratswahlen 0,8 %, Präsidentschaftswahlen 4 % für Otto Molden; Schweiz: Stadtrats- und Gemeindewahlen Zürich 0,8 %, Kantonratswahlen bis 10 %, Nationalratswahlen bis 0,3 %; Frankreich: Präsidentschaftswahlen 1974 0,1 %; Italien - Südtirol 1974 sechs Sitze in Kommunalparlamenten in Listenverbindung mit der "Partei der Unabhängigen". EFP Schweiz: Die Geschichte der EFP 1959 bis 1976 in Stichworten; auch Herman Achminow, 1972, S. 5 ff.; Europawahl '79, Italien: 0,5 %.
146 Auskunft Friedrich Wilhelm Merck
147 So traten zwischen 1970 und 1972 etwa genauso viele Mitglieder aus wie 1969 eingetreten waren.
148 Solche Versuche wurden bisher bei der FSU, beim Zentrum (DZ) und bei den "Grünen" unternommen.
149 Das Maximum der zur Verfügung stehenden Mittel betrug 1969 106.000 DM und 1971 102.000 DM. Alle übrigen Jahreseinkünfte lagen unter 100.000 DM. Auskunft Friedrich Wilhelm Merck.
150 Bayern, Niedersachsen, Bremen
151 Dazu Überlegungen von Lutz Roemheld, La Federacio, Diskussionsbeilage, Nr. 3; Entschließung v. 30.8.77 und

25.6.78. Archiv Roemheld.
152 Sie wandte sich in einem offenen Brief - der wiederum unbeantwortet und unveröffentlicht blieb - u.a. gegen die im Europa-Wahlgesetz vorgesehene Regelung, daß nur die in den Parlamenten vertretenen Parteien an der Wahl teilnehmen könnten. Archiv Roemheld, Dokumentation, Dok. 3. In einem anderen Brief an den ehemaligen saarländischen Ministerpräsidenten Röder unterstützte sie dessen Vorschlag, im Europa-Wahlgesetz ein Länder-Grundmandat vorzusehen. Archiv Roemheld.
153 Erklärung vom 14.12.76 an dpa (unveröffentlicht) Dokumentation 10
154 Erklärung vom 31.3.77 (Dokumentation, Dok. 11) und 27.8.77 (Dokumentation, Dok. 12), v. 2.4.97; v. 9.6.79 (Dokumentation, Dok. 12, 13).
155 pep, 21.11.72
156 Sie rief stattdessen zu einem Wahlboykott auf. Föderalistische Alternative, August 1976

8. Kapitel

1 Im Gegensatz zu den großen Parteien (CDU und SPD), bei denen sich "engere Führungszirkel" herausgebildet haben. Ulrich Lohmar, 1963, S. 112
2 Diesem Zweck diente das Buch "Die Europäische Föderalistische Partei", 1972
3 Von den rund 50.000 Stimmen, die die EFP 1969 in der BRD gewann, gab sie pro Stimme 2,47 DM aus. Demgegenüber betrugen die Ausgaben pro Stimme im gleichen Jahr bei der CDU/CSU 4,16 DM, bei der SPD 4,36 DM und bei der FDP sogar 8,22 DM. Herman Achminow, 1972, S. 9
4 S. dazu Thomas Ellwein, 1973, S. 174
5 Ossip K. Flechtheim, 1962, S. XVI
6 Gerd Meyer, 1973, S. 7
7 Im Gegensatz dazu Thomas Ellwein, 1973, S. 203
8 Dazu ausführlich Kap. 5; s. auch Bodo Zeuner, 1976, S. 137 f. zu den Interessengruppen; siehe Eckehard Hammer, 1976, S. 239 zum Bundesverfassungsgericht.
9 Robert K. McKenzie, 1964, S. 381 ff.; s. auch Wolfgang Jäger, 1973, S. 134; s. dazu auch Alf Mintzels Analyse der CSU, 1975, S. 466 f.
10 Hans Kremendahl, 1977, S. 317
11 Parallel zu der Fragestellung von Dieter Runze nach den

gesellschaftlichen Bedingungen, unter denen Minderheiten entstehen (1977, S. 122), wurde hier nach den politischen Bedingungen der Entstehung von Minderheiten gefragt.
12 Dazu Michael Th. Greven, 1977
13 S. auch Joachim Raschke, 1973, S. 307 ff.
14 Dazu Gerhard Lehmbruch, 1967, S. 33 f.; zur parteipolitischen Bindung des Bundesverfassungsgerichtes Werner Hill, 1975, S. 706
15 Ulrich v. Alemann, Rolf G. Heinze, 1979
16 Siehe z.B. Giovanni Sartori, 1976, S. 173 ff.
17 Vorschlag von Giovanni Sartori a.a.O.; s. auch Christian Graf v. Krockow, 1977, S. 33 ff.
18 Dazu ausführlich Sylvia Streeck/Wolfgang Streeck, 1972, S. 9 ff.
19 Gerhard Lehmbruch, 1969, S. 299
20 So Michael Th. Greven, 1977, S. 179 f.
21 S. dazu Ralf Dahrendorf in "Die Zeit" v. 18.11.1977, S. 3
22 BVerfGE 20, S. 56
23 In "Die Zeit" a.a.O.
24 ebd.
25 Nach Helmut Kohl macht sich derjenige, der dies tut, an eventuellen Veränderungen des Systems <u>mitschuldig</u>.
26 Gustav W. Heinemann, 1976, S. 7
27 S. dazu Frankfurter Rundschau v. 30.12.1977 und vom 7.2.1978
28 Die "ein Ziel mit allen möglichen Mitteln um der Sache willen verwirklichen" wollen; als Ziel nennt Ossip K. Flechtheim (1978, S. 56) das "einer besseren, das heißt menschlicheren und menschenwürdigen Zukunft".
29 Vgl. hierzu die Ausführungen des Vorsitzenden der Unabhängigen Arbeiter Partei (UAP), Erhard Kliese, am 4.5.79 vor dem Bundeswahlausschuß in Bonn anläßlich der Europawahl, der davor warnte, daß die "jungen Leute ... in den Untergrund getrieben (werden) zu den Terroristen", denen außerhalb der etablierten Parteien keine echten Reformchancen eingeräumt werden (Anlage 4 zur Niederschrift über die o.e. Bundeswahlausschußsitzung S. 1 - Archiv Roemheld).
30 Gerhard Wuthe, 1977, S. 48
31 1969, S. 245
32 Der Nachsatz von K.W. Deutsch (1969, S. 246), daß die Verschiedenheit dieser Aspirationen ungeachtet der eigentlichen Absichten ihrer Träger wirksam bleiben können, vermag vor diesem Hintergrund nicht zu überzeugen.
33 Als Beispiele wären Lenin und Mao-tse-tung zu nennen.
34 "Die standing rule des bürgerlichen Übereinkommens erzwingt und erreicht wahrhaftig ungeheuerliche Opfer. In

ihnen wird die Einheit desjenigen Staates blitzartig erfahrbar, dessen Ordnung in bürgerlicher Rechtmäßigkeit gründet". Dolf Sternberger, 1962, S. 242.
35 1973
36 a.a.O., S. 120
37 a.a.O., S. 127
38 a.a.O., S. 132 ff.
39 a.a.O., S. 185
40 a.a.O., S. 155
41 a.a.O., S. IX
42 Ein ähnliches Verfahren empfehlen Karl W. Deutsch (1969, S. 244) und Hans-Peter Schwarz (1971, S. 391 ff., Komitee als Föderator Europas).
43 1973, S. 137
44 a.a.O.
45 a.a.O., S. 149
46 Regine Roemheld, 1975, S. 16
47 Die Realisierbarkeit einer "Marktplatz-Demokratie der agora, des town-meeting oder der Kantonsversammlung" wird von Ulrich v. Alemann in hochindustrialisierten Flächenstaaten von vornherein ausgeschlossen (1973, S. 143). Mit solchen Feststellungen kann auch das Konzept der Föderalisten, mit gesamtgesellschaftlichen Strukturveränderungen eine Basisdemokratie zu verwirklichen, als "utopisch" (nicht realisierbar) von vornherein verworfen werden, ohne daß dessen Realisierungschancen überprüft werden.
48 1975, S. 250
49 a.a.O., S. 60
50 a.a.O., S. 250
51 1964 a, S. 35; s. ders., 1964 b, S. 202
52 Karl Mannheim, 1965, S. 169
53 1964 a, S. 32 ff.; vgl. auch, verabsolutierend, und damit falsch, J.L. Talmon, 1971, S. 92
54 1974, S. 151
55 a.a.O., S. 153 f.
56 a.a.O., S. 133; Agnes Heller, 1975, S. 62 und 65 ("Die Quelle ihrer Legitimation ist die Menschheit selbst").
57 1972, S. 366
58 a.a.O., S. 368
59 a.a.O., S. 370
60 Ulrich Hommes, 1977, S. 7
61 Helmut Pütz, 1970, S. 11
62 s.o. S. 356 f. Die Autoren verstehen "zielbewußte" Individuen und Systeme als idealsuchende Individuen und Systeme.
63 1967, S. 14 f.; vgl. auch Walter Dirks, 1964, S. 7 u. 51 ff.

64 Dazu Laurence Baron u.a., 1974, S. 120 ff.
65 1964, S. 15; 1974, S. 150 ff.; (1970) 1980, S. 216 f.
66 Dazu Ossip K. Flechtheim, 1978, S. 56
67 Karl Mannheim, 1965, S. 172 f.
68 Dazu Ossip K. Flechtheim, 1978, S. 49 u. 56 ff.
69 1960, S. 9
70 Karl Mannheim, 1965, S. 225
71 So z.B. die von der EFP angestrebte Weltföderation, die - wenn auch noch als utopische, so doch immerhin - als Chance einer globalen Konfliktregelung und -lösung zu sehen ist. S. dazu auch Ackoff/Emery (1975, S. 256), die eine einzige autonome Weltregierung als Fernziel vorschlagen. S.a. Ossip K. Flechtheim, 1980, S. X
72 Dazu Denis de Rougemont, 1980
73 Leszek Kolakowski, zit. nach Ossip K. Flechtheim, 1978, S. 56

LITERATURVERZEICHNIS

1. Bücher

ABENDROTH, Wolfgang, 1964, Aufstieg und Krise der deutschen Sozialdemokratie, Frankfurt/M.
DERS. 1967, Antagonistische Gesellschaft und politische Demokratie - Aufsätze zur politischen Soziologie, Soziologische Texte, Bd. 473, Neuwied - Berlin.
DERS. Kurt Lenk (Hsg.), 1968, Einführung in die politische Wissenschaft, Bern - München.
DERS. 1973, Das Grundgesetz - eine Einführung in die politische Probleme, Pfullingen, 4. Auf.
ABROMEIT, Heidrun, 1972, Das Politische in der Werbung, Opladen.
ACHMINOW, Herman F., 1964, Die Totengräber des Kommunismus - eine Soziologie der bolschewistischen Revolution, Stuttgart.
DERS. 1972, Die Europäische Föderalistische Partei - Ideen, Probleme, Chancen, Landshut.
ADENAUER, Konrad, 1967, Erinnerungen 1955 - 1959, Stuttgart.
AGNOLI, Johannes - Peter Brückner, 1968, Die Transformation der Demokratie, Frankfurt/M.
ALEMANN, Ulrich v., 1973, Parteiensysteme im Parlamentarismus, Düsseldorf.
DERS. - Rolf G. Heinze (Hrsg.), 1979, Verbände und Staat, Opladen.
ALLEMANN, Fritz René, 1956, Bonn ist nicht Weimar, Köln - Berlin.
ALLPORT, Gordon W., 1971, Die Natur des Vorurteils - hsg. und kommentiert von Carl Friedrich Graumann, Köln.
AMMON, Alf, 1967, Eliten und Entscheidungen in Stadtgemeinden, Berlin.
ANSCHÜTZ, Gerhard-Richard Thoma (Hsg.), 1930/32, Handbuch des deutschen Staatsrechts, 2 Bde. Tübingen.
AUFERMANN, Jörg - Hans Bohrmann - Rolf Sülzer, 1973, Gesellschaftliche Kommunikation und Information, Bd. 1 + 2, Frankfurt/M.

DERS. u.a., 1970, Pressekonzentration - eine kritische Materialsichtung und -systematisierung, München - Berlin.
BACHRACH, Peter - Morton Baratz, 1977, Macht und Armut, Frankfurt/M.
BAER, Christian K. - Erwin Faul (Hsg.), 1953, Das deutsche Wahlwunder, Frankfurt/M.
BARING, Arnulf, 1971, Außenpolitik in Adenauers Kanzlerdemokratie, Bd. 2, München.
BARRY, Brian, 1975, Neue Politische Ökonomie, Frankfurt/M.
BECKER, Dierk - Eckhard - Elmar Wiesendahl, 1972, Ohne Programm nach Bonn oder: Die Union als Kanzlerverein, Reinbek b. Hamburg.
BECKER, Josef - Theo Stammen - Peter Waldmann (Hsg.), 1979, Vorgeschichte der Bundesrepublik Deutschland, München.
BELOFF, Max, 1963, The United States and the Unity of Europe, Washington.
BERG, Elias, 1965, Democracy and the Majority Principle - A study in Twelve Contemporary Political Theories, Kopenhagen.
BERG-SCHLOSSER, Dirk - Herbert Maier - Theo Stammen, 1974, Einführung in die Politikwissenschaft, München.
BERGMANN, Uwe - Rudi Dutschke - Wolfgang Lefèvre - Bernd Rabehl, 1968, Rebellion der Studenten oder: Die neue Opposition, Reinbek b. Hamburg.
BERGSTRAESSER, Ludwig, 1965, Geschichte der politischen Parteien in Deutschland, 11. Aufl. völlig überarbeitet und hsg. v. Wilhelm Mommsen, Bibliographie v. Hans-Gerd Schumann, München - Wien.
BERNSDORF, Wilhelm, 1969, Wörterbuch der Soziologie, Stuttgart.
BEYME, Klaus, 1971, Die politische Elite in der Bundesrepublik Deutschland, München.
DERS. 1972, Die politischen Theorien der Gegenwart, München.
BLANKE, Bernhard - Ulrich Jürgens - Hans Kastendiek, 1975, Kritik der Politischen Wissenschaft, Bd. 1; Analysen von Politik und Ökonomie in der bürgerlichen Gesellschaft, Frankfurt - New York
BLUME, Wilhelm v., 1920, Die Bedeutung der Parteien, in: Handbuch der Politik, Bd. 1, Berlin, 3. Aufl., S. 346-351.
BOESCH, Ernst E. u.a., 1964, Vorurteile - ihre Erforschung und ihre Bekämpfung, mit einem Geleitwort von R. König; Einführung H. v. Brakken, Politische Psychologie, Bd. 3, Frankfurt/M.
BÖTSCH, Wolfgang, 1969, Die verschiedenen Wege zur Aus-

schaltung von Splitterparteien im freien Teil Deutschlands, Diss. jur., Würzburg.
BÖRNSEN, Gerd, 1970, Innerparteiliche Opposition, Hamburg.
BRACHER, Karl-Dietrich - Wolfgang Sauer - Gerhard Schulz, 1962, Die nationalsozialistische Machtergreifung, Köln - Opladen.
DERS. 1964, Die Auflösung der Weimarer Republik, Villingen, 4. Aufl.
DERS. 1964, Deutschland zwischen Demokratie und Diktatur, Bern - München - Wien.
BRANDT, Peter, 1976, Antifaschismus und Arbeiterbewegung, Hamburg.
BREDTHAUER, Rüdiger, 1973, Das Wahlsystem als Objekt von Politik und Wissenschaft - die Wahlsystemdiskussion in der BRD 1967/68 als politische und wissenschaftliche Auseinandersetzung, Maisenheim/Glan.
BROKMEIER, Peter (Hsg.), 1969, Kapitalismus und Pressefreiheit - Am Beispiel Springer, Frankfurt/M.
BRÜCKNER, Peter - Alfred Krovoza, 1972, Staatsfeinde - innerstaatliche Feinderklärung in der BRD, Berlin.
BUCHHEIM, Karl, 1953, Geschichte der christlichen Parteien in Deutschland, München.
BÜCHEL, Christa, 1977, Rahmenbedingungen für Parteigründungen im demokratischen System der Bundesrepublik Deutschland, Schriftl. Hausarbeit zur ersten Staatsprüfung (unveröff. Mskr.), Aachen.
BÜSCH, Otto - Peter Furth, 1957, Rechtsradikalismus im Nachkriegsdeutschland - Studien über die "Sozialistische Reichspartei" (SRP) mit Einleitung von Eugen Fischer-Bahring, Schriften des Instituts für Politische Wissenschaft, Bd. 9, Berlin - Frankfurt.
BUNDESMINISTERIUM des Innern, 1955, Wahlrechtskommission - Grundlagen des deutschen Wahlrechts - Bericht der Wahlrechtskommission des Bundesministeriums des Innern, Frankfurt/M.
DERS. 1968, Beirat zu Fragen der Wahlrechtsreform, Bericht 68 zur Neugestaltung des DT Wahlrechts, 2. Aufl., Bonn.
BUNDESVERFASSUNGSGERICHT - Entscheidungen des -, hsg. v. Mitgliedern des -, Bd. 1 ff., 1952 ff., Tübingen.

CLAESSENS, Dieter - Arno Klönne - Armin Tschoepe, 1968 bzw. 1974 - Sozialkunde der Bundesrepublik Deutschland, Düsseldorf - Köln, 2. und 4. Aufl.
COING, Helmut - Heinrich Kronstein - Ernst-Joachim Mestmäcker (Hsg.), 1965, Wirtschaftsordnung und Rechtsordnung, Festschrift für Franz Böhm, Karlsruhe.

CONZE, Werner - Hans Raupach (Hsg.), 1967, Die Staats- und Wirtschaftskrise des Deutschen Reiches 1929 - 1933, Stuttgart.
DERS. 1969, Jakob Kaiser - Politiker zwischen Ost und West, 1945 - 1949, Stuttgart - Berlin - Köln - Mainz.
COUDENHOVE-KALERGI, Richard Graf, 1953, Die Europäische Nation, Stuttgart.
DERS. 1923, Pan-Europa, Wien.
CZEMPIEL, Ernst-Otto, 1966, Das amerikanische Sicherheitssystem 1945 - 1949 - Studie zur Außenpolitik der bürgerlichen Gesellschaft, Berlin.
DADDER, Rudolf, 1978, Die Parteien der Europäischen Gemeinschaft, Andernach.
DAHL, Robert A., 1976, Vorstufen zur Demokratietheorie, Tübingen.
DAHRENDORF, Ralf, 1966, Gesellschaft und Demokratie in Deutschland, München, 2. Aufl.
DENNINGER, Erhard (Hsg.), 1977, Freiheitlich-demokratische Grundordnung - Materialien zum Staatsverständnis und zur Verfassungswirklichkeit in der Bundesrepublik, Frankfurt/M., Bd. II.
DEUERLEIN, Ernst, 1957, CDU/CSU 1945 - 1957, Beiträge zur Zeitgeschichte, Köln.
DERS. 1970, Potsdam 1945, Ende und Anfang, München.
DEUTSCH, Karl W., 1969, Politische Kybernetik - Modell und Perspektiven, Freiburg/Br.
DEUTSCHLAND ohne Konzeption? - am Beginn einer neuen Epoche, München - Wien - Basel, Modelle für eine neue Welt hsg. v. Robert Jungk und Hans Josef Mundt.
DITTBERNER, Jürgen - Rolf Ebbighausen (Hsg.), 1973, Parteiensystem in der Legitimationskrise, Opladen.
DIRKS, Walter, 1947, Die zweite Republik, Frankfurt/M.
DOECKER, Günther - Winfried Steffani (Hsg.), Klassenjustiz und Pluralismus, Festschrift für Ernst Fraenkel z. 75. Geburtstag, Hamburg 1973
DOERDELMANN, Bernhard (Hsg.), 1969, Minderheiten in der Bundesrepublik, München.
DOWNS, Antony, 1968, Theorie der Demokratie, Tübingen.
DRECHSLER, Hanno - Wolfgang Hilligen - Franz Neumann, 1973, Gesellschaft und Staat, Lexikon der Politik, Baden-Baden, 3. Aufl.
DUDEN, Etymologie - Herkunftswörterbuch der deutschen Sprache, 1968, Der Große Duden, Bd. 7, Mannheim.
DÜBBER, Ulrich, 1962, Parteifinanzierung in Deutschland, Köln - Opladen.

DERS. Geld und Politik - die Finanzwirtschaft der Parteien, 1970, Freudenstadt.
EDINGER, Lewis J., 1967, Kurt Schumacher - Persönlichkeit und politisches Verhalten, Köln - Opladen.
DERS. 1960, Sozialdemokratie und Nationalsozialismus - der Parteivorstand der SPD im Exil von 1933 - 1945, Hannover - Frankfurt/M.
EHRLICH, Stanislaw, 1966, Die Macht der Minderheit, Wien - Zürich.
EICHLER, Willi, 1962, Hundert Jahre Sozialdemokratie, Bonn.
EISENSTADT, Michael G. - Werner Kaltefleiter (Hsg.), 1975, Minoritäten in Ballungsräumen - ein deutsch-amerikanischer Vergleich, Sozialwissenschaftliche Studien zur Politik, Veröffentlichungen des sozialwissenschaftlichen Forschungsinstituts, Bd. 6, Bonn.
ELDERSVELD, Samuel J., 1964, Political Parties - A Behavioral Analysis, Chicago.
ELLWEIN, Thomas, 1973, Das Regierungssystem der Bundesrepublik, Opladen, 3. Aufl.
ESCHENBURG, Theodor, 1961, Probleme der modernen Parteifinanzierung, Tübingen.
DERS. 1963, Die improvisierte Demokratie - gesammelte Aufsätze zur Weimarer Republik, München.
DERS. 1965, Staat und Gesellschaft in Deutschland, München.
EUROPEAN Labor Committees, 1977, Wer sind die Labor Committees wirklich? Wiesbaden.
EPSTEIN, Leon, 1967, Political Parties in Western Democracies, New York.
ESTERBAUER, Fried (Hsg.), 1979, Regionalismus - Planungsmittel, Herausforderung für Europa - eine Einführung, Wien.
ETZIONI, Amitai, 1975, Die aktive Gesellschaft - eine Theorie gesellschaftlicher und politischer Prozesse, Opladen.
FAUST, Fritz, 1964, Das Potsdamer Abkommen und seine völkerrechtliche Bedeutung, Frankfurt/M. - Berlin, 4. Aufl.
FELD, Werner J., 1972, Nongovernmental Forces and World Politics - A Study of Business, Labor, and Political Groups, New York - Washington - London.
FENNER, Christian, 1977, Demokratischer Sozialismus und Sozialdemokratie, Frankfurt/M./New York
DERS. - Bernhard Blanke (Hsg.), 1975, Systemwandel und Demokratisierung, Festschrift für Ossip K. Flechtheim, Frankfurt - Köln.
FENSKE, Hans, 1972, Wahlrecht und Parteiensystem - ein Beitrag zur deutschen Parteiengeschichte, Frankfurt/M.

DERS. 1974, Strukturprobleme der deutschen Parteiengeschichte, Frankfurt/M.
FIJALKOWSKI, Jürgen (Hsg.), 1965, Politologie und Soziologie, Otto Stammer zum 65. Geburtstag, Köln - Opladen.
FIJALKOWSKI, Jürgen u.a., 1967, Berlin - Hauptstadtanspruch und Westintegration, Schriften des Instituts für Politische Wissenschaft, Bd. 20, Köln - Opladen.
FISCHER, Heinz-Dietrich, 1971, Parteien und Presse in Deutschland seit 1945, Bremen.
FISHER, Stephen, L., 1974, The Minor Parties of the Federal Republic of Germany - Toward a Comparative Theory of Minor Parties, The Hague.
FLACH, Karl-Hermann - Werner Maihofer - Walter Scheel, 1972, Die Freiburger Thesen der Liberalen, Reinbek b. Hamburg.
FLECHTHEIM, Ossip K., 1958, Grundlegung der Politischen Wissenschaft, Meisenheim.
DERS. 1962 ff., Dokumente zur parteipolitischen Entwicklung in Deutschland seit 1945, Berlin, Bd. 1 ff. (zit. Ossip K. Flechtheim, Dokumente, Bd)
DERS. 1964 a, Eine Welt oder keine? - Beiträge zur Politik, Politologie und Philosophie, Frankfurt/M.
DERS. 1967, Westdeutschland am Wendepunkt, Berlin.
DERS. 1969, Die KPD in der Weimarer Republik, mit einer Einleitung von Hermann Weber, Frankfurt/M.
DERS. 1974, Zeitgeschichte und Zukunftspolitik, Hamburg.
DERS. 1978, Von Marx bis Kolakowski - Sozialismus oder der Untergang in die Barbarei, Köln/Frankfurt.
DERS. 1980, Der Kampf um die Zukunft, Grundlagen der Futurologie, Bonn, Berlin.
DERS. u.a., 1980, Der Marsch der DKP durch die Institutionen, Frankfurt/M.
DERS. 1973, Die Parteien der Bundesrepublik Deutschland, Hamburg.
FLOHR, Heiner, 1968, Parteiprogramme in der Demokratie - ein Beitrag zur Theorie der rationalen Politik, Göttingen.
FOERSTER, Rolf Hellmut (Hsg.), 1963, Die Idee Europa 1300 - 1946 - Quellen zur Geschichte der politischen Einigung, München.
FORSCHUNGEN und Berichte aus dem Öffentlichen Recht, 1955, Gedächtnisschrift für Walter Jellinek, München.
FORSCHUNGSGRUPPE "Parteiensysteme der Europäischen Gemeinschaft", 1978, Die mittlere Führungsschicht politischer Parteien in der Bundesrepublik Deutschland, unveröff. Mskr., Mannheim.
FORSTHOFF, Ernst, 1971, Der Staat der Industriegesellschaft, München.

FRAENKEL, Ernst, 1964, Deutschland und die westlichen Demokratien, Stuttgart.
FRANCIS, Emerich K., Ethnos und Demos, Berlin.
DERS. - Hermann Raschhofer, 1960, Artikel: Minderheiten, in: Herder-Staatslexikon, Bd. 5, Freiburg, 6. Aufl.
FRANKE, Einhard, 1979, Wahlwerbung in Hörfunk und Fernsehen, Bochum.
FRANTZ, Constantin, 1879, Der Föderalismus als das leitende Prinzip für die soziale, staatliche und internationale Organisation unter besonderer Bezugnahme auf Deutschland, Mainz.
FREDERSDORF, Hermann, 1978, Die Partei der Steuerzahler, Stuttgart.
FREIE Demokratische Partei - Landesverband Nordrhein-Westfalen, 1967, Manipulation mit dem Wahlrecht, Düsseldorf.
FREYBERG, Jutta v. - Georg Füllberg - Jürgen Harrer u.a., 1975, Geschichte der deutschen Sozialdemokratie, 1863 - 1975, Köln.
FRIEDRICH, Carl J., 1970, Politik als Prozeß der Gemeinschaftsbildung, Köln - Opladen.
FROMME, Friedrich K., 1960, Von der Weimarer Verfassung zum Bonner Grundgesetz - die verfassungspolitischen Folgerungen des Parlamentarischen Rates aus Weimarer Republik und nationalsozialistischer Diktatur, Tübinger Studien zur Geschichte und Politik, Bd. 12, Tübingen.
FUCHS, Werner u.a. (Hsg.), 1973, Lexikon zur Soziologie, Artikel: Minorität, S. 445 f., Opladen.
FUNKE, Manfred (Hsg.), 1978, Extremismus im demokratischen Rechtsstaat - ausgewählte Texte und Materialien zur aktuellen Diskussion, Schriftenreihe der Bundeszentrale für Politische Bildung, Bonn.
DERS. (Hsg.), 1977, Terrorismus - Untersuchungen zur Strategie und Struktur revolutionärer Gewaltpolitik, Schriftenreihe der Bundeszentrale für Politische Bildung, Bonn.
GABLENTZ, Otto H. v. d., 1952, Politische Parteien als Ausdruck gesellschaftlicher Kräfte, Vortrag gehalten am 16.5.1952, Schriftenreihe der Deutschen Hochschule für Politik, Berlin.
GASSER, Adolf, 1943, Gemeindefreiheit als Rettung Europas - Grundlinien einer ethischen Geschichtsauffassung, Basel.
GEHLEN, Arnold - Helmut Schelsky, 1955, Soziologie - ein Lehr- und Handbuch zur modernen Gesellschaftskunde, Düsseldorf - Köln.
GEYER, Dietrich, 1969, Artikel: Kommunistische Internationale, in: Sowjetsystem und demokratische Gesellschaft - eine vergleichende Enzyklopädie, Bd. III, S. 771-911, Freiburg - Basel - Wien.

GIMBEL, John, 1971, Amerikanische Besatzungspolitik in Deutschland, Frankfurt/M.
GÖRLITZ, Axel (Hsg.), 1970, Handlexikon zur Politikwissenschaft, München.
GOULD, Julius - William Kolb (Hsg.), 1964, A Dictionary of the Social Science, UNESCO, London.
GREBING, Helga, 1962, Geschichte der deutschen Parteien, Wiesbaden.
GREILSAMMER, Alain, 1975, Les Mouvements fédéralistes en France de 1945 à 1974, Paris - Nice.
GREUNER, Reinhart, 1962, Lizenzpresse - Auftrag und Ende - der Einfluß der anglo-amerikanischen Besatzungspolitik auf die Wiedererrichtung eines imperialistischen Pressewesens in Westdeutschland, Berlin (Ost).
GREVEN, Michael Th., 1977, Parteien und politische Herrschaft - zur Interdependenz von innerparteilicher Ordnung und Demokratie in der BRD, Meisenheim/Glan.
GRIMM, Reinhold - Jost Hermand (Hsg.), 1974, Deutsches utopisches Denken im 20. Jahrhundert, Stuttgart - Berlin - Köln - Mainz.
GRULICH, Rudolf - Peter Pulte, 1975, Nationale Minderheiten in Europa mit Dokumenten und Materialien zur Situation der europäischen Volksgruppen und Sprachminderheiten mit einem Vorwort von Prof. Dr. J. Hampel, Heggen Dokumente Bd. 12, Opladen.
GRUNDGESETZ, Das - für die Bundesrepublik Deutschland vom 23. Mai 1949, ein Kommentar für Wissenschaft und Praxis, begr. v. Dr. Andreas Hamann, fortgeführt von Dr. Andreas Hamann jr. und Dr. Helmut Lenz, Berlin - Neuwied, 3. Aufl.
GUGGENBERGER, Bernd, 1980, Bürgerinitiativen in der Parteiendemokratie, Stuttgart.
DERS. - Udo Kempf, 1978, Bürgerinitiativen und Repräsentativsystem, Opladen.
GUTSCHER, Jörg Michael, 1967, Die Entwicklung der FDP von ihren Anfängen bis 1961, Meisenheim/Glan.

HAASIS, Hans-Arthur, 1978, Kommunalpolitik und Machtstruktur, Frankfurt/M.
HABERMAS, Jürgen, 1967, Strukturwandel der Öffentlichkeit, Politica, Neuwied.
DERS. (Hsg.), 1969, Protestbewegung und Hochschulreform, Frankfurt/M.
DERS. 1975, Legitimationsprobleme im Spätkapitalismus, Frankfurt/M.
HAHN, Karl, 1975, Föderalismus - die demokratische Alternative - eine Untersuchung zur P.-J. Proudhons sozialrepu-

blikanisch-föderativem Freiheitsbegriff, München, Politik und Politische Bildung.
HANDWÖRTERBUCH der Sozialwissenschaften, 1967, Bd. 7, Stuttgart - Tübingen - Göttingen.
HAMBURGER Bibliographie zum Parlamentarischen System der Bundesrepublik Deutschland, 1945 - 1970, 1973 ff., hsg. v. Udo Bermbach zus. mit Falk Esche, Frank Grube, Rolf Lange, Opladen.
HAMMER, Ekkehard, 1976, Möglichkeiten einer Wiedereingliederung verfassungsfeindlicher Parteien, Schriften zum Öffentlichen Recht, Berlin.
HARRISON, Reginald, S., 1974, Europe un Question, London (Allen & Bacon).
HARTFIELD, Günter (Hsg.), 1972, Die autoritäre Gesellschaft, Kritik, Bd. 1, Opladen.
HARTMANN, G.B. v., 1949, Für und wider das Mehrheitswahlrecht. Kleine Schriften für den Staatsbürger, Bd. 2, hsg. v. Institut zur Förderung öffentlicher Angelegenheiten, Frankfurt/M.
HARTWICH, Hans-Hermann, 1977, Sozialstaatspostulat und gesellschaftlicher status quo, Opladen.
HAUNGS, Peter, 1975, Parteiensystem und Legitimität des politischen Systems in der BRD, Vortrag gehalten anläßlich des Kongresses der DVPW in Duisburg. (Unveröff. Mskr.).
DERS. (Hsg.), 1977, Res publica - Studien zum Verfassungswesen, Festschrift für Dolf Sternberger, München.
HEGELS, Wolfgang, 1967, Die Chancengleichheit der Parteien im deutschen und ausländischen Recht - ein Vergleich, Diss. jur. München.
HEIDENHEIMER, Arnold, S., 1960, Adenauer and the CDU - The Rise of The Leader and The Integration of The Party, Den Haag.
HENKE, Wilhelm, 1964, 1972, Das Recht der politischen Parteien, Göttingen, 1. Aufl., 2. neubearb. Aufl.
HERAUD, Guy, 1966, Peuples et Langues d'Europe, Paris.
DERS. 1974, L'Europe des Ethnies, Paris - Nice, 2. Aufl.
DERS. 1979, Die Prinzipien des Föderalismus und die europäische Föderation, Wien.
HERDER-DORNEICH, Philipp, 1959, Politisches Modell zur Wirtschaftsdemokratie, Freiburg.
DERS. (Hsg.), 1968, Politik als Stimmenmaximierung, Köln.
DERS. - Manfred Groser, 1977, Ökonomische Theorie des politischen Wettbewerbs, Göttingen.
DERS. 1980, Konkurrenzdemokratie - Verhandlungsdemokratie, 2. Aufl., Stuttgart.
HERETH, Michael, 1968, Die parlamentarische Opposition in der Bundesrepublik Deutschland, München - Wien.

HERMENS, Ferdinand A., 1968 a, Verfassungslehre, Köln - Opladen.
DERS. 1968 b, Demokratie oder Anarchie? - Untersuchungen über die Verhältniswahl, Opladen, 2. Aufl.
HESSE, Konrad, 1976, Grundzüge des Verfassungsrechts der Bundesrepublik Deutschland, Karlsruhe, 9. Aufl.
DERS. 1959, Die verfassungsrechtliche Stellung der politischen Parteien, Veröffentlichungen der Vereinigung deutscher Staatsrechtslehrer, Bd. 17.
HEYDTE, Friedrich A. Freiherr v.d. - Karl Sacherl, 1955, Soziologie der politischen Parteien, München.
HERZOG, Dietrich, 1975, Politische Karrieren - Selektion und Professionalisierung politischer Führungsgruppen, Opladen.
HIRSCH, Joachim, 1980, Der Sicherheitsstaat, Frankfurt/M.
HITZER, Friedrich - Reinhard Opitz (Hsg.), 1969, Alternativen der Opposition, Köln.
HOFFMANN, Wolfgang, 1973, Die Finanzen der Parteien, München.
HOLZER, Horst, 1976, Gescheiterte Aufklärung - Politik, Ökonomie und Kommunikation in der BRD - Texte und Studien zur Soziologie, München.
HORKHEIMER, Max, 1963, Über das Vorurteil, Köln - Opladen.
HÜTTENBERGER, Peter, 1973, Nordrhein-Westfalen und die Entstehung seiner parlamentarischen Demokratie, Veröffentlichungen der staatlichen Archive des Landes Nordrhein-Westfalen, Quellen und Forschungen Bd. 1, Siegburg.
HURWITZ, Harald, 1972, Die Stunde Null der deutschen Presse, Köln.
HUSTER, Ernst-Ulrich, 1978, Die Politik der SPD 1925 - 1950, Editorial von Wolf-Dieter Narr, Frankfurt/M. - New York.
DERS. u.a. (Autorenkollektiv), 1973, Determinanten der westdeutschen Restauration 1945 - 1949, Frankfurt/M.

INGLEHARD, Ronald, 1977, The Silent Revolution: Changing Values and Political Styles among Western Publics, Princeton.
INTERNATIONALES Jahrbuch der Politik, 1954, Lfg. 2.

JÄGER, Wolfgang (Hsg.), 1973, Partei und System - eine kritische Einführung in die Parteienforschung, Stuttgart - Berlin - Köln - Mainz.
JAEGGI, Urs, 1969, Macht und Herrschaft in der Bundesrepublik, Frankfurt/M.
JANSEN, Bernd - Arno Klönne (Hsg.), 1968, Imperium Springer - Macht und Manipulation, Köln.
JASPER, Gotthard, 1963, Der Schutz der Republik - Studien zur staatlichen Sicherung der Demokratie in der Weimarer Republik 1922 - 1930, Tübingen.

JASPERS, Karl, 1966, Wohin treibt die Bundesrepublik? - Tatsachen, Gefahren, Chancen, München.
JENKE, Manfred, 1967, Die nationale Rechte - Parteien, Politiker, Publizisten, Berlin.
JÜLICH, Heinz-Christian, 1967, Chancengleichheit der Parteien - zur Grenze staatlichen Handelns gegenüber den politischen Parteien nach dem Grundgesetz, Berlin.
JÜTTNER, Alfred - Hans J. Liese, 1977, Taschenbuch der Europäischen Parteien und Wahlen, München.

KAACK, Heino, 1971, Geschichte und Struktur des deutschen Parteiensystems, Opladen.
DERS. 1964, Die Parteien in der Verfassungswirklichkeit der Bundesrepublik, Bonn, 2. Aufl.
DERS. 1976, Zur Geschichte und Programmatik der Freien Demokratischen Partei - Grundriß und Materialien, mit Anhang "FDP-Programme", Meisenheim/Glan.
DERS. - Reinhold Roth, 1979, Parteien-Jahrbuch 1976, Meisenheim.
KAASE, Max (Hsg.), 1977, Wahlsoziologie heute, Opladen.
KADEN, Albrecht, 1964, Einheit oder Freiheit - die Wiedergründung der SPD 1945/46, Hannover.
KALTEFLEITER, Werner, 1968, Wirtschaft und Politik in Deutschland, Opladen, 2. Aufl.
KATEB, George (Hsg.), 1971, Utopia, New York.
KEMPEN, Ernst Otto, 1975, Grundgesetz, amtliche Öffentlichkeitsarbeit und politische Willensbildung - ein Aspekt des Legitimationsproblems in Verfassungsrecht, Verfassungspraxis und Verfassungstheorie, Berlin.
KEMPF, Udo (Hsg.), 1974, Bürgerinitiativen - neue Formen politischer Beteiligung, Bonn.
KINSKY, Ferdinand Graf, 1969, Europa nach de Gaulle, München - Wien.
KIRCHHEIMER, Otto, 1965, Politische Justiz, Neuwied - Berlin.
DERS. 1967, Politische Herrschaft - Fünf Beiträge zur Lehre vom Staat, Frankfurt/M., 2. Aufl.
KITZINGER, Uwe, 1960, Wahlkampf in Westdeutschland, Göttingen.
KLEIN, Friedrich u.a. (Hsg.), 1970, System eines internationalen Volksgruppenrechts - Völkerrechtliche Abhandlungen, Bd. 3, I. Teil: Grundlegung und Begriffe, Wien - Stuttgart.
KLEIN, Horstpeter, 1976, Die öffentliche Aufgabe der Presse - eine verfassungsrechtliche und rechtspolitische Untersuchung der Presse in der Demokratie, Journalismus Bd. 6, Düsseldorf.

KLOSS, Heinz, 1970, Grundfragen der Ethnopolitik im 20. Jahrhundert - die Sprachgemeinschaften zwischen Recht und Gewalt, Ethnos 7, Wien.
KLUGE, Friedrich, 1963, Etymologisches Wörterbuch der deutschen Sprache, 19. Aufl. bearb. von Walther Mitzka, Berlin.
KLUTH, Hans, 1959, Die KPD in der Bundesrepublik - ihre politische Tätigkeit und Organisation 1945 - 1956, Köln - Opladen.
KMIECIAK, Peter, 1976, Wertstrukturen und Wertwandel in der Bundesrepublik Deutschland, Göttingen.
KOCH, Claus - Dieter Senghaas (Hsg.), 1970, Texte zur Technokratiediskussion, Frankfurt/M.
KÖNIG, René (Hsg.), 1967, Soziologie, Fischer Lexikon 10, Frankfurt/M., 2. Aufl.
KOLAKOWSKI, Leszek, 1974, Der Mensch ohne Alternative, München.
KOPPER, Gerd G., 1972, Zeitungsideologie und Zeitungsgewerbe in einer Region, Bielefeld.
KOSTHORST, Erich, 1967, Jakob Kaiser, - der Arbeiterführer, Stuttgart - Berlin - Köln - Mainz.
KREMENDAHL, Hans, 1977, Pluralismustheorie in Deutschland - Entstehung, Kritik, Perspektiven, Leverkusen.
DERS. 1977, Nur die Volkspartei ist mehrheitsfähig - zur Lage der SPD nach der Bundestagswahl 1976, Bonn - Bad Godesberg.
KRESS, Gisela - Dieter Senghaas (Hsg.), 1973, Poltiikwissenschaft - eine Einführung in ihre Probleme, Frankfurt/M.
KÜHNL, Reinhard - Rainer Rilling - Christine Sager, 1969, Die NPD - Struktur, Ideologie und Funktion einer neofaschistischen Partei, Frankfurt/M.
KUNST, H. - S. Grundmann (Hsg.), 1966, Evangelisches Staatslexikon, Stuttgart - Berlin.
KURZROCK, Ruprecht (Hsg.), 1974, Minderheiten - Forschung und Information, Schriftenreihe der Rias-Funkuniversität, Berlin.

LANGE, Erhard H.M., 1975, Wahlrecht und Innenpolitik - Entstehungsgeschichte und Analyse der Wahlgesetzgebung und Wahlrechtsdiskussion im westlichen Nachkriegsdeutschland 1945 - 1956, Meisenheim/Glan.
LANGENBUCHER, Wolfgang (Hsg.), 1974, Zur Theorie der politischen Kommunikation, München.
LANGGUTH, Gerd, 1976, Die Protestbewegung in der Bundesrepublik Deutschland 1968 - 1976, Schriftenreihe der Bundeszentrale für politische Bildung, Bonn.

LA PALOMBARA, Joseph - Myron Weiner (Hsg.), 1966, Political Parties and Political Development, Princeton.
LAUFER, Heinz, 1968, Verfassungsgerichtsbarkeit und Politischer Prozeß - Studien zum Bundesverfassungsgericht der Bundesrepublik Deutschland, Tübingen.
DERS. - Frank Pilz (Hsg.), 1973, Föderalismus - Studientexte zur bundesstaatlichen Ordnung, München.
DERS. 1974, Der Föderalismus der Bundesrepublik Deutschland, Stuttgart - Berlin - Köln - Mainz.
LEHMBRUCH, Gerhard, 1967, Proporzdemokratie - Politisches System und politische Kultur in der Schweiz und in Österreich, Tübingen.
DERS. - Klaus v. Beyme - Iring Fetscher (Hsg.), 1971, Demokratisches System und politische Praxis in der Bundesrepublik, München.
DERS. 1976, Parteienwettbewerb im Bundesstaat, Stuttgart - Berlin - Köln - Mainz.
LEHR, Wolfgang - Klaus Berg, 1970, Rundfunk und Presse in Deutschland - Rechtsgrundlagen der Massenmedien, Mainz, 2. Aufl.
LEIBHOLZ, Gerhard, 1966, Das Wesen der Repräsentation und der Gestaltwandel der Demokratie im 20. Jahrhundert, Berlin, 3. Aufl.
DERS. 1976, Strukturprobleme der modernen Demokratie, Karlsruhe, 3. Aufl.
LENK, Kurt - Franz Neumann (Hsg.), 1968, 1974, Theorie und Soziologie der politischen Parteien, 2 Bde., Neuwied - Berlin.
LEONHARD, Wolfgang, 1955, Die Revolution entläßt ihre Kinder, Köln - Berlin.
LERG, Winfried B. - Rolf Steininger (Hsg.), 1975, Rundfunk und Politik 1923 - 1933, Berlin.
LINDEMANN, Helmut, 1966, Das antiquierte Grundgesetz - Plädoyer für eine zeitgemäße Verfassung, Hamburg.
LIPGENS, Walter, 1968, Europa-Föderationspläne der Widerstandsbewegungen 1940 - 1945 - eine Dokumentation, München.
DERS. 1977, Die Anfänge der europäischen Einigungsbewegung 1945 - 1950, 1. Teil 1945 - 1947, Stuttgart.
LIPPHARDT, Hanns-Rudolf, 1975, Die Gleichheit der politischen Parteien vor der öffentlichen Gewalt - Kritische Studie zur Wahl- und Parteienrechtsjudikatur des Bundesverfassungsgerichts, Berlin.
LIPSET, Seymour, Martin - Stein Rokkan, 1968, Party Systems and Voter Alignments, New York.
LOCKE, John, 1967, Zwei Abhandlungen über die Regierung, hsg. u. eingeleitet von Walter Euchner, Wien.

LOEWENSTEIN, Karl, 1969, Verfassungslehre, Tübingen, 2. Aufl.
LOEWENSTEIN, Rudolph M., 1967, Psychoanalyse des Antisemitismus, Frankfurt/M.
LOHMAR, Ulrich, 1963, Innerparteiliche Demokratie - eine Untersuchung der Verfassungswirklichkeit politischer Parteien in der Bundesrepublik Deutschland, Stuttgart.
LÜCKE, Paul, 1968, Ist Bonn doch Weimar? - der Kampf um das Mehrheitswahlrecht, Frankfurt - Berlin.
LUHMANN, Niklas, 1969, Legitimation durch Verfahren, Neuwied.
MANGOLDT, Hermann v. - Friedrich Klein, 1966, Das Bonner Grundgesetz, Bd. 1, Berlin - Frankfurt.
MARC, Alexandre, 1970, De la méthodologie à la dialectique Paris, zit. nach einer unveröffentlichten Übersetzung von Lutz Roemheld.
MARKERT, Manfred, 1974, Vorurteile - Minderheiten - Diskriminierung, Neuwied - Berlin.
MATTHIAS, Erich - Rudolf Marsey (Hsg.), 1960, Das Ende der Parteien, Düsseldorf.
DERS. (Hsg.), 1968, Mit dem Gesicht nach Deutschland - eine Dokumentation über die Sozialdemokratische Emigration, Düsseldorf.
MAYER-TASCH, Peter Cornelius, 1976, Die Bürgerinitiativbewegung - der aktive Bürger als rechts- und politikwissenschaftliches Problem, Reinbek b. Hamburg.
MAUNZ, Theodor - Günter Dürig - Roman Herzog, 1974, Grundgesetz-Kommentar, München, 4. Aufl.
Mc KENZIE, Robert T., 1961, Politische Parteien in England - die Machtverteilung in der Konservativen und in der Labour Party, Köln - Opladen.
MAYNTZ, Renate, 1959, Parteiengruppen in der Großstadt - Untersuchungen in einem Berliner Kreisverband, Köln - Opladen.
MEYER, Hans, 1973, Wahlsystem und Verfassungsordnung - Bedeutung und Grenzen wahlsystematischer Gestaltung nach dem Grundgesetz, Frankfurt.
MEYERS, Reinhard, 1977, Die Lehre von den internationalen Beziehungen - ein entwicklungsgeschichtlicher Überblick, Düsseldorf.
MEYN, Hermann, 1965, Die Deutsche Partei - Entwicklung und Problematik einer nationalkonservativen Rechtspartei nach 1945, Düsseldorf.
MICHELS, Robert, 1970, Zur Soziologie des Parteiwesens in der modernen Demokratie - Untersuchungen über die oligarchischen Tendenzen des Gruppenlebens, Stuttgart.

MILLER, Susanne, 1974, Die SPD vor und nach Godesberg - Kleine Geschichte der SPD - Theorie und Praxis der deutschen Sozialdemokratie, Bonn - Bad Godesberg.
MINTZEL, Alf, 1975, Die CSU - Anatomie einer konservativen Partei, Opladen.
DERS. 1977, Geschichte der CSU - ein Überblick, Opladen.
MODEL, Otto - Klaus Müller, 1971, Grundgesetz für die Bundesrepublik Deutschland, Taschenkommentar, Köln - Berlin - Bonn - München.
MOLDEN, Otto, 1958, Der Ruf des Gewissens - der österreichische Freiheitskampf 1938 - 1945, Wien.
MORAW, Frank, 1973, Die Parole der "Einheit" und die Sozialdemokratie - zur parteiorganisatorischen und gesellschaftlichen Orientierung der SPD in der Periode der Illegalität und in der ersten Phase der Nachkriegszeit 1933 - 1948, Bonn - Bad Godesberg.
MÜLLER, Hans-Dieter, 1968, Der Springer-Konzern - eine kritische Studie, München.
MÜLLER-DOOHM, Stefan, 1972, Medienindustrie und Demokratie - verfassungspolitische Interpretation - sozioökonomische Analyse, Frankfurt/M.
MÜNKE, Stephanie, 1952, Wahlkampf und Machtverschiebung, Mitarbeit, Redaktion und Einleitung A.R.L. Gurland, Schriften des Instituts für politische Wissenschaft, Bd. 1, Berlin.
MURPHY, Detlef u.a., 1979, Protest, Grüne, Bunte und Steuerrebellen, Reinbek b. Hamburg.

NARR, Wolf-Dieter, 1966, CDU - SPD - Programm und Praxis 1945, Stuttgart - Berlin - Köln - Mainz.
DERS. 1969, Pluralistische Gesellschaft, Hannover.
DERS. - Frieder Naschold, 1971, Theorie der Demokratie, Bd. III, Einführung in die moderne politische Theorie, Stuttgart - Berlin - Köln - Mainz.
DERS. (Hsg.), 1975, Politik und Ökonomie - autonome Handlungsmöglichkeiten des politischen Systems, PVS-Sonderheft 6, Opladen.
DERS. - Klaus Offe, 1975 a, Wohlfahrtsstaat und Massenloyalität, Köln.
DERS. - Hermann Scheer - Dieter Spöri, 1976, SPD - Staatspartei oder Reformpartei? München.
DERS. (Hsg.), 1977, Auf dem Weg zum Einparteienstaat, Opladen.
DERS. - Dietrich Thränhardt (Hsg.), 1979, Die Bundesrepublik Deutschland, Königstein.
NASCHOLD, Frieder, 1972, Organisation und Demokratie - Un-

tersuchungen zum Demokratisierungspotential in komplexen Organisationen, Stuttgart - Berlin - Köln - Mainz, 3. Aufl.

NATIONALE Minderheiten in Westeuropa - Streben nach Mitsprache und Selbstbestimmung, 1975, Bonn.

NETZER, Hans-Joachim, 1965, Adenauer und die Folgen - siebzehn Vorträge über Probleme unseres Staates, München.

NEUMANN, Franz, 1968, Der Block der Heimatvertriebenen und Entrechteten 1950 - 1960 - ein Beitrag zur Geschichte und Struktur einer politischen Interessenpartei, Meisenheim/Glan.

NEUSÜSS, Arnhelm (Hsg.), 1972, Utopie - Begriff und Phänomen des Utopischen, Neuwied - Berlin, 2. Aufl.

NICLAUSS, Karlheinz, 1974, Demokratiegründung in Westdeutschland - die Entstehung der Bundesrepublik 1945 - 1949, München.

NIETHAMMER, Lutz, 1972, Entnazifizierung in Bayern - Säuberung und Rehabilitierung unter amerikanischer Besatzung, Frankfurt/M.

DERS. - Ulrich Borsdorf - Peter Brandt (Hsg.), 1976, Arbeiterinitiative 1945, - antifaschistische Ausschüsse und Reorganisation in Deutschland, Wuppertal.

NONNENBROICH, K.-F., 1973, Die dänische Minderheit in Schleswig-Holstein unter besonderer Berücksichtigung des Südschleswigschen Wählerverbandes, Diss. Kiel.

NUSCHELER, Franz - Winfried Steffani (Hsg.), 1973, Pluralismus - Konzeptionen und Kontroversen, München, 2. Aufl.

OFFE, Claus, 1972, Strukturprobleme des kapitalistischen Staates, Frankfurt.

OLZOG, Günter, 1965, Die politischen Parteien, München - Wien, 2. Aufl.

PARTEIEN in der Bundesrepublik (1955) - Studien zur Entwicklung der Parteien bis zur Bundestagswahl 1953 mit einer Einleitung von Sigmund Neumann, 1955, Stuttgart.

PETERS, Jan, o.J., Rechtsextremisten als Umweltkritiker, Berlin.

PICHT, Georg, 1967, Prognose, Utopie und Planung - die Situation des Menschen in der Zukunft der technischen Welt, Stuttgart.

PIRKER, Theo, 1965, Die SPD nach Hitler - die Geschichte der Sozialdemokratischen Partei Deutschlands 1945 - 1964, München.

DERS. 1977, Die verordnete Demokratie - Grundlagen und Erscheinungen der "Restauration", Berlin.

PFEIFFER, Gerd - Hans-Georg Strickert (Hsg.), 1955, 1956, KPD-Prozeß - Dokumentenwerk zu dem Verfahren über den Antrag der Bundesregierung auf Feststellung der Verfassungswidrigkeit der Kommunistischen Partei Deutschlands vor dem 1. Senat des Bundesverfassungsgerichts, Bd. 1-3, Karlsruhe.

PLATE, Heiko, 1966, Parteifinanzierung und Grundgesetz - Rechtsfragen zu Rechenschaftspflicht und Staatszuschüssen, Berlin.

POTTHOFF, Heinrich, 1974, Die Sozialdemokratie von den Anfängen bis 1945, - Kleine Geschichte der SPD, Bd. 1, Bonn - Bad Godesberg.

PRERADOVIC, Paula v. - Otto Molden, 1952, Alpbach, Wien - Linz - München.

PROKOP, Dieter, 1972, Massenkommunikation, Bd. 1, Frankfurt/M.

PROUDHON, Pierre-Joseph, 1959, Du Principe Fédératif, éd. Lbr. M. Rivière, Paris.

PÜTZ, Helmuth, 1971, Die Christlich Demokratische Union - Entwicklung, Aufbau und Politik der Christlich Demokratischen Union Deutschlands, Bonn.

DERS. 1970, "Reale Utopien" - Glanz und Elend der Parteien, Schriftenreihe des Instituts für Internationale Solidarität der Konrad Adenauer Stiftung, Bd. 6, Mainz.

RAMMSTEDT, Ottheim (Hsg.), 1980, Bürgerinitiativen in der Gesellschaft, Villingen 1980.

RASCHHOFER, Hermann, 1931, Hauptprobleme des Nationalitätenrechts, Stuttgart.

RASCHKE, Joachim, 1974, Innerparteiliche Opposition, Hamburg.

DERS. 1977, Organisierter Konflikt in westeuropäischen Parteien - vergleichende Analyse parteiinterner Oppositionsgruppen, Studien zur Sozialwissenschaft, Bd. 37, Opladen - Köln.

DERS. (Hsg.), 1978, Die politischen Parteien in Westeuropa - Geschichte, Programm, Praxis - ein Handbuch, Reinbek b. Hamburg.

"RECHTLICHE Ordnung des Parteienwesens", 1957, Bericht der vom Bundesminister des Innern eingesetzten Parteienrechtskommission, Frankfurt/M.

RIDDER, Helmut K.H., 1966, Aktuelle Rechtsfragen des KPD-Verbots, Neuwied - Berlin.

DERS. 1975, Die soziale Ordnung des Grundgesetzes - Leitfaden zu den Grundrechten einer demokratischen Verfassung, Opladen.

ROEMHELD, Lutz, 1975, Legitimationsgrundlagen politischen Denkens und Handelns aus der Sicht des Integralen Föde-

ralismus, DVPW - Kongreß in Duisburg (Mskr.).
DERS. 1977, 1978, Integraler Föderalismus - Modell für Europa - ein Weg zur personalen Gruppengesellschaft, 2 Bde., München.
ROEMHELD, Regine, 1974, Demokratie ohne Chance - Möglichkeiten und Grenzen politischer Sozialisation am Beispiel der Pädagogen der Weimarer Republik, Ratingen.
RÖHRIG, Hans-Helmut - Kurt Sontheimer, 1970, Handbuch des deutschen Parlamentarismus, München.
ROHE, Karl - Herbert Kühr (Hsg.), 1979, Politik und Gesellschaft im Ruhrgebiet, Meisenheim.
ROTH, Roland (Hsg.), 1980, Parlamentarisches Ritual und politische Alternativen, Frankfurt.
ROUGEMONT, Denis de, 1980, Die Zukunft ist unsere Sache, Stuttgart.
ROWOLD, Manfred, 1974, Im Schatten der Macht - zur Oppositionsrolle der nicht-etablierten Parteien in der Bundesrepublik, Düsseldorf.
SARTORI, Giovanni, 1970, Parties and Party systems - A framework for analysis, vol. I, Cambridge Massachusetts.
SCHÄFER, Gerd - Curt Nedelmann (Hsg.), 1969, Der CDU - Staat, Frankfurt.
SCHEER, Hermann, 1979, Parteien contra Bürger? München/Zürich.
SCHEUCH, Erwin - Rudolf Wildenmann (Hsg.), 1965, Zur Soziologie der Wahl, KZss, Sonderh. 9, Köln - Opladen.
DERS. (Hsg.), 1968, Die Wiedertäufer der Wohlstandsgesellschaft - eine kritische Untersuchung der "Neuen Linken" und ihrer Dogmen, Köln.
SCHLETH, Uwe, 1973, Parteifinanzen - eine Studie über Kosten und Finanzierung der Parteientätigkeit, zu deren Problematik und zu den Möglichkeiten einer Reform, Meisenheim/Glan.
SCHMIDT, Eberhard, 1970, Die verhinderte Neuordnung, Frankfurt.
SCHMOLLINGER, Horst W. - Richard Stöss, 1975, Die Parteien und die Presse der Parteien und Gewerkschaften in der Bundesrepublik Deutschland 1945 - 1974, München - Pullach.
SCHÖNDUBE, Claus, 1964, Das neue Europa-Handbuch, mit einem Vorwort von Walter Hallstein, Köln.
SCHOEPS, Hans-Julius - Christopher Dannemann, 1968, Die rebellischen Studenten - Elite der Demokratie oder Vorhut eines linken Faschismus?, München - Esslingen.
SCHON, Donald A., 1973, Die lernende Gesellschaft, Neuwied - Berlin.

SCHREIBER, Wolfgang, 1976, Handbuch des Wahlrechts zum Deutschen Bundestag, Bd. 1: Kommentar zum Bundeswahlgesetz v. W. Schreiber, Köln - Bonn - Berlin - München.
SCHRÖDER, Oskar, 1955, Splitterparteien, Diss. Köln.
SCHÜTT, Eberhard, 1973, Wahlsystemdiskussion und Parlamentarische Demokratie, Hamburg.
SCHUMANN, Hans-Gerd, 1967, Die politischen Parteien in Deutschland nach 1945, Frankfurt/M.
DERS. (Hsg.), 1971, Die Rolle der Opposition in der Bundesrepublik Deutschland, Darmstadt.
SCHUMPETER, Josef A., 1975, Kapitalismus, Sozialismus und Demokratie, Einleitung von Edgar Salin, München, 4. Aufl.
SCHWARZ, Hans-Peter, 1966, Vom Reich zur Bundesrepublik - Deutschland im Widerstreit der außenpolitischen Konzeptionen in den Jahren der Besatzungsherrschaft, 1945 - 1949, Neuwied - Berlin.
SEE, Hans, 1972, Volksparteien im Klassenstaat oder: Das Dilemma der innerparteilichen Demokratie, mit einem Nachwort von Wolfgang Abendroth, Reinbek b. Hamburg.
SEIFERT, Jürgen, 1974, Grundgesetz und Restauration - verfassungsgerichtliche Analyse und synoptische Darstellung des Grundgesetzes vom 23. Mai 1949 mit sämtlichen Änderungen, Darmstadt - Neuwied.
SEIFERT, Karl-Heinz, 1975, Die politischen Parteien im Recht der Bundesrepublik Deutschland, Bonn.
SILBERMANN, Charles E., 1973, Die Krise der Erziehung, Weinheim - Basel.
SILENIUS, Axel (Hsg.), 1966, Vorurteile in der Gegenwart - Begriffsanalyse, Funktionen, Wirkung, Störungsfaktor, Frankfurt/M.
SIMMEL, Georg, 1958, Soziologie - Untersuchungen über die formen der Vergesellschaftung, Berlin, 4. Aufl.
SODHI, Kripal Singh - Rudolf Bergius, 1953, Nationale Vorurteile - eine sozialpsychologische Untersuchung von 881 Personen, Berlin.
SONTHEIMER, Kurt, 1968, Antidemokratisches Denken in der Weimarer Republik, Studienausgabe mit Ergänzungsteil: Antidemokratisches Denken in der Bundesrepublik, München.
STAATSLEXIKON - Recht, Wirtschaft, Gesellschaft, 1960, hsg. v. der Görres-Gesellschaft, Bd. 5, Freiburg, 6. Aufl.
STAMMEN, Theo, 1977, Parteien in Europa, München, Bayerische Landeszentrale für Politische Bildungsarbeit.
STAMMER, Otto, 1965, Politische Soziologie und Demokratieforschung, Berlin.

DERS. (Hsg.), 1968, Parteiensysteme, Parteiorganisationen und die neuen politischen Bewegungen, Berlin.
DERS. - Peter Weingart, 1972, Politologische Soziologie, München.
STAMMLER, Dieter, 1971, Die Presse als soziale und verfassungsrechtliche Institution - eine Untersuchung zur Pressefreiheit nach dem Bonner Grundgesetz. Berlin.
STARITZ, Dietrich (Hsg.), 1976, Das Parteiensystem der Bundesrepublik - Geschichte, Entstehung, Entwicklung, Opladen.
STEFFANI, Winfried (Hsg.), 1973, Parlamentarismus ohne Transparenz, Kritik Bd. III, Opladen, 2. Aufl.
STEFFEN, Hans (Hsg.), 1970, Die Gesellschaft in der Bundesrepublik - Analysen Bd. I, Göttingen.
STEGERWALD, Adam, 1946 a, Wo stehen wir?, Würzburg.
DERS. 1946 b, Wohin gehen wir?, Würzburg.
STERN, Carola u.a., 1971, Lexikon der Geschichte und Politik im 20. Jahrhundert, Bd. 1, Köln.
STERN, Klaus, 1977, Das Staatsrecht der Bundesrepublik Deutschland, Bd. 1, Grundbegriffe und Grundlagen des Staatsrechts, Strukturprinzipien der Verfassung, München.
STERNBERGER, Dolf, 1956, Lebende Verfassung, Meisenheim/ Glan.
DERS. 1962, Grund und Abgrund der Macht - Kritik an der Rechtmäßigkeit heutiger Regierungen, Frankfurt.
STÖSS, Richard, 1980, Vom Nationalismus zum Umweltschutz, Opladen.
DERS. (Hsg.), (i.E.), Parteienhandbuch, 2 Bde., Opladen
STORBECK, Anna Christine, 1970, Die Regierungen des Bundes und der Länder seit 1945, Deutsches Handbuch der Politik, Bd. 4, München - Wien.
STREECK, Sylvia - Wolfgang Streeck, 1972, Parteiensystem und status quo, Frankfurt.

THRÄNHARDT, Dietrich, 1973, Wahlen und politische Strukturen in Bayern 1848 - 1953, Düsseldorf.
TORMIN, Walter, 1967, Geschichte der deutschen Parteien seit 1848, Stuttgart - Berlin - Köln - Mainz, 2. Aufl.
TREUE, Wolfgang, 1962, Die deutschen Parteien, Wiesbaden, 2. Aufl.
DERS. 1965, Der Wähler und seine Wahl, Wiesbaden.
TRIEPEL, Heinrich, 1930, Die Staatsverfassung und die politischen Parteien, Berlin, 2. Aufl.

UNLAND, Hermann-Josef, 1955, Die Verfassungsmäßigkeit der Bekämpfung politischer Splitterparteien durch Minderheitsklauseln in Wahlgesetzen, Diss. Köln.

VARAIN, Heinz Josef, 1964, Parteien und Verbände - eine Studie über ihren Aufbau, ihre Verflechtung und ihr Wirken in Schleswig-Holstein 1945 - 1958, Köln - Opladen.
VOGEL, Bernhard - Dieter Nohlen - Rainer-Olaf Schulze, 1971, Wahlen in Deutschland - Theorie, Geschichte, Dokumente 1848 - 1970, Berlin - New York.
VOGELSANG, Thilo, 1966, Das geteilte Deutschland, München.
VOGT, Hannah, 1972, Parlamentarische und außerparlamentarische Opposition, Opladen.
DIES. 1961, Schuld oder Verhängnis - zwölf Fragen an Deutschlands jüngste Vergangenheit, Frankfurt/M. - Berlin - Bonn - München.
VOQENNE, Bernard, 1982, Der Föderalismus Pierre - Joseph Proudhons, Übers. v. Lutz Roemheld, Frankfurt - Bern
VRING, Th. von der, 1968, Reform oder Manipulation? - zur Diskussion eines neuen Wahlrechts, Frankfurt/M.
WACHTER, Walter v., 1950, Die Beschränkung der Wettbewerbsmöglichkeiten kleiner Gruppen im Rahmen der geltenden westdeutschen Wahlrechtssysteme, Diss. München.
WEBER, Max, 1964, Wirtschaft und Gesellschaft, Berlin.
WENDLAND, Heinz-Dietrich in Gemeinschaft mit Theodor Strohm (Hsg.), 1969, Politik und Ethik, Darmstadt.
WESTDEUTSCHLANDS Weg zur Bundesrepublik 1945 - 1949, 1976, München.
WIECK, Hans-Georg, 1953, Die Entstehung der CDU und die Wiedergründung des Zentrums im Jahre 1945, Düsseldorf.
DERS. 1958, Christliche und Freie Demokraten in Hessen, Rheinland-Pfalz, Baden und Württemberg, 1945/1946, Düsseldorf.
WILDENMANN, Rudolf, 1963, Macht und Konsens als Problem der Innen- und Außenpolitik, Frankfurt.
DERS. - Max Kaase, 1969, Die unruhige Generation.
WINGE, Sören, 1976, Die Wirtschaftliche Aufbauvereinigung (WAV), 1945 - 1953, - Entwicklung und Politik einer "undoktrinären" politischen Partei in der Bundesrepublik in der ersten Nachkriegszeit, Upssala.
WINKLER, Hans-Joachim, 1963, Die Weimarer Demokratie - eine politische Analyse der Verfassung und der Wirklichkeit, Berlin.
DERS. in Zusammenarbeit mit Helmut Bilstein (Hsg.), 1968, Das Establishment antwortet der APO - Dokumentation, Opladen.
WIRTSCHAFT und Kultursystem 1955, Festschrift für A. Rüstow, Erlenbach - Zürich.
WÖRTERBUCH des Völkerrechts, 1961, begr. v. Karl Strupp, bearb. v. Hans-Jürgen Schlochauer, Bd. 2, Berlin, 2.Aufl.

WOLFRUM, Rüdiger, 1974, Die innerparteiliche demokratische Ordnung nach dem Parteiengesetz, Berlin.
ZÄNGLE, Michael, 1978, Einführung in die Sozialisationsforschung, Paderborn.
ZEUNER, Bodo, 1969, Innerparteiliche Demokratie, Berlin.
ZIEBURA, Gilbert (Hsg.), 1969, Beiträge zur allgemeinen Parteienlehre - zur Theorie, Typologie und Vergleichung politischer Parteien, Wege der Forschung Bd. LVI, Wissenschaftliche Buchgesellschaft, Darmstadt.
ZOLL, Ralf (Hsg.), 1972, Manipulation der Meinungsbildung - zum Problem hergestellter Öffentlichkeit, Kritik Bd. 4, Opladen, 2. Aufl.
DERS. (Hsg.), 1972, Gemeinde als Alibi, München.
DERS. (Hsg.), 1974, Wertheim III, Kommunalpolitik und Machtstruktur, München.
ZOLNHÖFER, Werner, 1973, Das Innovationspotential des Parteienwettbewerbs, Referat gehalten anläßlich des Kongresses der DVPW in Hamburg 1973, Hamburg.
ZUSAMMENARBEIT der Parteien in Westeuropa, - auf dem Weg zu einer neuen politischen Infrastruktur?, 1976, Bonn, Europäische Schriften des Instituts für Europäische Politik, Bd. 43/44.

2. Aufsätze

ABENDROTH, Wolfgang, 1967, Das KPD-Verbotsurteil des Bundesverfassungsgerichts in? ders. a.a.O., S. 139 - 174.
DERS. 1967, Das Problem der innerparteilichen und innerverbandlichen Demokratie in der Bundesrepublik, in: ders. a.a.O., S. 272 - 317.
ABRORMEIT, Heidrun, 1982, Parteiverdrossenheit und Alternativbewegung, in: PVS, S. 178 - 198.
ACHMINOW, Hermann F., 1968, Die Partei der Staatsgründer, in: ZE V, 2, S. 4 f.
DERS. 1969, Das Privateigentum als Fortsetzung der Persönlichkeit, in: ZE VI, 3.
ANTONI, Michael, 1980, Grundgesetz und Sperrklausel, in: Z Parl. S. 93 - 109.
AGNOLI, Johannes, 1973, Programm und Technik des sozialen Friedens (1967) in: Nuscheler-Steffani a.a.O., S. 233 - 250.
DERS. 1977, Wahlkampf und sozialer Konflikt, in? Wolf Dieter Narr a.a.O., S. 213 . 241.

ALEMANN, Ulrich v., 1972, Mehr Demokratie per Dekret? - innerparteiliche Auswirkungen des deutschen Parteiengesetzes von 1967, in: PVS, S. 181.
DERS. 1975, Stabilität und Gleichgewicht als Theoreme der Parteien- und Parlamentarismustheorie, in: PVS, S. 3 - 28.
ARNDT, Helmut, 1972, Gefahren fortgeschrittener Pressekonzentration, in: Dieter Prokop a.a.O., Bd. 1, S. 236 - 241.
AUFERMANN, Jörg - Bernd-Peter Lange - Axel Zerdick, 1973, Pressekonzentration in der BRD - Untersuchungsprobleme, Ursachen und Erscheinungsformen, in: Aufermann - Bohrmann - Sülzer a.a.O., Bd. 1, S. 242 - 302.
DERS. 1973, Werbung, Presse und manipulierte Öffentlichkeit in: Aufermann - Bohrmann - Sülzer a.a.O., Bd. 2, S. 544 - 567.
BACHRACH, Peter - Morton S. Baratz, 1972, Zwei Gesichter der Macht, in: Ralf Zoll a.a.O., S. 223 - 233.
BAUER, Arnold, 1955, Die Bayernpartei als föderalistische Landespartei, in: Parteien in der Bundesrepublik a.a.O., S. 468 - 482.
DERS. 1955, DIE WAV - der gescheiterte Versuch einer mittelständischen Massenpartei, in: Parteien in der Bundesrepublik a.a.O., S. 483 - 492.
BERGMANN, Uwe, 1968, in: ders., Rudi Dutschke, Wolfgang Lefèvre, Bernd Rabehl a.a.O., S. 7 - 33.
BESSON, Waldemar, 1962, Regierung und Opposition in der deutschen Politik, in: PVS 3, S. 225 - 241.
DERS. 1965, Viele Parteien tragen den Staat, in: Netzer, Hans-Joachim a.a.O., S. 59 - 179.
BARON, Laurence u.a., 1974, Der "anarchistische" Utopismus der westdeutschen Studentenbewegung, in: Grimm, Hermond, a.a.O., S. 120 - 135.
BERMBACH, Udo, 1973, Bürgerinitiativen - Instrumente direkter Demokratie? Diskussionspapier, DVPW Kongreß Hamburg.
DERS. 1978, Bürgerinitiativen gegen Parteienstaat, in: Guggenberger/Kempf, a.a.O., S. 92 - 111.
BIEGE, Hans-Peter - Hans-Joachim Mann - Hans-Georg Wehling, 1976, Die Landtagswahl vom 4. April 1976 in Baden-Württemberg, in: ZParl. 7, S. 329 - 352.
BLANKE, Bernhard, 1975, Theorien zum Verhältnis von Staat und Gesellschaft - zum Problem der Legitimation politischer Herrschaft in der bürgerlichen Gesellschaft, in: Blanke, Jürgens, Kastendiek a.a.O., Bd. 1, S. 126 - 221.
BOLDT, Hans, 1979, Politikverflechtung als Ressourcenverflechtung - zur Finanzverfassung der Bundesrepublik, in: Der Bürger im Staat, 29, S. 9 - 14.

BRACHER, Karl-Dietrich, 1968, Staatsbegriff und Demokratie in Deutschland, PVS IX, S. 2 - 27.
BREDTHAUER, Karl D., 1968, Demokratie, Information, Herrschaft, in: Jansen, Bernd - Arno Klönne a.a.O., S. 230 - 249.
DERS. 1976, Zur wahrscheinlichen Entwicklung des Parteiengefüges in der Bundesrepublik und ihren Ursachen, Blätter für deutsche und internationale Politik, 21, S. 1328 - 1334.
BREITLING, Rupert, 1960, Die zentralen Begriffe der Verbandsforschung - Pressure groups, Interessengruppen, Verbände, in: PVS 1, S. 47 - 73.
DERS. 1961, Das Geld in der deutschen Parteipolitik, in: PVS 2, S. 348 - 363.
DERS. 1968, Offene Partei- und Wahlfinanzierung - kritische Betrachtungen zum Parteiengesetz von 1967, in: PVS IX, S. 223 - 233.
DERS. 1970, Politische Pression wirtschaftlicher und gesellschaftlicher Kräfte in der Bundesrepublik Deutschland, in: Hans Steffen a.a.O., S. 72 - 125.
DERS. 1971, Auslandsgelder in der Innenpolitik, in: Lehmbruch, v. Beyme, Fetscher a.a.O., S. 472 - 483.
BRÜCKEN, Marion - Klaus Groth, 1973, Verfolgung der linken Presse, in: Aufermann, Bohrmann, Sülzer, a.a.O., S. 668 - 692.
BRÜCKNER, Peter, 1966, Analyse des Vorurteils - Begriff, Genese, soziale und politische Bedeutung, in: Axel Silenius a.a.O.
BÜRKLIN, Wilhelm, 1980, Die Grünen nach der Bundestagswahl 1980, Disk.papier DVPW/AK Parteien - Parlamente - Wahlen, München.
DERS. 1981, Die Grünen und die "Neue Politik". Abschied vom Dreiparteiensystem? in: PVS, S. 359 - 382
DERS. 1980, Links und/oder Demokratisch? in: PVS, S. 220 - 247.
BULLA, Eckart, 1973, Die Lehre von der streitbaren Demokratie - Versuch einer kritischen Analyse unter besonderer Berücksichtigung der Rechtsprechung des Bundesverfassungsgerichts, in: AöR, Bd. 98, S. 340 - 360.
CHRISTOPH, Karl, 1973, Artikel "Minderheiten" in: Drechsler, Hilligen, Neumann, a.a.O., S. 316 f.
CONZE, Werner, 1954, Die Krise des Parteienstaates in Deutschland 1929/1930, in: HZ 178, S. 47 - 83.
DERS. 1960, Die deutschen Parteien in der Staatsverfassung vor 1933, in: Erich Matthias, Rudolf Morsey a.a.O., S. 3 - 28.

DERS. 1967, Die politischen Entscheidungen in Deutschland, 1929-1933, in: Conze, Raupach a.a.O., S. 176 - 252.

COUDENHOVE-KALERGI, Richard Graf, 1967, De Gaulle und Europa, in: ZE VI, 1, S. 12 ff.

DERS. 1953, Das Paneuropäische Manifest (1924), in: ebd.

CRONE, Michael, 1975, Freiheit und Kontrolle - die Auseinandersetzung um die Novelle zum Bayerischen Rundfunkgesetz 1972 - 1973, in: Winfried B. Lerg - Rolf Steiniger, a.a.O., S. 439 - 461.

DAVIS, Earl E., 1964, Zum gegenwärtigen Stand der Vorurteilsforschung, in: Ernst E. Boesch u.a., a.a.O., S. 51 - 71.

DEICHMANN, Carl, 1975, Die "Input"-Funktion politischer Parteien - Unterrichtsbeispiel zur Systemtheorie (Sekundarstufe II) in: Gegenwartskunde XXIV., S. 177 - 192.

DIRKS, Walter, 1964, Die Zukunft als Tabu, in: Deutschland ohne Konzeption, a.a.O., S. 33 - 34.

DITTBERNER, Jürgen, 1973, Die Parteitage von CDU und SPD in: Dittberner - Ebbighausen a.a.O., S. 82 - 108.

DERS. 1976, Zur Entscheidung des Parteiensystems zwischen 1949 und 1961, in: Dietrich Staritz a.a.O., S. 129 - 156.

DREHER, Eduard, 1950, Das parlamentarische System des Bonner Grundgesetzes im Vergleich zur Weimarer Verfassung, in: NJW 3, S. 130 ff.

DÜRR, Walter, 1975, Das Ahrensburger Modell - ein Beispiel genossenschaftlicher Unternehmensdemokratie, in: Wolf-Dieter Narr a.a.O., S. 401-410.

DZIEYK, Wilfried, 1978, Programme und Satzungen der Parteibünde in der EG, in: ZParl. 9, S. 179 - 186.

EBBIGHAUSEN, Rolf, 1973, Legitimationskrise der Parteiendemokratie und Forschungssituation der Parteiensoziologie, in: Jürgen Dittberner - ders. a.a.O., S. 13 - 32.

EDINGER, Lewis J., 1972, Politischer Wandel in Deutschland: Die Bundesrepublik Deutschland nach der Wahl von 1969, in: Sozialwissenschaftliches Jahrbuch für Politik 3, S. 231 - 260.

ERLER, Georg, 1961, Artikel "Minderheiten" und "Minderheitenrecht", in: Wörterbuch des Völkerrechts a.a.O., S. 527 - 530.

ERMACORA, Felix, 1974, Diskriminierung und Schutz - völkerrechtliche Aspekte zur Situation von Minderheiten in der heutigen Welt, in: Ruprecht Kurzrock a.a.O., S. 9 - 16.

ESCHENBURG, Theodor, 1958, Das Zweiparteiensystem in der deutschen Politik, in: Forschungen zu Staat und Verfassung, Festgabe für Fritz Hartung, a.a.O., S. 403 - 417.

DERS. 1955, Ämterpatronage im Parteienstaat, in: Politische Studien, 5, H. 61, S. 23 - 27.
ESTENBAUER, Fried, 1970, Demokratiereform, in: ZE VII, 2, S. 9 - 11.
DERS. 1967, Die Präsidialdemokratie - der Ausweg aus Dauerkrisen, Halbdiktatur und Proporzskandal, in: ZE IV, 2, S. 29 - 31.
EUROPEAN Labor Committees, Internationales Bulletin, Nr. 13, Dez. 1974.
FALTER, Jürgen, 1979, Die bayerische Landtagswahl vom 15. Oktober 1978 - Anti-Strauß-Wahl oder Mobilisierungsschwäche einer Staatspartei, in: ZParl. 10, S. 50 - 64.
DERS. 1973, Die Bundestagswahl vom 19. November 1972, in: ZParl. 4, S. 115 - 123.
FENNER, Christian, 1976, Das Parteiensystem seit 1969 - Normalisierung und Polarisierung, in: Dietrich Staritz a.a.O., S. 194 - 214.
FETSCHER, Iring, 1971, Kritische Glossen zum Demokratieverständnis in: Gerhard Lehmbruch u.a., a.a.O., S. 55 - 67.
FICKER, Hans Claudius - Christian Fischer - Dieskau - Horst Günter Krenzler, 1976, Die Zusammenarbeit der Liberalen Parteien in Westeuropa - auf dem Weg zur Föderation?, in: Zusammenarbeit der Parteien in Westeuropa, a.a.O., S. 13 - 89.
FIJALKOWSKI, Jürgen, 1972, Demokraten als Bürokraten - Statussorgen und Funktionsgehorsam gegen politisches Bewußtsein, in: Günter Hartfield a.a.O., S. 155 - 167.
FLECHTHEIM, Ossip K., 1962 a, Die Institutionalisierung der Parteien in der Bundesrepublik, ZPol. 9, S. 97 - 110.
DERS. 1964, Politik, Politologie und Philosophie, in: ders. Eine Welt oder keine? a.a.O., S. 11 - 303.
DERS. 1964, Utopie, Gegenutopie und Futurologie, in: ders. Eine Welt oder keine? a.a.O., S. 31 - 47.
DERS. 1964, Das Wertproblem in der Politik, in: PVS, 5, S. 188 - 202.
DERS. 1964 b, Diskussionsbeitrag zum DVPW-Kongreß 1963 in Heidelberg zum Thema: Parlamentarische Regierung und Parlamentarische Kontrolle, in: PVS 5, S. 43 ff.
DERS. 1965, Die Anpassung der SPD, 1914, 1933 und 1959, in: Jürgen Fijalkowski a.a.O., S. 182 - 202.
DERS. 1974, Der Weg zum Sozialismus, oder: Ethik und Politik, in: Zeitgeschichte, a.a.O., S. 231 - 243.
DERS. 1974, Haben die Parteien noch eine Zukunft? in: Aus Politik und Zeitgeschichte, B 1, 5.1.74, S. 3 - 14.
DERS. 1976, Extremismus und Radikalismus - eine Kontraststudie, Aus Politik und Zeitgeschichte, 26, H 6, S. 22 - 29.

DERS. 1977, Für eine neue Partei der Zukunft, in: Der lange Marsch, Zeitung für eine neue Linke, Berlin (West), 25.2.77, S. 2 - 3.

DERS. 1978, Extremismus und Radikalismus - eine Kontraststudie, in: Manfred Funke a.a.O., S. 47 - 61.

FORSCHUNGSGRUPPE an der Freien Universität Berlin, 1973, Zur Rolle und Funktion von Bürgerinitiativen in der Bundesrepublik und West-Berlin, in: ZParl. 4, S. 247 - 286.

FORSTHOFF, Ernst, 1950 a, Anmerkung zum Urteil des OVG Lüneburg vom 4.7.1950, AöR. 76, S. 361 ff.

DERS. 1950 b, Zur verfassungsrechtlichen Stellung und inneren Ordnung der Parteien, in: Deutsche Rechtszeitschrift, 5, H. 14, S. 313 - 318.

FRANKE, Peter, 1976 a, Zur Chancengleichheit der politischen Parteien im Wahlkampf (Urteil des BVerfG. v. 13.12.74 - VII C 42/72) ZParl. 7, S. 518 - 522.

DERS. 1976 b, Parteienprivileg und verfassungsfeindliche Parteien, Beschluß des BVerfG. v. 29.10.1975, ZParl. 7, S. 523 - 528.

DERS. 1978, Zur Wahlkampfkostenerstattung bei Landtagswahlen, Urteil des Bay. Verf.GH. v. 7.3.1977, - Vf. 3 - VII - 75, in: ZParl. 9, S. 316 - 320.

FROMME, Friedrich Karl, 1976, Zwei, drei oder vier Parteien? in: Pol. Meinung, Jg. 21, H. 164, S. 53 - 66.

FUCHS, Friederike - Eckhard Jesse, 1978, Der Streit um die "streitbare Demokratie" - zur Kontroverse um die Beschäftigung von Extremisten im öffentlichen Dienst, in: aus Politik und Zeitgeschichte, Beilage zur Zeitschrift Das Parlament, B. 3/78, S. 17 - 35.

FUNKE, Manfred, 1978, Extremismus und offene Gesellschaft - Anmerkungen zur Gefährdung und Selbstgefährdung des demokratischen Rechtsstaates, in: ders. a.a.O., S. 15 - 46.

DERS. 1978, Terrorismus - Ermittlungsversuch zu einer Herausforderung, in: ders. a.a.O., S. 9 - 36.

GABLENZ, Otto Heinrich v.d., 1960, Politische Wissenschaft und Philosophie, PVS. 1, S. 4 - 11.

GAGEL, Walter, 1975, Das Bundesverfassungsgericht nach dem Urteil zum § 218, in: Gegenwartskunde 24. S. 339 - 350.

GASSER, Adolf, 1977, Zum Problem der autonomen Kleinräume - zweierlei Staatsstrukturen in der freien Welt, in: aus Politik und Zeitgeschichte, Beilage zur Zeitschrift Das Parlament, B 31, 77, S. 3 - 15.

GHIZZI-GHIDORZI, Dacirio, 1965, Welche Partei für Europa? in: ZE II, 3, S. 42 - 44.

DERS. o.J. (1976/1977), Lettere Federaliste, Partito Democratico Federalista Europeo, Mantova 1959, Brief 1 und 2 übs. von Lutz Roemheld, in: La Federacio, Doc. 3, S. 12 und Doc. 4, S. 5.
GLAZER, Nathan, 1975, The Integration of Minorities from the Point of View of Social Science, in: Eisenstadt, Kaltefleiter a.a.O., S. 24 - 31.
GNÄDINGER, Fritz-Joachim, 1976, Sozialdemokratie und Bürgerinitiativen, in: Neue Gesellschaft, 23, S. 834 - 842.
GOLFFING, Francis and Barbara, 1971, An Essay on Utopian Possibility, in: George Kateb a.a.O., S. 29 - 39.
GOLLWITZER, Heinz, 1954, Parteien und Weltanschauungen in der westdeutschen Bundesrepublik, in: Internationales Jahrbuch der Politik a.a.O., S. 210 - 228.
GOTTBERG, Hans-Wittich v., 1971, Dynamischer Föderalismus, in: ZE VIII, 1, S. 8.
GOTTSCHALCH, Wilfried, 1968, Zur Situation der Studenten in unserer Gesellschaft, in: H.J. Schoeps - Ch. Dannemann a.a.O., S. 161 - 169.
GRALHER, Martin, 1975, Opposition: Negation oder Alternative? in: Die Neue Gesellschaft 22, S. 567 ff.
GRAML, Hermann, 1976, Die Alliierten in Deutschland, in: Westdeutschlands Weg, a.a.O., S. 25 - 52.
GRESCH, Norbert, 1976, Zwischen Internationalismus und nationaler Machtbehauptung - die europäische Zusammenarbeit der sozialdemokratischen Parteien, in: Zusammenarbeit der Parteien in Westeuropa, a.a.O., S. 143 - 246.
GREWE, Wilhelm, 1969, Zum Begriff der politischen Partei, in: Gilbert Ziebura a.a.O., S. 68 - 90.
GROSER, Manfred, 1980, Parteien, Bürger und Verbände in der ökonomischen Theorie der Politik, Referat, DVPW - AK Parteien - Parlamente - Wahlen, München.
GROTTA, Gerald L., 1973, Pressekonzentration: Die Folgen für den Verbraucher, in: Aufermann, Bohrmann, Sülzer a.a.O., S. 303 - 314.
GUGGENBERGER, Bernd, 1978, Bürgerinitiativen oder: Wie repräsentativ ist die Repräsentative Demokratie in der Bundesrepublik, in: ders. - Udo Kempf, a.a.O., S. 172 - 187.

HABERMAS, Jürgen, 1972, Die politische Rolle der Studentenschaft in der Bundesrepublik, Auszüge aus einer Rede auf dem Kongreß "Hochschule und Demokratie", Hannover 1967, in: Hannah Vogt a.a.O., S. 142 - 145.
DERS. 1969, Über das Verhältnis von Politik und Moral, in: Heinz-Dietrich Wendland a.a.O., S. 61 - 90.

HÄSE, Volker - Peter Müller, 1973, Die Jungsozialisten in der SPD, in: Jürgen Dittberner - Rolf Ebbighausen a.a.O., S. 277 - 306.

HAHN, Karl Josef - Friedrich Fugmann, 1976, Die Europäische Christlich-Demokratische Union zwischen Europäischem Anspruch und nationalen Realitäten, in: Zusammenarbeit ... a.a.O., S. 251 - 339.

HAMANN, Andreas, 1962, Das Recht auf Opposition und seine Geltung im außerparlamentarischen Bereich, in: PVS 3, S. 242 - 255.

HASENRITTER, Karl-Heinrich, 1982, Parteiordnungsmaßnahmen und innerparteiliche Demokratie, in: aus Politik und Zeitgeschichte, Beilage zur Wochenzeitung Das Parlament, B 14 - 15, S. 19 - 28.

HAUNGS, Peter, 1973, Die Bundesrepublik - ein Parteienstaat? - kritische Anmerkungen zu einem wissenschaftlichen Mythos, in: ZParl. 4, S. 502 - 523.

HEGELS, Wolfgang, 1968, Chancengleichheit der Parteien bei der Sendezeitenverteilung - ein europäischer Vergleich, in: Rundfunk und Fernsehen, 16, H. 1, S. 19 - 26.

DERS. 1969, Chancengleichheit der Parteien, ZRP 2, S. 107.

HEGENER, Friedhart, 1980, Historisch-gesellschaftliche Entstehungsbedingungen und politisch-soziale Funktion von Bürgerinitiativen, in: Otheim Rammstedt, a.a.O., S. 11 - 118.

HEINEMANN, Gustav W., 1976, Freimütige Kritik und demokratischer Rechtsstaat, in: aus Politik und Zeitgeschichte, Beilage zur Wochenzeitung Das Parlament, B. 20 und 21 S. 3 - 7.

HEINZ, Peter, 1958, Artikel "Vorurteile" und "Minoritäten" in: René König a.a.O., S. 303 ff.

HELLER, A., 1975, Radikale Bewegung und radikale Utopie, in: Fenner, Christian, Bernhard Blanke, Systemwandel und Demokratisierung a.a.O., S. 62 - 75.

HENNIG, Eike, 1974, Die Abhängigkeit der Massenmedien von den Werbeeinnahmen und dem Anzeigenteil, in: Rolf Zoll a.a.O., S. 27 - 67.

HENNIS, Wilhelm, 1976, Probleme der Regierbarkeit - Systemüberwindung, Wandel oder Verfall der Parteiendemokratie, Die Politische Meinung, 21, S. 85 - 100.

HERAUD, Guy, 1972, Der ethnische Föderalismus als Verfassungsmodell für ein Vereintes Europa, in: ZE IX, 1, S. 7 - 9.

DERS. 1975, Nouvelles Reflexions sur l'ethnisme et sur le fédéralisme ethnique, in: Annales de la Faculté de Droit de Lyon, I, S. 53 - 65.

HERMENS, Ferdinand A., 1968, Zur Wahlrechtsdiskussion in der Bundesrepublik, in: Verfassung und Verfassungswirklichkeit, a.a.O., S. 1 - 36.
DERS. 1968, Einführung zu: Werner Kaltefleiter, a.a.O.
HERZ, John H., 1969, Amerika - Land ohne Alternative? in: PVS 10, S. 170 ff.
DERS. 1975, Gedanken über Legitimität, Gewalt und die Zukunft des Staates, in: Christian Fenner - Bernhard Blanke (Hsg.) Systemwandel und Demokratisierung a.a.O., S. 30 - 52.
HIELSCHER, Erwin, 1955, Die Finanzierung der politischen Parteien, in: Politische Studien, 5, H. 64, S. 6 - 19.
HILDEBRANDT, Kai - Russel J. Dalton, 1977, Die neue Politik, in: Max Kaase, a.a.O., S. 230 - 256.
HILL, Werner, 1975, Bundesverfassungsgericht im Zwielicht, in: Merkur 29, S. 695 - 714.
HINZ, Lieselotte, 1969, Meinungsmarkt und Publikationsorgane, in: Schäfer/Nedelmann a.a.O., S. 259 - 288.
HOFFMANN-NOWOTNY, Hans-Joachim, 1974, Rassische, ethnische und soziale Minderheiten als Zukunftsproblem internationaler Integrationsbestrebungen, in: Ruprecht Kurzrock a.a.O., S. 173 - 183.
HOFFMANN-RIEM, Wolfgang, 1978, Zur Definitionsherrschaft über Radikalität - zum Radikalen-Beschluß des Bundesverfassungsgerichts, in: Manfred Funke a.a.O., S. 370 - 375.
HOLZER, Horst, 1974, Politik in Massenmedien - zum Antagonismus von Presse- und Gewerbefreiheit, in: Ralf Zoll, a.a.O., S. 68 - 108.
HOLZGRÄBER, Rudolph, 1955, Die DP - Partei eines neuen Konservatismus? in: Parteien in der Bundesrepublik a.a.O., S. 407 - 449.
HOMMES, Ulrich, 1977, Brauchen wir die Utopie? - Plädoyer für einen in Mißkredit geratenen Begriff, in: aus Politik und Zeitgeschichte ..., B. 20/77, S. 3 - 17.
HOPF, Christel, 1972, Zu Struktur und Zielen privatwirtschaftlich organisierter Zeitungsverlage, in: Dieter Prokop a.a.O., S. 193 - 211.
HORCHEM, Hans Josef, 1973, Der Marsch durch die Institutionen, in: Beiträge zur Konfliktforschung, 3, S. 99 - 125.
DERS. 1978, Zum Entwicklungsstand des Rechtsextremismus in der Bundesrepublik Deutschland, in: Manfred Funke a.a.O., S. 202 - 224.
HRBEK, Rudolf, 1972, Bundesrat und Neugliederung - Parteipolitische Machtverschiebungen durch Neugliederungsmodelle?, ZParl. 3, S. 150 - 161.

HUFFSCHMID, Jörg, 1968, Politische Ökonomie des Springer-Konzerns, in: Jansen, Klönne a.a.O., S. 52 - 79.
HUTCHINS, Robert M. u.a., 1948, Vorläufiger Entwurf einer Weltverfassung, in: Prisma, H. 18, 1948, S. 6 - 11.
INGLEHARD, Ronald, 1971, The Silent Revolution in Europe, in: APSR 1971, S. 991 - 1012.
JAIDE, Walter, Rechtsruck in den Klassenzimmern, in: Aspekte 6, 1975, S. 36 - 39.
JÄGER, Wolfgang, 1973, Innerparteiliche Demokratie und Repräsentation, in: ders., S. 108 - 151.
JÄNICKE, Martin, 1975, Politische Herrschaft in krisentheoretischer Sicht, in: Fenner - Blanke (Hsg.), Systemwandel und Demokratisierung, a.a.O., S. 427 - 441.
JÜTTNER, Wolfgang - Klaus Wetting, 1979, Die niedersächsische Landtagswahl am 4. Juni 1978: Wem schadeten die "Grünen", wem die Nicht-Wähler?, in: ZParl. 10, S. 17 - 34.
JUNCKERSTORFF, Kurt, 1961, Artikel "Minderheitenrecht", in: HDSW a.a.O., S. 346 - 349.

KAACK, Ursula, 1979, Nicht-etablierte Parteien und Bundestagswahl, in: Kaack - Roth a.a.O., S. 507 - 512.
KADRITZKE, Nils, 1976, Faschisierung der Weimarer Republik und NS-Diktatur, in: Dietrich Staritz a.a.O., S. 47 - 63.
KALTEFLEITER, Werner, 1968, Zur Chancengleichheit der Parteien in der Bundesrepublik, in: Verfassung und Verfassungswirklichkeit a.a.O., Bd. 2, S. 214 - 237.
DERS. 1973, Oppositionsstrategien im parlamentarischen System, in: aus Politik und Zeitgeschichte ..., B. 31/73, S. 3 - 8.
DERS. 1974, Wandlungen des Parteiensystems, Sonderdruck: Referat gehalten auf der Akademie Eichholz.
DERS. 1975, Wandlungen des deutschen Parteiensystems 1949 - 1974, in: Aus Politik und Zeitgeschichte ..., B. 14/75, S. 3- 10.
KASTE, Hermann - Joachim Raschke, 1977, Zur Politik der Volkspartei, in: Wolf-Dieter Narr a.a.O., S. 26 - 74.
KASTENDIEK, Hans, 1975, Desintegration einer Integrationswissenschaft - Konstituierung und Wandel der westdeutschen Politologie, in: Blanke - Jürgens - Kastendiek, a.a.O., S. 27 - 125.
KEWENIG, Wilhelm, 1964, Die Problematik der unmittelbaren staatlichen Parteienfinanzierung, in: DÖV, S. 829 - 840.
KILGA, Bernhard, 1969, Vom Nationalismus zur europäischen Nation, in: ZE VI, 2, S. 12 f.

KIRCHHEIMER, Otto, 1966, The Transformation of the Western European Party Systems, in: La Palombara, Weiner, a.a.O., S. 172 - 200.
DERS. 1967, Deutschland oder: der Verfall der Opposition, in: ders. a.a.O., S. 58 - 91.
DERS. 1974, Der Weg zur Allerweltspartei, in: Lenk - Neumann a.a.O., Bd. 2, S. 113 - 137.
KLATT, Hartmut, 1970, Die Abgaben der Mandatsinhaber an Partei und Fraktion, ZParl. 7, S. 61 - 65.
DERS. 1971, Die finanzielle Stellung der Abgeordneten, in: ZParl. 2, S. 344 - 364.
DERS. 1979, Die Länderparlamente müssen sich wehren - Möglichkeiten und Ansätze einer Reform des Länderparlamentarismus, Der Bürger im Staat 29, S. 20 - 28.
KLIMA, Rolf, 1973, Artikel "Minorität" in: Werner Fuchs a.a.O., S. 445 f.
KLÖNNE, Arno, 1968, Ein Super-Hugenberg, in: Jansen - Klönne a.a.O., S. 9 - 21.
KÖNIG, René, 1967, Artikel "Vorurteile" und "Minoritäten", in: ders. a.a.O., S. 335 ff.
KÖSER, Helmut, 1973, Empirische Parteienforschung - Versuch einer systematischen Bestandsaufnahme, in: Wolfgang Jäger a.a.O., S. 28 - 58.
KRIEGER, Leonhard, 1979, Das Interregnum in Deutschland März bis August 1945, in: Narr - Thränhardt a.a.O., S. 26 - 46.
KRIELE, Martin, 1978, Verfassungsfeinde im Öffentlichen Dienst, in: Manfred Funke, a.a.O., S. 335 - 347.
KRIPPENDORFF, Eckkehard, 1962, Das Ende des Parteienstaates?, in: Der Monat 14, H. 160, S. 64 -70.
KOGON, Eugen, 1964, Über das Vorurteil, in: Hessische Hochschulwoche für staatswissenschaftliche Fortbildung, 25.11. - 1.12.1962, Bad Nauheim, Bad Homburg v.d.H., S. 167 - 177.
KROCKOW, Christian Graf von, 1977, Genügen drei Parteien? - ein Essay, in: aus Politik und Zeitgeschichte ... B. 31/1977, S. 33 - 38.
KUNZ, Rainer, Parteien- und Parlamentarismusentwicklung in den deutschen Ländern 1945 bis zur Gründung der Bundesrepublik, in: Becker - Stammen - Waldmann, a.a.O., 1979, S. 357 - 379.

LAGASSE, A., 1968, Les petits partis sont-ils utiles? in: Res publica, Revue de l'Institut Belge des Science Politique; vol. X, S. 59 - 75.
LANDSHUT, Siegfried, 1955, Formen und Funktionen der par-

lamentarischen Opposition, in: Wirtschaft und Kultursystem a.a.O., S. 125 ff.
LANGE, Max-Gustav, 1955, Betrachtungen zum neuen deutschen Parteiensystem, in: Parteien in der Bundesrepublik, a.a.O., S. 493 - 518.
DERS. 1955, Die FDP - Versuch einer Erneuerung des Liberalismus, in: Parteien in der Bundesrepublik, a.a.O., S. 275 - 403.
LANGE, Rolf, 1975, Die Hamburger Bürgerschaftswahl vom 3. März 1974 - Beginn einer Talfahrt für die SPD? ZParl. 6, S. 393 - 403.
DERS. 1979, Die Wahl zur Hamburger Bürgerschaftswahl am 4. Juni 1978 - Ende des Dreiparteiensystems in Sicht? in: ZParl. 10, S. 5 - 17.
LANGGUTH, Gerd, 1978, Protest von links - die Studentenbewegung in der Bundesrepublik Deutschland, in: Manfred Funke a.a.O., S. 164 - 201.
LAUFER, Heinz, 1970, Verfassungsgerichtsbarkeit als politische Kontrolle, in: PVS 11, Sonderheft 2, S. 226 - 241.
DERS. 1973, Entscheidungsgewalt ohne Opposition? - Probleme des Bundesverfassungsgerichts im Regierungssystem der Bundesrepublik Deutschland, in: Winfried Steffani a.a.O., S. 216 - 244.
LAUN, Rudolf, 1955, Mehrheitsprinzip, Fraktionszwang und Zweiparteiensystem, in: Forschungen und Berichte aus dem Öffentlichen Recht, München, S. 105 - 196.
LEHMBRUCH, Gerhard, 1968, Konkordanzdemokratie im politischen System der Schweiz, in: PVS IX, S. 443 - 459.
DERS. 1969, Strukturen ideologischer Konflikte bei Parteienwettbewerb, in: PVS X, S. 285 - 313.
LEIBHOLZ, Gerhard, 1951, Parteienstaat und repräsentative Demokratie, in: DVBl, S. 1 - 8.
DERS. 1951 a, Verfassungsrechtliche Stellung und innere Ordnung der Parteien - Ausführung und Anwendung der Art. 21 und Art. 38 Abs. 1 Satz 2 des Grundgesetzes, in: Verhandlungen des 38. Deutschen Juristentages, Tübingen.
DERS. 1962, Die Stellung des Bundesverfassungsgerichts im Rahmen des Bonner Grundgesetzes, in: PVS III, S. 13 - 25.
DERS. 1967, Die freiheitlich demokratische Grundordnung und das Bonner Grundgesetz, in: ders. a.a.O., S. 132 - 141.
DERS. 1967, Sperrklauseln und Unterschriftenquoren nach dem Bonner Grundgesetz, in: ders. a.a.O., S. 41 - 54.
DERS. 1967, Volk und Partei im neuen deutschen Verfassungsrecht, in: ders. a.a.O., S. 71 - 77.

DERS. 1969, Zum Parteiengesetz von 1967, in: Festschrift für Adolf Arndt zum 65. Geburtstag, Frankfurt/M., S. 179 ff.

LEICHT, Robert, 1971, "Polarisierung" - Thema mit Variationen, Merkur, 25, S. 527 - 538.

LEPSIUS, M. Rainer, 1975, Die Integration von Minoritäten aus dem Blickwinkel moderner Sozialwissenschaften, in: Eisenstadt - Kaltefleiter, a.a.O., S. 11 - 23.

LIESEGANG, Helmut C.F. - Rainer Plöges, 1973, Schwächung der Parlamente durch den kooperativen Föderalismus? in: Laufer - Pilz, a.a.O., S. 177 - 200.

LIPSET, Seymour Martin - Stein Rokkan, 1968, Cleavage Structures, Party Systems, and Voter Alignments: An Introduction, in: dies. a.a.O., S. 1 - 64.

LOEWENBERG, Gerhard, 1968, The Remaking of the German Party System, Political and Socio-economic Factors, in: Polity I, S. 88 - 113.

LOEWENSTEIN, Karl, 1937, Militant Democracy and Fundamental Rights, in: American Political Science Review, vol. XXXI June 1937, No. 3, S. 417 - 433; No. 4, S. 638 - 658.

LOHMAR, Ulrich, 1968, Die "Neue Linke" und die Institutionen der Demokratie, in: Erwin K. Scheuch, a.a.O., S. 13 - 28.

DERS. Sozialdemokratie - Kommunismus: Zur ideologischen Abgrenzung, in: aus Politik und Zeitgeschichte ... B. 8/

MANDT, Hella, 1977, Demokratie und Toleranz - Zum Verfassungsgrundsatz der Streitbaren Demokratie, in: Peter Haungs a.a.O., S. 233 - 260.

DIES. 1978, Grenzen politischer Toleranz in der offenen Gesellschaft - zum Verfassungsgrundsatz der Streitbaren Demokratie, in: aus Politik und Zeitgeschichte ..., B. 3 S. 3 - 16.

MARC-LIPIANSKY, Arnaud, 1978, France - une loi contestable, in: L'Europe en formation, no. 225, Déc. 1978, S. 3 - 4.

MARCUSE, Ludwig, 1964, Das Individuum, in: Bernhard, Doerdelmann a.a.O., S. 248 - 251.

MARINELLO, Lino, 1965, Neue Impulse für den Föderalismus, in: ZE II, 1, 1965, S. 3 - 5.

MASSING, Otwin, 1973, Parteien und Verbände als Faktoren des politischen Prozesses - Aspekte politischer Soziologie, in: Kress - Senghaas, a.a.O., S. 277 - 313.

MASTE, Ernst, 1977, Der Staatsdenker Artur Mahraun (1890 - 1950), in: aus Politik und Zeitgeschichte ..., B. 31, S. 16 - 32.

MATZ, Werner, 1950, Die Vorschriften des Grundgesetzes über die politischen Parteien in den Verhandlungen des Parlamentarischen Rates, in: Deutsche Rechtszeitschrift, H. 12, S. 273 - 275.

MAURER, Hartmut, 1971, Das Verbot politischer Parteien - zur Problematik des Art. 21 Abs. 2 GG, AöR, 96, H. 2, S. 203.

MENKE-GLÜCKERT, Peter, 1978, Grüner Protest - Zeichen der Parteiverdrossenheit? in: aus Politik und Zeitgeschichte ..., B. 43, S. 3 - 12.

MEYN, Hermann, 1974, Gefahren für die Freiheit von Rundfunk und Fernsehen? in: Wolfgang R. Langenbucher, a.a.O., S. 257 - 272.

MEYER, Gerd, 1973, Die Parteiendemokratie der Bundesrepublik - Legitimation, Selbstverständnis und demokratisch-sozialistische Kritik, in: Der Bürger im Staat 23, H. 1, S. 2 - 10.

MEYER, Rolf - Günter Handlögten, Die Grünen vor der Wahl, in: aus Politik und Zeitgeschichte ..., B 36.

MIELKE, Siegfried, Multinationale Konzerne - zur Deformation pluralistischer Systeme, in: Doecker/Steffani, a.a.O., S. 362 - 377.

MINTZEL, Alf, 1967, Gründung, Ostentflechtung und Westintegration der Berliner Parteien und Gewerkschaften, in: Jürgen Fijalkowski u.a., a.a.O., S. 3 - 103.

DERS. 1973, Die CSU in Bayern, in: Dittberner - Ebbighausen a.a.O., S. 349 - 426.

DERS. 1976, Besatzungspolitik und Entwicklung der bürgerlichen Parteien in den Westzonen 1945 - 1949, in: Dietrich Staritz a.a.O., S. 73 - 89.

DERS. 1976, Zur Entwicklung des Parteiensystems zwischen 1961 und 1966, in: Dietrich Staritz a.a.O., S. 157 - 173.

DERS. 1977, Gesellschaft, Staat und Parteiorganisation, in: Wolf-Dieter Narr, a.a.O., S. 173 - 212.

MITSCHERLICH, Alexander, 1964, Zur Psychoanalyse des Vorurteils, in: Ernst E. Boesch u.a. a.a.O., S. 41 - 50.

MÖCKEL, Karl, 1979, Der Regionalismus und seine geschichtlichen Grundlagen, in: Fried Esterbauer a.a.O., S. 17 - 42.

MOLT, Peter, 1963, Wertvorstellungen in der Politik, in: PVS IV, S. 350 - 368.

MÜHLEISEN, Hans-Otto, 1973, Theoretische Ansätze der Parteienforschung - eine exemplarische Literaturübersicht, in: Wolfgang Jäger a.a.O., S. 9 - 27.

MÜLLER, Hermann, 1975, Bildungs- und Erziehungsprobleme von Minderheiten und Randgruppen in der Bundesrepublik

Deutschland, in: Eisenstadt - Kaltefleiter, a.a.O., S. 32 - 41.
MURSWIEK, Dietrich, 1979, Die Verfassungswidrigkeit der 5 %-Sperrklausel im Europawahlgesetz, in: Juristenzeitung 2, S. 48 - 53.
NARR, Wolf-Dieter, 1977, Parteienstaat in der BRD - ein Koloß auf tönernen Füßen, aber mit stählernen Zähnen, in: ders. a.a.O., S. 7 - 25.
NARR, W.-D. - Dietrich Thränhardt, Einleitung zu: Die Bundesrepublik Deutschland a.a.O., 1979, S. 1 - 21.
NASCHOLD, Frieder, 1971, Demokratie und Komplexität, in: Koch - Senghaas, a.a.O., S.
NASSMACHER, Karl-Heinz, 1982, Öffentliche Rechenschaft und Parteifinanzierung - Erfahrungen in Deutschland, Kanada und in den Vereinigten Staaten, in: aus Politik und Zeitgeschichte, B. 14-15, S. 3 - 18.
NELL-BREUNING, Oswald v., 1969, Politische Programmatik und Weltanschauung, in: Festschrift für Adolf Arndt z. 65. Geburtstag, Frankfurt/M., S. 303 - 321.
NEUMANN, Franz, 1948, Military Government and the Revival of Democracy in Germany, in: Journal of International Affairs, 2, S. 3 - 20.
NEUMANN, Franz, 1968, Entstehung und Entwicklung der politischen Parteien, in: Abendroth, Lenk a.a.O., S. 234 - 265.
DERS. 1973, Artikel "Parteien", in: Gesellschaft und Staat a.a.O., S. 351 - 358.
NEUSÜSS, Arnhelm, 1968, Außerparlamentarische Opposition, in: Schoeps - Dannemann a.a.O., S. 47 - 77.
NIEBUHR, Reinhold, 1961, Consensus in einer demokratischen Gesellschaft, in: PVS II, S. 202 - 222.
NIETHAMMER, Lutz, 1979, Zum Verhältnis von Reform und Rekonstruktion in der US-Zone am Beispiel der Neuordnung des öffentlichen Dienstes, in: Narr - Thränhardt a.a.O., S. 47 - 59.

OERTZEN, Peter v., 1977, Freiheitlich-demokratische Grundordnung und Rätesystem, in: Erhard Denninger, a.a.O., Bd. 1, S. 208 - 224.
OESER, Kurt, 1978, Politische Strömungen in der "Ökologie-Bewegung", in: aus Politik und Zeitgeschichte, B. 43/78, S. 13 - 19.
OFFE, Claus, 1972, Klassenherrschaft und politisches System - zur Selektivität politischer Institutionen, in: ders. a.a.O., S. 65 - 105.
DERS. 1980, Konkurrenzpartei und kollektive politische Identität, in: Roth a.a.O., S. 74 - 96.

DERS. 1973, Politische Herrschaft und Klassenstrukturen - zur Analyse spätkapitalistischer Gesellschaftssysteme, in: Kress, Senghaas a.a.O., S. 135 - 164.
OPITZ, Reinhard, 1969, Grundfragen oppositioneller Alternative und Strategie, in: Hitzer - Opitz a.a.O., S. 395 ff.
PAPPI, Franz Urban, 1973, Parteiensystem und Sozialstruktur in der Bundesrepublik, in: PVS, S. 191 - 213.
DERS. 1977, Sozialstruktur, gesellschaftliche Wertorientierungen und Wahlabsicht, in: Max Kaase (Hsg.), a.a.O., S. 195 - 229.
PAWLIKOWSKI, Dismas, 1965, Föderalistische Gesellschaftsordnung statt Gruppenegoismus, in: ZE II, 1, S. 9 - 14.
POLAK, Fred L., 1972, Wandel und bleibende Aufgabe der Utopie, in: Arnhelm Neusüss a.a.O., S. 361 - 366.
PÜTZ, Helmuth, 1970, "Reale Utopien" als politische Integrationsfaktoren in der Bundesrepublik, in: ders. a.a.O., S. 111 ff.
RADBRUCH, Gustav, 1930, Die politischen Parteien im System des deutschen Verfassungsrechts, in: Anschütz - Thoma a.a.O., B. 1, S. 285 - 294.
RASCHHOFER, Hermann, 1966, Artikel "Minderheiten", "Minderheitenschutz" in: Knust - Grundmann a.a.O., S. 1310 - 1312.
RASCHKE, Joachim, 1970, Parteien, Programme und "Entideologisierung" - zur Analyse von Parteiprogrammen, in: aus Politik und Zeitgeschichte ..., B. 8, S. 3 - 23.
DERS. 1973, Mehrheitswahlrecht - Mittel zur Demokratisierung oder Formierung der Gesellschaft, in: Steffani a.a.O., S. 191 - 215.
DERS. 1975, Demokratisierung durch innerparteilichen Gruppenwettbewerb, in: aus Politik und Zeitgeschichte ..., B. 14, S. 11 - 32.
DERS. 1979, Ursachen und Perspektiven des Protests - eine zusammenfassende Interpretation, in: Murphy u.a.: Protest - Grüne, Bunte und Steuerrebellen - Ursachen und Perspektiven, Reinbek b. Hamburg.
RAUSCH, Heinz, 1970, Mehrheit, Mehrheitsprinzip, in: Röhrig - Sontheimer a.a.O., S. 279 ff.
REESE, Jürgen u.a., 1976, Einstellungswandel bei neuen Abgeordneten im Bundestag, in: aus Politik und Zeitgeschichte ..., B. 38.
REGENSBURGER, Marianne, 1968, Der Fall Horst Mahler oder: Wie die Springer-Presse einen für den Abschuß freigibt, in: Peter Brokmeier, a.a.O., S. 114 - 127.
REIF, K.-H. - H. Schmitt - K. Schubert, 1979, Die Rolle der

mittleren Führungsschicht politischer Parteien in der EG - Parteiföderation, Institut für Sozialwissenschaften (vorl. Fassung), Mannheim
RIDDER, Helmut, K.J., 1957, Streitbare Demokratie? in: Neue politische Literatur, 2, S. 351 - 368.
DERS. 1960, Artikel "Meinungsfreiheit", in: Staatslexikon, a.a.O., Bd. 5, S. 647 ff.
DERS. 1965, Gesetzgeberische Wettbewerbsbeschränkungen im politischen Prozeß durch staatliche Wettbewerbsbeschränkungen der politischen Parteien? in: Coing - Kronstein - Mestmäcker a.a.O., S. 21 - 39.
DERS. unter Mitarbeit von Hans-Albert Lennarz, 1976, Doch in der Mitte liegt holdes Bescheiden, in: Demokratie und Recht, 1, S. 179 - 186.
RIETDORF, Fritz, 1973, Die Gemeinschaftsaufgaben - ein Schritt zur gemeinsamen Aufgabenplanung von Bund und Ländern? in: Laufer - Pilz a.a.O., S. 201 - 221.
RINCK, H.J., 1958, Der Grundsatz der Wahlrechtsgleichheit und das Bonner Grundgesetz, in: DVBl, 73, S. 221 - 227.
RÖDER, Werner, 1969, Deutschlandpläne der sozialdemokratischen Opposition in Großbritannien 1942 - 1945, in: Vierteljahresschrift für Zeitgeschichte, 17, S. 72 - 86.
ROEMHELD, Regine, 1973, Innerparteiliche Demokratie - Profilneurose der EFP, in: Föderalist, Informationsdienst der EFP-Bezirksverband Südwestfalen Nr. 30/32.
DIES. 1974, Alternativen nicht gefragt - das Isolationsghetto der EFP, in: Föderalist, Informationsdienst der EFP-Landesverband Nordrhein-Westfalen, Nr. 41, Dortmund, S. 8 f.
DIES. 1975, Utopie als Legitimationsgrundlage politischen Handelns, DVPW - Kongreß Duisburg, Mskr.
DIES. 1976, Die EFP-Sektion Deutschland im Parteiensystem der BRD - Plädoyer für eine Strategie der Wahlkampfpause, in: La Federacio - Diskussionsbeilage, 2, S. 1 - 16.
DIES. 1977, Risse im Block der Etablierten, in: Die föderalistische Alternative, 2, S. 2.
RÖHL, Hellmut, 1954, Die Bekämpfung der Splitterparteien in Gesetzgebung und Rechtsprechung, in: DVBl, 69, S. 557 - 564, 589 - 593.
RÖNSCH, Horst-Dieter, 1979, Die hessische Landtagswahl vom 8.10.1978 - Beginn eines neuen Trends? in: ZParl. 10, S. 34 - 49.
RÖRISCH, Horst-Dieter, 1980, Grüne Listen - Vorläufer und Katalysatoren einer neuen Protestbewegung? - zum Problem von "postindustriellen" Protestpotentialen, in: Ottheim Rammstedt (Hsg.), a.a.O., S. 375 - 434.

ROHE, Karl, 1979, Vom alten Revier zum heutigen Ruhrgebiet - die Entwicklung einer regionalen politischen Gesellschaft im Spiegel der Wahlen, in: ders./Kühr (Hsg.), a.a.O., S. 21 - 73.

ROKKAN - Stein, 1968, The Structuring of Mass-Polities in the Smaller European Democracies, in: Otto Stammer, a.a.O., S. 26 - 65.

ROSE, A.M., 1969, Artikel "Minderheiten" in: Wilhelm Bernsdorf a.a.O., S. 701 - 705.

ROSE, Peter J., 1974, Zur soziologischen Analyse von Minderheitskonflikten in der Gegenwartsgesellschaft, in: Ruprecht Kurzrock a.a.O., S. 17 - 27.

ROUGEMONT, Denis de, 1964, Der Föderalismus und Europa, in: ZE I, 2, S. 16 - 18.

RUNZE, Dieter, 1977, Wie entstehen Minderheiten? - Anmerkungen zu zwei Wahlkämpfen, in: Leviathan 5, H. 1, S. 115 - 122.

SARTORI, Giovanni, 1966, European Political Parties - The Case of Polarized Pluralism, in: La Palombara - Weiner a.a.O., S. 137 - 176.

SCHEER, Hermann, 1977, Die nachgeholte Parteibildung und die politische Säkularisierung der CDU, in: Wolf-Dieter Narr a.a.O., S. 149 - 172.

SCHEUNER, Ulrich, 1964, Die Parteien und die Auswahl der politischen Leitung im demokratischen Staat, in: Gilbert Zieburg a.a.O., S. 107 - 123.

SCHILLER, Theo, 1978, Bürgerinitiativen und die Funktionskrise der Volksparteien, in: Guggenberger - Kempf a.a.O., S. 188 - 208.

SCHMOLLINGER, Horst W. - Richard Stöss, 1976, Sozialstruktur und Parteiensystem, in: Dietrich Staritz a.a.O., S. 217 - 234.

DERS. - Dietrich Staritz, 1977, Zur Entwicklung der Arbeiterparteien in den Westzonen (1945 - 1949), in: Dietrich Staritz, a.a.O., S. 109 - 126.

SCHÜTZ, Klaus, 1955, Die Sozialdemokratie im Nachkriegsdeutschland, in: Parteien in der Bundesrepublik a.a.O., S. 158 - 271.

SCHULTZE, R.-O., 1980, Nur Parteiverdrossenheit und diffuser Protest? - Systemfunktionale Fehlinterpretation der grünen Wahlerfolge, in: ZPare, S. 292 - 313.

SCHULZ, Gerhard, 1955, Die CDU - Merkmale ihres Aufbaues, in: Parteien in der Bundesrepublik a.a.O., S. 3 - 153.

SCHUMACHER, Horst, 1964, Entwicklung eines Begriffs, in: Bernhard Doerdelmann a.a.O., S. 9 - 20.

SCHUMACHER, Martin, 1977, Zersplitterung und Polarisierung - kleine Parteien im Weimarer Mehrparteiensystem, in: aus Politik und Zeitgeschichte ..., B. 31, S. 39 - 46.

SCHUMANN, Hans-Gerd, 1976, Parlamentarische und außerparlamentarische Opposition - der Stiefkinder zweie? in: ders. a.a.O., S. 501 - 515.

SCHUSTER, Hans, 1973, Der akzeptierte Rollentausch, Merkur 27, H. 297, S. 1 - 14.

SCHUSTER, Jürgen, 1975, "Staatserhaltende Opposition" contra demokratische Interessenwahrnehmung im Bonner Bundestag, in: Staat und Recht 24, H. 6, S. 934 - 947.

SCHUSTER, Rudolf, 1968, Relegalisierung der KPD oder Illegalisierung der NPD? - Zur politischen und rechtlichen Problematik von Parteiverboten, ZfP, 15, H. 4, S. 413 - 430.

SCHWARZ, Hans-Peter, 1971, Europa föderieren - aber wie? - eine Methodenkritik der europäischen Integration, in: Lehmbruch, v. Beyme, Fetscher a.a.O., S. 377 - 443.

SEIFERT, Jürgen, 1958, Ein Armenrecht für politische Parteien, in: Deutsche Rundschau, 84, S. 1119 - 1125.

DERS. 1972, Probleme der Parteien- und Verbandskontrolle von Rundfunk- und Fernsehanstalten, in: Ralf Zoll a.a.O., S. 124 - 152.

DERS. 1977, Das Auslegungsmonopol des Bundesverfassungsgerichts bei der Verwirkung von Grundrechten, in: Erhard Denninger a.a.O., S. 225 - 240.

SEIFERT, Karl-Heinz, 1970, Erläuterungen zum Gesetz über die politischen Parteien (Parteiengesetz) v. 24. Juli 1967, zuletzt geändert durch das Änderungsgesetz vom 22. Juli 1969, in: Das Deutsche Bundesrecht - Systematische Sammlung der Gesetze und Verordnungen mit Erläuterungen I A: Verfassungsrecht, Baden-Baden, 288. Lieferung, Dezember 1970.

DERS. 1956, Zur Rechtstellung der politischen Parteien, in: DÖV, 9, H. 1, S. 1 - 7.

SERLES, Siegfried, 1967, Die föderalistische Struktur der Vereinigten Staaten von Europa, in: ZE IV, 2, S. 31 - 33.

SEUFFERT, Walter, 1969, Zu den Grundlagen des Begriffs der politischen Partei, in: Gilbert Ziebura, a.a.O., S. 91 - 106.

SHELL, Kurt L., 1970, Artikel "Parteien" in: Axel Görltiz a.a.O., S. 292 - 296.

DERS., 1970, Artikel "Pluralismus", in: Axel Görlitz a.a.O., S. 306 - 310.

SONTHEIMER, Kurt, 1978, Die Initiative in der Demokratie; in: FAZ, v. 21.2.1978, S. 9.

SPECKMANN, Werner, 1970, 5 v.H.-Klausel und subsidiäre Wahl, ZRP 3, H. 9, S. 198.
SPOO, Eckart, 1968, Pressekonzentration, Springer-Dominanz und journalistische Arbeit, in: Jansen - Klönne a.a.O., S. 205 - 229.
STAMMER, Otto, 1951, Herrschaftsordnung und Gesellschaftsstruktur, in: Schmollers Jahrbuch, Jg. 71, 1951, S. 257 - 296.
DERS. 1955, Politische Soziologie, in: Gehlen - Schelsky a.a.O., S. 277 - 333.
DERS. 1965, Zum Elitebegriff in der Demokratieforschung, in: ders.: Politische Soziologie und Demokratieforschung a.a.O., S. 169 - 182.
DERS. 1965, Interessenverbände und Parteien, in: ders. Politische Soziologie und Demokratieforschung a.a.O., S. 116 - 136.
STARITZ, Dietrich, 1976, Zur Entstehung des Parteiensystems der DDR, in: ders. a.a.O., S. 90 - 108.
STATISTISCHES Bundesamt Wiesbaden (Hsg.), 1981, Wählerverhalten bei der Bundestagswahl 1980, Sonderdruck aus Wirtschaft und Statistik 1.
DASS. (Hsg.), Wahl zum 9. Deutschen Bundestag am 5. Oktober 1980, Übersicht der Wahlbewerber.
STEINER, Jürg, 1970, Majorz und Proporz, in: PVS XI, S. 139 - 146.
STEININGER, Rolf, 1976, Rundfunk zwischen Bund und Ländern 1953 - 1967 - ein Beitrag zur Innenpolitik Adenauers, in: PVS 17, S. 574 - 579.
STENDEBACH, Max, 1967, Modell für die Verwirklichung eines europäischen Bundesstaates, in: ZE IV, 1, S. 20 - 24, ZE IV, 2, S. 14 - 18.
STERNBERGER, Dolf, 1948, Parties and Party Systems in Post War Germany, in: Annals of the American Academy of Political and Social Science, CCLX, S. 10 - 31.
DERS. 1953, Das deutsche Wahlwunder, in: Baer - Faul, S. 13 - 20.
STERNSTEIN, Wolfgang, 1980, Bürgerinitiativen als vierte Gewalt? - wie Bürgerinitiativen sich selbst verstehen, in: Ottheim Rammstedt (Hsg.) a.a.O., S. 319 - 340.
STIEGLITZ, Burkhard, 1970, Die historische Aufgabe der EFP, in: ZE VII, 2, S. 7 - 8.
DERS. 1976 ff., Steg/Aachen/Verona/Genf - Krise/Durchbruch/Neubeginn, in: La Federacio o.J. (1976/1977), Doc. 1, S. 20 - 22; 2, S. 21 - 23; 3, S. 21 - 23; 4, S. 24 - 26.

STÖSS, Richard, 1975, Terra incognita der Parteienforschung: Splitterparteien in der Bundesrepublik, ZParl. 6, S. 254 - 266.
DERS. 1976, Entstehung und Entwicklung des deutschen Parteiensystems bis 1933, in: Dietrich Staritz a.a.O., S. 21 - 46.
DERS. 1976, Von der Weimarer Republik zur Bundesrepublik, in: Dietrich Staritz a.a.O., S. 64 - 69.
STOLLEIS, Michael, 1972, Anmerkungen zum Anspruch einer politischen Partei zur Einräumung von Sendezeiten im Bayerischen Rundfunk, in: DVBl, S. 337 - 339.
STÜRMER, Michael, 1967, Probleme der parlamentarischen Mehrheitsbildung in der Stabilisierungsphase der Weimarer Republik, in: PVS VIII, S. 71 - 87.
TALMON, J.L., 1971, Utopianism and Politics, in: George Kateb a.a.O., S. 103 - 126.
THAYSEN, Uwe, 1976, Das Europa der Regierungen und das Europa-Bewußtsein seiner Bevölkerung, in: ZParl., S. 163 - 176.
DERS. 1978, Bürgerinitiativen, Parlamente und Parteien in der Bundesrepublik - eine Zwischenbilanz (1977), in: ZParl., S. 87 - 103.
TIMMERMANN, Heinz, 1976, Zwischen Weltbewegung und regionaler Kooperation - die Zusammenarbeit der Kommunistischen Parteien, in: Zusammenarbeit der Parteien in Westeuropa a.a.O., S. 95 - 142.
TROITSCH, Klaus G., 1971, Die Landtagswahlen des Jahres 1970, in: ZParl., S. 174 - 186.
VALIEN, Preston, 1964, Artikel "Minority", "Minority Group", in: Gould, Kolb a.a.O., S. 432 f.
VARAIN, Heinz Josef, 1964, Die Bedeutung des Mehrheitsprinzips im Rahmen unserer politischen Ordnung, in: ZfP XI, S. 239 - 250.
VEITER, Theodor, 1970, Volk und Volksgruppe, in: Friedrich Klein a.a.O., S. 29 - 41.
VERSTEYL, Ludger, Anselm, 1975, Der unabhängige Kandidat bei der Bundestagswahl - zum Urteil des Bundesverwaltungsgerichts vom 16.11.1973 über die Wahlkampfkostenerstattung unabhängiger Wahlkreisbewerber, in: ZParl. 6, S. 341 - 350.
VIRCHOW, Martin, 1955, Der GB/BHE - ein neuer Parteityp? in: Die Parteien in der Bundesrepublik a.a.O., S. 450 - 467.
VOGEL, Hans Joachim, 1977, Worum es wirklich geht - scheinbare und wirkliche Fehler der Auseinandersetzung mit dem

Terror, in: Recht, Informationen des Bundesministers der Justiz, Nr. 8, August 1977, S. 92 f.
WAGNER, Helmut - Hans Schuster, 1962, in: Zukunft des Parteienstaates, Der Monat, H. 163, S. 84 ff.
WAGNER, Wolfgang, 1978, Die europäische Direktwahl als Motor politischen Wandels, in: Europa Archiv, S. 783 - 786.
WETTIG, Klaus, 1975, Die Niedersächsische Landtagswahl vom 9. Juni 1974 - Entscheidung der mittelständischen "Partei der Nichtwähler" zugunsten der CDU? in: ZParl., S. 404 - 419.
WEWER, Göltrik, 1980, "Splitterparteien" ("Sonstige" Parteien) in der Bundesrepublik, in: Gegenwartskunde, S. 161 - 171.
WHITAKER, Ben, 1974, Zur sozialpsychologischen Analyse von Minderheitenkonflikten in der Gegenwartsgesellschaft, in: Ruprecht Kurzrock a.a.O., S. 28 - 36.
WILDENMANN, Rudolf, 1968, Gutachten zur Frage der Subventionierung politischer Parteien aus öffentlichen Mitteln, in: Politik und Wähler, Meisenheim/Glan
DERS. 1968, Parteienidentifikation in der Bundesrepublik, in: Otto Stammer (Hsg.) a.a.O., S. 234 - 268.
WILLKE, Helmut, 1978, Zum Problem der Integration komplexer Sozialsysteme - ein theoretisches Konzept, in: Kölner Zeitschrift für Soziologie und Sozialpsychologie, 30, S. 228 - 252.
WINKLER, Hans Joachim, 1968, Sicherung der Parteiendemokratie, Parteiverbote und Fünfprozentklausel, Gegenwartskunde, 15, S. 173 - 197.

ZBINDEN, Hans, 1951, Europa - Fiktion und Wirklichkeit - zur Problematik der Europa-Einigung, in: Deutsche Rundschau, 77, S. 673 - 678.
ZEH, Wolfgang, 1979, Musterfall Gemeinschaftsaufgaben - Erscheinungsformen, Willensbildungsmuster und Ursachen der Politikverflechtung, in: Der Bürger im Staat, 19, S. 15 - 19.
ZEIDLER, Wolfgang, 1967, Außerparlamentarische Bewegungen - Demonstrationsrecht und Widerstand, in: Hans-Gerd Schumann a.a.O., S. 369 - 390.
ZEUNER, Bodo, 1976, Das Parteiensystem in der Großen Koalition (1966 - 1969), in: Dietrich Staritz a.a.O., S. 174 - 193.
DERS. 1976, Verbandsforschung und Pluralismustheorie - Etatozentrische Fehlorientierungen politologischer Empirie und Theorie, in: Leviathan, S. 137 - 177.
ZOLNHÖFER, Werner, 1965, Parteiidentifizierung in der Bundesrepublik und in den Vereinigten Staaten, in: Scheuch, Wildenmann a.a.O., S. 126 - 168.

3. Dokumentarische Materialien

EUROPÄISCHE Föderalistische Partei, Europäisches Grundprogramm der Föderalistischen Internationale der Europäischen Föderalistischen Parteien, Wien 1959.
EUROPÄISCHE Föderalistische Partei Österreichs, Nationalprogramm, Wien 1.10.1960.
EUROPÄISCHE Föderalistische Partei, Die Radweger Leitsätze, Radweg (Kärnten), 1968.
EUROPA Partei/Europäische Föderalistische Partei Deutschlands, Leitsätze unserer Partei in der Bundesrepublik Deutschland, Bremen o.J., erarb. v. Irmin Schneider und Claus Tödt.
EUROPA Partei, Europäisches Grundprogramm, Bremen o.J.
EUROPÄISCHE Föderalistische Partei, Göttinger Programm - Grundsatzprogramm der Europäischen Föderalistischen Partei Deutschlands, Hamburg 1971.
EUROPÄISCHE Föderalistische Partei - Europa Partei, Landesverband Nordrhein-Westfalen, Antrag der Landesparteileitung für den o.a. Kongreß zur Abänderung des Göttinger Programms (Archiv Stieglitz), Wuppertal 1970.
EUROPÄISCHE Föderalistische Partei - Entwurf für ein Grundprogramm der Europäischen Föderalistischen Partei, Aachen 21./22.5.1971.
EUROPÄISCHE Föderalistische Partei - Europäisches Grundprogramm der Europäischen Föderalistischen Parteien (Achminow-Entwurf), München 1971.
EUROPÄISCHE Föderalistische Partei - Offizieller und endgültiger Entwurf der Kleinen Europäischen Programmkommission für ein europäisches Kurzprogramm der EFP ("Straßburger Entwurf"), Straßburg 1972
EUROPÄISCHE Föderalistische Partei Deutschlands - Mitbestimmungsprogramm - Forschungspolitisches Konzept, Unna 1973.
EUROPÄISCHE Föderalistische Partei - Grundprogramm und Europäische Satzung, Genf 1974.
FÖDERALISTISCHE Internationale der Europäischen Föderalistischen Parteien - Programmkommission, Entwurf eines Europäischen Grundprogramms ("Torso"), Aachen 1971.

IDEE - Informationsdienst für die Europäische Erneuerung, hsg. v. Präsidium der Europäischen Föderalistischen Partei Deutschlands, (Archiv Tödt), 1964 - 1967.
INITIATIVGRUPPE der Europäischen Föderalistischen Partei Deutschlands - Erläuterungen zum Grundsatzprogramm der EFP Deutschlands ("Göttinger Programm"), Bonn 1971.

LENNARTZ, Hans-Albert, Exposé, Diss. Gießen 1977.

SCHUMACHER, Kurt, 1946, Ziele und Richtlinien der Sozialdemokratischen Partei, Rede auf dem Parteitag in Hannover vom 8. - 10. Mai 1946.

ZUKUNFT Europa - Informationsdienst der Föderalistischen Internationale (FI), hsg. v. Otto Molden, Wien, 1964 - 1973. (zit. ZE)

Abkürzungen:

AöR	=	Archiv für öffentliches Recht
APSR	=	American Political Science Review
DÖV	=	Die Öffentliche Verwaltung
DVBl	=	Deutsches Verwaltungsblatt
HDSW	=	Handwörterbuch der Sozialwissenschaften
HZ	=	Historische Zeitschrift
KZSS	=	Kölner Zeitschrift für Soziologie und Sozialpsychologie
PVS	=	Politische Vierteljahresschrift
ZE	=	Zukunft Europa (Periodikum der FI)
ZParl	=	Zeitschrift für Parlamentsfragen
ZfP	=	Zeitschrift für Politik
ZRP	=	Zeitschrift für Rechtspolitik

DOKUMENTATION

Dok. 1

Brief des Landesverbandes Nordrhein-Westfalen der EFP-Sektion Deutschland an den Europabeauftragten des Landes NW, Minister Johannes Rau, vom 29.7.72

Sehr geehrter Herr Minister!

Die Landesparteileitung des Landesverbandes Nordrhein-Westfalen der EFP-Sektion Deutschland nimmt mit Bedauern zur Kenntnis, daß es der Europa-Beauftragte von Nordrhein-Westfalen ohne Begründung abgelehnt hat, Vertreter des Landesverbandes Nordrhein-Westfalen der EFP-Sektion Deutschland in das von ihm berufene Landeskomitee zur Vorbereitung der Europa-Wahl von 1978 zuzulassen. „Nur die im Landtag vertretenen politischen Parteien" sollen laut Ablehnungsschreiben im Landeskomitee mitarbeiten dürfen.

Mit diesem abschlägigen Bescheid liefert er einen erneuten Beweis für die Feststellung der Europäischen Föderalistischen Partei, daß in Bund und Ländern im Grunde genommen ein Drei- bzw. Vierparteienkartell herrscht, das eifersüchtig darüber wacht, keine andere politische Kraft auch nur bis zum Vorhof der von ihnen „gepachteten" Macht vorzulassen. Die etablierten Parteien machen es damit wie allen anderen Parteien, so auch der EFP-Sektion Deutschland de facto unmöglich, von ihrem verfassungsmäßigen Recht Gebrauch zu machen, an der politischen Willensbildung des Volkes mitzuwirken. Sie verfälschen damit in unerträglicher Weise das Grundgesetz und pervertieren die Idee der „Gemeinsamkeit der Demokraten" zu einem unglaubwürdigen Schlagwort. Indem sie alle gemeinsam grundsätzliche politische Alternativen, wie die Europäische Föderalistische Partei als erste und einzige europäische Partei sie vertritt, von Mitwirkung und Mitverantwortung in unserem Lande ausschließen, machen sie die Bundesrepublik in zunehmendem Maße zu einem E i n -p a r t e i e n s t a a t , in dem SPD, CDU/CSU und F.D.P. die „Partei" eines formaldemokratischen, nationalstaatlichen Systems sind, das mit seinen immer zentralistischeren Strukturen und seiner zunehmend verstaatenden Wirtschaft und Gesellschaft den einzelnen Menschen entpersönlicht, die überschaubaren gesellschaftlichen Gruppen riesigen Massenorganisationen unterwirft und sich damit zusehends seiner eigenen politischen Lebenskräfte beraubt. Nicht umsonst wächst in der Abgeschlossenheit dieses Einparteistaates allerorts politische Korruption, deren Skandale in ein großes komplizenhaftes Schweigen gehüllt werden.

Dok. 1

Die Landesparteileitung Nordrhein-Westfalen der EFP-Sektion Deutschland fordert den Europa-Beauftragten des Landes Nordrhein-Westfalen auf, seine Entscheidung über die Nichtzulassung der EFP in das Landeskomitee zu revidieren. Er würde damit ein sichtbares Zeichen dafür setzen, daß das politische System der Bundesrepublik noch in der Lage ist, gegen die oben erwähnten Entartungstendenzen Abwehrkräfte zu mobilisieren. Ein solches Zeichen könnte vielleicht zur Folge haben, daß die etablierten Parteien endlich damit beginnen, das öffentliche politische Gespräch mit den Parteien zu führen, die sich – wie die EFP-Sektion Deutschland – den Bürgern der Bundesrepublik verpflichtet fühlen und auf dem Boden des Grundgesetzes stehen.

Dok. 1

Von dpa nicht veröffentlichte Meldung vom 30.7.77:

EFP: Minister Rau „verfälscht" Grundgesetz

Einen neuen Beweis dafür, daß das Kartell der herrschenden Parteien die „Kleinen" von demokratischer Mitwirkung und Mitverantwortung ausschließt, lieferte Wissenschaftsminister Johannes Rau als Europa-Beauftragter NRW. Diese Auffassung vertritt die EFP in einer Stellungnahme zur Ablehnung des Ministers, sie in dem Landeskomitee zur Vorbereitung der Europa-Wahl mitarbeiten zu lassen. Die EFP sieht darin eine weitere Maßnahme, sie systematisch daran zu hindern, das ihr von der Verfassung garantierte Recht zur Mitwirkung an der politischen Willensbildung des Volkes wahrzunehmen. Damit „verfälsche" der Minister das Grundgesetz. Sie fordert Rau auf, seine Entscheidung zu revidieren und damit ein Zeichen für den Beginn eines politischen Dialogs zwischen den großen und den kleinen demokratischen Parteien zu geben.

Dok. 2

DER MINISTER
FÜR WISSENSCHAFTLICHE FORSCHUNG
des Landes Nordrhein-Westfalen
als Sonderbeauftragter für die Europa-Wahl '78

Akten-Zeichen (Bei Antwort bitte angeben)

II C 1 – 9510

4000 DÜSSELDORF, den 23.8.1977/so
Völklinger Strasse 49
Postfach 1103
Fernruf 30321 Durchwahl 3032/
Fernschreiber 0858 1993 mwf d

An den

Vorsitzenden des Landesverbandes
Nordrhein-Westfalen der Europäischen
Föderalistischen Partei
Herrn Burkhard Stieglitz

Steyler Str. 17

5000 Köln-Holweide

Betr.: Landeskomitee für die Europa-Wahl '78
Bezug: Ihre Schreiben vom 29.7. und vom 1.8.1977
– mein Schreiben vom 15.7.1977 an Herrn Dr. Lutz Roemheld

Sehr geehrter Herr Stieglitz,

für die Berufung zur Mitarbeit im Landeskomitee für die Europa-Wahl '78, das den Sonderbeauftragten der Landesregierung in seiner Aufgabe für die Motivierung und Mobilisierung der Bevölkerung zur Direktwahl des Europäischen Parlaments unterstützen soll, waren ausschließlich Erwägungen der Zweckmäßigkeit maßgebend. Wie Ihnen bekannt ist, wurden die Spitzenverbände der gesellschaftlichen Gruppen und die Europabildungseinrichtungen in das Komitee berufen sowie Vertreter jener politischen Parteien, deren Repräsentanz durch eine erfolgreiche Beteiligung an den Landtagswahlen nachgewiesen ist.

Die Begrenzung der Mitgliederzahl des Landeskomitees schließt keineswegs die Möglichkeit der Zusammenarbeit von nicht in diesem Komitee vertretenen Organisationen mit dem Sonderbeauftragten aus. In der Nichtberufung Ihrer Partei liegt auch keine Diskriminierung, wie Sie anzunehmen scheinen. Im Unterschied zu Ihrer Argumentationsweise bin ich der Meinung, daß sich die „Etablierung" der Parteien durch das Votum der Wähler vollzieht. Die Überlegung, politische Repräsentanz auf andere Weise als durch die Beteiligung an demokratischen Wahlen erzielen zu wollen, würde einem Grundsatz widersprechen, dem gerade auch durch die Direktwahl des Europäischen Parlaments auf einer neuen Ebene Geltung verschafft werden soll.

Mit freundlichen Grüßen
gez. Johannes Rau

(Johannes Rau)

Dok. 2

Presseerklärung vom 27.8.1977

„Der Bundesvorstand der Europäischen Föderalistischen Partei-Sektion Deutschland bekräftigte auf seiner Sitzung vom 27. August in Hamburg die Absicht der EFP, an der Wahl zum Europaparlament teilzunehmen. Er forderte hierzu: gleiches Wahlrecht für alle EG-Bürger an ihrem augenblicklichen Wohnort auch außerhalb ihres Heimatstaates, Chancengleichheit für europäische Parteien, Abschaffung der 5 %-Klausel, keine Sammlung von Unterschriften für die Zulassung zu Wahlen, Landeslisten für die Europa-Wahl. Nur so läßt sich nach Meinung der EFP der auch im europäischen Recht verankerte Grundsatz der Chancengleichheit auch für neue Parteien verwirklichen und das Potential an alternativen Ideen zur Lösung der wirtschaftlichen und sozialen Probleme, das in diesen Parteien vorhanden ist, nutzbar machen. Andernfalls riskiere das herrschende „Vier-Parteien-System" eine zunehmende Radikalisierung in der Bundesrepublik, durch das es eines Tages zerbrochen werde. Der zunehmende Trend, daß Bürger ihre Stimme außerparlamentarischen Parteien geben würden, zeige, daß das Bonner „Machtkartell" nicht mehr den Wählerwillen repräsentiere. Dabei bezog sich der Bundesvorstand auf eine kürzlich veröffentlichte Studie, derzufolge heute mehr als 25 % der Wähler bei einer am heutigen Sonntag (d.i. 28. August – L.R.) stattfindenden Bundestagswahl anderen als den Bundestagsparteien ihre Stimme geben würden."

Dok. 3

Daten zur Öffentlichkeitsarbeit der EFP-Sektion Deutschland

1. p e p – Pressedienst Europa Partei
   Informationen und Kommentare der EFP-Sektion Deutschland
   Erschienen: Mai 1971 – April 1975 wöchentlich, hsg. im Auftrag des Bundesvorstandes von Dr. Hermann Hagena und Dr. Lutz Roemheld sowie Hermann Dietel; seit April 1975 unregelmäßiges Erscheinen.
   Auflage: ca. 300 Exemplare.
   Verteiler: Vertretungen deutscher, west- und osteuropäischer Tageszeitungen sowie Nachrichtenagenturen in Bonn.

   Abonnenten (Parteimitglieder, Sympathisanten, wissenschaftliche Institute in der Bundesrepublik und im europäischen Ausland).

   Inhalt: Informationen über Aktivitäten der deutschen und anderer Sektionen der EFP sowie der europäischen Parteiorgane; Kommentare zu aktuellen politischen Ereignissen in Europa und der Welt, soweit die letzteren für Europa von Bedeutung waren.
   Echo in den Medien: keine feststellbar.

2. Presseerklärungen des Bundesvorstandes und von Untergliederungen der EFP-Sektion Deutschland
   Adressaten: dpa, ddp, – fakultativ auch an ap, upi, afp.

   1975
   30. 4. zum Fall von Südvietnam.
   Anfang Juni zum Referendum in Großbritannien über Verbleib in der Europäischen Gemeinschaft.
   3. 8. zur Abschlußkonferenz der KSZE.
   11. 9. zur Klesheimer Konferenz christdemokratischer und konservativer Parteien Europas v. 9.9.1975.
   20.11. zum Tod von Franco.
   4.12. zur Sitzung des „Europäischen Rates" der Staats- und Regierungschefs der EG in Rom.

   1976
   9. 1. zum Tindemans-Bericht über die „Europaische Union" vom Dezember 1975.
   4. 3. zur Haltung der EG-Kommission gegenüber dem Aufnahmeantrag Griechenlands.
   27. 3. über Beantragung einer einstweiligen Verfügung gegen den widerrechtlichen Gebrauch der Bezeichnung „erste europäische Partei" durch die „Föderation Liberaler Parteien in der EG".

Dok. 3

6. 4.	telefonische Durchgabe einer Protesterklärung an dpa wegen Nichterwähnung des EFP-Wahlergebnisses (0,7 %) im Landtagswahlkampf Baden-Württemberg in überregionalen Tageszeitungen gegenüber der Erwähnung von NPD – 0,9 % und DKP – 0,4 %.
4. 5.	zur EG-Außenministertagung in Brüssel vom 3./4.5.1976.
16. 5.	zur EG-Außenministertagung auf Schloß Senningen (Luxemburg) vom 14./15.5.1976.
10. 6.	zum spanischen Parteiengesetz.
13. 6.	zur zweiten EG-Außenministertagung auf Schloß Senningen am 12.6.1976.
24. 6.	zur Wirtschaftskonferenz von Puerto Rico am 26./27.6.1976.
13. 7.	zur Sitzung des „Europäischen Rates" vom 12./13.7.1976 in Brüssel.
9. 8.	zur Erklärung des französischen Außenministers Sauvagnargues über nur beratende Befugnisse des 1978 zu wählenden europäischen Parlaments.
26. 8.	zum Rücktritt des französischen Ministerpräsidenten Chirac.
10. 9.	zum Tod von Mao-tse-tung.
17. 9.	zur Parteienvertretung im europäischen Parlament.
21. 9.	zur EG-Ministerratsvereinbarung bezüglich der Direktwahl des europäischen Parlaments 1978 vom 20.9.1976 in Brüssel.
24. 9.	Erklärung des Hauptausschusses der EFP-Sektion Deutschland über Nichtteilnahme an der Bundestagswahl vom 3.10.1976.
3.10.	zur Bundestagswahl.
3.11.	zur Wahl von US-Präsident Carter.
19.11.	zur Nichterneuerung der Fraktionsgemeinschaft zwischen CDU und CSU.
1.12.	zum verfassungändernden Gesetzentwurf der britischen Regierung vom 30.11.1976 (Schottland, Wales).
29.12.	zum Gesetzentwurf über die Wahl der belgischen Abgeordneten ins europäische Parlament.

1977
9. 2.	zum Europawahl-Fairness-Abkommen sozialistisch-sozialdemokratischer, christdemokratisch-konservativer und liberaler Parteien vom 7.2.1977 in Brüssel.
15. 2.	zur EG-Außenministertagung in Brüssel.
3. 3.	zum Bundesverfassungsgerichtsurteil über die Öffentlichkeitsarbeit der sozialliberalen Koalition.
4. 3.	zum Treffen Carillo-Marchais-Berlinguer in Madrid.
31. 3.	zum Europawahl-Gesetzentwurf der Bundesregierung.
23. 4.	Erklärung des Landesverbandes Nordrhein-Westfalen der EFP-Sektion Deutschland zu bekannt gewordenen Überlegungen, nur in Parlamenten vertretene Parteien zur Europawahl zuzulassen.

26. 5. zum Vorschlag des britischen Außenministers Owen, Ausschlußmöglichkeit für undemokratische Mitgliedstaaten in die EG-Verträge einzubauen.
27. 8. telefonisch an dpa: Resolution des Bundesvorstandes der EFP-Sektion Deutschland gegen 5 %-Klausel und Unterstützungsunterschriftensammlung bei der Europawahl in der Bundesrepublik und für Wahlrecht von „EG-Bürgern" auch außerhalb ihres jeweiligen Heimatstaates.
10.11. telefonisch an dpa: Stellungnahme gegen DGB-Großkundgebung vom gleichen Tag im Westfalenstadion Dortmund zugunsten der Nutzung von Kernenergie.
12.12. Forderung des Rücktritts von Bundesverteidigungsminister Georg Leber durch den Bundesvorstand der EFP-Sektion Deutschland nach Aufdeckung von Spionage im Ministerium.
14.12. telefonisch an dpa: Stellungnahme gegen die Ablehnung des Verhältniswahlrechts für die Europawahl in Großbritannien in Verbindung mit der Forderung nach Europäischer verfassunggebender Versammlung.

1978
26. 1. Erklärung gegen Bundeskompetenz im Bildungswesen anläßlich des „Mängelberichtes" der Bundesregierung.
9. 2. Presseerklärung gegen die Haltung Frankreichs und Luxemburgs, die Direktwahl des Europäischen Parlamentes abzulehnen, falls dieses Verlegung seines Sitzes nach Brüssel beschließen sollte.
11. 3. Presseerklärung zu Fahndungspannen im „Fall Schleyer" bei gleichzeitiger Forderung der Ausschöpfung aller fahndungstechnischen Möglichkeiten vor Erlaß von „Terroristen-Gesetzen".
25. 6. Presseerklärung über Teilnahme der Partei an der Europawahl anläßlich der Sitzung des Föderalistischen Rates in Regensburg.

1979
2. 4. Presseerklärung über die Absicht der EFP-Sektion Deutschland, an der Europawahl am 10.6.79 teilzunehmen.
9. 6. Entschließung zur Europawahl mit Protest gegen 5 %-Klausel und Unterschriftenquorum sowie mit Bekräftigung der Forderung nach Einberufung einer Europäischen Verfassunggebenden Versammlung.

3. Briefe
29.3.76 Offener Brief an Bundesaußenminister und FDP-Vorsitzenden Genscher gegen mißbräuchliche Verwendung der Bezeichnung „erste europäische Partei" (telefon. Durchgabe an dpa) (keine Antwort).

Dok. 3

15.7.76 Brief an Bundesinnenminister Meihofer mit Anfrage bzgl. Beteiligung der EFP-Sektion Deutschland an der Erarbeitung des Gesetzentwurfes über die Wahl deutscher Abgeordneter ins europäische Parlament (Ablehnende Antwort am 4.8.).

24.9.76 Übersendung einer anläßlich eines entsprechenden Antrages des liberalen britischen Abgeordneten Lord Gladwyn an das europäische Parlament abgegebenen dpa-Erklärung an diesen. (Zustimmende Antwort von Lord Gladwyn am 11.10.)

21.4.77 Offener Brief an DGB-Vorsitzenden Heinz Oskar Vetter gegen Äußerungen zugunsten von Kernkraftwerken und zu ungunsten von Bürgerinitiativen (Keine Antwort).
(Keine Veröffentlichung durch dpa, FAZ, FR, Südd. Zeitung, an die der Text ebenfalls geschickt wurde).

25.5.77 Offener Brief an Bundespräsident Walter Scheel mit Glückwunsch zur Verleihung des Karlspreises 1977 und der Aufforderung, das deutsche Europawahl-Gesetz nur zu unterschreiben, wenn es keine, die rechtliche Gleichstellung aller an der Europawahl teilnehmenden Parteien beeinträchtigenden Regeln – wie etwa die in anderen EG-Mitgliedsstaaten (außer Frankreich) noch bestehende 5 %-Klausel – enthalte.
(Keine Antwort).

15.6.77 Brief an die Sozialistische, Christlich-Demokratische und an die Fraktion der Liberalen im Europäischen Parlament mit der Aufforderung, eine grundsätzliche Stellungnahme zur anstehenden Europawahl abzugeben; dazu solle (1) die Forderung nach Einberufung einer Europäischen Verfassunggebenden Versammlung sowie (2) der Grundsatz der Vertretung der europäischen Völker und Volksgruppen in dieser Versammlung zum Ausdruck kommen. (Antwort von Sozialistischer Fraktion: 1.7.77 und Antwort Christlich-Demokratischer Fraktion: 8.7.77).

7.7.77 Brief an SPD-Bundestagsfraktion mit Aufforderung zu parlamentarischer Klärung über Ministerpension für CDU-Generalsekretär Geissler (keine Reaktion). Nachrichtliche Zusendung des Brieftextes an FR (7.7.77) in Reaktion auf einen entsprechenden Bericht dieser Zeitung vom gleichen Datum (keine Antwort).

14.7.77 Brief an Zentralkomitee der Deutschen Katholiken mit Zustimmung zu dessen Stellungnahme gegen wachsenden Einfluß der etablierten großen vier Parteien auf Rundfunk und Fernsehen, die politischen Minderheiten – wie der EFP-Sektion Deutschland – verfassungsmäßige Mitwirkung an der politischen Willensbildung unmöglich machen. (25.8.77 zustimmende Antwort).

15.7.77 Ablehnender Bescheid vom Europa-Beauftragten NW, dem Minister für Wissenschaft und Forschung NW bezüglich wiederholter Anfragen, ob EFP-LV NW an dem zu schaffenden Landeskomitee

Dok. 3

	zur Vorbereitung der Europawahl beteiligt werden könne.
29.7.77	Resolution der Landesparteileitung NW hierzu, in der dem Europa-Beauftragten Verfälschung des Grundgesetzes vorgeworfen wurde, weil er eine demokratische Partei an ihrem verfassungsmäßigen Recht der Mitwirkung an der politischen Willensbildung des Volkes hindere. – Entsprechende Pressemeldung an dpa, WAZ, NRZ (keine erkennbaren Reaktionen).
23.8.77	Antwort des Ministers (Eigenunterschrift), Ablehnung der geforderten Revision des Ablehnungsbescheides; Angebot der Weitergabe von Informationen über die Arbeit des Landeskomitees.
31.8.77	Einladung an dpa-Büro Kassel, Kasseler Sonntagsblatt und Hessisch-Niedersächsischen Allgemeine (HNA) zur Pressekonferenz am 25.9.77 in Kassel anläßlich einer Sitzung des Hauptausschusses der EFP-Sektion Deutschland: erschienen: ein Vertreter des dpa-Büros. Keine erkennbaren Anzeichen der Übernahme einer entsprechenden Meldung durch Medien.
10.10.77	Brief an Professor Dr. Kurt Biedenkopf (MdB-CDU) mit Zustimmung zu dessen Aussage anläßlich eines europapolitischen Kolloquiums in der Universität Tübingen, daß im Europäischen Parlament „die Chance einer europäischen Konstituante" zu sehen sei. (Antwort 18.10.77 ohne inhaltliche Stellungnahme).
16.11.77	Brief an Dr. Christian Schwarz-Schilling (MdB-CDU) bezügl. der Absicht der Mittelstandsvereinigung der CDU/CSU – Bundestagsfraktion, eine europäische Mittelstandspolitik zu konzipieren. Begrüßung dieser Absicht in Verbindung mit der Mitteilung grundsätzlicher Forderungen der EFP für die politische Einigung Europas – z.B. Verfassunggebende Versammlung für die EG (keine Antwort).
25.4.78	Brief an Dr. Franz J. Röder, Ministerpräsident des Saarlandes, Solidarisierung mit seinem Ärger über Ablehnung seines Vorschlags betreffend Grundmandat für Bundesländer im Europawahlgesetz (keine Reaktion).
28.4.78	Brief an Dr. Carl G. Ströhm, Redakteur „Die Welt", mit Zustimmung zu seinen Beiträgen in ARD-Sendung „Die Fernsehdiskussion" vom 27.4. in Verbindung mit Bemerkung hinsichtlich des imperialen Charakters der UdSSR (keine Reaktion).
25.4.78	Offener Brief an Bundeskanzler Helmut Schmidt gegen seinen Vorschlag, den 23. Mai zum „Nationalfeiertag der Bundesrepublik" zu machen (keine Antwort). Sendung des Textes unter gleichem Datum zur Veröffentlichung an FAZ, FR, Stuttgarter Zeitung, Die Welt (keine Reaktion).

Dok. 4

Offener Brief
an den Bundeskanzler der Bundesrepublik Deutschland
vom 24.5.78

Sehr geehrter Herr Bundeskanzler!

Als für Öffentlichkeitsarbeit zuständiges Mitglied des Bundesvorstandes der Europäischen Föderalistischen Partei (EFP) — Sektion Deutschland protestiere ich gegen Ihren Vorschlag vor dem Bundeskongreß des DGB, den 23. Mai zum „Nationalfeiertag der Bundesrepublik" (Westfälische Rundschau v. 23.5.78) erklären zu lassen. Diese öffentliche Äußerung aus dem Munde des Regierungschefs der Bundesrepublik Deutschland stellt einen politischen Akt vor, der geeignet ist, das grundgesetzlich vorgeschriebene Bemühen um die Wiedervereinigung Deutschlands nachhaltig zu beeinträchtigen. Denn Sie erwecken damit den Eindruck, als hätten Sie die offizielle Position der Bundesrepublik verlassen, derzufolge die E i n h e i t d e r d e u t s c h e n N a t i o n ungeachtet ihrer derzeitigen Organisation in zwei Staaten nach wie vor besteht. Sie haben in diesem Fall dem von Ihnen geschworenen Amtseid zuwider gehandelt, Schaden vom deutschen Volks (nicht nur vom Volk der Bundesrepublik!) abzuwenden. Ich fordere Sie auf, von Ihrem dem Ziel der deutschen Wiedervereinigung abträglichen Vorschlag öffentlich Abstand zu nehmen.

Dok. 5

Leserzuschrift des Pressesprechers der EFP, Dr. Hermann Hagena vom 14.11.72, teilweise veröffentlicht im Spiegel 1972, Nr. 49, S. 12

Sehr geehrte Herren!

Zu Ihrem Artikel „Europa-Partei / Umsetzung von Kraft" sind folgende ergänzende Bemerkungen zu machen:

1. Man sollte die Aussage „Wir haben den Wahlkampf schon gewonnen" nicht zitieren, ohne zugleich zu sagen, wie sie begründet wird. In der Tat hat die EFP e i n wesentliches Wahlkampfziel erreicht. Sie hat die Tatsache ihrer Existenz und ihre wesentlichen Ziele durch eine Reihe von Fernseh- und Radiosendungen bekannt machen können und ist dabei auf ein außerordentliches Echo in der Bevölkerung gestoßen (bis heute rd. 3000 zustimmende Zuschriften).

2. Die Aussage, daß seit 8 Jahren rd. 2000 „Europa-Eiferer" ein Schattendasein fristen, ist in dieser Form falsch. Richtig ist, daß es einer Handvoll Gründungsmitgliedern gelungen ist, innerhalb von 8 Jahren ohne irgendeine Unterstützung Landesverbände in allen Bundesländern aufzubauen und rd. 2000 Mitglieder zu gewinnen, die sich aktiv für die Vereinigung Europas von unten – über europäische Parteien – einsetzen.

3. Auf einem Mißverständnis beruht Ihre Darstellung des Namensstreits. Die EFP nahm 1969 bereits unter dem Namen EUROPA–PARTEI an der Bundestagswahl teil. Auf dem Kongreß 1970 ging es u.a. darum, die Einheitlichkeit der Namensführung aller europäischen Sektionen auch für die Bundesrepublik sicherzustellen. Die Namensfrage spielte bei dem Wechsel im Vorstand eine gewisse, aber keineswegs eine entscheidende Rolle. Über die Notwendigkeit eines einheitlichen Namens besteht innerhalb der Parteien keinerlei Streit.

4. Die alten Parteien werden von uns keineswegs schlechthin als unfähig bezeichnet. Wir behaupten lediglich – und werden das bis zum Beweis des Gegenteils weiterhin tun –, daß die alten Parteien unfähig sind, die freien Staaten Europas zu einem Bundesstaat zusammenzufassen.

5. Es ist auch nicht richtig, daß die europäischen Föderalisten in den letzten drei Jahren nur durch die Aktion SCHWARZE KRAWATTE von sich reden machten. Mit unserer Aufforderung an den Landesverband Schleswig-Holstein der FDP, sich noch vor den Landtagswahlen 1972 aufzulösen, machten wir Schlagzeilen auf der ersten Seite eines Teils der Presse in Schleswig-Holstein. Über unsere Grenzaktion anläßlich des Europa-Tages 1972 wurde von der Deutschen Presse-Agentur berichtet. Eine Vielzahl von Aktionen von nur regionaler Bedeutung, über die unser wöchentlich erscheinender Pressedienst in Bonn Auskunft geben kann, soll dabei ebensowenig erwähnt werden wie unsere programmatische Arbeit auf deutscher und europäischer Ebene.

6. Sie vermitteln den Eindruck, daß die EFP die Ostpolitik der Regierung Brandt in Bausch und Bogen ablehnt. Ihre Leser sollten wissen, daß die EFP als eine der ersten politischen Parteien für die Anerkennung der Oder-Neiße-Grenze eingetreten ist und den Vertrag mit Warschau stets befürwortet hat. Allerdings sind wir der Meinung, daß ein Grenzvertrag über die endgültige Fixierung der Grenzen in Europa zwischen einem Bundesstaat Europa und der Sowjetunion geschlossen werden sollte. Ein Gewaltverzichts- V e r t r a g mit einer Macht, die nach wie vor die Breschnew-Doktrin vertritt und über das, was Gewalt ist, ganz andere Ansichten hat als sie im Westen geläufig sind, — einen solchen Vertrag halten wir auch heute noch nicht für sinnvoll. Ebenso betrachten wir einen Grundvertrag mit Skepsis, in dem die beiden Parteien übereinkommen, die Menschenrechte zu achten. Es ist ja wohl nicht zu leugnen, daß die DDR von „Menschenrechten" ganz andere Vorstellungen hat als wir.

7. Sie mokieren sich über die geringen Mittel, die die EFP im Wahlkampf einsetzt. In der gleichen Nummer Ihrer Zeitschrift geißeln Sie die anonymen Industrie-Millionen der CDU. Wäre es Ihnen lieber gewesen, wenn die EFP durch finanzielle Unterstützung von dritter Seite ihre politische Unabhängigkeit aufgegeben hätte? Und welche Kommentare hätten wir dann wohl in Ihrem Blatt lesen müssen?

Dok. 6
Brief an das Zentralkomitee der deutschen Katholiken vom 14.7.1977 (Auszug)

Sehr geehrte Herren!

Die Europäische Föderalistische Partei (EFP) — Sektion Deutschland begrüßt die Stellungnahme des Zentralkomitees der deutschen Katholiken zu dem Problem des wachsenden Einflusses der im Bundestag und in den Landtagen vertretenen vier Parteien auf die öffentlich-rechtlichen Rundfunkanstalten. Nach Auffassung der EFP — Sektion Deutschland birgt diese Entwicklung insbesondere die Gefahr der geistigen Prägung der „öffentlichen Meinung" zugunsten des Drei- bzw. Vierparteiensystems in sich. Dieser Prozeß leistet seinerseits einer Erstarrung dieses Systems Vorschub, das sich infolgedessen in zunehmendem Maße grundsätzlich neuen Alternativen zu verschließen droht, — Alternativen auf wirtschafts- und gesellschaftspolitischem Gebiet aber auch in Bereichen wie dem der europäischen Einigung, zu der die katholischen Bischöfe in der Bundesrepublik ja kürzlich eindeutig Stellung genommen haben.

Die Europäische Föderalistische Partei, insbesondere aber die deutsche Sektion sieht durch die Vorherrschaft der etablierten Parteien ihr verfassungsmäßiges Recht zur Mitwirkung an der politischen Willensbildung in der Bundesrepublik in unzumutbarer Weise eingeschränkt. Leider hat sie — von Ausnahmen abgesehen, wie etwa der Erzwingung von ihr zustehenden Sendezeiten anläßlich von Wahlkämpfen — aufgrund ihrer geringen Mittel praktisch keine Chance, rechtliche und politische Schritte gegen diese ständig praktizierte Beugung der Verfassung zu Lasten politischer Minderheiten zu unternehmen. Deswegen ist es für uns eine Genugtuung, wenn einflußreiche Institutionen wie das Zentralkomitee der Deutschen Katholiken sich öffentlich gegen das wenden, was man eine medienpolitische Oligopolisierung nennen kann. Es ist zu hoffen, daß dies dazu beiträgt, diesen Oligopolisierungsprozeß zum Stehen zu bringen, der nach Auffassung der EFP — Sektion Deutschland neben anderen Faktoren für die in der Bundesrepublik zu beobachtenden Radikalisierungstendenzen verantwortlich zu machen ist.

Dok. 7

Am 10. November 1977 telefonisch an dpa-Bonn durchgegebene Stellungnahme zur DGB-Großkundgebung des gleichen Tages im Westfalenstadion, Dortmund.

Die Europäische Föderalistische Partei (EFP) — Sektion Deutschland weist mit aller Entschiedenheit die auf der DGB-Kundgebung in Dortmund erhobenen Vorwürfe gegen diejenigen zurück, die sich aus wohlerwogenen Gründen gegen die weitere Nutzung der Kernenergie aussprechen. Die schwerwiegenden Sicherheitsbedenken werden von der EFP-Sektion Deutschland wie auch von anderen Kernkraftgegnern nicht vorgebracht, um „private Interessen" dem Gemeinwohl voranzusetzen. Unverantwortlich gegenüber der Gesamtgesellschaft handeln vielmehr diejenigen, die sich unter dem Vorwand der Arbeitsplatzsicherung letztlich allein den aus langfristig getätigten Investitionen resultierenden Zwängen und daraus folgenden Rentabilitätsinteressen unterwerfen. Sie sollten vielmehr ihren Einfluß in Wahrnehmung des allgemeinen Interesses am Schutz lebender und künftiger Generationen dahingehend ausüben, daß alle verfügbaren personellen, technischen und finanziellen Ressourcen auf die Erschließung neuer, ungefährlicher Energiequellen und auf die Entwicklung neuer Technologien zu sparsamerer Nutzung traditioneller Energieträger umgelenkt werden. Hier bietet sich ein weites Feld für die Schaffung neuer Arbeitsplätze an. Die EFP-Sektion Deutschland fordert die Verantwortlichen auf seiten der Gewerkschaften auf, endlich die fundamentalen Lebensinteressen der Menschen ins Auge zu fassen, diesen die vergleichsweise partikularen Interessen der Arbeitsplatzsicherung sinnvoll zuzuordnen und, bevor es zu spät ist, den von ihnen eingeschlagenen Weg in die Atomgesellschaft zu verlassen.

Dok. 8
Rechtswidrige Behinderungen der Stadt Dortmund bei der Unterschriftensammlung

Am 20.8.1972 beschloß der Bezirksvorstand, eine Mitgliederversammlung in Dortmund einzuberufen, um für die Dortmunder Wahlkreise Direktkandidaten zu wählen. In Dortmund selbst gab und gibt es keinen eigenen Kreisverband, sondern lediglich vier Mitglieder, die alle wahlberechtigt sind. Damit ist jedoch die Voraussetzung des § 22 Abs. 3 BWahlG erfüllt, der es zuläßt, daß in Großstädten die Bewerber für mehrere Wahlkreise einer Großstadt in einer gemeinsamen Mitgliederversammlung gewählt werden.
Am 28.9.1972 wurde dann auf der Mitgliederversammlung in Dortmund für jeden der drei Dortmunder Wahlkreise ein Bewerber aufgestellt. Ich selbst hatte die Versammlung geleitet.
Am 29.9.1972 holte sich Hans-Walter Holland, der als Direktkandidat in Dortmund-Süd (Wahlkreis 114) die Dortmunder Angelegenheiten hauptsächlich durchgeführt hat, im Wahlamt der Stadt Dortmund die amtlichen Formblätter gegen Vorlage des vorläufigen Protokolls der Mitgliederversammlung vom Vortage. Diese Formblätter wurden dann noch am Nachmittag weitgehend ausgefüllt, insbesondere die Niederschrift der Mitgliederversammlung, denn der zuständige Amtsleiter im Dortmunder Wahlamt hatte sich am Morgen nicht bereit erklärt, die Unterschriftslisten abzustempeln und unterschrieben abzugeben, bevor nicht die Niederschrift der Mitgliederversammlung auf dem amtlichen Formblatt bei ihm abgegeben worden sei.
Dies war die *erste rechtswidrige Behinderung*, denn nach § 30 BWahlO müssen die Formblätter für die Unterschriften auf Anforderung vom Kreiswahlleiter kostenlos geliefert werden. Bei der Anforderung sind lediglich Name und Wohnort des betreffenden Bewerbers, sowie der Name der Partei „*anzugeben*"; ein Protokoll über die Mitgliederversammlung braucht in diesem Stadium noch nicht auf amtlichem Formblatt vorgelegt werden.
Am selben Tag fuhr Holland dann noch einmal zum Dortmunder Wahlamt und ließ sich die Unterschriftslisten aushändigen. Dabei erfolgte durch den Amtsleiter auch die *erste Beeinflussung*, denn er versuchte, Holland davon zu überzeugen, daß es unsinnig für uns sei, in Dortmund Direktbewerber aufzustellen, da diese ohnehin nicht mehr als 300 Stimmen in ganz Dortmund bekommen würden. Diese Beeinflussungen politischer und psychologischer Natur setzten sich dann regelmäßig bei jedem Erscheinen im Wahlamt fort.
Am 3.10.72 bekam ich ein Schreiben des Wahlamtes vom Vortage, daß ich im Dortmunder Wahlamt vorsprechen möchte, da die vorgelegte Niederschrift über die Wahl der Bewerber „strittig" sei. Daraufhin fuhr Holland, der mich vertrat, erneut zum Wahlamt. Was an der Niederschrift „strittig" sei, konnte er jedoch nicht so recht erfahren. Der Amtsleiter sprach lediglich davon, daß es bedenklich sei, für alle drei Direktkandidaten die selben Vertrauensleute zu bestimmen, auf Hollands Frage, wieso dies bedenklich sei, konnte der Amtsleiter

Dok. 8

nichts erwidern, sondern nur mitteilen, daß er die Frage zur Prüfung dem Landeswahlleiter vorlegen werde.
Dies war eine klare *zweite Behinderung*, denn erstens konnten sich die Bedenken auf keinerlei „strittige" Gesetzesinterpretationen stützen und zweitens war die Vorladung ins Wahlamt solange unsinnig, als sich der Amtsleiter noch keine Klarheit über die Rechtsfrage verschafft hatte, sei es auch beim Landeswahlleiter. Später war von diesen Bedenken auch nichts mehr zu hören.
Inzwischen verlangte der Amtsleiter jedoch für die Direktkandidaten jeweils zur Bescheinigung der Wählbarkeit eine Bescheinigung des Wahlrechts. Auch dieses Verlangen war eine *rechtswidrige Behinderung*, denn nach § 30 Abs. 5 Nr. 2 BWahlO ist lediglich die Wählbarkeitsbescheinigung erforderlich, nicht jedoch die Wahlrechtsbescheinigung des Bewerbers. Darauf hingewiesen, teilte der Amtsleiter mit, die Beifügung der Wahlrechtsbescheinigung sei in Dortmund „üblich".
Die gröbsten Behinderungen gab es jedoch im Zusammenhang mit der Prüfung der vorgelegten Unterschriften, die von uns für die Direktbewerber gesammelt werden mußten. Für 600 Unterschriften standen genau 18 Tage zur Verfügung. Dies hätte sicherlich ausgereicht, wenn die Prüfung der jeweils vorgelegten bereits gesammelten Unterschriften nicht vom Wahlamt extrem verschleppt worden wäre. So mußte auf die Prüfung von 100 Unterschriften mindestens vier Tage gewartet werden, mit der Begründung, zunächst müßten die Unterschriften von DKP und NPD geprüft werden, weil diese Parteien ihre Unterschriften früher vorgelegt hätten.
Dies war sicherlich nur ein Vorwand, denn gerade die ersten Unterschriften kamen von unserer Seite früher als von den übrigen Parteien. Zudem hätten sonst alle drei Parteien gleichzeitig bearbeitet werden müssen, denn nach § 5 Abs. 1 ParteiG müssen öffentliche Einrichtungen den Parteien in gleichbehandelnder Weise zur Verfügung gestellt werden. Dies verbietet es, die Unterschriftslisten einer Partei erst vier Tage vor Ablauf der Frist zu prüfen, weil vorher andere Parteien abzufertigen seien.
Durch diesen Umstand der Verzögerung der Unterschriftsprüfung, konnten wir nicht ermitteln, ob wir bereits genügend Unterschriften hatten oder nicht. Dies war von besonderer Wichtigkeit, weil wir nicht das Risiko eingehen konnten, in Dortmund eventuell zuviele Unterschriften zu sammeln und dafür in anderen Städten oder gar ganzen Bundesländern nicht die erforderliche Mindestzahl zu erreichen. Zugleich haben wir mit den selben Mitgliedern auch 1.400 Unterschriften für die nordrhein-westfälische und 600 Unterschriften für die hessische Landesliste gesammelt.
Als ich den Amtsleiter des Dortmunder Wahlamtes auf die Behinderung in der Form der Beraubung von Koordinierungsmöglichkeiten hinwies, bekam er sogar einen Schreianfall und drohte uns wesentlich unnachgiebigere Behandlung an. Dies war eine klare Amtspflichtverletzung.
Als Holland am 16.10.72 die Unterschriftslissten mit insgesamt über 7000 Unterschriften aus den Dortmunder Wahlkreisen im Dortmunder Wahlamt abgab,

gingen wir davon aus, die Kandidaturen aller drei Bewerber gesichert zu haben.
Doch auf der Sitzung des Kreiswahlausschusses unter Leitung des Dortmunder Oberstadtdirektors am 19.10.72 kam der knock-out für zwei der drei Bewerber: Oberstadtdirektor Imhoff teilte mit, daß für die Wahlvorschläge der Wahlkreise 115 und 116 nicht genügend gültige Unterschriften beigebracht worden seien. Von den 221 Unterschriften zum Wahlvorschlag für den Wahlkreis 115 hätten 34, von den 256 Unterschriften für den Wahlkreis 116 hätten 66 abgelehnt werden müssen, weil diese Personen nicht gemeldet oder zu ermitteln gewesen seien.

Unmittelbar nach der Sitzung des Wahlausschusses verlangte der zuständige Amtsleiter von mir zu erfahren, ob wir gegen das Ergebnis Beschwerde einlegen würden. Er müsse das sofort wissen, weil er sonst die Stimmzettel noch nicht drucken lassen könne. Auch dieses Verlangen war eine Behinderung, da die Beschwerdefrist drei Tage dauerte. In jenem Augenblick verzichtete ich jedoch resigniert auf eine Beschwerde, in Unwissenheit darüber, daß wir bei einer Rechtswidrigkeitserklärung der Entscheidung des Kreiswahlausschusses eventuell auch Schadensersatzforderungen hätten geltend machen können.
Das geschilderte Beispiel zeigt, daß es den Dortmunder Behörden, die natürlich in einer politisch von einer Partei absolut beherrschten Stadt die gleiche Couleur wie jene Partei aufweisen, durch eine permanente Verzögerungs- und Hinhaltetaktik gelungen ist, die Kandidatur von zwei EFP-Bewerbern in Dortmund zu verhindern.

Daß dies Absicht war, geht einmal aus den vielen unsinnigen Behinderungen hervor, zum andern aber auch daraus, daß das Wahlamt aus dem Protokoll der Mitgliederversammlung wußte, daß wir nur drei Aktive in Dortmund hatten, und eine reale Möglichkeit sah, diese drei Aktiven mit Bürokratismus zu überschütten und so von ihrer eigentlichen Arbeit abzuhalten.
Diese Strategie wurde auch während des eigentlichen „Wahlkampfes" der EFP in Dortmund fortgeführt, die uns zum Beispiel in der Stellschilderfrage resignieren ließ: Wir beabsichtigten zunächst, 40 Stellschilder in Dortmund aufzubauen, gaben dieses Vorhaben dann jedoch auf, weil wir uns aus Personalmangel nicht durch den Instanzenweg, der *angeblich* für den Erhalt einer Erlaubnis zu durchlaufen war, durcharbeiten konnten.

Dortmund ist ein hervorragendes Beispiel, wie die öffentliche Verwaltung versucht und auch Erfolg darin hat, unser Recht auf Chancengleichheit und Gleichbehandlung nach Art. 3 GG und § 5 ParteiG zu beeinträchtigen.

Stephan Ramrath

Dok. 9

WESTDEUTSCHE ALLGEMEINE ZEITUNG WAZ, 20.10.72

Zwei ‚Europäer' schon vor dem Wahltag gescheitert
Zuwenig Unterschriften – Wahlausschuß tagte

Die Europäische Föderalistische Partei (EFP) scheiterte in zwei Wahlkreisen schon am 34. Tag vor der Bundestagswahl. Die beiden vorgeschlagenen Kandidaten für die Wahlkreise 115 und 116 erreichten nicht die notwendigen gültigen 200 Unterschriften. So wies gestern der Kreiswahlausschuß unter Vorsitz von Kreiswahlleiter Oberstadtrektor Hans-Diether Imhoff diese beiden Wahlvorschläge ab.
Alle übrigen Wahlvorschläge wurden gebilligt: von SPD, CDU, FDP, DKP, von der EFP im Wahlkeis 114 und von NPD. Knapp zwei Stunden vor Ablauf der Vorschlagsfrist am 16. Oktober hatten die „Europäer" ihre Listen eingereicht. Für die Wahlkreise 115 und 116 lagen zwar mehr als 200 Unterschriften vor, doch sie konnten nicht alle anerkannt werden.
Teilweise hatten nicht wahlberechtigte Jugendliche unterschrieben, Ausländer oder Personen aus anderen Wahlkreisen. Etliche Unterzeichner waren nicht gemeldet oder konnten nicht ermittelt werden, einige hatten sich gleich doppelt eingetragen. Das Vertrauen der EFP zu ihren Vorschlägen kann auch nicht recht groß gewesen sein, denn der Vertrauensmann glänzte in der gestrigen Sitzung durch Abwesenheit.
Bei der Bundestagswahl am 19. November werden kandidieren: für die SPD Werner Zeitler, Hans Urbaniak und Walter Behrend; für die CDU Ludwig Gerstein, Horst Leichtenberger und Paul Löher; für die FDP Hans-Hermann Gattermann, Justus Schmucker und Wilfried Finger; für die DKP Kurt Nusch, Johannes Kluthe und Wilhelm Sprenger; für die EFP Hans-Walter Holland; für die NPD Karl-Wilhelm Dickhut, Horst-Dieter Jankus und Herbert Steiner.

RUHRNACHRICHTEN, 20.10.72

EFP in zwei Wahlkreisen abgewiesen
Ungültige Unterschriften

Der Kreiswahlausschuß unter Vorsitz von Oberstadtdirektor Imhoff lehnte gestern einstimmig die Wahlvorschläge der Europäischen Föderalistischen Parteil (EFP) für die Wahlkreise 115 und 116 ab, weil die Partei keine 200 gültigen Unterschriften vorgelegt hatte.
Bei der Bundestagswahl am 19. November wird es also unterschiedliche Stimmzettel in Dortmund geben. In allen drei Wahlkreisen kandidieren SPD, CDU, FDP, DKP und NPD und deren Kandidaten. Nur im Wahlkreis Süd (114) kommen noch die EFP und ihr Kandidat dazu.
Die EFP hatte ihre Vorschläge erst eindreiviertel Stunde vor Terminschluß eingebracht, so daß ihr die Zeit fehlte, die vom Wahlamt an den Unterschriften gefundenen Mängel abzustellen.

Dok. 9

Auf den Listen waren alle Namen gestrichen worden von jenen Unterzeichnern, die noch keine 18 Jahre alt waren oder ihren Hauptwohnsitz nicht in dem Wahlkreis hatten, sowie Ausländer, doppelt Aufgeführte oder gar nicht zu ermittelnde.
So blieben im Wahlkreis 115 nur noch 187, im Wahlkreis 116 noch 190 von den vorgeschriebenen 200 Unterschriften.
Der zur Sitzung nicht erschienene Vertrauensmann der EFP (eine Frau) kann innerhalb von drei Tagen beim Kreiswahlleiter schriftlich Beschwerde einlegen.
Die Sitzung zur Wahlprüfung nach der Wahl ist am 21.11., 17 Uhr, im Stadthaus.

WESTFÄLISCHE RUNDSCHAU – Nr. 244

Nur in 114: sechs Parteien
Zwei Vorschläge vom Wahlausschuß zurückgewiesen
Bei der Bundestagswahl am 19. November werden in Dortmund im Wahlkreis 114 sechs und in den Wahlkreisen 115 und 116 fünf Parteien kandidieren. Ursache dafür ist *die gestrige Zurückweisung der Wahlvorschläge der Europäischen Föderalistischen Partei (EFP) für die Wahlkreise 115 und 116 durch den Kreiswahlausschuß.*
Oberstadtdirektor Hans-Diether Imhoff teilte in der Sitzung des Kreiswahlausschusses mit, daß die Wahlvorschläge der EFP zwar termingerecht eingegangen seien, aber für die Wahlkreise 115 und 116 nicht genügend gültige Unterschriften gehabt haben. Von den 221 Unterschriften zum Wahlvorschlag für den Wahlkreis 115 mußten 34 abgelehnt werden, weil sie von Jugendlichen unter 18 Jahren, Wahlberechtigten aus anderen Wahlkreisen, Ausländern, nicht gemeldeten oder nicht zu ermittelnden Personen und Einwohnern mit dem zweiten Wohnsitz in Dortmund abgegeben worden waren. Ähnlich sah es beim Wahlvorschlag der EFP für den Wahlkreis 116 aus, wo von 256 Unterschriften 190 gültige übrigblieben. In beiden Fällen hätten es mindestens 200 gültige Unterschriften sein müssen. Eine termingerechte Behebung dieser Mängel war nicht mehr möglich, weil die Wahlvorschläge erst eindreiviertel Stunde vor Ablauf der Frist abgegeben wurden und in der kurzen Zeit nicht mehr geprüft werden konnten.
Alle übrigen Parteien haben ihre Wahlvorschläge frist- und formgerecht eingereicht, so daß SPD, CDU, FDP, DKP und NPD in allen drei Dortmunder Wahlkreisen kandidieren werden.
Zur Feststellung des Wahlergebnisses trifft sich der Kreiswahlausschuß nach der Bundestagswahl am 21. November.

Dok. 10

Erklärung der EFP-Sektion Deutschland zum Beschluß des britischen Parlaments, für die europäische Direktwahl nicht das Verhältniswahlrecht zu übernehmen
vom 14.12.77

Die Ablehnung der Übernahme des Verhältniswahlrechts für die europäische Direktwahl durch das britische Parlament zeigt erneut in aller Deutlichkeit, daß nationalstaatliche Interessen die Einigung Europas verhindern. Die Europäische Föderalistische Partei (EFP) hat bereits seit langem und immer wieder darauf hingewiesen, daß die Umwandlung der Europäischen Gemeinschaft zu einem europäischen Bundesstaat nicht auf der Grundlage der gegenwärtigen nationalstaatlichen Strukturen erfolgen kann. Sie nimmt das jüngste Fiasko der gegenwärtigen Europapolitik der Verantwortlichen und den neun EG-Staaten erneut zum Anlaß, die Einberufung einer europäischen Verfassunggebenden Versammlung aufgrund eines hierüber abzuschließenden Vertrages zu fordern. Nur eine Umgestaltung nach föderalistischen Prinzipien ist in der Lage, die Einigung Westeuropas zu vollenden und seine politischen Überlebenschancen zu wahren.

Dok. 11

An die
Deutsche Presseagentur
Hamburg

31.3.77

nachrichtlich an:
Westdeutsches Fernsehen
3. Programm
„Tagesthema"
z.H. Herrn Bresser

Europäische Föderalistische Partei fordert Chancengleichheit zur Euro-Wahl

Der Beschluß der Bundesregierung, auch in der Euro-Wahl die Fünf-Prozent-Klausel anzuwenden, ist ein neuer Beweis dafür, daß alle kleinen Parteien in ihren Wahlchancen benachteiligt werden sollen. Die Europäische Föderalistische Partei sieht in diesem Beschluß einen neuen Verstoß gegen das Grundgesetz, das im Art. 21 ausdrücklich die Chancengleichheit für *alle* Parteien festlegt. Sie sieht darin die Absicht der in den Parlamenten vertretenen Parteien bestätigt, ihre Vorherrschaft gegenüber allen kleinen Parteien zu stabilisieren und per Gesetz die Erfolgschancen kleiner und neuer Parteien und damit die Durchsetzung politischer Alternativen widerrechtlich zu unterdrücken. Sie wendet sich auch gegen die Einführung von Bundeslisten, die die Berücksichtigung regionaler Interessen auf europäischer Ebene verhindert und die politische Ungerechtigkeit der Nationalstaaten gegenüber ethnischen Regionen in alle Zukunft fortsetzen.

Die Europäische Föderalistische Partei fordert deshalb im Interesse aller neuen politischen Gruppierungen die Aufhebung dieses Beschlusses der Bundesregierung, der die Ungerechtigkeit des deutschen Wahlsystems auf die europäische Ebene übertragen würde. Sie fordert Chancengleichheit für alle Parteien, die sich zur Euro-Wahl stellen. Sie erneuert ihre Forderung an Minister Maihofer nach einem Gesetz für die Wahl der deutschen Abgeordneten für das Europäische Parlament.

Die Europäische Föderalistische Partei schlägt die Einführung eines differenzierten Listensystems vor, das die Berücksichtigung regionaler Interessen garantiert. Denn nur die Stärkung der Regionen gegenüber zentralistischen Tendenzen auf nationalstaatlicher wie europäischer Ebene ist geeignet, die zahlreichen innereuropäischen Konflikte speziell um ethnische Interessen zu beseitigen und der Majorisierung der Minderheiten durch Mehrheiten langfristig zu begegnen.

Dok. 12

Presseerklärung vom 27.8.1977

„Der Bundesvorstand der Europäischen Föderalistischen Partei Partei-Sektion Deutschland bekräftigte auf seiner Sitzung vom 27. August in Hamburg die Absicht der EFP, an der Wahl zum Europaparlament teilzunehmen. Er forderte hierzu: gleiches Wahlrecht für alle EG-Bürger an ihrem augenblicklichen Wohnort auch außerhalb ihres Heimatstaates, Chancengleichheit für europäische Parteien, Abschaffung der 5 %-Klausel, keine Sammlung von Unterschriften für die Zulassung zu Wahlen, Landeslisten für die Europa-Wahl. Nur so läßt sich nach Meinung der EFP der auch im europäischen Recht verankerte Grundsatz der Chancengleichheit auch für neue Parteien verwirklichen und das Potential an alternativen Ideen zur Lösung der wirtschaftlichen und sozialen Probleme, das in diesen Parteien vorhanden ist, nutzbar machen. Andernfalls riskiere das herrschende „Vier-Parteien-System" eine zunehmende Radikalisierung in der Bundesrepublik, durch das es eines Tages zerbrochen werde. Der zunehmende Trend, daß Bürger ihre Stimme außerparlamentarischen Parteien geben würden, zeige, daß das Bonner „Machtkartell" nicht mehr den Wählerwillen repräsentiere. Dabei bezog sich der Bundesvorstand auf eine kürzlich veröffentlichte Studie, derzufolge heute mehr als 25 % der Wähler bei einer am heutigen Sonntag (d.i. 28. August – L.R.) stattfindenden Bundestagswahl anderen als den Bundestagsparteien ihre Stimme geben würden."

Europäische Föderalistische Partei (EFP)
— Sektion Deutschland —

Dok. 13
9.6.79

ENTSCHLIESSUNG ZUR EUROPAWAHL 1979

Die Wahlen zum Europäischen Parlament sind ihrer Konzeption nach, und wie die Beobachtung der Wahlkämpfe in den Ländern der Europäischen Gemeinschaft zeigt, vom Denken in nationalstaatlichen Kategorien gekennzeichnet. Auch in der Bundesrepublik werden sie dazu mißbraucht, hauptsächlich innenpolitische Ziele zu erreichen, anstatt Lösungen für europäische Probleme aufzuzeigen und zu verwirklichen. Empörend dabei ist, daß führende Politiker, wie Bundeskanzler Schmidt, sich sogar gegen die Entwicklung des Europäischen Parlaments zu einem echten europäischen Gesetzgebungs- und demokratischen Kontrollorgan auszusprechen wagen. Gegen die in derartigen Äußerungen in Erscheinung tretende Mißachtung des Willens zur Einigung Europas bei der großen Mehrheit in unserem Lande erhebt die Europäische Föderalistische Partei (EFP) — Sektion Deutschland schärfsten Protest. Gleichzeitig protestiert sie erneut gegen den Zwang, Unterstützungsunterschriften zu sammeln, sowie gegen die 5 %-Klausel, durch die das Bonner Parteien-Kartell sein Machtmonopol sichert und eine bestmögliche Vertretung des politischen Meinungsspektrums in der Bundesrepublik durch die deutschen Abgeordneten im Europäischen Parlament verhindert. Die EFP-Sektion Deutschland hält an ihrer Auffassung fest, daß das Ziel der europäischen Einigung nur auf dem Wege über eine grundlegende Erneuerung von Staat, Wirtschaft und Gesellschaft gemäß den Prinzipien des Föderalismus zu erreichen ist. Sie bekräftigt deshalb ihre Forderung nach Einberufung einer EUROPÄISCHEN VERFASSUNGGEBENDEN VERSAMMLUNG aus Vertretern aller Völker der Europäischen Gemeinschaft.

Dok. 14

Bescheinigung des Wahlrechts[1]

noch Anlage 16
(zu § 32 Abs. 3 EuWO)

für die Wahl zum Europäischen Parlament am 10. Juni 1979

Herr/Frau
    Familienname: ....

    Vornamen: ....

    Tag der Geburt: ....
    Anschrift (Hauptwohnung)
    Straße, Hausnummer: ....

    Postleitzahl, Wohnort, Land: ....

ist Deutsche(r) im Sinne des Artikels 116 Abs. 1 des Grundgesetzes. Er/Sie erfüllt die sonstigen Wahlrechtsvoraussetzungen der §§ 4 und 6 des Europawahlgesetzes in Verbindung mit § 12 des Bundeswahlgesetzes, ist nicht nach §§ 4 und 6 des Europawahlgesetzes in Verbindung mit § 13 des Bundeswahlgesetzes vom Wahlrecht ausgeschlossen und im Land .... wahlberechtigt.

                                                       ...., den .... 19........

(Dienstsiegel)   Die Gemeindebehörde

---

[1] Das Wahlrecht darf durch die Gemeindebehörde nur einmal bescheinigt werden.

Anlage 16 *Dok. 14*
(zu § 32 Abs. 3 EuWO)

Formblatt für eine Unterstützungsunterschrift

Eine Unterschrift ist nur gültig, wenn sie der Unterzeichner persönlich und handschriftlich geleistet hat. Unterschriften dürfen erst gesammelt werden, wenn der Wahlvorschlag aufgestellt ist. Vorher geleistete Unterschriften sind ungültig. Jeder Wahlberechtigte darf mit seiner Unterschrift nur einen Wahlvorschlag unterstützen. Wer mehrere Wahlvorschläge unterzeichnet, macht sich nach § 108 d i.V. mit § 107 a des Strafgesetzbuches strafbar.

Ausgegeben

Wiesbaden, den 15. Februar 1979

Der Bundeswahlleiter

Unterstützungsunterschrift

Ich unterstütze hiermit durch meine Unterschrift den Wahlvorschlag der

»Europäische Föderalistische Partei - EFP«

für die Wahl der Abgeordneten des Europäischen Parlaments aus der Bundesrepublik Deutschland am 10. Juni 1979 für alle Länder.

(Vollständig und in Maschinen- oder Druckschrift ausfüllen)

Familienname:

Vornamen:

Tag der Geburt:

Anschrift (Hauptwohnung)

Straße, Hausnummer:

Postleitzahl, Wohnort:

Ich bin damit einverstanden, daß für mich eine Bescheinigung des Wahlrechts eingeholt wird.[*]

Persönliche und handschriftliche Unterschrift:

(**Nicht** vom Unterzeichner auszufüllen)

Bescheinigung des Wahlrechts[**]

Der/Die vorstehende Unterzeichner(in) ist Deutsche(r) im Sinne des Artikels 116 Abs. 1 des Grundgesetzes. Er/Sie erfüllt die sonstigen Wahlrechtsvoraussetzungen der §§ 4 und 6 des Europawahlgesetzes in Verbindung mit § 12 des Bundeswahlgesetzes, ist nicht nach den §§ 4 und 6 des Europawahlgesetzes in Verbindung mit § 13 des Bundeswahlgesetzes vom Wahlrecht ausgeschlossen und im Land wahlberechtigt.

(Dienstsiegel)   , den

Die Gemeindebehörde

---

[*] Bei außerhalb der Bundesrepublik Deutschland lebenden Wahlberechtigten ist außerdem die letzte gemeldete Wohnung in der Bundesrepublik Deutschland anzugeben; ggf. ist die Wahlberechtigung durch Abgabe einer Versicherung an Eides Statt darzutun.
[**] Wenn der Unterzeichner die Bescheinigung seines Wahlrechts selbst einholen will, streichen.
[***] Das Wahlrecht darf durch die Gemeindebehörde nur einmal bescheinigt werden.

Dok. 15

BAYERISCHE STAATSPARTEI   BSP

An den   München 2, 31.3.71
Bayer. Verwaltungsgerichtshof   Stiglmaierplatz 2/III
— VIII. Senat —   Telefon 529050
München 34
Ludwigstr. 23

In der Verwaltungsstreitsache
   Bayerische Staatspartei e.V., München,
                                          — Antragstellerin —
      gegen
   Bayerischen Rundfunk, München,
                                          — Antragsgegner —
   wegen Beteiligung an Sendezeiten,
   hier: Antrag auf Erlaß einer einstweiligen Anordnung
                        AZ.: 53 VIII 71

bestelle ich mich unter Vollmachtsvorlage zum Bevollmächtigten der Antragstellerin neben der Rechtsanwaltskanzlei Dr. Frank auch im Berufungsverfahren vor dem Bayerischen Verwaltungsgerichtshof.

1. Veranlassung für die Übernahme der Vertretung und die vorliegende Äußerung gibt mir die in der gestrigen mündlichen Verhandlung aufgestellte Behauptung des Prozeßvertreters des Antragsgegners, der Bayerischen Staatspartei sei vom Bayerischen Rundfunk für die nächsten Tage eine angemessene Sendezeit angeboten worden. Diese Behauptung ist unrichtig. Der Antragstellerin ist bis zu diesem Zeitpunkt weder schriftlich noch mündlich von irgendeinem Bediensteten des Bayerischen Rundfunks ein derartiges Angebot unterbreitet noch auch irgendwelche Beteiligung an einer Sendung in Hörfunk oder Fernsehen konkret auch nur in Aussicht gestellt worden. Bei dem Vortrag des Vertreters des Antragsgegners handelt es sich also wiederum um dieselbe Scheinargumentation, mit der beim Gericht der Eindruck erweckt werden soll, der Antragsgegner sei unabhängig von einem gerichtlichen Ausspruch bereit, den Rechtsanspruch der Antragstellerin auf angemessene Sendezeiten zu verwirklichen, wie in den Schriftsätzen des Antragsgegners wiederholt die Versicherung enthalten war, er werde die Antragstellerin „angemessen in seinem Programm berücksichtigen" (so zuletzt im Schreiben des Rundfunk-Intendanten Wallenreiter vom 1.3.1971 an die Antragstellerin und im Berufungsschriftsatz vom 12.2.1971 [in der Streitsache Nr. 35 VIII 71]). In Wirklichkeit denken die Verantwortlichen des Rundfunks gar nicht daran, die Antragstellerin zu Wort kommen

zu lassen, geschweige denn, ihr angemessene Sendezeiten einzuräumen, sondern sind fest entschlossen, den von ihnen gegen die Bayerische Staatspartei seit drei Jahren im Interesse der herrschenden Parteien, vorweg der CSU, – deren Vertrauensleute oder sogar Mitglieder sie weitgehend sind – geführten Vernichtungskampf in Form des Totschweigens fortzuführen. Diese Taktik wird nicht infolge der mangelnden Bedeutung der Bayerischen Staatspartei betrieben, sondern im Gegenteil, weil man genau weiß, daß nur aus ihrer Richtung – die im Gegensatz zur alten BP unbelastet von Skandalen ist und eine moderne zugkräftige bayerische Politik betreibt – eine Gefährdung der absoluten Mehrheit der CSU kommen kann. Wie gezielt und bewußt diese Kampagne gegen die Bayerische Staatspartei betrieben wird, geht eindeutig daraus hervor, daß man nicht einmal bereit ist, ihr des Anscheins halber wenigstens einige Minuten Sendezeit zuzugestehen, sondern daß man sie systematisch seit Jahr und Tag weder im Hörfunk noch im Fernsehen zu irgendwelchen Tagesfragen zu Wort kommen läßt.

2. Es ist unter diesen Umständen geradezu offener Hohn, wenn vom Antragsgegner argumentiert wird, an den Voraussetzungen für den Erlaß einer einstweiligen Anordnung gemäß § 123 VwGO fehle es deshalb, weil keine Eilbedürftigkeit ihres Begehrens zu erkennen sei und der Antragstellerin kein wesentlicher Nachteil i.S. des § 123 Abs. 1 Satz 2 VwGO entstehe, wenn sie auch weiterhin weder in den Sendungen des Hörfunks noch des Fernsehens zu Wort komme.

Der Kampf der Bayerischen Staatspartei um angemessene Beteiligung an den Sendezeiten – wie sie auch den etablierten Parteien eingeräumt wird –, zieht sich nunmehr seit Gründung der BSP im Herbst 1967 über drei Jahre hin. Dabei ist zu beachten, daß es sich bei der BSP nicht um eine Partei handelte, die beim Punkt Null anfing, sondern daß sie sich bereits zur Zeit ihrer Gründung aus etwa 80 % des Bestandes und der Mitglieder der früheren Bayernpartei zusammensetzten, die unter meiner Führung sich vorher für die Umbenennung der BP in „Bayerische Staatspartei" ausgesprochen hatten und die nach den bekannten Vorgängen, die zum endgültigen Ruin der BP führten, in die neu gegründete Bayerische Staatspartei überwechselten. Diese Tatsachen waren den Verantwortlichen des Rundfunks wie der Presse sehr genau bekannt. Man wußte ebenso gut, daß von der Bayerischen Staatspartei – in der sich die anständigen Elemente der früheren BP gesammelt hatten – als korrekter und moderner Partei – im Gegensatz zu der durch viele unrühmliche Vorgänge belasteten BP – eine viel erfolgreichere Vertretung der bayerischen Belange zu erwarten war als von der alten BP, die mit dem Ruch der Erfolglosigkeit und des Untergangs behaftet war. Die BSP war deshalb von Anfang an in ganz Bayern durch Bezirks-, Kreis- und Ortsverbände konstituiert, sie ist in zahlreichen Kreis- und Gemeinderäten vertreten, stellt zahlreiche Bürgermeister und mehr Landräte, als FDP und NPD in Bayern zusammen. Sie konnte deshalb auf Grund ihres politischen Gewichts auch von Anfang an mit Recht einen Anspruch auf angemessene Beteiligung an den Sendezeiten in Rundfunk und Fernsehen geltend machen.

Hinzu kommt, daß sie von Anfang an mit zahlreichen fundierten Stellungnahmen zu aktuellen Problemen, mit ausgearbeiteten Programmen auf vielen wichtigen Gebieten und beachtlichen Beschlüssen ihrer maßgebenden Gremien sowie zahlreichen gutbesuchten Veranstaltungen an die Öffentlichkeit trat (der Nachweis hierfür kann durch Vorlage der Pressedienste der BSP sowie der Ausschnitte der einschlägigen Zeitungsberichte jederzeit angetreten werden). Es hätte daher vielfältig sowohl Veranlassung wie Möglichkeit bestanden, auch die Bayerische Staatspartei als bayerische verfassungstreue Partei im Bayerischen Rundfunk — der als eine bayerische öffentlich-rechtliche Körperschaft gerade den bayerischen Verhältnissen besondere Berücksichtigung angedeihen zu lassen hat — zu Wort kommen zu lassen.

Auf die zahlreichen Vorstellungen der BSP in dieser Richtung berief man sich beim Bayerischen Rundfunk bis zum Sommer 1959 immer auf Art. 4 Abs. 2 Nr. 2 Satz 3 des Bayerischen Rundfunkgesetzes, wonach nur den im Landtag oder Bundestag vertretenen Parteien ein Anspruch auf angemessene Sendezeit zustehe. Die Hinweise der BSP, daß diese Bestimmung im Hinblick auf die langjährige gefestigte Rechtsprechung des Bundesverfassungsgerichts offenbar verfassungswidrig und damit nichtig sei, fruchteten nichts. Die Bayerische Staatspartei sah sich daher gezwungen, zur Wahrung ihrer Rechte den Bayer. Verfassungsgerichtshof am 1.9.1969 anzurufen und im Wege der Popularklage die Ungültigkeit dieser Bestimmung feststellen zu lassen.

Obwohl ihm die Dringlichkeit der Klage und die fortdauernde Benachteiligung der Bayerischen Staatspartei als Oppositionspartei bei ihrer Nichtbehandlung bekannt waren, verzögerte der — von den Parteien, die durch diese Regelung begünstigt waren, in dieses Amt gewählte (vgl. Art. 68 Abs. 3 BV) — Präsident des Verfassungsgerichtshofs die Anberaumung einer mündlichen Verhandlung über diese Klage fast ein Jahr (bis zum 6.8.1970), wobei er ihr die Entscheidung zahlreicher anderer völlig unwichtiger querulatorischer Streitsachen vorzog (Schriftwechsel —g.g.R.— liegt an). Die BSP sah sich deshalb gezwungen, ihn wegen Befangenheit in der Verhandlung abzulehnen. In der bekannten Entscheidung vom 17.8.1970 (vgl. BayVBl. 1970, 401) gelangte dann der Verfassungsgerichtshof entsprechend der Auffassung der BSP zur Feststellung der Nichtigkeit der inkriminierten Vorschrift, womit auch die bisherige rechtswidrige Benachteiligung der BSP durch den verfassungswidrigen Ausschluß von den Sendungen des Bayer. Rundfunks dargetan war.

Bereits am nächsten Tag nach Verkündigung dieser Entscheidung wandte sich die BSP an den Intendanten des Bayer. Rundfunks, Wallenreiter, und bat unter Hinweis auf diese Entscheidung um nunmehrige angemessene Berücksichtigung. Das gleiche geschah einige Tage später gegenüber dem Chefredakteur des bayerischen Fernsehens, Mühlfenzl (einem engagierten CSU-Mann). Obgleich durch die Entscheidung des Verfassungsgerichtshofs die bisherigen Einwände des Bayer. Rundfunks gegen die Nichtbeteiligung der BSP nunmehr ausgeräumt waren, dachten dessen Veranwortliche weiterhin gar nicht daran, der BSP entsprechend der jetzt eindeutig festgestellten Rechtslage Sendezeiten einzuräumen. Sie machten vielmehr weiter in Verzögerungstaktik und beantworteten die Anschreiben der BSP entweder überhaupt nicht (Mühlfenzl) oder erst nach einigen Wochen mit nichtssagenden Floskeln (Wallenreiter). Auch der daraufhin fortgeführte Schriftwechsel erbrachte lediglich einige – in ihrer Arroganz geradezu provozierende – unverbindliche Gemeinplätze der beiden Herren, im übrigen aber wiederum keine Minute Sendezeit für die BSP. Letzteres vor allem gerade deshalb nicht, weil Landtagswahlen vor der Tür standen und die BSP aus diesem Grunde als unangenehme Konkurrenz totzuschweigen war.

Die BSP sah sich zur Verwirklichung ihres Rechtsanspruchs gezwungen, unterm 9.11.1970 das Verwaltungsgericht München anzurufen und den Erlaß einer einstweiligen Anordnung zu beantragen (die Erhebung der Hauptsacheklage erfolgte unterm 11.12.1970). Obwohl auch hier die Eilbedürftigkeit offenkundig war und es sich um eine einstweilige Anordnung (!) handelte, bequemte sich das Gericht erst über zwei Monate später, am 20.1.1971, zur Anberaumung einer mündlichen Verhandlung, wobei die daraufhin ergehende Entscheidung der Antragstellerin erst am 12.2.1971 – also über drei Monate nach Stellung des Antrags – zugestellt wurde. Das Gericht wies darin den Antrag mit der völlig unhaltbaren Begründung ab, daß die Antragstellerin im Hauptsacheverfahren Recht bekommen habe und deshalb ein Rechtsschutzbedürfnis für die einstweilige Anordnung nicht mehr bestehe (Folgt man dieser Argumentation, dann könnten sich die Gerichte die Entscheidung über einen Antrag auf Erlaß einer einstweiligen Anordnung überhaupt ersparen, wenn sie nur diese lange genug hinauszögern und dann die Hauptsache vorher entscheiden!). Wie wenig auch die Ablehnung des Antrags unter Hinweis auf die Möglichkeit der sofortigen Realisierbarkeit durch Gebrauchmachen von der vorläufigen Vollstreckbarkeit des Hauptsacheurteils standhielt, zeigte sich darin, daß der Bayer. Verwaltungsgerichtshof diese vorläufige Vollstreckbarkeit ohne Sicherheitsleistung einstellte.

Die Sach- und Rechtslage ist also jetzt die, daß der Bayer. Rundfunk in seinen Sendungen laufend die etablierten Parteien zu Wort kommen läßt, daß das Bundesverfassungsgericht in langjähriger ständiger Rechtsprechung eine Ungleichbehandlung der Parteien verboten und einen Rechtsanspruch auch außerparlamentarischer Parteien auf angemessene Sendezeiten anerkannt hat, daß die BSP seit über drei Jahren vergeblich um die Verwirklichung dieses Rechtsanspruchs kämpft, daß der Bayer. Verfassungsgerichtshof auf ihren Antrag die entgegenstehende Bestimmung des Rundfunkgesetzes für nichtig erklärt und ihr ebenfalls einen Rechtsanspruch zuerkannt hat, daß das Verwaltungsgericht München in seinem Hauptsacheurteil vom 20.1.1971 der BSP ebenfalls einen Rechtsanspruch auf angemessene Sendezeiten zugebilligt hat – daß die BSP aber gleichwohl heute immer noch infolge des Verhaltens der Rundfunk-Verantwortlichen ohne eine Minute Sendezeit seit dem Jahre 1969 dasteht!

Und da wagt man noch zu sagen, ihrem Antrag fehle das Rechtsschutzbedürfnis und ihrem Begehren die Eilbedürftigkeit! Wahrscheinlich ist nach Auffassung des Bayer. Rundfunks auch im Jahre 2000 für die Bayer. Staatspartei noch keine Eilbedürftigkeit gegeben – es eilt ja auch überhaupt nicht, eine der CSU nicht genehme Oppositionspartei zu Wort kommen zu lassen!

3. Tatsächlich stellt aber jeder Tag, an dem eine Partei in Hörfunk und Fernsehen nicht zu Wort kommt, einen nicht wiedergutzumachenden *Nachteil* und Schaden dar! Vor Einführung der Massenmedien war die politische Versammlung das übliche Mittel, mit dem eine Partei ihr politisches Wollen den Anhängern und Wählern nahebringen konnte. Heute kommt es ganz entscheidend und fast ausschließlich auf die Darstellung einer Partei in Fernsehen, Rundfunk und Presse an. Die Leute gehen kaum mehr in politische Versammlungen, allenfalls zu den durch die Massenmedien besonders bekannt und populär gemachten Politikern. Eine Partei, die von den Massenmedien totgeschwiegen wird, kann auch nicht mit Besuch in den Versammlungen rechnen, weil sie nicht bekannt ist und die Leute sagen: „Von Euch hört man ja nichts, von Euch ist auch nichts zu erwarten!". Auch die Tagespresse befindet sich – infolge der seinerzeitigen Lizenzvergabe – ausschließlich in den Händen von Anhängern oder sogar Vertrauensleuten von CSU und SPD, so daß auch von dieser Seite die BSP seit ihrer Gründung weitgehendes Totschweigen oder eine verzerrte Darstellung ihres politischen Wollens erfahren hat.

Durch das systematische Zusammenspiel der den gleichen politischen Richtungen hörigen Massenmedien Presse, Hörfunk und Fernsehen kann daher eine dem herrschenden System nicht genehme Partei kaputtgemacht werden. Dies ist umso leichter möglich, als die Parlamentsparteien seit Jahren sich in Höhe von vielen Millionen aus Steuermitteln finanzieren (weil offenbar nicht einmal sie in der Lage sind, von Mitgliedsbeiträgen und Spenden allein zu leben), während neue Parteien allein auf die Beiträge ihrer Mitglieder angewiesen sind. Auch insofern sind also völlig ungleiche Konkurrenzbedingungen gegeben. Nicht mehr die Güte des Programms, das bessere politische Wollen, die Richtigkeit der Zielsetzungen entscheiden also über die Durchsetzung und den Erfolg einer Partei, sondern die Geneigtheit der Massenmedien – eine völlige Verfälschung wirklicher demokratischer Verhältnisse!

Die Bayerische Staatspartei hat unter dieser geschlossenen Front der in den Händen ihrer Gegner befindlichen Massenmedien schon schwer gelitten. War anfangs überall große Begeisterung und Opferfreudigkeit unter ihren Anhängern zu finden, so wurden viele durch das ständige Totschweigen ihrer Bemühungen in der Öffentlichkeit schon mürbe. Wenn man systematisch von einer Partei weder in Hörfunk noch im Fernsehen hört, so entschwindet eine Partei allmählich aus dem Bewußtsein der Wähler. Dementsprechend schwindet die Bereitschaft, bei ihr Mitglied zu werden und für sie finanziell Opfer zu bringen. Entsprechend rückläufig sind dann weiterhin die Möglichkeiten einer Partei zu werbemäßiger Betätigung! Ein Teufelskreis, der dann schließlich zum Erlahmen jeder neuen politischen Bewegung mit neuen Ideen führt, die nicht über Einfluß in den von den etablierten Parteien beherrschten Massenmedien führt!

Es ist eine Frage des politischen Standpunkts, ob man eine solche Entwicklung begrüßt; besonders bei den Deutschen, die von Hitler grundsätzlich mit einer parteifeindlichen Einstellung infiziert („Ich werde diese 35 Parteien hinwegfegen!") und im Zuge der allgemeinen Amerikanisierung der Nachkriegszeit zu einer Nachahmung des angelsächsischen Zweiparteien-Systems erzogen worden sind, mag eine solche Einstellung zu finden sein. Mit einer echten Demokratie, die – ebenso wie die freie Wirtschaft vom Konkurrenzkampf der Unternehmen – vom freien Wettbewerb der Parteien um die Gunst der Wähler lebt und in der ohne sachfremde Verzerrungen sich die besten politischen Programme durchsetzen sollen, ist eine solche Geisteshaltung allerdings ebensowenig zu vereinbaren wie mit der Rechtsauffassung unseres Verfassungsgebers, der nach der Feststellung des Bundesverfassungsgerichts „vom Leitbild einer Partei ausgegangen ist, die sich im offenen Mehrparteiensystem frei bildet.. (BVerFGE 20, 111).

Es kann daher nur als Zynismus einer politisch feindlichen Einstellung verstanden werden, wenn behauptet wird, der Bayerischen Staatspartei seien durch das bisherige Totschweigen seitens des Bayer. Rundfunks keine Nachteile entstanden und es bedeute für sie auch keinen Nachteil, wenn sie weiterhin bis zum Erlaß einer rechtskräftigen Entscheidung nicht zu Wort komme. Es sind ihr bereits bisher daraus die schwerwiegendsten Nachteile entstanden und jeder Tag, an dem sie weiterhin sich dem Bewußtsein der Wähler nicht in Erinnerung bringen kann, ist für sie von unwiederbringlichem Nachteil und wird sich für sie entsprechend nachteilig bei den Wahlen auswirken!

Demgegenüber kann keine Rede davon sein, daß dem Bayer. Rundfunk auch nur der geringste Nachteil entstünde, wenn er sie endlich entsprechend dem gestellten Antrag einmal zu Wort kommen ließe. Die Sendezeit des Rundfunks bleibt dadurch insgesamt dieselbe und es entstehen ihm nicht eine Mark zusätzliche Kosten. Desgleichen kann keine Rede davon sein, daß die Hörer und Fernseher dadurch einen Nachteil erlitten, wenn sie einmal die Stellungnahme der BSP zu einem aktuellen Problem erfahren! Bei einer Abwägung der Belange des Bayer. Rundfunks und der Bayer. Staatspartei an dem Erlaß der begehrten einstweiligen Anordnung gemäß § 123 VwGO (vgl. Eyermann-Fröhler, VwGO, 4. Aufl., § 123 RdNr. 7) kann also nicht der geringste Zweifel daran bestehen, daß das Interesse der BSP – und auch der Öffentlichkeit, die ja gerade ein Interesse daran hat, vom Rundfunk zutreffend über alle politischen Richtungen unterrichtet zu werden – an der Einräumung von Sendezeit das des Rundfunks an der Verhinderung der Gewährung dieser Sendezeit in jeder Hinsicht gewaltig überwiegt.

4. Die einmalige Einräumung der mit der einstweiligen Anordnung begehrten Sendezeit stellt auch keine Vorwegnahme der in der Hauptsache begehrten Entscheidung dar, da die dortige Klage generell auf die künftige Gewährung

angemessener Sendezeiten entsprechend der Rechtsprechung des Bundesverfassungsgerichts und des Bayer. Verfassungsgerichtshofs gerichtet ist. Diese Rechtsauffassung wurde auch von den Verwaltungsgerichten schon wiederholt bestätigt, indem politischen Parteien im Wege einstweiliger Anordnungen (Wahlkampf-) Sendezeiten im Rundfunk, die Benutzung bestimmter öffentlicher Lokalitäten und gleichmäßige Plakatanschlagflächen zugebilligt wurden.

5. Rechtsschutz kann bei unangemessener Hinauszögerung auch zur Rechtsverweigerung werden. Die Bayer. Staatspartei mußte auf die Entscheidung des Bayer. Verfassungsgerichtshofs ein Jahr warten. Das Verwaltungsgericht München hat über den Antrag auf Erlaß einer einstweiligen Anordnung erst nach drei Monaten eine Entscheidung erlassen. Der Bayer. Verwaltungsgerichtshof hat schnell gehandelt, als es darum ging, die vorläufige Vollstreckung des Anspruchs der BSP aus dem Hauptsacheurteil des Verwaltungsgerichts München zu verhindern; er hat auch anerkennenswert rasch Termin zur Verhandlung über das vorliegende Rechtsmittel anberaumt und auch die von ihm in Aussicht gestellte Entscheidung in der Hauptsache „noch in dieser Jahreshälfte" läßt eine bevorzugt rasche Behandlung erkennen. Gleichwohl bedeutet auch dies, daß die BSP ggf. bis Ende Juni auf dieses Urteil warten muß, was bedeuten würde, daß sie noch einmal drei Monate lang im Rundfunk nicht zu Wort kommt. Da mit Sicherheit zu rechnen ist, daß der unterliegende Teil gegen dieses Urteil Rechtsmittel zum Bundesverwaltungsgericht einlegen wird, hat die BSP also auch dann noch keinen vollstreckbaren Titel in Händen, sondern muß ihren Ausschluß von den Sendezeiten in Hörfunk und Fernsehen auch noch bis zur Entscheidung des Bundesverwaltungsgerichts hinnehmen. In Anbetracht der bekannten Überlastung des Bundesverwaltungsgerichts und den üblichen Verfahrensdauern läßt dies eine weitere Wartefrist von Jahr und Tag erwarten.

Das Urteil des Bundesverwaltungsgericht wird — davon bin ich überzeugt — der Bayerischen Staatspartei den geltend gemachten Rechtsanspruch in vollem Umfang zuerkennen (vgl. auch BVerwG-Urt. v. 26.6.1970, BayVBl. 1970, 402). Nur fürchte ich, daß er dann für sie zu spät kommt und ihr nichts mehr nützt. Von den Massenmedien totgeschwiegen zu werden und den den anderen Parteien in überreichlichem Maße zur Verfügung stehenden Finanzierungsquellen ausgeschlossen zu sein, hält auf die Dauer keine Partei aus. Die Rechtsprechung mag sich dann zum Trost sagen, daß sie dem Recht zum Siege verholfen hat, mag auch die Rechtsuchende darüber zugrundegegangen sein.

Die Verantwortlichen des Bayerischen Rundfunks und die hinter ihnen stehenden etablierten politischen Parteien haben dann dennoch ihr Ziel erreicht, das sie mit ihrer dauernden Verzögerungs- und Hinhaltetaktik so offensichtlich verfolgen. Den Anhängern des herrschenden Systems mag dies als befriedigend erscheinen. Wem an der Erhaltung des Bayerischen Staates, einer konsequenten bayerischen Politik und an einem Eintreten für die Werte Bayerns gelegen ist, der wird allerdings an einem solch undemokratischen Zugrundegehen einer sich für diese Güter stets korrekt und anständig einsetzenden Partei, die wie kaum eine andere Partei vom Idealismus ihrer Mitglieder getragen ist, kein Interesse haben.

Dok. 16

Stellungnahme des Rechtsvertreters der BSP vom 23.4.71 zum Vorwurf des Bayerischen Rundfunk, die Rundfunkfreiheit sei bedroht, an den Bayerischen Verwaltungsgerichtshof (Auszug)

In gleicher Weise kann keine Rede davon sein, daß eine Aufhebung des Urteils unter *materiell-rechtlichen* Gesichtspunkten veranlaßt wäre. Die vom Beklagten hierfür vorgebrachten Argumente fallen schon bei näherer Betrachtung als haltlos in sich zusammen und zeugen zudem von einer völligen Verkennung der Stellung der Parteien im Gefüge unserer demokratischen Verfassungsordnung wie des Wesens der Rundfunkfreiheit.

1. „Die Rundfunkfreiheit ist bedroht!" Unter dieses Schlagwort stellt der Beklagte seine Argumentation in materiell-rechtlicher Hinsicht und damit glaubt er, wie mit einem Zauberwort alle rechtlichen Anforderungen an ihn wie insbesondere den Anspruch der Klägerin aus dem Feld schlagen zu können. Danach wissen wir jetzt also endlich — weil der Rundfunk es endlich offen auszusprechen gewagt hat — wer die Rundfunkfreiheit gefährdet: die böse Bayerische Staatspartei! Nicht die CSU gefährdet sie, die längst den dominierenden Einfluß im Bayerischen Rundfunk ausübt und nun zum Sturm auf alle restlichen Bastionen des Rundfunks angesetzt hat, bedroht seine Unabhängigkeit, sondern die Bayerische Staatspartei! Nicht die dauernden Manipulationen der Rundfunkverantwortlichen zugunsten des herrschenden Systems stellen die Objektivität des Rundfunks in Frage, sondern die angemessene Berücksichtigung der BSP! Und warum stellt sie eine Gefahr für die Rundfunkfreiheit dar? Weil sie neben den etablierten Parteien angemessen zu Wort kommen will!

   Da ist es freilich verständlich, daß gewisse Funktionäre dieses Rundfunks auf die Barrikaden gehen und die solcherart bedrohte Rundfunkfreiheit „mit Klauen und Zähnen" verteidigen! Wo kämen wir denn auch hin, wenn jetzt die nicht dem Bonner Machtkartell angehörenden Parteien im Rundfunk zu Wort kommen sollten?!

2. Es kostet einige Überwindung, auf eine solche Grundeinstellung einzugehen und sich mit ihr sachlich auseinanderzusetzen. Wenn man jahrelang Gelegenheit hatte, diese Mentalität der Rundfunkverantwortlichen kennenzulernen, so ist es nicht ganz leicht, das von ihnen veranstaltete rechtliche Schattenboxen anzunehmen und als ernstgemeintes juristisches Debattieren vor Gericht fortzuführen.

3. Als erstes ist hierbei festzustellen, daß der Beklagte mit seinem Vorbringen ausschließlich auf seine eigene behauptete Rechtsstellung und seine angebliche Freiheit von jeglichen Bindungen abstellt, ohne auch nur mit einem Wort auf die Rechtsposition der politischen Parteien und die ihnen verfassungsmäßig zukommenden Aufgaben einzugehen. Diese notwendige Richtigstellung in Form des Zurechtrückens der Gewichte soll daher zunächst im folgenden vorgenommen werden.

a) Der Verfassunggeber hat die *Parteien* für das Funktionieren unserer demokratischen Ordnung als so wichtig erachtet, daß er ihnen im Grundgesetz einen eigenen Artikel, nämlich *Art. 21*, gewidmet hat. Er hat darin u.a. ausdrücklich festgelegt, daß „die Parteien bei der politischen Willensbildung des Volkes mitwirken"; diese Bestimmung wird allgemein so verstanden, daß den Parteien die Rolle von Verfassungsorganen zukommt (vgl. BVerfGE 4, 27 ff.; v. Mangoldt-Klein, GG. 2. Aufl., Art. 21 Anm. 4 m.w.N.; Maunz-Dürig-Herzog, Komm. z. GG., Art. 21 RdNrn. 12 ff. m.w.N.). Außerdem wird garantiert, daß die Gründung der Parteien frei ist; die Verfassung geht also vom „Leitbild einer Partei aus, die sich im offenen Mehrparteiensystem frei bildet" (BVerfGE 20, 111). Die nähere Regelung der Rechtsstellung der Parteien im einzelnen hat das Grundgesetz in Art. 21 Abs. 3 einem Bundesgesetz vorbehalten.

b) Diese von der Verfassung angeordnete Ausführung hat der Gesetzgeber mit dem Parteiengesetz vom 24.7.1967 (a.a.O.) vorgenommen. In § 1 dieses Gesetzes hat er die verfassungsrechtliche Stellung und die Aufgaben der Parteien wie folgt definiert:

(1) Die *Parteien* sind *ein verfassungsrechtlich notwendiger Bestandteil der freiheitlichen demokratischen Grundordnung.* Sie *erfüllen mit ihrer freien, dauernden Mitwirkung an der politischen Willensbildung des Volkes* eine ihnen *nach dem Grundgesetz obliegende und von ihm verbürgte öffentliche Aufgabe.*

(2) Die Parteien wirken an der Bildung des politischen Willens des Volkes *auf allen Gebieten des öffentlichen Lebens* mit, *indem sie* insbesondere
auf die Gestaltung der öffentlichen Meinung Einfluß nehmen,
die politische Bildung anregen und vertiefen,
die aktive Teilnahme der Bürger am politischen Leben fördern,
zur Übernahme öffentlicher Verantwortung befähigte Bürger heranbilden,
sich durch Aufstellung von Bewerbern an den Wahlen in Bund, Ländern und Gemeinden beteiligen,
auf die politische Entwicklung in Parlament und Regierung Einfluß nehmen,
die von ihnen erarbeiteten politischen Ziele in den Prozeß der staatlichen Willensbildung einführen
und
für eine ständige lebendige Verbindung zwischen dem Volk und den Staatsorganen sorgen.

Im Hinblick auf diese den Parteien obliegenden bedeutsamen Aufgaben hat der Gesetzgeber im Interesse der Sicherung ihrer Chancengleichheit ihre *Gleichbehandlung* durch die Träger öffentlicher Gewalt für so wichtig erachtet, daß er ihr einen eigenen Gesetzesparagraphen, nämlich *§ 5 PartG* gewidmet hat, und in dessen Abs. 1 und 2 hierzu bestimmt hat:

(1) Wenn ein Träger öffentlicher Gewalt den Parteien Einrichtungen zur Verfügung stellt oder andere öffentliche Leistungen gewährt, sollen alle Parteien gleichbehandelt werden. Der Umfang der Gewährung kann nach der Bedeutung der Parteien bis zu dem für die Erreichung ihres Zweckes erforderlichen Mindestmaß abgestuft werden. Die Bedeutung der Parteien bemißt sich insbesondere auch nach den Ergebnissen vorausgegangener Wahlen zu Volksvertretungen. Für eine Partei, die im Bundestag in Fraktionsstärke vertreten ist, muß der Umfang der Gewährung mindestens halb so groß wie für jede andere Partei sein.

(2) Für die Gewährung öffentlicher Leistungen im Zusammenhang mit einer Wahl gilt Absatz 1 während der Dauer des Wahlkampfes nur für Parteien, die Wahlvorschläge eingereicht haben.

c) Auch das *Bundesverfassungsgericht* hat die Bedeutung der Parteien in Anbetracht der ihnen in einer freiheitlich-demokratischen Verfassungsordnung zukommenden Funktionen seit jeher anerkannt und zur Gewährleistung ihrer gleichen Wettbewerbschancen eine eingehende Rechtsprechung entwickelt (vgl. BVerfGE 1, 208/225; 3, 19/26 f.; 3, 383/393; 4, 375/382; 6, 84/94; 6, 273/280; 8, 51/64 f.; 7, 99/107f.; 14, 121/132 f.; 20, 56/116 f.; 24, 300/340 f.). Diese Gleichheit hat es insbesondere auch auf dem Gebiet der Zuteilung von Sendezeiten durch die Rundfunkanstalten herausgearbeitet und nachdrücklich betont (BVerfGE 7, 99; 14, 121); diese Gewährleistung in diesem Bereich erschien ihm so bedeutsam, daß es im bisher einzigen Fall (vgl. Leibholz-Rupprecht, BVerGG, § 95 RdNr. 3) „wegen der grundsätzlichen Bedeutung des Falles" von der ihm nach § 95 Abs. 1 Satz 2 BVerfGG zustehenden Möglichkeit Gebrauch machte und seinen Ausspruch, daß „die Verweigerung von Sendezeiten gegenüber einzelnen politischen Parteien, deren Landeslisten zugelassen sind, das Grundgesetz verletzt", für allgemein verbindlich erklärte („Dieser Ausspruch bindet nicht nur den Norddeutschen Rundfunk gegenüber dem Beschwerdeführer, sondern nach § 31 BVerfGG alle Rundfunkanstalten des öffentlichen Rechts gegenüber allen in Betracht kommenden politischen Parteien"; BVerGE 7, 108 f.).

d) Das *Grundrecht auf Gleichbehandlung* gegenüber den Trägern öffentlicher Gewalt gilt für die Parteien nicht nur kurz vor Wahlen, sondern für die gesamte Dauer ihrer Wirksamkeit *auch außerhalb von Wahlkämpfen.*

Dies ergibt sich schon einmal aus *allgemeinen Erwägungen*, weil kein logischer Grund ersichtlich ist, der eine solche Differenzierung gestatten könnte. Zum anderen geht dies eindeutig aus *§ 5 PartG* hervor, der in Abs. 1 den Grundsatz der Gleichberechtigung der Parteien generell ausspricht und lediglich in Abs. 2 den speziellen Fall der Anwendbarkeit des Abs. 1 in Wahlkämpfen anspricht. Auch das *BVerfG* hat in seiner Rechtsprechung klargestellt, daß der Grundsatz der Chancengleichheit der Parteien nicht nur unmittelbar vor der Wahl, sondern für die gesamte Dauer der Tätigkeit der Parteien gelte: So hat es in seiner Entscheidung vom 21.1.1957 (BVerfGE 6, 273 ff.) die steuerliche Abzugsfähigkeit von Spenden an Parteien generell für unzulässig erklärt, ohne auf den Zeitpunkt der Spendenvergabe abzustellen; desgleichen hat es wiederholt ausgesprochen, daß der Gleichheitssatz für Parteien „im gesamten Vorfeld der politischen Willensbildung streng formal zu verstehen" sei (Beschl. v. 30.5.1962, BVerfGE 14, 121/132 m.w.H.): auch die Ungültigerklärung der laufenden staatlichen Parteienfinanzierung im Urteil vom 19.7.1966 (BVerfGE 20, 56) legt eindeutig Zeugnis ab von der Auffassung des BVerfG, daß der Grundsatz der Chancengleichheit der Parteien während der ganzen Dauer der Legislaturperiode gelte; schließlich bestätigt auch die Zulässigerklärung von Abschlagszahlungen auf die Wahlkampfkostenerstattung schon drei Jahre vor der Wahl in der Entscheidung BVerfGE 24, 300 ff./350 mit der Begründung, daß die politischen Vorarbeiten für die Wahl schon zu diesem Zeitpunkt einsetzten (a.a.O., S. 348 f.), die Richtigkeit der Ansicht, daß die Chancengleichheit der Parteien nicht auf die kurze Zeit des eigentlichen Wahlkampfes vor der Wahl beschränkt werden könne. Auch der *Bayer. Verfassungsgerichtshof* hat mit seiner Entscheidung vom 17.8.1970 (a.a.O.) zum Ausdruck gebracht, daß das Prinzip der Gleichbehandlung der Parteien durch die Träger öffentlicher Gewalt auch außerhalb der Wahlkampfzeiten zum Tragen komme.

d) An keiner Stelle des Grundgesetzes oder des Parteiengesetzes ist davon die Rede, daß dem Verfassungsgeber nur eine *bestimmte Zahl von Parteien* („Zweiparteien-System"!) vorgeschwebt habe oder er bestimmte Parteien privilegiert wissen wollte. Durch die Entscheidung für die Freiheit der Gründung von Parteien, das offene Mehrparteiensystem und die Gleichberechtigung aller Parteien unterscheidet sich unsere Verfassungsordnung vielmehr von den faschistischen und bolschewistischen Systemen, die nur eine Partei dulden oder diese privilegieren und zur Aufrechterhaltung einer scheindemokratischen Fassade – wie in der DDR – bestimmte unterprivilegierte Parteien zulassen.

In allen demokratischen Ländern Europas gibt es deshalb mehrere Parteien und mehr als drei Parteien in den Parlamenten. Irgendwelche Erschwernisse für bestimmte, insbesondere neue Parteien kennen alle diese Länder nicht. Vielmehr verwirklicht sich gerade in der Gleichberechtigung aller Parteien in ihnen die wirkliche, funktionsfähige Demokratie.

4. Zu den Trägern öffentlicher Gewalt, die den Parteien gegenüber an den Gleichheitssatz gebunden sind, gehören auch die *Rundfunkanstalten* (BVerfGE 7, 99; 14, 121; BayVfGH, a.a.O., S. 161). Ebenso wie bei den sonstigen Träger öffentlicher Gewalt steht auch seine Tätigkeit von vornherein unter der Beachtung der Verfassungsnormen und hier insbesondere der Grundrechte, zu denen vor allem der Gleichheitssatz gehört. Dies sind die – auch vom Beklagten grundsätzlich anerkannten (vgl. S. 11 und 13 der Berufungsbegründung) – immanenten Schranken auch einer „Pro-

grammgestaltungsfreiheit". Dies wird auch durch Art. 5 Abs. 2 GG zum Ausdruck gebracht, wonach die Freiheit der Berichterstattung durch Rundfunk und Film ihre Schranken in den Vorschriften der allgemeinen Gesetze finden, wozu auch die Verfassungsnormen gehören (vgl. Hamann, GG, 2. Aufl., Art. 5 Erl. B 10 m.w.N.).

Es trifft daher nicht zu, daß durch die den Rundfunkanstalten mit der Respektierung des Gleichheitssatzes auferlegte Verpflichtung in deren Programmfreiheit *eingegriffen* würde. Diese steht vielmehr von vorneherein unter diesem Vorbehalt. Erst recht liegt kein Eingriff in den „Kernbereich" der Rundfunkfreiheit vor — genausowenig wie es einen „Eingriff" gegenüber dem Staat, den Gemeinden oder den sonstigen Trägern öffentlicher Gewalt darstellt, wenn diese sich in der Ausübung ihrer Funktionen der Beachtung des Gleichheitssatzes befleißigen müssen! Die Entfaltung aller öffentlichen Gewalt hat sich vielmehr an den ihr vorgegebenen Grundrechten zu orientieren, die nicht vom Staat geschaffen, sondern von ihm als vorstaatlicher, naturrechtlicher Bestand vorgefunden und gewährleistet werden.

5. Auch die von unseren Verfassungen garantierte „*Rundfunkfreiheit*" ist in diesem Sinne *kein rechtsleerer Raum*, die wie eine unberührbare Wolke inner- oder sogar überhalb unseres — allgemein von rechtsstaatlichen Prinzipien beherrschten — öffentlichen Lebens schweben würde und allein rechtlichen Maßstäben und gerichtlicher Nachprüfung entzogen wäre!

Auch hat sie sich in die allgemeine Verfassungsordnung einzufügen und als Bestandteil unseres allgemeinen Rechtslebens zu verstehen, von dem her sie erst Legitimation und Sicherung empfängt!

Gerade die Programmfreiheit der Rundfunkanstalten steht daher — wie das BVerfG (a.a.O.) wiederholt ausgesprochen hat und im gesamten einschlägigen Schrifttum nicht bestritten wird — im besonderen unter der Beachtung der Grundrechte und kann ihre Gewährleistung auf die Dauer nur darin finden, daß sie nicht verfassungswidrig mißbraucht wird. Auch weil ihr — wie der Beklagte zu Recht ausführt — die Funktion einer „Komplementärgarantie zur Informationsfreiheit des Bürgers" (Art. 5 Abs. 1 Satz 1 GG) zukommt, obliegt den Rundfunkanstalten die Verpflichtung, von ihr einen rechtmäßigen Gebrauch zu machen und nicht einseitig nur bestimmte politische Richtungen zu Wort kommen zu lassen, sondern gleichmäßig allen im Lande wirkenden politischen Parteien die Möglichkeit zu geben, ihre Vorstellungen und Zielsetzungen darzulegen, damit der Bürger zutreffend informiert wird und dementsprechend auch bei den Wahlen seine Entscheidung treffen kann (vgl. BVerfGE 14, 136).

6. Zutreffend betont der Beklagte auch die *ungeheure Bedeutung des Rundfunks* als „eminenter Faktor der öffentlichen Meinungsbildung", wie ihn das BVerfG in seiner Entscheidung BVerfGE 12, 205/260 bezeichnet hat. Auch in seinem Beschluß vom 30.5.1962 (a.a.O., S. 134) hat das BVerfG festgestellt:

„Der *Rundfunk* ist neben der Presse *das entscheidende Massenkommunikationsmittel, von dem der Staatsbürger die für seine Meinungsbildung unentbehrlichen Informationen bezieht.*"

Die politische Meinungsbildung der Wähler wird heute neben der Presse fast ausschließlich von den und über die Massenmedien Fernsehen und Hörfunk geprägt. Die Wähler beziehen ihre Kenntnis der politischen Vorgänge aus diesen Massenkommunikationsmitteln. Was die Regierung tut, was in den Parlamenten geschieht, was die Parteien wollen, usw. — all dies erfährt der normale Sterbliche primär aus diesen drei Informationsquellen. Dabei ist naturgemäß der Einfluß des Fernsehens am größten, da hier neben die akustische auch noch die visuelle Wirkung tritt.

Infolge der Möglichkeit der bequemen Unterrichtung aus diesen Quellen sucht der Bürger heute kaum noch politische Versammlungen auf. Im Hinblick auf die ihm von Fernsehen und Hörfunk gebotene Unterhaltung bleibt er außerdem lieber zu Hause, so daß auch der Meinungsaustausch durch den früher vielfach gepflogenen Wirtshausbesuch und die damit verbundene Anhörung politischer Redner in Gasthäusern unterbleibt.

Eine Partei, die nicht oder kaum in Hörfunk und Fernsehen erscheint, tritt daher praktisch nicht ins Bewußtsein der Wähler. Der Wähler erfährt — da sie weitgehend auch von der in Händen von Anhängern der etablierten Parteien befindlichen Tagespresse totgeschwiegen wird — nichts von ihren Zielsetzungen und aktuellen Stellungnahmen und hält sie daher auch nicht für einen wählbaren Faktor. Auch kann sie infolge der 5 %- bzw. 10 %-Klauseln nicht die Parlamente als Plattform für ihre Aussagen benutzen und erhält sie im Gegensatz zu den etablierten Parteien keine Finanzierung aus Steuermitteln.

Es ist daher für eine Partei von *existentieller Bedeutung*, wenigstens ein *Mindestmaß an Sendezeit* im Sinne der Rechtsprechung des BVerfG und des BayVfGH sowie des § 5 Abs. 1 PartG in Hörfunk und Fernsehen zu erhalten, um sich wenigstens zu den wichtigsten aktuellen Fragen vor der Öffentlichkeit äußern und den Hörern ihre Stellungnahme vermitteln zu können. *Wenn man ihr auch noch dies verweigert, so spricht man ihr damit praktisch die Existenzberechtigung ab!*

Wollte man sie — wie der Beklagte vorschlägt — allein auf die *Berichterstattung in den „Nachrichten"* verweisen, so würde dies bedeuten, sie zum bloßen Objekt der Nachrichtenabteilung des Rundfunks zu machen und der Willkür der für die Nachrichtensendungen zuständigen Rundfunkfunktionäre auszuliefern, die dann darüber befinden könnten, welche Stellungnahmen oder — besser gesagt — nur welche Teile hiervon zur Kenntnis der Öffentlichkeit gelangen sollen. Ein gewisser Einfluß darauf, was und wie etwas gesagt wird, muß daher den Parteien hinsichtlich ihrer eigenen Stellungnahmen schon eingeräumt werden. Dies entspricht auch dem Art. 4 Rundfunkgesetz 1959, der in Abs. 2 Nr. 2 die „Gewährung von Sendezeit" regelt und hiervon in Nr. 7 „Nachrichten und Berichte" unterscheidet.

Läßt man nur die bereits in den Parlamenten und Regierungen vertretenen Parteien im Rundfunk zu Wort kommen, so stellt dies eine Entscheidung nur für deren Existenz und ein politisches Vernichtungsurteil gegenüber den anderen Parteien dar. Der *Bayer. Verfassungsgerichtshof* hat deshalb in seiner genannten Entscheidung vom 17.8.1970 (a.a.O., S. 162) ausgesprochen, daß auch außerhalb von Wahlkampfzeiten „*ein gewisses Mindestmaß an Sendezeit jeder Partei gewährt werden muß*" (vgl. dazu auch die anliegenden *Zeitungsberichte* über die Urteilsverkündung durch den Bayer. Verfassungsgerichtshof).

7. Zu Recht hat der Bayer. Verfassungsgerichtshof dabei auch auf die Zeit *außerhalb des Wahlkampfes* abgestellt. Denn die den nichtparlamentarischen Parteien bisher vom Bayer. Rundfunk vor Wahlen jeweils zur Verfügung gestellten sog. Wahlsendezeiten von einigen Minuten reichten auch nicht im entferntesten aus, dem Wähler ein zutreffendes Bild vom Wesen und Wollen einer Partei zu vermitteln und ihn gar zu deren Wahl zu veranlassen. Auch *Stolleis* kommt daher in seinem Artikel „Die Zuteilung von Sendezeit nach dem bayerischen Rundfunkgesetz" (BayVBl. 1970, 427) zu dem Ergebnis, daß den Parteien auch außerhalb des Wahlkampfes ein Anspruch auf angemessene Sendezeit zusteht. Zum selben Resultat kommt *Hantke* in seiner in Kürze zur Veröffentlichung in den „Bayer. Verwaltungsblättern" vorgesehenen Abhandlung „Der Anspruch von politischen Parteien oder Wählergruppen auf Zuteilung von Sendezeiten außerhalb der Wahlkampfsendezeiten" (der in Ablichtung beigefügt wird). Auch nach der bereits zitierten Auffassung des *BVerfG* beginnt der Wahlkampf bereits kurz nach der letzten Wahl und gilt der Grundsatz der Chancengleichheit der Parteien auch außerhalb der eigentlichen Wahlkampfzeiten. (Das BVerfG hat seine Aussagen hinsichtlich der Vergabe von Rundfunksendezeiten nur deshalb auf die Wahlkampfzeiten bezogen, weil es bisher lediglich in solchen Streitigkeiten angerufen worden war und ihm daher keine Gelegenheit gegeben war, ausdrücklich zur Frage der Zuteilung von Sendezeiten außerhalb von Wahlkämpfen Stellung zu nehmen. Es besteht aber kein Zweifel, daß es nach den von ihm entwickelten Grundsätzen zur Chancengleichheit der Parteien deren Gleichbehandlung durch die Rundfunkanstalten auch für die sonstige Zeit bejaht hätte.) Insgesamt gelten hier dieselben Gesichtspunkte, die auch sonst für die Gleichbehandlung der Parteien während der übrigen Zeit zur Anwendung kommen (s.o.).

Tatsächlich bildet sich die Meinung der meisten Wähler nicht erst einige Wochen vor der Wahl, sondern ist sie das Ergebnis eines jahrelangen Prozesses, der sich aus vielen Eindrücken in diesem Zeitraum zusammensetzt (vgl. dazu die zutreffenden Ausführungen bei *Hantke*). Den Anspruch der Parteien auf Zuteilung angemessener Sendezeiten auf einige Wochen vor der Wahl zu beschränken, hieße daher die Parteien, die außerhalb des Wahlkampfes im Rundfunk nicht zu Wort kommen, von der Möglichkeit einer wirklichen Willensbildung auf den Wähler auszuschließen.

8. Ein *Rechtsanspruch* der Parteien auf Stellungnahme im Rundfunk zu *Fragen von öffentlichem Interesse* ergibt sich in Bayern im übrigen – entgegen der Ansicht des Beklagten – auch aus *Art. 4 Abs. 2 Nr. 2 Satz 1 Rundfunkgesetz 1959.* Es ist kein logischer Grund ersichtlich, ausgerechnet die politischen Parteien von dem dort für alle gesellschaftlichen Gruppen normierten Grundsatz auszuschließen. Vielmehr kommt gerade ihnen im Hinblick auf die ihnen obliegenden wichtigen verfassungsrechtlichen Funktionen vorrangige Legitimation gegenüber den anderen gesellschaftlichen Gruppierungen zu. In Würdigung dieses Tatbestands kommen daher sowohl *Stolleis* (a.a.O.) wie *Hantke* (a.a.O.) zur Bejahung eines Rechtsanspruchs der Parteien auf Anhörung zu Fragen von öffentlichem Interesse im Rundfunk auch auf Grund dieser Vorschrift.

9. Die Einräumung angemessener Sendezeiten in Hörfunk und Fernsehen an die politischen Parteien ist daher nicht nur ein zufällig und gnadenhafter gewährter Appendix zur Tätigkeit der Parteien, sondern stellt im Zeitalter der Massenmedien – im Gegensatz zu früheren Zeiten – eine lebensnotwendige Voraussetzung und einen Wesensbestandteil der Wirksamkeit der Parteien dar!

In Anbetracht der großen Aufgaben, die sowohl der Verfassunggeber wie in seinem Gefolge der Gesetzgeber den Parteien zuweisen, kommt *ihren Äußerungsmöglichkeiten* daher *Vorrang auch gegenüber den meisten anderen Sendungen, die in der Regel bloße Unterhaltungssendungen sind,* zu. Selbst bei Vornahme ihrer vom BVerfG für möglich erklärten Abstufung entsprechend ihrer Bedeutung steht daher gemäß *§ 5 Abs. 1 PartG* jeder Partei Anspruch auf die Gewährung eines „*Mindestmaßes*" öffentlicher Leistungen gegen die Träger öffentlicher Gewalt – zu denen nach dem eigenen Vortrag des Beklagten auch die Rundfunkanstalten gehören – zu, das *„für die Erreichung ihres Zwecks erforderlich"* ist. Der Zweck einer Partei ergibt sich aus Art. 21 Abs. 1 Satz 1 GG i.V.m. § 1 Abs. 1 und 2 PartG, ihre Zielsetzungen folgen aus ihrem Programm (§ 1 Abs. 3 PartG). Bei der Vielzahl der einer Partei vom PartG zugewiesenen Funktionen kann daher die Einräumung der notwendigen Sendezeit im Rundfunk nicht auf die Gewährung einer einmaligen Sendezeit von wenigen Minuten unmittelbar vor einer Wahl oder während eines ganzen Jahres bzw. vielleicht sogar mehrerer Jahre – wie dies bei der BSP der Fall ist – beschränkt werden!

10. In Anbetracht der existentiellen Bedeutung des Zuwortkommens in Fernsehen und Hörfunk für politische Parteien entscheiden die zugeteilten Sendezeiten daher weitgehend über ihr Schicksal. *Wollte man einen Rechtsanspruch der Parteien auf angemessene Sendezeiten verneinen und deren Vergabe – wie es der Beklagte wünscht – in das Belieben der Rundfunkbediensteten (die weder demokratisch gewählt noch parlamentarisch verantwortlich sind) stellen, so könnten und würden diese die Politik in Form der ihrem Gutdünken anheimgestellten Zuteilung und Bemessung von Sendezeiten bestimmen! Ihrer Willkür und Manipulation wäre daher wie bisher*

Tür und Tor geöffnet! Daß dies für ein wirklich demokratisch verfaßtes Gemeinwesen ein unerträglicher Zustand ist, bedarf keiner Betonung.

11. Unrichtig ist weiter die Meinung des Beklagten, daß § 5 Abs. 1 PartG nur dann die Gleichbehandlung der Parteien fordere, wenn diesen Sendezeiten „*zur eigenen redaktionellen Gestaltung*" zur Verfügung gestellt würden.

Für eine solche Annahme ergibt sich weder aus dem Wortlaut noch aus dem Sinn oder der Entstehungsgeschichte dieser Vorschrift ein Anhaltspunkt. § 5 Abs. 1 PartG stellt lediglich darauf ab, daß ein Träger öffentlicher Gewalt überhaupt Parteien „Einrichtungen zur Verfügung stellt" oder „andere öffentliche Leistungen gewährt". Der Rundfunk stellt seine Einrichtungen aber bereits dann zur Verfügung, wenn Parteien durch ihre Vertreter (die Parteien als solche können ja bekanntlich selbst nicht sprechen, sondern bedürfen dazu stets einer Person) in vom Rundfunk ausgestrahlten Sendungen zu Wort kommen – ganz gleich, in welchen Sendungen auch immer: So stellt er etwa auch für eine Diskussion, eine Reportage, ein Interview, usw., seine Einrichtungen zur Verfügung, da nur auf Grund der technischen Leistungen des Rundfunks die Sendung aufgenommen und ausgestrahlt werden kann. In diesem Sinne hat der Beklagte (in seinem Schriftsatz vom 3.12.1970, S. 5 f.) selbst zugegeben, daß er außerhalb des Wahlkampfes „den Parteien Sendezeiten in der Weise widmet, daß diese beispielsweise [!] in Form von Interviews, Diskussionsbeiträgen und kurzen Stellungnahmen zu Wort kommen".

Für die Anwendbarkeit des § 5 Abs. 1 PartG kommt es in keiner Weise darauf an, daß die Parteien die redaktionelle Verfügungsgewalt über die betreffende Sendung haben. Auch solche Sendungen ermöglicht der Beklagte allerdings anderen Parteien, so etwa in der Sendereihe „Aus erster Hand". Die redaktionelle Verfügungsgewalt ist lediglich ein Modus für die Gestaltung der Sendung; in diesem wie im anderen Fall erfolgt die Sendung auf Grund der Zurverfügungstellung der Einrichtungen – technischen Sendeanlagen, usw. – der Rundfunkanstalt. Im Ergebnis liegt auch kein Unterschied darin, ob etwa die CSU durch Herrn Strauß in der Sendereihe „Aus erster Hand" 15 Minuten zu Wort kommt oder ein Interviewer in einer redaktionell beim Rundfunk liegenden Sendung die Frage stellt: „Herr Strauß, was halten Sie von der politischen Lage"? und dieser verbreitet sich dann in einer 15-minütigen Suada über die Ansichten der CSU zur derzeitigen politischen Situation. Die CSU hat in der einen wie in der anderen Sendung die Möglichkeit, ihre Meinung zu Fragen von öffentlichem Interesse kundzutun und damit bei den Hörern – und potentiellen Wählern – entsprechend in Erscheinung zu treten. Dies ist aber ausschlaggebend für die Auslösung des Gleichbehandlungsprinzips, da hierfür nicht das formale Element der redaktionellen Verantwortlichkeit für eine Sendung maßgebend ist, sondern die Tatsache der durch diese Sendung ermöglichten Stellungnahme einer Partei.

Die Klägerin hat im übrigen zu keiner Zeit die Einräumung von zu ihrer freien redaktionellen Verfügungsgewalt stehenden Sendungen verlangt, sondern lediglich angemessene Sendebeteiligung, womit sie die redaktionelle Mitverantwortung des Rundfunks nicht ausgeschlossen hat, allerdings natürlich auch Sendungen zu ihrer freien Verfügung wie „Aus erster Hand" nicht ablehnt.

12. Die Klägerin beabsichtigt weder eine Antastung der *Rundfunkfreiheit* noch ist diese mit der begehrten Entscheidung in irgendeiner Weise verbunden.

Die Bayerische Staatspartei hat weder jemals den Versuch gemacht, die Programmgestaltung des Rundfunks unter ihre Kontrolle zu bringen noch will sie darauf in Zukunft irgendwelchen Einfluß nehmen. Sie macht mit der vorliegenden Klage lediglich ihr verfassungsmäßiges *Recht auf Gleichbehandlung* gegenüber dem Bayer. Rundfunk geltend.

Dies ist aber etwas grundsätzlich anderes als eine Einflußnahme auf die Programmgestaltung – genauso wenig wie man einem Staatsbürger, der die Verletzung des Gleichheitssatzes gegenüber der Staatsverwaltung rügt, vorwerfen kann, er versuche, die Verwaltung selbst in die Hand zu bekommen und Verwaltungspolitik zu betreiben!

Eine Unkenntnis der Rechtsprechung des BVerfG verrät allerdings die Auffassung des Beklagten, wenn er glaubt, ihm stehe es unter Berufung auf die – von ihm offenbar im Sinne einer Willkürherrschaft mißverstandene – Rundfunkfreiheit zu, über die „Relevanz" der Klägerin zu befinden (s.u.) und sie dementsprechend nach seinem – d.h. der Rundfunkbediensteten – „Ermessen" zu Wort kommen zu lassen oder totzuschweigen. Das BVerfG hat vielmehr bereits in seinem Urteil vom 3.9.1957 (a.a.O., S. 107) klargestellt:

„Keinesfalls steht es Organen des Rundfunks zu, Parteien, die zur Teilnahme an der Wahl zugelassen sind, von der Benutzung des Rundfunks auszuschließen, weil sie diese Parteien für zu unbedeutend oder gar für schädlich halten."

In diesem Sinne hat es in der gleichen Entscheidung (S. 108) weiter ausgeführt:

„Auch neuen Parteien muß angemessene Redezeit gewährt werden."

Und auch in der Entscheidung vom 30.5.1962 (a.a.O., S. 133) hat es diese Verpflichtung des Rundfunks zu strikter Neutralität und Gleichbehandlung gegenüber den Parteien betont:

„Die Entscheidung über den Wert des Programmes einer politischen Partei und ihre Mitwirkung an der Bildung des Staatswillens ist durch das Grundgesetz dem Aktivbürger anvertraut. Damit diese Entscheidung in voller Freiheit gefällt werden kann, ist es nötig, daß die Parteien, soweit irgend möglich, mit gleichen Aussichten in den Wahlkampf eintreten (BVerfGE 3, 19/26 f.) Von dieser grundsätzlichen Einsicht aus empfängt der Grundsatz der gleichen Wettbewerbschancen der politischen Parteien das ihm eigene Gepräge ... (S. 134). Die öffentlich-rechtlichen Rundfunkanstalten sind nach dem Grundsatz der gleichen Wettbewerbschancen verpflichtet, sich gegenüber dem Wahlwettbewerb der politischen Parteien grundsätzlich neutral zu verhalten."

13. Das VG München ist bei Anwendung des *§ 5 Abs. 1 PartG* zutreffend davon ausgegangen, daß es *gerichtsbekannt* sei, daß den großen Parteien vom Beklagten vielfach Gelegenheit zur Darlegung ihrer parteipolitischen Standpunkte gegeben werde. Diese Gerichtsbekanntheit darf daher auch bei den Herren Richtern des hohen Verwaltungsgerichtshofs vorausgesetzt werden. Tagtäglich werden ja in Hörfunk und Fernsehen die Stellungnahmen der großen Parteien durch ihre Exponenten wie Brandt, Kiesinger, Schmidt, Heck, Barzel, Strauß, Wischnewski, Scheel, Genscher, Ehmke, Strobel, Jahn, Wehner, Ertl, v. Wrangel, Weizsäcker, Katzer, Hamm-Brücher, Gabert, Huber, Streibl, Rothemund, bis zum Überdruß ausgestrahlt. Eine von der Klägerin nur für die Zeit von 13 Tagen vor der mündlichen Verhandlung beim VG München sporadisch vorgenommene Aufzeichnung – die dem Bayer. Verwaltungsgerichtshof im Anordnungsverfahren bereits vorgelegt wurde – zeigt zahlreiche Sendungen von teilweise erheblicher Dauer für die großen Parteien in diesem kurzen Zeitraum. Darüber hinaus hat der Beklagte – wie bereits ausgeführt – in seinem Schriftsatz vom 3.12.1970 selbst zugegeben, daß er diesen Parteien Sendezeiten in Form von Interviews, Diskussionsbeiträgen, kurzen Stellungnahmen, usw., gewähre. Auch mit der Sendereihe „Aus erster Hand" im Ersten Programm des Hörfunks werden den großen Parteien regelmäßig Sendezeiten zu Stellungnahmen eingeräumt.

Das VG München hat dabei zu Recht davon abgesehen, noch Beweis zu erheben, wie oft und wie lang im einzelnen in der Vergangenheit die großen Parteien in Hörfunk und Fernsehen zu Wort gekommen sind (eine solche Aufstellung müßte sich konsequenterweise bis zum Jahre 1967 – dem Zeitpunkt der Gründung der BSP – zurückerstrecken und wäre praktisch kaum mehr durchführbar), weil es auf diese Frage für die Entscheidung des vorliegenden Falles nicht mehr ankommt. Denn für die Anwendbarkeit des § 5 Abs. 1 PartG ist genügend und entscheidend, *daß* ein Träger öffentlicher Gewalt – hier der Rundfunk – seine Einrichtungen in bestimmter Hinsicht überhaupt Parteien zur Verfügung stellt, um die Gleichbehandlungsverpflichtung nach dieser Vorschrift gegenüber den anderen Parteien auszulösen (so auch der BayVfGH, a.a.O.). Unmaßgeblich hierfür ist, in welchem Umfange er diese Gewährung im einzelnen vorgenommen hat; dies spielt nur eine Rolle für die Frage, wie die den anderen Parteien zur Verfügung zu stellende „angemessene Beteiligung" zu berechnen [gewesen] wäre. Für die in Zukunft vorzunehmende Berechnung dieser angemessenen Sendezeiten spielen die früher anderen Parteien gewährten Zuteilungen grundsätzlich keine Rolle.

Unter diesen Gesichtspunkten hat das VG München auch zutreffend den vom Beklagten – jetzt erneut gestellten – Antrag auf Beweiserhebung über das Verhältnis der den *anderen kleineren Parteien* eingeräumten Sendezeiten abgelehnt. Denn es geht hier nicht darum, ob sie vom Beklagten ebenfalls benachteiligt wurden und keine angemessenen Sendezeiten erhielten, sondern darum, daß überhaupt Parteien – nämlich die etablierten – Sendezeiten vom Beklagten zugestanden werden.

Für den vorliegenden Klageantrag, der allein auf die Feststellung der Verpflichtung des Beklagten *in Zukunft* und die *künftige* Zuteilung angemessener Sendezeit durch ihn gerichtet ist, ist es deshalb ohne Bedeutung, welche genauen Sendezeiten in der Vergangenheit auf die etablierten Parteien entfielen. Für seine Berechtigung genügt die Tatsache, daß der Rundfunk überhaupt den Parteien Sendezeiten gewährt, und der Nachweis, daß die Klägerin – unbestritten (vgl. Niederschrift über die mündl. Verhandlung des VG München am 20.1.1971, S. 7) – seit 4.6.1969 nicht mehr im Hörfunk und seit 17.10.1969 nicht mehr im Fernsehen zu Wort gekommen ist. Damit ist dargetan, daß das Recht der Klägerin auf angemessene Sendebeteiligung, das durch die grundsätzliche Einräumung von Sendezeiten seitens des Beklagten an Parteien gem. § 5 Abs. 1 PartG entstanden ist, verletzt wurde und sie ein Rechtsschutzbedürfnis auf gerichtliche Feststellung dieses ihres Anspruchs für die Zukunft hat.

14. Eine maßlose Übertreibung stellt dabei auch die Behauptung des Beklagten dar, die Klägerin wolle ihm einen „*strikten Parteienprozeß*" aufzwingen, „der im grunde jede freie redaktionelle Gestaltung ausschließen" und ihn – den Beklagten – „zur bloßen Verteiler- und Registraturstelle für die Sendewünsche politischer Parteien degradieren" würde (S. 12 der Berufungsbegründung).

Es handelt sich hier lediglich darum, daß zu Fragen von öffentlichem Interesse nicht immer nur die etablierten Parteien gehört werden, sondern auch anderen Parteien die Möglichkeit der Stellungnahme gegeben wird. Eine solche Sachbehandlung entspricht nur den Intentionen des Gesetzgebers; sowohl des Bundesgesetzgebers, wie § 5 Abs. 1 PartG zeigt, als auch des Landesgesetzgebers, wie § 3 Abs. 2 Nr. 2 Satz 3 Rundfunkgesetz 1948 bzw. Art. 4 Abs. 2 Nr. 2 Sätze 1 und 3 Rundfunkgesetz 1959 zeigen. Wenn der Bayerische Rundfunk diesen ihm gesetzlich obliegenden Verpflichtungen nachgekommen ist, dann hat er schon bisher das praktiziert, was die Klägerin jetzt begehrt!

Es ist dabei weder daran gedacht noch erforderlich, mit der Stoppuhr dazustehen und so die jeder Partei zuzuteilende Sendezeit zu bemessen. Der Beklagte weiß vielmehr recht gut, was gemeint ist und wie er seiner diesbezüglichen Verpflichtung gerecht werden kann. So kann er etwa *Diskussionsrunden* der 7 in Bayern tätigen Parteien (CSU, SPD, FDP, BSP, NPD, BP und DKP) einladen und so den einzelnen Parteien die Gelegenheit der Stellungnahme zu bestimmten wichtigen Fragen geben.

Die Klägerin war schon bisher nicht so kleinkariert, daß sie zu jeder unbedeutenden Bagatellfrage ihre Anhörung verlangt hätte. Es geht aber nicht an, daß man zu so grundlegenden Fragen wie der Gebietsreform, des Umweltschutzes, der Reform des Volks- und Hochschulwesens, der Einführung der Gemeinschaftsschulen und der Herabsetzung des Wahlalters durch Verfassungsänderung, der Landwirtschaftspolitik, den Ostverträgen, der Reform des Ehescheidungs- und Strafrechts, der Preispolitik, usw., stets nur die alten Parteien des Bonner Systems hört, neuen Parteien aber keinerlei Möglichkeit der Äußerung hierzu gibt!

Es kann dabei auch keine Rede davon sein, daß — wie der Beklagte wider besseres Wissen behauptet (S. 12) — dadurch die gesamte Sendezeit aufgezehrt würde und für andere Sendungen kein Raum mehr bliebe! So könnte beispielsweise ohne weiteres in einer Stunde Diskussion aller Parteien zur Frage der Gebietsreform Stellung genommen werden, desgleichen hätten in derselben Zeit die Frage der Herabsetzung des Wahlalters, der Einführung der christlichen Gemeinschaftsschule, usw., behandelt werden können. Es soll hier keine Wertung des Programmes des Beklagten vorgenommen werden, aber Tatsache ist, daß für viele überflüssige, langweilige und unwichtige Sendungen mehr als überreichlich Zeit zur Verfügung steht. Es kann daher ohne Bedenken auch etwas Sendezeit erübrigt werden, daß die Parteien angemessen Stellung zu wichtigen aktuellen Fragen nehmen und damit den ihnen im Interesse der Allgemeinheit obliegenden Aufgaben gerecht werden können! Dies würde auch der dringend notwendigen politischen Bewußtseinsbildung in den breiten Schichten unseres Volkes zugute kommen, die bisher systematisch entpolitisiert wurden und eine erschrekkende politische Unkenntnis und Apathie aufweisen. Gerade durch eine lebhafte Diskussion und das Aufzeigen echter Alternativen zur bisherigen, im wesentlichen systemkonformen Politik der alten Bonner Parteien könnte die politische Anteilnahme geweckt und unser politisches Leben glaubwürdiger gemacht werden! Eine lebendige Demokratie lebt von der Unterschiedlichkeit der politischen Meinungen und fürchtet sich nicht vor der Anhörung neuer Anschauungen! Es würde daher nur dem Programm des Beklagten zugute kommen, wenn an die Stelle des ewigen ermüdenden Monologs der Etablierten endlich der Dialog aller politischen Kräfte treten würde!

15. In diesem Zusammenhang gilt es, auch einem Argument entgegenzutreten, das zwar nicht von evidenter rechtlicher Relevanz ist, jedoch unterschwellig als Ressentiment gegenüber neuen Parteien in unserem derzeitigen politischen System bei der Beurteilung gerne mitschwingt: Es ist die gefühlsmäßig gepflegte *Aversion gegen „zu viel" Parteien* und daß man eigentlich dagegen wirken müsse, daß sich neue Parteien bilden und hochkommen!

Diese Einstellung beruht weithin auf der geschichtlichen Mär, daß die Weimarer Republik an der Vielzahl ihrer Parteien zugrunde gegangen wäre. Die Weimarer Republik ist aber nicht durch die verschiedenen kleineren Parteien funktionsunfähig geworden, sondern durch die radikalen Massenbewegungen KPD und NSDAP von links und von rechts. Solange die radikalen Extreme noch unbedeutend waren und die demokratischen Parteien der Mitte noch maßgeblichen Einfluß auf die Politik hatten, war auch die Republik gesund und die Bildung demokratischer Mehrheitsregierungen möglich. Die kleinen Splitterparteien am Rande störten diese nicht. Erst als mit dem Ausbruch der Wirtschaftskrise 1929 die radikalen Massenbewegungen hochkamen und in gemeinsamer Obstruktion gegen die Republik das Zustandekommen demokratischer Mehrheiten im Reichstag unmöglich machten, brachen auch die demokratischen Institutionen zusammen.

Die kleineren Parteien der Weimarer Republik – Deutsche Demokratische Partei, Deutsche Staatspartei, Deutsche Volkspartei, Bayer. Volkspartei, Bayerischer Bauern- und Mittelstandsbund, Deutsch-Hannover'sche Partei, usw. – waren vielmehr gerade die verfassungstreuen und staatstragenden Parteien, die auch die hervorragendsten Staatsmänner der Republik stellten (so u.a. den Schöpfer der Weimarer Verfassung selbst, Prof. Hugo Preuß, den Reichsaußenminister Rathenau, den Reichskanzler und Reichsaußenminister Stresemann, die Minister Fehr, Treviranus, Hermann, Dietrich, usw.). Hätte man schon damals den kleineren Parteien das Lebensrecht abgesprochen, so hätten u.a. auch der spätere Bundespräsident Heuß, der spätere baden-württembergische Ministerpräsident Reinhold Maier, der spätere Bundesminister Lemmer nichts mehr in der Politik zu suchen gehabt, da sie der zuletzt nur noch 5 Mann starken Reichstagsfraktion der Deutschen Demokratischen Partei angehört hatten.

Niemand kann auch behaupten, daß durch das Vorhandensein von nurmehr drei bzw. zwei Parteien in Bundestag und Landtagen die Mehrheitsverhältnisse und damit die Regierungen stabiler geworden seien (in Nordrhein-Westfalen wie in Niedersachsen beruht die Regierungsmehrheit auf einer Stimme). Auch die Regierungsbildungen in Bonn sind keineswegs einfacher und kürzer geworden als zu den Zeiten, da noch mehr (1949: neun!) Parteien im Bundestag waren. Die Parlamente sind im übrigen nicht nur für die Regierungsbildung da – diese ist vielmehr nur ein einmaliger Vorgang zu Beginn der Legislaturperiode –, sondern in erster Linie zur Gesetzgebung. Auch hier geht es nicht darum, die Gesetze nur möglichst schnell und reibungslos zu verabschieden, sondern das Parlament soll auch das Integrationsorgan zum Ausgleich der vielfältigen politischen, wirtschaftlichen und beruflichen Interessen eines Volkes sein.

Es ist deshalb bisher auch kein Fall bekanntgeworden, in dem Gemeinden daraus Schaden entstanden wäre, daß in den Gemeindeparlamenten auch Vertreter kleinster politischer Gruppierungen sitzen (so stellen etwa im Münchener Stadtrat gerade die in der „Ausschußgemeinschaft" vertretenen kleineren Parteien und Wählergemeinschaften die rührigsten und ideenreichsten Stadtratsmitglieder).

Man sollte deshalb auch nicht von Seiten der öffentlichen Hand stets die Staatsbürger für unmündig halten und ihren Entscheidungen durch die verschiedenartigsten Manipulationen gegenüber bestimmten politischen Richtungen und Parteien vorgreifen wollen. Man soll es doch ruhig ihrer freien Willensentscheidung überlassen, für welche politische Vertretung sie sich letztlich entscheiden wollen. Diese wird dann am zutreffendsten ausfallen, wenn man für politisch gut vorgebildete Staatsbürger sorgt und diese sich aus einer möglichst umfassenden Unterrichtung über Wollen und Tätigkeit der verschiedenen politischen Richtungen ein vollständiges Bild von diesen machen können. Politische Grüppchen, hinter denen keine echte Substanz, sondern nur das Geltungsbedürfnis ihrer Urheber steckt, werden so am raschesten entlarvt und trotz – oder gerade wegen – ihrer Teilnahme an Rundfunksendungen über kurz oder lang von der politischen Bildfläche verschwinden.

Im übrigen sollte man nicht von dem Vorurteil ausgehen, daß es nur Vereinsmeierei oder politisches Sektierertum wären, die Leute veranlassen, nicht einer der jeweils größten politischen Bewegungen nachzulaufen, sondern der eigenen politischen Überzeugung getreu in einer Partei tätig zu sein, die derzeit nicht in der Gunst der breiten Masse steht. Es ist nämlich alles andere als ein Honiglecken, sich für eine Partei einzusetzen, die nicht über die Hilfsmittel und Möglichkeiten der Parlaments- und Regierungsparteien verfügt. Der Einsatz für sie wird daher primär sicher nicht durch das Streben nach Posten, Mandaten oder finanziellen Vorteilen bestimmt. Dies alles wird vielmehr von den Massenparteien geboten und wer diese Dinge in der Politik sucht, der wird sich daher in erster Linie ihnen anschließen. Dort ist seine Tätigkeit von publizistischer Schützenhilfe und finanzieller Dotierung begleitet und bei einiger Geduld fallen ihm früher oder später politische Mandate, berufliche Protektion, wirtschaftliche Aufträge oder sonstige Vorteile in den Schoß. In einer neuen oder kleineren Partei entfallen dagegen alle diese angenehmen Umstände und ist man gezwungen, außerdem noch viele Dinge selbst zu finanzieren und manche Aufgaben ehrenamtlich zu übernehmen, die anderwärts bezahlte Kräfte erledigen oder die auf vielen Schultern ruhen. Man kann daher getrost die Frage stellen, wo mehr Überzeugungstreue zu finden ist und welche politische Schule charakterbildender ist!

Auch sollte man nicht übersehen, daß gerade in Deutschland in der Vergangenheit die jeweiligen Massenparteien am wenigsten die Träger einer freiheitlichen und zukunftweisenden Politik waren, sondern im Gegenteil die Führer in Unfreiheit und Verderben. So sind auch die heute dominierenden Parteien dieselben Parteien oder deren politische Nachfolger, die schon vor 1914 und 1933 den Haupteinfluß auf die deutsche Politik hatten und jeweils so jämmerlich versagten! Lediglich der Protektion durch die Besatzungsmächte verdanken sie nach 1945 ihr Wiederkommen und die Festigung ihrer heutigen Stellung. Man sollte daher vorsichtig mit einer vorschnellen Beurteilung derer sein, die nicht opportunistisch den allgemeinen Trend mitmachen, sondern auch auf Grund der seit 1945 gemachten Erfahrungen kritisch der von den herrschenden Kräften betriebenen Politik gegenüberstehen. Die Quantität sagt gerade in der Politik nichts aus über die Qualität und gar oft schon hat sich in der Geschichte herausgestellt, daß die Völker besser daran getan hätten, auf die zu hören, die eine Minderheit verkörperten, aber gleichwohl die Zeichen der Zeit erkannten!

Auf jeden Fall besteht auch nicht der geringste Grund, eine qualitätsmäßige Wertung der Parteien im Hinblick auf den Umfang ihrer augenblicklichen Anhängerschaft vorzunehmen und dementsprechend die kleineren Parteien als „Parteien zweiter Klasse" einzustufen und zu behandeln, während man in den großen Parteien die „eigentlichen", gewissermaßen „offiziellen" Parteien sieht, denen man besondere Rechte zugesteht. Eine solche Wertung steht am wenigsten der öffentlichen Hand und hier wiederum dem öffentlich-rechtlich organisierten Rundfunk zu, der nicht nur Sprachrohr und Reflektor der jeweils herrschenden Parteien, sondern Spiegelbild aller politischen Strömungen eines Landes zu sein hat! Er wird schließlich auch nicht nur von den Anhängern der großen Parteien, sondern genauso auch von den Anhängern der anderen Parteien finanziert. Diese können daher auch unter diesem Gesichtspunkt Anspruch darauf geltend machen, daß auch die Vertreter ihrer politischen Richtung im Rundfunk zu Wort kommen. Der Rundfunk hat die öffentliche Meinung nicht zu manipulieren, sondern ein Spektrum der politischen Verhältnisse zu vermitteln und es im übrigen den Wählern zu überlassen, welcher Partei sie den Vorrang geben wollen.

Was im speziellen Fall die *Bayerische Staatspartei* anbelangt, so kann gerade bei ihr keine Rede davon sein, daß sie Ausdruck einer krähwinkeligen Vereinsmeierei oder eine g'schaftlhuberische Vertretung engstirniger Sonderinteressen sei. Sie ist vielmehr – wie aus ihrem beiliegenden Parteiprogramm ersehen werden mag – die *politische Verkörperung der konsequent föderalistischen bayerischen Kräfte*, also einer sehr wesentlichen politischen Richtung, zumal Bayern immer der klassische Hort föderalistischen Denkens gewesen ist und dem Föderalismus im Hinblick auf die Vereinigung Europas zunehmende Bedeutung zukommt. Die föderalistische Komponente hat in der bayerischen Politik stets eine maßgebliche Rolle gespielt. Die spezielle Wahrnehmung des föderalistischen Gedankenguts durch eine eigene Partei ist umso notwendiger, als das föderalistische Denken und Handeln bei den anderen Parteien zusehends im Schwinden begriffen ist. Darüber hinaus ist die Bayerische Staatspartei die politische Trägerin des bayerischen Staatsgedankens und als solche Verfechterin der Staatlichkeit Bayerns wie Vertreterin des bayerischen Elementes in der Politik. Soll die Eigenständigkeit des *Bayerischen* Rundfunks überhaupt einen Sinn haben und er der ihm in Art. 4 Abs. 1 Rundfunkgesetz auferlegten Verpflichtung, „der Eigenart Bayerns gerecht zu werden", Berücksichtigung angedeihen lassen, so hat daher gerade die Bayerische Staatspartei ein Anrecht darauf, in seinen Sendungen zu Wort zu kommen; andernfalls genügt auch ein „Reichsrundfunk", wenn ein „Bayerischer" Rundfunk nicht einmal die Zeit aufbringt und geneigt ist, einer bayerischen Partei die Möglichkeit zur Äußerung zu geben!

16. Der Beklagte war bisher in jahrelangen gütlichen Verhandlungen nicht dazu zu bringen, seiner verfassungsmäßigen und gesetzlichen Verpflichtung entsprechend die Klägerin in seinen Sendungen zu Wort kommen zu lassen. Es

ist daher erforderlich, daß er durch die Gerichte zur Erfüllung dieser — von ihm ohnehin grundsätzlich anerkannten — Verpflichtung angehalten und zur Beachtung des Rechts veranlaßt wird. Damit wird auch der Verwirklichung einer echten Demokratie in unserm Lande ein Dienst erwiesen.

Das Urteil des VG München erweist sich unter allen diesen Gesichtspunkten als richtig und bestandskräftig. Die in jeder Hinsicht unbegründete Berufung des Beklagten hiergegen kann keinen Erfolg haben. Es wird dementsprechend beantragt, sie als unbegründet kostenpflichtig zurückzuweisen.

gez. Dr. Dr. Helmut Kalkbrenner

Reihe Campus Forschung

240 Steininger-Fetzer, Investitionslenkung als Konzeption zur Steuerung wirtschaftlicher Strukturen
241 Frank, Rentenanwartschaften in der Bundesrepublik
242 Recker, Die Großstadt als Wohn- und Lebensbereich im Nationalsozialismus
243 Ernst u.a., Meeresverschmutzung und Meeresschutz
244 Hegemann, Identität und Selbstzerstörung
245 Jacoby, Wissen und Reichtum
246 Karmaus, Bewältigung von arbeitsbezogenen Belastungen und Beschwerden
247 Koeppinghoff, Einkommenssicherung von Frauen im Alter
248 Köpper, Gewerkschaften und Sozialismus
249 Leitner, Lebenslauf und Identität
250 Meyer, Ressourcenumverteilung zugunsten von Problemregionen
251 Osterwald, Die Entstehung des Stabilitätsgesetzes
252 Rang, Pädagogische Geschichtsschreibung in der DDR
253 Schütte, die Einübung des juristischen Denkens
254 Schiek, Rückeroberung der Subjektivität
255 Schöttler, Die Entstehung der 'Bourses du Travail'
256 Zimmermann-Buhr, Die katholische Kirche und der Nationalsozialismus in den Jahren 1930–1933
257 Wilson, Das Institut für Sozialforschung und seine Faschismusanalysen
258 Zurhorst, Gestörte Subjektivität
259 Hermanns u.a., Integrierte Hochschulmodelle
260 Bachmayer, Der Wert, die Zeichen, die Maschine
261 Weinzen, Gewerkschaften und Sozialismus
262 Krämer-Friedrich, Technik, Natur, Gesellschaft
263 Hein, Der Künstler als Sozialtherapeut
264 Ewert, Die problematische Kritik der Ideologie
265 Grabsch, Identität und Tod
266 Seidelmann, Die Entspannungspolitik der BRD
267 Hoppe u.a., Berufsbildung
268 Boehm u.a., Rationalisierung der Büroarbeit und kaufmännische Berufsausbildung
269 Drechsel u.a., Didaktik beruflichen Lernens
270 Boehm, Technische Entwicklung, Arbeitsteilung und berufliche Bildung
271 Gerds u.a., Jugendliche ohne Ausbildungsvertrag
272 Kortmann, Verknüpfung und Ableitung personen- und haushaltbezogener Mikrodaten
273 Weigend, Lohndynamik und Arbeitsmarktstruktur
274 Vogt, Apartheid und Unterentwicklung
275 Crusius/Wilke, Einheitsgewerkschaft und Berufspolitik
276 Crusius, Berufsbildungs- und Jugendpolitik der Gewerkschaft
277 Schäfer/Hüttner, Regionalisierte ökonometrische Prognosesysteme
278 Forneck, Alltagsbewußtsein und Erwachsenenbildung
279 Held, Sozialdemokratie und Keynesianismus
280 Lahmer, Lorenz von Stein
281 Mantler, Partizipatorische Stadtentwicklungspolitik
282 Malsch u.a., Organisation und Planung der industriellen Instandhaltung
283 Tacke, Stagnation der Industrie – Krise der Region?
284 Wörmann, der Osthandel der Bundesrepublik
285 Heijl, Sozialwissenschaft als Theorie selbstreferentieller Systeme

Campus Verlag · Myliusstraße 15 · 6000 Frankfurt 1

Reihe Campus Forschung

286 Streiffeler, Sozialpsychologie des Neokolonialismus
287 Schneider, Analytische Arbeitsbewertung
288 Holling/Bammé, Die Alltagswirklichkeit des Berufsschullehrers
290 Greinert/Jungk, Berufliche Grundbildung
291 Hoppe u.a, Technikentwicklung, Berufsausbildung und Lehrerbildung im Metallbereich
292 Wagner, Campesinokinder in Peru
293 Meißner/Uhle-Fassing, Weiche Modelle und iterative Schätzung
295 Klein, Der deutsche Zionismus und die Araber Palästinas
296 Breger, Die Natur als arbeitende Maschine
297 Kaestner, Die politische Theorie August Thalheimers
298 Eser, Die politische Kontrolle der Multinationalen Unternehmen
299 Meyer-Krahmer u.a., Innovationsförderung bei kleinen und mittleren Unternehmen
300 Weigelt, Chaos als Chance
301 Treu, Die Interessenvertretung von Angestellten
302 Rosner, Arbeit und Reichtum
303 Park/Yu, Chinas Integration in die Weltwirtschaft
304 Schicha, Angst vor Freiheit und Risiko
305 Piper, Der Stadtplan als Grundriß der Gesellschaft
306 Herlyn u.a., Stadt im Wandel
307 Leitner, Gastarbeiter in der städtischen Gesellschaft
308 Vogel, Gesellschaftliche Subjektivitätsformen
309 Helberger/Rolf, Die Gleichstellung von Mann und Frau in der Alterssicherung
310 Friedmann/Weimer, Arbeitnehmer zwischen Erwerbstätigkeit und Ruhestand
311 Bennholdt-Thomsen, Bauern in Mexiko
312 Schneider/Dennerlein, Mikrosimulation im Gesundheitswesen
313 List, Alltagsrationalität und soziologischer Diskurs
314 Lippe, Gewerkschaftliche Frauenarbeit
315 Treutner, Planende Verwaltung zwischen Recht und Bürgern
317 Roemfeld, Minorisierung als Herrschaftssicherung
318 Seibel, Regierbarkeit und Verwaltungswissenschaft
319 Gröbl, Geltung und Gegenstand
320 Huber, Betriebliche Sozialplanung und Partizipation in der UdSSR
321 Münch, Jugendberatungsstelle zwischen Anspruch und Anpassung
322 Witzel, Verfahren der qualitativen Sozialforschung
323 Böhm, Verinnerlichung des Anderen
324 Horch, Strukturbesonderheiten freiwilliger Vereinigungen
326 Albrecht, Hermann Hellers Staats- und Demokratieauffassung
327 Hergrüter, Therapie in der Gemeinschaft
328 Raeithel, Tätigkeit, Arbeit und Praxis
330 v. Neumann-Cosel, Verfahren zur Lösung von Problemen mit mehrfacher Zielsetzung
331 v. Rabenau, Einkommensverteilung in Entwicklungsländern
332 Elwert, Bauern und Staat in Westafrika
333 Reich/Stahmer, Gesamtwirtschaftliche Wohlfahrtsmessung und Umweltqualität
334 Janssen/Richter, Arbeitsbedingungen der Bauarbeiter
335 Armanski, Rationalisierung
336 Fischer u.a., Arbeitsstrukturierung und Organisationswandel in der Bekleidungsindustrie
337 Klages/Herbert, Wertorientierung und Staatsbezug
338 Schultz-Wild, Flexible Fertigungssysteme

Campus Verlag · Myliusstraße 15 · 6000 Frankfurt 1